教师教育系列教材

教育心理学
(第 2 版)

付建中 主 编

清华大学出版社
北 京

内 容 简 介

教育心理学是现代社会科学和自然科学的交叉学科、边缘学科，它包含教育学和心理学的主要元素，但又不完全是教育学与心理学的简单叠加。本书系统地介绍了教育心理学的基础知识和基本理论。全书共 17 章，包括绪论、心理发展与教育、学习的基本问题、学习理论、学习兴趣、学习动机、学习迁移、学习策略、知识的学习、技能的学习、智能的发展、品德的形成、有效教学的设计、课堂教学管理、教学评价、教师心理、学生心理，并在实证分析、延伸阅读等方面颇具特色。

本书既可以作为高等院校教育学、心理学本科专业学习的教材，也可以作为各级各类学校教师进修和企业单位进行员工培训的参考书。

本书封面贴有清华大学出版社防伪标签，无标签者不得销售。
版权所有，侵权必究。举报：010-62782989，beiqinquan@tup.tsinghua.edu.cn。

图书在版编目(CIP)数据

教育心理学/付建中主编. —2 版. —北京：清华大学出版社，2018（2023.1重印）
(教师教育系列教材)
ISBN 978-7-302-49155-2

Ⅰ. ①教… Ⅱ. ①付… Ⅲ. ①教育心理学—师资培训—教材 Ⅳ. ①G44

中国版本图书馆 CIP 数据核字(2017)第 322390 号

责任编辑：陈冬梅 李玉萍
封面设计：刘孝琼
责任校对：李玉茹
责任印制：丛怀宇

出版发行：清华大学出版社
　　　　网　　　址：http://www.tup.com.cn, http://www.wqbook.com
　　　　地　　　址：北京清华大学学研大厦 A 座　　邮　　编：100084
　　　　社 总 机：010-83470000　　　　　　　　　邮　　购：010-62786544
　　　　投稿与读者服务：010-62776969, c-service@tup.tsinghua.edu.cn
　　　　质量反馈：010-62772015, zhiliang@tup.tsinghua.edu.cn
　　　　课件下载：http://www.tup.com.cn, 010-62791865
印 装 者：三河市东方印刷有限公司
经　　销：全国新华书店
开　　本：185mm×260mm　　　印　张：27.25　　　字　数：662 千字
版　　次：2010 年 8 月第 1 版　2018 年 2 月第 2 版　印　次：2023 年 1 月第 7 次印刷
定　　价：69.00 元

产品编号：071572-02

前　言

教育心理学是心理学专业的一门必修课，是培养学生教育心理素养的基础性课程，在心理学课程体系中占有十分重要的地位。该课程着眼于提高学生教育心理的理论水平及实际应用能力，是一门既具有一定的理论性又具有很强的应用性课程。

近年来，广大教育心理学工作者在教材建设方面做了大量的工作，教育心理学教材版本从原来屈指可数的几种发展到今天几十种版本的教科书家族，为学习者提供了更多的选择余地，同时满足了各类教学活动的需要。尤其值得一提的是，新近出版的教育心理学教材无论在体系上还是在内容上较以往都有很大的改进和发展，呈现出体系更加完善、内容更加丰富的趋势。

本书编写的目的在于搞好基础的教材建设，提高教育心理学教材的质量。编者从起草编写大纲和编写要求到具体内容的撰写，一直坚持一个原则，就是力争编写出一本高质量的教育心理学教材，以使学习者学习后确有收获。

本书于2010年8月第一次出版，自出版发行以来，以其知识的实用性、内容的丰富性、编排的合理性得到了教材使用者的广泛认同。在多年的教材使用过程中，我们一直不断地对教材内容进行审视，积累教材使用的经验，注意听取读者的意见，而随着社会的发展，本书对应课程的教学要求也有了一定的变化。在本书第2版中，我们根据新的教育理念和实践，更新了部分内容，修正了个别文字错误。

本书的主要特点是：①注重构建较为科学、完整的知识结构。在建立本书的知识体系时，编者广泛地阅读了国内外现有的教育心理学教材及相关资料，并根据教育心理学的性质和特点，深入地思考了教育心理学的知识结构应该由哪些内容构成、教育心理学的主体内容是什么、教育心理学的知识与相关学科知识的关系、通过教育心理学的学习应该让学生掌握哪些知识等问题。②在内容安排上，强调知识间的逻辑关系。这一点主要体现在每章中各节内容的安排以及各节中具体问题的论述上。务求做到各项内容之间存在较为密切的联系，以使整体内容形成相互关联的统一体。③在内容论述上，做到精要、准确。编写中，对现有的教育心理学知识进行了遴选，以最佳的表述方式来论述有关理论。在论证有关问题时，没有因一味地追求与他人的不同而舍弃最好的表述。每个问题的论述都有最适宜的表达方式，如果某个问题的最佳表达方式前人已经提出，我们就加以采用；如果还没有提出，我们就予以弥补。④加强概念和理论表述的严谨性和规范性。长期以来，教育心理学概念和理论的论述存在灵活性较大的现象，学习者学习之后，对教育心理学理论的科学性产生怀疑。为了避免这种情况的发生，本书在知识的严谨性和规范性方面作了一些努力。⑤注意了继承与创新的问题。在内容的选择上，既保留了传统的经典内容，又结合当代教育心理学的发展趋势，介绍了最新的研究成果，以使学生能够学到前沿的理论和知识。

本书除了主要内容外，还有"延伸阅读""复习要点""拓展思考"等版块。"延伸阅读"是知识的扩充。在论述某个问题时，如果需要学生了解更多知识，一般增加一个"延伸阅读"，目的在于拓宽学生的视野。"复习要点"是对每章内容的概括，通过阅读本部分内容，学生可以了解每章的主要内容，也可以作为期末复习和考试的依据。"拓展思考"

主要是让学生对有关问题进行深入的思考，以便更全面、更深入地理解相关问题。

本书由河北唐山师范学院教授付建中主编，并负责起草编写提纲和对全书进行修改审定。本书的编写和分工如下：付建中，第一章；胡玉平，第六章；李晓萍，第十三至十七章；牛文君，第八、十、十二章；韩小瑜，第二至四章；边宇梅，第五、七、九、十一章。

本书既可供高等院校心理学、教育学等专业的学生使用，也可作为广大心理学工作者和教育工作者的学习、参考用书，还可用作中小学教师继续教育的教材。

本书在编写过程中参考了许多同类教材及其他相关文献资料，同时参考了很多网上资料，在此对相关作者表示衷心的感谢！限于编者的水平，本书可能存在错误和不足之处，敬请读者给予批评指正。

编　者

目 录

第一章 绪论 1
  第一节 教育心理学的研究对象与内容 1
    一、教育心理学的研究对象 1
    二、教育心理学的研究内容 2
  第二节 教育心理学的性质和作用 3
    一、教育心理学的性质 3
    二、教育心理学的作用 4
  第三节 教育心理学的发展历史 6
    一、教育心理学的萌芽阶段 6
    二、教育心理学的独立阶段 7
    三、教育心理学的发展阶段 8
    四、教育心理学的成熟阶段 9
    五、教育心理学的完善阶段 10
  第四节 教育心理学的研究原则和方法 11
    一、教育心理学的研究原则 11
    二、教育心理学的研究方法 12
  复习要点 16
  拓展思考 18

第二章 心理发展与教育 19
  第一节 心理发展概述 19
    一、心理发展的概念 19
    二、心理发展的动力 20
    三、教育与心理发展的一般关系 20
  第二节 心理发展的一般规律 21
    一、心理发展的连续性与阶段性 21
    二、心理发展的方向性与顺序性 22
    三、心理发展的不均衡性 22
    四、心理发展的相似性与差异性 24
    五、心理发展的相互制约性 24
    六、心理发展逐渐分化和统一的
        特性 25
  第三节 影响心理发展的主要因素 25
    一、遗传对心理发展的影响 25
    二、环境对心理发展的影响 26

  第四节 心理发展的基本理论 32
    一、皮亚杰的心理发展观 32
    二、维果斯基的心理发展观 34
    三、埃里克森的社会化发展理论 37
  复习要点 39
  拓展思考 42

第三章 学习的基本问题 43
  第一节 学习的概念和作用 43
    一、学习的概念 43
    二、学习的作用 44
  第二节 学习的特点和分类 46
    一、学习的特点 46
    二、学习的分类 48
  第三节 影响学习的因素 52
    一、智力因素与学习 53
    二、非智力因素与学习 54
  复习要点 56
  拓展思考 58

第四章 学习理论 59
  第一节 我国古代的学习心理思想 59
    一、学习的本质 59
    二、学习的规律 59
    三、学习的心理条件 61
    四、学习的过程 61
  第二节 学习的联结理论 62
    一、桑代克的"试误-联结"学习
        理论 62
    二、巴甫洛夫的经典性条件反射学习
        理论 64
    三、华生的行为主义学习理论 67
    四、斯金纳的操作性条件反射学习
        理论 69
    五、班杜拉的社会学习理论 73
  第三节 学习的认知理论 77

一、格式塔的完形学习理论 77
　　二、托尔曼的符号学习理论 80
　　三、布鲁纳的认知-发现学习理论 83
　　四、奥苏伯尔的有意义学习理论 86
　　五、建构主义学习理论 90
第四节　人本主义学习理论 93
　　一、人本主义关于学习实质的看法 94
　　二、人本主义的典型教学模式 96
　　三、对人本主义学习与教学理论的
　　　　评价 98
复习要点 98
拓展思考 103

第五章　学习兴趣 104

第一节　学习兴趣概述 104
　　一、学习兴趣的概念 104
　　二、学习兴趣与学习活动 104
　　三、学习兴趣的发展 105
　　四、学习兴趣的形成 106
第二节　学习兴趣的分类 106
第三节　学习兴趣的品质 107
　　一、学习兴趣的倾向性 107
　　二、学习兴趣的广泛性 107
　　三、学习兴趣的持久性 108
　　四、学习兴趣的效能 108
第四节　学习兴趣的影响因素与培养 108
　　一、影响学习兴趣的因素 108
　　二、学习兴趣的培养 109
复习要点 111
拓展思考 112

第六章　学习动机 113

第一节　学习动机概述 113
　　一、学习动机的含义 113
　　二、学习动机的分类 114
　　三、学习动机对学习效果的影响 115
第二节　学习动机理论 116
　　一、本能理论 116
　　二、强化理论 117

　　三、需要层次理论 118
　　四、认知失调理论 120
　　五、自我效能理论 120
　　六、成就动机理论 123
　　七、归因理论 124
　　八、动机理论的总结 126
第三节　学习动机的激发与培养 127
　　一、激发学生的好奇心 127
　　二、利用强化原理 128
　　三、了解和满足学生的需要 130
　　四、引导学生正确归因 131
　　五、提高自我效能感，激发学生的
　　　　成就动机 132
复习要点 134
拓展思考 135

第七章　学习迁移 136

第一节　学习迁移概述 136
　　一、学习迁移的概念 136
　　二、学习迁移的种类 136
　　三、学习迁移的测量 139
　　四、研究学习迁移的意义 140
第二节　学习迁移理论 141
　　一、早期的学习迁移理论 141
　　二、当代的学习迁移理论 148
　　三、当代学习迁移研究的进展
　　　　与特点 158
第三节　影响学习迁移的因素 160
　　一、学习材料的特点 160
　　二、已有经验的概括水平 160
　　三、认知技能和策略 160
　　四、定势的作用 160
　　五、认知结构特点 161
第四节　促进学习迁移的教学策略 161
　　一、发现教学内容的可迁移性和教学
　　　　方法的促迁移性 161
　　二、教材的组织和呈现系统化、
　　　　网络化、一体化 161
　　三、加强学生学习策略的培养 162

四、使用过度学习和思维训练实现
　　　　学习结果的保持和运用 162
　复习要点 162
　拓展思考 165

第八章　学习策略 166

　第一节　学习策略概述 166
　　一、学习策略的概念和特点 166
　　二、学习策略的类型 169
　第二节　主要的学习策略 169
　　一、认知策略 170
　　二、元认知策略 178
　　三、资源管理策略 181
　第三节　学习策略教学 183
　　一、学习策略训练的原则 184
　　二、学习策略的教学要求 185
　　三、学习策略的教学阶段 187
　复习要点 188
　拓展思考 190

第九章　知识的学习 191

　第一节　知识概述 191
　　一、知识与知识观 191
　　二、知识的分类 192
　　三、知识学习的标准 195
　　四、知识学习的影响因素 196
　第二节　概念概述 197
　　一、概念的定义 197
　　二、概念的种类 198
　　三、概念的结构 199
　　四、概念的功能 199
　　五、概念的获得 200
　　六、概念的学习 201
　第三节　原理的学习 205
　　一、原理概述 205
　　二、原理学习的意义 205
　　三、影响原理学习的因素 206
　　四、原理的教学 206
　复习要点 207

　拓展思考 209

第十章　技能的学习 210

　第一节　技能概述 210
　　一、技能及其特点 210
　　二、技能与知识的关系 211
　　三、技能与习惯的关系 212
　　四、技能与能力的关系 213
　　五、技能的类型 214
　　六、技能的作用 219
　第二节　动作技能的形成 219
　　一、动作技能的形成理论 219
　　二、动作技能的形成过程和形成
　　　　标志 221
　　三、动作技能的保持 224
　　四、动作技能的培养 226
　第三节　心智技能的形成 232
　　一、心智技能的形成理论 232
　　二、心智技能的形成特点 235
　　三、心智技能的培养 235
　复习要点 237
　拓展思考 239

第十一章　智能的发展 240

　第一节　能力和智力概述 240
　　一、能力概述 240
　　二、智力概述 243
　　三、智力和能力的关系 249
　第二节　智力的发展 249
　　一、智力发展的趋势 249
　　二、影响智力发展的因素 249
　第三节　智力的开发 251
　第四节　创造力 255
　　一、创造力概述 255
　　二、影响创造力的因素 255
　　三、创造力的培养 258
　复习要点 259
　拓展思考 260

第十二章 品德的形成 261
第一节 品德心理概述 261
一、品德的概念 261
二、品德的心理结构 263
第二节 品德形成的理论 266
一、道德认知理论 266
二、道德情感理论 273
三、班杜拉道德行为的理论研究 277
第三节 品德的形成与培养 279
一、道德认识的形成与培养 279
二、道德情感的丰富 283
三、道德意志和道德行为的形成和培养 287
复习要点 289
拓展思考 292

第十三章 有效教学的设计 293
第一节 教学设计概述 293
一、教学设计的含义 293
二、有效教学设计的意义 294
三、有效教学设计的特点 294
四、有效教学设计的依据 295
五、教学设计流程 298
第二节 教学目标的设计 301
一、教学目标及其在教学过程中的作用 301
二、教学目标的分类 302
三、任务分析 307
第三节 教学过程的设计 311
一、教学事项的确定 311
二、教学方法的选择 315
三、教学媒体的选用 316
四、教学环境的控制 317
第四节 教学策略的选择 318
一、教学策略的内涵 319
二、教学策略的基本特征 319
三、以教师为主导的教学策略 320
四、以学生为中心的教学策略 321
复习要点 326
拓展思考 328

第十四章 课堂教学管理 329
第一节 课堂教学管理概述 329
一、科学界定课堂教学管理的内涵 329
二、课堂教学管理的功能 329
三、课堂教学管理的基本类型 330
四、影响课堂教学管理的因素 331
第二节 课堂教学管理的技能 334
一、课堂教学节奏的处理 334
二、课堂段落的管理 335
三、课堂教学控制的技术 337
第三节 课堂问题行为的处理 342
一、课堂问题行为的界定及分类 342
二、课堂问题行为产生的原因 343
三、教师对课堂问题行为处理不当的表现 344
四、课堂问题行为处理不当的归因 345
五、正确处理课堂中的问题行为 345
复习要点 346
拓展思考 347

第十五章 教学评价 348
第一节 教学评价概述 348
一、教学评价的含义 348
二、教学评价的功能 348
三、教学评价的类型 350
四、教学评价的原则 353
五、教学评价的发展趋势 354
六、发展性课堂教学评价指标体系的设计 356
第二节 教学评价的方法与技术 357
一、常用的教学测验 357
二、教师自编测验的类型及编制技术 358
三、有效教学测验的基本要求 360
四、测验的准备与实施 363

五、测验分数的解释与报告 365
　复习要点 366
　拓展思考 367

第十六章　教师心理 368

第一节　教师的角色 368
　　一、教师角色的界定 368
　　二、教师角色的分类 368
　　三、教师职业角色的形成 371
　　四、教师角色的影响与作用 373

第二节　教师的威信 377
　　一、教师威信的含义 377
　　二、教师威信的内在价值 377
　　三、教师威信的构成 378
　　四、教师威信的形成、维持
　　　　与发展 378

第三节　教师的心理健康 381
　　一、教师心理健康的意义 381
　　二、教师心理健康的标准 382
　　三、教师心理不健康的表现 383
　　四、影响教师心理健康的主要
　　　　因素 385
　　五、教师心理健康的诊断 387
　　六、教师心理健康的维护和促进 387
　复习要点 391
　拓展思考 393

第十七章　学生心理 394

第一节　学生的身心发展特点与教育 ... 394
　　一、学生年龄特征的概念 394
　　二、小学生的身心发展特点
　　　　与教育 395
　　三、初中生的身心发展特点
　　　　与教育 398
　　四、高中生的身心发展特点
　　　　与教育 401
　　五、了解学生心理特征的途径 404

第二节　学生的个别差异与教育 404
　　一、个别差异与差异心理 404
　　二、性别差异与教育 405
　　三、智力差异与教育 406
　　四、认知风格的差异与教育 408

第三节　特殊儿童的心理特点与教育 ... 413
　　一、特殊儿童的界定 413
　　二、特殊儿童的类型、心理特点
　　　　与教育 413
　　三、特殊儿童教育的原则与策略 418
　复习要点 420
　拓展思考 421

参考文献 422

第一章 绪 论

第一节 教育心理学的研究对象与内容

一、教育心理学的研究对象

学科的研究对象，是指学科所研究的某一特定领域。一门学科能否成为一门独立的科学，首先要看它是否有自己的研究对象。研究对象是学科的核心，全部的理论探讨和实验研究都是围绕它展开的。只有明确了研究对象，才能开展相应的科学研究，并建立起严密的理论体系。

教育心理学的研究对象是学校教育过程中的各种心理现象和规律。具体来说，可以从如下几个方面来理解教育心理学的研究对象。

第一，教育心理学的研究对象是学校学与教情境中的心理现象，而不是研究一切教育领域中的心理现象。教育既包括学校教育，也包括家庭教育和社会教育。然而，一个人系统的科学文化知识的获得和道德品质的形成，主要是通过学校教育实现的。因此，通常所说的教育心理学主要是研究学生及教师在学校教育过程中的心理现象及其规律。学校教育过程中的心理现象和规律主要是指学生如何学习、教师如何教育和教学的基本心理现象及规律。

第二，要结合教育过程来探讨、揭示学与教的基本心理规律。学与教是教育过程中不可分割的两个方面。无论是学习中的心理活动，还是教学中的心理活动，都是在教育过程中发生、发展并表现出来的，离开了教育过程就无法进行研究。值得注意的是，教育心理学不同于教育学，它不研究教育过程本身，而是着重研究在教育过程中学习与教学活动中的心理学问题。

第三，从学习进程与教学过程的相互关系来看，学与教事实上是对同一过程不同角度的理解。学习进程侧重于学生内部的心理发展过程，而教学过程侧重于教师的教，表现为一种外部活动，外部活动必须既以内部过程为基础，又促进内部过程的不断发展。要研究教师该怎么教，首先就要理解学生是如何学的。因此，学习心理是教育心理学的核心，教育心理学的研究对象首先必须是受教育者在教育条件下，思想品德、知识技能、智力与个性的习得与发展的规律。

第四，教育过程包括师生双方的活动，学生既是教育的客体，又是教育的主体，教师的主导作用在于充分发挥客体的主观能动性。在整个教育过程中，学生主观能动性的发挥又自始至终受到各种认知或非认知因素的影响，因此，教育心理学也要研究各种影响学生学习的因素，以便更好地帮助学生提高学习积极性。

第五，学校教育过程是教育者和受教育者互动的过程，师生双方为了实现教育目标而彼此接触，相互影响，相互制约，产生交互作用，从而引起双方心理活动和行为的改变，这种师生间的互动也是教育心理学研究的一个方面。

延伸阅读

关于教育心理学研究对象的讨论

学界对于教育心理学的研究对象有不同的看法，常见的观点如下。

1. 西方学者的观点

西方学者大都倾向于把教育心理学的研究对象界定为学校情境中教与学或学与教中的心理和行为。例如，"教育心理学是研究教育过程的行为的科学"(美国1971年出版的《教育百科全书》)；"教育心理学是研究教与学的心理学问题的科学"(林格伦1976年出版的《课堂教育心理学》)。

2. 苏联学者的观点

苏联学者更注重强调教育心理学研究教学和教育的心理学规律。例如，"教育心理学是研究教育和教学的心理学规律的科学"(加梅佐1984年主编的《年龄与教育心理学》)。

3. 我国学者的观点

我国学者关于教育心理学的研究对象主要有以下两种观点。

(1) 教育心理学的研究对象是教育过程中的心理现象及其规律。例如，"教育心理学的对象就是教育过程中的种种心理现象及其变化"(潘菽1980年主编的《教育心理学》)。

(2) 教育心理学是有关学校情境中学与教的心理规律的科学。例如，"教育心理学是研究学校情境中学与教的基本心理学规律的科学"(邵瑞珍1982出版的《教育心理学——学与教的原理》)。

二、教育心理学的研究内容

教育心理学的具体研究内容是围绕学与教的相互作用过程而展开的。虽然教育心理学一直以学习心理问题为基础，以至于直到今天，学习心理问题仍然是它的核心；但不能以偏概全，忽视或削弱了其他一些重要方面的问题。基于上述对教育心理学对象的理解，结合教育实践的客观需要，教育心理学的研究内容主要包括如下几个方面。

(1) 教育心理学的基本理论，包括教育心理学的研究对象、性质、研究方法、发展历史等方面的问题。

(2) 学习理论，主要介绍学习的基本问题和国内外有关学习的主要理论。

(3) 学习过程，包括学生知识、技能学习的心理过程及其教育，学生学习策略的学习过程及其培养，学生智能形成的心理过程及其培养，受教育者道德品质形成的心理过程及其教育等方面的问题。

(4) 影响学习的因素，包括学生认知方面的因素、非智力因素(如学习兴趣、动机等)和社会因素(如教师等)对学习的影响。

(5) 教学活动中的心理问题，包括有效教学的设计、课堂教学管理、教学评价等问题。

第二节 教育心理学的性质和作用

一、教育心理学的性质

教育心理学既是一门理论性的基础学科，也是具有实践性的应用学科，当然以应用为主。也就是说，教育心理学既要研究教育、教学情境中的基本心理规律、理论、原理，为解决教育、教学中的心理问题提供理论依据，同时，也要关注教育教学情境中的具体心理问题，并为解决这些问题提供原则、操作模式、策略和方法。也就是说，教育心理学作为心理学的分支学科具有较强的理论性，作为指导教育实践活动的学科又具有极为鲜明的实践性与应用性。

自教育心理学创建以来，对于教育心理学的性质一直存在争议。在教育心理学创建的初期，许多研究者认为教育心理学是心理学在教育领域中的应用，这种观点的影响一直持续到现在，目前仍有许多研究者把教育心理学当作一门纯应用学科，十分强调教育心理学的应用性研究。

教育心理学这门学科具有应用性，这一点是确切无疑的，因为研究教育心理学的目的就是要为教育寻找心理学依据，为更有效的教学提供指导。但是，重视应用性的研究并不意味着可以忽视对理论的探讨。如果使应用脱离其理论基础，那么这种应用就会变得极为肤浅，同时理论也得不到提高。应用与理论保持联系有助于二者互相修正、互相补充。尤其是教育心理学这门学科，如果没有理论进行指导，任何教学实验研究充其量也只能是一些零散的工作经验总结，在教育上更难以得到应用。

事实上，目前涉及教育领域的许多研究已经很难确切区分是基础理论研究还是应用研究，许多研究既有助于实际应用，又有助于发展基础理论。例如，有关人的知识习得和智力技能形成的研究不但有助于从理解和改进教学实践的尝试中进行理论总结，促进学习理论的发展，同时又是面向教育实际问题的研究。可见，在教育心理学中，理论研究与应用研究是密不可分的，基础理论研究对应用研究有很大的促进作用。而在进行各种应用性研究的过程中，又要注意对其研究成果进行总结，概括出一些基本原理并上升为教育心理学的基本理论。只有基础理论研究与应用性研究并重，并通过教学等多种媒介和桥梁使理论和应用之间不断接触和融合才能建立起较为稳定的教育心理学理论体系，促使其自身不断发展、不断完善。

另外，现代教育心理学认为，学校情境包括教与学两个方面。学校的一切育人活动都可归为教的范畴，学生所接受的影响都可归为学的范畴。教育心理学作为应用心理学的一种，是心理学与教育学的交叉学科。但是，这并不意味着它是一般心理学原理在教育中的应用或它只重应用不重理论。相反，教育心理学作为一门独立的学科，不仅要从理论上阐明学习的本质、过程和普遍规律，也要具体地探索学生掌握知识、发展智力、形成品德的规律，还要具体阐明教育者如何依据这些规律合理地组织教学，形成自己独立的理论体系、研究方法和技术。当然，这些理论研究的最终目的是为教育实践服务，帮助教育工作者特别是学校教育工作者解决在教和学的过程中出现的各种问题。具体而言，教育心理学的理论可以帮助教育工作者理解学生的学习心理，如学习的实质、动机、过程与条件等以及根据这些理解创设有效的教学情境,如学习资源的利用、学习活动的安排、师生互动过程的设计与学习过程的管理等,从而促进学生的学习。因此,可以说,教育心理学是一门理论性和应用性兼备的学科,并以应用为主。

二、教育心理学的作用

(一)教育心理学的理论作用

教育心理学的理论作用表现在以下几个方面。

首先,教育心理学从教育过程这一侧面所探索、揭示的心理学规律不仅充实了普通心理学的一般理论,而且为整个心理学的理论发展做出了贡献。例如,教育心理学研究的学生在学习知识过程中表现出的记忆规律对普通心理学乃至整个人类记忆的研究都有重要的意义。科学发展到今天,探索人类意识的奥秘已成为探索科学未知领域的重要学科之一。人们把心理学称作一门研究的科学,即心理学中尚存在大量的未知领域,而不是像其他自然科学一样已有成熟的体系。因为许多心理学的问题还不曾被明确地提出来,更何谈回答这些问题。因此,教育心理学的研究可以丰富心理学的理论。

其次,教育心理学的研究还可以使自身的理论得到发展。教育心理学中存在大量的未知领域。例如,学习动机对学习过程的影响虽然是显而易见的,但究竟有何影响?又是如何影响的?对于学生学习过程中的最优化问题,如何鉴别个别能力的差异并根据其差异进行教学(许多测验只是从某些方面作出相对的鉴定)?集体教学与个别教学在心理上的影响以及效果如何?遗传因子究竟起多少作用?早期教育早到什么程度?等等。诸如此类的问题,都需要教育心理学进行深入的研究。

再次,教育心理学的研究也对教育学的理论发展起着重要作用。教育心理学和教育学各有自己的研究对象和任务,但两者都为教育实践服务,关系非常密切。在教育实践的各个方面都包括心理学问题,学生的心理活动规律是教育工作的重要依据之一。因此,教育学也涉及教育过程中学生的心理活动,特别是教育方法的选择和使用不能不考虑学生的心理活动。但是,进一步揭示教育影响下学生心理活动的过程和规律,是教育心理学的任务。例如,在教育学中,要分析引起学生学习动机的教育条件以及动机对学习效果的影响,而教育心理学则需要进一步研究学习动机的实质和形成、发展的规律,为教育学的研究提供心理学依据。又如,在教学方法的研究中,要分析学生在特定的教学方法下掌握知识的途径和概念形成的过程;而教育心理学还要进一步研究学生在学习过程中知觉、表象、思维的相互作用以及掌握知识到心智技能形成、发展的过程等规律。教育学和教育心理学在这些方面的研究中有互相交错的地方,但研究的角度不同。教育学以学生心理活动规律的知识作为依据,制定教育的原则和实施方法;教育心理学则向教育学提供关于学生心理活动规律的知识途径。教育心理学是教育学的基础学科之一。

最后,教育心理学对人类学习过程的了解还将为人工智能的发展提供有益的理论指导。

(二)教育心理学的实践作用

教师要想使教育教学工作做得更有成效,就必须不断去发现、把握和正确运用存在于教育教学过程中的规律,其中包括教育心理学所揭示的学与教的心理规律。教育心理学作为以应用为主的学科，更重视研究并揭示存在于教育教学实践中的具体规律，使其直接能为学校教育提供指导。教育心理学的实践作用具体表现在以下几个方面。

1. 有助于教师形成科学的教育理念

教育心理学能帮助教师对教育现象形成科学的认识，并为教师提供一些新的观点去分析或解决教育、教学中的问题。尤其是对传统的、常规的教学方法、教学行为进行分析和研究时，教育心理学可以提出更为科学的观点。例如，在小学语文课上，教师应该采用什么方式指定学生起来朗诵课文，是随机点名还是按顺序点名？对这个看上去不成为问题的问题，教育心理学研究表明，其答案并非像人们想象的那么简单，应综合考虑不同的年级、不同点名方式的利弊等，选取恰当的点名方式。

2. 帮助教师了解和教育学生

教育心理学研究的一个最基本的任务是对学与教过程中的心理现象在质和量上进行描述和测量，并揭示其存在的内在联系和规律，即解决"是什么"和"为什么"的问题。例如，在研究学生的成就动机时，就要确定成就动机具有哪些质和量的特点。研究表明，学生的成就动机包含回避失败倾向、趋向成功倾向、克服困难倾向、应对社会竞争倾向，这四种倾向的组合就表现为成就动机的质的特点；而表示每种倾向强弱的分数则表现为成就动机的量的特点。质和量的特点不同，学生的学习行为及效果就会不同。研究进一步表明，当趋向成功的倾向占优势时，学生就会选择更有价值、更具挑战性的任务。这些知识使教师对不同学生的不同学习行为会有较准确的了解。

学生的情况千差万别，一旦出现了学习困难，教育心理学可采用多种方法，帮助教师来了解困难的原因。例如，如果一名小学四年级学生在语文阅读方面存在困难，教师就可以应用智力测验、阅读测验或者与此有关的生理方面的健康检查等各种形式的测查手段来找出困难的症结。当然，阅读困难也可能与个人的生活经验有关，如父母离异、对儿童漠不关心或期望过高致使学习动机受挫，或者与教师关系不和、教师教学方法不当等致使儿童失去学习兴趣等。教师可以应用教育心理学的理论和研究方法，对学生学习困难或心理发展过程中存在的有关问题追根溯源，准确地了解学生。

利用教育心理学原理，教师不仅可以正确地分析、了解学生，而且可以预测学生将要发生的行为或发展的方向，并采取相应的干预或预防措施，从而达到预期的效果。也就是解决"怎么做"的问题。根据教育心理学的理论和规律以及学生现在或过去的行为，可以预测他将做什么。例如，如果知道一个学生的一般智力、学习策略和学习动机，就能更准确地预测这个学生在学校里的学业成绩。行为预测必然伴随着行为的干预。如根据学生的智力发展水平，为智力超常或有特殊才能的儿童提供更为充实、更有利于其潜能充分发展的环境和教学内容；为智力落后或学习困难的学生提供额外的帮助或行之有效的具体的矫正措施，使其达到最大程度的发展。

3. 为实际教学提供科学的理论指导

教育心理学为实际教学提供了一般性的原则或技术。教师可结合实际的教学内容、教学对象、教学材料、教学环境等，将这些原则转变为具体的教学程序或活动。例如，根据学习动机的规律，在课堂教学中可以采取创设问题情境、积极反馈、恰当控制动机水平等方式来培养和激发学生的学习动机；依据学习迁移的规律，可以在教学内容的选编、教学程序的安排等方面采取措施，促进学习迁移。

4. 帮助教师结合实际教学情况进行研究

教师不仅要学习教育心理学的研究成果，而且，现代教育要求教师还应该是一个研究者。教师面对纷繁复杂的实际教学情境，要能够不断地发现问题、提出问题和选择适当的方法和程序解决问题。教育心理学不仅为实际教育活动提供一般性的理论指导，也为教师参与教学研究提供了科学的研究方法、技术及可参照的丰富例证。有效的教学需要教师因人、因事、因时、因地而灵活地进行。学生、班级、学校以及相应的社会环境各有不同，因此教学内容、教学时段、教学方法等也应各有不同，普遍适用的教学模式是不存在的，需要教师结合教学实际，创造性地、灵活地将教育心理学的基本规律应用于教学中，否则，生搬硬套某些原理无助于教学效率的提高，甚至适得其反。教育心理学并非给教师提供解决一切特定问题的具体模式，相反它只是给教师提供进行科学研究的思路和方法，使教师不仅能够理解、应用某些基本的原理和方法，而且可以结合自己的教学实际进行创造性的研究，去验证这些原理并解决特定的问题。

第三节 教育心理学的发展历史

一、教育心理学的萌芽阶段

在萌芽阶段(19世纪中叶以前)，教育心理学虽然没有成为独立的学科，但是积累了丰富的教育心理学思想。早在两千多年前，我国教育家和思想家在论述教育问题时，就论证过教育心理学问题。

《礼记·学记》中提出的许多教学原理，如"道而弗牵、强而弗抑、开而弗达""教学相长"等都具有一定的教育心理学思想。

春秋末期的思想家、教育家、儒家学说的创始人孔子(公元前551—前479)在长期的教育、教学实践中，形成了对教育、教学过程中的认识、情感、意志和个性等方面丰富的教育心理学思想。例如，在认知方面，他重视探讨思维的启发，指出"不愤不启、不悱不发，举一隅不以三隅反，则不复也"，还提出了"叩其两端而竭焉"的启发方法，认为要从正反两个方面提问，激发思考；在情感方面，孔子提倡好学、乐学的情境，强调"知之者不如好之者，好之者不如乐之者"；他还强调立志，教导学生"三军可夺帅也，匹夫不可夺志"；他对学生的性格、才能、志趣都有深刻的了解，针对不同学生的性格特点，采用不同的教育方法，如他在《论语·先进》中所说的，"求也退，故进之；由也兼人，故退之"。这些思想在今天仍有较大的启发意义。

在西方，古希腊的哲学家柏拉图(Plato，公元前427—前347)主张的教学方法就已十分重视个别差异及教育目标，即谋求身心的均衡发展。古希腊哲学家亚里士多德(Aristotle，公元前384—前322)所主张的顺应本性、培养习惯、启发心智等教育原则，都是现代教育心理学的重要观念。

近代资产阶级教育家都非常重视在教育中运用心理学，并把心理学作为教育理论的基础。

捷克教育家夸美纽斯(J. A. Comenius，1592—1670)指出，"只有通过教育才能成为人"，第一次明确提出了教育必须遵循自然的思想。

瑞士教育家裴斯泰洛齐(J. H. Pestalozzi，1746—1827)从教育实践中探讨和研究儿童心理特点和规律，并和教育工作的具体改革结合起来，提倡因能力施教。

德国的赫尔巴特(J. F. Herbart，1776—1841)是近代第一个提出把教学理论的研究建立在心理学基础上的教育家。他把教学过程分为明了、联想、系统、方法四个阶段，这便是以后五段教学法的基础。实际上，这时候赫尔巴特已经把教育学和教育心理学结合成为一个不可分割的统一体了。

二、教育心理学的独立阶段

教育心理学的独立阶段是指从19世纪中叶至20世纪20年代。

1868年，俄国教育家乌申斯基(К. Д. Ушинский1，1824—1870)出版了《人是教育的对象》一书，对当时的心理学发展成果进行了总结，乌申斯基因此被称为"俄罗斯教育心理学的奠基人"。1877年，俄国教育家和心理学家卡列杰夫(П.Ф. Каптерев)出版了俄国第一本《教育心理学》，这是第一部正式以教育心理学来命名的教育心理学著作。但是，直到20世纪30年代，俄国教育心理学大都是用普通心理学研究中获得的资料去解释学校生活中的实际问题，并不是自成体系的教育心理学。

在美国，詹姆斯(W. James，1842—1910)则致力于将心理学引进教育领域，在其名著《与教师的谈话》中，他指出通过观察、提问以及与学生交换意见可获得有关学生诸如观念、兴趣、情感和价值观等方面的知识，并以此改进学校的教学质量。这种观点为促进心理学原理转化为教学原理发挥了相当重要的作用。杜威(John Dewey，1859—1952)是美国著名的教育家、哲学家，他极力将心理学的研究应用于教育问题，几乎花了毕生精力构思和宣传他对教育的看法，倡导了儿童中心运动，使教育工作者认识到心理学对教育的意义。

真正使教育心理学成为一门独立学科的人是桑代克(Edward Lee Thorndike，1874—1949)，他是美国教育心理学的奠基人。1903年，美国心理学家桑代克出版了《教育心理学》一书，1913—1914年，此书又改编成三大卷《教育心理大纲》。这是世界上公认的最早的、比较科学而又系统的教育心理学专著。桑代克从"人是一个生物的存在"这个角度建立自己的教育心理学体系，他的教育心理学分为三部分：第一部分讲人类的本性，第二部分讲学习心理，第三部分讲个别差异及其原因。这一著作奠定了教育心理学发展的基础，西方教育心理学的名称和体系由此确立。在此后的30年里，美国的同类著作几乎都师承了这一体系。20世纪20年代，美国兴起的教育科学运动的理论基础就是桑代克的教育心理学思想。桑代克的教育心理学理论虽有机械化和简单化的倾向，但比单纯地用内省和思辨方法研究教育心理学问题有了很大的进步。

延伸阅读

桑代克简介

桑代克生于美国马萨诸塞州一位牧师家庭,在韦斯里扬大学攻读文学学士学位,后来在哈佛大学做詹姆斯的学生,在那里,他成为心理学史上第一位用动物来研究学习的人。桑代克未在哈佛大学完成学业,而到了哥伦比亚大学,在卡特尔的指导下,继续他的动物研究。1898年发表了博士论文《动物的智慧:动物联结过程中的心理学研究》,同年,桑代克成为哥伦比亚大学师范学院心理学讲师,1903年升任教授。他一生致力于心理学研究,著述达507项之多。桑代克的研究兴趣十分广泛,他是美国哥伦比亚学派的主要代表,又是动物心理实验的首创者、教育心理学体系和联结主义心理学的创始人,并设计了心理测验,为美国教育测验运动的领袖之一。

桑代克他是实验动物心理学的创始人,他的《动物的智慧:动物联结过程中的心理学研究》被认为是动物实验心理学建立的标志。桑代克动物实验心理学的建立,在心理学家和动物之间架起了一道新的桥梁。他所做的工作并不只是对实验方法的使用,也不能用行为主义的先驱来简单地概括,实际上,桑代克的工作在心理学中开创了一项新的惯例,那就是将动物作为研究工具来介绍人类心理中的一些常见概念。同时,桑代克也是教育心理学的创始人。1903年,他出版的《教育心理学》被公认为是教育心理学诞生的标志。

三、教育心理学的发展阶段

教育心理学的发展阶段是指从20世纪20年代至50年代末。

20世纪二三十年代,西方教育心理学吸收了儿童心理学和心理测验方面的成果,并把学科心理作为自己的组成部分,大大地扩充了自身的内容。之后,教育心理学转入各种不同学派学习理论之间的论争。20年代以后,行为主义占优势,强调心理学的客观性,重视实验研究,在动物与人的学习研究上取得了重要的成果,并形成了许多派别。这些理论和派别之争也反映在教育心理学之中。行为主义重视客观实验,形成了良好的传统,但是,用动物与儿童的比较简单的心理过程推测人类高级的学习过程,使得对实际课堂教学情境中的学习研究较少,因而对教育实践作用不大。20世纪40年代,弗洛伊德(Sigmund Freud,1856—1939)的理论广为流传,有关儿童的个性和社会适应以及生理卫生问题也进入了教育心理学领域。50年代,程序教学和教学机器兴起,同时信息论的思想为许多心理学家所接受,这些成果也影响和改变了教育心理学的内容。

20世纪30年代,苏联教育心理学的发展,主要是在理论观点的探讨方面做了许多工作。维果斯基(Л. С. Выготски,1896—1934)在《教育心理学》一书中主张必须把教育心理学作为一门独立学科的分支来进行研究,反对把普通心理学的成果移入教育心理学,他强调教育与教学在儿童发展中的主导作用,并提出了"文化发展论"和"内化说"。布隆斯基和C.鲁宾斯坦等人也都提出了各自的观点,这些思想为苏联教育心理学的发展奠定了基础。从20世纪40年代到50年代末,苏联教育心理学重视结合教学与教育实际进行综合性的研究,学科心理学获得了大量的成果。这一时期,苏联教育心理学家们以马列主义哲学作为指导教育心理学的理论基础，反对机械地把动物学习的研究用到人类情境中，取得了一定的成就；然而，他们生搬硬套某些教条，对西方教育心理学和学习心理学做全面否定，包括对心理测验做全盘否定，这是失之偏颇的。

20 世纪初，在我国出现的第一本教育心理学著作是 1908 年由房东岳译、日本小原又一著的《教育实用心理学》。1924 年廖世承编写了我国第一本《教育心理学》教科书。此后，又出现过几本翻译介绍和自己编写的教育心理学书。某些学者结合我国的实际对学科心理、教育与心理测验进行了一些研究，但研究的方法和观点大都模仿西方，没有自己的理论体系。因此，1949 年前我国教育心理学的基础是比较薄弱的。这个时期，教育心理学的发展具有如下特点。

第一，内容缺乏统一性，理论体系不独立。20 世纪二三十年代以来，各类有关教育心理学的书籍十分庞杂。例如，这一时期美国出版的教育心理学教科书及教育心理文选等书籍多达上百种，但由于没有统一的理论指导，版本种类繁多，体系五花八门。1956 年，有人统计了 6 本流行的教科书，发现它们的内容相关性很低，只有学习这一课题是各书共有的。另外，有人对各个不同时期的许多教育心理学专著进行分析，发现仅在"教育心理学"的定义上就有很大分歧。多数专著并未针对教育心理学的特征标示出它的角色功能，也未强调教育心理学与学校目的之间的关系。有许多教育心理学专著将这个学科视为"心理学原理在教育上的应用"，这几乎成了当时人们的共识。正是这种共识导致了当时对教育心理学自身理论建构的忽略，使教育心理学的发展失去了独立性。可以说，这时的教育心理学尚未形成独立的理论体系。

同时，流行的教育心理学教科书的内容大多取自普通心理学、儿童心理学等学科的知识。教育心理学广泛采用其他学科的知识，虽然充实了本学科的内容，但也会与其他学科重复。由于教育心理学本身没有严格的理论体系，当扩充其他学科的知识时，内容就显得非常庞杂。

第二，忽视对人类高级心理活动的研究，在教育实践中难以发挥作用。20 世纪 30 年代至 50 年代末的一段时间，正是行为主义心理学盛行的时期，以斯金纳为代表的行为主义心理学派强调心理学的客观研究，它根据动物实验获得的学习理论，将人类一切复杂行为简化为 S-R 关系的联结来解释，并在教学上强调外在环境控制及机械式的后效强化原则。尽管行为主义的研究在揭示动物心理、人的低级心理以及发展研究技术方面做出了贡献，但它回避了研究人的高级认识过程，也忽视了教育过程中的情感因素，结果对教学实践的作用并不大。另外，尽管这个时期的教育心理学已广泛运用心理测量和统计来揭示学生的个别差异和学习结果，但由于忽视了对个别差异和学习结果成因的探究，对教学实践也仍然难以起到实际作用。

四、教育心理学的成熟阶段

教育心理学的成熟阶段是指从 20 世纪 60 年代至 70 年代末。在这个阶段，西方教育心理学的内容和体系出现了某些变化，主要有如下特点。

首先，教育心理学的理论体系逐渐独立。大约从 20 世纪 60 年代开始，教育心理学的内容日趋集中，有几个方面的研究似乎为大多数人所公认，如教育与心理发展的关系、学习心理、教学心理、评定与测量、个别差异、课堂管理和教师心理等。综观20世纪60年代以来数十种教育心理学教科书的体系，以上内容几乎无一或缺。

其次，西方教育心理学比较注重结合教育实际，注重为学校教育服务。20世纪60年代初，布鲁纳(J. S. Bruner)发起了课程改革运动。自此，美国教育心理学逐渐重视探讨教育过程和学生心理，重视教材、教法和教学手段的改进。有的教育心理学家甚至希望把教育心理学发展成为一门像工程或医学一样的应用心理学。同时，美国教育心理学比较重视研究教学中的社会心理因素。60年代掀起了一股人本主义思潮，罗杰斯(C. Rogers)提出了"以学生为中心"的主张，认为教师只是一个"方便学习的人"。不少教育心理学家开始把学校和课堂看作社会情境，注意研究其中影响教学的社会心理因素。例如，有人用社会心理学理论研究学习动机；还有人重视教学组织形式中的社会心理问题，如班级的大小、学生的角色等。

从20世纪60年代以来，苏联教育心理学的发展表现出了以下几方面的动向和特点。①日趋与发展心理学相结合，开展了许多针对儿童心理发展的实验研究。最著名的是赞科夫的"教学与发展"实验研究，这一研究持续了15年之久，其成果直接推动了本国的学制和课程改革，并且编写了几本《年龄与教育心理学》书籍。②发展了不同于西方的学习理论，如巴甫洛夫的联想-反射理论和列昂节夫与加里培林的学习活动理论。③重视人际关系在儿童心理发展中的作用。④重视教学心理中方法论和具体研究方法的探讨。总之，苏联学者强调教育心理学应理论联系实际，提倡自然实验法，但是，他们常常把教育与教学作为儿童年龄发展的一个因素，把教育心理学与儿童心理学混在一起，仍然没有独立的、范围广泛的教育心理学理论体系。

五、教育心理学的完善阶段

完善阶段是指20世纪80年代以后。在此阶段，教育心理学的发展具有如下特点。

首先，教育心理学越来越注重与教学实践相结合。教育心理学家们越来越多地开始研究环境、文化背景、师生关系、集体等因素对人的学习过程的影响，并力图把研究同教育、教学的实际问题联系起来。例如，布鲁纳的"发现教学法"、赞科夫的"教学论三原则"，乃至各种现代化教学技术运用中心理学问题的研究都在教育实践中产生了很大的影响。

近年来，教育心理学的大量研究课题已开始从传统的纯理论研究向综合性应用项目的研究发展，研究重点日益转移到教学实际中的各种问题，特别是为教学方案设计和计算机辅助教学的程序设计提供心理学原则和依据。此外，有关认知策略、元认知和知识最优化等基础研究课题也与学生阅读理解、学科心理、技能培养、教学设计、教育评价等应用性研究课题结合起来。

其次，教育心理学理论派别的分歧越来越小。教育心理学的理论和派别基本上可以分为行为派、认知派和人本主义学派。随着研究的逐步加深，越来越多的研究者认识到，多种理论和假说的并存是一门科学发展的必然现象。例如，教育心理学中的认知派与行为派两种学习理论从表面看分歧很大，然而如果从学习的简繁等级的角度来衡量，两派的理论并不是对立的，而是阶梯的两端。行为派的联结主义是学习阶梯的低级一端，而认知发展说则是学习阶梯的高级一端。目前，双方都在互相吸取对方合理的东西，绝对的行为派或绝对的认知派已经很少见了。同时，自20世纪80年代以来，美国教育心理学注意到苏联教育心理学代表人物维果斯基的思想，并在教育研究中以此为基础，做了大量的工作，取得了一定的成绩。由此，过去在东西方教育心理学之间的鸿沟实际上被填平了。

中华人民共和国成立以来，20世纪50年代主要学习和介绍苏联的教育心理学理论和研究，只做了一些有关教学改革和儿童入学年龄的实验研究。20世纪60年代前期，在学科心理方面做了大量实验研究。20世纪60年代后期到20世纪70年代前期，由于十年动乱的冲击，教育心理学的研究一度中断。自20世纪70年代后期起，教育心理学重新复苏繁荣，我国编写和翻译介绍的教育心理学教科书越来越多。目前我国教育心理学的工作者们正在不断地吸收国外的先进科研成果，结合我国教育教学的实际，开展理论和应用的研究。

第四节　教育心理学的研究原则和方法

一、教育心理学的研究原则

教育心理学的研究要遵循以下几个原则。

(一)客观性原则

客观性原则是指研究者要尊重客观事实，对任何教育心理问题必须按照其本来面貌加以研究和考察。由于教育心理现象纷繁复杂，在研究中很容易犯猜测、武断和片面等错误，因此应遵循这一原则。

在研究过程中，要从心理现象所依存的客观条件和外部活动表现去揭示规律。尤其是在实验设计、材料收集方面要注意尊重客观事实，努力排除先入为主和偏见的影响；搜集资料时要如实地记录外部刺激、机体反应、行为表现和口头报告，杜绝主观臆测；对资料要进行全面分析，特别注意与已有结论不一致的事实，防止以偏概全。

(二)系统性原则

系统性原则，就是要坚持整体系统的观点，多层次、多侧面地进行研究，不能孤立、片面、割裂地看问题。系统性原则要求研究者把因素分析、相关分析和整合研究统一起来，把纵向研究和横向研究统一起来。不仅要将研究对象放在有组织的系统中进行考察，而且要运用系统的方法，从系统的不同层次、不同侧面来分析研究对象与各系统和要素的关系。另外要注意做到分析与综合，从而准确地解释研究对象的本质与规律。

(三)联系教育实际原则

教育心理学的研究要与教育实践相结合。从选题到具体研究过程，都要从教育实际需要出发；同时，研究的结论最终要能够解决教育教学实际中的问题。如果一种教育心理学的理论不能应用于教育实践、不能指导教学，这种理论就没有生命力。另外，教育心理学的理论只有在实践应用中才能得到检验、修正和发展。

(四)发展性原则

发展性原则就是坚持发展的观点，对心理活动的变化进行动态的研究。人的心理是活动的，它总是呈现出一种相对的稳定而绝对的动态过程。在人的社会实践中，在各种输入信息的作用下，心理经常处于运动变化之中。因此，在教育心理学研究中就应当对各种心理现象做动态分析。

这一原则要求在研究中不仅要阐明一种心理现象的现状，而且要考虑历史发展状况，并且要对发展趋势和发展前景进行预测。例如，研究学生在不同年龄阶段的心理发展规律，就要根据学生在每个阶段所具有的不同心理特点和形成条件，既阐明已经形成的心理品质，也阐明那些正在形成或刚表现出来的心理特点，并预测可能会出现的心理现象，以创造有利的条件让其顺利发展。

二、教育心理学的研究方法

教育心理学有以下几种基本研究方法。

(一)观察法

观察法是指在自然情境中或预先设置的情境中，对被观察者的行为进行系统的观察和记录，而后进行分析，以期获得其心理活动产生和发展规律的方法。

观察法是教育心理学研究中最基本、最普遍的方法，在教育过程中观察学生的行为可以获得多方面的资料。例如，在教育教学过程中，研究者可以通过观察学生在课堂上的表现，了解学生的学习情况；可以通过观察教师提问及学生回答问题，分析师生互动情况等。

目前，随着科学技术的发展，观察法吸取了情报学、控制论、系统论等现代科学思想，并采用了录像、录音、摄影、电子计算机等现代技术手段，使观察的技术不断提高。

观察法一般在下列情况下采用：对所研究的对象无法加以控制；在控制条件下，可能影响某种行为的出现；由于社会道德的要求，不能对某种现象进行控制。

观察方式一般有两种：一种是观察者作为一个参与者参与到活动之中，在活动中进行观察；另一种是观察者作为一个旁观者，不参加被观察者的活动，冷静地观察所发生的各种情况。无论采取哪种方式，原则上都是不让被观察者发觉自己的活动被他人观察，否则就会影响被观察者的行为表现。

为取得良好的观察效果，应注意如下几点：①始终应该有目的、有计划地对被观察者的活动进行观察和记录，以利于科学地解释行为产生的原因；②选择特定的观察内容，一次只选一项或两项，并明确规定所要观察内容的界限和标准；③随时做详细记录，如有条件应利用必要的器材，如录音、录像等；④不要让被观察者觉察研究人员在记录他的行为(有的用单向玻璃观察等)；⑤可采用时间取样的方式，即每一次用较短的时间，对同一类行为做多次观察。

观察法的优点是：对被观察者的行为进行直接的了解，因而能收集到第一手资料；由于观察法是在自然条件下进行的，不为被观察者所知，保持了被观察对象心理活动的自然流露和客观性，因而获得的资料比较真实。

观察法的缺点是：在自然条件下，事件很难按严格相同的方式重复出现，因此，对某种现象难以进行重复观察，而对观察的结果也难以进行检验和证实；有些现象、行为不能直接观察，观察结果难以量化统计。由于对条件未加控制，观察时可能出现不需要研究的现象，而要研究的现象却没有出现；观察的结果容易受到观察者本人的兴趣、愿望、知识经验和观察技能的影响。

(二)调查法

调查法是指就某一问题要求被调查者回答其想法或做法，以此来分析、推测被试心理活动的方法。调查法分为量表法、问卷法、访谈法和相关法。

1. 量表法

量表法也叫测验法，是指用一套预先经过标准化的问题(量表)来测量某种心理品质的方法。

采用测验法，一是用于研究个体行为(心理特征)在某一层面上的个别差异；二是研究被试者两种或多种行为(心理特征)之间的关系。无论是哪一种情况，测验的量表必须标准化，测验的内容必须具备适用性和科学性。只有当某项测验量表确立，才能在量表所规定的问题范围和所规定的人群范围内使用。

2. 问卷法

问卷法是指采用预先拟定好的问题表由被试填写来搜集资料，分析和推测被试心理状态的方法。问卷法是研究者用来收集资料的一种方法，它在教育心理学的基础研究和应用研究中都被普遍采用。

问卷法有许多优点，主要是简便易行，节省时间、经费和人力，能获得大量研究资料，便于定性和定量分析。但问卷的回收率、质量往往难以保证，且对被试的文化水平有较高要求，使用时应特别注意其适用范围。

运用问卷法进行研究，要注意如下问题：①问卷指导语要简洁诚恳，清晰明了；②问卷内容应生动有趣，回答方式简单扼要；③问卷题目用语应避免表露研究者期待的答案；④问卷题目不宜过长，排列要合理有序；⑤问卷材料的选择要严格和客观，一般要通过预测进行信度与效度的检验。

3. 访谈法

访谈法也称晤谈法，是通过与研究对象或与研究对象有关的人进行口头交谈的方式来收集研究资料的方法。在教育心理学研究中，访谈法的实施可能是多种多样的，如可以采取家访的方式了解学生平时在家中的情况；可由研究者提出与研究课题有关的问题，要求教育工作者、家长、学生本人或其他人口头回答。

使用访谈法时，要掌握访谈的专门知识和技能。访谈者在实施访谈时应创设恰当的谈话情境，使受访人有轻松愉快的心情；具备耐心和细致的洞察力；不对受访人进行暗示和诱导；对相同的事情会从不同的角度提问；能如实准确地记录访谈资料，不曲解受访人的回答。

访谈法的优点是：一般不需要特殊的条件和设备，比较容易掌握和施行；适用范围广，访谈法适用于一切具有口头表达能力的不同文化程度的访谈对象，能灵活地、有针对性地开展资料收集工作；有经验的访谈者还可根据一些非言语信息判断对象回答问题的可靠性，或根据对象的知识水平灵活变换提问方式，及时控制谈话方向，这是其他方法难以做到的。但访谈法费时、费力，不经济，结果的准确性和可靠性在很大程度上受研究者素质的影响，研究资料也难以量化，因此应与其他方法结合使用。

4. 相关法

相关法是探索两个或两个以上变量之间相互关系的方法。它主要是根据量表法和问卷法获得的数据，运用统计方法计算相关系数；根据相关系数的大小，分析两个或两个以上变量之间相互关系的程度和性质。相关系数以字母 r 来表示，介于+1.00 和-1.00 之间，相关系数越大，变量之间的相关度越高；相关系数越小，变量之间的相关度越低。例如，如果想考察学习成绩和智商之间是否有联系，首先要根据研究的需要，选择一定数量的被试；然后，以学习成绩为第一组数据，智力测验分数为第二组数据，用所获得的两组数据计算相关系数。最后，根据计算出来的相关系数的大小，分析学习成绩和智商之间的关系。

(三)实验法

实验法是根据研究的目的、有计划地严格控制或创设一定的条件，主动引起或改变被试的心理活动，从而进行分析研究的方法。在教育心理学研究中，实验法有自然实验法和实验室实验法两种，其中，自然实验法是教育心理学的主要研究方法。

1. 自然实验法

自然实验法是在教育实际情境下，按照研究的目的，控制或变更某些条件，以引起被试心理活动变化而加以研究的方法。研究中把心理问题的探讨与教育、教学活动结合起来，从而研究在一定的教育、教学过程中某些心理活动形成、发展和变化的规律。

采用自然实验法进行研究时，既要注意控制各种变量，又要保持现场的自然性。研究中，研究者在实验前首先要确定研究的目的和研究的步骤，并对实验过程中被试的行为有所预见。由于自然状态下变量较多，情况复杂，研究中可能会遇到实验前未曾预料到的问题，这时就要善于及时修正研究方案，调整研究程序。另外，被试取样要注意避免研究现场人员的变动。在结果分析上，要力求客观，注重整体，对研究结果要反复进行实践检验。

自然实验法在教育心理学的研究中有广泛的应用，可应用于研究学生知识、技能的学习过程、道德品质的形成过程以及影响教学效果的因素等许多方面的问题。例如，研究教育方法与教学效果的关系时，由于需要较长的周期和自然的环境，同时研究者不能对被试进行随机分组，所以只能使用教育心理实验法。这个实验可以在正常的教学情况下设置一定的实验组和控制组，在实验组中改变教学方法而使教材及其他条件不变，然后比较学生学习效果的差异。

自然实验法兼具观察法和实验法之长，既注意到自然条件，能较好地反映教育实际情况；又注意到控制一定的变量，力求科学性。当然由于自然实验是在自然条件下进行的，有时条件的控制不易十分精确。

2. 实验室实验法

实验室实验法是指在实验条件严格控制下，借助于专门的设备，研究被试心理现象的方法。

现在教育心理学实验室实验研究大量地采用计算机控制实验。这样在实验中变量一般容易控制，数据的记录和整理也比较精确。如数学教学心理、阅读心理、问题解决的模拟等都可用计算机，计算机还可以用来呈现刺激、记录反应的正确与否、速度、解题过程等。

(四)个案法

个案法是对一个或几个研究对象进行较长时间的系统地研究的方法。个案法有时与追踪研究相结合，系统地记载被试某些心理活动的发展项目，从而采取适当的措施。这种方法适合于作特例研究，如超常儿童、低能儿童、学习困难的儿童以及品德不良的儿童等。

在研究中要注意全面地调查被研究者的社会条件，教育与家庭的影响，活动、工作情况，身体健康状况，以及在这些因素的影响下的心理活动和个性品质的发展变化，从而找出心理活动发展、变化的规律。此法的长处是有利于全面系统地对对象进行了解；其缺点在于研究对象的数量少，结果可能不具普遍意义。因此，在推广运用个案结果或作出更概括的结论时，必须持谨慎的态度。

(五)作品分析法

作品分析法是指通过对被试各种活动的作品(如绘画、日记、作文或其他作品)进行分析研究，了解其心理活动的水平、特点以及个性心理特征的方法。在教育心理学研究中，作品分析法是一种常用的方法。例如，通过分析儿童的绘画作品，可以得到许多关于儿童智能发展的资料，推断其观察能力及认识事物的能力；通过对儿童的日记的分析(当然必须首先征得儿童的同意)，可以把握儿童的心理状态；通过分析儿童的作文或其他作品(如作业、考卷、信件等)，可以深入地了解儿童的个性特点。

(六)教育经验总结法

教育经验总结法是指教育工作者从心理学的角度对自己或他人的工作经验进行总结。教育工作者尤其是广大教师在教育实践中积累了丰富的教育经验，尽管教师在日常工作中并非有意识地运用心理学规律，然而很多富有创造性的教学方法往往被证实有着坚实的心理学依据，通过心理学工作者与教育工作者对教育经验的共同总结，并在教育实践中加以推广，常常能产生良好的教学效果。因此，教育经验总结法是教育心理学常用的研究方法。

教育经验总结法是研究者以来自教育实践的事实经验为素材，然后加以分析、概括、认识，从而实现由感性认识到理性认识的升华。相对于理论思维方法而言，教育经验总结法是运用生活中的亲自感受、实践的直接知识乃至传统的习惯观点等进行思维活动的方法。教育经验可以分为个体教育经验和群体教育经验。

总之，教育心理学的研究方法不止这些，上述六种研究方法都有各自的适用范围。由于心理活动非常复杂，研究教育心理问题不能单独采用某一种方法，而应该根据研究课题的需要，综合运用各种方法，使之相互补充，以使教育心理学的研究更加科学。目前，注重提高教育心理学研究成果的应用性和普及性，进行跨学科、多分支和跨文化的研究，采用多变量设计，引进现代化科学技术手段，扩展科学研究的领域，是国际上教育心理学研究方法重要的发展趋势。

复 习 要 点

第一节 教育心理学的研究对象与内容

教育心理学的研究对象是学校教育过程中的各种心理现象和规律。具体来说，教育心理学的研究对象可以理解为：①教育心理学的研究对象是学校教与学情境中的心理现象，而不是研究一切教育领域中的心理现象；②要密切结合教育过程来探讨、揭示教与学的基本心理规律；③学习心理是教育心理学的核心，教育心理学的研究对象首先必须是受教育者在教育条件下思想品德、知识技能、智力与个性的习得与发展的规律；④教育心理学要研究各种影响学生学习的因素，以便更好地帮助学生提高学习的积极性；⑤学校教育的过程是教育者和受教育者互动的过程，教育心理学也要研究师生间的互动。教育心理学的研究内容有教育心理学的基本理论、学习理论、学习的过程、影响学习的因素、教学活动中的心理问题。

第二节 教育心理学的性质和作用

教育心理学既是一门理论性的基础学科，也是具有实践性的应用学科，以应用为主。教育心理学的作用分为理论作用和实践作用。理论作用主要有：①教育心理学从教育过程这一侧面所探索、揭示的心理学规律不仅充实了普通心理学的一般理论，而且为整个心理学的理论发展做出了贡献；②教育心理学的研究还可以使自身的理论得到发展；③教育心理学的研究也对教育学的理论发展起重要作用。实践作用为：教育心理学有助于教师形成科学的教育理念；帮助教师了解和教育学生；为实际教学提供科学的理论指导；帮助教师结合实际教学进行研究。

第三节 教育心理学的发展历史

教育心理学的发展历史可以分为如下几个阶段。

(1) 教育心理学的萌芽阶段(19世纪中叶以前)。在萌芽阶段，教育心理学没有成为独立的学科，但是积累了丰富的教育心理学思想。早在两千多年前，我国教育家和思想家在论述教育问题时，就论证过教育心理学问题。

(2) 教育心理学的独立阶段(19世纪中叶至20世纪20年代)。1868年，俄国教育家乌申斯基出版了《人是教育的对象》一书，对当时的心理学发展成果进行了总结，乌申斯基因此被称为"俄罗斯教育心理学的奠基人"。1877年，俄国教育家和心理学家卡列杰夫出版了俄国第一本《教育心理学》，这是第一部正式以教育心理学来命名的教育心理学著作。1903年，美国心理学家桑代克出版了《教育心理学》一书，1913—1914年，此书又发展成三大卷《教育心理大纲》。这是世界上公认的最早的、比较科学而又系统的教育心理学专著。这样，教育心理学成为一门独立的学科。

(3) 教育心理学的发展阶段(20世纪20年代至50年代末)。20世纪二三十年代，西方教育心理学吸取了儿童心理学和心理测验方面的成果，并把学科心理作为自己的组成部分，大大扩充了自身的内容。之后，教育心理学转入各种不同学派学习理论之间的论争。20世纪20年代以后，行为主义重视客观实验。20世纪40年代，弗洛伊德的理论广为流传，有关儿童的个性和社会适应以及生理卫生问题也进入了教育心理学领域。20世纪50年代，程序教学、机器教学、信息论的思想也影响和改变了教育心理学的内容。20世纪30年代，苏联教育心理学的发展主要是在理论观点的探讨方面做了许多工作。从20世纪40年代到20世纪50年代末，苏联教育心理学重视结合教学与教育实际进行综合性的研究，学科心理学获得了大量的成果。20世纪初，在我国出现的第一本教育心理学著作是1908年由房东岳译、日本小原又一著的《教育实用心理学》。1924年廖世承编写了我国第一本《教育心理学》教科书。此后，又出现了几本翻译介绍和自己编写的教育心理学书籍。这个时期，教育心理学的发展具有如下特点：①内容缺乏统一性，理论体系不独立；②忽视了对人类高级心理活动的研究，在教育实践中难以发挥作用。

(4) 教育心理学的成熟阶段(20世纪60—70年代末)。这个时期，西方教育心理学的内容和体系出现了某些变化，主要特点有：①教育心理学的理论体系逐渐独立；②西方教育心理学比较注重结合教育实际，注重为学校教育服务。20世纪60年代以来，苏联教育心理学发展的特点是：①日趋与发展心理学相结合，开展了许多针对儿童心理发展的实验研究；②发展了不同于西方的学习理论；③重视人际关系在儿童心理发展中的作用；④重视教学心理中方法论和具体研究方法的探讨。

(5) 教育心理学的完善阶段(20世纪80年代以后)。这一时期，教育心理学发展的特点是：①教育心理学越来越注重与教学实践相结合；②教育心理学理论派别的分歧越来越小。

第四节 教育心理学的研究原则和方法

一、教育心理学的研究原则

客观性原则是指研究者要尊重客观事实，对任何教育心理问题必须按照其本来面貌加以研究和考察。系统性原则就是要坚持整体系统的观点，多层次、多侧面地进行研究，不能孤立、片面、割裂地看问题。联系教育实际原则是指教育心理学的研究要与教育实践相结合。从选题到具体研究过程，都要从教育实际的需要出发；同时，研究的结论最终要能够解决教育教学实际中的问题。发展性原则是指坚持发展的观点，对心理活动的变化进行动态研究。

二、教育心理学的研究方法

观察法是指在自然情境中或预先设置的情境中，对被观察者的行为进行系统的观察和记录，而后分析以期获得其心理活动产生和发展规律的方法。调查法是指就某一问题要求被调查者回答其想法或做法，以此来分析、推测被试心理活动的方法。量表法是指用一套预先经过标准化的问题(量表)来测量某种心理品质的方法。问卷法是指采用预先拟定好的问题表由被试填写来搜集资料，分析和推测被试心理状态的方法。访谈法是指通过与研究对象或和研究对象有关的人进行口头交谈的方式来收集研究资料的方法。相关法是指探索两个或两个以上变量之间相互关系的方法。实验法是指按照研究的目的、有计划地严格控制或创设一定的条件，主动引起或改变被试的心理活动，从而进行分析研究的方法。实验法分为自然实验法和实验室实验法。自然实验法是指在教育实际情境下,按照研究的目的,控制或变更某些条件,以引起被试心理活动变化而加以研究的方法。实验室实验法是指在实验条件严格控制下,借助于专门的设备,研究被试的心理现象的方法。个案法是指对一个或几个研究对象进行较长时间的系统地研究的方法。作品分析法是指通过对被试各种活动的作品(如绘画、日记、作文或其他作品)进行分析研究,了解其心理活动的水平、特点以及个性心理特征的方法。教育经验总结法是指教育工作者从心理学的角度对自己或他人的工作经验进行总结的方法。

拓 展 思 考

1. 你对教育心理学的研究对象有什么看法?
2. 如何界定教育心理学的学科性质?
3. 当前的教育心理学体系有什么缺点和不足?怎样构建科学、完整的教育心理学理论体系?

第二章　心理发展与教育

如果我们怀中抱着一个婴儿，我们能否预测一下，这个婴儿 1 岁时是什么样子呢？在 5 岁时呢？20 岁时呢？50 岁时呢？80 岁时呢？我们的预测会是一般性和特殊性综合的结果——这个孩子能学会说话、认字，能跑、能跳，身材中等，唱歌好听，活泼开朗，等等。这些预测有些是生理方面的，有些是心理方面的，预测时我们要对遗传因素与环境因素都作出考虑，如果这个孩子的父母都是歌声优美动人的文艺工作者，我们预测这个孩子将来也很可能显示出歌唱才能。本章重点讲述心理发展的实质、心理发展的一般规律、影响心理发展的主要因素，探讨教育和心理发展之间的关系，介绍关于心理发展的基本理论。这些内容将有助于我们对儿童的发展作出科学的预测。

第一节　心理发展概述

个体的发展包括生理与心理两个方面的生长与变化。

生理发展也叫身体发展，是指个体的生理结构与机能及其本能的变化，这种变化是按先天预定的节奏与程序进行的，是自然成熟与成长的过程。外界环境等某些因素虽然能够在一定程度上加速或延缓这种变化的过程，但不能改变其内在的程序与节奏。个体的生理发展与心理发展之间关系密切。

心理发展是心理学研究中最被学者关注与重视的问题之一，从心理发展的角度来看，一个人从出生到死亡，其心理一直都处于变化与发展之中，心理发展是连续不断与持续终生的。

一、心理发展的概念

心理发展是指个体从胚胎期到出生一直到死亡的过程中所发生的有次序的心理变化过程。这种变化与发展是逐渐的、连续而有规律的。它不仅包括数量的变化，更重要的是还包括质的变化；这不仅指向前推进的过程，也包括某些心理方面衰退、消亡的过程；不仅包括语言和认知方面的发展，也包括情感、个性、道德、社会性等方面的发展。但是，并不是所有的心理变化都可以称为发展，例如，由于疾病、药物、疲劳导致的个体心理上的变化就不是发展。个体的心理发展有广义与狭义之分，广义的心理发展包括从出生到死亡，整个一生的心理变化；狭义的心理发展一般是指人类个体从出生到心理成熟阶段的心理变化。个体心理发展的过程也是个体社会化的过程，是个体不断获得在社会中进行正常生活所必需的能力与品德的过程。

二、心理发展的动力

个体在社会生活实践中，由于主客体的相互作用、环境与教育等外部因素提出的要求引发个体产生新需要，这种新需要与个体原有的心理发展水平之间产生矛盾，这种内部矛盾即心理发展的动力。

个体在心理发展的每一个阶段都面临着新的任务与要求。例如，出生不久的小孩只会发出一些简单的声音，表达要求和交流情感只能通过哭声、动作和眼神来实现，但成人会逐渐教育、鼓励与要求儿童尽量运用语言来表达，儿童也会发现哭声等表达的要求往往得不到及时的、准确的满足，而运用语言表达的欲求则因为可以被迅速理解而效果好得多。所以儿童先辨语音、再学语义，先学字、再学词、句，其语言也就逐渐地发展起来了。个体的心理也就在不断地解决新的需要与原有的心理水平之间的矛盾过程中得到发展。

当然，对于个体的生长和成熟，积极主动地学习是促进心理发展的内在因素，外界环境和教育是促进心理发展的外部因素。在内外因的关系问题上，辩证唯物主义认为，外因是变化的条件，内因是变化的根据，外因通过内因起作用。外界环境与教育提出的任务与要求只有被个体内化为自己的需要时，才能真正成为心理发展的动力。如果个体没有意识到这种要求，或不愿接受这种要求，或外界要求远远超出了个体发展的可能性，则个体发展的内部动力不可能产生。

三、教育与心理发展的一般关系

教育与心理发展之间存在着比较复杂的相互依存关系，应该辩证地看待和处理两者之间的关系。而教育对心理发展的影响是通过个体的学习活动实现的，要想探讨教育和心理发展之间的关系，首先需讨论学习和心理发展之间的关系。学习与心理发展之间的关系也是辩证的。①个体的心理发展水平制约着自身进行某种学习的可能性。个体发展的年龄特征不同，学习的内容与学习的方式也应该不同，必须从原有的心理发展水平出发循序渐进，跨越心理发展的年龄阶段或忽视心理发展的顺序性与系统性而采用拔苗助长或盲目填鸭的做法是有害无益的。认知心理学与教育心理学的研究也表明：个体原有的认知结构决定了新经验的习得水平和难易程度。②学习可以促进个体的心理发展。纵观个体的一生，其心理发展都是通过不断的学习得以实现的，学习在个体的心理发展中是最直接的决定性因素。个体无论通过发现学习还是接受学习，都能使个体积累经验，并在适宜的条件下解决问题、发明创造、适应环境、改造环境。通过对环境的作用，个体获得反馈，可以进一步调整、完善原有的经验结构，促进心理进一步地发展。个体的思维发展经历了从直观动作思维到具体形象思维再到抽象逻辑思维几个阶段，这一过程不是自发的，而是通过不断的学习实现的。简而言之，个体心理发展为学习提供准备，而学习又可以促进个体的心理发展。

教育与心理发展的辩证关系与学习与心理发展的辩证关系是一致的。个体的心理发展水平与特点是教育的起点与依据，是教育的前提。教育要考虑儿童进行新的学习的准备状态，包括生理发展状态、能力发展状态、学习动机状态。在教学实践中，教师应遵循教学的准备性原则，即根据学生原有的准备状态进行新的教学，该原则又称"量力性原则"或

"可接受性原则"。当儿童不具备接受某种教育的准备状态时，强制进行教育不但不可能达到预定的教学目标，甚至可能对儿童的身心健康造成伤害。因此，教师应该充分考虑儿童的心理发展状况，考虑儿童原有的知识水平和心理发展水平对新的学习的适应性。在教学过程中，要求教师在教学目标的确立、教学方法的运用、教学内容的选择、教学活动的组织等各个方面都要依据儿童的心理发展状态，在此基础上提出合理的新的教育要求，从而真正发挥教育的作用。

另外，教育对儿童的心理发展起着主导作用。教育是有目的地培养人的活动，它引导着个体发展的方向，尤其学校教育是有计划、有组织、规范的，有教师这种专业人员专门负责教育工作，对学生施加的教育影响全面、系统、科学而深刻。尽管教育不能逾越儿童心理发展的水平，但是科学的教育能够促进儿童的心理发展，提高儿童心理发展的质量，是发展的助力。反之，不科学的教育可能会延缓儿童的心理发展，是发展的阻力。例如，小学儿童思维发展的基本特点是从以具体形象思维为主逐步过渡到以抽象逻辑思维为主，研究发现，这一过渡存在一个明显的"关键年龄"——大约在四年级(10～11岁)，但如果儿童得到合理恰当的教育，这个过渡期可能提前，否则就可能延缓。可见，儿童的发展依赖于教育，教育作为一种决定性的条件制约着心理发展的过程和方向。因此，我们在教育教学过程中，应该在正确处理教育与心理发展的辩证关系的基础上，遵循维果斯基倡导的发展性教学的观点，最大限度地通过教育来促进儿童的心理发展。

第二节 心理发展的一般规律

人的心理发展是一个极其复杂的过程，但这个过程并非不可捉摸，而是有一般的规律和特性。

一、心理发展的连续性与阶段性

心理发展的过程是连续的、不间断的，人的一生就是生理方面、认知方面、社会性方面相互影响、不断生长变化的过程。每一种心理过程和个性特征都是逐渐发展变化的，由简单到复杂、由低级到高级，从个体出生开始，这种发展就已经产生。但是，由于不同的人所处的环境和自身素质的不同，发展的速度也就各不相同。

在心理发展这一连续的过程中，"阶段"常常被视为一个重要的概念，每个阶段都是心理发展这一连续体的一个组成部分。阶段概念预示着在各个相继的发展阶段的连续性中有一个不连续的成分。每一阶段都以不同的速度从前一个阶段中预示和产生出来，然后，它又进入下一个阶段并对它起作用。在生命的一定时期，心理发展总会维持一个相对平衡和稳定的阶段，每个阶段都具有在性质上不同于其他阶段的可分辨的心理发展特点。不同的阶段具有各自的质的规定性和相对一致的年龄区间。各个阶段的质的规定性或各个阶段的特征是由个体在生理、认知、个性和社会性等各方面的发展水平所决定的。

个体心理发展一般划分为以下几个阶段：乳儿期(0～1岁)；婴儿期(1～3岁)，相当于幼儿前期；幼儿期(3～6、7岁)，相当于学龄前期；童年期(6、7岁～11、12岁)，相当于学龄初期；少年期(11、12岁～14、15岁)，相当于学龄中期；青年期(14、15岁～25岁)，相当于学龄晚期；成年期(25~65岁)；老年期(65岁以后)。

由于上述各阶段与人的年龄相联系，因而被称为年龄阶段。在个体心理发展的各年龄阶段所表现出来的一般的、典型的、本质的特征，称为心理年龄特征。心理年龄特征是从许多个别的儿童心理发展的事实中概括出来的。例如，儿童的思维在幼儿期是以具体形象思维为特征的，这些特点是该年龄阶段儿童普遍具有的，所以说是一般特征；它是作为有代表性的东西表明该年龄阶段多数儿童特色的，所以说是典型特点；它也是足以区别心理发展的不同阶段，作为该阶段标志的，所以说是本质特征。

心理发展的年龄阶段及其特征具有一定的稳定性，表现为在一定社会教育条件下，一定年龄阶段的多数儿童处于一定的发展水平上，呈现出基本相似的心理特点，而且发展阶段的进程顺序和发展速度相对稳定。但心理年龄特征不是绝对不变的，随着社会发展、科技进步和教育条件的优化，现代儿童在心理年龄特征中的一些方面开始"早熟"。而且，由于社会教育条件的差异，某些个体在心理年龄特征上会有所变异、加速或延缓。

心理发展的年龄阶段及其特征是教育工作的重要依据，教学内容和教学策略的选择都要考虑受教育者的发展水平和年龄特点，要遵循量力性原则。由于心理发展的阶段及年龄特征既有阶段性又有连续性，因而要抓好各个阶段间的联系与过渡；由于心理发展的阶段及其特征既是稳定的又是可变的，因而教学工作在注意共同性的同时又要照顾个别差异。

二、心理发展的方向性与顺序性

身心发展在一定条件下总是具有一定的方向性和顺序性，而且是不可逆、也不可逾越的，并且在不同的文化背景下和不同的个体身上都表现出较高的一致性。譬如，在各种心理机能中，感知觉的发展最早，然后是运动机能、情绪、动机和社会交往能力的发展，而抽象思维的出现和发展最迟。根据有关研究，个体的心理发展表现出如下年龄特征：出生至三岁，主要是直观行动思维；三岁至六七岁(学前期)，主要是具体形象思维；六七岁至十一二岁(学龄初期)，主要是形象抽象思维；十一二岁至十四五岁(少年期)，主要是以经验型为主的抽象逻辑思维；十四五岁至十七八岁(青年初期)，主要是以理论型为主的抽象逻辑思维。

教育工作者应按照受教育者身心发展的实际，有次序、有步骤地进行教学，做到循序渐进，同时教育要适应"最近发展区"，走在发展的前面，以期使受教育者系统地掌握基础知识和基本技能，促进其身心健康发展。

三、心理发展的不均衡性

心理发展的不均衡性表现在不同的心理机能在发展的速度、发展的起始与成熟时间上有所不同；也表现在同一机能特性在发展的不同时期(年龄阶段)有不同的发展速度，而从身心的总体发展来看，不同时期发展速度也不一样，如婴幼儿期和青春期发育较快，而成人期则发展较为平稳和缓慢，表现出发展的不平衡性。

心理发展的不平衡性要求我们在教育中要把握发展的关键期。关键期是指在儿童的发展过程中存在的最容易学习和获得某种心理与行为反应，并且一旦错过就难以弥补的特定阶段，在关键期，机体对环境影响极为敏感，受到细微刺激即能发生反应，因而有的研究者也称其为敏感期。研究者还发现，在关键期的开始及结尾阶段，机体对环境的敏感度较低，在中间阶段最高。但若缺乏某种影响，便会引起发展方面的变异。

关键期的存在提示我们以下两点。①应该重视对儿童的早期教育。研究证明，儿童幼年具有巨大的发展潜力，而儿童发展的关键期又多在幼年期，因而实施早期教育可以充分发挥幼儿的学习潜力，促进儿童心理发展，有利于早出人才。②父母、教师要注意选择最佳时机对儿童进行教育，使知识技能容易为儿童掌握，智力及性格容易形成。所以，与儿童发展的关键期相对应，提出了教育工作的最佳期。

延伸阅读

洛伦兹关于印记的研究

关键期这一概念的引用，应上溯奥地利生态学家 K. Z. 洛伦兹(Konrad Zacharias Lorenz，1903—1989)的研究。根据对动物的观察，洛伦兹在 1937 年发表的《鸟类世界的伙伴》一书中，首次报告了他所发现的雏鸭印记现象。所谓印记(imprinting)，是指某些动物在初生婴幼期间对环境刺激所表现出的一种原始而快速的学习方式。洛伦兹发现，刚孵出的雏鸭对最早注意到的环境中会移动的客体表现出跟随依附的行为。如果在它面前出现的是母鸭，雏鸭会跟随；如果出现的是母鸡或人甚至是移动的玩偶，它也会跟随。从表面看，动物此种原始性特殊反应与其生存本能有关，但就雏鸭也跟随其他客体的现象看，显然不是动物的种族遗传，而是后天学习。洛伦兹进一步发现，动物的印记现象具有以下三个特征。

(1) 印记只在出生后某段时间内发生，刚孵出的雏鸭、雏鸡等禽类的印记现象，只能在一天之内发生，超过 30 小时印记将不会发生。同理，小狗出生后如在一个半月之内不与人接近，以后将无法与人建立亲密关系。洛伦兹称可能产生印记的有效期间为关键期(critical period)。

(2) 个体在这个时期所印刻的对象，可以使该个体对它接近并发生偏好，而且不会被忘却，由此形成了一种对它的永久约束性的依恋。

(3) 印记一旦形成，即长期不变。

洛伦兹的研究引起心理学界对关键期的注意，并进行了大量研究。其中比较主要的是探索并提出儿童各方面发展的关键期。例如，有的研究者发现人类胚胎最容易受到损害的关键期是怀孕后 6 周以内，即主要器官发育时期。一切先天缺陷都发生在妊娠的关键性的头 3 个月内。有的研究者提出，大脑发展的关键期为出生后第 5~10 个月。在这一时期，如果疏忽或缺乏良好的环境教育，会使发展受到损害。此外，对儿童语言及心理等其他方面的发展也曾提出关键期问题。

心理学还研究个体关键期的发展对日后发展的影响。许多研究表明，儿童自出生到三四岁的阶段中，如被剥夺感性经验，缺乏社会交往，疏忽智力教育或没有双亲的抚爱、照料等，都会严重影响日后心理的正常发展。

四、心理发展的相似性与差异性

一般说来,个体心理发展具有一定的相似性。这是因为,作为心理发展物质基础的脑结构和机能的发展遵循着大致稳定的节奏和顺序,人们对事物的认识都有一个从低级到高级、从简单到复杂、从表面到本质的过程。所以,在一定的文化背景与教育条件下,同龄的儿童一般总处于同一发展水平上,表现出相似的心理特点。同时儿童的发展又表现出相对特殊性,即个别差异性。由于遗传素质、教育条件以及社会环境的不同,儿童的心理发展也各不相同。各种心理机能开始出现和发展的具体年龄、发展的速度、各种心理机能发展所能达到的最终水平以及各种心理成分在某一个个体身上的结合模式都会有所不同。在认识、情感、意志、能力、气质、性格等方面都可以表现出每个人独特的一面,有的人知觉事物细致、全面,善于分析,有的人知觉事物较粗略,善于概括;有的人情感较丰富、细腻,而有的人情感较冷淡、麻木;有的人言语能力强,有的人操作能力强。就如同世界上很难找到两片完全相同的叶子一样,也很难找到两个完全相同的人。可以说,每一个个体具体的心理发展曲线都是有所差异的。

儿童心理发展的相似性使得他们对教育有一些共性的需要与要求,现在运用最广泛的教学组织形式——班级授课制正是缘于这样的考虑:按年龄编班的同一班级的学生具有相似的心理发展水平,因而可以统一教材、统一时间、统一进度,教师统一授课。但是,这样的班级授课注重面向全体,往往搞大家齐步走而难以照顾到学生的个体差异,使许多学生的发展受到局限。真正良好的教育,是要使每个学生都能得到足够的关注,每个学生都能得到恰当的引导,每个学生都能获得可能的最充分的发展。所以,在教学中要贯彻因材施教原则,教师应从学生的实际出发,使教学的深度、广度、进度适合大多数学生的知识水平和接受能力,同时考虑学生的个性特点和个体差异,使每个人的才能品行获得最佳的发展。了解学生的个别特点是搞好因材施教的基础。教师应当了解每个学生德智体发展的特点,各学科学习的情况与成绩,有何兴趣、爱好与擅长以及不足之处,然后有的放矢地因材施教。现代教学可以重视探索和采用一些特殊措施或制度,以保证因材施教。例如,对有特殊才能的学生请相关学科的教师或校外专家进行特殊的指导和培养,让他们参加一些课外小组、校外活动及相关的竞赛;在有条件的学校试行按能力分班教学;开设一些选修课以照顾学生的兴趣与爱好;允许成绩优异的学生跳级,使他们的才能获得充分的发展。

五、心理发展的相互制约性

无论是儿童的各种心理过程还是个性心理,都是在相互联系和相互制约中发展的。例如,儿童感知觉的发展,为记忆、思维、想象的发展提供了基础,而记忆、思维、想象等方面的发展也使儿童的感知觉得到改造和完善。

心理发展的相互制约性要求教育工作者要全面了解学生的心理面貌和表现,对学生统一地进行教育和培养。

六、心理发展逐渐分化和统一的特性

在个体发展的初期，身心各种机能还处于未分化的状态，随着身心的不断发展，各部位的机能会逐渐分化出来，这种分化随着身心的发展而趋向复杂，反过来又作为整体统一到有组织、有秩序的基础中去，并进一步向统一的方向发展变化。

第三节 影响心理发展的主要因素

关于影响心理发展的影响因素一直以来是心理学一个重要的理论问题，围绕着先天与后天、遗传与环境、教育等问题，心理学界存在着激烈的争论，从而形成了不同的观点和理论。总的说来，影响人的心理发展的主要因素可以分为两个大的方面：遗传和环境。

一、遗传对心理发展的影响

关于遗传在心理发展中的作用，学术界曾有过极端的观点，即遗传决定论。遗传决定论强调遗传因素在儿童心理发展中的作用，主张心理发展是由先天的、不变的遗传基因所决定的，心理发展的过程就是先前遗传素质自我发展和自我暴露的过程，儿童心理的发展主要是生理成熟的结果，外界环境和教育所起的作用甚微。持这种观点的人一致认为，儿童的智力和个性品质在生殖细胞的基因中就已被决定，环境的作用仅在于引发、促进或延缓先天素质的自我展开，而并不能改变其本质。

遗传决定论的创始人是英国的高尔顿(F. Golton)，他于1869年发表了著名的《遗传的天才》一书，明确地宣称："一个人的能力是由遗传得来的，它受遗传决定的程度，如同一切有机体的形态及躯体组织受遗传决定一样。"并得出一条"遗传定律"，即认为人的遗传特性1/2来自父母，1/4来自祖父母，1/16来自曾祖父母……美国心理学的先驱之一、第一任美国心理学会主席霍尔(G. S. Hall)也认为人的心理发展主要由遗传决定。在进化论思想的影响下，霍尔提出心理发展的复演论，认为个体发展只不过是人类种族进化的复演过程。他的典型论调是"一两的遗传胜过一吨的教育"。格塞尔(A. Gessel)则通过自己的研究以及对儿童发展的观察，提出著名的"成熟论"，认为心理的发展是生物成熟的结果，成熟是影响发展的第一要素。他认为心理发展是由其内部所固有的不变的规律和顺序决定的，发展的个别差异正是反映了人的先天差异，强调先天优生的保健胜过后天环境的教养。他的观点于20世纪四五十年代在西方曾盛极一时，对当时的儿童教育产生过很大的影响。遗传决定论者片面强调家庭出身，过分夸大先天遗传的作用，而忽视了后天环境和教育在儿童心理发展中的影响，这正是其观点的致命之处。

遗传是一种生物现象，指生物体通过生殖的方式将祖先在长期生物进化过程中形成和固定下来的生物特征传递给后代。遗传的生物特征，主要指有机体从上代继承下来的生理解剖的特点，如机体的结构、形态、感官和神经系统的特点等，这些遗传的生物特征也叫遗传素质。

一般认为，遗传对个体心理发展的作用表现在以下几个方面。

(1) 遗传素质是个体心理发展的生物前提、自然条件。没有遗传就没有心理赖以存在的物质基础,也就不可能有心理的发生、发展。

(2) 遗传素质的发展过程制约着个体身心发展的年龄特征。遗传为个体提供了一种能在某种条件下发展一定行为的能力。比如,语言虽然不是人类生理上先天就有的,但遗传素质却造就了儿童学习语言的倾向和驱力,使儿童能在适宜的条件下产生语言的能力。

(3) 遗传素质的个别差异为个体心理发展的个别差异提供了最初的可能性。遗传素质对个体心理发展差异的直接影响更多地表现在智力和气质上。

遗传素质对心理发展影响的大小具有以下两个特点。①遗传素质对人发展影响的大小与其本身是否符合常态有关。越不符合常态,影响就越大。特殊天赋条件或严重的先天不足对人的发展会产生重大的、甚至是决定性的影响。②遗传素质在个体发展的不同阶段产生影响的大小是不同的,其总趋势是减弱的。在婴幼儿阶段,先天因素的影响相对较大,但随着年龄的增长,遗传素质在人的发展中由潜在因素逐渐转化为现实因素,机体的成熟度和身心发展水平不断提高,因而遗传素质的影响也就相对地减弱。

(4) 遗传也制约着生理成熟,进而制约心理发展。生理成熟指的是由基因引起和控制的器官的形成、机能的展开以及动作模式的有程序的扩展,是一种通过基因来指导发展过程的机制。生长成熟对心理发展的影响表现为以下两点。①成熟的规律在一定程度上支配着心理发展的顺序。因为生理因素是个体心理发展的物质基础,而这个物质基础具有它自身发展成熟的过程。因此,生理上发展成熟的规律必然会在一定程度上影响到以它为基础的心理的发生、发展顺序。②生长成熟是新阶段心理活动出现的必要条件。性质上全新的心理活动一定要靠机体上有新的成熟、机能上有新的觉醒才行。生长成熟对心理发展影响的大小表现为两方面,一是视心理活动机能水平的高低而不同。越涉及低水平的机能,成熟的作用也就越大;越涉及高级水平的机能,越需要较多的学习。二是在个体发展的不同阶段,其影响的大小是变化的,总的趋势是,两头大,中间小。即在青年初期前(包括青年初期)和老年期后的影响大于这之间其他发展阶段。

二、环境对心理发展的影响

关于环境对个体心理发展的影响,学术界亦有过环境决定论的观点。环境决定论的观点与遗传决定论恰恰相反,它片面和机械地强调教育和环境对心理发展的决定作用,认为儿童心理的发展完全是由环境决定的,极端重视环境和教育在人的发展中的影响,否认人的主观能动性以及遗传素质和儿童的年龄特征的作用。

环境决定论的哲学渊源可以追溯到英国经验决定论者洛克(J. Locke)的"白板说"。洛克认为人的心灵好比一块白板,人的一切观念都来自经验,根本就"没有什么天赋原则"。行为主义学派的创始人华生(J. B. Watson)可以说是环境决定论最典型的代表人物,他在引用巴甫洛夫经典条件反射学说的基础上,强调学习和环境在儿童行为形成中的中心作用,提出只要有适当的环境条件,多数行为都可以通过学习获得或消除,认为个体的心理发展是在适当的环境中习得逐渐复杂化的刺激-反应链的过程。这种环境和教育是心理发展的唯一条件及教育万能的极端环境决定论观点在他名言中得以充分体现:"给我一打健康和天资完善的婴儿,并在我自己设置的特定环境中教育他们,那我愿意担保,任意挑选一个婴儿，不管他的才能、嗜好、定向、能力、天资和他祖先的种族，都可以把他培养训练成我所选定的任何一种专家：医生、律师、艺术家、商界首领乃至乞丐和盗贼。"新行为主义心理学家斯金纳(B．F．Skinner)继承了华生的环境决定论观点，认为人的任何行为都可以通过外在的强化或惩罚手段来加以塑造、改变、控制或矫正。中国古代哲学家墨子曾经说过："染于仓则仓，染于黄则黄，所入者变，其色亦变。"荀子亦说："蓬生麻中，不扶自直；白沙在涅，与之俱黑。……故君子居必择乡，游必就土，所以防邪僻而近中正也。"

受环境决定论影响的教育者在教育过程中往往会出现拔苗助长的现象，对儿童的身心发展是有害无益的。环境决定论的根本错误在于否认心理反映的主观能动性，否认心理发展的内因作用，片面强调和夸大环境与教育在儿童心理发展中的作用，是一种机械主义的发展观。

环境包括影响生物有机体发展的所有外部因素，是有机体借以生存和发展的客观条件。环境对心理发展的影响具有层级性，分为宏观环境、微观环境，不同的环境级层具有各自独特的特点，在心理的发展中起着不同的作用，但彼此间又存在着非常密切的内在联系，是一个统一整体的不同层次。

(一)宏观环境与心理发展

1．宏观环境与文化

宏观环境是指全体社会成员所处的共同环境，主要包括社会制度、经济发展水平、文化传统、民族心理等。它决定着一代人的心理发展倾向与水平，决定着人心理发展上所反映的社会时代特点，为人的发展提供了总条件、总背景。但它的影响是一种间接的影响，没有微观环境的作用，任何东西都不会从宏观环境渗透到人的意识中去。

宏观环境对个体心理发展的影响主要表现为文化的影响。

2．文化对个体心理发展的影响

文化对个体心理发展的影响表现在以下几方面。
(1) 通过文化传承，使个体了解前人的生活经验。
(2) 向个体传递该群体或民族的行为价值准则。
(3) 使个体能顺利地与他人以及群体建立社会联系。

3．文化影响个体心理发展的途径

文化主要通过以下几个途径影响个体心理发展。
(1) 民族、地域、习俗、时尚的影响。文化具有时代性、民族性、地域性、阶级性，生活在特定时代与地域、属于同一民族或阶级的个体属于同一文化共同体，从其语言文字到道德宗教、从思想艺术到饮食服饰都具有更大的相似性。
(2) 大众传播媒介的影响。大众传播媒介由一些机构和技术所构成，专业化群体凭借这些机构和技术，通过技术手段(如报刊、广播、电影、网络等)向为数众多、各不相同而又分布广泛的受众传播信息。其影响面大，传播速度快，不受时间、空间限制，对个体的社会化具有重要的影响。
(3) 家庭、学校、同伴群体等因素的影响。这一问题将在下面专门阐述。

(二)微观环境与心理发展

微观环境指的是个人所处的具体生活环境，又称个人环境。它包括个体所在的家庭、社区、学校或工作单位以及同辈群体。微观环境一方面受制于宏观环境，另一方面又有自己的独特性。它很可能不同于宏观环境的影响，也可能并不反映整个社会的性质。然而个体正是通过微观环境各自以其独特的方式掌握宏观环境，获得一切社会心理特征。只有那些深入触及个人的经验，归入他直接交往范围的事件、他人、艺术品，才能成为影响个体的真正因素。

由于微观环境是个体所处的具体生活环境，因此，它对儿童心理发展的影响比宏观环境要直接得多。微观环境对人的发展所起的作用概括地说可以分为两个方面：一是为人的发展提供各种活动的条件；二是为人的活动提供各种直接对象，影响和决定着个体心理发展的具体内容。

然而处于同样微观环境的主体，从环境刺激中抽取的信息以及各自心里所感受的环境却往往并不相同。人不是直接根据客体而行动，而是根据自己对客体的解释来采取相应的行动。因此，分析环境对个体发展的影响，还必须考虑个体的主体发展水平、独立性和自主性。

延伸阅读

刻板印象

以下这种社会刻板印象是怎样形成的？还存在哪些社会刻板印象？这些刻板印象怎样影响人们的生活？

白人比黑人更聪明吗？

在美国，不同的种族团体在学业测验上的成绩存在差异是不可否认的事实：亚裔美国人的表现比白人要好一些，而白人又比黑人要好一些。关键问题是：为什么会出现这种差异？是由于内在性格的不同还是情境的差异？

Steele 和 Aronson 证明了至少有一个因素是情境因素，即刻板印象在这种差异产生之中有着重要的影响。他们发现，当黑人学生发觉自己处于一个高度评价式的教育情境中的时候，他们很容易体会到一种恐惧：自己会不会证实"智力低劣"的文化刻板印象？事实上他们会说："如果我在这项测验中成绩不好，会反映出我和我的种族是不好的。"

这样的恐惧干扰了他们在这些情境中的表现。在其中一个实验里，Steele 和 Aronson 对斯坦福大学的黑人学生和白人学生单独施测 GRE。两个群体中各有一半的学生认为研究者感兴趣的是测量他们的智力；另一半的学生则认为研究者只是要研发这份测验，而且，这份测验并不具有效度或者信度，因此他们确信，他们的表现并不代表他们的实际能力。

结果确认了研究者的推测。对白人学生来说，无论他们是否认为这份测验是用来作为诊断工具的，他们的表现都一样。认为测验并不是在诊断自己的能力的黑人学生的表现和白人学生一样好。但是那些认为测验是在测量他们的智力的黑人学生，表现既没有白人学生好，也没有另一半的黑人学生好。在后续的研究中，Steele 和 Aronson 还发现，种族如果被凸显得比较清楚的话，黑人学生的成绩就会出现比较明显的下滑。

(资料来源：侯玉波. 社会心理学. 北京：北京大学出版社，2008)

1. 家庭对心理发展的影响

1) 胚胎环境的影响

人出生之前,要经过 10 个月的胚胎发育期。胚胎环境如母亲的疾病、X 射线、药物影响、饮食缺陷、营养不良等因素都会导致胎儿的发育障碍。给胎儿创造一个适合发育的环境对其后天的成长关系重大。美国儿童心理学家托马斯认为,母亲的心理活动对胎儿的发育有很大的影响,他指出,"子宫是胎儿最初接触到的世界,在这个世界中的体验将直接影响到胎儿性格的形成"。

2) 父母的抚养方式的影响

父母的抚养方式一般分为三种类型:民主权威型、独断型、放纵型。很多研究表明,父母的抚养方式与孩子的社会性发展关系密切。对孩子严格要求又高度接受的父母属于民主权威型,他们在孩子心目中有威望,不独断,不过分放纵孩子。这种抚养方式有助于孩子的社会性的发展。与这种抚养方式对应的是积极、友好型的孩子。对孩子要求严厉并且在情感上排斥的父母属于独断型,对孩子的需要缺乏反应,并且严厉、武断、粗暴。在这种环境下长大的孩子多属于冲突、急躁型儿童。对孩子高度接受并且要求很少的父母属于放纵型,他们尽管与孩子有着亲密的关系,但对孩子过分溺爱,极端放纵。这种教养方式下的儿童往往是冲动和攻击型的。

美国心理学家皮克(R. F. Peck)研究了青少年的性格特征与父母对子女的教养方式之间的相关情况,结果表明,孩子良好的性格特征与信任、民主、容忍的教养方式有较高的相关性;孩子的敌对行为与严厉的教养方式有较高的相关性;孩子的意志坚强与父母的高度信任呈正相关,而与父母的严厉呈负相关。具体情况如表 2-1 所示。

表 2-1　父母的教养方式与孩子的性格特征的相关系数

父母的教养方式	性格特征				
	意志坚强	情绪稳定	自发努力	友好态度	敌对行为
信任	0.74	0.60	0.27	0.44	-0.40
民主	0.43	0.16	0.36	0.33	-0.40
容忍	0.56	0.53	0.05	0.19	-0.10
严厉	-0.16	-0.08	-0.38	-0.38	0.40

3) 家庭环境的影响

和谐的家庭环境有利于孩子人格的发展。相反,经常争吵的家庭会给孩子幼小的心灵留下阴影,特别是父母之间的冲突,会导致孩子消极的情感特征,引起孩子的攻击性行为甚至犯罪行为,并使其在同伴中不受欢迎。在现代社会中,离婚率不断上升,父母离婚成为影响孩子人格发展的重要因素之一。有研究发现,离异家庭的 4~6 岁儿童与完整家庭的同龄儿童在心理发展上存在差异。在社会性发展上,离异家庭儿童的同伴关系显著差于完整家庭的儿童。离异家庭儿童与父母的交往、对父母的信任感、对家庭和父母的满意程度等亲子关系方面的表现也显著地不如完整家庭的儿童。他们往往自我控制能力较差,问题行为较多,并在同龄团体中处于从属地位。

2. 学校教育对个体发展的影响

学校教育不仅要使儿童在知识上有所提高，在智力上有所进步，更为重要的是要使儿童的人格得到健康的发展。儿童进入学校以后，其生活范围迅速扩大，他们生活中越来越多的部分将由教育机构来支配。在学校里儿童有机会与更多的人发生联系，因此学校对个体发展的影响会是全方位的。

(1) 学校的教育思想、教育理念影响着学生的心理发展。学校秉信的是素质教育还是应试教育，强调独立自主还是强调服从规范，是着眼于成绩与分数还是致力于学生的全面发展、终身发展，对学生会产生不同的影响，学生的发展当然会有差异。

(2) 教师自身的状况也会影响到学生的发展。教师是学校中重要的角色，教师的人格、业务素质、对待学生的态度与方式都影响着学生的发展。由于教师在学生心目中往往具有崇高的地位，所以时常成为学生直接的模仿对象。在实际教育过程中，教师与不同学生之间的相互作用差异很大，这种作用会对学生的人格发展产生直接影响。研究表明，教师对学生的期望和行为反应往往受学生家庭背景、人格特点、性别以及外貌特征的影响。一般来说，教师喜欢与那些成功的、较少提要求的学生接触，但是常常会忽略安静、内向的学生。教师的这些行为倾向会对学生的人格发展产生重要的作用。

3. 同伴群体的影响

同伴群体可以满足儿童归属的需要，为儿童的自我认识、自我评价提供最适宜的参照对象和他人评价信息，对促进儿童自我意识的发展具有非常重要的意义。尤其在进入青春期以后，同伴群体成为青少年发展的重要影响因素。

遗传和环境、成熟与学习对心理发展的相对作用也并非始终不变的，它们的影响在不同的发展阶段、不同的发展水平、不同的心理机能方面都是不同的。在发展的低级阶段，一些简单的初级心理机能，如感知觉、初级语言等方面受生理成熟的制约性较大。而复杂的高级心理机能如抽象思维能力、高级情感、个性品质等则更多地受社会生活条件、教育的制约。

现在普遍接受的观点是：个体心理的发展是遗传和环境相互作用的产物，遗传和环境是相互制约、相互依存的。环境对某种特性或行为的发生、发展是否起作用以及起多大的作用，往往依赖于这种特性和行为的遗传基础。同时，遗传作用的大小也依赖于环境的变量。总的来说，遗传素质是心理发展的物质基础和前提条件，为心理发展提供可能；环境促使这种可能性变为现实。遗传和环境因素对心理发展的影响作用是发展的可能性与发展的现实性之间的辩证关系，个体的生物遗传因素规定了心理发展的潜在可能性和范围，个体的社会生活、教育条件决定了他在这个范围内的实现水平。

延伸阅读

遗传因素与环境因素同等重要

明尼苏达小组研究了孪生子在生理、智力、性格等方面的异同，这里我们只关心性格的情况。现代心理学一般用五种量度综合评价一个人的性格：友好程度("讨人喜欢、和蔼、友好"对"爱争论、有攻击性、不友好")、严谨程度("有条理、负责任、可信赖"对"粗心、易冲动、不可信赖")、外向程度("果断、外向、活泼"对"畏缩、内向、冷淡")、神经质程度("不焦急、稳定、自信"对"焦急、不稳定、不自信")、开通程度("有想象力、喜欢新奇、有创造性"对"目光短浅、避免风险、爱模仿")。心理学家通过问卷和询问研究对象及其亲属，并按这五种量度对研究对象的性格加以评判。两个人的相似程度则用0和1之间的一个数字表示：0表示两个人没有一点相似之处，1表示两个人完全相同。

根据明尼苏达小组的研究结果，如所预料的，同卵孪生子的性格相似程度明显大于异卵孪生子。一起长大的同卵孪生子的五种性格量度的相关性平均为0.46，分开长大的同卵孪生子这一数字为0.45。这说明同卵孪生子的性格相关程度与他们在相同还是不同的环境长大无关。分开长大的异卵孪生子的性格相关程度平均为0.26，大约是同卵孪生子的一半，这与他们的遗传相似程度是同卵孪生子的一半相符。从同卵孪生子和异卵孪生子得到的相关性可以用于计算遗传差异与性格差异的相关性。平均来说，大约50%的性格差异是由于遗传差异导致的，或者说，遗传因素对性格的影响大约占了一半。遗传学家把这个数字称为遗传率。如果性格差异是完全由遗传差异引起的，遗传率为1；如果性格差异与遗传差异毫无关系，遗传率为0。其他类似的研究结果所得到的性格遗传率一般在0.2～0.5。

为什么类似的研究却会得到不太一致的结果呢？我们必须注意到，遗传率是受很多因素影响的。遗传率小，并不都意味着遗传因素的影响不重要。

我们只能极其简单地说，遗传因素对性格的影响占了大约一半，至于剩下的一半，我们归于环境因素的影响。环境因素可分为共享和非共享两种。那么哪一种更为重要？那些分开长大的同卵孪生子表现出来的性格差异，可以归于他们不同的生活环境。也就是说，非共享的环境对性格形成也有重大影响。而共享的环境呢？如果也对性格形成有重大影响的话，一起长大的同卵孪生子的性格相似程度应该显著高于分开长大的同卵孪生子。但是我们看到的却并非如此，一起长大的同卵孪生子与分开长大的同卵孪生子并无显著差异。多项研究都表明，共同的家庭环境对小孩的性格发育只有轻微的影响。在处于模仿阶段的婴幼儿时期，家庭环境还有一定的影响，但是到了青春期以及长大离家之后，这种影响就几乎完全消失了。那些一起长大的兄弟姐妹之间的性格相似，看来主要是由于基因相似导致的，而不是共同的家庭环境导致的。而他们性格的不同之处，则主要是由于不同的社会环境导致的。

但是人并不是被动地进入一个环境接受其影响，在很大程度上，环境是我们自己创造、选择的。在这个过程中，遗传因素并不能被排除，它可能影响我们交什么样的朋友，喜欢或讨厌和什么样的人打交道，从事什么样的工作，而所有这些环境因素又都可能影响我们的性格。遗传因素不同的人，即使在相同的环境中，也可能选择不同的事物，以不同的方式对待，从而创造出一个不同的环境。同样，遗传因素相同的人(如同卵孪生子)在不同的环境中，也可能选择相同的事物，以相同的方式对待。分开长大的同卵孪生子可能在相同的遗传因素的影响下而选择相同的书籍阅读，交类似的朋友，找类似的工作，而这些相同的环境又反过来增强了其性格的相似性。把同卵孪生子的性格相似完全归于基因的直接作用是过于简单化的。

基因与环境的交互影响也是极其复杂的。一方面，没有合适的环境，基因的作用表现不出来。另一方面，基因也影响了我们对环境的反应。我们对环境的反应可以分成三个步骤：通过感官从环境中感受刺激，在中枢神经系统对信息进行处理，然后作出反应。遗传差异对这三个步骤的每一步都可能产生影响，从而影响了我们对环境的感受和反应。

简单地说，可以说遗传因素和环境因素对性格的影响大约同等重要。两个人的遗传差异越大，环境越不同，性格差异也就会越大。而两个人的性格相似主要是由于相似的遗传因素引起的，共享环境的影响很小。但是我们必须记住，遗传因素和环境因素实际上是无法截然分开的，而是混杂在一起、交互发生作用的，从这个意义上说，区分影响性格的因素有多少属于遗传的影响，又有多少属于环境的影响，是不可能的。遗传、环境以及经常被忽视的随机因素都对人性有重要的影响，这大概是我们对人性是天然还是使然这个千古难题所能作出的最好回答。

第四节　心理发展的基本理论

一、皮亚杰的心理发展观

瑞士心理学家皮亚杰(J. Piaget，1896—1980)及其日内瓦学派对儿童的认知发展进行了深入而系统的研究。

(一)建构主义的发展观

皮亚杰在其发生认识论的基础上，将生物学的原则和方法引入人类发展的研究中，形成了迄今为止极具影响力的儿童认知发展理论。他的发展理论体现了建构主义的思想。在皮亚杰看来，发展在很大程度上依赖于儿童对周围环境的适应以及与周围环境的积极互动。个体与环境相互作用的建构过程促进了其内部心理结构的不断变化。这种变化不是简单地在原有信息的基础上加上新的事实和思想，而是涉及思维过程的质的变化。

皮亚杰认为智慧是有结构基础的，而图式就是他用来描述智慧(认知)结构的一个特别重要的概念。皮亚杰对图式(schemes)的定义是"一个有组织的、可重复的行为或思维模式"。初生的婴儿具有吸吮、哭叫及视、听、抓握等行为，这些行为是与生俱来的，是婴儿能够生存的基本条件。这些行为模式或图式是先天性遗传图式，全部遗传图式的综合构成一个初生婴儿的智力结构。随着年龄的增长及机能的成熟，在与环境的相互作用中，儿童通过同化、顺应及平衡化作用，使得图式不断得到改造，认知结构得到不断发展。

皮亚杰认为，所有的生物包括人在与周围环境的作用中都有适应和建构的倾向。一方面，由于环境的影响，生物有机体的行为会产生适应性的变化；另一方面，这种适应性的变化不是消极被动的过程，而是一种内部结构积极的建构过程。个体对环境的适应机能包括同化(assimilation)和顺应(accommodation)两个过程。皮亚杰认为"同化就是把外界元素整合到一个正在形成或已经形成的结构中"。例如，学会抓握的婴儿看见床上的玩具时，会反复用抓握的动作去获得玩具。当他独自一个人，玩具又较远(看得见)，手够不着时，他仍用抓握的动作试图得到玩具。这一动作过程就是同化，婴儿用以前的经验来对待新的情境(远处的玩具)，即主体能够利用已有的图式或认知结构把刺激整合到自己的认知结构中。顺应是指"同化性的图式或结构受到它所同化的元素的影响而发生的改变"。也就是改变主体动作以适应客观变化，也可以说改变认知结构以处理新的信息(本质上即改变旧观点以适应新情况)。如上面提到那个婴儿为了得到远处的玩具，反复抓握，偶然地抓到床单一拉，玩具从远处来到了近处，以后这个婴儿就会用这一动作来得到玩具，这一动作过程就是顺应。

当已有的图式不能解决面临的问题情境时，就产生了皮亚杰所说的不平衡状态，皮亚杰认为心理发展就是个体通过同化和顺应日益复杂的环境而达到平衡(equilibrium)的过程，个体也正是在平衡与不平衡的交替中不断建构和完善其认知结构、实现认知发展的。

(二)皮亚杰的认知发展阶段理论

皮亚杰认为，在个体从出生到成熟的发展过程中，认知结构在与环境的相互作用中不断重构，从而表现出具有不同质的不同阶段。他把人的发展分为以下四个阶段。

1．感知运动阶段

在感知运动阶段(sensorimotor stage，0～2岁)，认知活动主要通过探索感觉与运动之间的关系来获得动作经验。在这些活动中形成了一些低级的行为图式，以此来适应外部环境和进一步探索外界环境。这个阶段的一个显著标志是儿童渐渐地获得了客体永恒性(object permanence)，即当某一客体从儿童视野中消失时，儿童知道该客体并非不存在。儿童大约在9～12个月获得客体永恒性，客体永恒性是更高层次认知活动的基础，表明儿童开始在头脑中用符号来表征事物，但是还不能用语言和抽象符号为事物命名。

2．前运算阶段

进入前运算阶段(preoperational stage，2～7岁)，儿童的言语与概念以惊人的速度发展。运算是指内部化的智力或操作。儿童在感知运动阶段获得的感觉运动行为模式在这一阶段已经内化为表象或形象模式，具有符号功能。并且儿童的表象日益丰富，其认知活动已经不再局限于对当前直接感知的环境施以动作，开始能运用语言或较为抽象的符号来代表他们经历过的事物。但这一阶段的儿童还不能很好地掌握概念的概括性和一般性。本阶段儿童的认知活动具有相对具体性，还不能进行抽象的思维运算，他们的思维还具有只能前推不能后退的不可逆性(irreversibility)。此外本阶段儿童在注意事物的某一方面时往往忽略其他的方面，即思维具有刻板性。与思维的不可逆性和刻板性等特点相联系，本阶段儿童尚未获得物体守恒(conservation)的概念。守恒是指物体不论其形态如何变化，其质量是恒定不变的。但本阶段儿童由于受直觉知觉活动的影响，还不能认识到这一点，思维存在集中化(centration)的特征。

3．具体运算阶段

具体运算阶段(concrete operational stage，7～11岁)的儿童开始接受学校教育，出现了显著的认知发展。这一阶段儿童的认知结构已发生了重组和改善，思维具有一定的弹性，儿童已经获得了长度、体积、重量和面积等的守恒，能凭借具体事物或从具体事物中获得的表象进行逻辑思维和群集运算。但他们形成概念、发现问题、解决问题都必须与其熟悉的物体或场景相联系，还不能进行抽象思维。因此，皮亚杰认为对这一年龄阶段的儿童应多做事实性或技能性的训练。此外，本阶段儿童已经能理解原则和规则，但在实际生活中只能刻板地遵守规则，不敢改变。随着分类(classification)和排序(seriation)的获得，儿童获得了思维的可逆性。他们的思维开始逐渐地去集中化(decentration)，能够学会处理部分与整体的关系，进行一些逆向或互换的逻辑推理。去集中化是具体运算阶段儿童思维成熟的最大特征。

4. 形式运算阶段

形式运算阶段(formal operational stage，11岁至成人)，儿童的思维已超越了对具体的可感知事物的依赖，使形式从内容中解脱出来。这种能力一直持续到成年时期。本阶段中个体推理能力得到提高，能从多种维度对抽象的性质进行思维。他们的思维是以命题形式进行的，并能发现命题之间的关系；能够进行假设性思维，采用逻辑推理、归纳或演绎的方式来解决问题；能理解符号的意义，能做一定的概括，其思维发展已接近成人的水平。这种摆脱了具体事物的束缚、利用语言文字在头脑中重建事物和过程来解决问题的运算就叫作形式运算。

皮亚杰认为，所有儿童的认知发展都会依次经历这四个阶段。认知结构的发展是一个连续建构的过程，每一阶段都有独特的结构，前一阶段是后一阶段的基础。虽然不同的儿童会以不同的发展速度经历这几个阶段，但是都不可能跳跃某一个发展阶段。在阶段的转折时期，同一个体可能同时进行不同阶段的活动。

(三)皮亚杰发展理论对教育的影响

皮亚杰的发展理论对教育教学实践有很大的影响。许多心理发展研究与课程论都是建立在皮亚杰的理论基础上的。他的理论对教育工作者的理论研究和实践探索有着重要的参考价值，主要表现为以下几个方面。

(1) 不主张教给儿童那些明显超出他们发展水平的材料，即不主张毫无根据地或人为地加速儿童的发展；但同时，过于简单的问题对儿童的认知发展作用也不大。在皮亚杰看来，儿童的认知发展是以学生已有的认知结构为基础的，并以已有图式与环境相互作用而产生的认知需要为动力。鉴于此，教师应该为学生提供略微高于他们现有思维水平的教学内容，使学生通过同化和顺应过程达到平衡，从而帮助学生发展已有的图式，并建立新的图式。

(2) 保持学生的学习主动性和自主性，使他们积极地参与到学习活动中来。皮亚杰反对教师主动地教而学生却处于消极状态的教学。儿童的认知发展需要丰富的环境刺激，教师要提供探索的机会，提供社会互动的机会。

(3) 儿童在认知发展过程中存在着个体差异。在教学中，每一个班学生的认知发展水平和已有知识经验都有很大差异，教师要确定学生的不同认知发展水平，以保证所实施的教学与学生的认知水平相匹配。另外，通过分析学生经常出现的错误类型也有助于确定学生的思维特点和发展水平。

二、维果斯基的心理发展观

维果斯基(Л. С. Выготски，1896—1934)是苏联早期卓越的儿童心理学家，他短暂的一生对苏联心理学的理论和体系的建立与发展作出了不可磨灭的历史贡献。

(一)文化-历史发展理论

维果斯基创立了"文化-历史发展理论",用以解释人类心理本质上与动物不同的那些高级的心理机能。

维果斯基认为,由于工具的使用,引起人的新的适应方式,即物质生产的间接的方式,而不像动物一样是以身体的直接方式来适应自然。在人的工具生产中凝结着人类的间接经验,即社会文化知识经验,这就使得人类的心理发展规律不再受生物进化规律的制约,而受社会历史发展的规律所制约。

当然,工具本身并不属于心理的领域,也不加入心理的结构。但是在物质生产的基础上产生的人与人相互交往的方式和社会文化生产的产物——人类社会所特有的语言和符号,从根本上改变了人的心理结构,形成了人类特有的、高级的心理机能。

(二)心理发展观

维果斯基认为发展是指心理的发展。所谓心理的发展就是指一个人的心理(从出生到成年)是在环境与教育影响下,在低级的心理机能的基础上逐渐向高级的心理机能的转化过程。所谓低级心理机能是生物进化的结果,是人和动物所共有的,包括知觉、不随意注意、形象记忆、情绪、冲动性意志、直观的动作思维等。所谓高级心理机能是以"语言"为中介,是人类历史发展的结果,是人类所特有的。人类个体只有在掌握了人类经验的基础上才能形成各种高级心理机能。高级心理机能包括观察、随意注意、抽象思维、高级情感、意志等。

心理机能由低级向高级发展,起源于社会文化-历史的发展,是受社会规律所制约的。

从个体发展来看,儿童在与成人交往过程中通过掌握高级的心理机能的工具——语言、符号这一中介,使其在低级的心理机能的基础上形成了各种高级心理机能。高级的心理机能是不断内化的结果。

由此可见,维果斯基的心理发展观是与他的文化-历史发展观密切联系在一起的。他强调,心理发展的高级机能是人类物质生产过程中发生的人与人之间的关系和社会文化-历史发展的产物;强调心理过程是一个质变的过程,并为这个变化过程确定了一系列的指标。

(三)教学与发展的关系——最近发展区

"最近发展区"理论的基本观点是,在确定发展与教学的可能关系时,要使教育对学生的发展起主导和促进作用,就必须确立学生发展的两种水平:一是其已经达到的发展水平,表现为学生能够独立解决问题的智力水平;二是他可能达到的发展水平,但要借助成人的帮助,在集体活动中,通过模仿才能达到解决问题的水平。实际的发展水平与可能的发展水平之间的差距就是"最近发展区"。教学创造着最近发展区,第一个发展水平与第二个发展水平之间的差距取决于教学如何帮助儿童掌握知识并促使其内化。

从以上观点出发,维果斯基特别提出:"教学应当走在发展的前面。"对教育过程而言,重要的不是着眼于学生现在已经完成的发展过程,而是关注他那些正处于形成的状态或正在发展的过程。教学决定着智力的发展,因此,如果教师在教育过程中只是利用学生现有的知识水平,那么教育过程就不可能成为学生发展的源泉,学生的发展就会受到限制或阻碍，影响其积极性和创造性。只有走在发展前面的教学才是良好的教学，才能有效地促进学生的发展，这种认识与近年来我们所提倡的素质教育的要求是吻合的。

(四)内化学说

维果斯基是最早提出"内化"学说的人之一。他指出，教学的最重要的特征便是教学创造着最近发展区这一事实，也就是教学激起与推动学生一系列内部的发展过程，从而使学生通过教学而掌握全人类的经验，内化为儿童自身的内部财富。维果斯基内化学说的基础是他的工具理论。他认为，人类的精神生产工具或"心理工具"就是各种符号。运用符号就能使心理活动得到根本改造，这种改造转化不仅在人类发展中，而且在个体的发展中进行着。学生早年还不能使用语言这个工具来组织自己的心理活动，心理活动的形式是"直接的和不随意的、低级的、自然的"。只有掌握语言这个工具，才能转化为"间接的和随意的、高级的、社会历史的"心理技能。新的高级的社会历史的心理活动的形成，首先是作为外部形式的活动而形成的，以后才"内化"，转化为内部活动才能默默地在头脑中进行。

(五)维果斯基的理论对教学的影响

维果斯基的思想体系是当今建构主义发展的重要推动力量，他的思想强烈地影响到建构主义者对教学和学习的看法。建构主义者们不再局限于仅仅强调教学的结果和各种外部变量，开始注重影响教学有效性的各种内部变量。在维果斯基思想的启发下，教育研究者对学习和教学进行了大量理论建设和实际探索。

(1) 研究者在维果斯基搭建支架(scaffolding)的基础上，提出了支架式教学。这种教学方式的要点在于：①强调学生在教师指导下的发现活动；②教师指导的成分逐渐减少。最终要使学生达到独立发现的效果，将监控学习和探索的责任由教师向学生转移。在运用支架式教学时，要保证提供的支架一直使学生处于其最近发展区之内，在学生能力有所发展的时候，随着学生认知发展的变化而进行调整。

(2) 教学是交互作用的动力系统。按照维果斯基最近发展区的观点，教师必须在教学中给学生提供处于其最近发展区内的并且难度适当的学习材料。而最近发展区是个动态的区域，因此，教师需要不断地获得有关学生发展的反馈。

维果斯基阐释了在相互作用情境下学习的机制。在沟通中，成人认为儿童了解某些信息并在这种假定下行事，而最后儿童果真就能够建构出这些信息或知识。这种最近发展区的相互作用是一种成人与儿童共同协作的认知活动，儿童最后建构的观点也是儿童原有观点和成人观点的联合产物。成人与儿童在最近发展区内的相互作用，促使儿童获得解决问题的任务和知识。这种相互作用的对话不仅对学生的知识，也对教师的认知结构进行了精细加工和重新建构。此外，动力系统的合作性质也有助于产生非竞争的、情感支持的教学背景，最终提高学生的自我效能感和内部动机。

(3) 维果斯基的理论对于合作学习也有一定的指导作用。合作学习强调同伴交往在完成任务过程中的作用。在合作学习模式下，学生会有意识地模仿专家或同伴的行为来思考和完成具体的任务。在合作的社会性背景下完成任务时，学生会对所运用的心理策略进行明确或不明确的模仿、证明和辩论，情绪、动机、个性等心理要素会以直接或间接的方式影响到学生的学习。因此，教师要尽量组织、安排能力水平不同的学生进行合作学习。接受能力较强的同伴的指导是促进儿童在最近发展区内发展的最有效的一种方式。

(4) 维果斯基的理论在情境认知理论及其教学模式中也有一定的应用。学生不是被动地接收知识，而是自主积极的"学徒式学习者"。任何学习都是处在一定的社会的或有实际意义的背景下，教师在教学的过程中，要引导学生从旁观者逐渐过渡到教学活动的参与者，在社会性互动中获得知识和技能。

三、埃里克森的社会化发展理论

埃里克森(E. H. Erikson)1902年生于德国，年轻时受教于弗洛伊德，是现代著名的精神分析学家之一。

(一)埃里克森的社会化发展理论的主要观点

埃里克森强调社会文化背景的作用，认为人格发展受文化背景的影响和制约。埃里克森在研究了几种文化背景下儿童发展的情况后推断说尽管不同文化中存在着某些差异，但情感的发展变化及其与社会环境的相互关系却遵循着相似的方式。出于对文化和个体关系的重要性的认识，埃里克森提出了心理社会发展理论(psychosocial developmental theory)。

与皮亚杰相同，埃里克森把发展看作一个经过一系列阶段的过程，每一阶段都有其特殊的目标、任务和矛盾。各个阶段互相依存，后一阶段发展任务的完成依赖于早期矛盾的解决。埃里克森还指出，所有的发展阶段不仅依次地相互发生联系，而且最后一个阶段和第一个阶段也相互关联。如老人对死亡的态度会直接影响幼儿的人格发展。他说："如果儿童的长者完美得不惧怕死亡，儿童也不会惧怕生活。"埃里克森认为在每一阶段的发展中，个体均面临一个发展危机，每一个危机都涉及一个积极的选择与一个潜在的消极选择之间的冲突。个体解决每一个危机的方式对个体的自我概念以及社会观有着深远的影响。早期阶段中不能正确处理出现的问题所造成的损失，可能会在后期的阶段中得到修正，但却往往会对个体一生的发展造成间接而深远的影响。因此有人称他的理论为发展危机论。埃里克森把人的心理发展分为以下八个阶段。

(1) 信任对怀疑(0～1.5岁)。这一阶段，尤其是生命的头几个月，婴儿的目标是建立起对周围世界的基本信任感。所谓基本信任感是指"一种充分信任他人并且自己也值得信赖的基本感觉"。母亲给婴儿提供食物并满足爱抚的需要，婴儿也需要满足母亲的需要。如果婴儿能得到较好的抚养并与母亲建立了良好的亲子关系，儿童将对周围世界产生信任感，否则将产生怀疑和不安。这种不信任感可能伴随儿童度过整个童年期，甚至影响到成年期的发展。

(2) 自主对羞怯(1.5～3岁)。这个阶段中的儿童已经学会了走路，并且能够充分地利用已掌握的语言和他人进行交流。儿童开始表现出自我控制的需要与倾向，渴望自主并试图自己做一些事情(如吃饭、穿衣、大小便)。儿童这种对权利和独立性的渴望常常与父母的要求相冲突。这时，父母要允许儿童自由地探索，给予适当的关怀和保护，帮助儿童树立自信心。如果父母对儿童只是一味地严厉要求和限制，就会使儿童对自己的能力产生怀疑。过多的怀疑和羞怯可能会导致个体一生对自己的能力缺乏信心。

(3) 主动感对内疚感(3~6、7岁)。这一阶段儿童的活动范围逐渐超出家庭的圈子，儿童开始追求出于自我利益和动机的活动。他们想象自己正在扮演成年人的角色，并因以为自己能从事成年人的角色和胜任这些活动而体验一种愉快的情绪。例如，当父母做饭时，儿童递过一把勺子，他便认为自己是在从事一项重要的活动，发挥了重要的作用。

而由于儿童能力的局限，他们出于自我动机的活动常常会被成年人禁止，使其认识到"想做的"和"应该做的"之间的差距，从而可能会降低从事活动的热情。因此，本阶段的危机就在于儿童既要保持对活动的热情，又要控制那些会造成危害或可能会被禁止的活动。

成年人的认可和监督会使儿童相信，他们的活动和贡献会被他人所接受。因此，成年人应监督而不是干涉儿童的主动性和创造性活动。过多的干涉可能会造成儿童缺乏尝试和主动性的性格。

(4) 勤奋感对自卑感(6、7~12岁)。本阶段儿童开始进入学校学习，开始体会到持之以恒的能力与成功之间的关系，并形成一种成功感。本阶段的儿童面临来自家庭、学校以及同伴的各种要求和挑战，他们力求保持一种平衡，以至于形成一种压力。而且随着社交范围的扩大，同伴的相互作用变得越来越重要。儿童在不同社交范围活动的经验以及完成任务和从事集体活动的成功经验增强了儿童的胜任感，其中的困难和挫折则可导致其产生自卑感。这些成功的体验有助于儿童在以后的社会生活中建立勤奋的特质，表现为乐于工作和有较好的适应性。显然，成年人对儿童在各种活动中表现出的勤奋给以鼓励是必要的。学生在这一阶段的危机未解决好，往往是其以后学业颓废的重要原因。教师对学生行为的评价对儿童的自我概念具有重要的影响。

(5) 角色同一性对角色混乱(12~18岁)。这一阶段大体相当于少年期和青春初期。个体此时开始体会到自我概念问题的困扰，也即开始考虑"我是谁"这一问题。体验着角色同一性与角色混乱的冲突。这里的角色同一性是有关自我形象的一种组织，它包括有关自我能力、信念、性格等的一贯经验和概念。在埃里克森看来，自我既与个体过去的经验相联系，又与个体当前面临的任务有关，自我同一性的形成与职业的选择、性别角色的形成、人生观的形成等有着密切的联系。如果个体在这一时期把这些方面很好地整合起来，他所想的和所做的与他的角色概念相符合，个体便获得了较好的角色同一性。埃里克森注意到前几个阶段中冲突的健康解决会成为本时期的良好基础，如前几阶段形成的信任感、自主感、主动创造性和勤奋感都有助于个体更自信地面对各种选择，从而使个体成功地获得角色同一性。

(6) 友爱亲密对孤独(18~30岁)。这一时期相当于青年晚期。此时个体如能在人际交往中建立正常的人与人之间的友好关系，可形成一种亲密感。这种意义上的亲密感是指个体愿意与他人进行深层次的交往，并保持一种长期的友好关系，学会与他人分享而不计较回报。如果害怕被他人占有和不愿与人分享便会陷入孤独中。

(7) 繁殖对停滞(30~60岁)。本时期包括中年期和壮年期。这里指的是广义上的繁殖，不仅包括人的繁衍后代，而且包括人的生产能力和创造能力等基本能力或特征。本阶段个体面临抚养下一代的任务，并把下一代看作自己能力的延伸。发展顺利的个体表现为家庭美满，富有创造力；反之有可能则陷入自我专注之境，只关心自己的需要与舒适，对他人及后代感情冷漠以至于颓废消极。

(8) 完美无憾对悲观绝望(60岁以后)。本阶段相当于老年期。这一阶段个体的发展受前几阶段发展的影响极大。如果个体在前几个阶段发展顺利，则在这一时期能够巩固自己的自我感觉并完全接受自我，接受自己不可替代的作用，意味着个体获得了自我完满感；相反，没有获得完满感的个体将陷入绝望，并因而害怕死亡。

(二)社会化发展理论在教学中的应用

在学校教育中，小学生正处于第四阶段(6~12岁)，中学生正处于第五阶段(12~18岁)，埃里克森的理论有助于使我们的教育适应中小学生的发展。

1. 帮助学生适应勤奋和自卑危机

教师一定要意识到他们的学生总是在努力保持着积极的自我概念，认为自己是有能力、有价值的个体。所有入学的儿童都相信自己能学，他们满心期望在学校里获取成功。对于一个儿童来说，学校是定义成功和失败的地方。埃里克森认为学校向儿童提供他们参与社会所需的工具，如果学生认为自己无力参与学校社会，他们就可能拒绝加入整个社会。教师一定要帮助学生克服这一危机。教师对学生的行为评价以及课堂组织的方法可以对儿童的自我概念产生重要的影响。

2. 适应同一性和角色混乱危机

教师通常是最合适的和最有可能帮助学生获得同一性的人。学生选择某一特殊的专业，往往是受这一专业的教师的人格力量的影响。一个教学卓有成效、热情开朗的教师可以激发学生强烈的学习兴趣，而且这种教师往往能对学生在该专业的成就给予及时合理的反馈和强化，进而影响学生对职业的选择和同一性的形成。

复 习 要 点

第一节 心理发展概述

心理发展是指个体从胚胎期到出生一直到死亡的过程中所发生的有次序的心理变化过程。这种变化与发展是逐渐的、连续而有规律的。它不仅包括数量的变化，更重要的是还包括质的变化；不仅指向前推进的过程，也包括某些心理方面衰退、消亡的过程；不仅包括语言和认知方面的发展，也包括情感、个性、道德、社会性等方面的发展。

心理发展的动力：个体在社会生活实践中，由于主客体的相互作用，环境与教育等外部因素提出的要求引发个体产生新需要，这种新需要与个体原有的心理发展水平之间产生矛盾，这种内部矛盾即心理发展的动力。

教育与心理发展的一般关系：一方面，个体的心理发展水平与特点是教育的起点与依据，是教育的前提。教育要考虑儿童进行新的学习的准备状态，包括生理发展状态、能力发展状态、学习动机状态；另一方面，教育对儿童的心理发展起着主导作用。尽管教育不能逾越儿童心理发展的水平，但是科学的教育方式能够促进儿童的心理发展，提高儿童心理发展的质量，是发展的助力；反之，不科学的教育方式可能延缓儿童的心理发展，是发展的阻力。

第二节 心理发展的一般规律

心理发展的一般规律包括如下几个方面：心理发展的连续性与阶段性；心理发展的方向性与顺序性；心理发展的不均衡性；心理发展的相似性与差异性；心理发展的相互制约性；心理发展逐渐分化和统一的特性。

第三节 影响心理发展的主要因素

遗传的生物特征主要是指有机体从上代继承下来的生理解剖的特点，如机体的结构、形态、感官和神经系统的特点等，这些遗传的生物特征也叫遗传素质。遗传决定论强调遗传因素在儿童心理发展中的作用，主张心理发展是由先天的、不变的遗传基因所决定的，儿童心理的发展主要是生理成熟的结果，外界环境和教育所起的作用甚微。遗传决定论的创始人是英国的高尔顿，其他代表人物有霍尔、格塞尔。一般认为，遗传对个体心理发展的作用表现在这样几方面：遗传素质是个体心理发展的生物前提、自然条件；遗传素质的发展过程制约着个体身心发展的年龄特征；遗传素质的个别差异为个体心理发展的个别差异提供了最初的可能性；遗传也制约着生理成熟进而制约心理发展。

环境包括影响生物有机体发展的所有外部因素，是有机体借以生存和发展的客观条件。环境对心理发展的影响具有层级性，分为宏观环境、微观环境。环境决定论的观点与遗传决定论恰恰相反，它片面和机械地强调教育和环境对心理发展的决定作用，认为儿童心理的发展完全是由环境决定的，极端重视环境和教育在人的发展中的影响，否认人的主观能动性以及遗传素质和儿童的年龄特征的作用。环境决定论的哲学渊源可以追溯到英国经验决定论者洛克的"白板说"。行为主义学派的创始人华生可以说是环境决定论最典型的代表人物，新行为主义心理学家斯金纳继承了华生的环境决定论观点，中国古代哲学家墨子、荀子也持这种观点。

宏观环境是全体社会成员所处的共同环境，主要包括社会制度、经济发展水平、文化传统、民族心理等。宏观环境的影响是一种间接的影响。宏观环境可以视为广义的文化。文化对个体的心理发展的影响表现在：通过文化传承，使个体了解前人的生活经验；向个体传递该群体或民族的行为价值准则；使个体能顺利地与他人以及群体建立社会联系。文化影响个体心理发展的途径：民族、地域、习俗、时尚的影响；大众传播媒介的影响；家庭、学校、同伴群体等因素的影响。

微观环境指的是个人所处的具体生活环境，又称个人环境。它包括个体所在的家庭、社区、学校或工作单位以及同辈群体。家庭对心理发展的影响：胚胎环境的影响；父母的抚养方式的影响；家庭环境的影响。学校教育对个体发展的影响：学校的教育思想、教育理念影响着学生的心理发展；教师自身的状况也会影响到学生的人格发展；同伴群体的影响。

现在普遍被接受的观点是：个体心理的发展是遗传和环境相互作用的产物，遗传和环境是相互制约、相互依存的。总的来说，遗传素质是心理发展的物质基础和前提条件，为心理发展提供可能；环境促使这种可能性变为现实。遗传和环境因素对心理发展的影响作用是发展的可能性与发展的现实性之间的辩证关系，个体的生物遗传因素决定了心理发展的潜在可能性和范围，个体的社会生活、教育条件决定了其在这个范围内的实现水平。

第四节 心理发展的基本理论

一、皮亚杰的心理发展观

建构主义的发展观：图式是皮亚杰用来描述智慧(认知)结构的一个特别重要的概念。皮亚杰对图式的定义是"一个有组织的、可重复的行为或思维模式"。个体对环境的适应机能包括同化和顺应两个过程。皮亚杰认为"同化就是把外界元素整合到一个正在形成或已经形成的结构中"。顺应是指"同化性的图式或结构受到它所同化的元素的影响而发生的改变"。也就是改变主体动作以适应客观变化，也可以说改变认知结构以处理新的信息(本质上即改变旧观点以适应新情况)。当已有的图式不能解决面临的问题情境时，就产生了皮亚杰所说的不平衡状态，皮亚杰认为心理发展就是个体通过同化和顺应日益复杂的环境而达到平衡的过程。

皮亚杰的认知发展阶段理论：①感知运动阶段(0～2岁)。在感知运动阶段，认知活动主要通过探索感觉与运动之间的关系来获得动作经验。这个阶段的一个显著标志是儿童渐渐地获得了客体永恒性，儿童大约在9～12个月获得客体永恒性。②前运算阶段(2～7岁)。进入前运算阶段，儿童的言语与概念以惊人的速度发展。本阶段儿童的认知活动具有相对具体性，还不能进行抽象的思维运算，他们的思维具有不可逆性。此外，本阶段儿童的思维具有刻板性。与思维的不可逆性和刻板性等特点相联系，本阶段儿童尚未获得物体守恒的概念。③具体运算阶段(7～11岁)。这一阶段儿童的认知结构已发生了重组和改善，已经获得了长度、体积、重量和面积等的守恒，能凭借具体事物或从具体事物中获得的表象进行逻辑思维和群集运算，但还不能进行抽象思维。儿童获得了思维的可逆性。他们的思维开始逐渐地去集中化，去集中化是具体运算阶段儿童思维成熟的最大特征。④形式运算阶段(11岁至成人)。这一阶段儿童的思维已超越了对具体的可感知事物的依赖，使形式从内容中解脱出来。本阶段中个体推理能力得到提高，能从多种维度对抽象的性质进行思维。其思维发展已接近成人的水平。

皮亚杰发展理论对教育的影响：教师应该为学生提供略微高于他们现有思维水平的教学，使学生通过同化和顺应过程达到平衡，从而帮助学生发展已有的图式，并建立新的图式。保持学生的学习主动性和自主性，使他们积极地参与到学习活动中来。皮亚杰反对教师主动地教而学生消极接受的教学。儿童在认知发展过程中存在着个体差异。

二、维果斯基的心理发展观

文化-历史发展理论：维果斯基创立了"文化-历史发展理论"，用以解释人类心理本质上与动物不同的那些高级的心理机能。在物质生产的基础上产生的人与人相互交往的方式和社会文化生产的产物——人类社会所特有的语言和符号，从根本上改变了人的心理结构，形成了人类特有的、高级的心理机能。

心理发展观：维果斯基认为心理的发展就是指一个人的心理(从出生到成年)在环境与教育的影响下，在低级心理机能的基础上逐渐向高级心理机能的转化过程。心理机能由低级向高级发展起源于社会文化-历史的发展，是受社会规律所制约的。从个体发展来看，儿童在与成人交往的过程中通过掌握高级心理机能的工具——语言、符号这一中介，使其在低级的心理机能的基础上形成了各种高级心理机能。高级的心理机能是不断内化的结果。

教学与发展的关系——最近发展区："最近发展区"理论的基本观点是，在确定发展与教学的可能关系时，要使教育对学生的发展起主导和促进作用，就必须确立学生发展的两种水平。一是他已经达到的发展水平，表现为学生能够独立解决问题的智力水平；二是他可能达到的发展水平，但要借助成人的帮助，在集体活动中，通过模仿，才能达到解决问题的水平。实际的发展水平与可能的发展水平之间的差距就是"最近发展区"。教学创造着最近发展区，第一个发展水平与第二个发展水平之间的差距取决于教学如何帮助儿童掌握知识并促使其内化。从以上观点出发，维果斯基特别提出："教学应当走在发展的前面。"

内化学说：维果斯基是最早推出"内化"学说的人之一。他指出，教学的最重要的特征便是教学创造了最近发展区这一事实，也就是教学激发与推动学生一系列内部的发展过程，从而使学生通过教学而掌握全人类的经验，内化为儿童自身的内部财富。

维果斯基的理论对教学的影响：研究者在维果斯基搭建支架的基础上，提出了支架式教学。教学是交互作用的动力系统。按照维果斯基最近发展区的观点，教师必须在教学中给学生提供处于其最近发展区内的并且难度适当的学习材料。而最近发展区是个动态的区域，因此，教师需要不断地获得有关学生发展的反馈。维果斯基的理论对于合作学习也有一定的指导作用。维果斯基的理论在情境认知理论及其教学模式中也有一定的应用。

三、埃里克森的社会化发展理论

埃里克森把发展看作一个经过一系列阶段的过程，每一阶段都有其特殊的目标、任务和冲突。各个阶段互相依存，后一阶段发展任务的完成依赖于早期冲突的解决。埃里克森认为在每一阶段的发展中，个体均面临一个发展危机，个体解决每一个危机的方式对个体的自我概念以及社会观有着深远的影响。埃里克森把人的心理发展分为以下八个阶段：信任对怀疑(0～1.5岁)，自主对羞怯(1.5～3岁)，主动感对内疚感(3～6、7岁)，勤奋感对自卑感(6、7～12岁)，角色同一性对角色混乱(12～18岁)，友爱亲密对孤独(18～30岁)，繁殖对停滞(30～60岁)，完美无憾对悲观绝望(60岁以后)。

社会化发展理论在教学中的应用：帮助学生适应勤奋和自卑危机。教师一定要意识到他们的学生总是在努力保持着积极的自我概念，认为自己是有能力、有价值的个体。对于一个儿童来说，学校是定义成功和失败的地方。教师一定要帮助学生克服这一危机。教师通常是最合适的和最有可能帮助学生获得同一性的人。学生选择某一特殊的专业，往往是受这一专业的教师的人格力量的影响。

拓 展 思 考

1. 影响儿童心理发展的因素在现代社会有哪些特殊性？
2. 我国学校教育中有哪些做法是不利于学生心理健康发展的？
3. 谈谈你对遗传与环境对个体发展影响的看法。

第三章 学习的基本问题

一个小孩被邻居家的狗咬了一口，从此他看到任何狗都躲着走；当他看到另一个儿童因为某种良好行为受到夸奖的时候，他也会去模仿。雪虎是杰克·伦敦的名著《雪虎》中的一只狼犬，在狼崽时期看到主人生火，它就用舌头去舔这种太阳颜色的活东西，结果舌头和鼻子都被灼伤，雪虎从此知道火是危险的东西，不可触碰；长大一些，它看到有些狗被人用枪打死打伤，当看到人类拿出枪的时候，它知道躲到墙后藏起来。无论是人类中的儿童还是动物中的狼犬，他们都是因为学习而发生了上述的变化。本章重点讲述学习的概念和作用，分析学习的特点与分类，探讨影响学习的因素，这些将有助于引导儿童更好地进行学习。

第一节 学习的概念和作用

学习问题是教育心理学研究的核心问题之一，对学习的本质、学习的过程、学习的影响因素等问题的探讨制约着对教育心理学其他问题的解答。

一、学习的概念

(一)学习的定义

学习问题非常复杂，其范围广泛，层次丰富，影响因素多样，心理学家对学习问题的理论探讨和实验研究都非常活跃，形成了丰富多样的观点，从不同的角度、用不同的措辞给予其不同的定义。

(1) 素普(Thorpe，1963)：学习是通过由经验产生的个体行为的适应性变化而表现出来的过程。

(2) 金布尔(Kimble，1961)：学习是由强化练习引起的有关行为潜能的持久性变化。

(3) 加涅(Gagne，1965)：学习是人的倾向或能力的变化，这种变化能够保持而不能单纯归因于生长过程。

(4) 维特罗克(Wittrock，1977)：学习是描述那种与经验变化过程有关的一种术语，它是在理解、态度、知识、信息、能力以及经验技能方面学到相对恒定变化的一种过程。

(5) 温非尔德(Wingfield，1979)：学习是由练习或经验引起的行为或知识的较持久的变化。

(6) 鲍尔和希尔加德(Bower & Hilgard，1981)：学习是指一个主体在某种规定情境由重复经验引起的、对那个情境的行为或行为潜能的变化。

(7) 潘菽(1980)：学习是人及动物在生活过程中获得个体的行为经验的过程。

(8) 张春兴(1994)：学习是因经验而使个体行为或行为潜势产生改变且维持良久的历程。

(9) 陈崎(1997)：学习是由于经验所引起的行为或思维的比较持久的变化。

(10) 皮连生(1997)：学习是机体通道与其环境相互作用导致能力或倾向相对稳定变化的过程。

总的来看，虽然这些心理学家给出的定义的角度和强调的重点不同，但是也有许多共同的地方。根据心理学界对学习看法的共识，可以对学习下一个较为确凿的定义：学习是个体在后天生活过程中经过练习或经验而产生的行为或行为潜能的比较持久的变化过程。

(二)学习的特点

学习具有以下特点。

第一，学习是个体后天习得经验的过程。学习只有经过经验才能发生，经验包括接收信息(以及评价和转换信息)和作出反应来影响环境，经验是有机体与环境之间进行复杂的相互作用获得的。学习发生时，个体的行为经常会发生一定的变化，但是，有的变化是学习的结果，有的则不是。例如，有时个体由于特定的心理状态，如疲劳、醉酒而引起某些行为的变化，就只是一种临时性的变化，一旦这些特定的状态消除，这些行为的变化也就随之消失，这种变化不是学习。另外，个体由于成熟等因素也会发生行为方面的比较稳定的变化，这不是缘于经验的结果，也不是学习。而有些行为上的持久变化需要经验和成熟准备相结合。例如，婴儿爬、走、跑以及大小便的训练，在儿童具有充分的成熟准备以前，任何训练或练习都无法产生这些行为，但如果没有成人的引导与教育，这些行为也不能出现。

第二，学习表现为行为或行为潜能的变化。学习使个体发生的变化有时直接表现在行为方面，有时这种变化未必立即见诸行为。对表现在行为上的变化人们可以通过观察发现，而对没有立即见诸行为的变化却无法直接观察到。例如，唐诗宋词的学习引起了学生对中国古典文化的热爱，教师的鼓励支持改变了学生对学习的态度，这些变化都是内隐的，但会影响后续的行为，因此可以视之为行为潜能的变化或内部心理的内容与机能的变化。

第三，学习表现为个体的比较稳定的变化。一旦学习发生，行为或行为潜能的变化就会在不同场合表现出相对一致性。例如，一旦学会游泳或骑自行车，人就会持续地保持这种活动。当然，所谓稳定变化不是永久性变化。例如，虽然练习过书法，但放弃了一段时间，书法水平会有所下降，但再次学起来会很容易，一些东西会由于先前的经验"保存"下来。所以我们认为学习使个体发生的变化是比较稳定或相对一致的。相应地，也只有比较稳定或相对一致的变化我们才认为是学习，偶然的、暂时的变化都不是学习。

二、学习的作用

学习具有如下几个方面的作用。

(一)学习是个体适应环境、与环境保持动态平衡的重要手段

动物和人的生活都离不开学习。动物和人要在后天环境中求得生存和种群延续，首先要依靠先天遗传的种群本能行为，但这种先天本能只能适应相对固定或变化较小而缓慢的外界环境。

动物和人为了生存下去，还必须通过学习获得个体经验。学习活动与其他活动的区别

在于学习同经验的积累有关,只有能使经验得以积累的活动才具有学习的意义。因此,学习过程也就是经验的获得过程。这种后天习得行为经验可适应相对迅速的变化,与先天本能相比,其意义显然要重要得多。

然而,学习对个体生活的作用和重要程度,在各种动物之间的差异很大。低等动物在种系发展中所处的地位低,生活方式简单,主要凭种群的遗传经验来生存,习得经验对其生存的意义不大,因此,学习对其生活不是十分重要。而动物的等级越高,生活方式越复杂,其遗传行为越少,行为的后天成分越多,学习在其生活中就越重要。行为成分与动物发展水平的关系可参见图3-1。

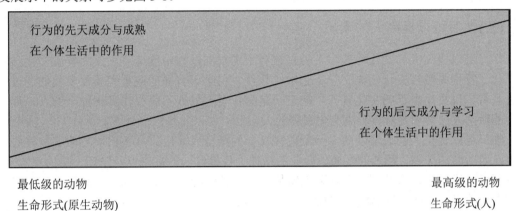

图3-1 行为成分与动物发展水平的关系

人是最高等的动物,生活方式极为复杂,固定不变的本能行为最少。人类行为的绝大部分是后天习得的,学习能力以及学习在人类个体生活中的作用也就必然是最大的。人类婴儿与初生的动物相比,相对来说独立能力低,天生的适应能力也低。可以说,离开父母的养育,婴儿是无法生存下去的。但是人类却有动物不可比拟的学习能力,可以迅速而广泛地通过学习适应环境。人能够成为万物之灵,靠的就是学习。国外有句名言,叫作"不学习就灭亡"。1972年联合国教科文组织国际教育发展委员会发表了著名的研究报告,题为《学会生存》,就把学习同生存直接联系在一起,可见学习对人类生存的重要性。

(二)学习可以促进个体的成熟和生理的发展

受"用进废退"自然法则的支配,"用"即意味着后天的学习,学习可以促进个体的生理发展,动物与人类的学习实验都证明了这一点。动物,尤其是初生动物的环境丰富程度可以影响动物感官的发育,也会影响大脑的重量、结构和化学成分,从而影响智慧的发展。

延伸阅读

相 关 研 究

克雷奇(D. Krech,1966)将幼鼠分成三组:对第一组给予丰富刺激,使它们的反应越来越复杂;让第二组在笼中过着正常的生活;第三组与环境刺激完全隔离。80天之后对三组幼鼠进行解剖比较分析。结果发现,在大脑皮层的重量和密度方面,第一组最优,第三组最差;在与神经冲动的传递密切相关的乙酰胆碱酯酶方面,三个组也呈现出重大的差异,第一组含量最丰富，第二组次之，第三组含量最少。

怀特关于对初生婴儿眼手协调的动作训练的实验研究说明了学习和训练对成熟的促进作用。怀特发现，经过训练的婴儿，平均在3.5个月时便能举手抓取面前的物体，其眼手协调程度相当于未经训练的5个月的婴儿的水平。这就说明了学习、训练对成熟的促进作用，学习促进了潜能的表现和能力的提高。

同样，个体一生的心理发展更是在不断的学习过程中实现的，从一个近乎无能的生物个体发展到一个具有多种能力和健康个性的社会适应性良好的社会成员，这一切都不是自发、自然形成的，而是通过不断学习实现的。

(三)学习可以提高人的素质

学习可以提高人的文化修养。人类在社会历史发展过程中创造了大量的物质文化与精神文化。特别是精神文化，如文学、艺术、教育、科学等方面的成果尤其需要我们通过学习去获得，以提高自己的文化素养。缺乏一定文化素养的人不能算作真正健全的人，现代社会的新型人才必须是具有较高文化素养的人。

学习可以优化人的心理素质。一个现代社会的新型人才应该具备诸多方面的良好心理素质，如高尚的品德、超凡的气质、敬业的精神、目标专一的性格以及坚韧不拔的意志等。这些都可以通过学习来达到。正如萨克雷所言："读书能够开导灵魂，提高和强化人格，激发人们的美好志向，读书能够增长才智和陶冶心灵。"

(四)学习是文明延续与发展的桥梁和纽带

美国著名民族学家、原始社会历史学家摩尔根认为，人类社会的历史可概括为三个时代，即蒙昧时代、野蛮时代和文明时代。在蒙昧时代，人类世代相传地生活在热带或亚热带的森林中，以野生果实、植物根茎为食，还有少部分栖居在树上。随着地壳的变化、气候的改变，人类不得不从树上移居地面，学会了食用鱼类、使用火、打制石器、使用弓箭、磨制石器等生存的本领，世代相袭。到了野蛮时代，人类又学会了制陶术、动物的驯养繁殖和植物的种植。这一时代的后期，还学会了铁矿石的冶炼，并发明了文字，从而使人类历史过渡到文明时代。

由此看来，人类文明的延续和发展就如同一场规模宏大而旷日持久的接力赛：前代人通过劳动和生活获得维持生存和发展的经验，不断总结，不断积累，不断提高，形成知识和技能，传给后人；后辈人在学习前人经验的基础上，进一步丰富和提高，以适应时代与环境的变迁。如此代代传递，便形成了一部人类文明延续发展的历史。

值得注意的是，由于人类文明在一定意义上存在加速发展的趋势，所以学习活动对人类社会的作用更加明显。

第二节 学习的特点和分类

一、学习的特点

学习的概念有广义与狭义之分。第一节所谈的是广义的学习，是有机体共有的一般的学习，包括动物学习和人类学习；人类作为万物之灵，其学习除了具有有机体学习的一般特点之外，还有其特定的特征。学生是人类中的一个特殊群体，其学习又具有特殊性。下面介绍人类学习、学生学习的特点。

(一)人类学习的特点

人类学习具有如下特点。

(1) 从内容上看，人类的学习比动物广阔得多。动物的学习，仅仅是掌握个体经验；而人类的学习，不仅是掌握个体经验，更重要的是以个体的形式掌握社会的经验。动物的活动是一种消极、被动的适应活动，因此，每一代动物个体所积累的经验，无法以物化的形式保存下来，其个体经验随动物个体的灭亡而消失。而人类的实践活动尤其是劳动实践，是一种有意识、有目的的活动，能将每一代个体的经验客体化，并且保存下来代代相传，因此每一代新的个体能够以个体化的形式掌握这些社会经验。人类除了同动物那样可以在后天生活过程中获得个体经验外，还可以以个体经验的形式来掌握人类社会千百年积累形成的社会历史经验。这些知识经验首先以物化的形式凝聚在实践活动的成果与产品中，也以符号的形式储存在书本资料之中。人类个体只有掌握这些社会历史经验，才能实现作为人类社会历史发展产物的人的本性与能力。

(2) 从方式上看，动物的学习主要是自发的过程，而人类的学习是在社会的传递中，以语言为中介而实现的。正是因为人的学习主要掌握的是客体化的人类社会历史经验，因此，其学习不可能自发地实现。儿童的学习要在成人的指导下进行，他们可以在与周围人的交往中，在成人的影响下逐渐掌握周围事物的意义。同时，人的学习是以语言为中介实现的。语言是人们传递经验与互相交流的工具，也是记载人类社会历史经验的载体，个体一方面可以通过语言直接与别人进行交往，获得社会经验，另一方面也可以通过语言获得用语言符号记载下来的关于客观世界的知识，这是一种间接的交往而获得知识的过程。语言开辟了人类个体掌握社会历史经验的广阔的可能性：有了语言，人不仅能掌握具体的经验，而且有可能掌握概括、抽象的经验。因为语言是使事物之间关系抽象化、概括化的信号。依据巴甫洛夫的观点，第二信号系统的出现给人的学习带来了新的机制，而且使人的第一信号系统也具有了与动物不同的内容和方式。维果斯基认为，由于儿童掌握了语言，以此为中介，才可能由低级的以知觉过程为主的心理机能转为高级的以抽象思维为主的心理机能。

(3) 从性质上看，人的学习是自觉的、有目的的、积极主动的过程。动物的生活方式是以其对外界自然条件的适应为特征的，其学习是不自觉的，只是消极被动地适应其生存的环境。人不是消极被动地接受人类的经验，而是自觉地与周围环境以及环境中的人进行作用来获得知识经验。人掌握个体经验和社会经验不仅仅是为了满足生理和生存的需要，更重要的是满足社会和发展的需要，因此，人的活动具有指向目的性，学习具有丰富复杂的动机，人们会在积极地作用与改造周围环境的过程中，在与人积极的交往过程中，主动地获得知识经验。

综上所述，人类的学习可以定义为：学习是在社会生活实践中，在社会传递下，以语言为中介，自觉地、积极主动地掌握社会和个体经验的过程。

人类学习与学生学习之间是一般与特殊的关系，学生的学习是人的学习的一种特殊的形式，学生的学习既与人类的学习有共同之处，又有其特殊性。

(二)学生学习的特点

学生的学习具有如下特点。

(1) 学生的学习与人类认识客观世界的过程不同，是以掌握间接经验为主的过程。间接经验的学习能使学生在短时间内掌握那些人类经过千百年的探索、概括与总结所形成的知识、技能、思维方法等，迅速成长为能够独立从事复杂实践活动的人类个体。人类的认识是从实践开始的，而学生的学习则未必如此，他们不必要也不可能事事从直接经验开始，而可以从现有的经验、理论、结论开始。同时，尽管学生的学习也要求个人有一定的经验基础，但学生的实践活动的目的与方式也与人类认识世界的过程有所不同。再者，学生的学习与科学家探索尚未发现的客观真理的认识活动不同，学生在学习时可能有新发现，但这种新发现常常对学生来说是新的，而就知识而言是现成的经验。因此，在教学组织和教学方法上，特别要求教师在有限的时间内把最有价值的知识传授给学生，而且注意把学校学习与实际生活和学生的已有经验相联系。鼓励学生对所学知识进行积极加工，主动完成知识的再生产过程。

(2) 学生的学习具有目的性、计划性、组织性。学校是专门实施教育的场所，教师是对学生施加教育影响的专业人员，学生的学习是在学校教育情境中在教师指导下进行的，因此，学生的学习是有目的、有计划和有组织的。在教学过程中，教师按照一定的教学目的，精心设计和组织学习材料的结构、学习过程的程序，有计划、分步骤地向学生传授知识，教师既掌握所教知识的内在联系，又了解学生学习过程的特点，因此，能够保证在较短的时间内采用有效的方法组织教学，帮助学生掌握间接经验，积累知识。

(3) 学生的学习具有一定程度的被动性。学生的学习与人类学习一样，应该是一个主动加工的过程，但他们的学习一般只具有潜在价值，学习的结果不能立即转化为现实价值；学习不是为了适应当前的环境，满足现实生活需要，而是为了适应将来的环境，为将来的生活做准备。当学生意识不到他当前的学习与将来的生活实践的关系时，学习就表现出一定程度的被动性，需要教师或者成人督促才能取得较好的学习效果。因此，教师要注意用各种方法来培养、激发和维持学生的学习动机，提高其学习的主动性和积极性。

(4) 学生的学习具有多重目的性。学生学习不仅要掌握知识经验，而且要发展能力，同时，还要培养良好的品德，形成科学的世界观和正确的人生观，促进健康个性的发展。

综上所述，学生的学习既不同于人类历史经验的形成过程，也不同于在一般条件下人们所进行的学习，它是一种特殊形式的学习。学生的学习是在教师的指导下，有目的、有计划、有组织地掌握系统的科学知识和技能，发展各种能力，形成一定的世界观与道德品质的过程。

二、学习的分类

学习是一种极为复杂的活动，范围广泛，形式多样，层次不一，因此，对学习可以从不同的角度作不同的分类。

(一)按学习水平分类

加涅(R. M. Gagne)是一个受过严格行为主义训练的心理学家,他几乎终身从事学习分类的研究工作。1970年,加涅根据学习的繁简水平不同,提出了八类学习。

(1) 信号学习:指经典性条件反射,学习对某种信号作出某种反应。其过程是刺激—强化—反应。

(2) 刺激-反应学习(S-R的学习):指操作性条件反射。与经典性条件反射不同,其过程是情景—反应—强化,即先有情景,再作出反应动作,然后得到强化。

(3) 连锁学习:是一系列刺激-反应的联合。

(4) 言语联想学习:也是一系列刺激-反应的联合,它与第三类学习一样,只不过它是言语单位的联结。

(5) 辨别学习:指学会识别多种刺激的异同并对之作出不同的反应。

(6) 概念学习:对刺激进行分类时,学会对一类刺激作出同样的反应,也就是对事物抽象特征的反应。

(7) 规则学习:规则指两个或两个以上概念的联合。规则学习即了解两个或两个以上概念之间的关系。

(8) 解决问题的学习:指在各种情况下,使用所学规则去解决问题。加涅认为,它是原理学习的自然扩展,发生在学习者的内部。

加涅的这一分类是由简单到复杂、由低级到高级。前三类学习都是简单反应,许多动物也能完成。而且事实上,这几类学习大多是从动物实验中概括出来的。1971年,加涅对这种分类做了修正,把前四类学习合并为一类,把概念学习扩展为具体概念和定义概念两类学习,这样这种分类成为:①连锁学习;②辨别学习;③具体概念学习;④定义概念学习;⑤规则的学习;⑥解决问题的学习。

(二)按学习的方式分类

奥苏伯尔(Ausubel)是认知学习理论的代表人物,他根据学习的方式将学习分为接受学习与发现学习、意义学习与机械学习。

1. 接受学习与发现学习

(1) 接受学习:讲授者以定论的形式,把学习内容传授给学习者。学习者"被动"接受,把学习内容内化为自身的知识,在适当的时候能够提取出来或应用。

在接受学习中,新观念与认知结构中原有概念的联系有三种基本关系。

第一,下位关系(subordinate relationships):这是新观念与学生已有概念之间最普遍的一种关系,即新学习的内容从属于学生认知结构中已有的、包摄性较广的概念。下位关系有两种形式,一种是派生的下位,即新的学习内容仅仅是学生已有的、包摄面较广的命题的一个例证,或是能从已有的命题中直接派生出来的。这类学习称为派生下位学习。另一种下位关系是相关的下位。当新内容扩展、修正或限定学生已有的命题,并使其精确化时,表现出来的就是相关的下位。这类学习称为相关下位学习。

第二，上位关系(superordinate relationships)：当学生学习一种包摄性较广、可以把一系列原有概念从属于其下的新命题时，新学习的内容便与学生认知结构中已有概念产生了一种上位关系。这类学习称为上位学习。奥苏伯尔认为，在教学生掌握一般的、包摄性较广的命题时，除了要唤起学生已有的有关概念之外，还需为学生提供一些他们还不曾了解的事例，以便使学生较全面地掌握该命题。

第三，并列结合关系(combinational relaionships)：当学生要学习的新概念与认知结构中已有概念既不产生下位关系、又不产生上位关系的新命题时，就产生了一种新的关系——并列结合关系。这类学习称为并列结合学习。这类关系的学习，虽然既不从属于学生已掌握的有关概念，也不能总括原有的概念，但它们之间仍然具有某些共同的关键特征。奥苏伯尔认为，学生在各门自然学科、社会学科和人文学科中学习的许多新的概念，都可以作为并列结合学习的例子。

(2) 发现学习：讲授者不直接把学习内容教给学生，学生在内化之前，需自己独立去发现这些内容。学生的主要任务是"主动"发现，然后将其内化为自己的知识。发现学习与接受学习的区别，就在于发现学习之前多了一个"发现"的环节，然后便同接受学习一样，将发现的内容同化，以便在以后予以运用。

2. 意义学习与机械学习

(1) 意义学习：用符号、文字代表的新知识与学习者原有的知识结构之间建立一种"实质性"和"非人为"的联系。

实质性是指虽然可以用不同的符号来表达知识，但是符号代表的意义是不变的。如等边三角形，可说成"三条边相等的三角形""等边三角形的三条边相等""三个角相等的三角形"等。非人为是指联系是内在的，而不是任意的。如掌握了边、角概念之后，再学会等边三角形概念，就会知道等边三角形的三个角是相等的。这种联系是必然的，不是人为的。

意义学习在具备下列三个条件时发生：①学习材料本身有内在逻辑意义；②学习者原有认知结构中有适当的知识基础可以用来同化新知识；③学习者具备意义学习的心向。

(2) 机械学习：学习过程中，学习者没有理解学习符号的真实含义，只是在学习内容和已有的知识结构之间建立一种非本质的、人为的联系。如我们常说的死记硬背，就是机械学习。这种学习在三种条件下产生：①学习材料本身无内在逻辑意义；②学习材料本身有逻辑意义，但学习者原有认知结构中没有适当的知识基础可以用来同化它们；③学习者缺乏意义学习的心向。

奥苏伯尔以一个图对以上四类学习及其关系进行了对比，如图 3-2 所示。

(三)按教育目标分类

美国教育家和心理学家布卢姆(S. B loom)根据教育目标对学习进行分类。他认为教育目标也是学习的结果，就此把学习分为认知学习、情感学习、技能学习三大领域。每一类学习又分为不同水平的目标，其中认知领域的目标分为六个主要级别，由低到高依次是知识、领会、运用、分析、综合、评价。

图 3-2 不同学习方式及其关系举例

(1) 知识：指对先前学习材料的记忆。包括具体的知识和一般的知识以及处理知识的方法和手段等，是最低水平的认知学习结果。

(2) 领会：指能把握材料的意义，包括翻译、解释和推断所提示的教材。

(3) 运用：指能将习得的材料应用于新的具体情境，包括概念、规则、方法、规律和理论的应用。

(4) 分析：指能将整体材料分解成它的构成成分并理解组织结构。

(5) 综合：指能将部分组成新的整体。它强调的是创造能力，需要产生新的模式或结构。

(6) 评价：指对材料(论点的陈述、小说、诗歌、研究报告等)作价值判断的能力。

情感领域的目标分为五个主要级别，由低到高依次是接受或注意、反应、价值评估、组织、性格化或价值的复合。

技能学习的目标分为七个主要级别，由低到高依次为知觉、定向、有指导的反应、机械动作、复杂的外显行为、适应和创新。每个主要类别又都包括若干子类别，也是依次排列的。这样目标由简单到复杂递增，后一类目标只能建立在已经达成的前一类目标的基础上，从而形成了目标的层次结构。

(四)按学习的结果分类

1977 年加涅在《学习的条件》一书中指出，根据学习活动的复杂性程度对学习进行分类仍然对学校学习不适合，于是，他根据学习的结果又提出一种学习的分类方式。

(1) 言语信息的学习：学生掌握的是以言语信息传递的内容，学生的学习结果是以言语信息表达出来的。

(2) 智慧技能的学习：言语信息的学习帮助学生解决"是什么"的问题，而智慧技能的学习要解决"怎么做"的问题，表现为使用符号与环境相互作用的能力。加涅认为每一级智慧技能的学习要以低一级智慧技能的获得为前提，最复杂的智慧技能则是把许多简单的技能组合起来而形成的。

(3) 认知策略的学习：认知策略是学习者用以调节和支配自己的注意、学习、记忆、思维和问题解决过程的有内在组织的能力。加涅认为，认知策略与智慧技能的不同在于智慧技能定向于学习者的外部环境，使学习者能处理外部的信息；而认知策略则支配着学习者在对付环境时其自身的行为，是学习者对自己内部行为的控制。这种使学习者自身能管理自己思维过程的内在的、有组织的策略非常重要，是目前教育心理学研究中的热门课题。认知策略的培养也应该成为学校教育的重要任务之一。

(4) 态度的学习：态度是影响个体行为选择的内部状态，这种状态影响着个人对某种事物、人物及事件的选择倾向。学校的教育目标应该包括态度的培养，态度可以从各种学科的学习中得到，但更多的是从学校内外活动中和家庭中得到。加涅提出三类态度：①儿童对家庭和其他社会关系的知识；②对某种活动的积极的、喜爱的情感，如喜欢音乐、阅读、体育锻炼等；③有关个人品德的方面，如爱国家、关心社会需要和社会目标、尽公民义务的愿望等。

(5) 运动技能的学习：运动技能又称为动作技能，表现为平稳而流畅、精确而适时的动作操作能力，如体操技能、写字技能、作图技能、操作仪器技能等。说个体获得动作技能，不仅指个体能完成某种规定的动作，而且指个体能将这些动作组织得合乎规则、流畅而准确。

(五)按学习的内容分类

我国心理学工作者一般将学习按内容分为三类：知识的学习、技能的学习和行为规范的学习。

(1) 知识的学习：通过一系列的心智活动来接受和占有知识，在头脑中建立起相应的认知结构。知识学习主要解决的是认识问题，即知与不知、知之深浅的问题。

(2) 技能的学习：主要是掌握顺利地进行活动的动作活动方式或心智活动方式。技能学习解决的是会不会做的问题。

(3) 行为规范的学习：把外在于主体的行为要求转化为主体内在的行为需要的内化过程，是品德形成的过程。

(六)按学习活动的性质或机制分类

苏联心理学家彼得罗夫斯基将学习分为反射学习与认知学习两个类型。所谓反射学习，是指掌握一定的刺激和反应间联系的学习。所谓认知学习，是指掌握一定知识和一定行为的学习。反射学习是人与动物共有的，而认知学习则是人所特有的。认知学习可以分为感性学习与理性学习，理性学习进一步可以分为概念学习、思维学习与技能学习。这种分类注重区分人的学习和动物学习的本质，并且注重学习活动的性质与水平。

第三节 影响学习的因素

学习活动是一个非常复杂的过程。各种智力因素和非智力因素交织在一起共同影响学习的进程。智力因素作为心理过程中的认识过程直接影响着学习活动，而非智力因素虽然不直接参与认识过程，却是学习活动赖以高效进行的动力因素。

一、智力因素与学习

国内外学者的多项研究结果表明，智力不仅影响着学生的学业成就，更重要的是影响着学生掌握知识与技能的速度、深度和灵活性，并且在很大程度上决定着学生的准备状态，决定着学生学习的可教育性程度。

智力因素到底在多大程度上影响着学生的学业成绩，是很多学者关注的问题。托尔曼对这个问题作了一些非常有意义的研究，得出了一些颇有价值的结论。

托尔曼在研究中发现，学生的智力因素与其学业成绩之间只存在中等程度的相关性(见表3-1)。就学科而言，阅读、作文等的成绩与智商的相关程度最高(约为0.6~0.7)，数学和自然科学次之(约为0.4~0.5)，而写字、画图、手工和体育的成绩与智商的相关程度最低；就年龄而言，学生的智商与其学业成绩之间的相关系数随着年龄的增大而逐步降低。托尔曼在研究中发现学生的智力水平与其学业成绩之间的相关系数在小学阶段约为0.6~0.8，在中学阶段约为0.5~0.6，在大学阶段约为0.3~0.5。这就告诉我们，教师不要把学生的智力因素绝对化，更不要持唯智力论的观点，既要看到智力因素对学生学习的积极影响，也要看到智力因素对学生学业影响的有限性，更要看到学生的发展。

表3-1 平均智商与学业成绩

学习成绩/分	平均智商	学生人数
50~59	84	2
60~69	100	16
70~79	107	56
80~89	110	24
90~99	123	4

(一)观察力与学习

观察是知觉的特殊形式，它是有目的、有计划、主动而又比较持久的知觉过程。观察比一般知觉有更深的理解性，整个观察过程都需要思维活动的参加，所以有人称观察为"思维的知觉"。观察力就是全面、正确、深入地观察事物的能力。

观察力在智力结构中有重要的地位。观察主要是通过耳闻目睹实现的。科学研究证明，人脑获得的知识，百分之八九十是通过视觉和听觉通道进来的。人们要获得知识，发展智力，就必须把观察的大门打开。如果关闭观察门户，不仅不能学习经验，智力得不到发展，而且会使智力每况愈下。观察还是智力活动的开端和源泉。

观察力在学习中具有非常重要的意义。观察是获得知识的一个首要步骤和最初阶段。一个人如果不能对周围世界进行周密而系统的观察，就不可能获得大量的感性材料，更不能深入了解事物的本质，发现有关规律。很多有成就的科学家都以具有高度的观察力著称。达尔文说过："我既没有突出的理解力，也没有过人的机智，只是在观察那些稍纵即逝的事物，并对其进行精细观察的能力上，我可能在众人之上。"巴甫洛夫一生非常重视观察，为告诫自己和他的学生，他在实验室的墙上写着发人深省的几个大字：观察、观察、再观察！

(二)记忆力与学习

记忆是人脑对过去经验过的事物的识记、保持、再现的过程。记忆是学习的重要保障,有了记忆,人才能把感知的经验和思维的成果保存在头脑中,并在此基础上,进行更复杂、更高级的思维想象活动;有了记忆,人才能不断地学习知识,掌握技能;有了记忆,人类才能积累经验,发展科技,使社会不断进步。离开记忆,人的任何活动都无法进行。

(三)想象力与学习

想象力会提高儿童学习的目的性与计划性。目的是活动的结果通过想象预先储存在头脑之中的,学习目的是学习动机的重要来源;学习计划也直接影响着学习的效果,计划的制订与执行也离不开想象。想象力会影响儿童的学习和思维发展,一般想象力越强,思维能力越强,记忆力一般也较高。科学家的创造发明、艺术家的艺术创作等也都离不开想象。

(四)思维能力与学习

思维是人的认识的高级阶段,是人脑对客观事物间接的和概括的认识过程。间接性和概括性是思维的两个突出特点。思维的间接性是指以其他事物为媒介,借助于已有的知识经验,理解没有直接感知或无法感知的事物以及预见和推知事物的发展规律。在学习中,学生的许多知识都是间接地认识到的。思维的概括性是指对同类事物的本质属性和事物之间规律性联系的反映。在学习中,各门学科中的定律、公式、法则、定理等,学生也只有通过概括认识才能加以掌握。良好的思维是成才最重要的心理品质。物理学家牛顿说过:"如果说我对世界有些微小的贡献的话,那不是由于别的,而是由于我辛勤耐久的思维所致。"

(五)注意力与学习

所有的外界刺激,必须经过注意的选择才能进入意识。注意是心理过程的开端,又伴随心理过程的始终,是作为心理活动的组织特性和必备条件出现的,注意的选择、保持、调节与监督的功能保证着感知、记忆、思维、想象等心理活动的正常进行。苏联心理学家加里培林称注意为"智力监督动作",它能使人对注意对象更迅速地加以综合、概括和迁移。注意力集中与稳定是学习成功的基础,也是高质量、高效率学习的保证。

二、非智力因素与学习

根据美国心理学家拉扎勒斯的研究,非智力因素(动机、兴趣、态度、意志、情感等)与学生的学业成绩的相关性随着学生年龄的增大而逐步提高。这就提醒我们,虽然我们要重视对学生智力因素的培养,但重视学生的非智力因素的培养应该超过对学生智力因素的关注。

非智力因素,是指除智力因素之外,影响智力活动和智力发展的那些具有动力作用的个性心理因素。它主要包括需要、动机、兴趣、情感、意志、气质和性格等。在个性心理结构中,诸多非智力因素组成了彼此联系、相互制约与相互作用的动力系统,是人的个性中最活跃、最积极的因素,它决定着人进行活动的积极程度。儿童在学习过程中,其学习动机、情绪情感及个性特质都会对学习成果有很大的影响。

(一)动机与学习

人的活动受动机调节和支配。动机是激发和维持个体活动并促使活动对某一目标产生心理倾向和动力。人的各种活动都是在动机指引下向着某一目标进行的。学习是由动机引起的有目的的活动,动机是学习的起点和动因。心理学家普遍认为,学习动机是学生学习活动的主观意图,是学生为追求一定目标而产生的内在原因,常表现在活动的预想、计划和方案上。作为推动学生学习的内在力量,学习动机具有三个功能:①激活功能;②指向功能;③维持和调整功能。

(二)兴趣与学习

兴趣是人们探究某种事物的方式或从事某种活动的心理倾向,它以认识和探索的内在需要为基础,是推动人们认识事物、探索真理的重要动机。兴趣在需要的基础上产生,而需要的满足又会引起更浓厚的兴趣。人对有趣的事物会优先注意,积极地探索,并且带有情绪色彩和向往心理。兴趣是推动学习活动的巨大动力,是学习动机中最活跃的动因。对学习活动来说,兴趣也是引起和保持学生注意力的重要因素,对于感兴趣的知识、课题,学生就会主动愉快地去探究它,无论有意注意和无意注意都与兴趣有关。皮亚杰指出:"……所有智力方面的工作都要依赖于兴趣。"

(三)情感与学习

学生的学习活动以认知活动为基础,同时必然产生一定的情感体验。学生在学习过程中应始终保持良好的情绪状态,如心情愉快、充满热情,这是提高学习效率的前提;如果学生经常处在抑郁寡欢、焦虑不安、紧张疲劳、自卑孤独、厌恶学习的状态下,不仅会严重影响学习潜能的发挥,更严重的是将造成身心疾病。大量实验结果表明,一旦学生对学习失去情感,那么,思维、记忆等智力机能都会受到压抑和阻碍。这正如孔子所说的:"知之者不如好之者,好之者不如乐之者。"学习成功使个体体验到的巨大的成就感、满足感、自我价值感往往是个体学习动力的重要源泉。

(四)意志与学习

意志对学生的学习活动的进行起着调节、导向的作用。一方面用意志力量去战胜学习中的困难,自觉地、积极地为达到目标而努力活动;另一方面又控制着那些与预定目的相矛盾的欲望或行动。要完成学习任务,顺利地执行自己制订的各种学习计划,达到预期的学习目的,就必须正视各种困难和问题,认真克服困难和解决问题。古今中外,没有一个名人或学者是在无困难、无问题的环境中成长的,也没有一个有成就的人是在一帆风顺的理想环境或不见风雨的温室里造就的。"宝剑锋从磨砺出,梅花香自苦寒来""书山有路勤为径,学海无涯苦作舟",正是表明了意志在学习活动中的重要作用。

(五)性格与学习

性格是个性的核心,是指人在对人、对事的态度和行为上所表现出来的心理特征。它包括生活原则、对现实的态度和生活方式。世界观、人生观、价值观是性格的核心内容。研究表明,勤奋、勇敢、自信、谦虚、谨慎、细致、进取、乐观等良好性格有助于提高学习能力，促进人学习进步。而怠惰、自卑、骄傲、粗心、安于现状、萎靡不振、墨守成规等则会压抑人创造力的发展和思维潜能的发挥，从而阻碍人的学习活动。人的学习方式和方法也会受到性格的影响。

复 习 要 点

第一节 学习的概念和作用

学习是个体在后天生活过程中经过练习或经验而产生的行为或行为潜能比较持久的变化的过程。学习的特点：学习是个体后天习得经验的过程，学习表现为行为或行为潜能的变化，学习表现为个体比较稳定的变化。学习的作用：学习是个体适应环境，与环境保持动态平衡的重要手段；学习可以促进个体的成熟和生理的发展；学习可以提高人的素质；学习是文明延续和发展的桥梁和纽带。

第二节 学习的特点和分类

人类学习的特点：从内容上看，人类的学习比动物要广泛得多。动物的学习，仅仅是掌握个体经验。而人类的学习，不仅是掌握个体经验，更重要的是以个体的形式掌握社会的经验。从方式上看，动物的学习主要是自发的过程，而人类的学习是在社会的传递中，以语言为中介而实现的。儿童的学习要在成人的指导下进行，是以语言为中介实现的。从性质上看，人的学习是自觉的、有目的的、积极主动的过程。动物的生活方式是以其对外界自然条件的适应为特征，其学习是不自觉的，只是消极被动地适应其生存的环境。人类的学习可以定义为：学习是在社会生活实践中、在社会传递下，以语言为中介，自觉地、积极主动地掌握社会和个体经验的过程。

学生学习的特点：学生的学习与人类认识客观世界的过程不同，是以掌握间接经验为主的过程；学生的学习具有目的性、计划性、组织性；学生的学习具有一定程度的被动性；学生的学习具有多重目的性。

根据学习的繁简水平不同，加涅提出了八类学习，依次为信号学习、刺激-反应学习、连锁学习、言语联想学习、辨别学习、概念学习、规则的学习和解决问题的学习。1971年，加涅对这种分类作了修正，把学习分为连锁学习、辨别学习、具体概念学习、定义概念学习、规则的学习和解决问题的学习。

奥苏伯尔根据学习的方式将学习分为接受学习、发现学习，意义学习和机械学习。接受学习是指讲授者以定论的形式，把学习的内容传授给学习者。学习者"被动"接受，把学习的内容内化为自身的知识，在适当的时候能够提取出来或应用。在接受学习中，新观念与认知结构中原有概念的联系有三种基本关系：①下位关系；②上位关系；③并列结合关系。发现学习是指讲授者不直接把学习内容教给学生，学生在内化之前，要自己独立去发现这些内容。学生的主要任务是"主动"发现，然后将其内化为自己的知识。发现学习与接受学习的区别就在于发现学习之前多了一个"发现"的环节，然后便同接受学习一样，将发现的内容同化，以便在以后予以运用。意义学习是指用符号、文字代表的新知识与学习者原有的知识结构之间建立一种"实质性"和"非人为"的联系。机械学习是指在学习过程中，学习者没有理解学习符号的真实含义，只是在学习内容和已有的知识结构之间建立起一种非本质的、人为的联系。

美国教育家和心理学家布卢姆根据教育目标对学习进行分类。他认为教育目标也是学习的结果，就此把学习分为认知学习、情感学习、技能学习三大领域。每一类学习又分为不同水平的目标，其中认知学习的目标由低到高依次是知识、领会、运用、分析、综合、评价。情感学习的目标分为五个主要级别，由低到高依次是接受或注意、反应、价值评估、组织、性格化或价值的复合。技能学习的目标分为七个主要级别，由低到高依次为知觉、定向、有指导的反应、机械动作、复杂的外显行为、适应和创新。

按学习的结果分为言语信息的学习、智慧技能的学习、认知策略的学习、态度的学习、运动技能的学习。按学习的内容分为知识的学习、技能的学习和行为规范的学习。苏联心理学家彼得罗夫斯基将学习分为反射学习与认知学习两个类型。认知学习可以分为感性学习与理性学习，理性学习进一步可以分为概念学习、思维学习与技能学习。

第三节 影响学习的因素

观察力与学习：科学研究证明，人脑获得的知识，百分之八九十是通过视觉和听觉通道进来的。人们要获得知识、发展智力，就必须把观察的大门打开。观察力在学习中具有非常重要的意义。观察是获得知识的一个首要步骤和初始阶段。一个人如果不能对周围世界进行周密而系统的观察，就不可能获得大量的感性材料，更不能深入了解事物的本质，发现有关规律。

记忆力与学习：记忆是学习的重要保障，有了记忆，人才能把感知经验、思维成果保存在头脑中，在此基础上，进行更复杂、更高级的思维想象活动；有了记忆，人才能不断地学习知识，掌握技能；有了记忆，人类才能积累经验，发展科技，使社会不断进步。离开记忆，人的任何活动都无法进行。

想象力与学习：想象力可以提高儿童学习的目的性与计划性。学习目的是学习动机的重要来源；学习计划也直接影响着学习的效果，想象力会影响儿童的学习和思维发展。

思维能力与学习：间接性和概括性是思维的两个突出特点。思维的间接性使人能够理解没有直接感知或无法感知的事物，以及预见和推知事物的发展规律。思维的概括性使人能够对同类事物的本质属性和事物之间的规律性联系作出反应。

注意力与学习：所有的外界刺激，必须经过注意的选择才能进入意识。注意是心理过程的开端，又伴随着心理过程的始终，是作为心理活动的组织特性和必备条件出现的，注意的选择、保持、调节与监督的功能保证着感知、记忆、思维、想象等心理活动的正常进行。

动机与学习：学习动机作为推动学生学习的内在力量具有三个功能：①激活功能；②指向功能；③维持和调整功能。

兴趣与学习：人对有趣的事物会优先注意，积极地探索，并且带有情绪色彩和向往心理。兴趣是推动学习活动的巨大动力，是学习动机中最活跃的动因。

情感与学习：良好的情绪状态是提高学习效率的前提。如果学生经常处于消极的情绪状态下，不仅会严重影响学习潜能的发挥，更严重的是会造成身心疾病。

意志与学习：意志对学生学习活动的进行起着调节、导向的作用。一方面用意志力去战胜学习中的困难，自觉地、积极地为达到目标而努力活动；另一方面又控制着那些与预定目的相矛盾的欲望或行动。

性格与学习：研究表明，勤奋、勇敢、自信、谦虚、谨慎、细致、进取、乐观等良好性格有助于提高学习能力，促进人学习进步。而怠惰、自卑、骄傲、粗心、安于现状、萎靡不振、墨守成规等则会压抑人的创造力的发展和思维潜能的发挥，从而阻碍人的学习活动。人们的学习方式和方法也会受到性格的影响。

拓 展 思 考

1. 谈谈你对学习的含义的理解。
2. 哪种学习的分类接近于我国学生学习的现状？
3. 试对奥苏伯尔的学习分类进行评价。

第四章 学习理论

设想一个人在看一部恐怖电影。当电影中的主人公走在阴暗的山洞中时，影片的配乐也越来越阴森和恐怖，这个人发觉自己的心跳加快了，手捏紧了。这是为什么呢？这是因为这个人的身体已经以某种方式学会了产生生理反应(心跳加快)，当环境刺激(恐怖音乐)与另一个刺激(阴暗的山洞)联结在一起时就意味着可怕的事情要发生，因而引发了个体的生理反应。这种类型的学习称为经典条件反射，是我们要研究的学习类型之一。而学习到底是如何发生的，遵循着哪些规律，如何才能有效地进行学习？这些都是学习理论的研究内容，对这些问题的解答，有助于教育工作者了解、掌握学生学习的规律，提高教育教学质量，为教育实践服务。

第一节 我国古代的学习心理思想

科学学习理论虽然诞生于西方，但现代学习理论的源泉应包含中国和西方两大支流。我国古代存在着非常丰富的学习心理思想，从孔子到朱熹，从《论语》到《礼记》，都对学习问题有深刻的阐述，我国现代学习理论大多受到我国古代学习心理思想的影响。以下主要就学习的本质、学习的规律、学习的心理条件、学习的过程对我国古代学习心理思想做一些分析与介绍。

一、学习的本质

中国古代关于学习本质的争论主要是"生而知之"还是"学而知之"。孔子虽然说过"为上智与下愚不移"，但还是强调"学而知之"的，他说"我非生而知之者，好古；敏以求之者也"。王充坚持唯物主义立场，认为天地之间没有生而知之的人，学习是获得知识的唯一途径。他说："天地之间，含血之类(生灵)，无性(生)知者。"又说："不学自知，不问自晓，古今行事，未之有也。"因此，他提出了"知物由学"的观点："人才有高下，知物由学，学之乃知，不问不识。"孟子却主张学习的"内求说"，所谓内求，是说知识、道德本来就存在于自己的心中。他说："仁义礼智非由外铄我也，我固有之也。"后来，宋代的"二程"继承了孟子的说法，也认为知识是固有的，但不穷究外物之理，就不能启发心中的知识，不能达到人心的自我认识，也就不能改变本性，返回善性。

二、学习的规律

(一)博约结合

"博"即广博，这是学业的基础。"约"即制约、简约，有两层意思，一是用规范性的制度措施或思想观点加以制约,即孔子主张的"博学于文,约之以礼";二是删减芜杂,将精华提炼出来。二者是学习内容上的对立统一,是知识的广博与专一的关系。合成得好的话,有利于形成良好的知识结构并更好地运用知识。孟子继承了孔子的思想,他说:"博学而详说之,将以反说约也。"意思是广博地学习,详尽地解说,目的在于融会贯通后返归到简约中去。后人概括为"由博反约",就是要从广博的学习中,从详尽积累的经验见闻中,提炼出精要而规范的精华,作为治学修身的依靠和准则。也就是孟子所说的:"守博而施约者,善道也。"

韩愈认为学业的精深是以广博的知识为基础的,提倡读书要"贪多务得,细大不捐",应该博览群书,充分积累。而且,读书不能草率了事,满足于一知半解,而应该"沉浸浓郁,含英咀华",即多涵泳、多品味,通过不断体会,达于深处,明其妙处,融会贯通。

(二)学、习结合

孔子对学习基本环节的关系有精辟的论断。《论语》第一篇《学而》开宗明义的第一句话就是"学而时习之,不亦乐乎?""时"是按时、及时、经常的意思,"习"包括温习、复习、实习等含义。"学"是前提,"习"对于"学"来说,既有巩固加深、实际体验的作用,也有反复领会、欣赏的乐趣。

(三)学习要循序渐进

孟子要求学生在学习上循序渐进,不能贪多求快。孟子说:"流水之为物也,不盈科不行。君子之志于道也,不成章不达。"他以水为喻,说明学习应该像流水一样。水在流动中遇到洼坎,一定是先填满后,再向前流去,学习也应该是扎扎实实地走好每一步,这就是"盈科而进"的道理。提醒人们,"其进锐者其退速",继承发展了孔子的"欲速则不达"的思想。孟子还以"揠苗助长"的寓言来说明循序渐进的重要性,认为学习知识如同作物生长一样,是一个自然有序的过程,有自己的规律,人们在学习过程中应当遵循这样的规律,绝不能揠苗助长。

南宋著名思想家、教育家朱熹认为,学习要遵循书籍的内在顺序与自己的主观能力确定学习进度,不要贪多嚼不烂。他说:"以二书言之,则通一书而后及一书(就是说先读通一本再读另一本)。以一书言之,篇、章、文、句,首尾次第,亦各有序而不可乱也(就是说要一篇一篇、一句一句循序渐进地学习)。"

(四)学习与思考的关系

学与思也是学习过程的两个基本环节,孔子认为应该将二者统一起来,他说:"学而不思则罔,思而不学则殆。"意思是说,只吸收知识而不加以消化,会导致迷惑不解;而只重思考而不去学习,就会胡思乱想,就比较危险了。孔子将学作为基础,他说:"吾尝终日不食,终夜不寝,以思,无益,不如学也。"孔子主张学思并重,他说:"饱食终日,无所用心,难矣哉。"

出于自得的学习宗旨,孟子更重视"思"的作用。他说:"思则得之,不思则不得也。"主张要有独立思考的精神,读书是必要的,但不能人云亦云。即使是对前代的文献典籍,孟子也认为不能轻信,不能盲从。

荀子则说，"吾尝终日而思矣，不如须臾之所学也；吾尝跂而望矣，不如登高之博见也"，更重视"学"的作用。

三、学习的心理条件

(一)学习与注意力的关系

孟子用二人学下棋的故事形象地说明了学习过程中一定要集中注意力。他说："今夫奕之为数，小数也，不专心致志，则不得也。弈秋，通国之善弈者也。使弈秋诲二人弈，其一人专心致志，惟弈秋之为听；一人虽听之，一心以为有鸿鹄将至，思援弓缴而射之。虽与之俱学，弗若之矣。为是其智弗若与？吾曰：非然也。"南北朝的刘昼更深入地指出："学者毕精勤专心，以入于神。若心不在学而强讽诵，虽入于耳而不谛于心。"

(二)学习与情感的关系

孔子强调情感在学习中的意义。他说："知之者不如好之者，好之者不如乐之者。"明代王守仁在批评塾师对学生"鞭挞绳缚，若待拘囚"的方法时指出，这样只能造成情感对立，使学生"视学舍如囹圄而不肯入，视师长如寇仇而不欲见"。只有"使其趋向鼓舞，中心喜悦"，才能"其进自不能已"。

(三)学习与意志的关系

《中庸》引用孔子的话说："人一能之，己百之；人十能之，己千之。果能此道矣，虽愚必明，虽柔必强。"意思是别人用一分努力能做到的，自己就用百倍的努力去做；别人用十分努力能做到的，自己就用千倍的努力去做。如果按这样的方法去做，即使愚笨，也必定变得聪明；即使软弱，也必定变得坚强。

孟子强调学贵有恒，最糟糕的就是"一曝十寒"的学习态度。他说："有为者，譬若掘井，掘井九仞而不及泉，犹为弃井。"意思是有所作为的人做一件事如同掘井，掘到六七丈深还不见水，就停止挖掘，结果等于没挖。这说明有为者必须有恒心，不能功亏一篑。学习也是如此，必须持之以恒，不能半途而废。他还说："山径之蹊间，介然用之而成路；为间不用，则茅塞之矣。"意思是山间荒僻的小路，如果经常去走，就会踏成一条宽敞的大路；如果不经常去走，这条路就会被茅草所堵塞。学习亦然，即便是已经学成，也还要不断努力，否则学业还会荒废。

韩愈指出："业精于勤，荒于嬉；行成于思，毁于随。"即学业的精深在于勤奋，嬉戏游乐必然荒废学业；品行的端正在于独立思考，随波逐流必然导致品行堕落。

四、学习的过程

荀子把教学或学习过程具体化为闻、见、知、行四个环节，并把行为看作最终目标。他说："不闻不若闻之，闻之不若见之，见之不若知之，知之不若行之，学至于行之而止矣。"这段话反映了对学习过程中阶段性与过程性相统一的认识以及由学习初级阶段必然向高级阶段发展的思想。

《中庸》把学习过程分为五个步骤,即"博学之,审问之,慎思之,明辨之,笃行之"。"博学"意谓为学首先要广泛地猎取,是为学的第一阶段。越过这一阶段,为学就是无根之木、无源之水。"审问"为第二阶段,有所不明就要追问到底,要对所学加以怀疑。问过以后还要通过自己的思想活动来仔细考察、分析,否则所学不能为己所用,是为"慎思"。"明辨"为第四阶段。不辨,则所谓"博学"就会鱼龙混杂,真伪难辨,良莠不分。"笃行"是将学、问、思、辨的结果付诸践履,见诸行动,做到"知行合一"。

第二节 学习的联结理论

数十年来,关于学习理论的争论一直是教育心理学界的主题之一,这种争论可以分为两大派别:一派认为学习是个体在一定条件下形成刺激与反应之间的联结而获得新经验的过程,这一派别称为联结学习理论,代表人物是桑代克、华生、巴甫洛夫、斯金纳等;另一派别认为学习是个体积极主动地形成新的完形或认知结构的过程,这一派别称为认知学习理论,其代表人物是格式塔心理学家托尔曼、布鲁纳、奥苏伯尔等。

一、桑代克的"试误-联结"学习理论

桑代克(Edward Lee Thorndike,1874—1949),美国动物心理学的创始人之一,又是第一个系统论述教育心理学的心理学家。他采用迷津和迷笼,研究了小鸡、猫、狗等动物的学习活动,观察动物是如何学会走出迷津或逃出迷笼的,并在这些动物实验的基础之上建立起了自己的学习理论。1903年他写了《教育心理学》一书,以后又发展成为三卷本的《教育心理学概论》,于1914年出版。西方教育心理学的名称和体系由此而开始确立。他的主要论著有《动物的智慧》(1911)、《教育心理学概论》(1914)、《成人的学习》(1928)、《人类的学习》(1931)等。桑代克是第一个用刺激-反应联结理论来解释学习实质的心理学家。

(一)桑代克关于学习实质的基本观点

桑代克关于学习实质的基本观点有如下两个。

1. 学习是在刺激情境和行为反应之间形成一定联结的过程

桑代克明确指出:"学习即联结,心即是一个人的联结系统。"他曾设计过一种迷笼(见图4-1),动物必须在笼内做完三种不同的反应,即触按钮、抓绳索和拉环之后,笼门才能自动打开。然后他仔细观察猫是怎样学会开迷笼的。他看到,猫被放入笼后,总是在起先几分钟出现大量无关的、不成功的活动,然后偶然一下子抓住绳索,触及按钮或拉动拉环,从而使门打开。这样反复实验,就可以发现,猫在笼中逐渐地减少和排除了那些不成功的冲动,而成功的动作反应则被愉快地牢记。直到多次尝试以后,猫一进笼,就会以一种确定的方式去触按钮、抓绳、拉环并顺利逃出笼外。

桑代克根据他的实验,认为动物的学习是在情境刺激和行为反应之间建立联结的过程,可以不必假定动物也有推理与思维。因此桑代克认为,人类的学习也是联结的形成与巩固,人类所有的行为、思想和活动,都能分解为基本的单位刺激和反应的联结。

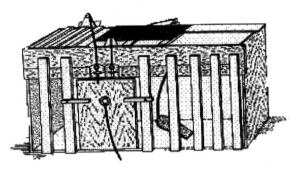

图 4-1　桑代克迷笼

2．联结是通过多次的尝试错误过程建立的

桑代克在观察动物学习时发现，只要把猫放进迷笼，它就会很快作出反应，经过多次的尝试，最终学会打开迷笼。他记录了动物解决迷笼问题的行为表现，发现随着学习次数的增加，动物错误的反应越来越少，正确的反应逐渐增加，最后在刺激与反应之间形成了联结。也就是说，动物的学习，是一种渐进的、盲目的、不断尝试和减少错误，并最终在刺激与反应间形成联结的过程。这个过程就叫作尝试错误，简称试误。他还认为，人类的学习也是通过尝试错误的途径实现的。

(二)桑代克关于学习规律的基本观点

桑代克关于学习规律的基本观点可以概括为三条主要的学习律和五条从属的学习律。

1．三条主要的学习律

下面介绍三条主要的学习律。

(1) 准备律(law of readiness)。桑代克认为联结的加强或削弱取决于学习者的心理准备。饿猫在学习前有满足肚子的需要或心理准备，为了得到食物，它要设法逃脱，反应就快，即刺激与反应之间的联结就容易形成；如果它早已吃饱，对食物不需要或者没有满足肚子需要的心理准备，它就会安静地待在笼子里，反应就慢，即刺激与反应之间联结的建立就比较慢。这种观点已普遍为许多心理学家所认同，他们认为有机体方面的准备状态是影响学习的一个重要因素。

(2) 效果律(law of effect)。桑代克认为对同一情境所做的几种反应中，在其他条件相同时，那些能使动物满意的反应将会更加牢固地联结于这一情境。因此，当这一情境再次出现时，这些反应也更容易再次出现。相反，那些使动物不适应的反应，在其他条件相同时，将会削弱同这一情境的联系，因此，当这一情境再次出现时，这些反应则减少出现。也就是说，满足或不适应的程度越甚，联结的增强或减弱也越甚，这就是效果律。

(3) 练习律(law of exercise)。桑代克认为，在其他条件相同的情况下，动物对某一情境刺激作出反应形成的联结强度与其在这一情境中形成有效联结的次数成正比，并与这些联结的平均强度和平均持续时间成正比，这就是练习律。

2．五条从属的学习律

下面介绍五条从属的学习律。

(1) 多重反应定律：当某一反应不能产生满意结果时，将会触及一种新的反应。因此，这个动物将继续作出反应直到某一反应最终导致满意。动物这种改变反应的能力显然具有适应的意义。

(2) 心向或意向定律：这是指动物在学习过程中必须要有一种动机或内驱力，如饥饿的猫有挣扎逃出迷笼的意向，而吃饱的猫则可能去睡觉。这使桑代克再次认定学习者进入学习情境而有所准备的重要性。

(3) 选择反应律：这是指在学习过程中，动物对面临的任务情境中的某些因素会进行有选择的反应而忽略其他因素。反应的选择性与分辨能力有关。一个不能进行辨别的动物将永远找不出逃脱的路径。

(4) 类比反应律：这是指学会逃出一种迷笼的动物在放入一个不同的迷笼之后，若新的情境中包含某些与以前情境相同的成分，它就会利用某些以前的反应对类似的情境进行反应。这实际上是一种迁移原理。后来，桑代克据此提出了"共同要素"的迁移理论。

(5) 联想性转移律。这类似于巴甫洛夫的条件反射。它是条件反射的一种形式，在原理上与巴甫洛夫的狗听到铃声分泌唾液的实验是一样的。在20世纪30年代以后，桑代克根据进一步的实验研究对自己的某些观点进行了修正。主要改变如下。

第一，练习并不能无条件地增强刺激与反应间的联结力量，单纯的没有指导的练习不一定能引起进步。所以，修改后的练习律从属于效果律。

第二，由于赏和罚的效果并不相等。赏比罚更有力，所以后来就不强调烦恼情况所导致的效果。这是对效果律的修改。

(三)对桑代克学习理论的评价

桑代克提出的学习理论，对教育心理学的独立发展发挥了重要的奠基作用和促进作用，确立了学习在教育心理学体系中的重要地位。同时，他开创了对学习问题进行系统实验研究的先河，其理论以动物实验为依据，初步建立了教育心理学比较完整的理论体系。另外，他的学习理论也反映了动物在本能的基础上通过个体经验进行学习的实际过程，抓住了学习过程中刺激和反应这两个基本变量间的关系。这种理论能够用于解释许多简单的学习和行为训练问题。

该理论存在的问题是忽视了人和动物学习的本质差别，抹杀了人的学习的主观能动性，也没有充分注意认识活动在学习中的地位和作用。因此，应用这种理论来解释人类复杂的学习活动时，就显得过于简单和机械。

尽管桑代克的理论并非完美无缺，但他仍然不愧为心理学界的伟大人物之一，他著述丰富，为后人留下了大量可供借鉴的资料。

二、巴甫洛夫的经典性条件反射学习理论

经典性条件反射学习理论是联结派学习理论的重要流派，最早是由俄国著名的生理学家、心理学家、诺贝尔奖获得者巴甫洛夫(Ivan Pavlov，1870—1932)提出的。巴甫洛夫在心理学界的盛名首先是由于他关于条件反射的研究，这种研究始于他的老本行——消化研究。正是狗的消化研究实验将他推向了心理学研究领域，虽然在这一过程中他的内心也充满了

激烈的斗争，但严谨的治学态度终于还是使他冒着被同行责难的威胁，将生理学研究引向了当时并不那么光彩的心理学领域。后来，该项研究的成果——条件反射理论又被行为主义心理学家华生用来说明有机体的学习，并成为制约行为主义的最根本原则之一。因此，巴甫洛夫也被称为行为主义学派的先驱。

(一)经典条件反射的实验过程及其关于学习实质的基本观点

经典条件反射是指一个刺激和另一个带有奖赏或惩罚的无条件刺激多次联结，可使个体学会在单独呈现该一刺激时，也能引发类似无条件反应的条件反应。经典条件反射也被称为经典条件作用。

经典条件反射的发现是心理学史上有名的意外事件。巴甫洛夫在研究消化现象时，观察了狗的唾液分泌，即对食物的一种反应特征。他的实验方法是，把食物显示给狗，并测量其唾液分泌。在这个过程中，他发现如果随同食物反复给一个中性刺激，即一个并不自动引起唾液分泌的刺激，如铃响，这狗就会逐渐"学会"在只有铃响但没有食物的情况下分泌唾液。一个原是中性的刺激与一个原来就能引起某种反应的刺激相结合，而使动物学会对那个中性刺激作出反应，这就是经典性条件反射的基本内容。

条件反射的情境涉及四个事项，其中两个属于刺激，两个属于机体的反应。一个是中性刺激，它在条件反射形成之前，并不引起预期的、需要学习的反应。这是条件刺激，在巴甫洛夫的实验中就是铃响。第二个刺激是无条件刺激。它在条件反射形成之前就能引起预期的反应：条件反射形成之前，出现了肉，即无条件刺激就引起唾液分泌。对于无条件刺激的唾液分泌反应叫作无条件反应。这是在形成任何程度的条件反射之前都会发生的反应。由于条件反射的结果而开始发生的反应叫作条件反应，即没有肉，只有铃响的唾液分泌反应。当两个刺激紧接着(在空间和时间上相近)反复地出现，就形成条件反射。通常，无条件刺激紧跟着条件刺激出现。条件刺激和无条件刺激相随出现数次后，条件刺激就会逐渐引起唾液分泌。这时，动物就有了条件反应。一度中性的条件刺激(铃响)现在单独出现即可引起唾液分泌(见图 4-2)。

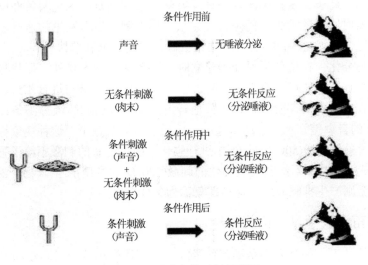

图 4-2 经典条件反射示意图

中性刺激与无条件刺激在时间上的结合称为强化，强化的次数越多，条件反射就越巩固。条件刺激并不限于听觉刺激。一切来自体内外的有效刺激只要跟无条件刺激在时间上结合(即强化)，都可以成为条件刺激，形成条件反射。一种条件反射巩固后，再用另一个新刺激与条件反射相结合，还可以形成第二级条件反射。同样，还可以形成第三级条件反射。在人身上则可以建立多级的条件反射。

巴甫洛夫认为"所有的学习都是联系的形成，而联系的形成就是思想、思维、知识"。他所说的联系就是指暂时神经联系。他说："显然，我们的一切培育、学习和训练，一切可能的习惯都是很长系列的条件的反射。"巴甫洛夫认为学习是大脑皮层暂时神经联系的形成、巩固与恢复的过程。

巴甫洛夫认为人和动物学习的最基本的机制如下：条件刺激与无条件刺激多次结合，原先只由无条件刺激引起的无条件反应，现在条件刺激单独出现可以引起类似的反应(条件反应)。也就是说，当条件刺激与条件反应之间形成了巩固的联系时，学习就出现了。

(二)巴甫洛夫关于学习规律的观点

尽管巴甫洛夫并没有专门概括学习的规律，但他的实验以及他提出的条件反射原理当中包含着许多重要的学习规律。

(1) 消退：条件刺激不被无条件刺激所强化时，就会出现条件反射的抑制，主要有消退抑制和分化。条件反射建立以后，如果多次只给条件刺激而不用无条件刺激加以强化，结果是条件反射的反应强度将逐渐减弱，最后将完全不出现。例如，对以铃声为条件刺激而形成唾液分泌条件反射的狗，只给铃声，不用食物强化，多次以后，则铃声引起的唾液分泌量将逐渐减少，甚至完全不能引起分泌，出现条件反射的消退。

巴甫洛夫认为，消退是因为原先在皮质中可以产生兴奋过程的条件刺激，现在变成了引起抑制过程的刺激，是兴奋向抑制的转化。这种抑制称为消退抑制。巴甫洛夫指出，消退抑制使大脑皮质产生主动的抑制过程，而不是条件刺激和相应的反应之间的暂时联系已经消失或中断。因为如果将已消退的条件反射放置一个时期不做实验，它还可以自然恢复；同样，如果以后重新强化条件刺激，条件反射就会很快恢复，这说明条件反射的消退不是原先已形成的暂时联系的消失，而是暂时联系受到抑制。消退发生的速度一般是，条件反射愈巩固，消退速度就愈慢；条件反射愈不巩固，消退速度就愈快。

(2) 泛化与分化：在条件反射开始建立时，除条件刺激本身外，那些与该刺激相似的刺激也或多或少具有条件刺激的效应。例如，用500Hz的音调与进食相结合来建立食物分泌条件反射。在实验的初期阶段，许多其他音调同样可以引起唾液分泌条件反射，只不过它们跟500Hz的音调差别越大，所引起的条件反射效应就越小。这种现象称为条件反射泛化。以后，只对条件刺激(500Hz的音调)进行强化，而对近似的刺激不给予强化，这样泛化反应就逐渐消失。动物只对经常受到强化的刺激(500Hz的音调)产生食物分泌条件反射，而对其他近似刺激则产生抑制效应。这种现象称为条件反射的分化。

(三)对巴甫洛夫学习理论的评价

巴甫洛夫所做工作的重要性是不可估量的。他把比较精确而又客观的方法引入对动物学习的研究，把生理与心理统一起来，他提出的经典条件反射学说揭示了心理活动和学习活动的最基本的生理机制。他的研究公布以后不久，一些心理学家，如行为主义学派的创始人华生，开始主张一切行为都以经典性条件反射为基础。虽然在美国这一极端的看法后来并不普遍，但在俄国的心理学界，以经典性条件反射为基础的理论在相当长的时间内曾占统治地位。无论如何，人们一致认为，对相当一部分的行为用经典性条件反射的观点可以作出很好的解释。

当然，经典条件反射学习理论仍有较大的局限性，正如许多心理学家所认为的，经典条件反射原理只可以解释部分简单的、低级的学习，即使是简单的学习，也不能完全用这种原理来解释，因为，经典条件反射建立的前提是有机体先天存在的相应的无条件反射，而对于复杂、高级认识活动的学习，用这种条件反射原理来解释，就会犯简单化、机械化的错误。

与其他心理学家不一样的是，巴甫洛夫并不愿意做一名心理学家，相反，作为一名严谨的自然科学家，巴甫洛夫十分反对当时的心理学，反对过分强调"心灵""意识"等看不见、摸不着的仅凭主观臆断推测而得的东西。他甚至威胁说，如果有谁胆敢在他的实验室里使用心理学术语，他将毫不留情地开枪将其击毙。然而，这样一个如此鄙视心理学的人，却在心理学研究方面作出了重大贡献——虽然那并不是他的初衷！但鉴于他的重大贡献，人们还是违背了他的"遗愿"，将他归入心理学家的行列，并由于他对行为主义学派的重大影响而视其为行为主义学派的先驱。

三、华生的行为主义学习理论

华生(John Broadus Watson，1878—1958)是美国心理学家、行为主义的创始人。1900年进入芝加哥大学研究哲学与心理学，师从教育哲学家杜威、心理学家安吉尔等。他的第一本书《行为：比较心理学导论》出版于1914年；1919年《行为主义者心目中的心理学》一书出版。

虽然华生的学术生涯只维持了17年，但他的理论和方法在使心理学客观化方面发挥了巨大作用。华生是第一个将巴甫洛夫的经典条件作用原理作为学习理论基础的研究者，并把它扩大用来解释人类与动物的一切行为。

(一)华生的情绪学习实验

华生曾根据巴甫洛夫经典条件作用的实验设计程序，以一个11个月大的男孩艾伯特为对象进行情绪学习研究。小艾伯特是日托中心的一个健康、正常的幼儿，当时他只有11个月零5天。当华生和他的助手雷纳给他一只白鼠(白鼠是活的，不是玩具)时，小艾伯特最初的反应是好奇。他看着它，很高兴，并不害怕。但是当研究者用锤子敲打钢棒发出很大的噪声时，小男孩害怕得跌倒在床垫上。锤子制造的噪声是恐惧反应的无条件刺激。研究者重复了几次白鼠与噪声结合的实验程序，小男孩开始啜泣和发抖。后来，只给他白鼠，不发出噪声，小男孩也会吓倒、大哭，很快爬走。白鼠成了恐惧的条件刺激。几天后的实验表明，艾伯特的恐惧已经泛化到其他有毛发的物体，如白兔、棉毛衣、圣诞老人的面具等。(小艾伯特的母亲在研究进行时在医院里做奶妈，在研究人员尚未消除小艾伯特的实验性条件恐惧之前就将他带走了。所以之后人们不知道这个实验对小艾伯特而言到底意味着什么)

所幸后来华生还利用经典条件作用来消除一个3岁幼儿对兔子的条件性恐惧。这个孩子非常害怕兔子,华生用所谓的逆条件作用(counter conditioning)加以消退。该程序是把兔子(条件刺激)与牛奶点心、饼干相结合,点心产生了不同于恐惧条件反应的喜悦感。起初,研究者把兔子放在远离这个孩子的地方,这时他的恐惧水平较低,然后在几天的时间里渐渐地把兔子移近他。最后这个孩子学会了喜欢兔子,甚至把兔子放在自己的腿上,可以一只手吃东西,另一只手和它玩。这种程序的变式后来称为系统脱敏法。

由小艾伯特的情绪学习实验,华生提出了自己关于学习实质的基本观点:有机体的学习就是通过经典条件反射的建立,形成刺激与反应联结的过程。由于华生坚信,有什么刺激,必定会产生什么反应,这使他成了一个极端的环境决定论者。

(二)华生关于学习规律的观点

华生的学习理论在一定程度上是建立在抨击桑代克效果律基础上的。在他看来,桑代克的效果律是心灵主义的,只不过是陈旧的享乐主义原则的翻版而已。为了从实验上推翻桑代克的理论,华生训练白鼠,为到达目的箱吃到食物,必须先挖沙子。白鼠挖沙子到达目的箱后,不立即喂食,而是让它在那里空等一会儿。华生认为,根据桑代克的理论,强化增强的是强化之前的刺激-反应联结。在这个实验中,空等是较后的反应,而挖沙子到目的箱则是较早的反应,根据推理,食物强化的是空等,而不是挖沙子到达目的箱。但事实上,白鼠习得的是挖沙子到达目的箱的反应,而不是空等。华生以此来证明效果律的不正确,并提出用频因律和近因律取而代之。

1. 频因律

华生认为,在其他条件相等的情况下,某种行为练习得越多,习惯形成得就越迅速。因此,练习的次数在习惯形成中起重要作用。在形成习惯的过程中,有效动作之所以保持下来,无效动作之所以消失,是由于有效动作比任何一种无效动作出现的次数都多,这是因为每一次练习总是以有效动作的发生而告终的。

2. 近因律

华生认为,当反应频繁发生时,最近的新的反应比较早的反应更容易得到加强。因为在每一次练习中,有效的反应总是最后一个反应,所以这种反应在下一次练习中必定更容易出现。由此,他把反应离成功的远近作为解释一些反应被保留、另一些反应被淘汰的原则。在他看来,习惯反应必然是离成功时机最近出现的反应。

但是,华生在以后的著作中又推翻了自己的学习律。他在《行为主义者心目中的心理学》一书中,不再把频因律作为学习的一般机制。他承认频因律当初纯粹是猜测性的。

(三)对华生学习理论的评价

尽管华生的学术生涯很短,但他对心理学的影响很大。华生把行为主义与刺激-反应心理学结成了一体,其行为主义心理学推动了学习理论的研究。由于华生主张行为主义的心理学要预测、控制和塑造有机体的行为,而行为的改变和塑造都是通过学习过程实现的,所以,行为主义心理学十分重视学习过程的研究。特别是在华生的倡导下,行为主义学习理论家们对条件作用下反射式学习过程的研究相当深入。可以肯定地说，行为主义的学习理论对深化条件反射式学习的研究作出了一定的贡献。

华生行为主义心理学的最大缺陷是将意识及认知等中介过程排斥在心理学研究的范畴之外，使人的心理过程成为不可知的"黑箱"。这个致命的错误使他的一些后期追随者们(如被称为新行为主义者的赫尔和托尔曼等人)离经叛道；也使他在计算机科学和人工智能科学向心理学提出要求和挑战的时候显得更加苍白无力，从而不得不将心理学的"霸主"地位拱手让给当代的认知心理学。

华生企图找出人类和动物的统一行为模式，由于他不考虑行为的整体性、目的性和认知性特征，所以，他的行为研究混淆了动物行为和人类行为的本质区别，否定了意识对人类行为的指导、控制和调整的作用，抹杀了人类行为的本质性特征，使得有的心理学家将他的心理学称为"人兽不分的心理学"。

四、斯金纳的操作性条件反射学习理论

斯金纳(Burrhus Frederic Skinner，1904—1990)是新行为主义心理学的创始人之一。

斯金纳在心理学研究方面成就卓著。他发展了巴甫洛夫和桑代克的研究，揭示了操作性条件反射的规律。他设计的用来研究操作性条件反射的实验装置"斯金纳箱"被世界各国心理学家和生物学家广泛采用。他在哈佛大学的鸽子实验室名垂青史。他根据对操作性条件反射和强化作用的研究发明了"教学机器"并设计了"程序教学"方案，对美国教育产生过深刻的影响，被誉为"教学机器之父"。

(一)斯金纳的操作性条件反射及其基本观点

斯金纳根据自己创制的斯金纳箱(Skinner box)对白鼠和鸽子进行实验，提出了操作性条件反射理论。

斯金纳箱是做动物学习实验的自动记录装置。它是一个大约0.3米见方的箱子，内有杠杆和与食物储存器相连接的食物盘。在箱内的白鼠按压杠杆，就有一粒食物丸滚入食物盘，便获得食物。一只饿鼠进入箱内，开始时有点胆怯，经过反复探索，迟早会作出按压杠杆的动作，使一粒食物丸落入盘内；若干次后，就形成饿鼠按压杠杆取得食物的条件反射。斯金纳称此为操作条件反射。

斯金纳认为，学习一定的行为，重要的是要产生后果。如果这一后果容易使这一行为再次发生，这就是一种正强化。如果行为的后果不容易使这一行为再次发生，就是负强化。换句话说，正强化促进某一行为的发生，而负强化使动物避免作出某种行为。人们可以有目的地设计强化程序，使人或动物学会某种行为或控制某种行为的发生。

操作性条件反射这一概念是斯金纳新行为主义学习理论的核心。所谓操作条件反射是指有机体在某种情境中自发作出的某种行为由于得到强化而提高了该行为在这种情境中发生的概率，即形成了该反应与情境的联系。

斯金纳认为所有行为可分成两类：一类是应答性行为，这是由已知的刺激引起的反应；另一类是操作性行为，是有机体自身发出的反应，与任何已知刺激物无关。与这两类行为相对应，斯金纳把条件反射也分为两类。与应答性行为相应的是应答性反射，称为S(刺激)

型，S 型名称来自英文 simulation；与操作性行为相应的是操作性反射，称为 R(反应)型，R 型名称来自英文 reaction。S 型条件反射是强化与刺激直接关联，R 型条件反射是强化与反应直接关联。斯金纳认为，人类行为主要是由操作性反射构成的操作性行为，操作性行为是作用于环境而产生结果的行为。在学习情境中，操作性行为更有代表性。斯金纳很重视 R 型条件反射，因为这种反射可以塑造新行为，在学习过程中尤为重要。

经典条件反射与操作条件反射有重要的区别。巴甫洛夫的经典条件反射是在无条件反射的基础上建立的，是暂时性的神经联系，建立联系的基本条件是强化过程。斯金纳的操作性条件反射又称工具性条件反射，是通过动物自己的某种活动、某种操作才能得到强化而形成的某种条件反射。它们的共同点在于都十分强调强化的作用，因此它们在本质上是相同的。它们的不同点在于：①经典条件反射的无条件刺激物十分明确，而操作性条件反射的无条件刺激物不明确，一般认为是机体自身的一些因素促使机体操作动作的；②经典条件反射中动物往往是被动地接受刺激，而在形成操作条件反射过程中，动物是自由活动的，通过自身的主动操作来达到目的；③在经典条件反射中，强化刺激引起无条件反应，而在操作性条件反射中，无条件反应不是由强化刺激引起的，相反无条件反应引发了强化刺激。

延伸阅读

蓝鸟的冒险

在《洛伦佐的辉煌》(Lorenzo the Magnificent)一书中，作家罗伯特·弗兰克林·莱斯利(Robert Flankin Leslie)描述了一只受伤的蓝鸟所经历的冒险经历。

当洛伦佐长到估计该是青春期的时候，我们举办了一个晚会，邀请了一些喜欢它的鸟迷前来参加，我们提供了圣礼用的葡萄酒、熏鲑鱼和面包圈等洛伦佐偏爱的好吃的东西。晚会快结束的时候，丽(莱斯利的妻子)在厨房的案台上发现了突然"失踪"的洛伦佐，它正在那儿舔食葡萄酒杯中的残液。随着一声惊叫，所有人都冲过来目睹这个已经完全醉醺醺的长着羽毛的家伙。它饮酒的声音就像是一盘正以极慢速度播放的录音带。洛伦佐沿着案台摇摇晃晃倒退了几步，一下子跌进了盛有半池子起着泡沫的清洁剂的水池里。当我举起它在水龙头下冲洗时，它无力地"咕哝"着，啄着自己的脚趾。

我不敢让它在这种情况下尝试以湿漉漉的翅膀飞下去，就将它放到了铺着油毡的地面上。丽在它面前放了一面镜子，这样一来它就可以看到自己现在的样子。那是一面男人用来修面的放大镜。透过下垂的眼皮，我们那湿漉漉的可怜的洛伦佐朝镜子斜视了一眼，蹒跚地倒退着，并绝望地鼓动翅膀，缓缓拍打起来。它立即被关到了笼子里，但它看起来更糟糕了。

第二天早晨，它没有像往常一样鸣叫……

从那以后，洛伦佐无论什么时候都不再尝它曾非常喜爱的葡萄酒。它甚至拒绝屋外鸟笼中斯堪的纳维亚式自助餐盘里的食物。

(资料来源：菲利普·津巴多等. 心理学与生活. 王佳艺译. 北京：中国人民大学出版社，2008)

(二)斯金纳的强化理论

斯金纳认为强化是操作性行为形成的重要手段。强化在斯金纳的学习理论中占有极其重要的地位，是其学习理论的基石和核心，有人称他的学习理论为强化理论或强化说。

他认为学习的基本规律是：如果一个操作发生后，接着呈现一个强化刺激，则这个操作的强度(反应发生的概率)就会增加。认为学习和行为的变化是强化的结果，控制强化就能控制行为。强化是塑造行为和保持行为强度的关键，塑造行为的过程就是学习过程。只要安排好强化程序，就可以随意地塑造人和动物的行为。

1. 强化的类型

斯金纳把强化分成积极强化和消极强化两种。积极强化是获得强化物以加强某个反应，如鸽子啄键可得到食物。消极强化是去掉可厌的刺激物，是由于刺激的退出而加强了那个行为，如鸽子用啄键来去除电击伤害。教学中的积极强化是教师的赞许等，消极强化是教师没有批评等。这两种强化都增加了反应再发生的可能性。斯金纳认为不能把消极强化与惩罚混为一谈。他通过系统的实验观察得出了一条重要结论：惩罚就是企图呈现消极强化物或排除积极强化物去刺激某个反应，仅是一种治标的方法，它对被惩罚者和惩罚者都是不利的。他的实验证明，惩罚只能暂时降低反应率，而不能减少消退过程中反应的总次数。在他的实验中，当白鼠已牢固建立了按杠杆得到食物的条件反射后，在它再按杠杆时给予电刺激，这时反应率会迅速下降。如果以后杠杆不带电了，按压率又会直线上升。斯金纳对惩罚的科学研究对改变当时美国和欧洲盛行的体罚教育起了一定的作用。

按强化物的来源，斯金纳将其划分为一级强化物和二级强化物两类。一级强化物满足人和动物的基本生理需要，如食物、水、安全、温暖、性等。二级强化物是指任何一个中性刺激如果与一级强化物反复联合，它就能获得自身的强化性质。如金钱，对婴儿来说它不是强化物，但当小孩知道钱能换糖时，它就能对儿童的行为产生效果。再如分数，也是在受到教师的注意后才具有强化性质的。二级强化物可分为社会强化物(社会接纳、微笑)、信物(钱、级别、奖品等)和活动(自由地玩、听音乐、旅游等)。

2. 强化的安排

斯金纳将强化按间隔时间和频次特征分为两大类。一是连续式强化，也称即时强化，即对每一次或每一阶段的正确反应予以强化。二是间隔式强化，也称延缓强化，包括定时距式强化和变时距式强化、定比率式强化和变比率式强化。定时距式强化是指强化时间间隔是固定的；变时距式强化是指强化的时间间隔是变化的。定比率式强化是指强化与反应次数之间呈一定比例；变比率式强化是指强化与反应次数之间的比例是变化的。具体的强化安排程式如图4-3所示。

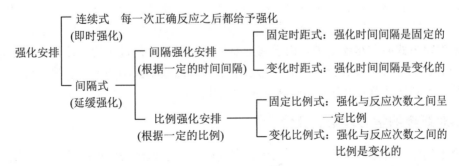

图4-3 强化程式的分类

每一种不同的程式都产生相应的反应模式。连续程式的强化在教新反应时最为有效。间隔式强化又称部分强化，它比起连续程式具有较高的反应率和较低的消退率。定时距式强化如学生在期终考试前临时抱佛脚就证明了这一点。定比率式强化对稳定的反应率比较有益，而变比率式强化则对维持稳定和高反应率最为有效。

(三)斯金纳学习理论在教学中的应用——程序教学法

1953 年秋天，斯金纳旁听了自己孩子所在的小学四年级的教学。这就是他日后设计程序学习的开始。课堂教学由一名教师讲解，许多儿童在这一位教师指导下进行学习。儿童存在着很大的个性差异，但教学却只能按照班里的平均水平进行。总之，班级教学很难按照每个儿童的个性差异进行。因此，他设计了适应个性差异教学的"教学机器"。

1954 年，斯金纳在《学习科学与教学的艺术》一文中，根据他的强化理论，对传统教学进行了批评，指出：①传统教学在控制学生行为的手段上是消极的，多为负强化(如发脾气、惩罚、训斥等)；②行为和强化之间的时间间隔太长；③缺乏连续的强化程序；④强化太少。一个教师要对一班几十名学生提供足够数量的强化机会是做不到的。由此，斯金纳强力主张改变传统的班级教学，实行程序教学和机器教学。根据操作性条件反射原理把学习的内容编制成"程序"安装在机器上，学生通过机器上的程序显示进行学习。后来还发展了不用教学机器，只使用程序教材的程序学习方式。

程序学习的过程是将各学科的知识按其中的内在逻辑联系分解为一系列的知识项目，将这些知识项目按一定顺序呈现给学生，要求学生一一回答，然后学生可得到反馈信息。问题相当于条件反射形成过程中的"刺激"，学生的回答相当于"反应"，反馈信息相当于"强化"。

程序学习方式的关键是编制出好的程序。为此，斯金纳提出了编制程序的五条基本原则。

(1) 小步子原则：教材上的知识项目应该是许多具有逻辑联系的小步子，上一步与下一步之间的难度、深度差异不宜太大，要方便学生顺利地学习。

(2) 积极反应原则：要使学生对所学内容作出积极的反应，否认"虽然没有表现出反应，但是，的确明白"的观点。

(3) 及时强化(反馈)原则：对学生的反应要及时强化，使其获得反馈信息。

(4) 自定步调原则：学生根据自己的学习情况，自己确定学习的进度。

(5) 低错误率：使学生尽可能每次都作出正确的反应，使错误率降到最低限度。

斯金纳认为程序教学有如下优点：循序渐进；学习速度与学习能力一致；及时纠正学生的错误，加速学习；利于提高学生学习的积极性；培养学生的自学能力和习惯。

程序学习方式并非尽善尽美。由于它主要是以掌握知识为目标的个体化学习方式，因此，人们对它的非议主要有三个方面：①使学生学习比较刻板的知识；②缺少班集体中的人际交往，不利于儿童社会化；③忽视了教师的作用。

(四)对斯金纳学习理论的评价

斯金纳的学习理论是在大量对动物进行实验研究和巴甫洛夫学说的基础上，发现并揭示了操作性条件反射及其规律，把学习的理论研究推进了一步，贡献较大，他的学说具有重要的应用价值。在教学上，他设计的程序学习提出了一种新的学习形式，对于提高人的学习效率、适应学习者的个性差异等方面有积极作用。程序学习方式，强调学习上的循序渐进、学习者的积极反应、及时反馈等原则，体现了学习的一般规律和要求。操作条件反射原理在动物训练、行为塑造和心理治疗等方面亦有重要应用。

斯金纳的理论具有行为主义的特点，忽视人的意识和思维在学习中的作用，将人的学习和动物的学习等同起来，简单地归结为操作性条件反射，并没有反映出人类学习的本质，表现出明显的机械主义。

五、班杜拉的社会学习理论

艾伯特·班杜拉(A. Bandura, 1925 年生)，美国著名心理学家。班杜拉不同意华生和斯金纳的外界刺激是行为的决定因素的观点，相反，他认为人的认知能力对行动结果的预期直接影响人的行为表现。他把强化视为个体对环境认知的一种信息，即强化物的出现等于告诉个体行为后果将带给他的是惩罚或奖赏，人根据这种信息的预期决定自己的行为反应。同时，班杜拉还认为人类的学习大多发生于社会情境中，只有站在社会学习的角度才能真正理解发展。他将自己的理论称为社会学习理论。

(一)班杜拉社会学习理论的基本观点

斯金纳认为学习是一个渐进的过程，在这个过程中，有机体必须主动学习。但班杜拉认为在社会情境下，人们仅通过观察别人的行为就可迅速地进行学习。当通过观察获得新行为时，学习就带有认知的性质。

在一个经典的研究中，班杜拉让一群 4 岁儿童单独观看一部电影。在电影中，一个成年男子对充气娃娃表现出踢、打等攻击行为，影片有三种结尾。将孩子们分为三组，分别看到的是结尾不同的影片。奖励攻击组的儿童看到的是在影片结尾时，进来一个成人对主人公进行表扬和奖励。惩罚攻击组的儿童看到的是另一成人对主人公进行责骂。控制组的儿童看到进来的成人对主人公既没奖励，也没惩罚。看完电影后，将儿童立即带到一间与电影中同样的充气娃娃的游戏室里，实验者透过单向镜对儿童进行观察。结果发现，看到榜样受到惩罚的孩子表现出的攻击行为明显少于另外两组，而另外两组则没有差别。在实验的第二阶段，让孩子们回到房间，告诉他们如果能将榜样的行为模仿出来，就可得到橘子水和一张精美的图片。结果，三组孩子(包括惩罚攻击组的孩子)模仿的内容是一样的。说明替代性惩罚抑制的仅仅是对新反应的表现，而不是获得，即儿童已学习了攻击的行为，只不过因看到榜样受罚而没有表现出来而已。

根据研究结果，班杜拉将认知因素引入行为主义观点中形成了一种新的理论：以观察学习为核心的社会学习理论。观察学习就是人们通过观察他人(或称"榜样")的行为(这种行为对于观察学习者来说是新的行为)，获得示范行为的象征性表象，并引导学习者作出与之相对应的行为的过程。班杜拉认为，通过直接经验而进行的直接学习只是学习的一种形式，而通过观察他人的行为进行的间接经验的学习是人类行为的最重要来源。他认为人类学习的实质应当是观察学习，大部分的人类行为是通过对榜样的观察而习得的。观察学习避免了尝试错误、暗中摸索的过程，从而缩短了学习过程。因此，对于人类来说，观察学习更为重要。

观察学习不一定必须有强化，也不一定产生外显行为，班杜拉认为观察学习包括以下四个子过程。

1. 注意过程

注意学习的对象是观察学习的第一步，观察学习的方式和数量都由注意过程筛选和确定。什么样的榜样更容易引起人的注意从而加以模仿呢？班杜拉认为，应该从观察者的心理特征、榜样的活动特征和观察者与榜样的关系特征三方面来考虑。其中，观察者与榜样之间的关系在某些方面对注意的影响更重要。如果榜样与观察者经常在一起，或者二者相似，那么观察者就经常或容易学会榜样行为。例如，子女较多地模仿父母，学生较多地模仿教师，斗殴分子则更易于模仿电视剧中的攻击行为，其原因就在于此。其次，观察者的特征如觉醒水平、价值观念、态度定势、强化的经验也会影响观察学习的注意过程。例如，观察者对榜样行为价值的认识直接影响他是否集中注意观察榜样的行为。如果他认为榜样行为非常重要，注意力就会集中；反之，注意力则容易分散。这显然是心理因素对行为的影响，班杜拉称为自我调节。最后，榜样的活动特征，如行为的效果和价值、榜样人物具有的魅力、示范行为的复杂性和生动性等，也影响着注意过程。

2. 保持过程

学习者对榜样行为的注意是观察学习的第一步，要使榜样行为对学习者的行为发生影响，学习者还必须记住榜样的行为，即将其保持在头脑中。班杜拉认为这种保持过程是先将榜样行为转换成记忆表象，然后记忆表象转换为言语编码(形成动作观念)，表象和言语编码同时储存在头脑中，对学习者以后的行为起指导作用。

3. 动作再现过程

动作再现过程是将记忆中的动作观念转换为行为，这是观察学习的中心环节。动作再现过程主要包括动作的认知组织、实际动作和动作监控三步。动作的认知组织就是将保持中的动作观念选择出来加以组织。实际动作就是将认知组织的动作表现出来。动作监控是对实际动作的观察和纠正，它分为自我监控和他人监控两种。观念在第一次转化为行为时很少是准确无误的，所以仅仅通过观察学习，技能是不会完善的，需要经过练习和纠正，动作观念才能转换为正确的动作。

4. 动机过程

动机是推动人行动的内部动力。动机过程贯穿于观察学习的始终，它引起和维持着人的观察学习活动。班杜拉认为学习和表现是不同的。人们并不是把学到的每件事都表现出来。是否表现出来取决于观察者对行为结果的预期，预期结果好，他就会愿意表现出来；如果预期将会受到惩罚，就不会将学习的结果表现出来。因此观察学习主要是一种认知活动。

班杜拉认为强化可以分为三种：直接强化、替代强化和自我强化。其中前两种属于外部强化，第三种属于内部强化。直接强化是学习者直接受到外部强化的影响。替代强化是指观察者不直接受到，而是看到榜样受到强化，从而改变了自己的行为动机。学习者如果观察到别人的行为受到奖励，就会倾向于表现出这种行为；反之，如果观察到别人的行为受到惩罚，就会倾向于抑制这种行为。自我强化是指人根据自己设立的标准来评价自己的行为，从而影响自己的行为动机。一般而言，大多数人倾向于作出感到自我满足的反应，而拒绝作出自己不赞成的行为。

概而言之，班杜拉的社会学习理论关于学习的实质问题的基本看法就是：学习是个体通过他人的行为及其强化性结果的观察，从而获得某些新的行为反应，或已有的行为反应得到修正的过程。可以看出，班杜拉的社会学习理论还是将学习看作形成新的行为反应的过程，这一点与典型的联结派学习理论相一致。因此，心理学界多数人倾向于将他归属于联结派。然而，需要强调的是，实际上班杜拉在学习问题上采取的更多的是一种融合学习的联结派与认知派的立场，他提出的观察学习与经典条件反射与操作条件反射的学习过程不同，在观察学习中，学习者不一定具有外显的操作反应，也不必依赖于直接强化。班杜拉很注重行为形成过程中中介认知活动的影响，在这方面又与学习的认知派理论一致。

(二)班杜拉社会学习理论关于学习影响因素的基本观点

班杜拉的社会学习理论在学习的规律或影响因素方面有许多创新性的见解，对于我们研究学习有很多启示。下面介绍他的几种重要的观点。

1．交互决定论

班杜拉的社会学习理论还详细论述了决定人类行为的诸种因素。班杜拉将这些决定人类行为的因素概括为两大类：决定行为的先行因素和决定行为的结果因素。

决定行为的先行因素包括学习的遗传机制、以环境刺激信息为基础的对行为的预期、社会的预兆性线索等，决定行为的结果因素包括替代性强化和自我强化。

为了解释说明人类行为，班杜拉提出了自己的交互决定论，即强调在社会学习过程中行为、认知和环境三者的交互作用。认为行为本身是个体认知与环境相互作用的一种副产品。班杜拉指出，行为、个体(主要指认知和其他个人的因素)和环境"你中有我，我中有你"，不能把某一个因素放在比其他因素重要的位置，尽管在有些情境中，某一个因素可能起支配作用。他把这种观点称为"交互决定论"。

2．自我调控

随着社会化程度的不断加深，人对外部奖励与惩罚的依赖越来越少，更多的是依靠自己的内在标准对自己的行为进行奖励和惩罚，即对行为进行自我调控。自我调控包括自我观察、自我评价和自我强化三种成分。人们进行自我评价的标准是怎样获得的呢？班杜拉认为既是奖励与惩罚的产物，同时也是榜样影响的结果。例如，如果父母只在孩子取得高分时才予以表扬，很快孩子就会把这种高标准变为自己的标准。同样，如果榜样为自己设立高标准，受其影响，儿童也会为自己设立高标准。然而，在现实生活中，存在大量的榜样，其中有些人为自己设定的是高标准，但为自己设定低标准的也不乏其人。那么，儿童会采纳谁的标准呢？班杜拉认为儿童更愿意采纳同伴而不是成人的标准，因为相对来说，同伴的低标准更易达到。要使儿童为自己设定高标准，班杜拉建议说，可让儿童接触那些为自己设定高成就标准的同伴，或为儿童提供因高标准而得到回报的例子。

为自己制定高标准的人通常都是勤奋努力的人，努力也会带来成就。但同时，要达到高标准也是相当困难的。为自己设立高目标的人，更易体验到失望、挫折和抑郁。为避免抑郁，班杜拉建议把长远目标分成若干子目标，这些子目标应该是现实的、可实现的，当达成子目标时，即对自己进行奖励。

3. 自我效能

外在奖赏及榜样对高标准的设定和维持有重要影响，这一点是毫无疑问的。班杜拉认为自我控制和坚持严格的成就标准的原始动机来自个体内心，而非外在环境。当人实现了追求的目标时，就会觉得有能力，就会感到自豪、骄傲；如果无法达到标准时，就会感到焦虑、羞愧和没有能力。这种从成功的经验中衍生出来的能力信念就是自我效能。自我效能是指个体对自己能否在一定水平上完成某一活动所具有的能力判断、信念或主体自我把握与感受。也就是个体在面临某一任务活动时的胜任感及其自信、自珍、自尊等方面的感受。自我效能也可称作"自我效能感""自我信念""自我效能期待"等。自我效能影响着人对任务的选择、遇到困难时的坚持性及努力的程度。例如，一个学生认为自己擅长数学，就会选择具有挑战性的数学问题；当面临困难时，由于对自己的能力有信心，就会坚持不懈，付出更大的努力。而对自己能力缺乏信心的学生，可能会选择较为简单的任务，这些任务并不能使他的能力进一步提高；在遇到困难时，也更容易放弃，结果是阻碍了能力的发展。自我效能信念不仅影响着人选择什么样的活动，也决定了人是什么样的人以及将成为什么样的人。

个体的效能信念主要受到以下四个方面的影响。

(1) 掌握的经验，这是形成高效能信念的最有效途径。成功有助于建立较高的效能信念，失败则会降低效能信念，尤其是个体稳定的效能信念尚未建立起来时，失败对效能的负面影响就更大。通过掌握的经验来发展自我效能，并不是运用已经形成的习惯完成任务从而获得成功的体验，而是要运用认知的、行为的以及自我调控的工具来管理不断变化的生活环境。如果人们只体验到简单的成功，就会急功近利，并很容易因失败而气馁。真正的能经受住失败考验的效能信念必须有经过持久的努力从而克服困难取得成功的体验。

(2) 通过观察榜样而得到的替代性体验(vicarious experiences)也能影响个体的效能信念。看见与自己相似的人通过不懈的努力而取得成功，会令人相信自己也具有掌握活动的能力；同样，观察到别人通过高努力而失败也会降低自己的效能信念，并降低动机水平。榜样对个人效能信念的影响主要取决于个体与榜样之间的相似程度，相似性越大，榜样成功与失败的事例越具有说服力；如果榜样与个体很不同的话，个体的效能信念就不会受榜样的强烈影响。

(3) 社会说服(social persuasion)也是增强个体取得成功信念的重要因素。用语言说服人相信自己具有掌握给定任务的能力，会使个体在遇到困难时付出更大的努力。但是社会说服不仅会提升个体的效能信念，同时也会降低效能信念。不现实地提升效能信念很快会被令人失望的结果所粉碎，使个体放弃努力。所以成功地建立效能信念不仅要传递正面的效能信息，而且要建构带来成功避免失败的情境，并鼓励个体根据自己的进步来衡量成功而不是与他人进行比较。

(4) 效能信念还部分依赖于进行能力判断时的生理和情绪状态。人把自己的紧张反应和紧张程度作为表现不佳的信号。正面的情绪能增强自我效能信念；失望的情绪状态会降低自我效能信念。所以可以通过增强身体状态，减少紧张和负面的情绪倾向，以及纠正对身体状态的错误解释来改变效能信念。

(三)对社会学习理论的评价

班杜拉提出的观察学习是非常普遍的一种学习现象，社会学习(核心是观察学习)理论的提出是对学习理论的创造性贡献。同时，他对观察学习进行了大量的实验研究，揭示了观察学习的规律。这对我们的教育工作有重要的启示作用。

首先，班杜拉的社会学习理论提出榜样具有替代性强化的作用，这使人类对榜样在儿童教育中的重要性有了更进一步的认识。并警示人类，在品德教育中应尽量多提供正面、积极的榜样，少提供反面、消极的榜样。

其次，班杜拉的观察学习理论对我们有效地传授知识、培养技能也有启发作用。例如，教学中教师认真做好示范，突出知识技能的主要特征，吸引学生的注意力；提供详细的言语解释，使学生建立良好的表象系统和符号编码；在学生运用知识或具体操作过程中，教师要及时进行指导，以纠正或改正学生的错误，并调动学生的自主性，使之通过自我调节来改进自己的学习。

社会学习理论突破了传统行为主义学习理论的框架，把强化理论和信息加工观点有机地结合起来，既强调了行为的操作过程，又重视行为获得过程中的内部活动，是对行为主义学习理论的重要发展，使解释人类行为的理论参照点又发生了一次重要的变革。

但班杜拉的研究成果更多来自实验研究，对于教育情境中的观察学习现象缺乏具体的研究，与教育情境中的具体运用还相差一定的距离。综合来看，班杜拉的社会学习理论在很多地方具有开创性的意义，但它仍是一种尚未完善的理论，在理论和实践上都需要进一步探讨。

第三节 学习的认知理论

一、格式塔的完形学习理论

格式塔心理学(Gestalt psychology)又译为完形主义或完形心理学，自 1912 年由韦特海墨(M. Wertheimer)提出后，在德国得到迅速发展。由于苛勒(K. Kohler)和考夫卡(K. Koffka)的访美以及他们的著作被翻译成英文，这种新的理论引起了美国心理学家的注意。作为现代西方心理学的主要流派之一，格式塔心理学以反对冯特的元素主义和铁钦纳的构造主义起家，后又反对桑代克的联结主义和行为主义的刺激-反应公式。格式塔心理学强调经验和行为的整体性，主张以整体的动力结构观来研究心理现象。概言之，格式塔心理学是一种反对元素分析而注重整体组织的心理学理论体系。

(一)格式塔学习理论的基本观点

格式塔学派也以动物试验来证明自己对学习中产生的变化的实质及其原因的理解。苛勒用黑猩猩做了一系列试验，证明了黑猩猩的学习是一种顿悟，而不是桑代克的尝试错误过程。

1913年至1917年，苛勒在腾涅立夫岛的大猩猩研究站以大猩猩为被试，做了大量的学习实验研究。这些研究主要是给大猩猩设置各种各样的问题，并观察大猩猩解决这些问题的过程。以下是两项最有代表性和最有说服力的实验。

1. "接竿问题"实验

实验时，大猩猩被关在笼内，大猩猩喜欢吃的香蕉放在笼外不远的地方(即用一根竹竿够不着，两根竹竿接起来可以够得着的地方)。笼内有一根较短的竹竿，笼外有一根较长的竹竿。大猩猩为了获得香蕉，起初用那根较短的竹竿，但竹竿太短，够不到。猩猩常常将竹竿扔向香蕉，连竹竿也丢了。在用一只取名为苏丹的大猩猩做实验时，出现了一个戏剧性的场面：苏丹为了获得香蕉，用较短的竹竿拨到了另一根竹竿。当它玩弄这两根竹竿时，好像突然明白了什么，然后将两根竹竿接起来(用较细的竹竿插入较粗的竹竿之中)，用这根接起来的竹竿够到了香蕉。这个过程是缓慢的，起先把两根竹竿接在一起多少有点偶然，然而苏丹一旦看到竹竿接起来与远处香蕉的关系时，就能够想到这个主意，而一次又一次把一根竹竿插进另一根竹竿的末端，以便够得着远处的香蕉。

2. "叠箱问题"实验

叠箱问题实验先是"单箱问题"实验。香蕉挂在笼子的顶棚上，笼内有一只木箱可以利用。要想获得香蕉，须将木箱搬到香蕉下面，然后爬上木箱，跳一下才能够到香蕉。这个问题对于大猩猩来说是一个难题。但是，苏丹在没有帮助的情况下就顺利地解决了这个问题。其他6只大猩猩也在人把箱子置于香蕉之下或者观看到其他猩猩使用木箱之后解决了问题。叠箱问题就更加困难了。香蕉挂在高处，大猩猩必须爬到叠起的三只木箱的上面才能够到香蕉。大猩猩解决这个问题表现出一定的困难。起初站在一只木箱上够，够不到。大猩猩跳下木箱，对周围的木箱和高处的香蕉进行了"良久"的观察，突然，大猩猩终于表现出一种突然的理解，迅速地将三只木箱叠在一起，爬到箱顶，取下香蕉。对于大猩猩的这些行为，苛勒的解释是，在遇到问题时，动物可能审视相关的条件，也许考虑一定行动成功的可能性，当突然把一件工具的工具性价值(如竹竿作为手臂的延伸)"看"作达到目标的手段时，即看出两根竹竿接起来与远处香蕉的关系时，它便产生了顿悟，从而解决了这个问题。而且，一旦发现了这一方法在遇到类似情境时也就能够运用这一"领悟"了的经验。

总之，在格式塔心理学家看来，学习就是知觉的重新组织。这种知觉经验变化的过程不是渐进的尝试错误的过程，而是突然的顿悟。之所以产生顿悟，一方面是由于分析当前问题情境的整体结构，另一方面是由于心智能利用过去经验的痕迹，心智本身具有组织力的作用，能够填补缺口或缺陷，因此服从于知觉的组织律。顿悟的过程就是相应的格式塔的组织(或构造)过程的主动过程，因此，在格式塔心理学家看来，学习是一种积极主动的过程，而不是盲目、被动的过程。

格式塔心理学家认为，通过学习，会在头脑中留下记忆痕迹，记忆痕迹是因经验而留在神经系统中的。但这些痕迹不是孤立的要素，而是一个有组织的整体，即完形。因此，学习主要不是加进新痕迹或减去旧痕迹的问题，而是要使一种完形改变成另一种完形。这种完形的改变可以因新的经验而发生，也可以通过思维而产生。格式塔学习理论所关注的，正是发生这种知觉重组的方式。一个人学到些什么，直接取决于他是如何知觉问题情境的。如果一个人看不出各种事物之间的联系，那么说明他对事物的知觉还处在无组织的、未分化的状态，因而也就无所谓学习了。学习的方式，通常是从一种混沌的模糊状态，转变成一种有意义的、有结构的状态，这就是知觉重组的过程。

从以上对格式塔派学习理论的简要介绍之中，可以看出，格式塔和桑代克之间的明显对立在于顿悟和试误。但是格式塔心理学和联结主义心理学之间的对立更为深刻。格式塔理论强调整体观，反对联结理论的刺激-反应的联结思想。他们假定知觉的组织律适用于学习和记忆。记忆中储存的是知觉事件的痕迹。由于组织律决定知觉的构造，也就决定了留在记忆中信息的结构。在学习情境中，受试者构造和"领会"问题情境的方式非常重要，如果他们能利用过去的经验，确实正确"看清了"情境，他们就会产生顿悟。

顿悟学习理论受到了美国教育家们的欢迎。在杜威领导下的进步团体承认个人有更多的提出问题和解决问题的能力，儿童应当通过理解问题的结构，而不是对不理解的公式的机械重复进行学习。

(二)对格式塔学习理论的评价

格式塔学说在心理学史上留有不可磨灭的痕迹。它向旧的传统进行挑战，给整个心理学以推动和促进；它向当时存在的诸种心理学体系提出中肯而又尖锐的批评，对人类深入思考各种对立的观点具有启迪作用；它强调学习过程是有机体内部进行复杂的认知活动而实现顿悟的过程，而不是通过试误而形成的联结活动，主张从问题情境的整体出发去知觉、学习、记忆，反对刺激-反应学习，它的知觉组织原则对学习和记忆问题有很大的作用；它提出顿悟学习，对心理学作出了很大贡献；它的主要学说极大地影响了知觉领域，从而也在某种程度上影响了学习理论，致使后人在撰写各种心理学教科书时不得不正视该学派的理论；它使心理学研究人员不再拘泥于构造主义的元素学说，而是从另一角度去研究意识经验，为后来的认知心理学埋下了伏笔；它通过对行为主义的有力拒斥，使意识经验成为心理学中的一个合法的研究领域。

然而，心理学界对格式塔理论不是没有批评。事实上，这种批评从格式塔心理学问世时便产生了。概括地说，这些批评涉及下述几个方面。

(1) 格式塔理论中的许多概念和术语过于含糊，它们没有被十分严格地界定。有些概念和术语，如组织、自我和行为环境的关系等，只能意会，缺乏明确的科学含义。

(2) 尽管格式塔心理学是以大量的实验为基础的，但是许多格式塔实验缺乏对变量的适当控制，致使非数量化的实证资料大量涌现，而这些实证资料是不适于作统计分析的。固然，格式塔的许多研究是探索性的和预期的，对某一领域内的新课题进行定性分析，确实便于操作；但是，定量分析更能使研究结果具有说服力。

(3) 格式塔理论提出了同型论假设，这是从总纲的意义上而言的。在论及整个理论体系的各个具体组成部分时，却明显缺乏生理学假设的支持，也没有规定出生理学的假设。任何一种心理现象均有其物质基础，即便遭格式塔拒斥的构造主义和行为主义也都十分强调这一点，而格式塔理论恰恰忽略了这一点，这就使得它的许多假设不能深究。

二、托尔曼的符号学习理论

托尔曼(E. C. Tolman,1886—1959),是美国新行为主义的代表人物之一。在哈佛期间,他先是受到传统的冯特-铁钦纳式的意识心理学的训练,但对他们的内省法深感怀疑。正在困惑之际,他读到华生的代表作《行为:比较心理学导论》,受华生行为主义思想的影响,他的兴趣开始转向行为主义心理学。在德国留学期间,他见到了格式塔心理学代表人物之一考夫卡,并向他学习格式塔心理学。托尔曼认为自己是一名行为主义者。他主张理论要用完全客观的方法检验。然而许多人认为他是研究动物学习行为最有影响的认知主义者。

(一)托尔曼关于学习问题的经典实验

1. 位置学习实验

托尔曼为了探索动物在学习过程中认知学习的变化,设计了一些巧妙的实验。其中一个典型实验是白鼠走迷津的学习实验。这个迷津如图4-4所示。

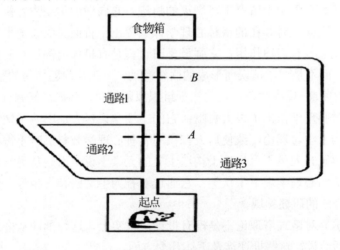

图4-4 白鼠走迷津

在这个迷津中,白鼠有三条通向食物的通路,通路1最短,通路2次之,通路3最长。在一般情况下,白鼠选择较短的通路。当通路1被阻塞点A阻塞后,白鼠就选择了通路2;当通路2被阻塞点B阻塞时,改由通路3奔向目标。白鼠能顿悟阻塞点B将通路1与2同时关闭。这说明白鼠是根据对情境的"认知地图"来行动,而不是根据盲目的习惯,也不是根据通路次序而形成的机械的奔走习惯来行动的。托尔曼认识到,白鼠习得的不是一系列刺激-反应的联结,而是在头脑内形成了类似现场的一张地图——"认知地图"(cognitive map),正是这种认知地图指引了白鼠的正确行为。认知地图(或认知)是托尔曼符号学习理论中的一个重要概念,是指在过去经验的基础上产生于头脑中的某些类似于一张现场地图的模型。托尔曼把白鼠学习迷津的行为看作认知学习,认为白鼠学到食物所在方位,并非只是将机械式的左转右转活动联结在一起,而是它走过之后,把迷津通路中某些特征(行动方向、到达目的的距离及其之间的关系)作为符号标志,并通过对符号之间的关系(手段—目的一关系)进行辨别,获得迷津通路的整体概念,形成一个认知地图。

2. 潜伏学习实验

1930年托尔曼等人设计了一个实验,研究白鼠学习迷津过程中食物对学习的作用。他将白鼠分为三组:甲组不给食物(无食物奖励组);乙组每天给食物(有食物奖励组),甲、乙均为控制组;丙组为实验组,开头10天不给食物,第11天才开始给食物奖励。实验结果,乙组有食物奖励,逐渐减少错误比甲组快,但实验组丙自给食物奖励后,其错误下降比乙组更快(见图4-5)。他由此得出结论:丙组在开头10天的练习中虽不给食物,但在每次练习中同样在探索迷津的每一部分,形成了认知地图,不过未表现在外部行为中而已。托尔曼把这种现象称为潜伏学习。它的效果正是有机体在追求目的时运用已有认知的结果。

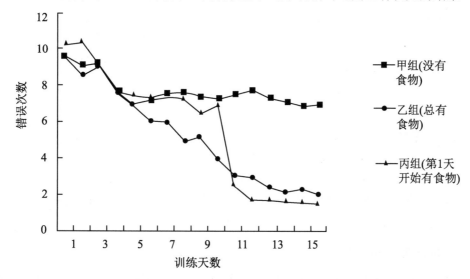

图4-5 白鼠学习迷津过程中食物对学习的作用

因此,托尔曼提出潜伏学习(或潜在学习),意指未表现在外显行为上的学习,亦即有机体在学习过程中,每一步都在学习,只是某一阶段其学习效果并未明确显示,其学习活动处于潜伏状态。

(二)托尔曼关于学习问题的观点

托尔曼关于学习问题有如下几个观点。

1. 学习是整体性和有目的性的行为

托尔曼强调行为的整体性,认为行为是一种整体现象。这种整体性行为具有目的性和认知性,认为目的和认知是行为的血和肉,是行为的直接特征。因此,有人称托尔曼的理论为"认知-目的说"。托尔曼反对行为主义者把复杂的行为序列分解还原成大量简单的刺激-反应单元,认为必须根据可观察到的整体特征来认识和解释行为。由此,托尔曼首先强调整体性是由学习获得的,不是先天的知觉格式塔;其次强调问题情境是成型的,刺激是有组织的。一切形式的知识都要融合成为一个完整的体系,所以,只有当我们考察具有某种固定的和可预测的目的的各种行为的整个序列时,才有可能理解行为;再次,认为行为的可塑性也是学习整体性的特征。托尔曼还认为，既然行为具有可塑性，那么行为具有目的性和认知性就是不言而喻的了。

2．中介变量

托尔曼首次提出中介变量这个概念，他提出在刺激(行为的发端原因)和行为之间还有中介变量即内在决定因素起作用，这个中介变量主要是行为的目的性和认知性。这样，行为主义的 S-R 联结公式在托尔曼理论中变成了 S-O-R，O 是中介变量，与需求和认知有关。中介变量的三种主要范畴如下。

(1) 需要系统：特定时刻的生理剥夺或内驱力情境。

(2) 信念价值动机：表示宁可选择某种目的物的欲望的强度和这些目的物在满足需要中的相对力量。

(3) 行为空间：行为是在个体的行为空间中发生的。在这种行为空间中，有些物体能吸引人(具有正效价)，而另一些物体则使人厌恶(具有负效价)。中介变量是不能被直接观察到的，但它却是行为的决定者。

3．学习是对"符号-完形"的认知

"符号"是托尔曼对刺激使用的术语，"完形"即格式塔，与格式塔理论一样，完形意味着整体大于其各部分之和。他进一步指出，"符号-完形"包含对意义目标与手段-目的关系的认知。只有当外部感觉(符号)和内部表象(知觉)结合成为联想结构并构成各种关系组合体时，才能形成一种格式塔完形。他认为白鼠的位置学习是在头脑中形成"符号-完形"认知结构，即认知地图。

4．学习是期待的获得

托尔曼用来解释动物学习的核心概念是"期待"(expectancy 一词可译为"期待"或"预期")。托尔曼认为动物或有机体在学习过程中所学会的不是连贯的动作反应，而是获得了关于它周围环境、学习目标的位置以及如何达到目标的途径和手段的知识。这些知识使有机体形成了"认知上的期待"，这种认知上的期待将支配有机体下一次活动的方向和强度。简言之，按照托尔曼的观点，动物学会的不是简单的动作或反应，而是学会了对目标和达到目标的途径和手段的认知。也就是说，动物学会的不是动作，而是学会了意义。

(三)对托尔曼学习理论的评价

托尔曼的符号学习理论把认知主义的观点引入行为主义的学习联结理论，改变了学习联结理论把学习看成是盲目、机械的错误观点。他重视学习的中介过程，强调学习的目的性和认知性，这些思想对现代的认知学习理论产生了深远的影响。

托尔曼的最大贡献在于创造性地设计了各种严密的实验，用实验的方式对联结派学习理论进行批评并引申出对学习的认知解释，这个研究范式对现代认知心理学的诞生起到了先行的作用。

总的来说，托尔曼的心理学整体观点还是行为主义的，这影响了他对学习的内在信息加工活动过程的探讨，他提出的目的、认知、期待等中介变量本身很难以精确的程度维系于可测的刺激反应变量，所以他的学说最终没有发展成为一种完整的理论体系。而且，由

于他的实验研究是建立在白鼠学习基础之上的，难免忽视了人类学习与动物学习的本质区别，因而也遭到人们的批评。

三、布鲁纳的认知-发现学习理论

布鲁纳(Jerome Seymour Bruner，1915 年出生)是美国当代著名认知心理学家、教育心理学家，主要研究知觉、思维以及儿童心理发展问题。布鲁纳反对以 S-R 联结和对动物的行为习得的研究结果来解释人类的学习活动，而是把研究的重点放在学生获得知识的内部认知过程和教师如何组织课堂教学以促进学生"发现"知识的问题上。他的认知—发现理论是当代认知派学习理论的主要流派之一。他最为出名的一本书是 1960 年出版的《教学过程》。

(一)布鲁纳学习理论的基本观点

1. 关于认知结构的观点

布鲁纳认为学习的实质就是主动地形成认知结构或表征系统的过程。在西方心理学家和教育家的著作中，对"认知结构"一词并没有一个统一的界定。在布鲁纳的著作中，所谓认知结构，就是表征系统，是指信息在头脑中的表现与记载方式。实际上，表征或表征系统，是人们知觉和认识世界的一套规则。在人类智慧生长(布鲁纳常常把智慧生长与认知生长作为同义语)期间，有三种表征系统在起作用，这就是"动作表征、肖像表征和符号表征"，即通过动作或行动、肖像或映象，以及各种符号来认识事物。这三种表征系统实质上是三种信息加工系统。它既包括已经获得的知识经验，也包括与这些知识经验相联系的活动方式。每个人包括儿童在内，一直在连续不断地使用这三种表征系统，凭借它们来认识世界。

事实上，这种认知结构一经建立，就成为学生进一步学习的重要的内部因素。它是理解新知识的基础，也是对新的信息进行加工的依据。布鲁纳认为，学习的过程实际上是人们利用已有的认知结构，对新的知识经验进行加工改造并形成新的认知结构的过程。在学习中，新的知识经验不是纳入原有的认知结构，就是引起原有认知结构的改组，从而产生新的认知结构。这个过程不是被动地产生的，而是一种积极主动的过程。新知识的学习过程是认知活动概念化和类型化的过程。

2. 关于学习过程的观点

布鲁纳认为，知识的学习包括三种几乎同时发生的过程，即新知识的获得、知识的转换及知识的评价。

(1) 新知识的获得：新知识往往与学习者已经模模糊糊或清清楚楚地知道的知识相违背，或者是比以前更精练的知识，或者是与以前的认识相反的知识。

(2) 知识的转换：学习者把信息转换为各种不同的方式，使之超出它们最初所给的事实，从而学到更多的知识。

(3) 知识的评价：学习者核查所用处理知识的方法是否适合当前任务，概括得是否适当。教师在帮助学生评价中常常具有决定性的作用。

布鲁纳认为，学生不是被动的知识接受者，而是积极的信息加工者。通过上述过程，学生可以建立更完善、更系统的认知结构。

3. 知识结构的重要性

布鲁纳认为，掌握事物的结构，就是以使许多别的东西与它有意义地联系起来的方式去理解它。简单地说，学习知识结构就是学习事物是怎样相互关联的。他说"不论我们选教什么学科，务必使学生理解各门学科的基本结构。这是在运用知识方面的最低要求，它有助于解决学生在课外所遇到的问题和事件，或者在日后训练中所遇到的问题"，"经典的迁移问题的中心，与其说是单纯地掌握事实和技巧，不如说是教授和学习结构。"

他的知识结构也就是某一学科领域的基本观念，不仅包括掌握一般原理，而且包括学习的态度和方法。

布鲁纳从以下四个方面论述了学习学科基本结构的必要性。

(1) 懂得基本原理使得学科更容易理解。学科的基本原理弄懂了，其他特殊课题就能解决好。

(2) 从人类的记忆来看，他说："除非把一件件事情放进构造得好的模型里，否则很快就会忘记。详细的资料是靠表达它的简化方式来保存在记忆里的。学习普遍的或基本的原理的目的，就在于保证记忆不会全部丧失，而遗留下来的东西将使我们在需要的时候把一件件事情重新构思起来。高明的理论不仅是现在用以理解现象的工具，而且也是明天用以回忆那个现象的工具。""获得的知识，如果没有完满的结构把它联在一起，那是一种多半会被遗忘的知识。一串不连贯的论据在记忆中仅有短促得可怜的寿命。"

(3) 领会基本原理和观念，是通向适当的"训练迁移"的大道。他认为，理解更基本的原理和结构的意义就在于，把事物作为更普遍的事情的特例去理解，不仅学习特定的事物，还学习适合于理解可能遇见的其他类似事物的模式。这种模式就是迁移的基础，它能进一步激发智慧。

(4) 对教材结构和基本原理的理解能够缩小"高级"知识和"初级"知识之间的间隙。他主张：一门课程在它的教学进展中应反复地回到这些基本观念，直到学生掌握了与这些观念相伴随的完全形式的体系为止。

4. 提倡发现学习

发现学习就是让学生独立思考，改组材料，自行发现知识，掌握原理、原则。

布鲁纳说："发现不限于那种寻求人类尚未晓的事物的行为，正确地说，发现包括用自己的头脑亲自获得知识的一切形式或方法。"可见，他强调发现是一种方法。布鲁纳认为："不论是在校儿童凭自己的力量所作出的发现，还是科学家努力于日趋尖端的研究领域所作出的发现，按其实质来说，都不过是把现象重新制作或转换，使人能超越现象进行组合，从而获得新的领悟而已。"即学生也要像科学家那样通过发现的方法进行学习。

发现学习具有以下特征。

(1) 强调学习过程。布鲁纳认为，在教学过程中，学生是一个积极的探究者。教师的作用是要形成一种学生能够独立探究的情境，而不是提供现成的知识。我们教一门学科，不是要建造一个活着的小型藏书室，而是要让学生自己去思考，参与知识获得的过程。"认识是一个过程，而不是一种产品。"可见，学习的主要目的不是要记住教师和教科书上所讲的内容，而是要让学生参与建立该学科的知识体系的过程。所以，布鲁纳强调的是，学生不是被动的、消极的知识的接受者，而是主动的、积极的知识的探究者。

(2) 强调直觉思维。除了注重学习过程之外，布鲁纳的发现法还强调学生直觉思维在学习上的重要性。他认为，直觉思维与分析思维不同，它不是根据仔细规定好了的步骤，而是采取跃进、越级和走捷径的方式来思维的。不论在正规的学科领域还是在日常生活中，不论是科学家还是小学生，都需要也都可以使用直觉思维，所不同的只是程度问题，其性质都是一样的。

(3) 强调内在动机。在布鲁纳看来，学生在一般教学条件下，学习的动机往往很混乱。有些学生谋求好成绩，是为了一些外来的动机，如为了得到或避免教师和家长的奖励或惩罚，或为了与同学竞争。而布鲁纳更重视的是形成学生的内部动机，或把外部动机转化成内部动机。而发现活动有利于激励学生的好奇心，学生容易受好奇心的驱使，对探究未知的结果表现出兴趣。所以，布鲁纳把好奇心称为"学生内部动机的原型"。

布鲁纳认为，与其让学生把同学之间的竞争作为主要动机，还不如让学生向自己的能力提出挑战。所以，他提出要形成学生的能力动机(competence motivation)，就是使学生有一种求得才能的驱动力。通过激励学生提高自己才能的欲求，从而提高学习的效率。事实表明，学生对自己的能力是否具有信心，对其学习成绩有一定影响。

(4) 强调信息提取。布鲁纳对记忆过程持比较激进的观点。他认为，人类记忆的首要问题不是储存，而是提取。尽管这从生物学上来讲未必可能，但现实生活要求学生这样。因为学生在储存信息的同时，必须能在没有外来帮助的情况下提取信息。提取信息的关键在于如何组织信息，知道信息储存在哪里和怎样才能提取信息。

(二)布鲁纳的发现法教学模式

根据自己的学习理论，布鲁纳提出了自己的教学理论，其教学思想最重要的是发现法教学模式。

发现法教学模式是根据发现学习而提出的，其指导思想是教师不应当让学生处于被动接受知识的状态，教师要为学生提供一定的材料，创设问题情境，引导学生独立地发现解决问题的方法，从中发现事物之间的联系和规律，获得相应的知识，形成或改造认知结构的过程。发现法教学没有一个固定的程序和模式，灵活性和自发性都很大，具体采用什么材料和组织形式要视不同学生的特点和不同学科的知识的具体内容而定。布鲁纳认为，发现法教学模式的特点是：①教学围绕一个问题情境而展开，而不是围绕某一个知识项目而展开。②教学中以学生的"发现"活动为主，教师起引导作用。而在传统课堂教学中，一般是以教师的讲课为主要活动。③没有固定的组织形式。其最大优点是能最大限度地发挥学生在学习中的主体性和创造性。

布鲁纳提出了发现法教学的基本步骤：①提出和明确使学生感兴趣的问题；②让学生对问题体验到某种程度的不确定性，以激发探究欲望；③提供解决问题的各种材料和线索；④协助学生分析材料和证据，提出可能的假设，帮助学生对材料、线索进行分析审查，搜集和组织可用于作出判断的资料；⑤协助、引导学生审查假设得出的结论。一般引导学生对有关假设进行比较，找出最佳或可行的方法去解决问题。

在发现法教学过程中，教师的主要任务是：①鼓励学生有发现的自信心；②激发学生的好奇心，使之产生求知欲；③帮助学生寻找新问题与已有经验的联系；④训练学生运用知识解决问题的能力；⑤协助学生进行自我评价；⑥启发学生进行对比。由此可以看出教师的主要任务在于引导学生去发现和对其发现技巧与方法的培养，而不是直接教给学生解决问题的方法。

(三)对布鲁纳的学习与教学理论的评价

布鲁纳是当代著名的认知心理学家和教育心理学家，他反对以 S-R 联结和对动物的行为习得的研究来解释人类的学习活动，克服了以往学习理论根据动物实验的结果而推演到人的学习的种种缺陷，针对学生在课堂教学情境下学习各种知识的活动提出自己的学习与教学理论，把研究的重点放在学生获得知识的内部认知过程和教师如何组织课堂以促进学生"发现"知识的问题上。他强调学生学习的主动性，强调学习的认知过程，重视认知结构的形成，注重学习者的知识结构、内在动机、独立性与积极性在学习中的作用，对学习理论的发展作出了突出的贡献。

然而，布鲁纳的学习与教学理论也有一些失之偏颇的地方，不少人对其提出批评，主要意见有下列几方面：①他的学习与教学理论完全放弃知识的系统讲授，而以发现法教学来代替，夸大了学生的学习能力，忽视了知识学习活动的特殊性，忽视了知识的学习即知识的再生产过程与知识的生产过程的差异。②布鲁纳认为"任何科目都可以按照某种正确的方式教给任何年龄的任何儿童"，这其实是不可能的。③人们指出，发现法运用范围有限，从学习主体来看，真正能够用发现法学习的只是极少数学生；从学科领域来看，发现法只适合自然科学的某些知识的教学，对于文学、艺术等以情感为基础的学科是不适用的；从执教人员来看，发现法教学没有现成方案，过于灵活，对教师知识素养和教学机智、技巧、耐心等要求很高，一般教师很难掌握，反而容易弄巧成拙。④发现法耗时过多，不经济，不宜于需要在短时间内向学生传授一定数量的知识和技能的集体教学活动。⑤发现教学法适用于小学和中学低年级学生，因为他们主要以概念形成方式获得概念。对于中高年级的学生而言，他们获得概念的主要方式是概念的同化，因此他们学习知识的主要方式也不是发现学习，而是接受学习。然而，这些问题并不妨碍布鲁纳所提出的重视学科基本知识结构和发现法教学模式的理论对于指导教材的编写、课堂教学实践和学生学习知识的活动具有的参考价值。

四、奥苏伯尔的有意义学习理论

奥苏伯尔(D.P.Ausubel，1918 年生)是美国纽约州立大学研究院的教育心理学教授，是认知派的代表人物之一。他从 20 世纪 50 年代中期开始致力于有意义言语材料的学习与保持的研究。他的理论在 20 世纪 60 年代提出，受到中小学教师的欢迎。1976 年获得美国心理学会的"桑代克奖"。他和布鲁纳都致力于探讨学生学习而不是一般有机体的学习。但奥苏伯尔认为布鲁纳的理论忽视系统知识的传授，轻视知识的循序渐进性，会造成学生基础薄弱，教学质量滑坡。他主张学生应按照有意义接受的方式获得系统知识，形成良好的认知结构。

(一)奥苏伯尔有意义学习理论的基本观点

1. 强调学生的学习主要是有意义的接受学习

奥苏伯尔从两个维度对学习做了区分：从学生学习的方式上将学习分为接受学习与发现学习，从学习内容与学习者认知结构的关系上又将学习分为有意义学习和机械学习。

奥苏伯尔认为学生的学习主要是接受学习，而不是发现学习。接受学习是教师将学习内容以定论的形式直接呈现给学生，教师传授，学生接受。自实行班级授课制以来，接受学习一直是课堂学习的主要形式，但这种学习形式一直被误解为机械学习。奥苏伯尔认为接受学习既可以是有意义的，也可以是机械的，只是因为一些教师使学生进行的是机械学习而采取的又是接受学习方式，才使接受学习被认为是机械的。同样，发现学习既可以是有意义的学习，也可以是机械学习。那种只发现点滴事实而不理解其中规律的发现学习便是机械的发现学习。

奥苏伯尔认为学校中的学习应该是有意义的接受学习和有意义的发现学习，但他更强调有意义的接受学习，认为它可以在短时间内使学生获得大量的系统知识，这正是教学的首要目标。

2. 有意义学习的实质

怎样才是有意义学习呢？奥苏伯尔认为，有意义学习的实质就是以符号代表的新观念与学习者认知结构中原有的适当观念建立起非人为的和实质性联系的过程。

奥苏伯尔所定义的认知结构是一个人的观念的全部内容与组织或一个人在某个知识领域的观念的内容与组织。认知结构中原有的知识是"观念的支架"，或称为起固定作用的观念。有意义学习的过程就是新观念被认知结构中起固定作用的观念同化、储存并相互作用，原有的观念同时发生变化，新知识被纳入原有的认知结构中，从而获得意义。

建立起非人为的、实质性的联系是有意义学习的两个标准。非人为的联系是指新的观念与原有观念建立了内在的联系，而不是任意的联系；实质性是指用不同语言或其他符号表达的同一认知内容的联系。机械学习中的新知识与原有认知结构只能建立起人为的、表面的、非实质性的联系。

3. 有意义学习的条件

奥苏伯尔认为有意义学习必须具备以下三个前提条件。

(1) 学习材料本身必须具备逻辑意义。所谓逻辑意义是指学习材料可以和学习者认知结构中的适当观念建立起非人为的和实质性的联系。

(2) 学习者必须具备有意义学习的倾向，即积极主动地把新知识与学习者认知结构中原有的适当知识联系起来的倾向性。

(3) 学习者认知结构中必须具有同化新知识的适当观念。

以上三个条件必须同时具备，才能实现有意义学习。学习者必须积极主动地使具有逻辑意义的新知识与其原有认知结构中的有关的旧知识发生相互作用，旧知识得到改造，新知识获得实际意义。

奥苏伯尔认为在有意义学习中，影响新知识学习的最重要的条件是学习者原有的认知结构的适当性，包括认知结构中是否有适当的、起固定作用的观念可利用，新观念与同化它的原有观念的分化程度，原有观念的稳定性和清晰度三个方面。

奥苏伯尔在其所著《教育心理学：认知取向》一书的扉页上写道："如果要我用一句话说明教育心理学的要义，我认为影响学生学习的首要因素是他的先备知识。研究并了解学生学习新知识之前具有的先备知识，配合之以设计教学，从而产生有效的学习，就是教育心理学的任务。"

4. 有意义学习的过程

有意义学习的过程即原有观念对新观念加以同化的过程。奥苏伯尔称自己的学习理论为"同化论"。原有观念一般通过三种方式对新观念进行同化，即下位学习、上位学习、并列结合学习。

1) 下位学习

下位学习是把新观念归入认知结构中原有观念的适当部分，并使之相互联系的过程。在下位学习过程中，原有观念是总观念，新学习的观念是从属观念，因而这种学习又称为类属学习。

下位学习又有两种形式。

(1) 派生下位学习：认知结构中的原有观念是一个总观念，所学的新观念只是它的一个特征或一个例证。例如，原有观念是"椅子"，而"椅子"的观念是通过概括转椅、藤椅、安乐椅、沙发等从属观念构成的。现在要学的新观念是折椅。折椅纳入原有的椅子观念之中，既扩充了"椅子"的观念，又使"折椅"这一观念获得了意义。但是在派生下位学习中，新观念只是使原有总观念扩张，并不能使原有观念的本质发生改变。

(2) 相关下位学习：认知结构中原有观念是一个总的观念，所学的新观念只是原有观念的加深、修饰或限定，通过同化，使总观念的本质发生变化。例如，原有观念是"爱国行为"，原有的理解是"挂国旗是爱国行为"，"保护国家资源""参加爱国卫生大扫除"也是爱国行为，现在学习的观念是"学习外国先进科学技术加快我国的经济建设"(x)。当把 x 下位于"爱国行为"时，原有的"爱国行为"的观念就被深化，新的学习内容也获得了意义。

2) 上位学习

上位学习是指在若干已有的从属观念的基础上归纳出一个总观念。例如，掌握了铅笔、橡皮、笔记本等观念之后，再学习更高一级的总观念"文具"时，原有的从属观念可以为学习总观念服务。上位学习所形成的新观念在概括和包摄程度上高于原有的一些观念，所以也称为总括学习。

3) 并列结合学习

并列结合学习是指新观念与认知结构中原有观念既非下位关系，也非上位关系，只是和原有认知结构中的整个内容具有一般的联系。例如，新学习的观念是"质量与能量的关系"，原有观念是"热和体积""遗传和变异""需求与价格"之间的关系。在此条件下，新观念既不能类属于某一特殊关系，也不能总括原有的关系，但它们具有某种共同的关键属性。由于新知识与原有知识具有某种共同属性，因而也可以被原有的知识同化，获得意义。

奥苏伯尔假定：认知结构本身是一个按层次组织的观念系统，最概括的观念处于这个结构的顶端，在其下面是概括性较少的观念、较分化的从属观念和具体材料。在类属学习中，学习者利用认知结构中抽象概括水平较高的观念固定和同化新观念，而每一次类属都进一步证实、扩展或深化了原来的"固定观念"，使原来的认知结构不断分化。奥苏伯尔非常强调类属学习，认为多数有意义学习都具有自上而下渐进分化的特征。上位学习通常在进行归纳、推理或综合部分与整体的关系时需要；而在并列结合学习中，由于缺乏最适当的起固定作用的观念，学习时一般比较困难，而且不易保持。

(二)奥苏伯尔学习理论在教学中的运用

1．课堂教学的原则

奥苏伯尔根据有意义学习的过程，提出了渐进分化和综合贯通两条教学原则。

渐进分化原则是指教学要先教比较一般的或广泛的观念，再将其一步步分解成具体的或初级的观念，通过逐步分化，直到最广泛的观念分解为最初的观念。运用这一原则进行教学的过程被称为演绎教学，它依据的是类属学习过程的规律。

综合贯通原则是指在教学中比较观念间的相同点与不同点，在观念间建立起联系。通过综合贯通，使分化的观念相互联系起来，这一原则保证了总括学习和并列学习过程的进行。

这两条原则是相辅相成的。渐进分化把总观念一步步分解为从属观念，分解为组成部分；综合贯通强调观念之间的联系，将观念作为连贯的整体的一部分进行学习。要使学生进行有意义学习，必须在教学中贯彻这两条原则。

2．促进有意义学习的教学策略——先行组织者

为了促进有意义学习的进行，奥苏伯尔提出了使用"先行组织者"的教学策略。

先行组织者(advance organizer)是奥苏伯尔 20 世纪 60 年代初提出的一个概念。根据奥苏伯尔的经典解释，组织者是先于学习材料呈现之前呈现的一个抽象概括水平较高的引导性材料。组织者可以是一个概念、一条定律；或一般概括性说明文字，它是新知识与旧知识发生联系的桥梁。组织者与学习者认知结构中已有观念相联系，提供一个能将新旧知识联系起来的一般观念，为学习新观念提供一个"观念固定点"，使新知识被顺利地纳入已有的认知结构中去。

奥苏伯尔指出，组织者最适宜在以下两种情况下运用。

(1) 当学生面对学习任务时，倘若其认知结构中缺乏适当的上位观念来同化新知识，则可以设计一个概括与包容水平高于要学习的材料的组织者，使学生获得一个可以同化新知识的认知框架。这样的组织者被称为陈述性组织者。

(2) 当学生面对新的学习任务时，倘若其认知结构中已具有同化新知识的适当观念，但原有观念不清晰或不巩固，学生难以应用，或者他们对新旧知识之间的关系辨别不清，则可以设计一个对新旧知识的异同点进行比较的组织者，这种组织者被称为比较性组织者。

奥苏伯尔通过实验证明，合理使用先行组织者不仅可以促进知识的学习，也有利于知识的保持。

(三)对奥苏伯尔学习与教学理论的评价

奥苏伯尔的学习理论注重有意义的接受学习，突出了学生的认知结构和有意义学习在知识获得中的重要作用，对有意义接受学习的实质、条件、机制等作了精细的分析，澄清了长期以来对传统讲授教学和接受学习的偏见以及对发现学习和接受学习与意义学习和机械学习之间关系的混淆。他提出的先行组织者策略对改进课堂教学设计、提高教学效果有重要的实用价值。

然而，奥苏伯尔的理论也有被质疑的地方。

首先，从学生学习或学校教学的目标来看，他偏重学生对知识的掌握，对学生能力的培养尤其是创造能力的培养不够重视，至少在他极力倡导的学习与教学过程中看不到对这方面的分析。实际上，学生的学习是人类知识的再生产过程，它要将人类千百年以来形成的机能(包括所生产的知识与生产知识过程形成的能力)转化为个体的机能，而不是仅仅理解这些知识结论。

其次，从知识的类型来看，就知识的学习而论，奥苏伯尔的教学思路也只是比较符合陈述性知识的掌握，而不适合程序性知识的掌握。

再次，奥苏伯尔过于强调接受学习与讲授方法，没有给予发现学习应有的重视。实际上，许多人都认为，在学生学习知识的活动中，有意义的接受学习和有意义发现学习各具特色，各有所长，都是重要的学习方式，它们常常是相辅相成、互相补充的。一般而言，年龄小的学生由于生活经验有限，本身认知结构的局限性较大，常常是利用有意义发现法学习新知识，而到了中、高年级，随着对更多知识的掌握，获得了一些较具概括性的基本观念和基本学习方法，有意义的接受学习才成为可能。考虑到学校教育的主要目的是在短时间内向学生传授大量的科学文化知识，而发现法学习无论从进展速度来讲还是从课程设计和教具、学具的准备工作而言，都无法满足上述要求，因此，对于学生的知识学习而言，有意义接受学习是他们学习的主要方式。但是，作为发现法教学，它有利于引导学生大致重复前人知识生产的智力活动过程，促进学生智力尤其是创造力的提高，根据实际适当地运用发现法进行教学，无论对于激励学生的学习兴趣，还是对于培养学生学会思考问题的方法，都是十分有益的。同时，一项新知识采取哪种方式学习效果更好，要取决于许多主客观条件，比如，学习者已有的知识经验和认知结构，新知识是否要求迅速地传授给学生，现实的教学条件和材料准备是否充分，等等。因此，在实际的教学过程中，对于发现学习法也应给予足够的重视和灵活的运用，指导学生将有意义的发现学习和有意义的接受学习合理有机地结合起来，以使学生更好地理解所学知识的意义，获得最佳的学习效果。

五、建构主义学习理论

20世纪90年代以来，随着心理学家对人类学习过程认知规律研究的不断深入，认知学习理论的一个重要分支——建构主义学习理论在西方逐渐流行。建构主义是学习理论中行为主义发展到认知主义以后的进一步发展，被誉为当代教育心理学中的一场革命。

建构主义理论的内容很丰富，但其核心只用一句话就可以概括：以学生为中心，强调学生对知识的主动探索、主动发现和对所学知识意义的主动建构(而不是像传统教学那样，只是把知识从教师头脑中传送到学生的笔记本上)。

(一)建构主义学习理论的基本观点

1．建构主义的知识观

建构主义的知识观如下。

(1) 知识不是对现实的纯粹客观的反映，任何一种传载知识的符号系统也不是绝对真实的表征。它只不过是人们对客观世界的一种解释、假设或假说，它不是问题的最终答案，它必将随着人们认识程度的深入而不断地变革、升华和改写，出现新的解释和假设。

(2) 知识并不能绝对准确无误地概括世界的法则，提供对任何活动或问题解决都实用的方法。在具体的问题解决中，知识是不可能一用就准、一用就灵的，而是需要针对具体问题的情境对原有知识进行再加工和再创造。

(3) 知识不可能以实体的形式存在于个体之外，尽管通过语言赋予了知识一定的外在形式，并且获得了较为普遍的认同，但这并不意味着学习者对这种知识有同样的理解。真正的理解只能是由学习者自身基于自己的经验背景而建构起来的，这取决于特定情况下的学习活动过程。否则，就不叫理解，而是叫死记硬背或生吞活剥，是被动的复制式的学习。

2．建构主义的学习观

建构主义的学习观如下。

(1) 学习不是由教师把知识简单地传递给学生，而是由学生自己建构知识的过程。学生不是简单被动地接收信息，而是主动地建构知识的意义，这种建构无法由他人来代替。

(2) 学习不是被动地接收信息刺激，而是主动地建构意义，是根据自己的经验背景，对外部信息进行主动的选择、加工和处理，从而获得自己的意义。外部信息本身没有什么意义，意义是学习者通过新旧知识经验间反复的、双向的相互作用过程而建构成的。因此，学习不是像行为主义所描述的是形成刺激与反应的联结的过程。

(3) 学习意义的获得，是每个学习者以自己原有的知识经验为基础，对新信息重新认识和编码，建构自己的理解。在这一过程中，学习者原有的知识经验因为新知识经验的进入而发生调整和改变。

(4) 同化和顺应是学习者认知结构发生变化的两种通路或方式。同化是认知结构的量变，而顺应则是认知结构的质变。同化—顺应—同化—顺应，循环往复，平衡—不平衡—平衡—不平衡，相互交替，人的认知水平的发展就是这样的一个过程。学习不是简单的信息积累，更重要的是包含新旧知识经验的冲突以及由此而引发的认知结构的重组。学习过程不是简单的信息输入、存储和提取，是新旧知识经验之间的双向的相互作用过程，也就是学习者与学习环境之间互动的过程。

3．建构主义的学生观

建构主义的学生观如下。

(1) 建构主义强调，学习者并不是空着脑袋进入学习情境中的。在日常生活和以往各种形式的学习中，他们已经形成了有关的知识经验，他们对任何事情都有自己的看法。即使是有些问题他们从来没有接触过，没有现成的经验可以借鉴，但是当问题呈现在他们面前时，他们还是会基于以往的经验，依靠他们的认知能力，形成对问题的看法，提出他们的假设。

(2) 教学不能无视学习者的已有知识经验，简单强硬地从外部对学习者实施知识的"填灌"，而是应当把学习者原有的知识经验作为新知识的生长点，引导学习者从原有的知识经验中生长新的知识经验。教学不是知识的传递，而是知识的处理和转换。教师不单是知识的呈现者，不是知识权威的象征，而应该重视学生自己对各种现象的理解，倾听他们的看法，思考他们这些想法的由来，并以此为据，引导学生丰富或调整自己的看法。

(3) 教师与学生、学生与学生之间需要共同针对某些问题进行探索，并在探索的过程中相互交流和质疑，了解彼此的想法。由于经验背景差异的不可避免，学习者对问题的看法和理解经常是千差万别的。其实，在学生的共同体中，这些差异本身就是一种宝贵的资源。建构主义虽然非常重视个体的自我发展，但是也不否认外部引导，亦即教师的影响作用。

(二)建构主义关于教学的基本观点

建构主义学习理论强调以学生为中心，认为学生是认知的主体，是知识意义的主动建构者；教师只对学生的意义建构起帮助和促进作用，并不要求教师直接向学生传授和灌输知识。在建构主义学习环境下，教师和学生的地位、作用和传统教学相比已发生很大的变化。近年来，教育技术领域的专家们进行了大量的研究与探索，力图建立一套能与建构主义学习理论以及建构主义学习环境相适应的全新的教学设计理论与方法体系。建构主义使用的教学设计原则如下。

1．强调以学生为中心

为了体现以学生为中心，建构主义认为可以从以下三个方面努力。
(1) 要在学习过程中充分发挥学生的主动性，要能体现出学生的首创精神。
(2) 要让学生有多种机会在不同的情境下去应用他们所学的知识(将知识"外化")。
(3) 要让学生能根据自身行动的反馈信息来形成对客观事物的认识和解决实际问题的方案(实现自我反馈)。

2．强调"情境"对意义建构的重要作用

建构主义认为，学习总是与一定的社会文化背景即"情境"相联系的，在实际情境下进行学习，可以使学习者利用自己原有认知结构中的有关经验去同化和索引当前学习到的新知识，从而赋予新知识以某种意义；建构主义注重让学生解决现实问题，强调提供复杂的、一体化的、可信度高的学习环境的重要性，这种教学情境应具有多种视角的特性，可以将学习者嵌入现实和相关情境(真实世界)中，作为学习整体的一部分，为他们提供社会性交流活动。在传统的课堂讲授中，由于不能提供实际情境所具有的生动性、丰富性，因而将使学习者对知识的意义建构发生困难。

3．强调"协作学习"对意义建构的关键作用

建构主义认为，学习者与周围环境的交互作用，对于学习内容的理解(即对知识意义的建构)起着关键性的作用。这是建构主义的核心概念之一。学生们在教师的组织和引导下一

起讨论和交流，共同建立起学习群体并成为其中的一员。在这样的群体中，共同批判地考察各种理论、观点、信仰和假说；进行协商和辩论，先内部协商(即和自身争辩到底哪一种观点正确)，然后相互协商(即对当前问题摆出各自的看法、论据及有关材料并对别人的观点作出分析和评价)。通过这样的协作学习环境，学习者群体(包括教师和每位学生)的思维与智慧就可以被整个群体所共享，即整个学习群体共同完成对所学知识的意义建构，而不是其中的某一位或某几位学生完成意义建构。

4. 强调利用各种信息资源来支持"学"(而非支持"教")

为了支持学习者的主动探索和完成意义建构，在学习过程中要为学习者提供各种信息资源(包括各种类型的教学媒体和教学资料)。利用这些媒体和资料并非用于辅助教师的讲解和演示，而是用于支持学生的自主学习和协作式探索。对于信息资源应如何获取、从哪里获取以及如何有效地加以利用等问题，是主动探索过程中迫切需要教师提供帮助的内容。

5. 强调学习过程的最终目的是完成意义建构(而非完成教学目标)

在建构主义学习环境中，强调学生是认知主体，是意义的主动建构者，所以是把学生对知识的意义建构作为整个学习过程的最终目的。教学设计通常不是从分析教学目标开始，而是从如何创设有利于学生意义建构的情境开始，整个教学设计过程紧紧围绕"意义建构"这个中心而展开，不论是学生的独立探索、协作学习还是教师辅导，学习过程中的一切活动都要从属于这一中心，都要有利于完成和深化对所学知识的意义建构。

(三)对建构主义学习理论的评价

建构主义学习理论对当今教育理论与实践产生了广泛的影响，该理论主张学习是通过信息加工活动建构对客体的解释，强调学习过程中学习者的主动性、建构性；强调学习与教学的中心是学习者(学生)而不是指导者(教师)。按照建构主义学习理论，教师传授的知识对学习者来说不是主要的，它们仅仅是学习者学习环境中的一个影响因素，教师的知识是否为学生所掌握，完全要看学习者是否对其加工及其加工的深度如何；学生处于教学的中心位置，教师是学生学习的指导者、帮助者和促进者。

然而，建构主义学习与教学理论过于强调知识的相对性，否认知识的客观性；过于强调学生学习过程的个别性，而否认其本质上的共同性；过于强调学习的情境性、非结构性，完全否认知识的逻辑性与系统性，这又走向了另一个极端。当然，任何一种理论都不可能十全十美，建构主义对教育实践的指导作用是有目共睹的。

第四节 人本主义学习理论

人本主义学习理论是以人本主义心理学的基本理论为基础的，代表人物是罗杰斯(Carl Ransom Rogers，1902—1987)和马斯洛(Abraham H. Maslow，1908—1970)，他们对忽略学生的个性和感受、只要求学生适应学校的美国传统教育深感不满，认为教育应该改革，应从学生的心理需要出发，以学习者为中心，发挥学生的潜能，培养学生的创造性，培养健康、充实、快乐的人。他们认为学习是人固有能量的自我实现过程，强调人的尊严和价值，强调无条件积极关注在个体成长过程中的重要作用，认为教育与教学过程就是要促进学生个性的发展，挖掘学生的潜能，培养学生学习的积极性与主动性。

人本主义的教育心理学家强调人都有自发追求满足高级欲望的需要和动机，如友爱、认知、审美和创造的倾向，即人的价值的实现或人性的自我实现，这与动物完全不同，因此他们反对以动物实验结果推论学生的学习，主张要对学生的人格发展进行整体分析和个案研究，提倡在社会教育和自我教育共同作用的条件下，提高学生原有的智能水平，完善其独特性，促使其社会化，培养其成为德、智、体全面发展的人。

一、人本主义关于学习实质的看法

人本主义心理学家认为，教育的目标、学习的结果应该是使学生成为具有高度适应性和内在自由性的人。因此，他们反对传统的"无意义学习"，倡导"有意义学习"，并进一步阐述了有意义学习的原则和条件。下面，从学习与教育的目的、学习的类型与过程、学习的条件三个方面对人本主义学习理论的主要观点进行阐述。

(一)学习与教育的目的

在学习的结果上，人本主义心理学家既反对行为主义关于形成一定刺激与反应联结的观点，也不同意认知学派关于构建认知结构的主张，而是认为，学习的目的和结果是使学生成为一个完善的人、一个充分起作用的人，也就是使学生整体人格得到发展。鉴于对世界迅速变化这一客观事实的认识，他们进一步指出，"只有学会如何学习和适应变化的人，只有意识到没任何可靠的知识，唯有寻求知识的过程才可靠的人"，才能适应社会的激烈变化而生存下来，并能充分实现自我。所以，一个具有极高适应变化的能力，具有内在自由特性的人是当今学习的最终和唯一合理的结果。具体说来，就是要使学生通过学习成为这样的人："能从事自发的活动，并对这些活动负责的人；能理智地选择和自定方向的人；是批判性的学习者，能评价他人所做贡献的人；获得有关解决问题知识的人；更重要的，能灵活地和理智地适应新的问题情境的人；在自由地和创造性地运用经验时，融会贯通某种灵活处理问题方式的人；能在各种活动中有效地与他人合作的人；不是为他人赞许，而是按照他们自己的社会化目标工作的人。"人本主义心理学家认为，当代最有用的学习是学习过程的学习，即让学习者"学习如何学习"，学习的重点是"形成"，学习的内容则是次要的。一堂课结束的标志，不是学生掌握了"需要知道的东西"，而是学会了怎样掌握"需要知道的东西"。

因此，人本主义者指出，教育的目标应该是以学习者为中心，以促进学生个性的发展和潜能的发挥，使他们能够愉快地、创造性地学习和工作为目的。一句话，就是要培养积极愉快、适应时代变化的心理健康的人。马斯洛认为教育的主要目标是帮助发展人的个性，协助个体把自己作为一个独特的人来认识，帮助学生实现他们的潜能。罗杰斯认为教育的目标应该是促进变化和学习，培养能够适应变化和知道如何学习的人。他指出："现代世界中，变化是唯一可以作为确立教育目标的依据。这种变化取决于过程而不取决于静止的知识。"而康布斯强调，教学的基本目的就是帮助每个学生发展一种积极的自我概念，不仅应该让学生知道"我做什么"，而且也让学生知道"我是谁"。这不仅影响他们的才能、理想和情感等,而且常常决定他做什么。

(二)学习的类型与过程

人本主义认为,根据学习对学习者的个人意义,可以将学习分为无意义学习与意义学习两大类。所谓无意义学习,是指学习没有个人意义的材料,不涉及感情或个人意义,仅仅涉及经验累积与知识增长,与完整的人(具有情感和理智的人)无关。而意义学习,是指一种涉及学习者成为完整的人,使个体的行为、态度、个性以及在未来选择行动方针时发生重大变化的学习,是一种与学习者各种经验融合在一起的、使个体全身心地投入其中的学习。意义学习有四个特点:①学习涉及了个人,学习者整个人包括情感与认知都投入学习活动;②学习是自我发起的,即使推动力或刺激来自外界,但是,要求发现、获得、掌握和领会的感觉是来自内部的;③学习是渗透性的,它会使学生的行为、态度乃至个性都发生变化;④学习是由学生自我评价的,因为学生清楚这种学习是否满足自己的需要,是否有助于弄清他想要知道的东西。

人本主义学习理论认为,有价值、有效果和有益处的技能与概念是比较容易学习和保持的,并且学生的认识与情感等方面都会参与到学习之中。它反对传统的向学生灌输知识和材料的"无意义学习",而特别强调学习内容对学生的个人意义,注重学生的需要、愿望和兴趣等因素,主张进行与学生个人密切相关的"意义学习"。换言之,提高教学效果的一个通路是使学生进行意义学习。罗杰斯认为,人本来就有学习的自然潜能,教师必须利用学习先天的内驱力进行意义学习,而不应该逼迫学生学习对他们缺少意义的学习材料。

人本主义学习理论认为,学习的过程就是学生在一定的条件下,自我挖掘其潜能,自我实现的过程,而这一过程又必然地与"自我"的形成与发展息息相关。据此罗杰斯认为,学习是一种经验学习,它以学生经验的生长为中心,以学生的自发性与主动性为学习动力。

(三)学习的条件

罗杰斯指出,学生要实现有意义学习,从而达到自我生长、自我实现,成长为一个充分起作用的人,必须依靠一定的条件,需要教师营造一种自由、民主、和谐、融洽的充满关爱与真诚的学习氛围。在罗杰斯看来,教师的任务不是教学生学知识(这是行为主义所强调的),也不是教学生怎样学(这是认知学派所关注的),而是要为学生提供学习的手段和条件,促进个体自由地成长。因此,罗杰斯提出废除传统意义上的教师角色,以促进者(facilitator)取而代之。人本主义心理学家提出了促进意义学习的基本条件。

(1) 强调以学生为中心,突出学习者在教学过程中的中心地位。人本主义心理学家认为,教师最富有意义的角色不是权威,而是"助产士"与"催化剂",教师应由衷地相信学生有潜在的能力,注重发挥学生的潜力,强调在教育中建立起师生亲密关系和依靠学生自我指导能力,由学习者自我发起并负责任地参与学习过程,让学生自己选择学习方向,参与发现自己的学习资源,阐述自己的问题,决定自己的行动路线,自己承担选择的后果,自我评价学习效果等,这样,注重让学生在自我指导下学习,自由地学习,就能最大限度地促使学生从事意义学习,使学生在学习中感到自信、独立性、创造性和自主性就会得到发展。

(2) 让学生觉察到学习内容与自我的关系,一个人只会有意义地学习他认为与保持或增强"自我"有关的事情,而这种相关性将直接影响到学习的速度和效果。

(3) 让学生身处一个和谐、融洽、被人关爱和理解的氛围。这种气氛由师生之间逐步扩大到学生之间。在这种促进学生成长的气氛中,不仅学习更深入有效,而且会影响学生的生活。罗杰斯认为,处在这样一种氛围中学习,学习过程对学习者自我的威胁就会降到最低限度,学生会利用各种条件进行学习,以便增强和实现自我。然而,如果在学习中受到羞辱、嘲笑、辱骂、蔑视或轻视等,则会严重威胁到学生的自我,威胁到学生对自我的看法,会严重干扰学习。

(4) 强调要注重从做中学。人本主义学习理论认为,大多数意义学习是从做中学的,让学生直接体验现实问题,在切身体验中学会解决问题是促进学习的最有效的方式之一;主张构建真实的问题情境,让学生面临对他们个人有意义或有关的问题。因此,要求教师善于构建对学生来说是现实的、同时又与所教课程相关的问题,这样,就会促使学生全身心地投入到学习活动中。

二、人本主义的典型教学模式

人本主义心理学家根据其对学生学习的性质与条件的基本观点,提出了一些课堂教学设计模式,主要有下面几种。

(一)以题目为中心的课堂讨论模式

以题目为中心的课堂讨论模式是人本主义心理学家将精神分析心理学家、群体心理治疗专家科恩1969年创建的"以题目为中心的相互作用心理疗法"应用于学校教育而形成的一种教育模型。其主要做法是围绕一个题目进行群体讨论,让师生之间、学生之间相互作用,相互促进。这种教育模型,首先要求教师必须提出有利于促进课堂讨论的课题,找到讨论的课题与群体中正发生的问题的接触点;要善于运用各种方式促进课堂讨论,教师要在教学中体现一种真正的人本主义的能力,如能允许其他人提出不同的意见、表现对学生真诚的尊重、能采纳相反建议等。

以题目为中心的课堂讨论模式运用的原则是:

(1) 强调学生将情感与思想乃至全部身心都投入到课堂的群体讨论中,要求发言者结合其最近在生活中遇到的问题进行讨论,使讨论对每个人更有意义、更加可信。

(2) 强调学生在课堂群体讨论中的个别性与独特性,强化每个学生发现自己的自主权;鼓励学生在讨论中表现自身的与众不同,教师要表现出对每个学习者的见解都有兴趣,力图使课堂情境对每一个学生都富有个性化的意义;主张每个人都应用"我的感受"与"我确信"这种措辞参与讨论。

(3) 不要长时间集中于某一个讨论题目,以免产生超饱和的状态与疲劳,允许学生偶然地离题,使人们能较好地注意核心题目。

(二)自由学习的教学模式

罗杰斯认为,教师应最大限度地给予学生选择与追求最有意义的学习目标,因此提出了这一模式。罗杰斯认为,这一模式比较适合于大学教学。其主要做法如下。

(1) 学生参与决定学习的内容与授课方式。学生可以决定自己希望授课的形式、时间、主题、讲授材料，教师请学生提出他们希望的授课方式与希望学习的内容。

(2) 学生选择信息源。学生的学习可采用不同的方式和从不同的信息源来获取学习的内容，利用哪一种方式，从哪种信息源获取知识应依学生的意愿而作出决定。课堂发言是学生学习的一种重要方式。罗杰斯认为，每个学生都有自己擅长的一方面，通过这种方式，学生可与其他学生分享学习的收获。教师在此时的作用是，对讨论时时加以引导，避免给发言的学生以过多的压力。

(3) 师生共同制定契约。自由学习并不意味着教师对学生撒手不管。教师要与学生达成一个口头或书面的契约，指明学生在这一学期所要做的工作的种类和数量以及圆满完成这些工作所能得到的分数。罗杰斯认为这会给学生秩序感和安全感。

(4) 课堂结构安排的变通性。罗杰斯主张安排不同类型的课堂结构，甚至同一种类型的课堂结构也可作出不同安排，以吸引具有不同兴趣与需要的学生自由地参与，这是意义学习与快乐学习的目的。

(5) 由学生进行学习的评定。教师与学生应预先理解什么样的操作水平，如写作水平、解题水平等将会得到什么样的分数，然后由学生自己评定分数，如对写作的评分要求学生根据自己的写作基础与自己工作的详细评价进行评分。当教师对一个学生的工作评价明显不同于这个学生的自我评定时，便举行会议共同解决这个问题。

(三)开放课堂的教学模式

开放课堂的教学模式是韦伯(Weber)于1971年提出的，适用于年龄较小的儿童的人本主义教学模式。英国最早尝试了这种模式，之后又受到美国教育界的重视，目前已逐渐在美国的学校里得到较普遍的应用。

开发课堂的典型特点是无拘无束、不拘形式。在实施开放课堂的学校里，学生并不需要把自己限制在某个课堂或中心区域，走进学校以后可以做他想做的事，学他想学的任何科目，如绘画、编织、写作、阅读。在开放的课堂内，学生可自由地从事能激发他兴趣的活动。上课不是活动的限制性范围，即使在下课铃响过之后，大多数学生仍然继续他们的活动。在休息时间里，学生可从事任何他希望从事的活动，如可以同其他同学散步或去喂养小动物等。

教师的作用是鼓励和引导学生的活动。尽管这一教学模式的倡导者承认教师的重要性，但他们认为，即使没有教师的监督，学生仍可以从活动中获取知识。因为在这种课堂中，学生所从事的活动是学生自发的，是符合他的兴趣的活动，没有任何强迫的色彩。在教育过程中，教师并不是放任自流的，尽管他们并不要求某个儿童去从事某项特殊的活动，但是可以对活动提出建议，在临近下课时，要求某个儿童终止他的特殊活动。开放课堂的教师的首要任务是在适当的时间促进儿童与学习的真正材料发生接触，为了完成这个任务，他们必须对儿童进行精确的观察，建立每个儿童的档案，推荐有利于儿童的活动，而且必须准备如何给儿童鼓励与支持。在儿童做决断的时刻，教师给予儿童认知的输入，这种认知的输入是催化性的，符合教育规律的，有助于学生获取更多的知识。

总的来看，人本主义提倡的课堂教学模式体现的原则是，尊重学习者，把学习者作为学习活动的主体；重视学习者的意愿、情感与需要；相信学习者能自己教育自己，发展自己的潜能，达到自我实现的目的。这与人本主义学习理论的思路是完全一致的。

三、对人本主义学习与教学理论的评价

人本主义的学习与教学理论是一种新观点与新思潮，它对学习与教育理论的进步作出了不可忽视的贡献。

首先，人本主义学习与教学理论将学习与人的整体发展联系起来，强调学习的目的是促进人格的发展，是使学习者成为一个具有适应变化的能力、具有内在自由特性的人，使学习与教学的目标发生了重大变化，对只注重学科知识学习与教学的传统理论提出了挑战。同时，人本主义注重学习与学习者个人意义的关系，强调意义学习，对于传统的纯粹从认知的角度进行的学习分类是一种突破。

其次，人本主义学习与教学理论根据自己对人性的了解来认识学习的本质与过程，认为人的本质是积极向上、能自我实现的，学习是人固有潜能的自我实现过程，因此，强调学习过程是学习者通过自我指导实现自我发展的过程，主张以学习者为中心激发学生的学习积极性，让学生自我指导学习、自由学习。

最后，人本主义学习与教学理论根据人本的准则来考虑学习的条件，强调人的尊严和价值；强调要关注学生的情感、需要与愿望，重视个人的选择、个别差异与自我概念，充分尊重、了解与理解学生，创设自由、宽松、快乐的学习气氛，让学生处于一个和谐、融洽、被人关爱和理解的氛围；强调无条件积极关注在个体成长过程中的重要作用。

综上所述，人本主义的基本观点有力地冲击了行为主义与精神分析等学派对教育心理理论与实践的消极影响，促进了教育革新，为学习与教学的研究与实践提供了富有启发意义的新观点和新思路。

然而，人本主义学习与教学理论片面强调学生的天赋潜能的作用，无视人的本质的社会性，这是一种片面强调遗传决定发展的观点，是违背马克思主义的。实际上，人是社会关系的总和，学生要在家庭、学校与环境中接受社会文化环境的影响，才能成为一个既具有社会性又具有独特个性的人。过分强调天生潜能的自我实现，只会导致放任自流式的"自由学习"。同时，该理论过分强调学生的中心地位，强调学习要以学习者的自由活动为中心，只注重学习与教学要符合学生个人自发的兴趣与爱好，忽视教学内容的系统逻辑性和教师在学科学习中的主导作用，降低了教育与教学的效能，影响教育与教学的质量。

复 习 要 点

第一节 我国古代的学习心理思想

学习的本质：中国古代关于学习本质的争论主要是"生而知之"还是"学而知之"，孔子强调"学而知之"。王充坚持学习是获得知识的唯一途径。孟子却主张学习的"内求说"，所谓内求，是说知识、道德本来就存在于自己的心中。后来，宋代的"二程"继承了孟子的说法，也认为知识是固有的。学习的规律：博约结合；学、习结合；学习要循序渐进；学习与思考的关系。学习的心理条件：学习与注意的关系：孟子用二人学下棋的故事形象地说明了在学习过程中一定要集中注意力。学习与情感的关系：孔子强调情感在学

习中的意义。学习与意志的关系：孟子强调学贵有恒。学习的过程：荀子把教学或学习过程具体化为闻、见、知、行四个环节。《中庸》把学习过程分为五个步骤，即"博学之，审问之，慎思之，明辨之，笃行之"。

第二节 学习的联结理论

一、桑代克的"试误-联结"学习理论

桑代克关于学习实质的基本观点：学习是在刺激情境和行为反应之间形成一定联结的过程；联结是通过多次的尝试错误过程建立的。桑代克关于学习规律的基本观点：三条主要的学习律，即准备律、效果律、练习律；五条从属的学习律，即多重反应定律、心向或意向定律、选择反应律、类比反应律、联想性转移律。桑代克的学习理论抓住了学习过程中的刺激和反应这两个基本变量间的关系，这种理论能够用于解释许多简单的学习和行为训练问题。但是，该理论忽视了人和动物学习的本质差别，抹杀了人的学习的主观能动性，应用这种理论来解释人类复杂的学习活动时，显得过分简单、机械。

二、巴甫洛夫的经典性条件反射学习理论

经典性条件反射是指一个刺激和另一个带有奖赏或惩罚的无条件刺激多次联结，可使个体学会在单独呈现该刺激时，也能引发类似无条件反应的条件反应。巴甫洛夫认为人和动物学习的最基本的机制是：条件刺激(CS)与无条件刺激(US)多次结合，原先只由 US 引起的无条件反应(UR)，现在 CS 单独出现可以引起类似的反应 CR。也就是说当 CS-CR 之间形成了巩固的联系时，学习便出现了。巴甫洛夫提出的学习规律有：消退、泛化与分化。巴甫洛夫提出的经典条件反射学说揭示了心理活动和学习活动的最基本的生理机制。当然，经典条件反射原理只可以解释部分简单的、低级的学习，对于复杂、高级认识活动的学习，用这种条件反射原理来解释，就会犯简单化、机械化的错误。

三、华生的行为主义学习理论

关于学习规律的观点：频因律、近因律。华生把行为主义与刺激-反应心理学结成了一体，行为主义的学习理论对深化条件反射式学习的研究作出了一定的贡献。但其缺陷是将意识及认知等中介过程排斥在心理学研究的范畴之外，他的行为研究混淆了动物行为和人类行为的本质区别，否定了意识对人类行为的指导、控制和调整的作用。

四、斯金纳的操作性条件反射学习理论

操作性条件反射是指有机体在某种情境中自发作出的某种行为由于得到强化而提高了该行为在这种情境中发生的概率，即形成了该反应与情境的联系。斯金纳认为所有行为可分成两类：一类是应答性行为，另一类是操作性行为。与这两类行为相应，斯金纳把条件反射也分为两类。与应答性行为相应的是应答性反射，与操作性行为相应的是操作性反射，斯金纳认为，人类行为主要是由操作性反射构成的操作性行为。斯金纳把强化分成积极强化和消极强化两种。积极强化是获得强化物以加强某个反应，消极强化是去掉厌恶的刺激物，是由于刺激的退出而加强了那个行为。按强化物的来源，斯金纳将其划分为一级强化物和二级强化物两类。一级强化物满足人和动物的基本生理需要；二级强化物是指任何一个中性刺激如果与一级强化反复联合，它就能获得自身的强化性质。斯金纳学习理论在教学中形成了程序教学法。他提出了编制程序的五条基本原则：小步子原则、积极反应原则、及时强化(反馈)原则、自定步调原则、低的错误率原则。斯金纳发现并提出了操作性条件反射及其规律,他的学说具有重要的应用价值;他设计的程序学习提出了一种新的学习形式;操作条件反射原理在动物训练、行为塑造和心理治疗等方面亦有重要应用。但斯金纳的理论具有行为主义的特点,忽视人的意识和思维在学习中的作用,将人的学习和动物的学习等同起来,简单地归结为操作性条件反射,表现出明显的机械主义。

五、班杜拉的社会学习理论

观察学习就是人们通过观察他人(或称"榜样")的行为(这种行为对于观察学习者来说是新的行为),获得示范行为的象征性表象,并引导学习者作出与之相对应的行为的过程。他认为人类学习的实质应当是观察学习。班杜拉认为,观察学习包括四个子过程:注意过程、保持过程、动作再现过程、动机过程。班杜拉认为强化可以分为三种:直接强化、替代强化和自我强化。班杜拉的社会学习理论关于学习的实质问题的基本看法就是:学习是个体通过他人的行为及其强化性结果的观察,从而获得某些新的行为反应,或已有的行为反应得到修正的过程。关于影响学习的因素的基本观点有:交互决定论;自我调控,包括自我观察、自我评价和自我强化三种成分;自我效能。班杜拉社会学习理论的贡献是:首先,提出榜样具有替代性强化的作用,这使人们对榜样在儿童教育中的重要性有了更进一步的认识;其次,班杜拉的观察学习理论对我们有效地传授知识、培养技能也有启发作用;最后,社会学习理论突破了传统行为主义学习理论的框架,把强化理论和信息加工观点有机地结合起来,使解释人类行为的理论参照点又发生了一次重要的变革。但班杜拉的研究成果更多来自实验研究,对于教育情境中的观察学习现象缺乏具体的研究。

第三节 学习的认知理论

一、格式塔的完形学习理论

格式塔心理学家认为,学习就是知觉的重新组织。这种知觉经验变化的过程不是渐进地尝试错误的过程,而是突然的顿悟。顿悟的过程就是相应的格式塔的组织(或构造)过程的主动过程,因此,学习是一种积极主动的过程,而不是盲目、被动的过程。格式塔学说强调学习过程是有机体内部进行复杂的认知活动而实现顿悟的过程,而不是通过试误而形成的联结活动,主张从问题情境的整体出发去知觉、学习、记忆,反对刺激-反应学习,对心理学作出了很大贡献。对格式塔的理论的批评包括:格式塔理论中的许多概念和术语过于含糊;许多格式塔实验缺乏对变量的适当控制,致使非数量化的实证资料大量涌现,而这些实证资料是不适于作统计分析的;格式塔理论明显缺乏生理学假设的支持,这就使它的许多假设不能深究。

二、托尔曼的符号学习理论

托尔曼关于学习的观点是:学习是整体性和有目的性的行为;学习中有中介变量;学习是对"符号-完形"的认知;学习是期待的获得。托尔曼重视学习的中介过程,强调学习的目的性和认知性,这些思想对现代的认知学习理论产生了深远的影响。然而,托尔曼的心理学整体观点还是行为主义的,他提出的目的、认知、期待等中介变量本身很难以精确的程度维系于可测的刺激反应变量,他的实验研究也忽视了人类学习与动物学习的本质区别。

三、布鲁纳的认知-发现学习理论

布鲁纳学习理论的基本观点包括以下几个方面。关于认知结构的观点:认知结构就是表征系统，是指信息在头脑中的表现与记载方式。在人类智慧生长期间，有三种表征系统在起作用，这就是"动作表征、肖像表征和符号表征"。关于学习过程的观点：知识的学习包括三种过程，即新知识的获得、知识的转换及知识的评价。强调知识结构的重要性：知识结构也就是某一学科领域的基本观念，它不仅包括掌握一般原理，而且包括学习的态度和方法。提倡发现学习。发现学习就是让学生独立思考，改组材料，自行发现知识，掌握原理、原则。发现学习具有以下特征：强调学习过程；强调直觉思维；强调内在动机；强调信息提取。布鲁纳的发现法教学模式：发现法教学模式的指导思想是教师不应当让学生处于被动接受知识的状态，教师要为学生提供一定的材料，创设问题情境，引导学生独立地发现解决问题的方法。发现法教学模式的特点是：教学围绕一个问题情境而展开，而不是围绕某一个知识项目而展开；教学中以学生的"发现"活动为主，教师起引导作用；没有固定的组织形式。在发现法教学过程中，教师的主要任务是：鼓励学生有发现的自信心；激发学生的好奇心，使之产生求知欲；帮助学生寻找新问题与已有经验的联系；训练学生运用知识解决问题的能力；协助学生进行自我评价；启发学生进行对比。布鲁纳把研究的重点放在学生获得知识的内部认知过程和教师如何组织课堂以促进学生"发现"知识的问题上。他强调学生学习的主动性，强调学习的认知过程，重视认知结构的形成，注重学习者的知识结构、内在动机、独立性与积极性在学习中的作用，对学习理论的发展作出了突出的贡献。然而，布鲁纳的理论也有偏颇的地方，主要有：他的学习与教学理论完全放弃知识的系统讲授，而以发现法教学来代替，夸大了学生的学习能力；布鲁纳认为"任何科目都可以按某种正确的方式教给任何年龄的任何儿童"，这是不可能的；发现法运用范围有限，发现法教学对教师知识素养和教学机智、技巧、耐心等要求很高，一般教师很难掌握；发现法耗时过多，不经济；发现教学法适用于小学和中学低年级学生，而不适用于中高年级的学生。

四、奥苏伯尔的有意义学习理论

奥苏伯尔有意义学习理论的基本观点：强调学生的学习主要是有意义的接受学习；有意义学习的实质是以符号代表的新观念与学习者认知结构中原有的适当观念建立起非人为的和实质性联系的过程。有意义学习的条件：学习材料本身必须具备逻辑意义；学习者必须具备有意义学习的心向；学习者认知结构中必须具有同化新知识的适当观念；有意义学习的过程是原有观念对新观念加以同化的过程。原有观念一般通过三种方式对新观念进行同化，即下位学习、上位学习、并列结合学习。关于奥苏伯尔学习理论在教学中的运用，奥苏伯尔提出了渐进分化和综合贯通的教学原则，以及促进有意义学习的教学策略——先行组织者。奥苏伯尔的学习理论注重有意义的接受学习，突出了学生的认知结构和有意义学习在知识获得中的重要作用，对有意义接受学习的实质、条件、机制等作了精细的分析，他提出的先行组织者策略对改进课堂教学设计、提高教学效果有重要的实用价值。然而，奥苏伯尔的理论也有被质疑的地方。首先，从学生学习或学校教学的目标来看，他偏重学生对知识的掌握，对学生能力的培养尤其是创造能力的培养不够重视。其次，奥苏伯尔的教学思路也只是比较符合陈述性知识的掌握，而不适合程序性知识的掌握。最后，奥苏伯尔过于强调接受学习与讲授方法，没有给予发现学习应有的重视。

五、建构主义学习理论

建构主义学习理论的基本观点包括以下几个方面。建构主义的知识观：知识不是对现实的纯粹客观的反映，它只不过是人们对客观世界的一种解释、假设或假说，它不是问题的最终答案；知识并不能绝对准确无误地概括世界的法则，提供对任何活动或问题解决都实用的方法；知识不可能以实体的形式存在于个体之外，学习者对知识的理解是由学习者自身基于自己的经验背景而建构起来的。建构主义的学习观：学习不是由教师把知识简单地传递给学生，而是由学生自己建构知识的过程；学习不是被动地接收信息刺激，而是主动地建构意义；学习意义的获得，是每个学习者以自己原有的知识经验为基础，对新信息重新认识和编码，建构自己的理解；同化和顺应，是学习者认知结构发生变化的两种通路或方式。建构主义的学生观：学习者并不是空着脑袋进入学习情境中的；教学不能无视学习者的已有知识经验；教师与学生、学生与学生之间需要共同针对某些问题进行探索，并在探索的过程中相互交流和质疑，建构主义不否认教师的影响作用。建构主义关于教学的基本观点：强调以学生为中心；强调"情境"对意义建构的重要作用；强调"协作学习"对意义建构的关键作用；强调利用各种信息资源来支持"学"(而非支持"教")；强调学习过程的最终目的是完成意义建构(而非完成教学目标)。建构主义学习理论主张学习是通过信息加工活动建构对客体的解释，强调学习过程中学习者的主动性、建构性，强调学习与教学的中心是学习者(学生)而不是指导者(教师)。然而，建构主义学习与教学理论过于强调知识的相对性，否认知识的客观性；过于强调学生学习过程的个别性，否认其本质上的共同性；过于强调学习的情境性、非结构性，完全否认知识的逻辑性与系统性，这又走向了另一个极端。

第四节 人本主义学习理论

人本主义关于学习实质的看法包括以下几个方面。学习与教学的目的：学习的目的和结果是使学生成为一个完善的人，使学生整体人格得到发展。教育的目标应该是以学习者为中心。学习的类型与过程：根据学习对学习者的个人意义，可以将学习分为无意义学习与意义学习。无意义学习是指学习没有个人意义的材料，不涉及感情或个人意义，仅仅涉及经验累积与知识增长，与完整的人(具有情感和理智的人)无关。意义学习是指一种涉及学习者成为完整的人，使个体的行为、态度、个性以及在未来选择行动方针时发生重大变化的学习，是一种与学习者各种经验融合在一起的、使个体全身心地投入其中的学习。促进意义学习的条件：强调以学生为中心，突出学习者在教学过程中的中心地位；让学生觉察到学习内容与自我的关系；让学生身处一个和谐、融洽、被人关爱和理解的氛围；强调要注重从做中学。人本主义的典型教学模式：以题目为中心的课堂讨论模式；自由学习的教学模式；开放课堂的教学模式。人本主义学习与教学理论的积极意义在于：首先，强调学习的目的是促进人格的发展，使学习与教学的目标发生了重大变化，同时，人本主义注重学习与学习者个人意义的关系，强调意义学习；其次，强调学习过程是学习者通过自我指导，实现自我发展的过程，主张以学习者为中心；最后，人本主义学习与教学理论根据人本的准则来考虑学习的条件。然而，人本主义学习与教学理论片面强调学生的天赋潜能的作用，这是一种片面强调遗传决定发展的观点。同时，该理论过分强调学生的中心地位，忽视教学内容的系统逻辑性和教师在学科学习中的主导作用。

拓 展 思 考

1. 试分析联结学习理论的共同之处，经典条件反射与操作条件反射的区别。
2. 建构主义学习理论的基本主张是什么？
3. 布鲁纳的认知发现理论与奥苏伯尔的有意义学习理论的主要内容是什么？二者的主要区别是什么？
4. 班杜拉学习理论的主要贡献是什么？

第五章 学习兴趣

第一节 学习兴趣概述

学习兴趣是内在动机在学习上的体现，它伴随着求知的动机、理智的情感、积极主动的学习态度和行为。学生的学习兴趣是学习积极性的一个重要方面。

一、学习兴趣的概念

学习兴趣是指个体对学习的一种积极的认识倾向与情绪状态。从教育心理学的角度来说，学习兴趣是学生倾向于认识、研究并获得某种知识的心理特征，是推动学生求知的一种内在力量。

学习兴趣是个体从事学习活动的强大动力。凡是符合个体兴趣的活动就能提高个体学习的积极性，使其积极愉快地从事某种学习活动。

学生对某一学科感兴趣，就会对其优先给予注意，积极地、持续地对其进行探索，并伴有肯定的情绪色彩和向往的心情，从而提高学习效果。

从对学习促进的角度来看，学习兴趣可以成为学习的原因；从学习活动能够产生新的兴趣和提高原有兴趣的角度来看，学习兴趣又是在学习过程中产生的。所以，学习兴趣既是学习的原因，又是学习的结果。

二、学习兴趣与学习活动

学习兴趣是学习积极性中最现实、最活跃的心理成分，它在学习活动中起着十分重要的作用。学生的学习积极性往往以自己的学习兴趣为转移，对此年级越低的学生表现得越明显。当一个学生对某一学科发生兴趣时，他总是积极主动地、心情愉快地去进行学习，而不会觉得是一种沉重的负担。否则，学生就可能只是在形式上勉强地去学习。例如，一个学生初学外语，会因为感觉枯燥而难以激发起学习兴趣，而之所以能坚持，是因为认识到了学习外语的重要性，他对外语的学习活动主要是依靠意志来完成的；而个体经过努力，掌握了相关的知识，取得了一定的成绩，便可以逐渐积累起对外语的学习兴趣，这时的学习活动会伴随着愉快的情绪体验。只有在这时，学生学习的积极性才能更好地发挥出来。所谓"知之者不如好之者，好之者不如乐之者"，就是这个道理。俄国教育家乌申斯基曾指出："没有丝毫兴趣的强制性学习，将会扼杀学生探求真理的欲望"。因此，学习的最佳动力乃是对所学材料的兴趣。

1988年申继亮教授以104名小学四年级学生为被试对象，对他们学习动力的各个成分进行评定，结果如表5-1所示。

表 5-1　学习动力各成分与学习动力的关系

学习动力成分	意志成分	情绪成分	认知成分
相关系数	0.0011	0.7071**	0.6074**

注：**$P<0.01$

结果表明，学习兴趣是学习动力中最主要的成分。

美国的拉扎勒斯(A．L．Lazarus)研究了兴趣对学习结果的影响。他在高中语文课教学中，把学生分成智能组和兴趣组。智能组学生的平均智商为 120，对语文阅读和写作不太感兴趣；兴趣组的平均智商为 107，对阅读和写作均很感兴趣。这两组学生在一学期中皆必修阅读和写作课程，并经常接受同样的检验。学期结束时进行检测，兴趣组的成绩远远优于智能组，结果如表 5-2 所示。

表 5-2　学习兴趣对学习结果的影响

组　别	阅读书籍的册数/本	写作的论文/篇
兴趣组(平均每人)	20.7	14.8
智能组(平均每人)	5.5	3.2

结果表明，学生虽然拥有较高的智能，如果对学习没有兴趣，学习成绩也只是一般；学生智能虽然一般，但由于内在的学习兴趣的推动，经过努力，也能获得优异的成绩。可见兴趣在学习活动中能最大限度地激发学生学习的积极性，兴趣比智能更能促使学生勤奋学习。

在学习活动中，兴趣不仅能够提高学习效果，使学生成功地掌握知识，也有助于培养学生全面、细致的观察力，提高敏锐而灵活的思考力，发展丰富的想象力，锻炼顽强的毅力。

三、学习兴趣的发展

学习兴趣有一个发生、发展的过程，一般来说是从"有趣"开始产生"兴趣"，然后向"志趣"发展的。

(1) 有趣——学习兴趣的初级形式。教师要从"有趣"开始，激发学生的学习兴趣。"有趣"有三个特征：直观性、盲目性和弥散性，并且这三个特征是不稳定和经常变化的。教师引发学生产生"有趣"要注意四点：一是问题要小而具体；二是问题要新而有趣；三是要有适当的难度；四是要富有启发性。

(2) 乐趣——学习兴趣的中级形式。乐趣是在有趣的基础上发展起来的。当有趣逐渐趋向专一和集中，并对某一客体产生特殊爱好时就成为乐趣。研究表明，学习乐趣与学生的基础知识有关，只有那些学生想知道而又不知道的东西才能激起学习乐趣。一种想要知道奥秘的愿望变成不可遏制的动力激发个体去行动。比如，伽利略年轻时，偶然看到教堂廊檐下挂的灯正在摆动，他出神地凝视着，觉得来去摆动的时间都一样，他按着自己的脉搏计算来往摆动的时间。这种学习乐趣，终于使他发明了摆钟。乐趣往往也称为爱好。乐趣具有专一性、自发性和一定程度的坚持性。

(3) 志趣——学习兴趣的高级形式。具有个性特征的学习兴趣与高尚的理想和远大的奋斗目标相结合时，乐趣就发生了飞跃而成为志趣。志趣是学习兴趣的归宿。志趣可以决定一个人的进取方向，奠定他事业的基础。志趣带有自觉性、方向性和坚持性，并且具有社会价值。科学家、艺术家和社会活动家所取得的成就是与他们的志趣分不开的。教师新颖有趣、富有逻辑性的教学内容，丰富多样、生动活泼的教学方法和格式变化的作业内容都可以不断地引发学生新的探究活动，从而激发起更高水平的求知欲。

四、学习兴趣的形成

人的兴趣不是天生的，而是在后天的生活过程中逐渐形成和发展起来的。兴趣以需要为基础，虽然不是所有的需要都会产生兴趣，但是符合需要的事物，都可能引起人的兴趣。学生的学习兴趣正是基于对知识的需要而发生的。同时，兴趣又是通过实践活动而形成的。人在实践活动过程中，总是不断发现问题并不断解决问题，也就不断产生新的需要，兴趣也就在实践过程中不断地扩大，不断地丰富，不断地形成和发展起来。因此，学习兴趣总是在求知需要的基础上发生，并通过学习的实践活动逐步地形成和发展。它既是过去学习的产物，也是促进今后学习的手段。

学习兴趣发源于内部动机愿望。学习兴趣以在读书的行动中获得满足而巩固、加深。虽有读书的动机和愿望，没有读书的行动，不会产生学习兴趣；有愿望也有行动，但行动结果不令人满意，也难以产生兴趣，即使产生也不能维持长久。

学生学习行动的满足感受两方面因素的支配，因学得好而受到称赞、奖励，获得荣誉，这是外在因素；通过学习，获得某种启迪和灵感，受到教益，思想开了窍，或学会某种技能，有了真本领，从而有了获得知识与技能的满足感，这是内在因素。

对行动的反馈，会使由学习需要产生的学习动机、愿望得到强化，使兴趣转化为动机，或直接加强动机。这样，就形成了"需要—学习动机—学习行动—结果满足—学习兴趣"这一模式。这就是学习兴趣产生的过程。

兴趣又和认识、情感密切联系着。如果个体对某些事物没有认识，就不会对它产生情感，因而不会对它发生兴趣。相反，认识越深刻，情感越丰富，兴趣也就越浓厚。

第二节 学习兴趣的分类

根据兴趣所指向的目标，学习兴趣可以分为直接学习兴趣与间接学习兴趣。前者是由所学材料或学习活动——学习过程本身直接引起的，后者是由学习活动的结果引起的。间接学习兴趣具有明显的自觉性。当一个人意识到学习的社会意义或与自己的关系时，学习兴趣就随之产生。例如，为了自己的理想，意识到学习的目的或任务，因而支配自己去坚持学习。或者为了得到父母、教师的赞赏，同学、朋友的尊重；在考试中得到好分数；在竞赛中取得胜利，等等，也能引起学生对学习的兴趣。研究表明，年龄小的儿童，大多数是对活动过程本身感兴趣，年龄稍大的儿童才逐渐会对活动结果产生兴趣。

直接学习兴趣与间接学习兴趣在学习活动中都是必不可少的，常常是融合在一起的，即既有直接学习兴趣的成分,又有间接学习兴趣的成分。如果没有直接学习兴趣的支持,学习活动将变得枯燥无味;没有间接学习兴趣的支持,学习活动便不可能长久地持续下去,只有将直接学习兴趣和间接学习兴趣正确地结合起来,才能充分发挥学生学习的积极性。其中,或以直接学习兴趣为主,或以间接学习兴趣为主,或两者难分主次。直接兴趣和间接兴趣在一定条件下可以相互转化。开始时对学习的间接兴趣,在学习过程中很有可能逐渐转化为直接兴趣;而对学习的直接兴趣,若无特殊情况,大多能长期持续下去,并且愈来愈浓厚。

实践表明,对学习的直接兴趣是提高学习质量最有利的因素。

第三节 学习兴趣的品质

一、学习兴趣的倾向性

学习兴趣的倾向性指个体对什么发生兴趣。它是形成学习兴趣其他品质的前提。

个体之间在学习兴趣的倾向性方面差异很大。有人喜欢社会科学,有人喜欢自然科学;有人喜欢体育,有人喜欢文学艺术,等等。

学习兴趣的倾向性有高尚和低级之分。前者对有利于人类社会的事物发生学习兴趣;后者对有损于人类社会的事物发生学习兴趣。

个体有些学习兴趣的倾向表现得较早,如幼儿时已表现出倾向于某种活动,避开另一些活动。但职业倾向要到高中或高中后才能稳定下来。职业兴趣是儿童期与家庭人员的关系所造成的。和谐的家庭使儿童"以人取向",冷漠的家庭使儿童"以事取向"。

学习兴趣的倾向性与人的生活实践和所受的教育有关,并且受一定的社会历史条件所制约。

二、学习兴趣的广泛性

学习兴趣的广泛性是指学生学习兴趣的范围。在学习兴趣的范围上存在着明显的个体差异。有人兴趣范围广泛,对许多事物和活动都兴致勃勃,乐于探求;有人则兴趣范围狭窄,常常对周围一些活动和事物漠然置之,把自己限于狭小圈子之内。具有广泛兴趣的人,就会经常注意多方面的新问题,并能去钻研它们,从而大大地增加多方面的新知识。兴趣的广泛程度和个人的知识面的宽窄密切相关。个体学习兴趣愈广泛,知识愈丰富,愈容易在学业上取得成就。历史上许多卓越人物都有广泛的兴趣和渊博的知识。例如,达·芬奇不仅是美术界的巨匠,而且也是有名的数学家、力学家和工程师。有人评论《红楼梦》时指出,作者曹雪芹在写大观园的建筑时,表现出他是一位精通建筑学的建筑师;他在写大观园的花草树木时又像颇有研究的植物学家;从给病人开的药方中,又显示出他是一位高明的医生;从对人物内心冲突的刻画和对人物典型性格的描绘方面,他又俨然是一位造诣很深的心理学家。对曹雪芹的这种评价并不过分。《红楼梦》之所以能成为不朽的名著,不仅取决于作者高超的写作技巧,也和他渊博的知识和广泛的兴趣分不开。

学习兴趣狭窄的人，不但影响个性的全面发展，也影响生活内容的丰富性。当今是科学技术迅猛发展的时代，每种科学都呈现出高度精细分化和综合的趋势，导致相关科学越来越多。因此，对知识有广泛的兴趣，就成为获取丰富的知识、发展多方面能力的重要条件。

广泛的学习兴趣应该在正确倾向指导下和中心兴趣结合起来。有的人有多方面的求知欲，但都很肤浅，结果一无所长，难有建树。有的人兴趣虽很深刻，但却狭窄，这样的人也难有创造性的发展。应该说，在广泛兴趣的背景上有着决定活动的基本倾向性的中心兴趣，使兴趣既博又专，才是最理想的学习兴趣结构。

三、学习兴趣的持久性

学习兴趣的持久性又叫学习兴趣的稳定性，指个体学习兴趣的稳定程度。个体对某一事物的兴趣可能比较稳定，也可能变化无常。在个体的一生中兴趣必然会发生变化，但在一定时期内，保持基本兴趣的稳定性则是个体良好心理品质的体现。根据兴趣持续时间的长短，兴趣可分为短暂的兴趣和稳定的兴趣。有了稳定的兴趣，才可能把工作持续地进行下去，并在此基础上把工作做好，取得创造性的成就；如果学习兴趣缺乏持久性就容易发生学习兴趣的转移，尤其在遇到困难时容易朝三暮四、见异思迁。

儿童早期的学习兴趣比较不稳定，一般在 15 岁以后才逐渐趋向稳定。学习兴趣的持久性是可以培养的，它和一个人的理想、信念和意志品质密切联系。

四、学习兴趣的效能

学习兴趣的效能指个体学习兴趣对学习活动所产生的效果的大小。根据个体学习兴趣的效能水平，一般把学习兴趣分为有效的兴趣和无效的兴趣。有效的学习兴趣是一种主动的学习兴趣，不仅使个体停留在静观阶段，而且为了获得感兴趣的对象进行积极的学习活动，是一种有力的学习动机，把学习引向深入，促使个体能力和性格的发展。无效的学习兴趣是被动性质的兴趣，只是使个体"心向往之"而已，不能产生实际的学习效果。

第四节 学习兴趣的影响因素与培养

一、影响学习兴趣的因素

决定兴趣的因素是多方面的，一般认为，遗传因素和环境因素都会对兴趣发生影响。斯卡尔(S. Scarr)等人的研究表明，儿童与其亲生父母的兴趣问卷分数方面有许多显著相关，但 100 多名领养的儿童与其养父母之间的分数只有较小的相关。血缘关系相近的儿童之间比无血缘关系的儿童之间的兴趣的相似性更大。环境因素特别是学校教育对学生兴趣的影响是不言而喻的。

研究表明，学习兴趣还受制于个体主观诸多方面的因素。

许多学者的调查分析可以表现出学习兴趣有受性别影响的倾向。日本副岛对高校生(相当于我国的高中生)和大学生中男女生学习兴趣特点进行了调查。结果表明，高校和大学的女生倾向于文学，而男生则比较倾向于自然科学。我国心理学工作者对中学生学习兴趣的异同调查也表明，男生对理科的学习兴趣稍高于女生，女生对文科的兴趣又略高于男生。

学习兴趣受能力制约。通常别人对未知的东西还没提出问题和解决的时候，而自己已经提出了问题并通过自己的能力可以解决它，个人对该事物就容易发生学习兴趣。当自己感到问题的难度太大或太容易时，则难以激发学习兴趣。这一事实表明，学习兴趣和个人的能力以及个体对它是否产生需要有直接联系。

兴趣与气质、性格相关联。国外有些研究认为，内向和外向两种性格类型的人相比，在学习成绩方面，内向的人略高于外向的人。我国有学者通过对两个年级大学生气质、性格调查发现，内向型性格者的成绩大大超过外向型性格者。有人对大学三年级学生318人的测验和调查研究也发现，内向者的成绩高于外向者。在文理科学生的对比研究中发现，学习理科的内向学生的成绩高于学习文科的内向学生。有人于1976年用明尼苏达多相人格量表(MMPI)测查发现，物理学和动物学的研究生的社会内向分数高于社会学和历史学研究生的社会内向分数。也有人发现，学习物理学、生物学和工程学的大学生要比学习商业管理学的大学生内向得多。我国的研究材料也表明，在文理科学生之间，理科学生表现得比文科学生更为内向些。宾厄姆(W.V.D.Bingham)认为，兴趣的发展和内外向性密切相关。但个人由于环境和学习条件的不同，有某种向性的人可能没有某种兴趣，或有某种兴趣而无某种向性。"人们倾向于对自己能够干好的事情感兴趣以及遗传在决定能力和气质方面有重要作用这两项事实表明，遗传通过能力和气质影响兴趣。"

二、学习兴趣的培养

1. 引导学生树立正确的学习动机

现代心理学的研究表明，人的兴趣来自动机。动机是激励人去行动以达到一定目的的内部心理动力。人们的各项活动都是在动机的驱使下进行的。内部的动机愈强烈，则人的外部行动愈坚决，克服困难、排除干扰的决心也越大。这种心理动力如果建立在强烈的求知欲上，就会富有创新意识，并会刻苦努力地学习。

2. 建立良好的师生感情

教育不仅是一个理智的教学生认知过程，更是一个培养学生情感意志的过程。所谓"亲其师，信其道"。教师热爱学生，对学生寄予希望，学生在心理上就会得到满足，从而乐于接受教师的教育，能较快地把教育的要求内化为自己的需要，并为满足需要而去努力。正如苏霍姆林斯基在其名著《帕夫雷什中学》中所指出的，一个好教师"首先意味着他热爱孩子，感到跟孩子交往是一种乐趣，相信每个孩子都能成为一个好人，善于跟他们交朋友，关心孩子的快乐和悲伤，了解孩子的心灵，时刻都不忘记自己也曾经是个孩子"。

对中小学生的调查也表明了这一点：很多学生喜欢某一科的直接原因就是喜欢教这个学科的老师。所以教师多与学生进行情感方面的交流，关心学生，爱护学生，尊重学生，理解学生，对调动学生学习的积极性，提高学生学习的兴趣是非常有效的。

3．指导学习策略

对于学生的学习活动而言，最重要的是学会学习。拥有一定的学习策略是学会学习的保障。

心理学研究表明，认知策略越好，学习动机水平越高。良好的认知策略能帮助学生积极有效地进行信息加工，使学生理解深刻，记忆牢固，效率提高，从学习中体会到乐趣，得到一种享受，从而学得更好、更快、更高兴。因此，乐学必然要依赖于会学。不会学，学不好，最后自然是不愿学、厌学。所以，提高学生的学习策略，让学生用良好的学习策略来控制他们的学习过程，使其成为一个真正能够独立学习的人，对于提高学生认知兴趣、提高学习效率也是非常重要的。

4．合理安排教学内容

教育心理学研究表明，当学生对所学的内容感到新颖而又无知时，最能诱发他们的好奇心，激发他们求知、探索、操作等学习意愿。中等难度的任务，往往与个体能力相适应，最容易引起个体的兴趣。在教学过程中，教学内容过深，使学生望而却步，会降低学习兴趣；教学内容过浅，学生感觉唾手可得，也会丧失学习兴趣。

据此，教师在安排教学内容时，就应当贯彻维果斯基的"最近发展区"的思想，注意深浅得当；同时，还应当善于在学生已有知识经验的基础上，去讲授某些新知识，并把新知识纳入到学生已有的知识体系之中。在这方面，苏联许多著名的教育家都给我们作出了榜样，如苏霍姆林斯基采用自编的数学故事习题集帮助那些学习困难的学生逐步对学习产生了兴趣；而马卡连柯成功的诀窍就是"尽可能多地相信学生，尽可能多地要求学生，不断向学生提出适切的期望目标"。

从任务完成的角度来看，应从可以达到的小目标开始。在学习之初，针对自身情况和社会现实确立长远的、合理的奋斗目标；继而通过详细的计划将其分成经努力短期可达到的子目标。不断的进步会提高学生学习的兴趣和信心，只要持之以恒地努力，一个一个小目标的实现，就会逐渐接近大的目标。

5．改进教学方法

知识学习中总有一些枯燥无味、很难引起学生兴趣的内容，在传授这些知识时，有赖于教师用方法的新颖性来激发学生的学习兴趣，巧妙地把枯燥乏味的东西变为津津有味的东西。优秀的教师总是善于把这些困难的问题通过自己富有艺术的讲授变得生动有趣，使学生乐学、好学。

另外，在教学中不断地鼓励学生，给学生以表扬和激励，也会使学生在成功中找到乐趣，从而逐步变得自信爱学起来。

6．创设问题情境

朱熹曾说："读书无疑者，须教有疑"。疑就是有问题，而问题和兴趣从来就是相辅相成的，兴趣引导发现问题，问题可以激发兴趣。所以教师在教学中抓住教学重点，提出新颖具有吸引力的问题，创设诱人的学习情境，学生定会产生急于求解的心情，从而激发其强烈的学习动机和学习兴趣。

《学记》中讲"不愤不启，不悱不发"，就是说在学生解决问题有心求通而未通、口欲言而不能言的时候再去启发学生，效果最好。很多老师在上课时都有过这样的体验：一道题，学生百思而不得其解时，教师进行适时的点拨，学生就会恍然大悟，疑惑顿消，印象深刻；反之如果没形成问题，则会印象平平，很容易忘记。

7. 利用课外活动

教育实践表明，让学生参加各种课外兴趣小组，不仅能使他们学到既动脑又动手的本领，而且能进一步激发他们的求知欲，引起新的学习需要，发展广阔的学习兴趣和中心的学习兴趣。因此，有经验的教师不仅组织优秀的学生参加课外活动，而且会刻意组织学习成绩不理想的学生参加课外活动，这些学生由于种种原因对学习不感兴趣，但他们当中不乏热衷于文娱、体育等活动的人才，如果能组织他们参加这类活动，就可逐步把他们在这方面的兴趣迁移到学习中来。

8. 挖掘学科特点

每一门学科都有自己的知识特点，学生对某学科的兴趣往往是由该学科的特殊趣味所引起的。因此，教师要善于利用学科特点，充分发掘学科知识中那些使学生感兴趣的东西，以引起学生对该学科的特殊兴趣。如政治教学与时事联系特别密切，教师可在教学中有选择地穿插一些时事热点问题，这不仅可以激活课堂气氛，也能充分调动了学生学习的积极性。化学与生活的有机结合及化学实验是化学教学吸引学生的两大法宝，有经验的教师对此十分重视。有的教师在第一堂绪言课中，结合教材内容穿插讲述生活中的一些化学常识，还增做了一些趣味实验，如"白花变红花""空瓶生烟"等，把学生带到五彩缤纷的化学世界中，使学生从一开始就萌发了学习化学的兴趣。

复 习 要 点

第一节　学习兴趣概述

学习兴趣是指个体对学习的一种积极的认识倾向与情绪状态。学生的学习积极性往往以自己的学习兴趣为转移，年级越低的学生表现得越明显。学习兴趣有一个发生、发展的过程，一般来说是从"有趣"开始，产生"兴趣"，然后向"志趣"发展的。有趣是学习兴趣的初级形式，具有直观性、盲目性和弥散性，并且是不稳定和经常变化的。教师引发学生产生"有趣"要注意四点：一是问题要小而具体；二是问题要新而有趣；三是要有适当的难度；四是要富有启发性。乐趣是学习兴趣的中级形式。乐趣是在有趣的基础上发展起来的。当有趣逐渐趋向专一和集中，并对某一客体产生特殊爱好时就成为乐趣。志趣是学习兴趣的高级形式，是学习兴趣的归宿。人的兴趣不是天生的，而是在后天的生活过程中逐渐形成和发展起来的。对行动的反馈，会使由学习需要产生的学习动机、愿望得到强化，使兴趣转化为动机，或直接加强动机。这样，就形成了"需要——学习动机——学习行动——结果满足——学习兴趣"这一模式。这就是学习兴趣产生的过程。

第二节　学习兴趣的分类

根据兴趣所指向的目标，学习兴趣可以分为直接学习兴趣与间接学习兴趣。前者是由所学材料或学习活动——学习过程本身直接引起的，后者是由学习活动的结果引起的。间接学习兴趣具有明显的自觉性。直接学习兴趣与间接学习兴趣在学习活动中都是必不可少的，常常是融合在一起的。如果没有直接学习兴趣的支持，学习活动将变得枯燥无味；没有间接学习兴趣的支持，学习活动便不可能长久地持续下去，只有直接学习兴趣和间接学习兴趣正确地结合，才能充分发挥学生学习的积极性。直接兴趣和间接兴趣在一定条件下可以相互转化。实践表明对学习的直接兴趣是提高学习质量最有利的因素。

第三节　学习兴趣的品质

学习兴趣的倾向性是指学生对什么发生兴趣。学习兴趣的广泛性是指学生学习兴趣的范围。学习兴趣的持久性又叫学习兴趣的稳定性，指个体学习兴趣稳定的程度。学习兴趣的效能是指个体学习兴趣对学习活动所产生的效果的大小。

第四节　学习兴趣的影响因素与培养

培养学习兴趣的方法：引导学生树立正确动机，建立良好的师生感情，指导学习策略，合理安排教学内容，改进教学方法，创设问题情境，利用课外活动，挖掘学科特点。

拓 展 思 考

1. 学习兴趣对学生学习活动有什么意义和作用？
2. 如何从兴趣品质的角度培养学生的学习兴趣？

第六章 学习动机

人的思想和行为是如何产生的？为什么不同的个体在思想和行为上会表现出巨大差异？为什么同一个人在不同情境下会做出完全相反的行为？这些问题早在几千年前就引起了哲学家、神学家们的兴趣，并从不同的角度对其进行探索和解释。从心理学的角度来看，这些问题本质上都是动机问题。从 20 世纪 30 年代开始，心理学家们开始对动机进行深入研究，提出了很多不同的动机理论。动机是行为的动因，是推动个体做出特定行为的根本动力。人所有的行为是否都是在动机的推动下进行的，关于这一点还存在争议，但不能否认，人大多数有意识的行为背后必然有动机在推动。学习作为个体生存中一种非常重要的行为，一直是心理学尤其是教育心理学研究的重点。对学习动机的研究从科学教育心理学诞生之初就引起了学者们的重视，他们从理论和实践的角度对学习动机进行了深入研究。本章将从学习动机的含义、学习动机理论和学习动机的激发与培养几个方面对学习动机进行全面的阐述。

第一节 学习动机概述

一、学习动机的含义

心理学认为，动机(motivation)是指激发、引导、维持并使行为指向特定目的的一种力量。动机是在需要的基础上产生的，需要是机体中一种缺乏和不平衡状态，在它的推动下，机体做出各种行为以寻求满足。当能满足机体需要的外部条件或刺激物出现时，机体便出现朝向对象的明确的定向行为，即产生了特定的行为动机，能满足需要的对象就称为诱因。因此，动机的产生依赖于需要和诱因两大因素，需要是支配机体活动的内在因素，诱因是可能满足需要的外部刺激物，需要和诱因相结合就会成为实际活动的动机。

对有机体来说，学习是确保有机体生存和发展的重要的社会行为，这一行为同样是在动机的推动下进行的。直接推动有机体进行学习的动力就是学习动机。学习动机(motivation to learn)是激发与维持个体的学习行为，并使之朝向一定目标的内在过程或内部心理状态。学习动机通过一些中介机制影响学习的认知过程。在强烈的学习动机的推动下，个体产生有利于学习的情绪状态，如好奇、兴奋、紧张等，激活头脑中相应的背景知识，达到集中注意力、提高学习效率的目的。

学习动机推动学习行为，反过来，学习行为也能增强学习动机。当学生为了获得老师的认可和赞扬而努力学习，取得了好成绩，在学习的过程中体验到了求知的乐趣以及对自我的认可，就会增强今后的学习动机。由此可以看出，持续的学习动机是靠学习本身的强化来维持的。

二、学习动机的分类

对学习动机可以从不同角度进行划分,依据动机的性质可以将其分为高尚的动机和低级的动机;依据学习动机在学习过程中所起的作用大小可以将其分为主导性的动机和辅助性的动机;从学习动机与学习活动的关系及其作用的久暂可将其分为间接的远景性学习动机和直接的近景性学习动机;依据学习动机的来源可将其分为内部动机和外部动机。下面介绍几种教学中常见的学习动机。

(一)内部动机和外部动机

内部动机(intrinsic motivation)是指因学习活动本身的意义和价值所引起的动机,是由学习者对学习的需要、兴趣、好奇心、求知欲、人生观和价值观、自尊心、自信心、责任感、成就感等内在因素转化来的。外部动机(extrinsic motivation)是指因学习活动的外部后果而引起的动机,是由外在诱因,如考试的压力、父母的奖励、教师的赞许、伙伴的认可、获得荣誉称号和奖学金、报考理想的学校、求得理想的职业等激发起来的,表现为心理上的压力和吸引力。

具有内部学习动机的学生,在学习中具有更强的自主性和好奇心,能够坚持不懈地学习,忍受学习中的挫折和失败。具有外部学习动机的学生,由于其学习动机受外在诱因的影响,因此具有很大的可变性,当诱因发生改变,外部学习动机的强度和性质也会发生改变,如一些年龄较小的孩子往往为得到父母和老师的奖励而学习,一旦奖励取消,他们的学习动力也随之消失。

对某个学生来说,内部动机和外部动机可以同时存在,共同推动他的学习。学生对某门学科本身的兴趣可以成为他学习的动力,同时他也希望通过自己的努力取得更好的成绩,获得奖学金,赢得老师的赞扬和同学的认可,这些因素交互影响,都会成为他学习的动力。因此,学生表现出内部动机和外部动机都强或都弱或一个强一个弱的现象是很正常的,当然,在教学实践中,往往一个内部学习动机强的学生,其外部学习动机弱,而外部学习动机强的学生,内部学习动机弱。

不管是外部动机还是内部动机,都会随着学习的进展和环境的变化而变化。内部学习动机弱的人,可能随着学习的深入,对所学内容产生更浓厚的兴趣,从而增强内部学习动机。外部学习动机弱的人,由于教师的鼓励和帮助,或者同学的竞争,会产生更强的外部学习动机。反之,学习动机也可能受各种因素的影响而削弱,如一个对学习很感兴趣的学生,由于受到老师不公正的批评而厌恶学习。

内部动机和外部动机也可以互相转化。一个对学习本身不感兴趣的学生,如果遇到一个善于鼓励的老师,再加上适当的奖励,会产生较强的外部学习动机。在外部学习动机的推动下努力学习,逐渐发现学习的乐趣,从而产生内部学习动机。即使以后离开教师的鼓励和帮助,也会继续努力学习。反之,一个出于兴趣而学习的学生,可能由于不适当的奖励或惩罚,导致其丧失学习兴趣。

1973年,莱泊尔等人曾经进行过这样的研究:让学前儿童使用特制的画笔画画,许多儿童都对之很感兴趣。然后研究者将儿童随机分成三组,第一组儿童被告知,如果他们给参观者画一幅画，就会得到奖励(优秀画家奖)；第二组儿童虽然事先没有被告知，但他们画完后也会得到同样的奖励(不是每次都有)；第三组儿童没有得到任何奖励。4天后，让这三组儿童自由活动，观察他们绘画的情况，结果发现，受到奖励的第一组儿童用于绘画的时间是第二、第三组儿童的一半。据此研究者指出，奖励可能降低学习者的内部动机。另一项研究(Greene和Lepper, 1974)还发现，告知儿童他们的活动将被观察，这种做法也会破坏儿童的内部学习动机。有研究者指出："任务本身具有较强的趣味性，不管任务完成水平如何，都预先提供物质化奖励，那对于内部动机的影响是致命的。"

(二)认知内驱力、自我提高的内驱力和附属内驱力

美国著名教育心理学家奥苏伯尔认为，学生课堂学习动机由三个方面的内驱力(或需要)构成：认知内驱力、自我提高的内驱力和附属内驱力。

认知内驱力是学习者力求理解和掌握知识、解决问题的欲望。这种内驱力主要是从好奇倾向中派生出来的。好奇心是高级动物的一种本能行为，是对新异事物产生的关注和兴趣。当学习者对学习任务本身产生好奇时，就会在其推动下进行各种学习活动，并积累相应的学习经验，从而推动后继的学习。因此，后天的学习经验对认知内驱力的产生有重要的影响。在有意义的学习中，认知内驱力是一种非常重要的推动力量，它指向学习任务本身，满足这种动机的奖励也是由学习提供的，因此它属于内部动机。

自我提高的内驱力是学习者因自己的学业成就或工作能力而赢得相应地位的需要。自我提高的内驱力并不直接指向学习任务本身，而把学业成就看作赢得地位与自尊心的手段，因此它属于外部动机。在学校中，学生为了在班级中获得较高的地位和其他同学的尊重而努力学习，就是自我提高内驱力的一种表现。

附属内驱力是学习者为了获得权威(家长或教师)的认可、赞许而表现出把工作做好的一种需要。显然，和自我提高的内驱力一样，它也属于外部动机。学校中学生与教师往往在情感上具有天然的依附性，年幼的儿童尤其如此，学生能够从教师的赞许或认可中获得一种派生地位，从而获得情感上的满足。随着学生年龄的增长，独立性逐渐增强，学习中附属的内驱力会有所下降。

在具体的学习过程中，在每个学习者的身上，这三种内驱力的表现会有所不同，学习者的年龄、性别、人格特征、家庭出身、生活环境、所接受的教育等内外因素都会影响其内驱力在具体学习活动中的表现。

三、学习动机对学习效果的影响

一般认为，学习动机直接推动学习活动，因此，动机越强，学习效果越好，但在实际的教学活动中，学习动机和学习效果之间的关系非常复杂，一方面学习动机从总体上影响学习效果，但具体到不同性质和难度的学习内容时，学习动机的影响又变得难以确定。

首先，从总体上看，学习动机越强，学习者学习的积极性越高，学习效果越好。学习动机对学习效果的这种影响是体现在学习过程中的，学习动机对学习行为具有启动、维持和监控的作用。当学生具备一定的学习动机，就会做好学习的各项准备，学习时集中精力，即使遇到困难也能坚持下去，当学习受到干扰时也能排除干扰，自觉调整学习内容、学习

方法，直至达到预定的学习目标。因此，对教师来说，教学中要想方设法培养和激发学生的学习动机，以期推动学生的学习行为。

其次，学习动机对学习效果的影响并非是单向的，这是由于影响学习效果的因素除了动机外，还包括学生的智力水平、知识经验、学习方法、人格特点、情绪及身体状况。因此，在具体的学习活动中，也可能表现出学习动机越强，学习效果越差的现象。

心理学家耶基斯和多德森(R. M. Yerkes 和 J. D. Dodson，1908)通过实验发现，对不同难度的任务而言，使活动效率达到最佳的动机水平是不同的。对困难的任务而言，较低水平的动机有利于取得最佳的活动效果，中等难度的任务则是在中等水平的动机状态下能取得最佳活动效果，低难度的任务在较高水平的动机状态下能取得最佳效果，如图6-1所示。

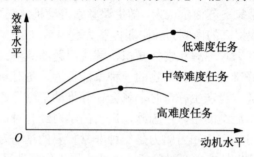

图6-1　耶基斯和多德森定律

依据耶基斯和多德森定律，当学生进行学习的时候，如果学习任务难度较大，学生处于较低的动机水平易于取得最佳的学习效果；如果学习任务难度中等，中等水平的学习动机最有利于学习；当学习任务难度较小，较高水平的学习动机下学生的学习效率最佳。当然，对不同的学生来说，由于能力水平、知识经验等方面的差异，同一学习任务对他们来说难度可能不同，能力高的学生或许觉得很容易的问题，对能力低的学生来说可能就很难，因此要达到最佳的学习效果，不同学生应该具备的最佳学习动机水平也会存在差异。

在实际教学中，教师一般都会想方设法提高学生的学习动机和学习兴趣，以取得最佳学习效果。依据学习动机和学习效果之间的这种关系，对教师来说，首先应该确认学生学习任务的难度有多大，再根据难度确定应该将学生的学习动机提高到什么水平上，否则过高的学习动机反而不利于学习。

第二节　学习动机理论

对学习动机的研究由来已久，心理学家们从不同的角度对学习动机的产生及其本质进行了深入探讨，并提出了大量的理论。下面介绍国外一些影响比较大的动机理论。

一、本能理论

18世纪末19世纪初，以达尔文进化论的提出为标志，人们开始逐渐接受人是由动物进化而来，人与动物之间存在许多共同之处的观点。动物的行为是受本能推动的，人既然与动物在种系发展上存在连续性，人的行为也必然会受到本能的影响。于是，很多心理学家开始从本能的角度解释人类的行为，其中最具代表性的就是美国心理学家詹姆斯、桑代克和麦独孤等人。詹姆斯认为，人类具有清洁、建设、好奇、恐惧、饥饿、嫉妒等14种本能，人的行为是在本能的推动下进行的。科学教育心理学的奠基人桑代克也持本能论的观点，他的代表作《教育心理学》就是由学习、本能和个性三部分组成，他认为，学习就是在刺激和反应间形成联结的过程，刺激与反应的联结包括先天的和后天的，先天的就是本能，后天形成的就是习惯，是在本能的基础上形成的。麦独孤认为，本能是一种遗传或先天的生物倾向，是长期生物进化的结果。生物进化的过程，就是本能的分化与专门化过程，当然，人的本能与动物的不同，人的任何一种本能都包括知、情、意三方面的心理历程。阿特金森(Atkinson，1964)指出，到20世纪20年代，学者们大约提出了14000种本能来解释人的行为。

精神分析理论的创始人弗洛伊德也持本能论的观点，他认为，人的心理包括意识、前意识与潜意识三个组成部分。潜意识包括个人的原始冲动和各种本能以及与本能有关的欲望，是人类行为的决定力量。弗洛伊德认为潜意识中的本能主要包括生的本能和死的本能，前者包括自我与性两种本能，代表爱和建设的力量，后者代表恨和破坏的力量，表现为侵略、破坏、征服等行为。在文明社会中，人的本能无法随意表现出来，会受到不同程度的压抑，只能通过伪装的方式寻求出路。当被压抑的不符合社会规范的原始冲动或本能用符合社会要求的建设性方式表达出来，如用跳舞、绘画、文学等形式来表达时，个体的本能就得到了升华。如果本能完全被压抑，找不到出口，个体就会罹患精神疾病。

20世纪初期，本能论得到了很多学者的支持，但随着研究的进展，人们不断发现本能论的诸多缺陷。首先，难以确定人到底有多少种本能，如果每一种行为都是由本能决定的，显然不符合事实。其次，人类的行为错综复杂，哪些行为是本能的，哪些行为是习得的，往往难以划分出明确的界限。因此，以后的研究者开始尝试从其他角度探讨人的行为动机。

二、强化理论

强化理论的提出者是著名的行为主义心理学家斯金纳，他通过大量的实验研究提出学习的本质是刺激和反应之间建立联结的过程，强化是学习的必要条件。强化是促使反应概率增加的活动过程，起到强化作用的刺激物就是强化物。斯金纳认为，行为之所以发生，是由于强化的作用，有机体形成操作性条件反射的关键就是强化，强化决定了有机体行为的形成和转化的过程。由此可见，动机的强化论本质上认为行为的动机是强化的结果，当学生在学习中受到强化，如获得物质奖励、教师或家长的称赞时，就获得了进一步学习的动机。未受到强化的学生，或在学习中受到惩罚的学生，如被教师、家长批评，就无法获得进一步学习的动机。强化的方式决定了学生学习动机的水平和强度。

显然，强化理论把行为的原因归结为外部刺激和外部强化的作用，属于典型的外部动机理论。但是，强化理论只讨论外部因素或环境刺激对行为的影响，忽略人的内在因素和主观能动性的作用，具有机械论的色彩。

延伸阅读

行为主义学习动机理论的局限

我国台湾学者张春兴指出了行为主义学习动机理论的四点局限。

(1) 重外部控制无助于培养学生的求知热忱。行为主义强调运用强化原则控制学生的学习行为，显然是一种重外在动机而忽视内在动机的观点。把这种观点应用于教学过程，就是根据学生考试分数的高低对学生实施奖惩，这就很容易诱导学生为追求奖励而读书，为追求分数而求知。

(2) 趋奖避罚心态对学生的成长不利。用奖励与惩罚的方式控制学生的学习，学生自然会养成趋奖避罚的心态。在学校教育实践中，能够真正获得奖励(考到高分数或者获得教师及家长的赞许)的学生总是少数，多数学生却因分数处于不利的地位而受到惩罚。那些受到奖励的学生为了维护已经获得的地位，把最主要的精力用于追逐考试科目的高分上，导致学习兴趣的狭窄化，而那些因考试分数低于教师或家长期望的学生因穷于应付惩罚，导致学习兴趣的弱化。因此，单纯利用强化原理激发学生学习动机的做法既不利于优秀学生的成长，也不利于学习不良儿童的成长。

(3) 强化手段目的化有碍学生人格的发展。学校实施考试和奖惩制度的本意是想以此作为教育的手段，达到激励学生用功学习，提高教学质量的目的。但在具体的实施过程中，由于升学以考试成绩为标准，以考试分数定成败，学生很容易把考试分数本身作为读书的目的来看待。这样，原来的手段成了现在的目的。结果，在学生心目中，不是将学习视为负担，就是把学习视为尽义务。过重的负担和尽义务的心态进一步影响到学生不良情绪的形成和人格上的变异。

(4) 短暂的功利取向不易产生学习迁移。学习的目的本来是为了促进知识的迁移，但是学校教育如果演变成分数主义或升学主义，那就变成地地道道的功利主义，教学就进入了考什么、教什么的状态。在这种情况下，学习迁移的目标就要落空。

(资料来源：张春兴. 教育心理学. 杭州：浙江教育出版社，1998)

三、需要层次理论

人本主义心理学家马斯洛(Abraham H. Maslow，1908—1970)提出了需要层次理论，尽管该理论并非主要用来解释学习动机，但其中蕴含着关于学习动机的观点。

马斯洛认为，人有多重需要，按其性质和发展的次序可以分为由低到高七个层次，如图6-2所示。

(1) 生理需要(physiological need)，指个体维持生存及延续种族发展的需要，是人最基本、最原始的需要，包括饮食、睡眠、性欲等。它处于最底层，是行为强大的推动力。

(2) 安全需要(safety need)，指受到保护、免于威胁、获得安全感的需要，如获得物质上的保障，免于疾病、避免焦虑、恐惧等负面情绪的侵扰等。

(3) 归属与爱的需要(belongingness and love need)，指被家庭、团体、朋友、同伴接纳、爱护、关注、支持等的需要，是对友情、爱情、亲情的需要，是人社会性的反映。这种需要属于心理层次的需要，比前两种需要更细微、隐秘，难以把握。

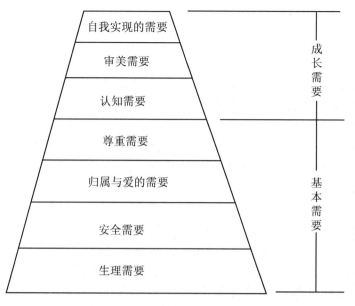

图 6-2 马斯洛的需要层次结构图

(4) 尊重需要(esteem need)，指获取并维护个人自尊心的行为，如被人认可、赞许，获得自信、自强、独立、胜任感等。

(5) 认知需要(need to know)，指个体对自身和周围世界进行探索、获取知识、解决问题的需要，如探索、试验、阅读等。

(6) 审美需要(aesthetic need)，指对欣赏、追求美好事物的需要，包括对对称、秩序、完整结构及自身行为完美等的追求。

(7) 自我实现的需要(self-actualization need)，指充分实现自我价值、实现自我潜能的需要，是对真、善、美最高人生境界的追求。

马斯洛认为，前四种需要为基本需要(或缺失性需要)，是个体在生活中因身体上或心理上的缺乏而产生，是人所共有的，如果得到满足，需要强度就会降低；后三种需要为成长需要，这些需要的强度不会随着满足而减弱，反而会因获得满足而增强。因此，在成长需要的推动下，个体所追求的目标是无限的，永无止境。马斯洛认为，只有一部分人才会具有成长需要，才能达到自我实现需要的层次，大多数人终生停留在基本需要的水平。

从马斯洛的需要层次理论来看，个体的学习行为也是在需要的推动下进行的，需要作为行为的基本动力，不同层次的需要都会与诱因结合转化成为不同的学习动机，但是学习动机的强度与水平会存在不同程度的差异。直接与学习相关的需要是认知需要，但是大多数人不能达到成长需要的层次，因此对学生来说，导致学习行为的需要更多的是尊重、归属与爱等基本需要。

马斯洛的需要层次理论从人性化的角度探讨行为的动力，与强调把人等同于动物的本能论和把人还原为机器的强化论有质的不同，该理论强调人所特有的高级需要，将内部动机和外部动机结合起来，对学校教育教学具有重要的指导价值。但是，该理论的缺陷也是很明显的，它建立在现象描述的基础上，很多观点带有假设的性质，尽管有些描述与现实吻合，但还有待于进行客观、科学的验证。他提出的自我实现等需要的界定还不够明确，认为高级需要是低级需要满足后自然出现的，仍然带有遗传决定论的特点。

四、认知失调理论

认知失调理论最早由费斯廷格(L.Festinger,1957)提出。费斯廷格认为,在一般情况下,人们的态度与行为是一致的,如和喜欢的人在一起聊天,不理睬不喜欢的人,但有时候态度与行为也会不一致,如不喜欢上司,但又违心地恭维他,这时就会出现认知失调,因此认知失调是指由于做了一项与态度不一致的行为而引发的不舒服的感觉。在态度与行为不一致的时候,会导致个体产生心理紧张的状态,迫使个体改变有关的态度或观念,从而改变行为,以减少或避免不协调。

费斯廷格认为,各种认知因素之间存在三种情况:①相互一致和协调;②相互冲突和不协调;③无关。如个体对吸烟的认识以及自己的吸烟行为之间存在以下三种情况:吸烟有害健康,我不吸烟(一致);吸烟有害健康,我吸烟(不协调);吸烟有害健康,我在学习(无关)。当认知因素之间处于不协调状态时,人就会设法消除失调,恢复或保持认知因素之间的相对平衡和一致性。消除失调的主要途径有:①改变或否定某一个认知因素(如将"我吸烟"改为"我不吸烟",或者将"吸烟有害健康"改为"吸烟有助于减轻压力");②对两个因素重新评价,减弱其中一个或两个的强度,减轻其失调状态(如将"我吸烟"改为"我吸一点烟",或者将"吸烟有害健康"改为"吸烟对健康会产生一定影响");③在不改变原有认知因素的条件下,增加一个或几个能弥补鸿沟的新的认知因素(如增加"吸烟有助于提高工作效率",或者"长期吸烟的人很多,他们身体也很健康")。

费斯廷格曾经进行过一项经典的实验研究来检验认知失调理论。他让参加实验的大学生在实验室里大约1小时完成一项枯燥的工作,工作结束时对一个等在实验室门外的女士(研究者的合作者)说这项工作是非常有趣和愉快的。被试分成两组,第一组工作结束时获得1美元的奖赏(低奖赏组),第二组获得20美元的奖赏(高奖赏组)。另外安排了一个控制组,他们工作结束后不需要对女士说什么,也未得到任何奖赏。最后,要求所有被试填写一个等级量表,用不同等级表示他们喜欢这个工作的程度。实验结果表明,高奖赏组和控制组被试大多认为这项工作枯燥无味,不大喜欢,而低奖赏组被试大多认为这项工作是有趣和愉快的。这表明,低奖赏组被试的认知因素发生了改变。

认知失调理论对学校教育教学中教师引导学生正确分析自己的学习成绩有一定的指导价值,如学生学习不好受到批评,或者考试成绩差,就会出现不协调,产生紧张不适感,为消除这种感觉,他会努力学习,以取得好成绩或得到表扬。当然,学生也可能采用其他方式来消除不协调的感觉:考试成绩好(或受到表扬)也不能怎么样;考试题太难,好多人都没考好;我天生就笨等。教师要帮助学生正确认识自己的学习状况,找到合理的认知因素,避免学生找一些不利于学习的借口,影响以后的学习。

认知失调理论从认知的角度探索人行为的动机,注意到了主体自身的认知因素对行为的影响,强调了主体自我意识的作用,对探索人类行为的动机进行了有益的探索,在社会、管理、教育领域都曾产生了重大的影响。

五、自我效能理论

自我效能理论是由美国心理学家班杜拉(A. Bandura,1977)提出来的,在20世纪80年代得到了进一步丰富和发展。

班杜拉认为，人的行为受两个因素的影响：一个是行为的结果因素即强化，一个是行为的先行因素即期待。传统的行为主义者认为强化是决定行为的唯一因素，班杜拉则认为行为的出现不是由于随后的强化，而是由于个体认知了行为与强化之间的依随关系后对下一步强化的期待。期待分为两种，一种是结果期待，是人对自己某一行为会导致某一结果的推测，如果个体意识到某一行为会导致某一良好的结果如奖励，这种行为就可能被激活；另一种是效能期待，是个体对自己能否实施某种行为的能力判断，当人断定自己有能力进行某一活动时，这种行为也可能被激活。据此，班杜拉提出了自我效能的概念，认为自我效能是人对自己能否成功地进行某一行为的主观判断。人们知道某一行为可能会带来良好结果后，也不一定做出该行为，只有当他意识到自己有能力做出这种行为后，才会去做。因此，当个体具备了相应的知识、技能和目标后，自我效能就成为行为的决定性因素。

班杜拉认为，个体自我效能的来源主要有以下途径。

(1) 自身的成败经验。这是自我效能最主要的来源，它能为个体提供最可靠的效能信息。一般来说，成功的经验能增强个体的自我效能，失败的经验会降低自我效能，尤其是当个体的自我效能尚未稳固地建立时，会很容易被失败挫伤。当失败发生得较早，不能确认是由于缺乏努力还是环境不利导致失败的时候更是如此。当然，个体的自我效能评估是一个推理过程，需要对影响成败的各种能力和非能力因素的相对作用进行权衡，人们到底在多大程度上通过其过去的行为经验改变其效能知觉，依赖于他们对自己能力的预见、对任务难度的知觉、努力程度、外界的帮助等。因此，虽然行为表现对自我效能的影响很大，但并非成功的经验一定会增强自我效能，失败的经验一定会降低自我效能，影响自我效能的是个体对自身行为表现传递出的与能力相关的信息的认知判断，而不是行为表现本身。所以，同样的行为结果，在不同个体身上，可能会表现出提高或降低自我效能或对自我效能不产生任何影响的结果。

(2) 替代经验。个体往往通过观察榜样的行为来获得替代性经验，以对自己的能力水平进行判断，看到与其能力相似的榜样取得成功，会提高自我效能；若榜样几经努力终于失败，会降低观察者的自我效能。当然，如果榜样与观察者迥然不同，榜样的行为及其结果就不会对观察者的自我效能产生过大的影响。

替代经验可以增强或者抵消直接经验的影响力。一般来说，替代经验要弱于直接经验，但在某些情况下，替代经验可能压倒直接经验的影响，如榜样与观察者十分相似，榜样的行为反复多次成功或失败，榜样提供了高自我效能的示范等。

(3) 言语说服。言语说服信息往往在对行为结果进行反馈的过程中呈现，它可能增强或削弱自我效能感。有研究者在针对有数学或阅读缺陷的儿童进行自我指导教育的实验中发现，提供积极的反馈有助于提高儿童的自我效能。

言语说服对个体的影响受到一些因素的影响，如说服者的可信度、权威性、说服目的、说服方式、说服内容与个体对自身评价的差异等。一般来说，适当高于个体目前能力水平的说服最容易被接受。当然，与前面两种途径相比，言语说服在自我效能的形成中所起的作用是有限的，若缺乏实际经验的支持，在其基础上形成的自我效能将不能牢固和持久。

(4) 生理和情感状态。在涉及体育成就、健康、应激等领域中，个体的自我效能与其生理和情绪状态密切相关。当个体在紧张、疲劳状态下，很容易产生无效能感。班杜拉认为，情绪和身体反应的绝对强度并不重要，重要的是人们对其进行的知觉和解释。如将出汗归因为由温度过高引起身体不适的人，与将其归因为自己过度紧张的人，在自我效能上会有不同的表现。个体在对生理和情绪状态进行解释时，往往存在一种习惯的倾向，这种倾向可以是积极的，也可以是消极的，这会成为影响个体自我效能的一种稳定的因素。

以上四个方面在自我效能的形成过程中所起到的作用是由主体进行权衡和判断的，是个体对多种来源的信息进行认知加工的产物。在不同的活动领域中，人会根据实际情况对不同类型的效能信息赋予不同的权重。比如个体在进行一项活动中反复失败，同时看到一个能力低于自己的人在同类问题上失败，其自我效能可能不会受到很大影响；但如果看到一个与自己能力相当的人，或能力比自己强的人也遭遇失败，其自我效能水平可能会大大降低。

自我效能一旦形成，就会对个体的行为产生直接的影响。主要表现在以下几方面。

(1) 影响人对情境的认知。具有高效能感的人在对情境进行认知时，倾向于选择情境中有利于成功的方面，把当前情境视为获取成功的机会，还可以通过想象成功给行为提供积极的指导。有研究表明，通过认知模拟让个体想象自己熟练地完成活动，可以改进后继行为。自我效能低的人更多地考虑到个人的不足，夸大潜在的困难，更多地考虑可能产生失败的后果，不能有效地使用和发挥自己的潜力。

(2) 影响情感过程。自我效能对个体的情感过程也起着重要的调节作用。首先，一定的自我效能很容易导致注意偏向，影响人对事件的认知和解释，并由此产生积极或消极的情绪体验；其次，低效能感的人在面临挑战性任务时容易产生焦虑情绪，而高效能感的人则不会。有研究表明，当人在遇到自己感到难以应付的威胁时，表现出心率加快、血压升高的生理现象。从情绪体验上来看，当人觉得自己应付将要到来事件准备不足时，会体验到一定程度的焦虑；当人感到自己没有能力完成重要的任务时，会产生无用感和失望感，导致抑郁情绪产生。

(3) 影响对行为的选择。人在生活中经常需要做出各种各样的决定，如做什么、怎么做以及做到什么程度。人会去选择那些自认为能够完成或者完成得很好的工作，回避进行那些超过自己能力的事情。当然，个体完成工作的结果如何，也会对其自我效能产生反作用，提高或降低他对自己完成这一类事情的自我效能感。

个体的自我效能感形成后并非一成不变，而是可以通过训练得到提高的。1981年，舒克以算术成绩极差的小学高年级儿童为被试，对自我效能感进行了研究。他为这些差生安排了一个星期的训练，在每次训练中他先让儿童分别学习算术的自学教材，然后由榜样演示如何解题，榜样在解题时一面算一面大声地说出正确的解题过程，最后再让学生自己解题。在学生自己解题前，让其把所有的题看一遍，并判断一下他们能有多大把握来解每一道题，以此来了解学生解题的自我效能感。结果发现，经过训练，儿童的自我效能感逐渐得到增强，与之相应，儿童解题的正确性和遇到难题时的坚持性也得到了提高。

延伸阅读

自我效能理论在各领域中的应用

1. 教育领域

在教育领域的研究主要集中于教师教学效能感与学生学习自我效能感，及其对教学水平和学习成绩的影响方面。研究普遍证实，教学效能感高的老师，其教学质量及学生的学习成绩显著高于教学效能感低的老师。另外，学生学习自我效能感对学习行为及成就有重要影响。自我效能感高的学生对其学习的自我监控能力较强，并对其目标定向及学习成绩具有积极的影响。进一步研究发现，学生学习自我调节效能感对英语、阅读的学习成绩影响较大，而对数学的影响较小。

2. 职业与组织领域

职业与组织领域的研究很多，自我效能感已证明是预测绩效的最佳指标之一。高的自我效能感会促进绩效的提高，低的自我效能感则会影响绩效的增长。高的自我效能感促使一个人去尝试挑战性高的工作，设置较高水平的目标，并表现出较强的目标承诺，从而提高工作绩效。同时，一个具有高自我效能感的人对自己的能力有信心，对生活的自我控制感强。另外，管理者的领导自我效能感对组织绩效亦有明显的影响。

3. 身心健康领域

自我效能感在两个水平上影响人类健康。在较为基础的水平上，人们对自己处理应激能力的信念会影响到其身心调节系统。社会认知心理学的观点认为，应激反应是控制威胁或超负荷环境压力的自我效能感低下的结果。如果人们相信其能够有效地控制潜在的应激源，他们便不会为其所困；反之，便会受其困扰，并损害到生理机能的水平。自我效能感影响健康的第二个水平表现在人们对个人健康习惯及生理老化的直接控制上。这种自我调节的效能感影响到其动机和行为，从而决定着他们是否改变不良习惯，维持良好习惯，以及做到多好的程度，并决定着他们是否能够尽快从挫折中恢复过来。另一些研究涉及对情绪及主观幸福感的影响。研究发现，自我效能感与主观幸福感(subjective well-being)、生活满意度之间存在显著正相关关系；与焦虑水平之间存在负相关关系；与抑郁水平之间存在负相关关系。

(资料来源：张鼎昆，方俐洛，凌文辁. 自我效能感的理论及研究现状. 心理学动态，1999，1)

六、成就动机理论

最早对成就动机进行研究的是美国心理学家默里(Henry Murray)，到20世纪50年代以后，麦克里兰(David Mcclelland)和阿特金森(Atkinson)等人在其基础上对成就动机进行了深入研究，提出了系统的成就动机理论。

成就动机(achievement motive)是个体力求成功的内在驱动力。它可以分为两部分，一是追求成功，二是避免失败。前者表现为趋向目标的行动，后者表现为设法逃避活动的情境。个体的成就动机水平是追求成功的倾向减去避免失败的倾向后形成的。20世纪50年代末，麦克里兰进行了这样一个实验：让5岁的儿童逐个走进一间屋子，手里拿着许多绳圈，用绳圈套房子中间的一个木桩。这些孩子可以自由选择自己站立的位置，并且需要预测自己能够套中多少绳圈。结果发现，追求成功的儿童选择了距离木桩适中的位置，避免失败的儿童选择了距离木桩很近或者距离木桩非常远的地方。麦克里兰认为，追求成功的孩子选择了具有一定挑战性的任务，但同时也保证了具有一定的成功可能性，因此选择了适中的距离。避免失败的孩子关注的不是成功与失败的取舍，而是尽力避免失败以及由此导致的消极情绪,所以选择距离木桩很近的位置以确保成功,或者选择不可能成功的很远的距离,这个距离是任何人都不可能达到的,所以即使不成功也不会带来消极情绪。麦克里兰进行的其他类似实验都证明了同一结果。

麦克里兰认为,具有高成就动机的人喜欢设立具有适度挑战性的目标,不喜欢凭运气获得成功,不喜欢接受那些看起来特别容易或特别困难的工作,不喜欢寻求别人的帮助,喜欢做那些能立即给予反馈的工作,希望得到工作情况及时明确的反馈信息,以了解自己的进步情况。

阿特金森于1963年将麦克里兰的理论作了进一步深化,提出了具有广泛影响的成就动机模型。他认为成就动机的强度是由动机水平、期望和诱因的乘积来决定的。其关系可用下述公式表示:

$$动机强度 = 成就需要 \times 获得成功的可能性 \times 诱因$$

成就需要是一个人稳定地追求成就的个体倾向,获得成功的可能性是某人对某一追求能否成功的主观概率,诱因是成功时得到的满足感。

阿特金森认为,获得成功的可能性和诱因值是相反的关系,成功的可能性越小,诱因值越大。如学生完成一件很容易的工作,获得成功的可能性大,但由成功带来的满足感很小;反之,当学生做一件比较困难的工作,一旦成功,就会觉得非常自豪。

个体的成就行为是其成就动机水平与外部动机力量二者综合的结果。当个体的成就动机水平很高,同时外部环境中也有驱使其进行此项活动的推动力,个体就会积极地从事该行动。如果个体的成就动机水平高,但外界环境中有阻碍其行动的力量,个体做出行为的概率就会降低。由此可以看出,行为除了受到个体动机的推动外,外界环境的影响也同样对行为起到了推动或阻碍的作用。

影响成就动机的因素有四个。一是达到目标需要承担的风险。若风险为零,或者极低,对个体的吸引力反而减少。当然,风险过高,必然会对个体的行为动机形成阻碍。对不同的个体而言,对风险的耐受程度会有不同程度的差异。二是目标具有的魅力。个体通过某种活动想要获得什么,如果目标对个体非常具有吸引力,也会促使其进行趋近目标的行为。三是为达到目标,个体运用自己能力和提出自己见解的机会。如果一项活动的完成是完全依靠外力的,活动者本人在其中所起的作用微乎其微,即使成功完成该活动也不能使个体感觉到自己的能力,或者对提高个体的能力没有什么帮助,这种情况下,个体就不容易产生较强的完成该活动的动机。四是对成功和失败所持的主观概率。一般来说,确定能成功或失败的活动对个体缺乏吸引力,50%的成功概率能对个体产生最大的吸引力。

七、归因理论

美国心理学家海德(F.Heider)最早于1958年提出了归因理论,认为个体有两种归因倾向:情境归因和性格归因,情境归因是将行为的发生解释为情境中各种因素导致的结果,性格归因是将行为的发生解释为行为者自身性格特点导致的结果。个体的归因方式有很大差异,有人习惯于情境归因,有人习惯于性格归因,人在解释他人行为时倾向于性格归因,解释自己行为时倾向于情境归因。

美国心理学家韦纳(Weiner, 1972)在海德理论的基础上建立了新的归因模型,称为三维度归因理论。韦纳认为，个体对自己在某种情境下表现出来的行为具有归因的倾向，而且这种归因是复杂的、多维度的，归因的结果会对其以后的行为动机产生不同程度的影响。韦纳通过实证研究，发现大多数人将自己行为的成功或失败归于以下6个方面的原因。

(1) 能力，指个体从事该活动相关的基本知识经验、技能等。
(2) 努力，指个体在完成任务时表现出的主观能动性。
(3) 任务难度，就个体过去的经验来说任务的难易程度。
(4) 运气，对活动有影响的一些无法控制的不明确的外在因素。
(5) 身心状况，指在完成任务过程中的个体生理、心理状态。
(6) 其他因素，包括其他人的帮助、环境的影响等。

韦纳将以上因素按照性质从3个维度进行了分类。

(1) 根据因素的来源将其从外在控制和内在控制维度上进行区分。外在控制因素来源于外部环境，内在控制因素来源于行为者本人。能力、努力及身心状况属于内在控制因素，任务难度、运气和其他因素属于外在控制因素。
(2) 根据因素的稳定性程度将其从稳定和可变维度上进行区分。稳定因素是行为者认为相对稳定、不易改变的因素；可变因素是不稳定的，或者可由行为者操控或者受外界环境影响的因素。能力与任务难度是稳定的因素，而努力、运气、身心状况及其他因素则属于不稳定的因素。
(3) 根据因素是否能被行为者自己操控而将其从可控和不可控的维度上进行区分。可控因素是行为者能自己控制的因素，如努力程度。不可控因素是行为者本人无法控制的因素，如能力、工作难度、运气、身心状况和其他因素。

对以上因素的分类可以通过表6-1清楚地表示出来。

表6-1 韦纳的分类

归因因素	稳定性		因素来源		可控性	
	稳定	不稳定	内在	外在	可控制	不可控制
能力	√		√			√
努力		√	√		√	
工作难度	√			√		√
运气		√		√		√
身心状况		√	√			√
其他		√		√		√

个体在归因时会表现出一种习惯性的倾向，如有些学生会将学业成绩归为自己能够主动操控的因素，如努力与否，有的则归因于能力不足、运气不佳等外在因素。显然，不同的归因方式对其后继的学习行为会产生很大的影响。如甲、乙两名学生考试成绩都不好，甲生认为是自己努力程度不够所致，乙生则认为是考试题太难所致，可以预测甲生会在今后努力学习以提高成绩，乙生则只会消极地盼望下次老师会把考试题出得容易一点。因此，教师可以根据学生的归因方式预测其以后的学习行为。

学生对自己行为的归因会受到很多因素的影响，尤其是年龄比较小的学生，对自己的能力、性格及其他影响活动的各种因素不能进行全面、准确的判断，因而不能做出正确、客观的归因，家长和教师需要对学生进行引导，尤其是当学生做出了错误的归因时更要进行矫正，以避免其形成错误的归因倾向。

韦纳在研究中发现，学生对学业成败的归因并不完全依据考试分数的高低，教师对学生的态度以及教师对学生学业成败的归因对学生的自我归因有重要影响。

由图6-3可以看出，教师的行为以及学生猜想的教师对他的态度，直接影响了学生的归因。对于那些缺乏自信心的学生来说，如果教师多给予同情、赞许、安慰、帮助等，也就是说，能够多给学生一些情感上的支持，会使学生进行更积极的归因，从而对其今后的学习产生积极的影响。

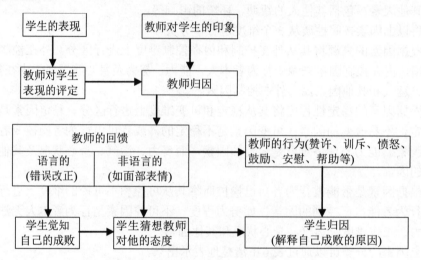

图6-3 教师的反馈对学生归因的影响模型(Weiner，1982)

八、动机理论的总结

总的来看，以上学习动机理论可以归纳为行为、认知、人本主义三个大的理论流派，强化理论属于典型的行为主义学派，而需要层次理论则属于人本主义学派，认知失调理论、自我效能理论、成就动机理论、归因理论都属于认知学派。

行为主义学派的动机理论主要用强化来解释动机的发生，认为人的学习行为倾向取决于这种行为与刺激通过强化而建立的稳固联系，受到强化的行为比没有受到强化的行为更倾向于再次出现。当学生在学习过程中受到强化，如获得教师和家长的赞扬，就会产生学习的动机；如果其学习未受到强化，如没有获得赞扬，或者没有取得好分数，他就不会产生学习的动机。如果学生在学习中受到了惩罚，如被教师、家长批评，就会逃避学习。显然，个体的学习动机必然会受到外在因素的影响，但是将外在因素作为唯一的催生学习动机的原因，显然过于片面。如果学习者本人对学习毫无兴趣，也缺乏相关的知识经验，即使外界给予大量强化，也很难激发起他的学习动机。

人本主义学习动机理论强调人是环境的主体，人能够改造环境，决定自己的命运。人本主义者认为，个体生来就具有不断成长的潜力，只要个体处于有利的环境中，这种潜力就会驱动个体不断成长。因此，每个人的行为都被动机驱动，每个学生都会有学习动机，只是有的学生的学习动机不一定专注于某些课程或学科。因此，教师的作用就是将学生的学习动机引导到相应的课程学习中。教师需要设身处地地从学生的立场出发，认真思考：为什么要教给学生知识？这些知识对学生有意义吗？学生认识到了这些知识的意义吗？当学生认识到了学习的意义和价值，就自然会努力地学习。因此，维持良好的师生关系，营造和谐的学习气氛，对激发学生的学习动机来说尤为重要。

认知学派的学习动机理论强调认知在学习动机产生过程中的作用。不管是费斯廷格的认知失调理论、班杜拉的自我效能理论、阿特金森的成就动机理论还是韦纳的归因理论，都从不同角度强调了认知活动在动机产生中的中介作用。个体会对将要进行的行为的价值、意义做出判断，对自己曾经进行过的相关行为进行分析，并对自己能否完成该行为进行判断，从而产生驱动或阻碍行动的动力。因此，要激发学生的学习动机，最重要的是改变学生的认识，教师和家长要促使学生建立有利于学习的认知观念，充分认识自己的学习能力，从而产生强烈的学习动机。

第三节　学习动机的激发与培养

动机作为推动学生学习的内在动力，贯穿于整个学习过程。学习动机激发学生产生学习行为，同时对行为具有定向、维持和强化的功能。教学中教师的首要任务是激发学生的学习动机，一旦学生产生强烈的学习愿望，就会自觉地、努力地去学习。但是，目前学校教学的实际情况却往往与理想的目标相去甚远，许多调查都表明，学生学习动机的强度随着年级的升高表现出降低的趋势。美国心理学家卡芬顿(Covington, 1984)在研究中发现，成功的学生多半将成功解释为自己高能力的表现，而不愿将成功归因于自己的勤奋努力，这是因为勤奋努力谁都可以做到，超凡的能力却是少数人的专利。当学生将成功归因为自己的能力时，会更容易体验到价值感，而把通过努力获得好成绩的学生，视为能力低下。显然，这是随着年级升高学生学习动机水平降低的一种普遍存在的主观原因。

除了学生本人外，学校乃至整个教育领域存在的一些问题也是导致学生学习动机水平降低的客观原因。一方面，学校教学采取的是集体授课，统一的教学内容、教学方法、教学进度无法照顾到学生的个体差异，同一个班级的学生虽然年龄相近，但能力水平、知识经验往往存在很大差距，这种整齐划一的教学模式会导致一部分学生难以适应学习而对学习失去兴趣。另一方面，当前的考试制度也加剧了很多学生的厌学情绪。分级淘汰式的考试制度使大部分学生从学习中获得的不是强化和激励，而是失败和挫折，升学率、优秀率等使学校把大部分资源集中到一小部分优秀的学生身上，学校、教师和学生将高分作为教和学的唯一目标，学习内容反倒失去了自身应有的价值，在这种情况下，师生异化为教和学的机器，又怎么能产生强烈的学习动机。

尽管目前的教育环境不利于培养和激发学生的学习动机，但是，作为新时代有使命感的教师，必须从更高的、更切合实际的角度去看待和分析学生的学习动机问题，或许每个人只能做一点工作，但汇合起来，也许将会成为改变现实的巨大推动力。

一、激发学生的好奇心

好奇心和求知欲是学习的内在动力，人和很多高级动物都具有强烈的认知好奇心。巴特勒(Butler，1953)曾经进行过这样的实验：将猴子放在一个封闭的小房间内，墙上有两个窗子，分别涂有黄色和蓝色。打开蓝色的窗子，可以看到实验室里人的活动。打开一次窗子可以看30秒钟。猴子很快就学会了辨别这两个不同颜色的窗子，不停地打开蓝色窗子。对打开窗子这一反应的强化被认为是好奇心的满足。

教师激发学生的好奇心，可以从多个方面入手。

(1) 提供生动形象的刺激。中小学生对生动形象的事物很容易产生兴趣，因此采用直观教学的方式要比抽象的语言讲述更易引起学生的好奇心。实物直观和模像直观是常采用的两种教学方式，如果这两种方式都无法使用，教师也要用生动形象的语言来引发学生的联想，使学生在头脑中构造出比较清晰的形象。

(2) 采用新颖的教学方法。教学中最常用的方法是讲授法，学生往往处于被动的听讲状态，时间稍长就会产生厌倦情绪。如果教师能够更多地采用发现法、活动法、讨论法等教学方法，提高学生在课堂活动中的参与性，让学生自己发现、总结、练习、提高，就可以很有效地激发学生的学习兴趣。

(3) 选择适合学生水平的教学内容。实际教学中教师往往因各种原因有意识地加大课堂教学的容量，导致教学内容过多、过难。研究表明，信息量过大或过小都会导致学生感觉疲劳，失去学习兴趣。因此教师要预先了解学生对知识的掌握水平，在此基础上合理安排教学内容，使教学内容处于学生的最近发展区内，还可以通过先行组织者等方法在新旧知识之间架起桥梁，帮助学生更好地理解和掌握新知识。

(4) 在教学中创设问题情境，引导学生发现问题、积极思考、解决问题。教师设置的问题情境要符合学生的认知发展水平，这样才能有效激发学生的思考欲望。教学中常用的设疑策略有：①指出新情境中与学生已有知识相矛盾的现象；②先教给学生一些基本法则，然后再举出一些与这些法则不一致的现象让学生分析；③提出开放性问题，没有唯一的标准答案，让学生尽可能地进行发散性思维；④利用实验、故事、现实案例等方式来让学生发现问题并积极思考。

二、利用强化原理

强化是一种激发学生外在学习动机的有效手段。斯金纳提出的系统强化理论在学校教育教学中已经得到广泛的应用，这种应用主要表现在以下两方面。

1. 正确运用奖励和惩罚手段

表扬是一种有效地激发学生学习动机的手段。心理学家赫洛克(E.B.Hurlook)曾于1925年做过一个实验，他把106名四、五年级的学生分为4组，各组学生的能力相当，在4种不同的情况下进行难度相等的加法练习，共练习5天，每天15分钟。控制组单独练习，不给任何评定。受表扬组、受训斥组和被忽视组在一起练习。每次练习之后，不管成绩如何，受表扬组始终得到表扬和鼓励，受训斥组始终受到批评和指责，被忽视组则不给予任何评定，只让他们静听教师对其他两组的评价。从各组练习的平均成绩来看，受表扬组的成绩优于其他组，而且仍在上升，其次为受训斥组，第三为被忽视组，这三个实验组的成绩都优于控制组，控制组的成绩最差，其主要原因是在整个练习过程中，学生未得到任何关于练习结果的反馈，因此无法改进练习方式。由此可见，表扬和训斥是一种有效的激励学生学习动机、提供学习反馈的手段，如果教师在教学中能够有效利用，就可以有效地增强教学效果。

几乎所有教育者都意识到奖励和惩罚在教学中的重要作用，也将其作为常用的教育手段来使用，但是在实际教学中往往不能达到预期的效果，其原因主要是奖罚的方法单一，或者过多地运用奖励或惩罚，奖罚不考虑时间、地点及学生的个性差异等。要进行有效的奖罚，必须考虑到奖罚的具体方式、时机、奖罚的施予者及接受者的特点及关系等。布洛菲(Brophy，1983，1986)总结了有关表扬的方法，提出了怎样使表扬具有最佳效果的建议。他认为有效的表扬应具备下列关键特征：①表扬应针对学生的良性行为；②教师应明确学生的何种行为值得表扬，应强调导致表扬的那种行为；③表扬应真诚，体现教师对学生成就的关心；④表扬应具有这样的意义，即如果学生投入适当的努力，则将来还有可能成功；⑤表扬应传递这样的信息，即学生努力并受到表扬，是因为他们喜欢这项任务，并想形成有关的能力。有效的表扬应该出现在学生做出某种适宜、良好的行为之后，过分延迟的表扬起不到应有的作用，不管是表扬还是惩罚，都应该与目标行为紧密联结。

心理学家德西在1971年以大学生为被试进行了一个实验，让学生在实验室里解有趣的智力难题。实验分三个阶段，第一阶段，所有被试都无奖励；第二阶段，将被试分为两组，实验组的被试完成一个难题可得到 1 美元的报酬，而控制组的被试跟第一阶段相同，无报酬；第三阶段，为休息时间，被试可以在原地自由活动，并把他们是否继续去解题作为喜爱这项活动的程度指标。实验组(奖励组)被试在第二阶段确实十分努力，而在第三阶段继续解题的人数很少，表明他们解题兴趣与努力的程度在减弱，而控制组(无奖励组)被试有更多人花更多的休息时间在继续解题，表明兴趣与努力的程度在增强。这种现象后来被称为"德西效应"。"德西效应"表明，进行一项愉快的活动(即内感报酬)，如果提供外部的物质奖励(外加报酬)，反而会减少这项活动对参与者的吸引力。在某些情况下，人们在外在报酬和内在报酬兼得的时候，不但不会增强工作动机，反而会降低工作动机，此时，动机强度会变成两者之差。在教学中，教师要注意避免这种现象，需要事先了解学生对某项活动本身的兴趣，如果兴趣较高，就无须外在物质奖励，进行口头表扬即可；若兴趣较低，则可以采取口头表扬和物质奖励结合的方式。

另外，奖罚的具体方式也很重要，对学前儿童和低年级小学生来说，物质奖励的效果比口头表扬的效果好。随着学生年龄的增大，物质奖励的效果会削弱，表扬的效果会加强。男生易受批评的影响，女生易受表扬的影响；对学习成绩差、自信心较低的学生，应以表扬和鼓励为主；对学习成绩好但有些自傲的学生，要提出高要求，在表扬的同时还应指出不足，有利于其进步。

2. 及时反馈学习结果

通过学习结果的反馈，学生可以了解自己学习中的进步和错误，有利于激发学习动机，也有利于后继的学习。前面引述的赫洛克的实验也说明了反馈对学习的影响。三个实验组的成绩都优于控制组，即使是被忽视组没有得到直接反馈，也通过听其他组的反馈而获得关于学习的信息，从而提高了学习成绩；控制组得不到任何反馈，无从了解自己的学习效果，也就无法有效地改进学习方式。

对学习结果的反馈要及时。一般情况下，学生完成任务后急切地想知道自己的学习结果，此时给予反馈应能获得最佳效果。如果过一段时间再反馈，学生可能因失去了强烈的了解学习结果的愿望，或者忘记了当时学习的内容，反馈的效果会受到很大影响。因此在斯金纳的强化理论中特别强调反馈的及时性，他提出的程序教学理论也强调在每个阶段学习后应立即进行测试并及时反馈。

另外，反馈也要注意针对性。在一项以中学生为被试的研究中，让三组学生完成相同的任务，但最后给予的评价方式不同，甲组按学生的成绩划出等级；乙组除标明等级外，还按学生的答案给予矫正及相应的评语；丙组则根据学生的成绩给予鼓励评语，如"好，坚持下去""试一试，再提高一步"等。研究者测量了期中和期末这三组学生的成绩，结果乙组成绩最好，丙组的成绩略次于乙组，甲组的成绩较差。这是由于乙组是针对学生答案中的优缺点给予针对性的评价，因此效果最好；丙组评语的针对性不强，因此效果差一些；甲组只划分等级，未给予评语，反馈的效果最差。由此可见，反馈的针对性越强，取得的效果就越好。

三、了解和满足学生的需要

根据马斯洛的需要层次理论，每个人在不同发展阶段都会产生不同的需要，各种需要都有可能在一定诱因的作用下转化为学习动机。从当前学校实际以及学生年龄和心理发展阶段来看，归属与爱的需要以及尊重需要应是学生主导性的需要，除此之外，学生还有生理、安全、认知等其他层次的需要，教师要注意了解和发现学生的需要，提供恰当的诱因，将这些需要与学习联系起来，以推动学生的学习。

竞赛是一种有效激发学生学习动机的手段，能够激起学生的好胜心，提高其学习时的情绪兴奋状态，在竞赛过程中，自尊、声誉、成就的需要能被有效地调动起来，克服困难的动力能得到增强。尤其是低年级学生，很容易被竞赛时的气氛感染，产生强烈的学习兴趣。查普曼(J.C.Chapman)和费得(R.B.Feder)以五年级儿童为被试，将其分为两组，每天进行10分钟的加法练习，无竞赛组只是出于兴趣和教师的要求做练习，竞赛组在练习时还可以每天在统计表上登记分数和得到红星，结果竞赛组的成绩很快就优于无竞赛组，并且将优势一直保持到了实验结束。

竞赛可以分为个体竞赛和集体竞赛，二者都能有效地提高学生的兴奋水平，但是个体竞赛的负面效果比集体竞赛更大。个体竞赛容易造成学生之间的敌对情绪，使部分学生产生嫉妒、攀比、骄傲、孤立等负面情绪，从长期效果看，不利于学生人格的健康发展。集体竞赛则在某种程度上消除了这些问题，学生组内合作、组外竞争，学生之间可以互相帮助，每个人都是集体的一分子，个体的努力能带来集体的成功，在某种程度上有利于共同进步，也有利于增强集体凝聚力，培养集体主义精神。另外，集体竞赛时分组也可以采用动态、灵活的方式，如以性别、位置、能力等多种方式来分组。变换组内成员，有利于克服固定分组带来的问题。

自我竞赛也是一种有效地激励学生积极学习的方式，让学生自己和自己竞赛，把今天的成绩和昨天的成绩进行比较，把这门课程的成绩与其他课程的成绩进行比较，这种方式没有其他竞赛方式的副作用，可以随时随地进行，但是需要教师和家长的引导和激励。

尽管竞赛是一种有效地激发学生学习动机的手段，但使用时也要注意不能过多。过多地使用竞赛手段，尤其是个体竞赛使用过多，会在班集体中制造出紧张气氛，加重学生的心理负担。任何竞赛的结果都会有胜有败，胜者自然高兴，愿意继续努力来保持优势，败者也可能会奋起直追，更加努力地学习以求转败为胜。但是也可能会有另一种结果出现，经常在竞争中胜利的会扬扬得意，骄傲自满，而经常在竞争中失败的则会失去信心，不求进取。所以教师在使用竞赛手段时要恰到好处，注意给每个学生提供成功的机会。

与竞争相比，合作是一种同样有效地激发学生学习动机的手段，它是指两个或两个以上的个人或群体，为实现共同目标在某项活动中联合协作的心理与行为。合作双方或几方有共同的目标，合作的结果有利于每一个合作者。当学习任务难度比较大、学生个体难以完成或者教师期待学生达成群体性目标如争取优秀班集体时，采用合作的方式进行学习更为有效。在合作学习的过程中学生不必担心输赢，会把更多的精力放在学习过程中，因而能够毫无保留地进行知识的分享，达到互相启发、共同成长的目的。另外，在合作学习的过程中，学生必须准确表达自己的意见，同时必须听取并理解他人的意见，这样有利于提高学生的语言表达能力和沟通能力。另外，在合作学习中，学生易产生积极的情绪体验，能感受到被他人接受、信任和喜欢，体验他人的关心和支持，同时愿意尽其所能帮助别人，以利于集体的成功。合作学习与学生的归属感、自尊的需要密切相关，教师要注意在安排学习任务时根据学生的个性特点和学习能力将学生科学地分组，使学生的归属感和自尊需要得到满足。

四、引导学生正确归因

从归因理论可以看出，很多学习困难的学生都会将学习中的失败归因于自己的能力问题，由于能力是不可控制的，因此没有改进自己学习方法的愿望，因此，引导学生正确分析自己的学习状况，寻找失败的原因，对学生改进今后的学习方法非常有帮助。

一般来说，将学生的学习成绩与努力程度结合起来最有利于改进学生今后的学习方法。尽管影响学生学习的因素很多，包括教师的教学方法、教学内容，学生的学习能力、学习方法，同伴的帮助等，但有些因素是不可控制的，学生能够改变的只能是不断提升自己的能力，改进自己的学习方法，更加努力地学习。

有些学者依据韦纳的归因理论针对一些特定人群进行了归因训练研究，结果表明，通过归因训练，被试的行为坚持性和积极性有了很大提升。我国学者韩仁生也借鉴西方的训练模式，以中小学生为被试进行了实验研究，主要采用说服、讨论、示范、强化矫正等方法进行集体和个别干预。实验过程如下。

(1) 说服。由研究人员主持，采取专题讲解的办法，主要给学生介绍三方面的内容，一是学习活动中正确与错误信念对学习的影响，鼓励学生树立自信心；二是帮助学生认识自身的努力对学习的影响。指导学生如何增强自制力，提高意志力；三是向学生说明学习方法、老师和同学的帮助、家庭环境等因素对学习也有重要的影响。

(2) 分组讨论。专题讲解结束后，学生分组讨论，讨论的主题围绕自信心与成功的关系；能力、努力与成功的关系；影响学习成败的因素等展开。研究人员在小组讨论过程中及时指导，对学生的错误观念进行纠正，还让学生学习一些讲述成功与失败的案例，讨论案例中人物成功和失败的原因，并联系平时的学习实际加以阐述。

(3) 示范。让学生观看录像，内容为一个人虽把失败归因为缺乏努力，仍坚持完成任务。然后研究人员讲解在成功和失败时如何对待自己，并让学生观看录像后重复类似任务，促使观察学习的效果更好地迁移到日常生活中。最后让学生进行讨论，加深认识，并接受归因反馈。

(4) 强化矫正。让学生在规定时间内完成不同难度的任务，然后要求学生在事先预备的归因因素中进行选择，对完成任务的情况作出归因，当学生进行积极归因时及时鼓励，对很少进行积极归因的学生给予暗示和引导。

除了采取这种集体干预的方式外，研究者还进行个别干预，主要采用咨询和定向训练两种形式，咨询主要是由研究人员、教师与学生进行个别谈话，对学生进行归因指导和鼓励。定向训练由专门培训的教师进行，在教学过程中教师使用正确的语言评价帮助学生树立信心，提高学习动机。

整个实验过程持续两个月的时间。实验结果表明，通过归因训练，学生的归因可以向积极方面转化，提高了对未来学习成功的期望，提高了学生的成就动机和坚持性水平，并引起学生情感反应的积极变化，但是这种短期的归因训练对高中生影响不明显。

教师在实际教学中要引导学生进行积极归因，客观认识其成功和失败中的积极因素，尤其是当学生面临失败时，教师更要注意帮助学生进行分析，一是帮助其从失败中总结经验教训，以便今后改进；二是给学生提供下一次成功的机会，必须让学生认识到通过努力将会获得成功；三是为学生提供其他方面的成功机会，让学生感受到虽然自己某个方面不够好，但其他方面很好，使学生树立自信心。

五、提高自我效能感，激发学生的成就动机

自我效能感对人的认知、情绪和行为都会产生重要的影响，个体自身的成败经验、替代经验、言语说服和生理、情感状态都会影响人的自我效能感。自我效能感和人的自我概念密切相关，正确的自我概念的标准是具有自尊心，自尊心是经由自我评价之后自我接纳时的自我价值感。自尊心的满足必须具备三个条件：①重要感；②成就感；③有力感。学生的重要感来自父母的关爱、教师和同学的认可；成就感来源于学业上和其他任务上的优异表现；有力感来源于独立处理事务、应付困难并获得成功。如果个体在工作和学习中屡遭挫折和失败，不但无法形成正确的自我效能感，还可能产生习得性无力感。

帮助学生形成正确的自我概念，提高自我效能感，激发成就动机可以采取以下策略。

(1) 指导学生树立正确的学习和行为目标。学习目标包括远期、中期和近期目标，目标的设定要合理可行，尤其是近期目标，要符合实际。另外，目标要多样化，各门课程、各个学习阶段都可以制定明确的学习目标，当学生达到目标时，就能够体验到自我价值，增强自我效能感。

(2) 为学生创造成功的机会，获得成功的经验。成功的经验是学生自我效能感的重要来源。自我效能感水平低的学生，面对学习和其他工作，往往夸大其中存在的困难，畏缩不前。教师要为这些学生创设更多的成功机会，给他们布置一些力所能及的任务让他们独立完成，让他们体验到依靠自己的能力、耐力来解决困难、获得成功的兴奋和自豪感，从

而产生积极的自我效能感。西尔斯(Sears，1940，1941)进行过这样的实验，把小学四、五、六年级分成三组，第一组为成功组，该组被试平时的学习成绩都是最好的，对自己的学业成就很有信心；第二组为失败组，由学习成绩最差的学生组成，对自己的学业成就毫无信心；第三组为混合组，由语文、数学成绩一门课程优秀、一门课程较差的学生组成。实验内容是让三组被试做解释词义和解答数学应用题的测验。正式测验前，主试先让被试根据自己过去的经验估计自己能完成多少测验题以及完成所需的时间，然后进行测验。结果表明，成功组的抱负水平较高，他们的成就目标符合其实际情况；失败组的抱负水平较低，他们的成就目标甚至低于其实际水平；混合组的抱负水平则高低不同。可以看出，成功的经验能够提高学生的自我效能感。在教学中，教师要根据学生的水平和特点为他们设立不同性质和难度的任务，使每个学生都能获得成功。

(3) 为学生提供努力学习的榜样。通过观察他人努力奋斗获取成功的过程，获得替代性经验，也能够有效地提高个体的自我效能感。在教学过程中，教师一方面应该以身作则为学生树立坚持不懈追求成功的榜样，另外，也可以为学生提供一些名人或身边的成功人士是如何克服困难取得成功的案例。在一个班级或一个学校中，也不乏这样的学生，可以从学生身边寻找典型，让学生认识到，一个人想要获得成功，只要确定合适的目标，不断努力，不怕困难，就一定能实现。

延伸阅读

成就动机训练

科尔布(D.A.Klob，1965)为了促进学生的学习，以高中学习后进生为对象，采取"暑假辅导班"的形式，进行了6个星期的成就动机训练，有效地提高了学生的学习成绩。

成就动机训练分为两种形式：一种为直接训练，学生直接接受研究者的训练；另一种是间接训练，先是教师接受研究者的训练，然后再由教师训练学生。

训练分成以下几个阶段。

(1) 意识化：通过与学生谈话、讨论，使学生注意到与成就动机有关的行为。

(2) 体验化：让学生进行游戏或其他活动，从中体验成功与失败、选择目标与成败的关系、成败与感情上的联系，特别是体验为了取得成功所必须掌握的行为策略。

(3) 概念化：使学生在体验的基础上理解与成就动机有关的概念，如"成功""失败""目标"等。

(4) 练习：为前两个阶段的重复。多次重复能使学生不断加深体验和理解。

(5) 迁移：使学生把学到的行为策略应用到学习场合。不过这时往往是一些特殊的学习场合，这一场合要具备自选目标、自己评价、能体验成败的条件。

(6) 内化：取得成就的要求为学生自身的需要，学生可以自如地运用所学到的行为策略。

很多研究证明，对成就动机进行训练是有效的。它的直接效果表现为受过训练的学生对取得成就更为关心，并能够根据自己的实际情况去选择所追求的目标。它的间接效果是能够提高学生各学科的学习成绩。这些效果在原来成就动机低而学习又差的学生身上表现得更为明显。

(资料来源：张大均. 教育心理学. 北京：人民教育出版社，1997)

复习要点

第一节 学习动机概述

动机是指激发、引导、维持并使行为指向特定目的的一种力量。直接推动有机体进行学习的动力就是学习动机。依据学习动机的来源可将其分为内部动机和外部动机;依据动机的性质可以将其分为高尚的动机和低级的动机;依据学习动机在学习过程中所起的作用大小可以将其分为主导性的动机和辅助性的动机;从学习动机与学习活动的关系及其作用的久暂可将其分为间接的远景性学习动机和直接的近景性学习动机。奥苏伯尔认为,学生课堂学习动机由三个方面的内驱力(或需要)构成:认知内驱力、自我提高的内驱力和附属内驱力。认知内驱力是学习者力求理解和掌握知识、解决问题的欲望。自我提高的内驱力是学习者因自己的胜任或工作能力而赢得相应地位的需要。附属内驱力是学习者为了获得权威(家长或教师)的认可、赞许而表现出把工作做好的一种需要。

学习动机对学习效果的影响:首先,从总体上看,学习动机越强,学习者学习的积极性越高,学习效果就越好;其次,学习动机对学习效果的影响并非单向的,这是由于影响学习效果的因素除了动机外,还包括学生的智力水平、知识经验、学习方法、人格特点、情绪及身体状况。心理学家耶基斯和多德森通过实验发现,对困难的任务而言,较低水平的动机有利于取得最佳的活动效果,中等难度的任务则是在中等水平的动机状态下能取得最佳活动效果,低难度的任务在较高水平的动机状态下能取得最佳效果。

第二节 学习动机理论

本能论。18 世纪末 19 世纪初,很多心理学家开始从本能的角度解释人类的行为,其中最具代表性的就是美国心理学家詹姆斯、桑代克和麦独孤等人。精神分析理论的创始人弗洛伊德也持本能论观点。20 世纪初期,本能论得到了很多学者的支持。然而,随着研究的进展,人们不断发现本能论的诸多缺陷。首先,难以确定人到底有多少种本能,如果每一种行为都是由本能决定的,显然不符合事实。其次,人类的行为错综复杂,哪些行为是本能的,哪些行为是习得的,往往难以划分出明确的界限。

强化理论的提出者是著名的行为主义心理学家斯金纳,他通过大量的实验研究提出学习的本质是刺激和反应之间建立联结的过程,强化是学习的必要条件。强化论把行为的原因归结为外部刺激和外部强化的作用,属于典型的外部动机理论。但是,强化理论只讨论外部因素或环境刺激对行为的影响,忽略人的内在因素和主观能动性的作用,具有机械论的色彩。

人本主义心理学家马斯洛提出了需要层次理论。马斯洛认为,按人的需要的性质和发展的次序可以分为由低到高七个层次:生理需要;安全需要;归属与爱的需要;尊重需要;认知需要;审美需要;自我实现的需要。从马斯洛的需要层次理论来看,需要作为行为的基本动力,不同层次的需要都会与诱因结合转化成为不同的学习动机。马斯洛的需要层次理论强调人所特有的高级需要,将内部动机和外部动机结合起来,对学校教育教学具有重要的指导价值。但是,它建立在现象描述的基础上,很多观点带有假设的性质。他提出的自我实现等需要的界定还不够明确,认为高级需要是低级需要满足后自然出现的,仍然带有遗传决定论的特点。

认知失调理论最早由费斯廷格提出。费斯廷格认为，在一般情况下，人们的态度与行为是一致的，但有时候态度与行为也会不一致。认知失调是指由于做了一项与态度不一致的行为而引发的不舒服的感觉。各种认知因素之间存在三种情况：①相互一致和协调；②相互冲突和不协调；③无关。消除失调的主要途径有：①改变或否定某一个认知因素；②对两个因素重新评价，减弱其中一个或两个的强度，减轻其失调状态；③在不改变原有认知因素的条件下，增加一个或几个能弥补鸿沟的新的认知因素。认知失调理论对学校教育教学中教师引导学生正确分析自己的学习成绩有一定的指导价值。认知失调理论对人类行为的动机进行了有益的探索，在社会、管理、教育领域都曾产生了重大的影响。

自我效能理论是由美国心理学家班杜拉提出来的。班杜拉认为，人的行为受两个因素影响：一个是行为的结果因素即强化，另一个是行为的先行因素即期待。个体自我效能的来源途径是：自身的成败经验；替代经验；言语说服；生理和情感状态。自我效能对个体行为的影响表现为：影响人对情境的认知；影响情感过程；影响对行为的选择。

最早对成就动机进行研究的是美国心理学家默里，20世纪50年代以后，麦克里兰和阿特金森等人在其基础上对成就动机进行了深入研究，提出了系统的成就动机理论。成就动机是个体力求成功的内在驱动力。它可以分为两部分，一是追求成功，二是避免失败。影响成就动机的因素，一是达到目标需要承担的风险；二是目标具有的魅力；三是为达到目标，个体运用自己能力和提出自己见解的机会；四是对成功和失败所持的主观概率。

美国心理学家海德最早于1958年提出了归因理论，认为个体有两种归因倾向：情境归因和性格归因，情境归因是将行为的发生解释为情境中的各种因素导致的结果，性格归因是将行为的发生解释为行为者自身性格特点导致的结果。美国心理学家韦纳在海德理论的基础上重新建立了三维度归因理论。韦纳认为，大多数人将自己行为的成功或失败归为六个方面的原因：能力；努力；任务难度；运气；身心状况；其他因素。韦纳将这些因素按照性质从三个维度进行了分类。根据因素的来源分为外在控制和内在控制；根据因素的稳定性程度分为稳定和可变；根据因素是否能被行为者自己操控分为可控和不可控。

第三节 学习动机的激发与培养

第一，激发学生的好奇心：一是提供生动形象的刺激；二是采用新颖的教学方法；三是选择适合学生水平的教学内容；四是在教学中创设问题情境，引导学生发现问题、积极思考、解决问题。第二，利用强化原理：正确运用奖励和惩罚；及时反馈学习结果。第三，了解和满足学生的需要。第四，引导学生正确归因。第五，提高自我效能感，激发学生的成就动机。激发成就动机的策略：指导学生树立正确的学习和行为目标；为学生创造成功的机会，使学生获得成功的经验；为学生提供积极的榜样。

拓 展 思 考

1. 不同类型的学习动机之间能否相互转化？为什么？
2. 分析学习动机的归因理论、自我效能理论和成就动机理论之间的关系。

第七章　学习迁移

学习迁移是完整学习过程的重要环节。人类对其所学不仅能够重复应用和表达，而且能够做到举一反三、触类旁通以及推广类化，这些都可以用迁移的理论来解释。对迁移的研究，有助于探讨人类学习的实质和规律，揭示能力和品德等形成的内在机制，同时也为教育教学过程提供理论指导。教育者要有意识、有计划地通过各种教育教学活动促进学生学习的积极迁移，消除或尽量避免消极迁移，从而引导学生更为有效地学习。"为迁移而教"自 20 世纪六七十年代始已成为当今教育的流行口号。

第一节　学习迁移概述

学习迁移早已众所周知，我国古人就有"触类旁通""闻一知十""一通百通"之说。孔子亦云："举一隅，不以三隅反，则不复也。"（《论语·述而》）。上述说法从心理学角度讲都是对学习迁移的通俗解释。

一、学习迁移的概念

学习迁移并不局限于知识和技能领域，在情感、动机、兴趣、态度、行为方式等领域也同样能够发生迁移。广泛意义上的学习迁移是指利用已有的知识经验解决问题，利用已有的知识经验获得新的知识、技能、态度、行为等的过程。可见，有意义的学习过程本身就是迁移的过程；知识的应用与迁移属于同一性质的问题。我们所说的"学以致用""举一反三""触类旁通"都属于广义的学习迁移。由于学习活动总是建立在已有的知识经验之上，因此只要有学习，就会有迁移。迁移是学习的继续和巩固，又是提高和深化学习的条件，学习与迁移不可分割。教育心理学所研究的迁移是狭义的学习迁移，特指一种学习对另一种学习的影响。20 世纪以来的教育心理学家关于学习迁移的研究，就是通过设计两种学习情境，探索一种学习对另一种学习的影响。

人通常不只是学习一种知识，而是同时或者相继学习多种知识，学习迁移理论对于人类学习的影响是显而易见的。教育者不仅要"授人以鱼"，更重要的是要"授人以渔"，教会学生学习，培养和发展学生的迁移能力。

二、学习迁移的种类

依据不同的角度，学习迁移可以划分为许多类型。近年来，随着迁移研究的不断深入，研究者不断认识到，在不同的任务中，迁移的机制以及迁移所需的基本成分是不同的，并提出了一些新的分类。这既反映了学习迁移的复杂多样性，也反映了教育心理学对学习迁移研究的变化发展。

(一)根据迁移的性质和结果分类

根据迁移的性质和结果分类,迁移可分为正迁移和负迁移。

正迁移是指一种学习对另一种学习起促进作用,也可简称为迁移。学习是利用过去的知识经验的过程。过去的知识经验对新的学习可能起到积极的促进作用,同时新的学习也会进一步扩充已有的知识经验,学生的知识技能正是在这种过程中不断地获得发展的。这种迁移可以表现在两种具体的学习活动中。例如,学习素描会对以后学习油画产生积极影响;棒球选手打高尔夫球,也会打出专业级水平;懂得英语的人很容易掌握法语,等等。正迁移除了知识技能的迁移以外,方法的掌握、态度的形成等也会发生这种迁移。

负迁移是指一种学习对另一种学习起干扰或抑制作用。负迁移常在两种学习又相似又不相似的情境下,由学生认知混淆引起。发生这种迁移,会使另一种学习更加困难,致使错误增加。例如,学会汉语拼音对学习英文国际音标会产生干扰现象。中国司机在日本驾驶汽车时有驾驶习惯的困难。在中国驾驶汽车是右侧通行,而在日本驾驶汽车则是左侧通行,这样在中国学习右侧行驶对在日本学习左侧行驶就带来负迁移,即产生干扰学习的现象。负迁移是一种学习对另一种学习产生的消极影响,是我们在教育工作中应该注意消除和克服的消极影响。

一种学习对另一种学习的影响,并非只有单纯的正迁移或负迁移。有时负迁移是暂时的,但必须通过练习,消极影响才能得以减少或克服,正迁移的积极作用才能得以充分发挥。

两种学习也可能不发生影响,这种状态称为零迁移。

(二)根据迁移发生的方向分类

根据迁移发生的方向分类,迁移可分为顺向迁移和逆向迁移。

先前的学习对后来的学习产生影响,称为顺向迁移;后来的学习对先前的学习产生影响称为逆向迁移。顺向迁移表现为学习者面临新的学习情景和问题情景时,利用原有的知识、技能等获得了新知识或解决了新问题。例如,学会骑自行车,更容易学会骑摩托车。逆向迁移表现为通过后面的学习对已经获得的知识技能等进行补充、改组或修正。例如,学生掌握英语语法之后,又可能反转过来对掌握汉语语法起干扰作用。无论是顺向迁移还是逆向迁移,其影响都有量的大小之分、正负迁移之别。

(三)根据知识所处的层次分类

根据知识所处的层次分类,迁移可分为横向迁移和纵向迁移。

纵向迁移也称垂直迁移,是指概括与抽象程度不同的学习之间的相互影响。例如,学了"角"的概念后再学习"直角""锐角""钝角"等概念。横向迁移也称水平迁移,是指同一层面(抽象与概括的程度相同)的学习之间的相互影响。例如,直角、锐角、钝角、平角、周角等概念的学习,它们之间虽然没有包容关系,但有时会相互产生影响,这种迁移就是横向迁移。

(四)根据迁移的范围分类

根据迁移的范围分类,迁移可分为特殊迁移和一般迁移。

特殊迁移是某一领域或课题的学习对学习另一领域或课题所产生的影响。动作技能的迁移大都属特殊性迁移。一般迁移则是指迁移产生的原因不能明确，既可能是原理原则的迁移也可能是态度的迁移，这样产生的迁移可能是由动机、注意等因素引起的，也可能是由学习的其他准备活动或学习方法、策略引起的。例如，学习了金属的热胀冷缩原理后，很容易掌握各种具体金属的这一特征。这种划分方法是由美国认知心理学家布鲁纳首先提出的。布鲁纳认为一般的技巧、策略和方法有广泛迁移的可能性。他十分重视一般迁移，特别是原理的迁移，认为这是教育的核心与重点。教育的根本目的就在于用基本的和普遍的原理来不断扩大并加深学生的认识。他强调指出，学生学到的越是基本概念，则该概念对新问题的适用性越宽广，迁移的范围也越普遍。学习方法和态度的迁移也属于一般性迁移。

(五)根据迁移程度分类

根据迁移程度分类，迁移可分为近迁移和远迁移。

近迁移主要是指已习得的知识或技能在与原先学习情境相似的情境中加以运用。相反，远迁移是指已习得的知识或技能在新的不相似情境中的运用。例如，学生学习解决有关汽车路程问题的应用题后，能够利用时间、速度和路程之间的关系解决飞机、自行车、轮船或者步行等情境下的路程问题，这属于近迁移；如果能够利用这种三量关系解决工程问题(这种问题隐含着天数、每天完成工作数量与总工作数量之间的关系)的应用题，就属于远迁移。

远迁移在形成过程和心理机制上比近迁移要复杂得多。由于没有确定迁移产生条件的多种维度，对远迁移发生条件的研究一直没有得到一致的结论。舒克(D.H.Schunk)认为，近迁移与基本的陈述性知识和基本技能的掌握有关，远迁移则与陈述性知识、程序性知识有关，并且也与条件性知识有关。

上述划分主要是针对迁移本身的特征。随着迁移研究的不断深入，研究者逐渐认识到，在不同的任务中，迁移的机制、条件是不同的。因此，人们进一步从迁移产生的角度对迁移提出了不同的分类模式，其中比较有影响的如下所述。

(1) 现代认知心理学家辛格莱(M.K.singley)与安德森(J.R.Anderson)根据其知识分类的观点，将迁移分为四种类型：程序性知识向程序性知识的迁移；程序性知识向陈述性知识的迁移；陈述性知识向程序性知识的迁移；陈述性知识向陈述性知识的迁移。这种对迁移的分类方法基本上代表了人类知识学习中的迁移类型，是当今影响较大的一种迁移分类方法。

(2) 美国心理学家所罗门(G.Salomenl)和帕金斯(D.Perkins)于1989年提出了一种新的迁移分类方法。即根据迁移发生的自动化程度，把迁移划分为低路迁移和高路迁移。

低路迁移是指反复练习的技能自动化的迁移。那些熟练的、能够在多种情境下使用的技能，最有可能发生低路迁移。例如，开车的经验越丰富，开过的汽车类型越多，就越容易学会驾驶其他汽车，即越容易发生低路迁移。但是，如果情境间的差异很大，低路迁移就可能受阻。例如，已经习惯了驾驶自动挡汽车，如果再去学习驾驶手动挡汽车，低路迁移就会受阻。高路迁移是指需要有意识地将某种情境中学到的知识应用于另一种情境中去的迁移。例如，在驾驶学校学习了一些驾车知识，并开过驾驶学校里的汽车，如果你把所学的这些知识运用于驾驶你自己的汽车时，就需要发生高路迁移。因此，为了能够发生高路迁移，就需要把抽象的知识具体化，这样才有可能将其应用于另一种情境之中。

延伸阅读

评定迁移效果的方法

从迁移种类的划分中可以反映出来,研究者对如何评定和测量迁移还存在争议,致使目前尚没有公认的、实用的测量迁移效果的测验,也使得客观评定迁移效果受到一定程度的限制。比如,对某研究者而言,某种程度的迁移属于近迁移、领域内迁移,但对另一研究者而言,或许就属于远迁移、领域间迁移。研究者不断地探讨迁移一般的测量方式,有人提出:测定迁移的效果时,首先应考虑任务变量和情景变量,即最初的学习、训练任务与迁移时的任务之间的差异程度,最初的学习、训练的情景与迁移时的情境之间的差异程度。根据距离和概括性两个指标来考察迁移时,可以将迁移看做从近的、具体的到远的、一般的不同程度的变化。这样,有关迁移效果的评定可以在一个相对统一的、一致的框架中进行。

(资料来源:姚梅林. 当代迁移研究的趋向. 心理发展与教育,2000(3))

三、学习迁移的测量

学习迁移的测量主要考察两种学习之间是否存在影响以及影响的大小。因此,学习迁移研究中经典的实验设计就是创设两种学习情境,或是考察先进行的学习对后继学习的影响,或是考察后进行的学习对先前学习的影响。在进行迁移测量时,必须区分出经过练习而产生的影响和一种学习对另一种学习的影响,后一种变化才是所要测量的迁移。心理学家一般通过下列的迁移实验模式测量学习迁移,如表7-1所示。

表7-1 迁移实验设计的基本类型

迁移方向	分组	先学	后学	测量
顺向迁移计划	实验组	A	B	B
	控制组	—	B	B
逆向迁移计划	实验组	A	B	A
	控制组	A	—	A

实验中,一般设立两个组(实验组、控制组),实验后,通过测量比较两组的学习结果,判断是否存在迁移或迁移量的大小。实验的基本步骤如下。

(1) 建立等组。通过取样和预测尽量使两个组在各方面(如人数、年龄、男女比例、智力、知识水平等)相当。

(2) 实施计划。顺向计划中,让实验组学生先学习A,控制组不进行A的学习,休息或从事与学习A无关的活动,然后两组都进行B的学习;逆向计划中,两组学生都进行A的学习,然后实验组学习B,控制组则不进行此项学习。

(3) 测量并比较两组的学习结果。顺向计划中两组都测量B;逆向计划中,两组都测量A,然后将两组的学习结果进行统计处理。

(4) 得出结论。说明迁移是否发生,如果发生迁移要说明迁移发生的量。研究结论可能为正迁移、负迁移、零迁移。

对于两种学习所产生的迁移效果有多种测量方法，默多克(D.D.Murdocu)提出的测验公式较为常用：

$$迁移率 = \frac{实验组成绩 - 控制组成绩}{控制组错误次数 + 实验组错误次数} \times 100\%$$

迁移量的大小除了通过成绩计算外，也可用完成任务所需的时间长短，或者被试达到某一学习标准所需的学习次数以及学习中出现的错误次数为指标进行计算。因此，上面公式可改为

$$迁移率 = \frac{控制组错误次数 - 实验组错误次数}{控制组错误次数 + 实验组错误次数} \times 100\%$$

以上的实验和测量只是一种基本的、经典的有关学习迁移的实验设计和研究，随着迁移问题研究的不断深入，其研究的模式和测量也随之更加复杂，产生了许多变式。例如，在关于训练方法对迁移影响的实验设计中，研究者把实验组分为两个组分别考察和比较，实验组Ⅰ只进行必要的练习，实验组Ⅱ所用的时间与实验组Ⅰ相同，其中一半时间用于指导，另一半时间用于练习，控制组只在实验开始和结束时进行测验，不进行任何练习，如表 7-2 所示。

表 7-2　训练方法对迁移影响的实验设计

控 制 组	前 测	训练方法	后 测
实验组Ⅰ	前测	一般训练方法	后测
实验组Ⅱ	前测	特殊训练方法	后测

采用这种实验设计的目的在于探讨如何更为有效地提高迁移的水平，它不仅对实验组和控制组之间的变化进行了对比，而且，对实验中采用不同的方法之间的迁移效果也进行了比较。

四、研究学习迁移的意义

学习迁移是教育心理学长期关注的一个核心领域，对于它的研究既具有理论价值，也具有重大的实践意义。从理论角度看，对学习迁移的深入研究有助于完整地认识和理解学习的过程，揭示学习的本质与规律。正如辛格莱和安德森所指出的，迁移研究是对所有综合性认知理论的一个严格而必要的检验。

(1) 对学习迁移规律的研究能帮助我们了解学习是如何引起的、学习过程是如何进行的以及学习结果在今后的学习中能起何种作用。

(2) 学习迁移研究还有助于探索教育与心理发展的关系。在教育条件下，学习是教育影响与心理发展之间的中间环节，其中学生如何不断地获得知识并运用已获得的知识去解决问题，已掌握的知识经验如何转化为学生的才能，已接受的行为准则如何转化为学生的道德品质等，都和学习迁移的研究有关。

因此，迁移研究不但在教育心理学，而且在个体认知过程、认知发展的研究中都占有重要地位。

在实践中，学习迁移研究对教学质量和学习效率的提高均有重要的作用。凡是有教育

的地方就会有迁移，从来不存在相互间不产生影响的学习。而且，学生能把学到的知识应用到新的学习中或以后的生活和工作中也是教育和教学的根本目的之一，可以说迁移在学校教育教学中无所不在。

(1) 迁移与培养学生解决问题能力和创造性密切相关。能力的形成需要学生将所学的知识与技能不断概括化和系统化。解决问题就是运用已有的经验和知识对面临的问题情境进行分析以发现问题的起始状态和结果之间的联系的过程，问题解决过程中的一个关键就是通过对当前问题的合理表征，将这种生成的问题表征与已有的知识经验中的问题类型进行类比，也就是问题间的类化，然后将已有的知识经验具体运用到当前问题情境中，这种问题的类化和已有知识经验的具体化的过程也就是迁移的过程。学习过程中正迁移的量越大，说明学生通过学习所产生的适应性学习技能和解决问题的能力越强。因此，学生解决问题的能力及其创造性与已有技能和知识的积极迁移密切相关。我们正处于知识经济时代，发展能力、更新知识、终生学习等都与迁移有密切关系。

(2) 认清迁移的实质和规律对教材的选择和编写、教学方法的选择以及教学过程的组织都有重要的实践意义和理论意义。充分认识迁移发生的规律，也有助于教师把教学实践中积累的教学经验迁移到新的教学中去。奥苏伯尔指出，心理学关于迁移的研究是心理学对教育产生重大影响的领域。使学生通过学习获得最大的迁移，这是教学的根本目的。正如美国心理学家比格(M. L. Bigge)所说的那样，"学校的效率，大半依学生所学材料可能迁移的数量和质量而定，因而学习迁移是教育最后必须寄托的柱石，如果学生们在学校中学习的那些材料无助于他们进一步沿着学术的程序，不但目前，而且在以后的生活中更为有效地应付各种情境，那么教育就是在浪费他们的时间"。

第二节　学习迁移理论

学习迁移是人们很早就关心的一种现象，但是对这种现象进行系统的理论探讨和研究则开始于18世纪中叶以后。许多心理学家从不同的心理学立场出发，或者通过精心的实验，或者结合教育、教学的实际，对学习迁移发生的原因、过程以及影响因素等方面进行了研究和说明，形成了众多的关于学习迁移的理论或观点。早期的学习迁移理论是构成这些研究的不可或缺的一部分。

一、早期的学习迁移理论

(一)官能主义的形式训练说

古希腊人特别重视音乐、数学和演讲的训练，认为它们是发展心理能力的极好工具，具备了这些心理能力就能自然地迁移到其他领域。作为对它的理论概括，以沃尔夫(Wolf, 1679—1754)为代表的官能心理学提出了迁移的形式训练说，这是最古老的迁移理论。这种理论假定，人的心智是由许多不同的官能组成的，如注意、意志、记忆、知觉、想象、推断和判断等。不同的官能活动相互配合就构成各种各样的心理活动。各种官能可以像训练肌肉一样通过练习增加力量(能力)。

形式训练说认为训练和改善心的各种官能是教学的重要目标。官能通过学科学习得到训练和改善，就可以迁移到其他学习中，从而使学生终身受益。迁移的发生是自动的。一种官能的改进也能增强其他的官能。学校开设的学科和教材的选择关键看其对官能的训练价值而非其实用价值。形式训练说还认为学习要收到最大的迁移效果，就要经历一个"痛苦的"过程。学习的项目越困难，官能得到的训练就越多。一种作业越深奥，其学习就越有效。于是，难记的古典语言(拉丁语、希腊语等)、自然科学中的难题等，被视为训练心的最好材料。在这样的训练中，学生学会观察、分析、比较、分类，学会想象、记忆、推理、判断，甚至创造，认为有了这样的造诣，足以使学生们在日后的学习和工作中受益无穷"。

这种观点受到了当时许多教育家的重视，并成为课程编制的指导思想。作为最早的关于学习迁移的理论，形式训练说对以后学习迁移的研究乃至教育都产生了重要影响。形式训练说中的一些观点对今天的教育和教育心理学研究仍然有思考价值：一是人的官能能否通过教学或训练得到提高，一定的学科学习或训练与人的特定官能提高有无关系；二是迁移过程是不是自动发生的，前期的学习与训练能否以自动的方式迁移到新的学习中去。

形式训练说在欧洲和北美盛行了近二百年，它所主张的官能可以因训练而得以普遍发展的假设缺乏足够的实验依据和现实依据。早期的以及近现代的心理实验研究都对这一学说提出了质疑。

19世纪末，美国机能主义心理学家詹姆斯最先通过实验对形式训练说进行检验和批判。1890年，詹姆斯和他的助手进行了一项记忆的实验研究。实验中，他和自己的四个学生作为被试，先记住一位作家诗歌的一部分(158行)，并把所用的时间记录下来。再记另一作家著作中一些材料(诗歌)，作为对记忆能力的训练。每天诵读20分钟，一天训练38次。然后再记忆前一位作家诗歌的后半部，看看能够缩短多少记忆时间，看前期的训练对后面的记忆能力的改善有没有影响。结果发现，其中有三个学生记忆的成绩有了提高，而他和另一位学生的记忆成绩并没有提高(所用的时间没有减少)。由此，詹姆斯认为记忆能力不受训练的影响。记忆改善关键不在于记忆能力的提高，而在于记忆方法的改进。

詹姆斯的研究虽然比较粗糙，但却激发了以后教育心理学家对迁移问题的大量实验研究，由此形成的迁移理论对推动迁移研究起到了积极的作用。

(二)联结主义的相同要素说

詹姆斯之后，许多心理学家从实验的角度驳斥形式训练说的谬误。桑代克以刺激-反应的联结理论为依据，在一系列试验的基础上提出了学习迁移的相同要素说。这种理论认为"只有当两个心理机能之间有相同要素时，一种心理机能的改善才能引起另一种心理机能的改善"。桑代克所指的相同元素，必须是不折不扣的共同因素，强调任务本身的共同特点。例如，学会加法有助于学习乘法，这种迁移仅限于乘法中能用加法处理的内容。

延伸阅读

经典实验(一)

桑代克在1901年所做的"形状知觉"实验是相同要素说的经典实验。他以大学生为被试，先让被试对 $10\sim100m^2$ 的大小不同的长方形的面积进行估计，在被试的估计有了很大的提高以后，他又让被试对面积更大的长方形($150\sim300m^2$)进行估计测试。

结果被试在小的长方形估计训练上取得的进步在大的长方形估计上表现并不明显。他在长度和重量方面做的知觉实验也得到类似的结论,即被试的估计能力并不因在前面训练中取得的进步而有所增进。

为了研究选修不同学科对学生智商产生的一般迁移的效果,桑代克比较了不同学生(共研究了 8564+5000 名学生)选修不同科目(几何、拉丁语、公民课、戏剧、化学、簿记和法语)后的智商变化情况,为期一年。如果大量学生选修类似的课程,就可以测量经过整个学期的学习智商变化的情况来确定各种课程的一般迁移效应。结果仍然没有发现某些学科对改善学生的智力特别有效。桑代克认为,形式训练说主张的形式训练实际上对学生智力并无多大的影响。

桑代克的这些实验以及后来的记忆和注意等实验的结论,都与形式训练说的理论观点大相径庭。他从实验中总结出:"只有当两个训练机能之间有相同的元素时,一个机能的变化才能改变另一个机能的习得。"桑代克认为当两种情境中的刺激相似而且其反应也相似时,迁移才会发生,而且一个情境与另一个情境中相同的元素越多,迁移越大。

与此同时,另一位美国心理学家武德沃斯(R. S. Woodworth)通过研究得出了几乎与桑代克相同的结论,并把相同要素说改为共同成分说,即在两种活动中有共同的成分才能发生迁移。

共同要素说在当时的教育界曾起过积极的作用,使学校脱离了那种在形式训练说影响下不考虑实际生活只注重所谓的形式训练的教学状况,在课程方面开始注意重视应用学科,教学内容的安排也尽量与将来的实际应用相结合。共同要素说也揭示了迁移现象中的一些事实,对迁移理论的研究作出了重大贡献。但仅将迁移视为相同联结的转移,这在某种程度上否认了迁移过程中复杂的认知活动,把迁移引到一种狭义的圈子里,具有一定的机械性和片面性;忽视了情境中相同要素产生积极迁移的同时,也可能对另一种学习产生消极的干扰作用。这种情况下,两种材料相似成分越多,则干扰的程度越大。

(三)机能主义的概括化理论

概括化理论,也称为经验类化说,是由美国心理学家贾德(C. H. Judd)提出来的。贾德并未考察刺激和反应之间的关系(相似或相异等),而是以实验的形式研究了原则和概括性的迁移,认为在经验中学到的原理原则是迁移发生的主要原因。学习者在 A 学习中获得的一般原理、原则可以部分或全部运用到 B 的学习活动中。根据迁移的概括化理论,对原理了解概括得越好,对新情境中学习的迁移就越好。

延伸阅读

经典实验(二)

1908 年,贾德进行的"水下击靶实验"是概括化理论的经典实验。实验要求被试练习用镖枪击中水下的靶子。他把小学五、六年级的学生分成A、B两组,A组被试练习前被安排学习"光的折射原理",B组则不学原理,他们只能从尝试中获得一些经验。先将靶子置于水下1.2英寸处。两组只进行一系列投掷练习,发现两组成绩相同。这是因为理论的学习不能代替练习,所有的学生必须学会运用镖枪。接下来将靶子移到水下 4 英寸处,这时两组的成绩出现明显差异。没有学习折射原理的 B 组学生表现出极大的混乱,原先的练习未能帮助改进投掷水下 4 英寸靶子的练习,错误持续发生;而学过折射原理的 A 组学生,则能迅速适应水下 4 英寸的条件。

贾德认为这是因为学过原理的一组已经把折射原理概括化,从而对不同深度的靶子都能很快作出调整和适应,把原理运用到不同深度的特殊情境中去。贾德说:"理论(指折射原理)曾经把有关的全部经验——水外的、深水的与浅水的经验,组织成为整体的思维体系……他们在理论的高度上把握、理解了实际情况后,就能利用概括了的经验去迅速地解决需要按实际情况作分析和调整的新问题。"

后来,亨德里克森(G. Hendrickson & W. F. Schroeder, 1941)等人改进了贾德的实验。他们把被试分成三组:第一组不加任何原理指导,只进行练习,为控制组;第二组和第三组为实验组,第二组被试学习物理学的折射原理,知道水、陆之间物体的位置有折光差异,目标不在眼睛所见的位置;第三组则进一步加以指导,给他们解释水越深目标所在位置离眼睛所见的位置越远。结果发现,实验组的成绩均优于控制组的成绩,第三组的成绩又优于第二组。这个实验不仅进一步证实了贾德有关迁移的理论,而且发现,概括化不是一个自动的过程,它与教学方法有着密不可分的关系。如果在教学方法上注意引导学生如何概括、如何思维,就会增加正迁移出现的可能性。

概括化理论给学习迁移的研究注入了新的内容,阐明了影响迁移的主要因素是学习者对学习情境共同原理的概括。但必须明确的是概括化的经验仅是影响迁移成功与否的条件之一,并不是迁移的全部。同时应注意:①原则的概括有着较大的年龄差异,年幼的学生要形成原则的概括就不容易,因为通过概括化而产生迁移的前提是学会原理、原则,这与学习材料的性质以及学生的能力等因素密切相关。原则概括化的能力会随着年龄的增长而提高,但在每一年龄阶段上,有意识地培养概括能力的教学会有助于学生概括能力的提高和积极迁移的发生。②在对知识进行概括时常会出现两种错误,一种是过度概括化,即夸大了两种学习情境之间的相同原则,忽略了差异,在学习中表现为把已学到的原则生搬硬套到新知识的学习中;另一种是错误的概括化造成对学习的机械的定式,从而导致负迁移的产生。

(四)格式塔心理学的转换关系理论

格式塔心理学家进一步发展了迁移的概括化理论,重视学习情境中对原理、原则之间关系的顿悟在迁移中的重要作用。与其学习理论一样,格式塔心理学家强调行为和经验的整体性,认为每一行为和经验都自成一特殊的模式。因此,他们认为学到的前一经验能否迁移到新的经验的获得中,关键不在于情境中有多少共同的因素,也不在于是否掌握了原理,而在于能否理解情境之间的关系,即情境中所有的要素是否组成了一种整体关系。格式塔心理学派有关迁移的理论被称为关系理论。

延伸阅读

经典实验(三)

格式塔心理学的代表人物苛勒在 1929 年所做的"小鸡觅食实验"是关系理论的经典实

验。实验中他给小鸡呈现两张不同颜色的纸，一张是浅灰色的，一张是深灰色的，食物总是放在颜色较深的纸上面。经过400～600次的训练，小鸡都学会了在深颜色纸上找到食物。然后用更深颜色的纸代替原来的浅灰色纸。实验表明，小鸡不是在原来的深色纸上去找食物，而更多的是从更深颜色的纸上寻找食物(正确反应率为70%)。苛勒用黑猩猩和一个三岁女孩做了同样的实验，观察到了同样的现象。而小孩前期训练所需的时间更少(约45次)，正确反应率更高，即小女孩始终对更深颜色的纸作出反应。

实验结果证明：是情境中的关系对迁移起了作用，而不是其中的相同要素。被试选择的不是刺激的绝对性质而是比较其相对关系。苛勒认为学习的主体愈能认清和了解，或者说发现事物之间的关系，则愈能加以概括化，愈容易产生迁移。对关系的"顿悟"是获得迁移的真正手段。

这一理论又被称为转换理论。它强调个体的作用，认为迁移的发生是由于学习者发现或理解了事件之间的关系，但要实现关系的转换往往还要受很多因素的影响，如原先课题的掌握程度、诱因大小以及练习量的多少等。研究表明，原先的课题掌握得好、诱因大、练习量增加，就容易实现关系转换。

苛勒提出的迁移的关系理论和斯彭斯的转换理论类似，常被合称为转换关系理论。转换关系理论是在对桑代克的相同要素说的批判过程中提出来的，和学习理论的研究一样，它主要是从认知的角度对迁移问题给予说明，强调主体的理解或顿悟在迁移中的作用。但它并非与相同要素说以及其他迁移理论矛盾对立、毫不相容，只是从一种新的角度对迁移进行了阐释。

(五)迁移的逆向曲面模型

1949年，奥斯古德(C.E.Osgood)在总结了大量迁移实验资料的基础上提出了迁移的三维模式，又称"迁移的逆向曲面模型"，以表明刺激或学习材料的相似程度和反应的相似程度与迁移之间的关系，描述了学习课题和迁移课题之间刺激和反应的变化以及所产生的迁移的变化情况，如图7-1所示。

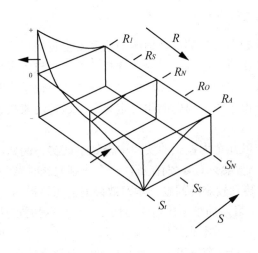

R_I——相同反应
R_S——相似反应
R_N——无关反应
R_O——相反反应
R_A——对抗反应
R_t——相同刺激
R_S——相似刺激
R_N——无关刺激
+——正迁移
0——零迁移
-——负迁移(倒摄)

图7-1 迁移的逆向曲面模型

图中 S 代表刺激系列,箭头表示刺激从完全相同到无关的相似程度的变化;R 代表反应系列,箭头表示从反应的完全相同到无关以致相反和对抗的变化;加号(+)到减号(−)反映了从正迁移到零迁移再到负迁移的变化情况。以粗线勾画的面表示迁移发生的方向与数量,即迁移的逆向曲面。

由图 7-1 可知,当两种学习材料刺激(S)相同而反应(R)也相同时,则产生最大的正迁移;如果先后两个材料刺激(S_I)相同,反应却由相似(R_S)到不同(R_N)到对抗(R_A),迁移则由正转负,以至产生最大的负迁移;如果先后两个材料刺激不同,反应由相同到不同以至对抗,其迁移的效果都为零,即零迁移。

奥斯古德的逆向迁移曲面模型详细地研究和考察了在两种学习中刺激与反应的不同变化所导致的迁移变化,对桑代克的相同要素说做了详尽的诠释,和桑代克的理论在基本观点上是一致的,但更多地说明了在机械学习中的学习迁移情况,或者说把人类机械学习中迁移的研究推向了极致。

(六)学习定势说

定势是哈洛(H.F.Harlow)首先提出并用以解释顿悟的一个概念。定势是指通过前面的活动对随后活动产生影响的一种心理准备状态。学习定势说主要是指哈洛关于迁移研究的一种学说。

延伸阅读

经典实验(四)

1949 年,哈洛进行的"猴子实验"是学习定势说的经典实验。实验中,以猴子为被试。哈洛在猴子面前呈现两个物体,一个是立方体,一个是三棱锥。在立方体下面每次放有葡萄干作为强化物,经过几次辨别训练和尝试,猴子就会知道葡萄干藏在立方体下面而不在三棱锥下面。解决这一问题之后,立即给猴子呈现一个类似的问题,两个物体均为立方体,但颜色不同,一个是白色的,另一个是黑色的,让它解决这一新的问题。这一问题解决后,又给它呈现新的辨别学习问题,如此进行多次。

结果发现,当猴子解决一系列问题之后,解决新问题的速度就会越来越快,尝试的次数就会越来越少,这说明猴子在前几次辨别学习中学会了选择的方法,或者说形成了辨别学习的定势,并将学会的方法或形成的定势运用到以后的学习中,从而使学习效果得到提高。猴子学会了如何学习,"已经获得了解决问题的学习定势"。这种现象被解释为"学习方法的学习"。

类似的学会如何学习的现象,在以儿童为被试的实验中得到了证实。例如,在一个实验中,智力落后的儿童(年龄为 10 岁,智龄只有 4 岁)在解决一个辨别问题时感到非常困难,但先从较容易的问题开始训练,然后转到较难的问题,学习效果就会明显提高。

有人在实验中发现,学习定势对学习慢的学生比对学习快(或学习较优秀)的学生更有促进作用;马尔兹曼的实验则表明,学习定势不光适用于常规学习,而且有利于训练学生的创造性;加涅也强调学习定势的迁移对一般情境下尤其是程序教学中学习的重要性。

上述几种有代表性的古典迁移理论反映出:

(1) 20世纪以来，迁移理论的发展经历了一个从重视一般迁移到特殊迁移又趋于一般迁移的发展过程。在形式训练说占统治地位时，强调一般心理官能的训练及迁移，这种有关一般迁移的解释缺乏正确的科学依据和实验依据。桑代克的相同要素说以至奥斯古德迁移理论都强调了特殊迁移，这些理论在解释低级的学习特别是技能训练、机械记忆等方面是很成功的，因此，在一定范围内反映了迁移理论的某些规律，但却不能很好地解释其他的迁移现象。而贾德的概括化理论可以说是开创了以认知的观点来说明迁移现象的先河。以后认知心理学家的解释使对迁移问题的研究又开始注意一般迁移，从而深入到教材的知识结构和学生的认知结构。

(2) 从桑代克开始，通过实验提出的各种迁移理论的差异其实只是表面上的冲突，是由于各自研究或强调的方向不同而造成的。如桑代克提出的相同要素说侧重学习中的刺激物或学习材料方面的特性；而贾德的概括化理论强调的则是学习主体对学习材料的加工，是学习者对学习材料中知识经验的概括，以及对两种学习情境中类似的原理、原则的概括；关系-转换理论所强调的对两种学习情境中关系的顿悟，也可视为学习者从两种学习材料中概括出了两者的关系这一复杂的"要素"或"原理"，从一定意义上，可认为是对概括化理论的发展。此外，桑代克1934年的一项实验表明，被试的智力越高，学习中的迁移越大，这一结论与贾德的概括化理论相符合，因为学生对原理原则的概括能力本身就是智力的一部分，这与格式塔心理学的关系-转换理论也有不谋而合之处，因为对情境之间的关系顿悟和理解与学习者智力的高低是密切相关的。

早期的迁移理论从不同方面揭示了迁移的某些规律，对今天的迁移研究仍有重要的参考价值。

(1) 在学习情境因素方面。早期迁移研究的一个共同特点是强调前后两种学习材料的相似性是迁移产生的条件，只是不同的迁移理论涉及材料不同层面的相似性。桑代克和奥斯古德强调两种材料外显的、具体的、元素的相似，苛勒和贾德则强调两种材料内隐的、深层的、整体的相似，即原理、原则和关系的相似。形式训练说不是认为内容的相似性而是强调前后两种学习所要求参与的心理机能的相似性是迁移产生的关键。因此，相似性可指两种学习情境中具体内容或元素的相似性，也可指一般关系和原理的相似性。后来的迁移研究包括近期的研究在材料的设计上扩展了相似性的内涵，但没有超越相似性这一原则。

(2) 在学习主体因素方面。形式训练说和共同要素说都没有提及主体因素在迁移中的作用，他们认为迁移是自动发生的。贾德的概括化理论不仅认为前后两种学习中包含的原理、原则的相似是迁移的条件，也强调学习者对原理、原则的概括和类化是迁移产生的关键。可以说贾德的理论更全面地反映了迁移的实质，苛勒的关系转换说则强调个体对学习材料中所包含的共同关系的顿悟是迁移产生的根本条件。虽然早期理论对主体因素的研究还是笼统的、肤浅的，但是已经预示着迁移研究发展的新方向，即以认知的观点来研究学习迁移现象。

延伸阅读

有意义的与机械的之争

迁移的形式训练说和共同元素说只代表了迁移的一般与特殊之争的两个极端。在这两个极端的理论争论之间，还有有意义的学习与机械学习的迁移之争。

20世纪初到60年代前,学习领域的研究一直以动物的学习和人类的言语联想学习为两大主题。学习的基本机制一直被认为是通过强化和反馈所形成的S-R联结。迁移理论是学习理论的延伸,有什么样的学习理论就会有什么样的迁移理论。以桑代克为代表的共同元素说,实际是一种机械的迁移理论。在20世纪30年代至40年代,通过配对联想学习进行了大量的学习与迁移的研究,其主要成果由奥斯古德加以总结。这类研究能够严格控制先后进行的两项学习任务中的刺激和反应的相似程度。找出这种相似程度对迁移的正、负和大小的影响,可较准确地对迁移进行预测。可惜的是,配对联想学习是机械性质的,从中所得到的迁移规律也是机械的。

在学习迁移的研究史上,最早起来反对机械迁移理论的是贾德。他于1908年进行了有名的水下击靶实验。贾德的实验表明,先后两次学习有共同元素并不一定能保证迁移的发生。迁移出现的重要条件是理解两项任务之间的共同原理。以后格式塔心理学进一步强调理解在迁移中的作用。

到20世纪60年代至70年代,奥苏伯尔强烈地批评了机械主义者对迁移的悲观主义理论,认为有意义的学习过程就是学习者认知结构中原有知识同化新知识的过程。他认为,凡是存在利用原有知识同化新知识的过程,就有迁移发生。

从贾德到格式塔心理学家一直到奥苏伯尔,他们似乎都赞成普遍的迁移。但是这些理论家所强调迁移产生的原因是对具有概括性的原理和解题方法的理解,由此引申出来一个问题:教学策略对迁移将产生重大影响。

(资料来源:皮连生. 智育心理学. 北京:人民教育出版社,1996)

二、当代的学习迁移理论

进入20世纪六七十年代以来,随着对学习问题研究的深入和在学习理论研究方面的进展,和学习有着密切关系的迁移研究也取得了明显成就,不但形成了一些很有价值的理论,而且各种新的研究取向和观点也层出不穷。传统的迁移研究是宏观的、粗线条的,而现代的迁移研究则是微观的、细致的,比较重视迁移认知特性的探讨;对迁移过程的认知成分、迁移得以发生的内在机制进行了比较深入的分析,并促进了迁移研究的不断深化。

(一)认知派的认知结构迁移理论

认知结构迁移理论是奥苏伯尔根据他的有意义言语学习理论(即同化论)发展而来的。他不仅用认知结构同化论的观点解释知识的获得、保持和遗忘,而且用认知结构的观点来解释知识学习的迁移。奥苏伯尔有意义言语学习理论的核心思想是,有意义学习必须以学习者原有的认知结构为基础。也就是说,新知识的学习必须以学习者头脑中原有的知识为基础,没有一定知识基础的意义学习是不存在的。因此,在有意义学习中必然存在着原有知识对当前知识学习的影响,即有意义学习过程本身就是一个迁移的过程,并把迁移与认知结构及其特征联系起来。奥苏伯尔对迁移的内涵、认知结构及其影响迁移的主要变量以及如何操纵认知结构变量来影响迁移的技术进行了卓有成效的理论和实证方面的研究。

1. 认知结构的概念

认知结构是认知心理学中使用频率很高的概念,从皮亚杰、布鲁纳到奥苏伯尔莫不使用该概念。尽管他们对认知结构的解释不尽相同，但他们都看到了认知结构在新知识获得过程中的重要作用，而奥苏伯尔则是把认知结构同学习的迁移联系起来的第一人。

所谓认知结构，简单地说就是学生头脑中的知识结构。从广义上讲，认知结构是学生已有观念的全部内容及其组织。从狭义上讲，认知结构是指学生在某一学科特殊知识领域内的观念的全部内容及其组织。所以，认知结构主要由两部分构成，一是指人在以前学习和积累经验的过程中所形成的知识经验本身，它是以观念的形式存在于人的头脑当中；二是指对这些知识经验的组织，即在组织方面所具有的特点。

2．认知结构的特征与迁移

认知结构特征(也称认知结构变量)是学生在学习新知识时，原有认知结构中有关观念在内容和组织方面的特征。奥苏伯尔认为，认知结构对新知识获得和保持的影响因素主要有三个：认知结构中对新知识起固定作用的旧知识的可利用性；新知识与同化它的原有旧知识之间的可辨别性程度；认知结构中起固定作用的旧知识的稳定性和清晰性程度。认知结构中的这三个因素称为认知结构的三个变量。正是认知结构的这三个变量影响着新知识的获得和保持，同时也影响着知识学习的迁移。

首先，对新知识起固定作用的旧知识的可利用性是影响新知识学习的首要变量。根据有意义言语学习的理论，在新知识的学习中，如果学习者的认知结构中没有适当的可利用的旧知识来同化新知识，那么学习只能是机械学习。而机械学习的迁移量最小，有时只能是零。如果学习者认知结构中可利用的旧知识的利用性很低，即可利用的知识不全面、不完整，或者很肤浅，那么，新知识就不能有效地被同化到认知结构中来。即便是勉强地同化了新知识，也会影响对新知识意义的理解，新旧知识的结合也不会牢固，新知识或新观念也会很快地被遗忘。奥苏伯尔进一步认为，学习者已有的观念在概括程度、包容性上越高，就越有利于新知识的获得和组织，因为知识是通过累计获得的，是按一定的层次组织的。知识在同化和进一步同化过程中的表现是下位观念向上位观念还原，是不稳定、不巩固的新知识向巩固的知识还原。所以，认知结构中起固定作用的旧知识的可利用性影响知识学习迁移量的大小。

其次，新知识与旧知识的可辨别性也是影响学习迁移的重要变量。可辨别性变量是指认知结构中原有的观念和新的学习任务的可区别程度，或者说新旧知识之间的异同。当新知识与认知结构中原有的知识相似而不相同时，原有的知识倾向于先入为主，新知识容易被旧知识所取代。因此，在同化的初期新获得的意义的可分离强度就要受到损害，容易被遗忘，这尤其对长期记忆的影响较大，不利于新知识的掌握。根据认知结构同化论对知识遗忘的解释，新获得的意义其最初可分离强度比较低，这种很低的分离强度很快就会减弱和丧失，使新意义被原来稳定的意义所代替，即使新知识很快地被遗忘，也会影响到旧知识向新知识的有效迁移。

最后，认知结构中起固定作用的旧知识的稳定性和清晰性也是影响学习迁移的重要变量。如果起固定作用的旧知识或旧观念很不稳定或模糊不清，那么它就不能为新知识的学习提供有效的"固定点"，而且也会使新旧知识之间的可分辨性下降，从而影响新知识的学习效果。在学习和教学中，促进学生知识巩固的方法有很多，如复习、过度学习、利用反馈、及时纠正等。

3. 关于先行组织者的研究

为了提高学习效果，发挥认知结构中三个变量在新知识学习中的积极作用，促进学习的有效迁移，奥苏伯尔提出了"先行组织者"的教学策略。这种策略也是促进学习迁移的一种有效策略。先行组织者教学策略就是在向学生传授新知识之前，给学生呈现出一个短暂的具有概括性和引导性的说明。这个概括性的说明或引导性材料需用简单、清晰和概括的语言介绍新知识的内容和特点，并说明它与哪些旧知识有关以及有什么样的关系。使用先行组织者的目的在于为新知识的学习提供可利用的固定点，即唤醒学习者认知结构中与新知识学习有关的旧知识或旧观念，增强旧知识的可利用性和稳定性；说明新旧知识之间的本质区别，增强新旧知识之间的可辨别性。

奥苏伯尔的先行组织者教学策略，近年来受到一些研究者的重视和发展。研究者在奥苏伯尔原来定义的基础上发展了"组织者"概念。组织者一般呈现在新知识的讲授之前，但也可放在新知识学习之后呈现。它既可在抽象和概括水平上高于新学习材料，也可低于原学习材料。组织者可根据它的作用分为两类：一类是陈述性的组织者，它的作用在于为新知识的学习提供适当的起固定作用的旧知识，提高有关旧知识的可利用性；另一类是比较性组织者，它的作用在于比较新知识与认知结构中有关相似知识的区别和联系，从而增强似是而非的新旧知识之间的可辨别性。

设计组织者的目的是为学生知识的掌握和迁移提供有力的组织，为新的学习任务提供观念上的固定点，增加原有知识的可利用性、可辨别性、稳定性和清晰性。组织者的类型不同，它在改变认知结构变量中所起的作用也不同。当学习者原有的认知结构中缺乏可以用来同化新知识的适当上位观念时，可以设计一个陈述性组织者，即在学习新材料之前，先给学生呈现一个抽象、概括程度和包容性比较高的上位知识，用它来同化具体的、下位的学习材料；当新知识是一个抽象、概括程度较高的材料时，教师也可以先呈现出一些具体的材料帮助学生去理解。如果面对一种新的学习任务，学生对新旧任务分辨不清或比较模糊时，则可以设计一个比较组织者，它除了可以促进知识的辨别外，还可以促进知识的巩固。

奥苏伯尔和其他研究者就先行组织者的教学效果和两类组织者在促进知识的获得和学习的有效迁移等方面开展了一些准实验研究和教学实验研究，取得了肯定的研究结果。这些实验研究围绕着有效提高认知结构的三种变量和有效使用两类组织者而展开。

(1) 研究一：利用陈述性组织者教学策略，增强学生认知结构中起固定作用的旧知识的可利用性的实验研究。

1960年奥苏伯尔以关于钢的性质为教学内容，通过比较实验组和控制组的学习成绩，证明了陈述性组织者在促进学习迁移上的有效作用。实验组在学习关于钢的性质的知识之前，先学习一个陈述性组织者。陈述性组织者强调了纯金属材料与合金材料的异同、它们在用途上的不同性能以及冶炼合金的理由。控制组在学习之前也接受了一个引导性材料，这个材料简要地介绍了钢铁冶炼方法的历史发展。这个材料只能提高被试的学习兴趣，但没有提供任何有助于理解钢的性质的框架性概念。两组被试在学习完钢的性质的教学内容之后，进行等同的学习测验，结果如表7-3所示。

学习测验的结果是两组被试在学习成绩上出现了显著的差异，实验组的学习成绩明显好于控制组。这说明陈述性组织者在新知识的学习中起到了积极的促进作用。研究的结果还表明，陈述性组织者的作用对言语和分析能力较低的学习者尤为明显。陈述性组织者的作用在于用他们易于理解的说明，为他们的学习提供了适当的固定点，提高了他们有意义学习的心向，从而提高了学习效果。

表 7-3　陈述性组织者对后继学习的影响

组　别	先学习的材料类别	平均分数
实验组	陈述性组织者	16.7
控制组	历史介绍	14.1

1972 年巴恩斯的研究也表明，陈述性组织者对学生的学习产生了实质性的积极影响。

至于陈述性组织者在教学中是放在新材料的学习之前还是之后迁移效果更好，1980 年梅耶做了相关实验。

他让两组被试学习一种新的计算机程序语言。甲组在学习之前，先学习一个陈述性组织者；乙组则是在学习之后再学习一个陈述性组织者。然后，对两组被试进行回忆测验。测验的结果表明，甲组在回忆概念性观念时得分较高，并加入了较多的适当内容，做出了较多新颖的推论；乙组在回忆技术性的观念时得分较高，但加入了较多不适当的内容，作了较多模糊的概括。

研究者由此而推断，陈述性组织者的作用主要在学习阶段，即信息输入的编码阶段，而不是在回忆阶段。

(2) 研究二：利用比较性组织者教学，增强新旧知识之间可辨别性的实验研究。

比较性组织者的作用在于对似是而非的新旧知识做出明确的区分，以增强两者之间的可辨别性，并由此提高新知识的学习效果。

在奥苏伯尔和约瑟夫(M.Yousself)1961 年的一项研究中，利用比较性组织者进行教学，起到了促进相似但有矛盾的材料的学习。

他们在实验中将被试分成两个等组——实验组和控制组，都是先学佛教材料，后学禅宗佛教材料。实验组在学习佛教材料前，先学习一个比较性"组织者"，它指出了佛教与基督教的异同。该组在学习禅宗佛教材料之前，又学习另一个比较佛教与禅宗佛教异同的组织者。控制组在学习第一个材料之前先学习一个历史材料，在学习第二个材料之前先学习一个传记性材料。实验结果如表 7-4 所示。

表 7-4　比较性组织者对后继的学习与保持的影响

组　别	分　数	
	佛　教	禅宗佛教
实验组	19.4	14.8
控制组	17.6	14.2
差异显著水平	显著	不显著

研究者认为，前一个比较性组织者对佛教知识的学习与保持起显著促进作用；后一个组织者对禅宗佛教的学习与保持未起显著作用，其原因可能是先前的佛教知识学习和巩固本身为后继的禅宗佛教学习起了"组织者"的作用，从而部分抵消了外加的组织者的作用。

(3) 研究三：操纵原有知识的巩固程度，促进新的学习和保持。

利用及时纠正、反馈和过度学习等方法，可以增强原有的起固定作用的观念的稳定性。原有知识的稳定性有助于新的学习与保持。

奥苏伯尔和他的合作者在1961年研究了原有的知识的巩固性对新的学习的影响。研究中让被试先学习基督教知识，经过测验将被试的成绩分成中上水平和中下水平。然后将这些被试分成三个等组：第一组在学习佛教材料前，先学习一个比较性组织者(它指出了佛教与基督教的异同)；第二组在学习佛教材料前，先学习一个陈述性组织者(它仅介绍了一些佛教观念，其抽象水平与要学习的材料相同)；第三组在学习佛教材料前，先学习一个有关佛教历史和传记的材料。在实验后的第三天和第十天进行了保持测验。结果表明，不论在哪一组，凡原先的基督教知识掌握较好的被试，在学习佛教知识后的第三天和第十天的保持成绩均较优。实验结果如表7-5所示。

表7-5 起固定作用的观念的稳固性和清晰性对后继的学习与保持的影响

	原先的基督教 知识掌握水平	第一组 比较性组织者	第二组 简述性组织者	第三组 历史材料
第三天的保持分数	中上	23.59	20.50	23.42
	中下	20.50	17.32	16.52
第十天的保持分数	中上	21.79	22.27	20.87
	中下	19.21	17.02	14.40

大量的研究结果表明：

(1) 当先学的知识不稳定和不清晰时，采用一个比较性"组织者"比过度学习新材料效果更好。因为比较性"组织者"指出了新旧知识的异同，增强了新旧知识之间的联系和可辨别性，也增强了原有的起固定作用的观念的稳定性与清晰性。

(2) 当原有的知识本身已清晰并巩固时，提高可辨别性的唯一方法就是过度学习新知识。

(3) 在概念学习中，呈现一系列刺激现象，多角度、多侧面地比较概念的有关特征与无关特征，将有利于促进概念的形成。

(4) 形成一种比较新旧知识的心向，尽管未实际呈现比较性的"组织者"，也可以促进学习与保持。

4．认知结构迁移理论的教学含义

根据认知结构迁移理论，奥苏伯尔认为"为迁移而教"实际上是塑造学生良好的认知结构问题。在教学中，可以通过改革教材内容和教材呈现方式改进学生的原有认知结构变量以达到迁移的目的。

(1) 改革教材内容，促进迁移。

根据同化理论，认知结构中是否有适当的起固定作用的观念可以利用，是决定新的学习与保持的重要因素。为了促进迁移，教材中必须有那种具有较高概括性、包容性和强有力的解释效应的基本概念和原理。布鲁纳认为，这样的概念和原理应放在教材的中心。他认为：领会基本的原理和观念，看来是通向适当"训练迁移"的大道。奥苏伯尔指出，学生的认知结构是从教材的知识结构转化而来的。好的教材结构可以简化知识，可以产生新知识，有利于知识的运用。这种结构必须适合学习者的能力。最佳的教材结构总是相对的，而不是绝对的。如何编写适合学生能力水平的最佳结构的教材呢？这需要知识领域内有造诣的专家、教材教法专家和心理学家以及教师们的通力合作。

(2) 改进教材呈现方式，促进迁移。

认知心理学认为，当人们在接触一个完全不熟悉的知识领域时，从已知的较一般的整体中分化细节，要比从已知的细节中概括整体容易一些。认知心理学还认为，人们关于某一学科的知识在头脑中组成一个有层次的结构，最具有包容性的观念处于这个层次结构的顶点，它下面是包容范围较小和越来越分化的命题、概念和具体知识。根据人们认识新事物的自然顺序和认知结构的组织顺序，教材的呈现也应遵循由整体到细节的顺序。例如，我国小学算术教材对有关三角形知识的呈现就符合不断分化的原则：先教一般三角形；在一般三角形中按角的大小分化出锐角三角形、直角三角形和钝角三角形；在锐角三角形中分化出等边三角形；在锐角三角形、直角三角形和钝角三角形中分化出等腰三角形，等等。在呈现教材时，除了要从纵的方面遵循由一般到具体、不断分化的原则以外，还要从横的方面加强概念、原理、课题乃至章节之间的联系。教师在教学中应引导学生努力探讨观念之间的联系，指出它们的异同，消除学生认识中表面的或实际存在的不一致之处。如果教师的教学或教科书不能使学生做到横向联系和融会贯通，就会出现不良后果，如学生不知道许多表面上不同的术语实际上代表着本质上相同的概念，从而造成认识上的许多混淆。计算机辅助教学技术的发展，使奥苏伯尔的不断分化和综合贯通的原理更易实现。

根据现代认知心理学，陈述性知识在人的大脑中是以命题网络的形式表征并储存的，其层次结构的好坏直接影响新知识的获得。认知结构迁移理论较好地解释了陈述性知识的学习和迁移，其一般迁移模式相比于传统迁移模式更能体现出人类学习的特点，该理论已被证明是一种十分有效的学习与教学理论。

(二)迁移的产生式理论

1. 迁移的产生式理论及研究

认知结构的迁移理论可以有效地解释陈述性知识的迁移，而对于认知技能的迁移却显得无能为力。产生式迁移理论则是针对技能的迁移提出的，其基本思想是：前后两项技能学习产生迁移的原因是两项技能之间产生式的重叠。重叠越多，迁移量越大。

产生式迁移理论是信息加工心理学家安德森等人在思维适应性控制理论(ACT)的基础上提出的。它实际上是桑代克的相同元素说的现代翻版，用产生式和产生式系统表征人的技能，比起桑代克用 S-R 联结来表征技能，更能抓住迁移的实质。

根据 ACT 理论，技能的学习分两个阶段：首先，规则以陈述性知识的形式进入学习者的命题网络，然后经过变式练习转化为以产生式表征的程序性知识。一个产生式就是一个条件-行动规则，简称 C-A 规则。C 代表行动产生的条件，它不是外部刺激，而是学习者工作记忆中的认知内容；A 代表行动，它不仅是外部的反应，也包括学习者头脑内部的心理运算。技能的迁移是因为两项技能之间具有共同的产生式，或存在产生式的重叠。

安德森等人设计了许多实验来验证这一迁移理论，重点研究了新手对技能的表征情况，通过追踪个体多次尝试的过程来研究被试的迁移表现，并用计算机模拟的方法在精细水平上进行分析。在大量研究和精细分析的基础上，安德森等人就迁移问题得出了两个重要的结论。

(1) 迁移量的多少(大量、中等、少量或负迁移)，取决于实验情境及两种材料之间的相关。从一种技能到另一种技能的迁移量依赖于两个任务的共有成分量。而这种共有成分量不是以 S-R 来衡量的，而是以产生式及产生式系统来考察的。如果两种情境有共同的产生式，或两种情境有产生式的交叉、重叠，就可以产生迁移。

(2) 知识编辑对产生式的获得与迁移有直接影响。知识编辑是将陈述性知识转化为程序性知识的一个重要学习阶段。在知识编辑前，知识处于陈述性阶段；经过编辑后，许多小的产生式被一个或几个高级的产生式所替代。这种在知识编辑前后解决问题的特点在人的学习中是普遍存在的。安德森等人进一步认为，这正是新手与专家解决问题的差异所在，新手是以陈述性知识去解决问题的，而专家则是以程序性知识去解决问题的。

尽管目前该理论的研究仍停留于计算机模拟阶段，但在实际教学中的作用还是十分明显的。因两项任务共有的产生式数量决定迁移水平，因此要注重基本概念原理和规则的教学，以便为后继的学习作准备。此外，先前学习的内容必须有充分的练习，才易于迁移。

产生式迁移理论把产生式规则作为两项学习任务之间的共同元素，使早期的共同元素说符合现代认知心理学的原理。又由于这里的产生式规则既可以是某一特殊的技能(如一位数相加的技能)，也可以是一条一般的原理(如多位数相加的规则)，所以产生式迁移理论实际上也包含了贾德的一般技能迁移理论。此外，因为产生式的获得必须先经历一个陈述性阶段，所以它也将认知结构迁移理论囊括其中。

2. 关于迁移的类型

辛格莱和安德森根据知识的陈述性阶段和程序性阶段的划分，提出了一种新的迁移分类，如表 7-6 所示。表 7-6 中的原有知识是指先前学习阶段获得的知识，目标知识是指迁移阶段获得的知识。由于原有知识和目标知识都有陈述性和程序性两种形式，因此可以区分四种迁移类型，即程序性知识向程序性知识的迁移、程序性知识向陈述性知识的迁移、陈述性知识向程序性知识的迁移和陈述性知识向陈述的迁移。

表 7-6 迁移的分类

		目标知识	
		程序性的	陈述性的
原有知识	程序性的	程序性知识向程序性知识迁移	程序性知识向陈述性知识迁移
	陈述性的	陈述性知识向程序性知识迁移	陈述性知识向陈述性知识迁移

(1) 程序性知识向程序性知识迁移。当一个产生式在训练阶段习得而且直接应用于迁移任务时，这种迁移便是程序性知识向程序性知识的迁移。其先决条件是在训练阶段要有充分的练习，以便能形成适当的产生式。而当迁移任务被学习者以允许产生式运用的方式予以表征时，这类迁移就会自动发生。安德森认为，由于产生式具有抽象性和一般性，所以同一产生式可以支配显著不同的行为。

(2) 陈述性知识向程序性知识迁移。当在训练任务中习得的陈述性知识结构有助于迁移任务中的产生式的习得时，就会出现陈述性知识向程序性知识的迁移。任何技能的学习总是分两个阶段，先是获得陈述性知识，然后才转化为程序性知识，所以每种技能的学习都反映陈述性知识向程序性知识的迁移。此外，陈述性知识也有助于技能的学习。相同的陈述性知识结构可以构成许多技能的基础。

(3) 陈述性知识向陈述性知识迁移。当原有的陈述性知识结构有助于或干扰新的陈述性知识的习得时，就会出现陈述性知识向陈述性知识的迁移，起促进作用的是正迁移，起干扰作用的是负迁移。前面所介绍的大多数理论，包括奥苏伯尔的认知结构迁移理论，主要研究的都是这种迁移。

(4) 程序性知识向陈述性知识迁移。已经具有的认知技能促进了陈述性知识的学习，这种迁移便是程序性知识向陈述性知识的迁移。如已经掌握的读、写、算等技能，对以后的各科学习会起到积极的促进作用；学会了记笔记、读书画线、查阅资料等，都会有助于陈述性知识的学习，都可以看作这种迁移。

辛格莱和安德森的迁移分类比较全面地概括了迁移发生的各种情况，基本代表了人类学习中的迁移类型，对我们深入了解迁移的类型与过程是有帮助的，对我们进一步思考知识之间的关系及陈述性知识与程序性知识的转化也是具有启发意义的。但是如何把这种理论与教学和学习紧密联系起来，还有许多问题需要进一步研究与探讨。

(三)策略迁移理论

1．策略迁移的早期研究

现代认知心理学的一个重要特点是强调认知策略在学习和问题解决中的重要作用，因此认知策略的迁移愈来愈受到广大研究者的重视。虽然策略作为一种特殊的认知技能，也属于程序性知识，但产生式迁移理论未能解释个体如何学会调节和控制他们的策略。因此，在当代认知科学革命中出现了第三种强调反省认知作用的迁移观。其基本思想是：认知策略的训练要达到可以在多种情境中迁移的程度，一个重要条件是学习者的反省认知水平。

反省认知是指"有关个体认知过程的知识，负责对其认知过程进行监控、调节和协调"。根据反省认知迁移观，认知策略的成功迁移是指问题解决者能够确定新问题的要求，选择原先习得的且适用于解决新问题的特殊或一般技能，并能在解决新问题时监控它们的应用。在此，问题解决者被看作问题解决过程中的一名主动参与者，必须对用来解决新问题的原有知识的应用方式进行管理。由此可见，即使学习者已习得了某一策略的具体过程、使用方法，但如果他不具备一定的反省认知能力，不了解该策略的适用范围，不能对策略使用过程进行监控并在必要时修正自己的策略，那么他所习得的策略就无法真正达到迁移的水平。研究者认为，许多学习和迁移问题都是由于反省认知技能的缺陷造成的，许多学生需要在自我调节、自我监督、自我检查、问题识别等方面进行训练。只有掌握了这些概括化的认知策略，他们才能真正学会学习。

但早期的研究却发现学生尽管能够学会策略并有效地使用，但是使用不能长时间保持，或者说不能跨情境对策略进行概括。许多因素妨碍着策略的迁移，包括学生不理解一种策略是不是适合不同的情境；针对不同的学习内容如何改变策略的运用；不相信策略的运用能像其他因素(如时间因素)一样有效地提高学习的效率等。

2. 自我评价与策略迁移

1977 年，贝尔蒙特(J.M.Belmont)等人曾系统地分析了 100 项有关的研究，其中涉及多种策略和许多被试。结果发现，没有一项策略训练在迁移上获得成功。贝尔蒙特分析发现，这 100 项研究无一项要求学生对他们的策略运用的成功与否进行反思。进入 20 世纪 80 年代以后，心理学家开始运用其他的方法、考虑其他的一些因素对策略迁移进行研究并获得了成功。贝尔蒙特等人在 1982 年对七项策略研究资料进行了评述，这七项研究都要求学生对策略运用的成功与否进行反思，结果有六项获得了迁移。

加泰勒(E.S.Ghatala)等 1985 年就自我评价对策略研究的影响进行了研究。

研究中的被试为二年级小学生，所教的策略是精加工策略。研究中呈现配对名词，要求儿童尽可能记住并准备回忆学过的词。在正式实验前，研究者将被试分成三组分别进行三种不同的自我评价训练。第一组为策略-用途组，接受策略有效性评价训练，方法是反思自己使用或未使用某一策略是怎样影响回忆结果的；第二组为策略-情感组，要求他们评价使用某一策略时是否感到"开心"；第三组为控制组，不接受任何评价训练。正式实验分以下三个阶段进行。

第一阶段，研究者不教任何记忆策略，让儿童自行记忆配对名词并进行回忆测验。其目的是确定儿童的基线水平。

第二阶段，将被试儿童分成两个等组。其中一组学习精加工策略；另一组采用数名词中的字母数的策略帮助记忆。显然前一种策略的记忆效果好，后一种策略的记忆效果差。

第三阶段，所有儿童接受相同的指导语，可以选择自己所希望的任何方法来记忆呈现的材料。学完以后要求回忆学过的材料。

为了测量儿童在第三阶段是否继续使用先前习得的策略，研究者问儿童在学习每一配对名词时用了什么策略和为什么选择该策略，以确定他们是否意识到策略的用途。而且，把前两次学习的配对词再呈现给儿童，问他们什么时候记得多和为什么会记得多。这样进一步确定儿童对策略作用的意识程度。

表 7-7 中列出了采用不同学习策略的被试平均回忆配对词的百分数，由此可以得出如下结论。

表 7-7 不同训练组平均回忆配对词的百分数

	训练条件		
	策略-用途组	策略-情感组	控 制 组
第一阶段			
精加工策略	39.5	37.1	31.9
数字母策略	36.2	36.2	29.0
第二阶段			
精加工策略	98.6	96.7	97.1
数字母策略	19.0	19.0	9.5
第三阶段			
精加工策略	92.4	89.0	79.5
数字母策略	42.9	29.5	29.0

(1) 在实验第二阶段，学习了精加工策略的儿童，回忆成绩普遍高于采用数字母策略

的儿童。到实验的第三阶段，虽然未要求应用精加工策略，但在第二阶段接受精加工策略训练的儿童继续应用这一策略，其回忆成绩仍然很高。但是接受数字母策略训练的儿童，在第三阶段放弃了这一策略，而又未学习精加工策略，所以记忆成绩普遍低。

(2) 三种不同策略评价方式(策略-用途评价、策略-情感评价和无评价)对直接回忆或近迁移成绩未产生明显影响。

为了考察儿童对策略-用途进行评价是否产生长远影响，在第三阶段研究之后，又对儿童进行了追踪研究。儿童对他们为什么选择某一策略的回答表明，受到策略-用途评价训练的儿童更倾向于解释选择某策略的原因是为了提高记忆效率，如表7-8所示。

表7-8 在实验第三阶段儿童说出选择不同策略理由的人数百分比

训练条件	理由		
	记忆	开心	容易
精加工策略			
策略-用途组	100.0	0.0	0.0
策略-情感组	0.0	0.5	9.5
控制组	1.0	1.4	28.6
数字母策略			
策略-用途组	76.2	0.0	23.8
策略-情感组	4.8	52.4	42.8
控制组	4.8	28.6	66.7

在实验结束后第一周和第九周分别用新的配对词对被试进行了两次延后测验。结果表明，策略-用途组的成绩明显优于策略-情感组。在第一周测验时，前者有90%的儿童在新的学习材料中运用精加工策略，后者仅有57%的儿童；在第二次延后测验中，前者的人数为100%，后者只有50%。结果表明：经过策略的有效性自我评价训练的儿童能长期运用训练过的策略，并能迁移到类似的情境中。而在其他训练条件下，策略训练仅有短期的效果。

贝尔蒙特和加泰勒关于策略性知识的迁移问题的研究具有重大的理论和实践意义。从理论上看，它为解决长期存在的一般迁移和特殊迁移之争指明了新的方向。它表明，一般迁移是存在的，但不是形式训练说所讲的"能力"。

3. 促进策略迁移的模式

菲尔(Phye)等人在20世纪90年代通过大量的研究提出了一种促进策略迁移的模式，他们把策略迁移训练分为三个阶段。

(1) 策略获得的初期阶段。通过教学使学习者理解策略，包括策略的用法、对策略用法的元认知意识及评价、练习等。

(2) 保持阶段。包括对训练材料的进一步练习和回忆测量。

(3) 迁移阶段。让学生解决具有不同特征的新问题，但要求学生使用在训练当中练习过的、同样的问题解决策略。菲尔强调在迁移过程中，学生保持的动机和解决问题的规则是能否实现迁移的关键。

在这一模式中，菲尔把运用已经掌握的策略规则去解决问题的过程看作迁移。在策略迁移训练中，除了使学生具有获得策略和保持策略的动机之外，迁移能发生的另一个关键就是学生能否将已获得和保持的策略运用于新的问题情境当中。当然，策略迁移还会受到许多因素的影响，舒克认为，解决问题的策略迁移需要策略知识加策略的条件性知识。在练习过程中，教师给学生提供明确的策略有用性的反馈，能够有效地促进策略的运用，改进学生问题解决的行为，并能提高学生的自我效能感。

三、当代学习迁移研究的进展与特点

(一)当代学习迁移研究的进展

学习迁移是教育心理学研究的一个传统且受许多学者重视的领域。20世纪以来关于学习迁移的研究大致经历了三个时期：19世纪末到20世纪50年代，这个时期心理学家们主要着眼于从狭义的角度对具体的学习情境(实验情境)之间的迁移进行研究；20世纪50年代至70年代，逐渐形成对学习迁移的广义理解，并形成了"为迁移而教"的思想，这一时期的研究还主要集中于关于知识(陈述性知识)学习迁移的范围；20世纪80年代以后关于基本技能迁移的问题普遍受到了人们的重视，并由此把有关迁移的研究推向更为广阔的领域。

(二)当代学习迁移研究的特点

现代认知心理学的兴起对学习迁移的研究产生了一定影响，学习理论家们用认知的观点深入探讨了迁移产生的条件、原因、影响因素，试图了解迁移过程的内在机制，并表现出以下一些特点。

1. 对迁移种类进行了重新划分

以往人们对迁移做过多种分类，如按迁移的性质分为正迁移、负迁移和零迁移；按迁移的方向分为垂直迁移与水平迁移；按迁移内容分为一般迁移与特殊迁移；按迁移的范围可划分为近迁移与远迁移。这些划分主要是根据对迁移本身特征的分析而做出的。随着迁移研究的不断深入，研究者逐渐认识到，在不同的任务中，迁移的机制、条件是不同的，因此，人们进一步从迁移产生的角度对迁移提出了许多分类模式。

不同领域的学习可能有不同的规律，因此，有些心理学家根据学习的领域将迁移分为知识的迁移、动作技能的迁移、智力技能的迁移；巴特菲尔德根据不同迁移中需要的基本成分的不同，把迁移分为辨别、组合、分析等9种；所罗门与帕金斯根据迁移过程中意识参与程度的不同将迁移分为低路与高路迁移；我国心理学家冯忠良根据新旧经验整合过程的方式，将迁移分为同化性迁移、顺应性迁移与重组性迁移。

2. 迁移研究深入到学习者的认知结构和认知过程

早期的迁移理论也探讨了迁移中的主体因素，但这种研究是浅层的、笼统的。现代认知心理学家深入到学习者的认知加工过程，布鲁纳和奥苏伯尔则把迁移放在学习者的整个认知结构的背景下进行研究，他们在认知结构的基础上提出了关于迁移的理论和见解。

布鲁纳认为，学习是类别及其编码系统的形成。迁移就是把习得的编码系统用于新的事例。正迁移就是把适当的编码系统应用于新的事例；负迁移则是把习得的编码系统错误地用于新事例。

奥苏伯尔在有意义言语学习理论的基础上提出了认知结构迁移理论。这一理论认为一切有意义的学习都是在原有认知结构的基础上产生的，不受原有认知结构影响的有意义学习是不存在的。一切有意义的学习必然包括迁移。迁移是以认知结构为中介进行的，先前学习所获得的新经验，并不直接与后继学习发生相互作用，而是通过影响原有认知结构的有关特征间接地影响新学习。研究表明，学生原有认知结构的特征，如清晰性、稳定性、概括性和包容性始终是影响新学习的关键因素。

布鲁纳和奥苏伯尔有关迁移的理论在解释陈述知识的迁移时比较有说服力。

3．拓展了迁移研究的范围

早期研究的特点之一是强调两种学习材料具体内容的相似性，随着迁移研究的不断进行，心理学家对相似性的内涵进行了更深入全面的探讨，并提出了不同的理论。

辛格莱与安德森等通过大量的迁移实验研究提出了迁移的"产生式理论"，他们认为两种任务之间的迁移，是随其共有的产生式的多少而变化的。安德森的产生式理论可以说是桑代克的共同因素说的翻版。只是安德森研究的是人类高级的认知学习的迁移，其理论能较好地解释认知技能的迁移情况。

近年来，一些心理学家对问题解决过程中的迁移现象进行研究并提出类比迁移理论。一些研究者从问题空间的类比来研究迁移，认为类比迁移是通过问题空间的类比实现的，即通过借用已掌握的问题空间来与新问题的某些部分相匹配。

由上可知，现代认知心理学家在进行研究迁移时仍遵循相似原则，但扩充了它的内涵，把相似性由原来的具体内容的相似扩展到产生式及问题空间的相似，从而扩大了迁移研究的范围。

4．迁移研究的热点：认知策略和元认知的迁移

现代认知心理学的一个特点是强调认知策略和元认知在学习和问题解决中的作用，认知策略的迁移愈来愈受到研究者的重视。元认知迁移理论认为，认知策略的迁移要达到可以在多种情境中迁移的程度，一个重要的条件是学习者的元认知水平。根据元认知迁移理论，认知策略的成功迁移是指问题解决者能够确定新问题的要求，选择已获得的适用于新问题的特殊或一般技能，并能在解决新问题时监控它们的应用。

元认知迁移理论把学习者看作学习过程的主动参与者和管理者。许多研究表明，元认知水平的提高确实能改善学生对策略的使用和对学习的监控、调节。

从以上的介绍可以看出，迁移的理论研究在近几十年中有了长足进展，从单一的迁移模式到多元化分析，从现象描述到内在机制探讨，从彼此孤立到相互包融，目前的迁移理论已逐步形成了一个以知识分类思想为基础，针对不同类型知识的迁移进行分析的研究框架。它不仅更加贴近学习和教学的实际，而且代表了当前学习研究的发展趋势。但是，目前还有很多问题没有完全解决，部分理论也还没有发展成熟，有待于进一步的研究和完善。

第三节 影响学习迁移的因素

学习迁移是学习过程中普遍存在的一种现象，学习过程中的许多因素都会直接或间接地影响学习的迁移。

一、学习材料的特点

学习材料作为学生学习的对象和知识的主要来源，对学习迁移有着重要的影响。从早期桑代克的相同要素说，到产生式迁移理论，都从不同角度看到了学习材料对迁移的影响。不同的学习材料迁移的过程甚至结果是不一样的。桑代克认为，学习对象之间的相同要素越多，迁移的量也就越大。不同的学习材料(陈述性的、程序性的)，其迁移的类型和过程也是不同的。在学习中，认识到学习材料之间的相同点，对它们进行辨别，是促进迁移的重要条件。既有助于正迁移的发生，也能克服由于学习材料的相似性可能带来的负迁移。

二、已有经验的概括水平

根据概括化理论，产生学习迁移的关键因素是学习者概括出了学习中的共同原理，或者掌握了概括化的原理。这种经过概括的原理能有效地迁移到新的学习中去，从而指导实践。奥苏伯尔在关于先行组织者的研究中也认为，抽象、概括程度较高的材料更能促进学生对新知识的掌握。概括水平越高，对事物本质的把握就越深刻，可以迁移的范围也就越广，效果就越好。学习者原有知识经验的概括水平首先反映在其知识组织的水平上，其次反映在经验的丰富性上。

三、认知技能和策略

在拥有学习对象的共同要素和已有经验的概括水平的基础上，学习者还应主观运用其认知技能和策略，才能使迁移发生。认知技能和策略具体来讲有两方面的内容，其一是分析概括的能力，其二是元认知策略。分析概括的能力越强，概括的水平就越高，迁移的效果就越好。元认知是关于认知的认知，元认知策略的使用可以使学习者认识到学习的目的、要求和任务以及自己的能力、知识水平、学习风格等，从而自觉地选择、使用最佳的学习方法，提高学习效果，更好地实现迁移。

四、定势的作用

定势是指先于一种活动而指向该活动的一种心理准备状态。有关定势作用与学习迁移的相关研究表明，鼓励学习者建立学习的定势，将有利于习得经验的迁移；学生学习某一法则或方法付出的精力愈大，定势导致的僵化行为愈难改变；定势对于学习慢的学生比学习快(或学习较优秀)的学生有更明显的促进作用。哈洛的研究发现，当按照由易到难的次序安排学习任务时，被试较容易解决这些问题，即更容易形成有利于问题解决的学习定势，使学生学会学习，同时经过训练所形成的这种学习定势能迁移到其他情境中去。

五、认知结构特点

认知结构是人们过去对外界事物进行感知、概括的一般方式或经验所构成的观念结构。其质量，如知识经验的准确性、知识经验的丰富性、知识经验间联系的组织特点等都会影响学生对新知识的学习，影响解决问题时提取已有知识经验的速度和准确性，影响学习的迁移。奥苏伯尔主要从认知结构的可利用性、辨别性和巩固性三个特征出发，较为详细地讨论了已经形成的认知结构对迁移的影响，并通过教学中先行组织者的设计促进学生对新知识的掌握和迁移的实现。

第四节　促进学习迁移的教学策略

学习迁移能力既是衡量学习者学习效果优劣的标准，也是评价教师教学质量的重要依据。教师要在充分理解迁移发生规律及其影响因素的基础上，在每一项教学活动中，在与学生每一次正规与非正规的接触中，必须注意创设和利用有利于积极迁移的条件和教育契机，把"为迁移而教"的思想渗透到每一项教育活动中去。

一、发现教学内容的可迁移性和教学方法的促迁移性

教师若想在教学中实现迁移，必须要能够发现教学内容的可迁移性，并要使用各种教学艺术实现教学方法的促迁移性。教师应系统地掌握所教学科的基础知识，了解本学科发展的学术前沿，找到新旧知识之间的联结点，并能够运用多种教学策略和教学艺术促进学生完成新旧知识的连接，实现认知结构的同化、顺化或重组。迁移是以学生已有知识程度为基础的，如果学生的认知结构中没有起固定作用的可利用的、可辨别的、稳定的知识基础，要实现迁移是不可能的。所以教师要具备正确判断学生已有知识的能力，只有在对学生过去的学习进行正确判断的基础上，才能把学生现在的学习与过去的学习联系起来，才能采取最佳教学设计，并在教学的各个环节及时掌握学生认知结构的变化。另外，教师在教学过程中要善于发现学生迁移的障碍和问题，并能及时地改变教学策略，为学生排除障碍、解决问题。

二、教材的组织和呈现系统化、网络化、一体化

奥苏伯尔认为，"不断分化"和"综合贯通"是认知组织的基本原则，这两条原则在教材的组织和呈现方面同样是适用的。

人类关于某一学科的知识在头脑中是按层次组织的一种网络结构，最具包容性的观念处于这个层次结构的顶端，下面依次是包容范围较小的、越来越分化的观念。因此，在教材的呈现上也应该遵循由整体到细节的顺序，使学生的知识在组织过程中纳入到这一层次

结构当中。除了从纵的方面遵循由一般到具体不断分化的原则以外，教材呈现还要在横的方面加强概念、原理乃至各章节之间的联系，使知识融会贯通。

三、加强学生学习策略的培养

学生应学会如何学习可以实现最普遍的迁移。而学会学习的关键是学习策略的获得和改进。学习策略的质量影响学生对一个观念或理论真正理解的过程及这种理解过程的效率。教师应教会学生对自己的认知过程进行反省，评价自己对他人的意图的理解，启发学生自我质疑，能依据现象提出假设和验证理论，能对自己的思维过程进行反思。教师可以采用练习与反馈相结合的方法，培养学生根据自己的特点、材料的特点、学习的任务和要求，灵活地制订相应的计划，选择有效的措施进行学习，并逐步形成对学习过程进行积极的监控、反馈与调节的能力。

四、使用过度学习和思维训练实现学习结果的保持和运用

同一类型的知识，有不同的学习结果。学习结果可以分为获得、保持、运用三种。通过学习，学生获得了知识并养成了学习迁移的能力。但要使学习结果得以保持和运用就需要对所学知识进行巩固以及对思维进行训练。有一种提倡过度学习的观点，认为只有当全面深刻地理解和熟练地掌握了一种学习再进行另一种学习，才会产生正迁移，并且原有学习越巩固，迁移效果越大。

在思维训练中，要防止学生的"功能固着现象"，即认为某物只有常见的用途而忽视了其还可能有其他作用；还要防止学生的思维定式，即想当然地认为以前行得通的办法必定也能在类似的新情境中行得通。因此教学中教师应采取启迪思维、一题多解等策略来破除学生的思维定式，促进学习的有效迁移。

促进教学中学习迁移的实现要从学习情境方面、学生主体方面、教师能力方面共同努力。采用多方面的迁移策略才能取得预期的效果。加强对学习迁移理论的研究以及对促进迁移的策略的探讨，可为教师的教学设计提供参考，真正实现"为迁移而教"的教学目的。

复习要点

第一节　学习迁移概述

广泛意义上的学习迁移是指利用已有的知识经验解决问题，利用已有的知识经验获得新的知识、技能、态度、行为等的过程。教育心理学所研究的迁移是狭义的学习迁移，特指一种学习对另一种学习的影响。

根据迁移的性质和结果分类，迁移可分为正迁移和负迁移。正迁移是指一种学习对另一种学习起促进作用，也可简称为迁移。负迁移是指一种学习对另一种学习起干扰或抑制作用。根据迁移发生的方向分类，迁移可分为顺向迁移和逆向迁移。先前的学习对后来的学习产生影响，称为顺向迁移；后来的学习对先前的学习产生影响称为逆向迁移。根据知识所处的层次分类，迁移可分为横向迁移和纵向迁移。纵向迁移也称垂直迁移，是指概括

与抽象程度不同的学习之间的相互影响。横向迁移也称水平迁移，是指同一层面(抽象与概括的程度相同)的学习之间的相互影响。根据迁移的范围分类，迁移可分为特殊迁移和一般迁移。特殊迁移是指某一领域或课题的学习对学习另一领域或课题所产生的影响。一般迁移则是指迁移产生的原因不能明确，既可能是原理、原则的迁移，也可能是态度的迁移，这样产生的迁移可能是由动机、注意等因素引起的，也可能是由学习的其他准备活动或学习方法、策略引起的。根据迁移的程度分类，迁移可分为近迁移和远迁移。近迁移主要是指已习得的知识或技能在与原先学习情境相似的情境中加以运用。相反，远迁可移是指已习得的知识或技能在新的不相似情境中的运用。根据迁移发生的自动化程度分类，迁移分为低路迁移和高路迁移。低路迁移是指反复练习的技能自动化的迁移。高路迁移是指需要有意识地将某种情境中学到的知识应用于另一种情境中去的迁移。现代认知心理学家辛格莱与安德森根据其知识分类的观点，将迁移分为四种类型：程序性知识向程序性知识的迁移；程序性知识向陈述性知识的迁移；陈述性知识向程序性知识的迁移；陈述性知识向陈述性知识的迁移。

学习迁移研究中经典的实验设计就是创设两种学习情境，或是考察先进行的学习对后继学习的影响，或是考察后进行的学习对先前学习的影响。在进行迁移测量时，必须区分出经过练习而产生的影响和由一种学习对另一种学习的影响，后一种变化才是所要测量的迁移。实验中，一般设立两个组(实验组、控制组)，实验后，通过测量比较两组的学习结果，判断是否存在迁移或迁移量的大小。

研究学习迁移的意义：从理论角度看，对学习迁移规律的研究能帮助我们了解学习是如何引起的、学习过程是如何进行的以及学习结果在今后的学习中能起何种作用；学习迁移研究还有助于探索教育与心理发展的关系。在实践上，迁移与培养学生解决问题能力和创造性密切相关；弄清迁移的实质和规律对教材的选择和编写、教学方法的选择以及教学过程的组织都有重要的实践意义和理论意义。

第二节　学习迁移理论

一、早期的学习迁移理论

官能主义的形式训练说：以沃尔夫为代表的官能心理学提出了迁移的形式训练说。这种理论假定，人的心智是由许多不同的官能组成的。不同的官能活动相互配合就构成各种各样的心理活动。各种官能可以像训练肌肉一样通过练习增加力量。形式训练说认为训练和改善心的各种官能是教学的重要目标。官能通过学科学习得到训练和改善，就可以迁移到其他学习中，从而使学生终生受用。迁移的发生是自动的。学习的项目越困难，官能得到的训练越多。评价：形式训练说在欧洲和北美盛行了近二百年，受到了当时许多教育家的重视，并成为课程编制的指导思想。但它所主张的官能可以因训练而得以普遍发展的假设缺乏足够的实验依据和现实依据。早期的以及近现代的心理实验研究都对这一学说提出了质疑。

联结主义的相同要素说：桑代克认为"只有当两个心理机能之间有相同要素时，一种心理机能的改善才能引起另一种心理机能的改善"。美国心理学家武德沃斯把相同要素说改为共同成分说，即在两种活动中有共同的成分才能发生迁移。评价：相同要素说在当时的教育界曾起过积极的作用，使学校脱离了那种在形式训练说影响下不考虑实际生活只注重所谓的形式训练的教学状况,在课程方面开始注意重视应用学科。但仅将迁移视为相同联结的转移,这在某种程度上否认了迁移过程中复杂的认知活动;忽视了情境中相同要素产生积极迁移的同时,也可能对另一种学习产生消极的干扰作用。

机能主义的概括化理论:贾德认为在经验中学到的原理、原则是迁移发生的主要原因。对原理了解、概括得越好,对新情境中学习的迁移就越好。亨德里克森的实验发现,概括化不是一个自动的过程,它与教学方法有着密不可分的关系。如果在教学方法上注意引导学生如何概括、如何思维,就会增加正迁移出现的可能性。评价:概括化理论给学习迁移的研究注入了新的内容,阐明了影响迁移的主要因素是学习者对学习情境共同原理的概括。

格式塔心理学的转换关系理论:格式塔心理学家认为,学到的前一经验能否迁移到新的经验的获得中,关键不在于情境中有多少共同的因素,也不在于是否掌握了原理,而在于能否理解情境之间的关系,即情境中所有的要素是否组成了一种整体关系。评价:转换关系理论强调主体的理解或顿悟在迁移中的作用。但它并非与相同要素说以及其他迁移理论矛盾对立,只是从一种新的角度对迁移进行了阐释。

迁移的逆向曲面模型:奥斯古德提出了"迁移的逆向曲面模型",以表明刺激或学习材料的相似程度和反应的相似程度与迁移之间的关系,描述学习课题和迁移课题之间刺激和反应的变化以及所产生的迁移的变化情况。评价:"迁移的逆向曲面模型"对桑代克的相同要素说做了详尽的诠释,和桑代克的理论在基本观点上是一致的,但更多地说明了在机械学习中的学习迁移情况,或者说把人类机械学习中迁移的研究推向了极致。

学习定势说:学习定势说主要是指哈洛关于迁移研究的一种学说。个体解决了一系列问题之后,解决相关新问题的速度就会越来越快。说明个体形成了辨别学习的定势,并将学会的方法或形成的定势运用到以后的学习中,从而使学习效果得到提高。

二、当代学习迁移理论

认知派的认知结构迁移理论:所谓认知结构,简单地说就是学生头脑中的知识结构。从广义上讲,认知结构是学生已有观念的全部内容及其组织。从狭义上讲,认知结构是指学生在某一学科的特殊知识领域内的观念的全部内容及其组织。认知结构特征(也称认知结构变量)是学生在学习新知识时,原有认知结构中有关观念在内容和组织方面的特征。奥苏伯尔认为,认知结构对新知识获得和保持的影响因素主要有三个:认知结构中对新知识起固定作用的旧知识的可利用性;新知识与同化它的原有旧知识之间的可辨别性程度;认知结构中起固定作用的旧知识的稳定性和清晰性程度。认知结构中的这三个因素称为认知结构的三个变量。正是认知结构的这三个变量影响着新知识的获得和保持,同时也影响着知识学习的迁移。"先行组织者"的教学策略是促进学习迁移的一种有效策略。先行组织者教学策略就是在向学生传授新知识之前,给学生呈现一个短暂的具有概括性和引导性的说明。大量的研究表明:当先学的知识不稳定和不清晰时,采用一个比较性组织者比过度学习新材料效果更好;当原有的知识本身已清晰并巩固时,提高可辨别性的唯一方法就是过度学习新知识;在概念学习中,呈现一系列刺激,多角度、多侧面地比较概念的有关特征与无关特征,有利于促进概念的形成;形成一种比较新旧知识的心向,尽管未实际呈现比较性的组织者,也可以促进学习与保持。

迁移的产生式理论:该理论是信息加工论心理学家安德森等人在思维适应性控制理论(ACT)的基础上提出的。根据 ACT 理论,技能的学习分两个阶段。首先,规则以陈述性知识的形式进入学习者的命题网络，然后经过变式练习转化为以产生式表征的程序性知识。一个产生式就是一个条件-行动规则，简称C-A规则。C代表行动产生的条件，它不是外部刺激，而是学习者工作记忆中的认知内容；A代表行动，它不仅是外部的反应，也包括学习者头脑内部的心理运算。技能的迁移是因为两项技能之间具有共同的产生式，或存在产生式的重叠。在大量研究和精细分析的基础上，安德森等人就迁移问题得出了两个重要的结论：①迁移量的多少(大量、中等、少量或负迁移)，取决于实验情境及两种材料之间的相关；②知识编辑对产生式的获得与迁移有直接影响。知识编辑是将陈述性知识转化为程序性知识的一个重要学习阶段。

策略迁移理论：在当代认知科学革命中出现了第三种强调反省认知作用的迁移观。其基本思想是：认知策略的训练要达到可以在多种情境中迁移的程度，一个重要条件是学习者的反省认知水平。根据反省认知迁移观，认知策略的成功迁移是指问题解决者能够确定新问题的要求，选择原先习得的且适用于新问题的特殊或一般技能，并能在解决新问题时监控它们的应用。

第三节 影响学习迁移的因素

学习迁移是学习过程中普遍存在的一种现象，学习过程中的许多因素都会直接或间接地影响学习的迁移，如学习材料的特点、已有经验的概括水平、认知技能和策略、定势的作用、认知结构特点等。

第四节 促进学习迁移的教学策略

促进学习迁移的教学策略：发现教学内容的可迁移性和教学方法的促迁移性；教材的组织和呈现系统化、网络化、一体化；加强学生学习策略的培养；使用过度学习和思维训练实现学习结果的保持和运用。

拓 展 思 考

1. 设计一个学习迁移的实验，根据研究，你认为影响迁移的原因是什么？
2. 早期迁移理论的积极意义与局限性表现在哪些方面？
3. 结合所学的迁移理论思考影响迁移的因素。
4. 如何"为迁移而教"？

第八章 学习策略

现代社会是一个充满变化与竞争的社会，是一个终生学习的时代。人的心理的独特与高级之处在于其无比的学习能力以及由此带来的无限发展性，这也是人与动物的本质区别。遗传素质仅仅为个人的发展提供了可能性，个人的发展方式首先是学习，其次是积极的社会实践。学习策略是影响个人学习知识和技能的重要条件，在学习的信息加工中伴随着学习策略的大量运用。本章主要是理解学习策略的概念、特点，掌握主要的学习策略，根据具体情况灵活选择、运用学习策略，提高学习效率。

第一节 学习策略概述

学习策略是鉴别学生会不会学习的标志，是衡量学生学习能力的重要尺度，是决定学生学习效果的主要因素之一。埃德加·富尔在《学生生存》一书中说："未来的文盲不再是不识字的人，而是没有学会学习的人。"今天，学习已是一种与生命具有共同外延并扩展到社会各个方面的具有连续性的人生活动。学生一旦掌握并生成自己的学习策略，学习过程就会变成一个积极主动的求索过程。掌握和运用学习策略，并在此基础上生成自己的学习策略，是一切优秀学生学习高效的重要原因。因此，要让学生在学校有效的时间内掌握可让其终身受益的科学、高效的学习策略，进而学会学习，奠定其终身发展的基础。

一、学习策略的概念和特点

(一)学习策略的概念

学习策略作为一个完整的概念，是在布鲁纳 1956 年提出"认知策略"以后出现的。但时至今日，学习策略的概念在学术界尚未统一界定。对于什么是学习策略，人们从不同的研究角度、运用不同的研究方法，提出了各自不同的看法。总的来说，有以下几种观点。

第一种观点认为学习策略是学习的程序和步骤(Rigney，1978)。

第二种观点认为学习策略是"内隐的学习规则系统"(Duffy，1982)。

第三种观点认为学习策略是对学习过程中的信息加工进行调节和控制的技能，是学生的学习过程。学习策略属于对信息的加工过程进行调节与控制的一系列技能。"学习策略是一系列选择、协调和运用技能的执行过程。"(Nisbert，1986)持有这一观点的人将具体的学习方法或技能排斥在学习策略之外。

第四种观点认为学习策略是具体的学习方法和技能。这种观点认为学习策略属于信息的加工部分，是学习者在编码、储存、检索、运用信息(解决问题)的认知过程中直接加工信息的认知方法或技能。"在学习过程中用以提高学习效率的任何活动"，是"学习者有目的地影响自我信息加工的活动"。这些活动包括记忆术、画线、做笔记、概述等方法的使用(Mager，1988)。

第五种观点认为学习策略是学习方法和学习调节与控制的有机统一体。有效的策略是能够促进获得、存储和使用信息的一系列过程和步骤。学习方法与学习的调节和控制同属学习策略的范畴，是相互联系的、具有不同功能的学习策略。目前，多数研究者持这种观点。例如，斯滕伯格(Sternberg，1983)把学习策略分为执行技能和非执行技能，执行技能是在执行认知任务中，计划、监控、修正策略的各种技能；非执行技能是实际运用执行认知任务的技能。他认为要达到高质量的学习活动，这两种技能是必不可少的。

分析前人的观点，笔者认为：学习策略是学习者为了达到学习目的、提高学习效率，对学习活动过程、规则、方法或技能、调控方式等因素进行合理的分析、综合之后而制定的学习方案。总之，学习策略是学习者为了提高学习效率、达到一定的学习目的，在元认知系统的监控下，根据特定学习情境、学习内容及主客观条件的变化，调节和控制学习方法的选择与使用、调控整个学习活动的一系列执行过程。它既是内隐的规划系统，又是外显的程序和步骤。

(二)学习策略的特点

学习策略具有以下特点。

(1) 主动性。学习策略是学习者为了达到学习目标而积极主动地使用的策略。运用学习策略是主体有意识的心理过程。学习时，学习者首先要有需求与动机，然后才能自觉地分析学习任务和自身特点，根据这些条件，制订适当的学习计划、学习方案。对于较新的学习任务，学习者往往会有意识、有目的地去思考学习过程的计划。只有对于反复使用的策略，才能达到自动化的水平。

(2) 有效性。学习者运用学习策略是为了取得学习的高效性。一个人在做某件事时，使用最原始的方法，最终也可能达到目的，但效果不好，效率也不会高。学习者在完成某种学习任务时，使用原始的学习方法最终也能达到目标，但效果不会好，效率也不会高。比如，记忆一个英语单词表，如果一遍又一遍地朗读，只要有足够的时间，最终也会记住。但是，保持时间不会长，记得也不是很牢固。如果采用分散复习或尝试背诵的方法，记忆的效果和效率就会有很大的提高。

(3) 过程性。学习策略是有关学习过程的策略。它规定学习时做什么不做什么、先做什么后做什么、用什么方式做、做到什么程度等诸多方面的问题。

(4) 通用性。学习策略是学习者制订的学习计划，由规则和技能构成。由于学习任务和学习者个人特征不同，每个人在每次学习时都有相应的计划，采用的学习策略都不可能完全相同。但是，相对同一种类型的学习存在着基本相同的计划，这些基本相同的计划就是我们常见的一些学习策略。从认知分类的角度看，学习策略是一种程序性的知识，由一套规则系统或技能构成，具有通用性。

(5) 整体性。学习策略在结构上尽管有不同的层次，如外在的资源管理策略与内在的认知策略、自我监控策略(元认知)，认知策略中外显的操作规则与内隐的加工策略各自相对独立，层次清晰，彼此密切相连，形成一个整体。学习策略在功能上，自我监控策略要通过认知策略来体现，而认知策略又必须在自我监控策略的指导与调控下才能取得最佳效果。

(6) 灵活性和稳定性。灵活性是学习策略的一个重要特点。学习过程中的任何一个因素发生变化，都会引起学习策略的改变。一个具有策略意识的学生对策略的使用能够因时、因地、因内容而不断地变化。但是学习策略又是稳定的，任何一种学习策略都有自己适用的条件，也都有自己的运行程序。这些是不能改变的。在使用学习策略时必须注意各种策略的适用条件，同时要懂得各种策略的运行程序，正确地使用学习策略。

(7) 外显性和内隐性。学习策略中学习方法或技能的使用表现为一种特殊的操作活动。这种操作活动一方面是内隐的，另一方面是外显的。人们往往借助内部语言构建和选择学习策略，并支配和调节动作技能。在这种情况下，学习策略的调整和变更不易显露。当然，当调整结束、新的学习策略开始实施的时候，必然表现出一系列相应的外部活动。其可感性骤然增加。可见，学习策略的外部操作是内部调控的预期结果，而内部调控是外部操作的前提条件。

了解学习策略的特点，有助于我们对学习策略的理解，进一步认识学习策略，运用学习策略，提高学习效率。

(三)学习策略的意义

重视学习策略的科学研究对解决当前教学改革中存在的问题有重要意义，能更有效地促进教师的教学向学习策略教学转变，教师通过学习策略的教学，可以减少教学和训练时间，达到减轻学生学习负担的目的。

(1) 鼓励学生成为一个学习策略的学习者，是学生学会学习的必然要求，可以改进学生的学习方法，提高学习效率。知识的掌握过程实质上是学生认知结构的建构过程，教学效果(更为直观地说是学习效果)直接取决于学生头脑中已有的知识(认知结构)以及如何高效地运用这些知识来加工所面临的学习材料。一个策略学习者能够对自己的学习负责，有能力为自己设定真实的、富有挑战性的目标，能够运用执行性控制过程去创建一个学习计划，挑选实施这一计划的方法并对这一过程进行监控，这是学生在学习过程中进行的高度的认知加工活动，可以使其进行高效的学习。

(2) 加强学习策略的教学能够使学与教有机统一，调动学生学习的积极性，使学生真正成为学习的主体。长期以来，我们一贯重视教的研究，而忽视了学的研究，如今，在重视学法研究的同时，同样也要把教法的研究考虑在内，使教法与学法相辅相成、相得益彰。一方面，一些具有普遍指导意义的学法对教师的教法有很大的启发作用，教师在分析、研究教法的同时，应及时地把典型的、带规律性的学法融进、补充进教法，使教法不断丰富，也使教法更符合学生的心理特征和学习规律。另一方面，优秀的教法本身就渗透了学法，就是最好的学法，教师应该指导学生从教师的教法中直接吸收营养，学习教师观察问题、分析问题和解决问题的观点和方法，把教师的教法转化为学生自己的学法，指导学习，以达到"教是为了不教"的目的。

(3) 加强学习策略的教学，有利于促进"应试教育"向素质教育转轨，实施素质教育。素质教育是以培养高素质的人才为目标，这就要求学生在学校中学到终身有用的东西。信息时代，个人对学科知识的掌握有限，而掌握获取知识的策略才是至关重要的，是学生终生受用的素质。培养学生的自主学习能力成为教学的目标之一，随着终身教育理念的确立和终生教育体系的形成，学习策略显得越来越重要。教师可以对课本知识结构、学生认知结构和课堂教学结构之间的关系进行动态协调，促使学生将课本知识结构转化为自身的认知结构。有些学者从现有课程体系的局限和弊端、课程体系变革的迫切要求等方面入手，指出了学习策略是校本课程开发的一个重要的领域。学习策略的教学，已经成为教育教学的目标之一，同时也是教师"教授"策略的核心。

二、学习策略的类型

(一)丹塞路的分类

根据学习策略所起的作用，丹塞路(Dansereau，1985)把学习策略分为基本策略和支持策略两类。基本策略是指直接操作材料的各种学习策略，主要包括信息的获得、储存、信息的检索和应用的策略。支持策略主要指帮助学习者维持适当的认知氛围，以保证基础策略有效操作的策略，包括计划和时间的筹划、注意力分配与自我监控和诊断策略。

(二)迈克卡的分类

根据学习策略涵盖的成分，迈克卡等人(Mckeachie，1990)将学习策略概括为认知策略、元认知策略、资源管理策略。具体内容如图8-1所示。

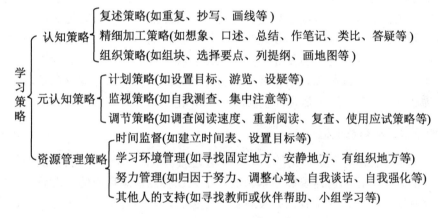

图8-1 迈克卡学习策略的分类

(三)温斯坦的分类

温斯坦(Weinstein，1985)认为学习策略包括：①认知信息加工策略，如精加工策略；②积极学习策略，如应试策略；③辅助性策略，如处理焦虑；④元认知策略，如监控新信息的获得。她与同事们所编制的学习策略量表包括信息加工、选择要点、应试策略、态度、动机、时间管理、专心、焦虑、学习辅助手段和自我测查10个分量表。

第二节 主要的学习策略

在实际的学习过程中，人类掌握和使用的学习策略是多种多样的，这些策略或者是在长期的学习过程中自发地掌握的，或者是在学校中通过教师的教学、训练、引导所获得的，但只要是对自己的学习能够起到有效的促进作用的策略，都是好的学习策略。本节主要依据迈克卡关于学习策略的分类对其予以说明。

一、认知策略

　　认知策略的概念最早是由布鲁纳提出来的，以后美国心理学家加涅(R.Gagne，1985)对认知策略进行了系统研究。加涅认为，认知是人脑对信息加工的过程，如对信息的编码、转换、储存。而认知策略是一种智慧技能，是学习者用来调节自己内部注意、记忆、思维等过程的技能。其功能在于使学习者不断反省自己的认知活动，调节与控制对概念、规则的使用。加涅通过信息加工的流程理论，将认知策略分成了注意、检索、编码和思维等几种。因此，认知策略，主要是指在信息加工过程中，为了更好地获得、储存、提取、运用信息等所采用的各种方法和技术。例如，记忆一篇古文，人们可以机械记忆，也可以理解记忆；可以反复阅读和试图回忆相结合的方法记忆，也可以过度阅读的方法记忆；可以集中时间记忆，也可以分散时间记忆。记忆过程中所采用的方法、技能都属于认知策略的范畴。

(一)复述策略

　　复述是短时记忆的信息进入长时记忆的必要条件，一种信息如果想要长期保持，就必须对这种信息进行重复，只有经过重复、复述的信息才能够进入长时记忆，才能够长久保持，复述是促进记忆的一种手段。复述策略是短时记忆的信息进入长期记忆的关键。复述尽管就是对信息的一种重复，但复述的方法又是多种多样的，在学习过程中，我们为了保持信息，运用内部言语或外部言语重现学习材料或刺激，将注意力维持在学习材料上的各种方法，就是复述策略。以下是几种主要的复述策略。

1. 随意识记和有意识记

　　随意识记是一种没有预定目的的、不需要努力的识记。一般一些对自己有重大意义的、自己感兴趣的、和自己当前需要联系紧密的、给人以强烈情绪反应的、形象生动鲜明的人或事，就容易随意识记，尽管我们并没有刻意地去记，却很容易地就记住了，这就是随意识记。由于随意识记没有预定目的，更不需要花费气力，所以在学习中更应该去利用这种识记。例如，留意周围人和事、创设一种轻松的学习环境等都有利于随意识记。为了记住英语单词制作一些卡片，挂在床头或自己经常活动的房间的墙上，偶尔看一看，或者在和别人闲聊时偶尔蹦出一两个英语单词等，都能够帮助我们复述，促进对英语单词的识记与保持。

　　有意识记是一种有目的、有意识的识记，也是我们学习和识记的主要形式。在运用这种方式识记时，一定要增强目的性，要用心去记，我们的注意力越集中，越有利于知识的识记和保持。如当你读完一部小说时，有人问你书中的几个人物、地点或专有名词，你一时回答不上来。这些人、事、物你看过好多次，但为什么仍然答不上来呢？就是因为你只是关注故事情节，没有想到过要记住它们。因此，要想记住某一信息，就需要有意识地、用心地去记它，尝试着自己复述一遍，看看自己能否重复出来。赞科夫的一项研究表明，在相同的时间内，接受笼统识记任务(尽量记住短文内容)的小学四年级学生，平均只记住了23个词；而接受更具体任务(精确记住短文内容)的学生平均记住了31个词。

2．整体识记和分段识记

心理学的研究表明，学习材料的性质和数量是影响识记效果的重要因素，对于不同性质和数量的材料应采用不同的识记方法。一般来说，在对学习材料进行识记时，先要对材料进行分析，然后确定应该采用的识记方法。对篇幅短小或者有内在联系的材料可以采用整体识记，就是完整地一遍一遍地去识记，直到记牢为止；对于篇幅较长或者较难、或者缺乏内在联系的材料可采用分段识记，即将材料分为若干部分或段落，先一段一段地识记，然后把它们整合为一个整体。除了这两种识记方法外，对于一些篇幅较长但内容有联系的材料，还可采用综合的方法，或称为整体-分段识记法，即先对整篇材料进行整体识记，识记一两遍后，再根据材料的内在联系把它分为若干部分进行分段识记。至于段的长短，要根据自己对材料的熟悉程度而定。

3．多种感官参与学习

在进行复述和识记时，要尽可能地运用多种感官参与到当前的学习活动中去，这样能有效地提高学习的效果。科学研究证明：记忆信息有83%左右来自视觉，11%左右来自听觉，3%~4%靠触觉和嗅觉等，1%来自味觉。而且，人一般可记住自己阅读的10%，自己听到的20%，自己看到的30%，自己看到和听到的50%，交谈时自己所说的70%。单位时间内接收的信息量，单凭视觉是听觉的1倍，而视觉、听觉协同起来作用获得的信息量则是听觉的10倍。这一结果说明，多种感官的参与能有效地增强记忆。

从古到今，学者们都高度重视眼看、耳听、口念、手写、脑思等多种感官协同作用的记忆方法，我国古代教育著作《学记》中就写道："学无当于五官，五官不得不治。"即：学习没有不经过五官的，五官不参加活动学习的效果就不会好。实际的学习情形也是如此。例如，在英语学习中，主要凭借视觉学习的其他专业学生英语学习的效果就不如英语专业的学生，其中的原因尽管可能很多，但英语专业的学生通过多种感官进行英语学习，是其中一个重要的原因。

4．及时复习

心理学家艾宾浩斯等人发现，遗忘的进程是先快后慢。在识记后的20分钟，就差不多遗忘了40%左右，不过几天，就忘得差不多了。如果过了很长时间，直等到考试前才复习，就几乎等于重新学习了。所以，新学习的材料一定要注意及时复习，至少要在当天加以复习，以减缓遗忘的进程。正如一位教育家所说的，要及时"巩固建筑物"，而不要"在建筑物崩溃之后才去修补"。

5．分散复习

集中复习就是集中一段时间一下子重复学习许多次，分散复习就是每隔一段时间重复学习一次或几次。对于大多数学习，分散复习更有益于长期保持。这就是家庭作业的最主要用意：让学生在持续的时间里复习刚学的技能，以加强对这些技能的保持。因此，要注意利用分散复习，经常进行复习，按时完成家庭作业。千万不要等到考试的前夜，才临时抱佛脚似地进行突击复习。

6. 尝试背诵

学习一篇材料时，要一面阅读，一面自己提问题自己回答或背诵，而后根据回答或背诵的情况，检查自己的错误和薄弱环节，以便重新分配努力，避开不必要的重复，以减轻识记的负担，从而提高识记的效率。如此，才能印象深刻、记忆牢固、学习效率高。如果只是反复地读了一遍又一遍，那么，就犹如小和尚念经有口无心，学习效率低。

7. 过度学习

在刚好记住之后，再多记几次。假如读一篇文章，从头到尾读10遍就能记住，那么，再多背5次，这就是所谓的过度学习。一般来说，过度学习越多，保持效果越好，而且保持的时间也越长。某些基础知识和技能，如乘法口诀、汉字书写、英语发音以及英语单词的拼写等，都需要进行过度的操练和练习，达到自动化水平，以便腾出脑子去完成更复杂的任务。

8. 排除相互干扰

人之所以没记住某一信息，有一个重要原因，那就是这一信息受到了干扰，或者是被其他信息搞混了，或是被其他信息挤到一边去了。在生活中，常常有这样的现象，当有人刚刚告诉你他的电话号码，另外一个人马上找你谈别的事，等谈完事，你发现你没记住那个电话号码。因此，在进行其他活动之前，一定要花时间在头脑中复述刚刚获得的新信息。

一般来说，前后所学的信息之间存在相互干扰。先前所学的信息对后面所学信息的干扰叫作前摄抑制；后面所学的信息对前面所学信息的干扰叫作倒摄抑制。倒摄抑制可能是遗忘的一个重要原因，这就是为什么我们很难记住频繁重复的影像，如上周三晚餐的情景。在安排复习时，要尽量考虑预防两种抑制的影响。在早上起床后或学习开始时复习重要的内容，可以克服前摄抑制的影响；相反，在晚上睡觉前或学习结束前复习重要的内容，可以克服倒摄抑制的影响。另外，要尽量错开学习两种容易混淆的内容，如英语和拼音，以避免相互干扰。

心理学家还发现，当人学完一系列词汇后，马上进行测验，结果是，开始和结尾的几个词一般比中间的词记忆深刻。人为什么倾向于记住开始的事情呢？可能是因为人对首先呈现的项目倾注了更多的注意力和心理努力，造成了首位效应。另外，由于在最末了的项目和测验之间几乎不存在其他信息的干扰，造成了近位效应。学习时，要充分考虑首位效应和近位效应的作用。要把最重要的新概念放在复习的开头，在最后对它们进行总结。不要把首尾时间花在处理课堂纪律问题、整理材料、削铅笔之类的事上。

9. 画线技术

在阅读过程中，我们经常一边看书一边在书上勾勾画画，采用的就是画线技术或策略。画线是一种信息选择的策略，也是复述的策略。在重要的信息下面画线或标上着重号，有助于学生快速地识别学习材料中的重要信息，把目标信息从无关信息中凸显，增强对重要信息和目标信息的敏感性，对它们进行选择性专注，而画线本身就是对信息的一种重复或复述。

首先，画线必须有选择性、针对性。选择和针对重要的信息画线，这是画线技术中首先要强调的。因此，画线必须简洁、清晰、准确，而不是觉得什么都重要，大段大段地画线，这样实际失去了画线的意义。

其次，画线应与眉批、脚注结合起来。单纯的画线并不一定是好方法，如果和眉批、脚注等方法结合起来，以此标明画出的重要信息之间的关系，其效果将会更好。在教学生画线时，应同时教给学生：圈出不知道的词、标明定义、标明例子、列出观点的原因或事件的序号、在重要段落前面画上星号、在混乱章节前面加上问号、给自己作注释，如检查上文中的定义、标出可能测验的项目、画箭头标明关系、注上评论，记下不同点和相似点、标出总结性的陈述。

再次，通过画线的练习或实践，逐渐形成个人化的符号。通过画线，要能够依据不同的画线符号，如直线、曲线、星号等区分出哪些信息是最重要的，哪些是次重要的，哪些是重要的等。所谓个人化符号就是要逐渐形成一些稳定的、个人能看懂的画线符号，这样对于以后复习、再次阅读这些材料是有帮助的。

最后，要注意对学生画线技术的训练。有研究表明，小学六年级以前的儿童不能恰当地分辨课文中哪些词句是重要的，哪些是不重要的。因此，教师应与学生一起根据学习目标共同辨别学习材料中的重要信息，教学生怎样把握关键词、主题句，教学生画线，然后让学生复习所划的内容，并用自己的话对它们进行解释。

画线有两种具体的方式：一种是边看书边画线；一种是看完一部分后再根据信息的重要性画线。两种方式都是可取的，主要应因材料而定。当学习材料难度较大时，采用后一种方式效果可能更好一些。

10．复习形式多样化

采用多种复习形式会使复习活动更加持久，利于多角度地理解知识内容。例如，将所学的知识再用实验证明，然后写成报告、作出总结或与人讨论以及向别人讲解等，这比单调重复更有利于理解和记忆。俗话说，教一年等于学三年，就是因为老师通过讲课复习了所教的知识。

11．反复实践

在实践中应用所学知识是对知识的最好复习。如果学了许多知识，却只能适用于限定的、常常是人为的环境之中，而不能应用于生活中，那就成了人们常说的"书呆子""死啃书本"。某一领域的专家之所以能记住许多专业知识，是因为他们总在反复地应用这些知识。因此，要善于在不同的情境下反复应用所学的知识，以便加深对知识的理解和保持。

(二)精细加工策略

精细加工策略主要指对学习材料进行深入细致的分析、加工，理解其内在的深层含义，并促进记忆的学习策略，也就是将新学习的材料与头脑中已有的知识联系起来从而增加新信息的意义的深层加工策略。一般来说，一个新信息如果与其他信息的联系越多，回忆出该信息的途径就越多，就越有利于这种信息的应用。

1．记忆术

当学习材料本身的意义性不强时，通过应用精细加工的策略，可以人为地赋予它某种意义，以促进记忆，这些精细加工的策略就称为记忆术。当然，学习材料本身的意义性比较强时，也可以运用精细加工的策略。精细加工策略是一种理解、记忆策略，如果和前面讲的复述策略结合使用，能较好地提高记忆效果。

(1) 位置记忆法。位置记忆法就是学习者在头脑中创建一幅熟悉的场景，在这个场景中确定一条明确的线路，在这个线路上确定一些特定的点，然后将所有要记忆的事项全部视觉化，按照顺序把这条线路上的各个点联系起来。回忆时，按照这条线路上的各个点提取所要回忆的项目。例如，想象从宿舍到教室的路，按照顺序我们就会回忆起路上所有的商店、食堂、书店、水房等。位置记忆法除了有助于记忆一些有顺序的事件以外，也可用于演讲稿、有顺序的文章的记忆等。它对于记忆有顺序的系列项目都是有用的，是一种传统的记忆术。

(2) 缩简和歌诀法。缩简法就是把所要记忆材料的内容经过压缩简化为字、词或简单的句子，从而有助于记忆的方法。如考试前在准备一些回答问题、论述题时，就常采用这种方法。例如，记《辛丑条约》的内容时就可以把它简缩为：①要清政府赔款；②要清政府保证禁止人民反抗；③允许外国在中国驻兵；④划分租界，建领事馆。在运用缩简法时除了要对所学的内容进行缩简以外，还要注意缩简后的内容必须和自己的知识经验相联系，这才更有助于记忆。

歌诀法主要是利用歌诀具有韵律、抑扬顿挫、朗朗上口的特点，帮助我们把一些相互不联系或联系不多的材料很快地记下来。例如，记 24 个节气，可以编成《二十四节气歌》：春雨惊春清谷天，夏满芒夏暑相连，秋处露秋寒霜降，冬雪雪冬小大寒。这样记起来就会容易一些。在运用歌诀法时，除了可以利用已经形成的、流传于民间的各种歌诀以外，还要学习自己编歌诀，因为自己创造的东西印象会更深。在编歌诀时要力求精练准确，富于韵律感。

(3) 谐音联想法。这是利用相似的声音线索帮助记忆的一种方法。除了发音相似外，运用这种方法时，还要注意运用形象表现要记忆内容的意义或人为地赋予其某种意义。谐音联想记忆的一个典型例子是利用数字的谐音，并把它编成顺口溜记忆。例如，记忆圆周率(π=3.1415926535897932384626…)：山巅一寺一壶酒(3.14159)，尔乐苦煞吾(26535)，把酒吃(897)，酒杀尔(932)，杀不死(384)，乐尔乐(626)。利用这种方法可以记忆小数点以后几十位的数字。谐音法的关键是要将记忆的内容用谐音的方式表示出来。

(4) 关键词法。这种方法就是将新词或概念与相似的声音线索词，通过视觉表象联系起来。回忆时先想起关键词，以此为线索，引起对新词或概念的回忆。例如，学习单词 house(房子)，该单词的发音与"耗子"相似，可以把"耗子"作为关键词，利用表象或一句话"那间房子有一只耗子"来记忆单词 house。回忆时只要想起关键词"耗子"，就很容易想起 house 的意思。

在应用关键词技术时，所选的关键词的主要作用是通过其谐音功能帮助我们检索、联想所学的新单词，关键词本身并不能代替新单词的意义和发音的准确性。在外语学习的初期阶段可以尝试着运用这种方法，但用得不好往往会影响发音的准确性。

(5) 视觉想象。视觉想象是通过心理想象帮助人们对有联系的事物进行记忆。例如，位置记忆法、关键词记忆法都是利用了视觉联想法，利用了心理表象的作用。心理想象是一种非常有效的记忆辅助手段，运用时，想象越是奇特、合理，越有助于记忆，记得也越牢固。想象越是奇特，对要记忆信息的加工越深入。

(6) 语义联想。这种方法主要是指通过联想，将新材料与自己头脑中的旧知识联系起来，赋予新材料更多的意义。要在理解的基础上，把新知识同已经具有的旧知识联系在一起，帮助新知识的记忆。例如，在学习一个新公式或原理时，要想一想这种新知识和以前学过的有关知识的联系，从已有的公式或原理推导出新知识，这样，这种新的公式或原理才能更好地被记忆和理解。因此，找出新旧学习材料之间的逻辑关系是建立语义联想的关键。

2．记笔记

记笔记是阅读和课堂听讲时常用的一种精细加工的策略，也是学生学习过程中一种重要的学习策略。研究发现，学生自小学高年级就逐渐开始记笔记，一直伴随着他们随后的整个学习历程。早期的研究认为，记笔记的主要作用是对信息进行编码和用于课后复习，新近的研究则把记笔记看作一个学生自我监控的过程，在这个过程中，记笔记的目标、学生对课程重要性和笔记的作用的理解、学生所具有的关于如何记笔记的知识经验等都会对记笔记产生影响。还有些人对学生记笔记进行训练，帮助学生学会记笔记。

记笔记除了是一个自我监控的过程之外，教师的讲课也是影响学生记笔记的一个重要方面。为了使学生更好地记笔记，教师在讲课中应注意以下几个方面：①讲课速度不宜太快，重要部分应讲慢一些；②重复重要的内容；③呈现清晰的笔记线索；④在黑板上写出重要的信息；⑤给学生提供结构式的辅助手段，如内容提纲、必要的表格、网络图等；⑥提供完整的笔记样例，引导学生学会记笔记。课下要整理笔记，在笔记留下的空白部分加边注、评语等，学生通过加边注、评语、对所记内容进行概括。对笔记进行整理，不仅可以促进学生的理解，还会为以后的回忆提供线索。

3．提问策略

提问策略有助于学习者有选择地集中注意力进行信息选择和对信息进行深入加工。无论是阅读还是听讲，学生如果经常思考这样一些问题：这一新信息意味着什么？它与课文中其他信息以及以前所学的信息有什么联系？能用什么例子予以说明？这样，能够促进学生对知识的进一步理解。柏里斯(Paris et al.，1984)等人研究发现，如果在阅读时教学生提一些"谁""什么""哪儿"和"如何"等问题，有助于学生理解阅读的内容。训练学生在活动中自己和自己谈话，自己问自己或彼此之间相互问老师要问的问题，可以使学生在解数学题、拼写、创作以及其他课题中成功学会自我谈话技术。

4．生成性学习

生成学习是美国心理学家维特罗克在吸收了信息加工论的研究成果和概括了他本人长期在课堂教学研究中的成果的基础上提出来的一种学习理论。所谓生成是指新知识的内在联系以及新知识与已有经验之间的联系。前一种联系称为文内联系，后一种联系称为文外联系。维特罗克认为，人们生成对所知觉事物的意义，总是和他以前的经验相结合。也就是说，理解总是涉及学习者的认知过程及其认知结构。人脑并不是被动地学习和记录输入的新信息，它总是建构对输入信息的解释，主动地选择一些信息，忽视一些信息，并从中得出推论。

生成性学习策略主要是指要教给学生一些具体的心理加工新信息的方法。例如，可以成功地教学生对所学材料提问题、总结、类比等，教学生讲解他所听到的内容，这些生成性活动都有利于学生的学习和记忆。维特罗克认为，如果训练学生对他所阅读的东西产生一个类比或表象，他们的理解就会增强。这些表象可能包括图形、图像、表格和图解等。生成学习策略的最重要的一点，就是强调你需要对你的学习进行积极加工，你不是简单地记录和记忆信息，而是要主动把你所学的信息和你自身的知识经验联系起来从而加深理解。

(三)组织策略

组织是学习和记忆新信息的重要手段，组织策略是为了整合不同信息之间、新旧知识之间的内在联系，形成良好的知识结构。组织的基本方法是将学习材料分成一些小的单元，并将这些小的单元置于适当的类别中，从而使每项信息和其他信息联系在一起。

1. 列提纲

列提纲就是用简要的语词写下材料中的主要观点、次要观点，以金字塔的形式呈现材料的要点及其各种观点之间的关系，从而对材料进行整合。列提纲时首先要对材料进行分析、归纳，只有理解了材料内容才能准确地反映什么是主要观点、什么是次要观点以及各种观点之间的关系。在教和训练学生列提纲的策略时，教师可先提供一个较好的提纲作为样例，引导学生对它进行分析，然后给学生提供一个不完整的提纲，引导学生对两个提纲进行对比，完善后一个提纲。

根据赫迪和安德森(Hidi & Anderson, 1986)的研究，儿童提要能力的发展可划分为三个阶段。第一阶段，年龄小的儿童基本不具备相对重要性程度的认识能力，他们对重要性的判断是以自己的兴趣而不是材料本身作为标准。第二阶段，学生已具备相对重要性程度的认识，但注意集中在句子水平上，采用的策略是间断抄写策略。第三阶段，学生能摘录出一些"有意义"的句子，并被重新建构，从而转化成一个新的更高层次的概括句，这个句子能包罗整个材料的所有重要信息，是一种"高深度—高内容"的方法。

因此，在训练学生列提纲策略时应注意：首先，教给学生基本的提要技巧，并作出明确的解释。基本的提要技巧有：确定主要思想，如找出最关键的词、句子；省略不重要的信息；删除多余信息；运用列提纲、建立网络图、画关系图等方式，将主要信息和支持性信息连接起来；用材料中现成的概括句表达要点，或用自己的话概括要点。其次，进行模仿练习。再次，练习与反馈。给学生提供大量练习机会，并及时反馈练习情况。最后，分步练习。可从写摘录入手，逐步过渡到写摘要、写标题。

2. 利用图形

(1) 系统结构图。学完一科知识或某一单元内容，对学习材料进行归类整理，将主要信息归成不同水平或不同部分，然后形成一个系统结构图。复杂的信息一旦被整理成一个金字塔式的层次结构，理解和记忆就容易多了。在金字塔结构里，较具体的概念要放在较抽象概念之下。如图8-2是一个矿物分类图，通过做这样一个系统结构图，学生不但对矿物方面的知识进行了整合，使知识系统化，也便于学生对知识进行记忆。

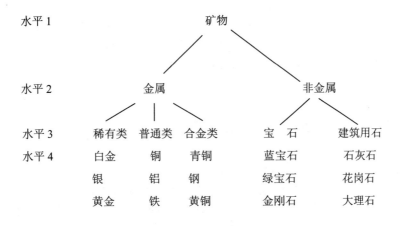

图 8-2 矿物的分类

(2) 流程图和模式图。流程图可用来表现步骤、事件和阶段的顺序，一般是以时间或事件的先后为参照的。画流程图时，一般是从左向右展开，用箭头把各步连接起来。

模式图是利用图解的方式来说明在某个过程中各要素之间是如何相互联系的。它不一定以时间为参照，重点在于说明在一个过程中各要素或环节之间的关系。例如，加涅关于信息加工过程的整个描述便称为学习的信息加工模式图，这个图完整地说明了人是如何对信息进行加工的。

(3) 网络关系图。网络关系图越来越受重视，在学习、教学和测评中经常予以广泛运用。网络关系图可以表示事物或事件的多种关系，利用关系图可以图解事物或事件是如何相互联系的。

按顺序可以有时间关系、空间关系、发展关系。例如，讲茶树生长过程时，按时间关系就可以把茶树的生长过程组织为：茶树冬天黑簇簇→春天吐出嫩叶芽→清明添新枝→谷雨嫩叶长大。

因果关系是一种常见的关系，按因果关系组织可能有一因多果，也可能是一果多因。

种属关系也是在我们学习中经常遇到的一种关系。例如，图 8-2 如果从关系角度讲也可以看作一种种属关系图，它列举了稀有金属、普通金属、合金以及宝石、建筑用石与金属、非金属以及矿物之间的种属关系。例如，说明文《太阳》如果按种属关系可以组织为如图 8-3 所示的网络关系图。

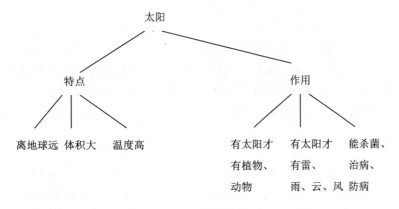

图 8-3 太阳种属关系图

作关系图时，首先找出课文中的主要观点；然后找出次要的观点或支持主要观点的部分；接着标出这些部分，并将次要的观点和主要的观点联系起来。在关系图中，主要观点位于正中，支持性的观点位于主要观点的周围。而顺序关系也可以用直线关系图来表示。

3. 利用表格

学习中通过画各种表格对学习内容进行组织，也是常用的方法。常用的表格包括一览表和双向图。

在画一览表时，首先要对材料进行全面的综合分析，然后抽取主要信息，并从某一角度出发，将这些信息全部陈列出来，力求反映材料的整体面貌。例如，在学习中国历史时，可以时间为轴，将朝代、主要历史人物、历史事件全部展现出来，制成一幅中国历史发展一览图。

双向图是从纵横两个维度罗列材料中的主要信息。层次结构图和流程图都可以衍变成双向图。

二、元认知策略

(一)元认知的概念

元认知(meta cognition)是弗拉维尔(J.H.Flavell)早在1976年提出来的，这一概念提出来以后对认知心理学的发展产生了很大的影响，有些人甚至认为是认知心理学的一次革命。所谓的元认知就是对认知的认知，具体地说，就是个体对自己的认知活动的自我意识、自我控制和自我调节。一方面，元认知来自个体过去的认知活动，随着个体在成长过程中不断的认知活动，每个人都会形成关于自己认知过程的知识和调节过程的能力。例如，如果问中学生"你是如何学习的？"，几乎每一个学生都能讲出他如何学习、如何记忆、如何思考问题等，这便是他所具有的元认知知识，而他们往往正是用这种知识调节和控制他们的学习，这些就是我们所讲的元认知。另一方面，学生已经形成的元认知又会对他们随后的认知或学习活动产生影响，学生的元认知越是丰富、越是科学，越有利于以后的学习。

(二)元认知策略的内容

学习时，学习者要学会使用一些策略去评估自己的理解、预计学习时间、选择有效的计划来学习解决问题。例如，假如你读一本书，遇到一段读不懂，你该怎么办呢？你或许会慢慢再读一遍；你或许会寻找其他线索，如图、表、索引等来帮助理解；或许你还会知道这一章更前面的部分，这意味着你要学会如何知道你什么地方不懂以及如何去改正你自己。此外，你还要能预测可能会发生什么，或者能说出什么是明智的，什么不是明智的。所有这些都属元认知策略。元认知策略包括元认知计划、元认知监控和元认知调节。

1. 元认知计划

元认知计划是根据认知活动的特定目标，在一项活动之前计划各种活动，预计结果、选择策略、设计解决问题的方法，并预计其有效性等。元认知计划策略包括设置学习目标、浏览阅读材料、产生待回答的问题以及分析如何完成学习任务。不论是完成作业，还是为了应付考试,学生在每一种学习中都应当有一种计划或"对策"。成功的学习者往往除了有这种对策和计划以外,还会预测完成作业需要多长时间,在作业前获取相关的信息,在考试前复习笔记,在必要时组织学习小组对困难的问题进行讨论以及使用其他的各种方法帮助自己学习,因此,成功的学习者是一个积极的而不是被动的学习者。

元认知计划属于学习活动之前的监控,它是指学习者对某一时间内学习活动的设计和安排。为学习做计划既可以是较长期的,也可以是针对具体的学习任务所制订的计划,就好比一个足球队一样,除了有较长期的训练计划、比赛计划以外,面对不同的对手还要根据对手的特点与出场情况制订具体的对策和计划。学习计划既可以是写出来的,也可以是头脑内部的,不管是哪一种,都应是在对具体的学习任务分析以后产生的。

钟祖荣认为,制订比较大的学习计划的一般程序是:第一步,情况分析,包括自己的理想目标、自己的长处与不足、对自己有利的条件和不利的条件。明确这些情况是个体制订学习计划的前提条件。如果对自己的情况并不很清楚,可以向家长、老师和同学进行咨询。第二步,确定学习任务与内容,并进行时间安排,使两方面的情况相平衡,即任务量不能超出时间的可能性。第三步,制定完成学习任务的策略、方法和具体的措施。

制订具体学习活动的计划,程序是:①对学习任务与学习材料进行分析,包括数量多少、难度大小、材料性质等。②联想自己的特点,如学习风格,并非每一次学习时都要做分析,只要回忆一下就可以了。③选择学习该材料的学习策略。应该包括:花多少时间(时间安排);在单位时间内学习多少(效率预期,如每小时阅读多少页);达到怎样的目标或者结果(结果预期,如背诵下来等);确定什么是适合我的学习的程序和方式;选择什么辅助手段、工具,可以向谁寻求支持(资源管理的考虑)。这三步中前两步是条件性知识,主要是为第三步服务的。当然,学生有了一定的学习经验后,并不一定每次都要经过如此烦琐的分析。对有经验的学生来说,这个决策过程是比较简单的;而对于缺少学习经验的学生而言,或者这个决策过程很长,或者盲目投入学习,凭习惯和惯用的方法学习,不做科学的学习决策。

制订学习计划时,学习的任务和内容要尽可能具体、量化,同时突出重点,时间的安排上,文理科的内容要交叉安排,使大脑的不同部位交替兴奋,以防产生学习疲劳;在效率比较高的时间段里安排比较困难复杂的学习任务,在效率比较低的时间段里安排简单的活动性的学习任务。并且一旦安排了计划,就要克服各种困难,按时执行。

2. 元认知监控

元认知监控是指个体在进行认知活动的实际过程中,根据元认知目标,及时评价、反馈认知活动的结果与不足,正确估计自己达到认知目标的程度、水平,并且根据有效性标准,评价各种认知行动、策略的效果。例如,在学习过程中,时时自省自己的学习方法是否有效,学习的状态是否良好,学习效率如何,对学习结果的归因,提出改进和补救措施,及时做出调节等。

韦纳认为,归因指人们在寻求行为成功和失败的因果性解释时,通常会归于能力、努力、任务难度和运气四种主要原因,归因过程主要按照控制源(内部原因和外部原因)、稳定性(稳定和不稳定)与可控性(可控的和不可控的)三个维度进行,每一维度对动机都有重要的影响,而内部、稳定和可控的维度的归因有利于激发学习动机,如表8-1所示。

表 8-1　韦纳的学习三维归因

	可控制性		不可控制性	
	稳　定	不稳定	稳　定	不稳定
内部	持久努力	一时努力	能力	心境、疲劳
外部	他人持久努力 他人偏见	他人一时努力 他人帮助	他人能力 任务难度	他人心境 运气机遇

下面介绍两种具体的监控策略——领会监控和集中注意力。

1) 领会监控

一种具体的监控策略就是领会监控，一般在阅读中使用。熟练的读者在阅读时自始至终都持续着这一过程。熟练的读者在头脑里有一个领会的目标，诸如发现某个细节，找出要点等，于是，为了该目标而浏览课文。随着这一策略的执行，如果找出了这个重要细节，或抓住了课文的要点，熟练的读者会因达到目标而体验到一种满意感。但是，如果没有找到这个细节，或者不懂课文，则会产生一种挫折感。如果领会监控最终显示目标没有达到，就会采取补救措施，如重新浏览材料或者更仔细地阅读课文。

一些研究表明，从幼儿到大学生有许多人都缺乏这种领会监控技能，很多学生总是把重复(如再读、抄笔记等)作为他们的主要策略，从课本或讲演中学习新知识。为了帮助这样的学生，德文(Devine，1987)建议他们使用以下策略以监测并提高他们的领会能力。

(1) 变化阅读的速度，以适应对不同课文领会能力的差异。对于比较容易的章节读快点，抓住作者的整体观点；对于较难的章节，则要放慢速度。

(2) 中止判断。如果某些事不太明白，继续读下去。作者可能会在后面填补这一空隙、增加更多的信息，或在后文中会有明确的说明。

(3) 猜测。当对所读的某些事不明白时，养成猜测的习惯。猜测不清楚段落的含义，并且继续读下去，看看自己的猜测是否正确。

(4) 重读较难的段落。重新阅读较难的段落，尤其是当信息仿佛自相矛盾或模棱两可时。最简单的策略往往是最有效的。

2) 集中注意力

保持良好的注意力，是大脑进行感知、记忆、思维等认识活动的基本条件。在学生的学习过程中，注意力是打开其心灵的门户，而且是唯一的门户。门开得越大，学到的东西就越多。而一旦注意力涣散或无法集中，心灵的门户就会关闭，一切有用的知识信息都无法进入。正因如此，法国生物学家乔治·居维叶说："天才，首先是注意力。"

注意力和金钱、能源一样，是一种有限的资源，在某时刻，只能注意有限的事物。当教师要求学生将他们有限的注意能量全都花在他所说的每一件事上时，学生只得放弃对其他刺激的积极注意，只得变换优先度，将其他刺激全部清除出去。

例如，当人全心注意一个有趣的谈话者时，他就意识不到细微的身体感觉(如饥饿)，甚至充耳不闻、视而不见其他刺激。有经验的讲演家知道，听众一旦心不在焉时，他们已经不再集中注意听讲了，可能已经转向注意午餐或其他活动了，因此就要重新吸引他们的注意力。

柯诺(Corno，1987)发现，注意与学习者的自我管理有关。注意力差的学生很难计划和控制自己的学习。她认为需要教学生一些抑制分心的学习策略，来帮助他们对行为进行自我管理和自我调节，如注意此刻自己正在做什么、避免接触能分散注意力的事物等。许多心理学家认为学生缺乏注意力方面的知识，犹如他们缺乏数学概念。如果能教他们一些对注意进行监控和自我管理的知识，教师就不会再在意全班同学的注意了。学生无论在家还是在学校，都能使用这些技能来提高他们的学习。

在集中注意的过程中，可以采用明确当前学习目标的策略。知道并明确自己的学习任务能够使学习者保持学习的心向，随时提醒和监控自己是否完成了学习任务，如果还没有的话，那么他会让自己将注意力保持在学习材料中。也可以采用自我奖励的方法。例如，告诉自己，把这部分内容学习好以后，就可以好好玩一下，这样可能会使得自己的注意力暂时集中。

3．元认知调节

元认知调节是根据对认知活动结果的检查，如发现问题，则采取相应的补救措施，根据对认知策略的效果的检查，及时修正、调整认知策略。元认知调节策略与监控策略有关。例如，当学习者意识到他不理解他学习材料的某一部分时，他们就会退回去重新阅读困难的段落，在阅读困难或不熟的材料时放慢速度，复习自己不懂的课程材料；测验时跳过某个难题，先做简单的题目等。调节策略能帮助学生矫正他们的学习行为，使其补救理解上的不足。

下面，举一个例子来说明这些元认知策略是如何起作用的。假设有一个学生正在学习中国香港割让给英国的历史。这个学生意识到这些知识将会以简答题和论述题的形式进行测验，评价自己对这一主题方面的知识，并决定作一个学习计划来理解要点、记住重要的事实。于是，他用自己的话口头复述这一章的每一节，列出重要的历史事件。他监控自己的学习进程，意识到自己在比较一些战争和条约时有困难，于是，他决定写下他自认为在测验中可能出现的简答题的答案。他这种以行得通的策略替代行不通的策略，从而变化或修改自己行为的能力，正是成功学生的一个重要特征。

元认知策略总是和认知策略一道起作用的。如果一个人没有使用认知策略的技能和愿望，他就不可能成功地进行计划、监控和自我调节。元认知过程对于帮助我们估计学习的程度和决定如何学习是非常重要的；认知策略则帮助我们将新信息与已知信息整合在一起，并且存储在长时记忆中，因此，我们的元认知和认知必须一道发生作用。认知策略(如画线、口头复述等)是学习内容必不可少的工具，元认知策略则监控和指导认知策略的运用。也就是说，可以教学生使用许多不同的策略，但如果他们没有必要的元认知技能来帮助他们决定在某种情况下使用哪种策略、或改变策略，那么他们就不是成功的学习者。

三、资源管理策略

资源管理策略是辅助学生管理可用的环境和资源的策略，它主要包括时间管理策略、学习环境管理策略、努力管理策略、寻求支持策略等。成功地使用这些策略可以帮助学生适应环境以及调节环境以适应自己的需要。

(一)学习时间的管理策略

1．统筹安排学习时间

时间是一种不可回收的资源，每个人都应当根据自己的学习总体目标，对时间做出总体安排，并通过阶段性的时间表来落实。学习的时间表既可以单独制定，也可以包含在学习计划中。对每一天的活动最好列出一张活动优先表来。

学习计划的实施要通过有效的时间来保证，正像布卢姆所认为的，只要给予足够的学习时间和适当的教学，几乎所有的学生对所有的学习内容都可以达到掌握的程度。对时间给予统筹管理，保证将足够的时间用在所要掌握的学习内容上，是制定和执行学习时间表应该重点考虑的。也就是说，对不同的学科、学习内容在时间的安排上要具体、要有针对性，切记不可平均用力。计划制订以后，要严格按照计划去执行，不要朝令夕改，随意改变计划，在执行计划过程中确实需要改变计划的话，也应该是在充分考虑的基础上，有目的、有针对性地进行修改。

2．高效利用最佳时间

在学习上，除了要保证把足够的时间用在所学的内容上以外，还要保证学习时间的有效性，提高单位时间的学习效率。在不同的时间里，人的体力、情绪和智力状态是不一样的，并且具有一定的规律性。也就是说，不同学习时间的质可能是不一样的。首先，要根据自己的生物钟、生物节奏安排学习活动。其次，要根据一周内学习效率的变化安排学习活动。再次，要根据一天内学习效率的变化来安排学习活动。最后，要根据自己的工作曲线安排学习活动。根据学习内容的性质、难度的不同，在不同的时间里交叉进行。比如，在一天的学习或复习中，可先安排学习数学，学一段时间以后，安排学习语文或外语，然后再学习物理或化学，这样既可以减少疲劳，也可以减少学习内容之间的干扰。

学习时，随着学习的进行，人的精神状态和注意力会发生变化。一般来说，存在三种变化模式：先高后低、中间高两头低、先低后高。每个人要根据自己的模式，安排学习内容，确保状态最佳时学习最重要的内容，提高单位时间的利用率。

3．灵活利用零碎时间

在每天的生活中，除了对时间进行统筹安排外，还有一些零碎时间会在不知不觉中偷偷地溜掉。在对时间的安排上，应主动地利用时间，这种时间的利用除了用在学习上之外，还可安排进行一些有意义的娱乐、体育活动；除了利用整段的时间，还要安排最容易溜掉的零碎时间。对零碎时间的利用也应在计划之内，也应该是主动的。首先，可以利用零碎时间处理一些杂事。其次，读短篇文章或看报纸杂志，听新闻等，不断拓宽自己的知识面，或者背诵诗词和外文单词。最后，可以进行讨论和通信，与他人进行交流，在轻松的气氛里与人交流有助于创造性思维的启发。

(二)学习环境的管理策略

学习环境也是一种可资利用的资源，它对学习和学习效率也会产生影响。首先，要注意调节学习的自然条件，如流通的空气、适宜的温度、明亮的光线以及和谐的色彩等。其次，要设计好学习的空间，如空间范围、室内布置、用具摆放等因素。最后，要根据自己的学习习惯安排学习环境，有的学生可能喜欢单独学习，找一个安静的环境学习能提高学习效率；有的学生喜欢在图书馆、教室学习，人多时能约束自己的行为；也有些学生觉得通过讨论、交流更能提高学习的效率。由于每个人的学习特点和习惯不同，在学习环境的设置上也应该有所考虑。

(三)学习努力和心境的管理策略

为了使学生维持自己的努力意志，调节自己的心境，需要不断地鼓励学生进行自我激励。这包括明确学习目的和目标，激发学习的内在动机；树立为了掌握而学习的信念；选择有挑战性的任务；调节自己成败的标准，这种标准应该建立在自己学习的具体情况上，不要太高，也不要太低，应该是通过自己努力能够达到的；正确认识成败的原因，形成合理的归因方式；自我奖励，比如，当自己取得了一定成绩后，可以让自己有一些娱乐活动、进行体育锻炼，看自己喜欢的电视、电影等。这既可以缓解自己紧张的情绪，保持一种愉悦的心情，也可以通过自我奖励加强学习的积极性，不断地从一个目标走向新的学习目标。

(四)学习工具的利用策略

要善于利用参考资料、工具书、图书馆、广播电视以及电脑与网络等。这既是一种资源管理策略，也是现代社会对每一个学生学习的要求。学习工具的利用所要强调的是，这种利用应该及时，就是当你需要时就应该立即去查资料，这对于加深对学习内容的理解、记忆，增强学习的兴趣和对某些问题的进一步思考、探索都是重要的。

(五)利用其他人支持的策略

其他人支持策略就是在学习中善于寻求老师、同学的帮助，或者通过小组中同学间的合作与讨论来促进自己的学习，加深对学习内容的理解、记忆。研究表明，学习好的学生一般都能比较好地利用其他人支持的策略，并且可资利用的他人支持的范围也比较广，如在课堂上或课后向老师提问题、回答问题，和同学讨论、辩论等，而学习较差的学生往往羞于向老师、同学提问，和同学进行讨论的机会也比较少。因此，对学习较差的学生来说，大胆地利用他人支持的策略资源，是改善学习状况、提高学习兴趣的一个重要方面。在当前的基础教育改革中，倡导合作学习、讨论式学习、探究学习等，就是强调要增强师生之间、同学之间的信息交流，在交流中促进学生的知识建构。对于学习较差的学生教师应该给予更多的关心和重视。

第三节　学习策略教学

教会学生学习、教会学生思考已成为当前教育学家和心理学家的共识，是重要的教育目标之一，是未来社会对个人素质的基本要求。关于学习策略的教学探讨已成为当前国内外研究甚为关注的问题。为什么要大力提倡教给学生学习策略呢？新知识观认为知识包括陈述性知识(回答"是什么")、程序性知识(解决"为什么")和策略性知识(探讨"怎么做")三大内容，缺一不可。由此可见，完整的知识教学应包括这三个部分。教会学生学会学习的重要方法之一就是对学生进行学习策略的教学。学习策略是学生陈述性知识和程序性知识学习都需要的，但存在的问题是教师花在学习策略教学和训练上的时间太少。国外的研究发现，小学教师只用3%左右的时间向学生建议一些记忆和学习策略。面对所有课程中的所有任务，有些学生只会使用一两个主要的学习策略，学生常常没有必要的策略来学习复杂的材料。优秀的教师不仅结合教学内容教给学生具体的学习策略，而且还教会学生积极地、适时地选用有效的学习策略。策略的重要性已经为人所公认，但是策略不会自己发展，必须通过系统的训练。与其他能力一样，学习策略的教学不能只是知识的传授。因此，对学生进行学习策略的教学和训练就显得非常重要。

人们在学习过程中常常使用各种不同的策略，但很少有什么学习策略总是有效的，也很少有什么学习策略总是无效的。显然，学习策略的价值依赖于其具体学习内容和如何使用。在进行学习、训练时，教师不管教给学生什么学习策略、怎么教这些策略，必须遵循一定的基本原则。

一、学习策略训练的原则

学习策略训练一般应遵循如下原则。

(1) 主体性原则：指任何学习策略的使用都依赖于学生主动性和能动性的充分发挥。研究表明，学习动机影响着学生学习策略的掌握和应用。学生对学习结果的期望不同，动机归因不同，则学习策略的掌握与使用的水平也不同。若学习者认为最终的学习结果毫无价值，则他不会主动应用策略进行有效学习；若学习者认为即使经过努力也不能达到学习目标，则他不可能花大量时间去尝试应用多种策略以解决问题。一般而言，动机强的学生倾向于经常使用已经习得的策略，而动机弱的学习者对策略的使用不主动、不敏感。

(2) 内化性原则：指训练学生不断实践各种学习策略，逐步将其内化成自己的学习能力，并能在新的情境中加以灵活应用。策略性知识的学习不同于陈述性知识的学习，学生在掌握某些学习策略之后，必须经过大量的练习或训练，才能将其运用于学习实践，才可能促进学习。因此，学习策略的教学和训练在引导学生知道如何去做的同时，必须让学生通过和具体学科内容相结合的练习，把它内化为学生自己的东西，才可能对学习是有用的。

(3) 特定性原则：指学习策略一定要适合学习目标、学习内容和学生的类型，具体问题要具体分析。例如，研究者发现，同样一个策略，年龄大的和年幼的、学习好的和学习差的用起来的效果就不一样。在策略训练中要考虑不同学生各自的学习状况，对不同的学生应教给不同的学习策略。同时要考虑学习策略的层次性，不仅教给学生大量的学习策略，还要教给具体的学习策略。

(4) 生成性原则：这是有效学习策略最重要的原则。指学生要利用学习策略对学习材料进行重新加工，生成某种新的东西，进行高度的心理加工。要想使一种学习策略有效，学生的心理加工必不可少。生成性程序比较高的策略有：给别人写内容提要；向别人提问；将笔记列成提纲；图解要点之间的关系等。生成性程度低的策略包括：不加区别地画线、不抓要点地记录、内容浮浅的提要等，这些策略对学习的意义是不大的。

(5) 有效的监控：指学生应当知道何时、如何应用他们的学习策略，能反思并描述自己对学习策略的运用过程。学生的学习过程是一个自我监控的过程，学习策略的运用是和学生的具体学习活动、具体的学习任务、具体学科联系在一起的，在不同的学习中学生运用的策略应该是不同的，教师要引导学生对策略使用情况进行反思，或者在用的过程中把它说出来，以促进学生对策略使用过程和状况进行监控。例如，学生在列提纲时，可以一边列提纲一边把列的内容讲出来，尤其在策略训练的初期，这样做有利于学生掌握列提纲策略，也有利于增强学生对列提纲过程的监控。

(6) 个人自我效能感：指教师给学生一些机会使他们感觉到策略的效力以及自己使用策略的能力。教师必须让学生意识到，只要掌握和使用了学习策略，他的学习成绩就会提高。在学生学习中，教师要不断向他们提问题和进行测查，并据此对他们的策略使用成绩进行评价，使学生感受到使用学习策略学习就会有收获，增强学生的自我效能感。

二、学习策略的教学要求

策略教学的有效性一直是策略研究关注的问题。要保证策略教学有效，以下条件不可缺少。

(一)突出条件化知识

所谓条件化知识，是指策略使用的条件与范围。策略的使用不是万能的，总是有一定前提条件的。如在教学"整十、整百凑整简算策略"中，其条件化知识是：试题有接近整十的数，运用"整十凑整策略"；有接近整百的数，运用"整百凑整策略"。否则，学生就会不分青红皂白地乱凑而达不到简算的目的。又如在教学求不规则图形面积的"移动策略"中，平行移动的条件化知识是图形平行排列，旋转运动的条件化知识是图形一点相连，翻转运动的条件化知识是图形间有对称轴。学生只有掌握了条件化知识，才能在众多的策略中迅速、正确地选择合适的策略。因此，突出条件化知识是策略教学的重要一环。

(二)防止应用性缺陷

已有的研究表明，在策略上，学生通常存在三种缺陷：第一种是策略意识缺乏，尚未体会到策略的价值与效用；第二种是"产生缺陷"，即不能自发产生策略，但能在教师的指导下使用策略；第三种是应用性缺陷，即学生已具备相应的策略，但仍不能应用或错误应用。

策略教学的系列实验表明，出现应用性缺陷的主要原因有以下几点。

(1) 策略巩固程度不高。策略的学习与知识的学习是一致的，只知道怎样做、如何做还不够，还必须通过足够的练习才能熟练巩固，只有巩固了的内容才能正确运用。

(2) 主体策略运用意识不强。由于主体未真正体会到策略的有效性，虽有策略，但却缺乏策略运用的意识与愿望，一旦缺乏外界的提示与引导就难以自觉运用。

(3) 主体体验匮乏。主体在学习策略时，缺乏情感的激发与参与，未产生运用的欲望与动机，这样获得的策略可能只是当时有效而难以持久，从而导致运用性缺陷的产生。

(4) 缺乏条件化知识。缺乏条件化的知识，就会导致个体不知道在何时、在什么情况下选择哪一个策略。因此，为防止运用性缺陷，在策略的教学中，尤其是理科内容的策略性教学，要特别注意突出条件化知识的教学。

(三)策略教学应具体化

要使学生顺利掌握策略,策略教学应具体化,分阶段进行。如应用教学凑整百的简算策略时,展示"275+299=?"例题,策略剖析分四步进行。①观察:首先观察数字特征,看哪个数接近整百。②凑整:把接近整百的数299凑成300。③计算:300+275=575。④纠正假设:由于把299看成300计算,多加了1要减1,才能得到正确答案。依次连贯的"看、分、算、纠"四步使学生有轨迹可依,能比较容易地一步一步掌握所教策略。

(四)策略教学需外显化

许多学习策略是内隐的,不是靠眼睛能观察到的。所以教师须尽量把学习策略外显化,使学生能切身感受到、体验到。例如,"全脑阅读策略"的教学目的是激活学生的右脑,与左脑配合参与阅读活动,以提高阅读的效果。那么怎样才算右脑活动?如何调动右脑活动?这些过程是看不到的。因此,必须通过教师的示范或对学生的具体启发,使学生经过体验才能领会。如在通过《小鞋匠》一文教学"全脑阅读策略"时,教师问:通过第一段话,你看到了什么?学生回答看到了小鞋匠在焦急地等一个人。实际上,这时学生的右脑并没有真正地活动起来,仍然只是左脑对文字的理解结果。这时教师应进一步启发学生,你看到的是一个什么样的人,是瘦的、胖的?是高的还是矮的?如果想象的是瘦的,是怎样的瘦(脸是尖的,还是颧骨凸出的)?又如是怎样体现小鞋匠的焦急?眼神(左顾右盼)、姿势(坐立不安)是怎样的?教师通过这样的步步提问,才会逐渐激活学生的右脑,形成一副完整的图形画面。再如学习《天线》一文,教师提问学生通过该文的学习,看到了什么样的天线?甲学生答"看到了一根长长的天线",而乙学生则答"看到了在风雨中一根细细的、亮亮的、高高的、左右摇晃的天线",乙学生呈现的是一副有色、有形、有动感的丰富画面,显然是右脑积极参与活动的结果。这时,教师立即反馈道,"你的右脑真正激活了!你看到的是一幅丰富的画面,独有的天线",使学生进一步实际体会到什么是右脑的激活,将内部思维活动外显出来,使学生能如身临其境地感受到。

(五)策略教学要加强主体体验

学习策略教学中的主体体验是指通过尝试、应用而获得的关于具体策略的情感、价值、态度等方面的内心认同,它是沟通学习策略与问题情境的中介桥梁,是主体能动性的体现。再高效的学习策略,如果缺少主体体验,也难以内化到主体认知结构中成为具有个人价值意味的智慧能力。

但由于主体体验具有内隐性,难以观察、检测,导致人有意或无意地忽视了它在学习策略教学过程中的存在。教师往往只重视策略本身的讲解,而缺乏对主体情感的激发。学生缺乏主体体验,学习策略的学习就会停留在简单的尝试、演练甚至机械学习阶段,难以向应用、迁移和新策略生成等高级阶段推进,因而学习策略教学的有效性就不可能充分发挥出来。

主体体验应该包括学与教两个方面。从教的方面来说,教师如果缺乏主体体验,就难以领会到策略所包含的思维活动、程序与价值,更难以把策略内涵展开、外显,使之形象化、情境化,感染学生,使学习者如身临其境,生动地感知、吸收、内化。如讲"全脑阅读策略",如果教师自己的右脑都不能启动起来,学生的右脑怎么可以充分调动;从学生来讲，缺乏主体体验，就难以把外部的指导转为自己的内部需要。例如，"影视语言运用策略"的教学通过具体、生动的影视画面说明不同的影视语言，使学生真切地感受到影视语言，在此基础上，进一步通过实例让学生体会到影视语言在文章中的妙用，感受到影视语言在阅读与写作中的感染力与魅力，激发学生产生一种运用的欲望和冲动，这样外部的教学就能顺利地转化为个人的自觉运用。

授人以鱼不如授人以渔，学习策略的教学应当成为教师教学工作的重要内容。教师在教学过程中应充分调动学生学习和运用策略的欲望和热情，让学生切实体会到学习策略的有效性，形成策略意识，并在教师的指导下掌握一些常用策略。当学生掌握了一定策略后，要经常提示和鼓励学生坚持策略的使用，并通过适当的练习巩固学习策略。

三、学习策略的教学阶段

奥克斯福特(Oxford)提出了策略教学的八阶段：①确定学习者的需要和有效的学习时间；②选择良好的学习策略；③整体考虑策略的教学；④考虑动机因素；⑤准备材料和设计活动；⑥实施完整的策略教学；⑦评价策略教学；⑧矫正策略教学。前五步为计划和准备阶段，后三步为实施、评价和矫正阶段。

认知性语言学习方法(the cognitive academic language learning approach，CALLA)专门设计了语言学习策略教学程序。该程序展示了语言学习策略的引入、传授、操作、评价和运用等循环往复的五阶段。依照这种程序设计，对学习策略运用于学习过程先要有明确的指导，然后逐渐降低指导力度，培养学生肩负起自己选择恰当学习策略的责任。CALLA 程序设计的学习策略教学包括以下五个阶段。

(1) 准备阶段：搜集策略。本阶段的目的是搜集、确认学生使用的各种各样的有效策略。对策略的搜集可以包括：讨论能够用于当前学习任务的策略；对特定的个人或群体进行面对面的谈话，以了解策略的使用；开展小组活动，让学生描述他们各自在执行一项任务时的思维过程；也可以运用问卷调查等手段收集使用过的学习策略和个人对使用的学习方法、记录的日记等。

(2) 展示阶段：该阶段集中解释说明学习策略，向学生讲述即将教授的学习策略的特征、有用性和运用。也许最有效的方法莫过于向学生讲一下教师自己对学习策略的运用。例如，教师可以一边读投影仪器播放的一段文章一边讲述：如何依据题目做出预测；如何来回忆先前的知识；如何有选择性地注意题目和粗体文本；怎样确定不熟悉的词汇，怎样根据前后文对生词进行预测；最后评价在阅读时取得的成功。要求学生回想如何运用这些策略时，教师也可以深入地描绘各种策略，给每个策略一个具体的名称，并且解释清楚何时、怎样才能最有效地运用这些策略及运用这些策略的价值。这种展示可以让学生想象他们自己遇到类似的任务时也能取得成功。

(3) 操作阶段：在这个阶段，学生有机会在真正的学习任务中实践一下那些学习策略。操作活动常常是在与同学们合作中进行的。如面对新问题，一群学生讨论最适合采用哪个策略以及为什么；又如读一段资料，讨论遇到的生词，并通过上下文推断它们的含义，运用概括的方法轮流概述文章的要点，等等。

(4) 评价阶段：本阶段的目的是提供给学生机会评价他们在运用学习策略过程中取得

的成功,增强他们对自己学习过程的元认知意识。培养学生自我评价能力的活动包括:学生在操作后向别人请教或传授的情况,研究学生对有关策略运用的记载,或通过开放性问题或封闭式的问卷材料,让学生表达他们对某些学习策略的有效性评价。

(5) 扩展阶段:在此阶段,学生自己决定自己认为最有效的学习策略,把这些策略运用于本门学科或其他课程中去,实现自己对策略的综合运用并提出对这些策略的个人理解。通过本阶段,学习策略指导过程就完成了,因为学生已经能够独立地制定策略,反思且调整自己的学习。

刘电芝教授在《中小学学科学习策略研究》"九五"课题研究中,根据对学习策略教学的理解和便于课堂操作的特点,提出了策略教学的四阶段。

(1) 趣味引入。通过对话或有趣事例的引入新策略;也可先让学生自发地完成某个学习任务,待其产生困惑或无力解决时,再呈现新策略。总之,以不同的方式、多样化的手法激发学生学习策略的欲望与动机,使学生处于一种渴求知道的积极情感状态。这样,教师的外在指导才能有效地转化为自己的内在需要。

(2) 策略剖析。此阶段教师应深入浅出地说明策略的实质(根据不同年龄对象,采用不同方法。一般来说,年龄小的宜采用归纳法;年龄大的宜采用演绎法),详细揭示策略的运用过程,选择较多的恰当事例说明其应用的多种可能性。选择的实例应利于学生接受,特别是学科学习策略的阐述离不开具体的知识,因此,阐述策略的知识点应在学生已有的知识背景中选择,应符合学生的接受能力。否则,如果学生感到知识陌生或难度过高,就会影响其对策略本身的理解。此外,通过实例说明策略运用的过程,要尽可能地详尽展示内隐的思维过程,步骤要具体,使学生充分体会到策略运用的过程与有效性,处于跃跃欲试、欲罢不能的状态。如果能做到这一点,教师的策略剖析就成功了。

(3) 策略运用。让学习者了解自己所学习的策略,必须提供练习这些策略的机会,才能深刻体验到自己运用策略的过程,才可能真正学会这些策略。在策略的运用阶段,教师应设计或精选能运用该策略的典型习题,呈现的材料应尽可能丰富化、多样化,从不同角度让学生进行尝试。通过本阶段的练习,使学生能切实掌握并运用于日常学习中。

(4) 策略反思。策略反思是策略教学必不可少的阶段。包括策略运用过程的回顾、策略运用的关键地方、策略运用的有效性评价(激发运用策略的积极情感体验)、策略的迁移(即还可运用的类似地方)。

复 习 要 点

第一节 学习策略概述

学习策略是学习者为了达到学习目的、提高学习效率,对学习活动过程、规则、方法或技能、调控方式等因素进行合理的分析、综合而制定的学习方案。学习策略具有主动性、有效性、过程性、通用性、整体性、灵活性和稳定性、外显性和内隐性等特点。学习策略的意义:鼓励学生成为一个学习策略的学习者,是学生学会学习的必然要求,可以改进学生的学习,提高学习的效率;加强学习策略的教学能够使学法与教法有机统一,调动学生学习的积极性,使学生真正成为学习的主体;加强学习策略的教学,有利于促进"应试教育"向素质教育转轨，实施素质教育。

根据学习策略所起的作用，丹塞路把学习策略分为基本策略和支持策略两类。基本策略是指直接操作材料的各种学习策略，主要包括信息的获得、储存、信息的检索和应用的策略。支持策略主要指帮助学习者维持适当的认知氛围，以保证基础策略有效操作的策略，包括计划和时间的筹划、注意力分配与自我监控和诊断策略。

根据学习策略涵盖的成分，迈克卡等人将学习策略概括为认知策略、元认知策略、资源管理策略。认知策略，包括复述策略，如重复、抄写、作记录、画线等；精加工策略，如想象、口述、总结、做笔记、类比、答疑等；组织策略，如组块、选择要点、列提纲、画地图等。元认知策略，包括计划策略，如设置目标、浏览、设疑等；监视策略，如自我测查、集中注意力、监视领会等；调节策略，如调整阅读速度、重新阅读、复查、使用应试策略等。资源管理策略，包括时间管理，如建立时间表、设置目标等；学习环境管理，如寻找固定地方、安静地方、有组织的地方等；努力管理，如归因于努力、调整心境、自我谈话、坚持不懈、自我强化等；其他人的支持，如寻求教师帮助、伙伴帮助、使用伙伴/小组学习、获得个别指导等。

温斯坦认为学习策略包括：认知信息加工策略，如精加工策略；积极学习策略，如应试策略；辅助性策略，如处理焦虑；元认知策略，如监控新信息的获得。温斯坦与同事们所编制的学习策略量表包括信息加工、选择要点、应试策略、态度、动机、时间管理、专心、焦虑、学习辅助手段和自我测查10个分量表。

第二节　主要的学习策略

认知策略是一种智慧技能，是学习者用来调节自己内部注意力、记忆、思维等过程的技能，是在信息加工过程中，为了更好地获得、储存、提取、运用信息等所采用的各种方法和技术。认知策略主要有复述策略、精细加工策略和组织策略。复述策略，是指在学习过程中，为了保持信息，运用内部言语或外部言语重现学习材料或刺激，将注意力维持在学习材料上的各种方法。复述策略包括：利用随意识记和有意识记、整体识记和分段识记、多种感官参与学习、及时复习、分散复习、尝试背诵、过度学习、排除相互干扰、画线技术。精细加工策略，是指对学习材料进行深入细致的分析、加工，理解其内在的深层含义，并促进记忆的学习策略。也就是将新学习的材料与头脑中已有知识联系起来从而增加新信息的意义的深层加工策略。精细加工策略包括记忆术(含位置记忆法、缩简和歌诀法、谐音联想法、关键词法、视觉想象、语义联想)、记笔记、提问策略、生成性学习。组织策略，是指整合新信息之间、新旧知识之间的内在联系，形成良好的知识结构，将学习材料分成一些小的单元，并将这些小的单元置于适当的类别中，从而使每项信息和其他信息联系在一起。组织策略包括列提纲、利用图形(含系统结构图、流程图和模式图、网络关系图)、利用表格。

元认知是弗拉维尔早在1976年提出来的，这一概念提出来以后对认知心理学的发展产生了很大的影响。所谓的元认知就是对认知的认知。具体地说，就是个体对自己的认知活动的自我意识、自我控制和自我调节。元认知策略包括：元认知计划，指根据认知活动的特定目标，在一项活动之前计划各种活动，预计结果、选择策略、设计解决问题的方法，并预计其有效性等。元认知监控，指个体在进行认知活动的实际过程中，根据元认知目标，及时评价、反馈认知活动的结果与不足，正确地估计自己达到认知目标的程度、水平，并且根据有效性标准，评价各种认知行动、策略的效果。两种具体的监控策略是领会监控和集中注意。元认知调节，指根据对认知活动结果的检查，如发现问题，则采取相应的补救措施，根据对认知策略的效果的检查，及时修正、调整认知策略。

资源管理策略是辅助学生管理可用的环境和资源的策略。它主要包括学习时间的管理策略、学习环境的管理策略、新形象努力和心境管理策略、学习工具的利用策略、利用其他人支持的策略等。

第三节 学习策略教学

学习策略训练的原则有主体性原则、内化性原则、特定性原则、生成性原则、有效监控、个人自我效能感。学习策略的教学要求有突出条件化知识，防止应用性缺陷，策略教学不仅应具体化，还需外显化，并要加强主体体验。奥克斯福特提出了策略教学的八阶段：确定学习者的需要和有效的学习时间，选择良好的学习策略，整体考虑策略的教学，考虑动机因素，准备材料和设计活动，实施完整的策略教学，评价策略教学，矫正策略教学。前五步为计划和准备阶段，后三步为实施、评价和矫正阶段。认知性语言学习方法，简称CALLA，专门设计了语言学习策略教学程序。CALLA程序设计的学习策略教学包括以下五阶段：准备阶段、展示阶段、操作阶段、评价阶段、扩展阶段。刘电芝教授根据对学习策略教学的理解和便于课堂操作的特点，提出了策略教学的四阶段：趣味引入、策略剖析、策略运用、策略反思。

拓 展 思 考

1. 结合自己的学习实际，谈谈如何提高学习效率。
2. 结合自己的实际谈谈如何运用精细加工策略。
3. 请用组织策略整理一下你的专业课知识。
4. 分析一下你自己学习资源的利用情况，说明存在哪些问题，如何加以改进。

第九章 知识的学习

掌握知识是学生学习的主要任务，也是学校教育的核心内容之一；知识的学习与教学历来是教育心理学研究的一个中心问题。

第一节 知识概述

一、知识与知识观

人类对知识含义的探究由来已久，目前仍然有争议。我国对知识的定义一般是从哲学角度做出的，如《中国大百科全书》对"知识"条目是这样表述的："所谓知识，就它反映的内容而言，是客观事物的属性与联系的反映，是客观世界在人脑中的主观映象；就它的反映活动形式而言，有时表现为主体对事物的感性知觉或表象，属于感性知识，有时表现为关于事物的概念或规律，属于理性知识。"从这一定义中可以看出，知识是主客体相互统一的产物，它来源于外部世界，所以知识是客观的；但是知识本身并不是客观现实，而是事物的特征与联系在人脑中的反映，是客观事物的一种主观表征，知识是在主客体相互作用的基础上，通过人脑的反映活动而产生的。

上述定义为我们讨论知识的内涵提供了哲学基础。但宏观的哲学反映论的认识还需要从个体认知角度进行具体化，这样才能有效地用以指导学校的具体教学。

从心理学的观点看，知识是个体头脑中的一种内部状态，有广义和狭义之分。狭义知识，一般仅指能储存在语言文字符号或言语活动中的信息或意义，如各门学科的事实、定理、公式等。广义知识，是指个体通过与其环境相互作用后获得的一切信息及组织。它既包括个体在生活实践中获得的各种信息(狭义知识)，也包括在获得和使用这些信息过程中所形成和发展而来的技能、技巧和能力。就其储存形式而言，以概念、命题、表象、图示等形式储存于个体之内，则为个体知识；以语言文字、音像制品等媒体形式储存在个体之外，则是人类知识。

长期以来，通过对什么是知识这一问题的探讨，人类形成了各种各样的知识观。知识观具体指怎样理解知识，对知识抱有怎样的态度。这种对知识的态度影响着学习和教学过程，学习者自己的知识观、学习观是其学习活动的内在背景。

知识观可以分为现代主义和后现代主义知识观。现代主义知识观认为知识具有客观性、普遍性和价值中立的特点。这种观点把知识视为对现实的一种客观反映，是封闭的、稳定的、可以从外部加以研究的意义系统。在后现代主义知识观的视野中，知识是一种动态的、开放的系统，研究者也并非完全置身于认识过程之外。也就是说，知识并不是一种绝对客观的、固定不变的终极真理，而是具有不确定性、建构性、多样性和可质疑性等特征。

理解现代与后现代知识观之间特点和取向的差别(见表 9-1)对教师准确地把握知识形

态，形成符合自己教学实践的知识观有着重要的指导作用。

表 9-1　现代知识观与后现代知识观的比较

后现代相对主义倾向	现代现实主义倾向
国家科学标准	
科学观点具有暂定性，并是不断变化的	大多数科学观点不太可能发生巨大的变化
科学家相互之间的观点与证据有所差异是正常的	科学家的工作是寻找证据解决分歧
科学家受社会、文化、个人信念和看待世界的方式影响	用神话、个人信念、宗教观念或权威来解释自然世界是不科学的
所有的科学知识都是变化的	科学的核心观念是不变的
科学素养基准	
科学知识是变化的	科学知识是稳定的
相同的科学研究很少能得到完全一样的结果	不同地方的科学研究所做的工作基本上是相同的
科学的巨变往往来自新信息的出现	科学知识中发生的变化往往是对先前知识的小小改变
变化是科学的一个恒定特征	连续性是科学的一个恒定特征
科学家对同样的观察会有不同的解释	科学家会进行更多的观察来消弭分歧
没有一个统一的为所有科学家遵循的研究程序	科学研究一般包括收集相关证据、进行逻辑推理、提出假设、解释数据
科学家对观察结果的期望会影响他们的观察	对同一问题的不同的个人研究会防止和控制个人偏见
科学中对研究什么和如何研究有着不同的传统	所有科学家对证据、逻辑和辩论等都有着基本的信念
在任何一个研究团体中，科学家都倾向于以相同的方式来看待事物	科学家检验他人的研究结果以谨防个人偏见
科学学科在研究什么、技术的运用、结果的获得方面都有所差异	所有的科学学科具有一个共同的目标，都是科学事业的一部分

学生的知识观随着年龄的增长会发生发展变化，舒梅尔等人(Schommer, et al., 1993, 1997)的研究发现，从高中一年级到三年级，学生的认识论信念即知识观，表现出明显的差异，随年级增长，他们不再把知识看得那样简单和那样确定，同时也越来越重视坚持和努力在学习中的作用。而且知识观对学业成绩有明显的预测作用，越是重视坚持和努力在学习中的作用，越不把学习看成是简捷的、一次性的，越会表现出更好的学业水平。

二、知识的分类

由于对知识的概念有不同的理解，人们对知识的分类角度也各不相同。知识从哲学角度可分为感性知识和理性知识；在学校教育实践中，根据学科的不同，可把知识分为语文知识、数学知识等。心理学主要从知识学习过程的心理实质或特点等角度对知识进行分类：奥苏伯尔将知识分为表征、概念、命题、问题解决和创造；加涅(R.M.Gagne)将知识分为连锁、辨别、具体概念、抽象概念、规则及高级规则六类。这些心理学家力图根据知识获得过程的性质对知识进行分类，使知识的类型能反映出学习的不同心理过程。但他们对知识获得的信息加工过程缺乏深入的研究，因此对知识类型的划分还带有较多的思辨色彩。

(一)陈述性知识、程序性知识、策略性知识

现代认知心理学一般依据知识的不同表征方式和作用，将知识划分为陈述性知识、程序性知识和策略性知识。

(1) 陈述性知识也叫描述性知识，是关于事物及其关系的知识，主要用于区别和辨别事物。它是个人有意识地提取线索，因而能直接陈述的知识。这类知识主要用来回答世界是什么的问题。例如，"第二次世界大战的原因是什么？"它包括事实、规则、个人态度、信仰等，以命题和命题网络以及图式和表象的形式进行表征。

(2) 程序性知识，即操作性知识，是关于怎样做的知识，是一种经过学习自动化了的关于行为步骤的知识，表现为在信息转换活动中进行具体操作。它是个人没有有意识地提取线索，只能借助某种作业形式间接推测其存在的知识，实际上是传统意义上的技能。它主要用来解决怎么办的问题。例如，"如何在图书馆中查找鲁迅的杂文集《朝花夕拾》"？程序性知识以产生式和产生式系统进行表征。

(3) 策略性知识是关于如何学习和如何思维的知识，即个体运用陈述性知识和程序性知识去学习、记忆、解决问题的一般方法和技巧。例如，知道如何写好作文。从本质上看，策略性知识也是程序性知识，但和一般的程序性知识有所不同。一般的程序性知识是完成某种具体任务的操作步骤，而策略性知识则是学习者用来调控学习和认识活动本身的，其目标是更有效地获取新知识和运用已有知识来解决问题。只有在策略性知识的指导下，陈述性知识和一般程序性知识才能被有效地加以应用。策略性知识的单独提出有助于我们进一步认识智力的本质以及如何培养智力的问题。

陈述性知识与程序性知识有许多不同的特点。安德森认为，绝大多数的陈述性知识是可以言传的，比如，说出一个国家的首都在哪里；而很多程序性知识则不能言传，比如，很多人会骑自行车，但却不能把这种技能言传给他人。当然，这种区别并非绝对的。另外，陈述性知识可以通过回忆、再认、应用以及其他知识的联系等方式来表现，而程序性知识要通过完成各种操作步骤来表现；陈述性知识可以通过听讲座、读书本、看电视等方式获得，而程序性知识必须通过大量的练习和实践才能获得。

陈述性知识与程序性知识又是密切联系在一起的。许多活动的完成既需要陈述性知识，又需要程序性知识。比如，"计算分数加法首先要通分"，能说出这一规则是陈述性知识，而操作通分的技能则是程序性知识。陈述性知识的获得与程序性知识的获得是学习过程中的两个连续的阶段。最初获得的通常是一些陈述性的知识，而经过大量的练习，这些知识具有自动化的特点之后，就变成了程序性知识。比如，学习外语时，词汇和语法规则的学习是掌握陈述性知识，当我们通过大量的实践、练习之后，对外语的理解和运用与本民族语言一样好、一样流利时，关于外语的陈述性知识就转化为程序性知识了。

在学习和教学过程中，要注意区分陈述性知识与程序性知识并促进必要的陈述性知识及时转化为程序性知识，使学生形成必要的基本技能，如读、写、算在小学阶段必须形成熟练的技能。

(二)显性知识、隐性知识

1958年英国科学家、哲学家波兰尼提出了"显性知识"和"隐性知识"的知识形态。波兰尼认为，显性知识是指用书面文字、图表和数学表述的知识，通常是用言语等人为方式，通过表述来实现的，所以又称为言明的知识、明确的知识。隐性知识是指尚未被言语或其他形式表述的知识，是尚未言明的、难以言传的知识。波兰尼有一个经典的比喻证明隐性知识的存在。他说，我们能够从成千上万甚至上百万张脸中认出某一个人的脸，但是在通常的情况下，我们却说不出我们是怎样认出这张脸的。这便是波兰尼的著名命题："我们知晓的比我们能说出的多。"波兰尼一方面指出显性知识通过教育而传播，另一方面也强调了隐性知识在教育中的作用。认识和识别显性知识并不是难事，教育教学任务的基本知识和基本技能就是指显性知识，只是过去由于把显性知识当成是知识的全部，所以就没有突出它的"显性"特征。

社会化是共享个人隐性知识的过程。分享别人的经历和经验是理解别人思想和感情的最好途径。在一定意义上，隐性知识只有共享才可被交流。外化需要将隐性知识说出来并以其他人能够理解的方式表达出来。在交谈过程中，个人超越自我和外部边界，交谈、倾听能给所有的谈话参与者带来好处，因而是知识外化的一种极好的途径。实践中，知识的外化一般通过暗喻和类比的方式进行；内化指将新创造的显性知识转换成个人的隐性知识；综合化涉及将显性知识转换成更复杂的显性知识。传播某一方面的知识、编辑和系统化这类知识，是这个转换模式的关键，这样在知识外化过程中能够生产出新知识。做中学、培训和练习是表达显性知识的重要途径。

隐性知识因为其尚处于"缄默的状态"而难以外显出来，所以一直没有得到足够的重视。但是从某种程度上说，隐性知识比显性知识更重要。隐性知识的开发利用方式已经成为一个重要的研究课题。例如，以往学校也开展了"学习方法谈"等活动，但是每一次大家谈出来的结果都大同小异，对别的学生启示不大，所以需要采取不同的方法来促进隐性知识显性化。

延伸阅读

改良面包机——隐性知识显性化

野中郁次郎(Ikujiro，1991)在20世纪80年代开始研究隐性知识问题时，曾经受到松下电器公司一位软件专家改进烤面包机过程的启示。

一位名叫田中郁子的工程师在1985年接受了一项任务：改进松下公司制造的烤面包机。原因是松下的烤面包机总是无法与面包师傅的面包制作诀窍抗争，生产出的面包没有特色，烤面包机因此也没有销路。于是，田中郁子开始走访大阪、东京的各大西餐点、面包房，并且拜大饭店首席面包师为师，详细记录他们叙述的经验，分析他们的制作和烤制过程，发现他们在做面包的时候放作料有时间和数量的差别，但在面包师看来，这些都是习以为常的差别，所以讲不出来，就像教师对不同孩子教育方式的习以为常一样。后来经过一年的努力，田中郁子和她的项目工程师们终于研制出了畅销的新型面包机，机身上有5组不同的按钮。因为人的口味是相对稳定的，用户可以根据自己的口味选择相应的面包机，制作不同味道的面包。

野中郁次郎认为，田中小姐工作的本质实际上就是：将面包师傅们自己都无法说清的隐性知识显现出来，并且以这些知识来改进面包机。

(资料来源：张民选. 隐性知识与隐性知识的显性可能. 全球教育展望，2003(7))

教学是一个储存着大量隐性知识的专业。"教无定法"从一个侧面反映出教学领域中存在着大量的有效方法，存在着大量的尚未规范和显性化的知识。教育研究者们日益认识到，教育是一个特殊的研究领域。在这个领域中，一方面，教师和学生有共同的成长规律；另一方面，每个教师和学生又有自己独特的能力倾向、认知风格、成长节奏以及由这些要素经过组合而形成的独特心理和认知结构。另外，每个教师所处的教育环境和面对的教育对象也是独特的。因此，教育领域的专业知识和能力远不止已经被教育家发现、归纳和格式化的、编码为各分支的教育科学知识，更丰富的知识和才能还积聚在每个教师的教学和教育经验中。

三、知识学习的标准

当代心理学研究非常强调知识的重要性。个体解决问题能力的高低取决于个人所获得的有关知识的多少及其性质和组织结构。学生对知识的学习只有实现概念化、条件化、结构化、自动化和策略化之后才能真正促进问题的解决。

(一)概念化

所谓概念化，是指学生在学习时能将媒体传递的信息在头脑中真正建立起的科学的概念。有时候，学生虽然从形式上记住了书面语句，但不一定表示他真正理解了知识，也不一定就形成了科学的概念。例如，学生记住了"平行四边形的面积等于底乘以高"，并不等于真正掌握了这一面积计算的科学概念。促进概念化的根本措施是训练学生在学习时将新学的内容与头脑中已经存在的有关经验建立起内在的科学的联系，只有这样，才能形成真正的理解。

(二)条件化

所谓条件化，是指不仅学会所学的知识，而且知道所学知识在什么情境下有用，即把知识的运用方法和运用条件结合起来储存，在头脑中形成一个"如果……那么……"的认知结构。现代学者认为，当人面临问题时，能否及时在大脑中检索、提取和应用与任务有关的知识，既是衡量智力发展水平的重要标志，也是检验知识掌握程度的重要指标。而学生往往不知道在学科学习中获得的各种知识可以在什么情况下使用，如此，知识也就变成了僵化的知识。它们在一个有限的背景中才能被提取出来，虽然所学知识可以应用到更广泛的场合。

(三)结构化

所谓结构化，是指将逐渐积累起来的知识加以归纳和整理，使之条理化、纲领化，做到纲举目张。知识是逐渐积累的，但在头脑中不应该是堆积的。心理学研究发现，成绩优秀的学生和成绩差的学生的知识组织存在明显差异。前者头脑中的知识是有组织、有系统的，知识点按层次排列，而且知识点之间有内在联系，具有结构层次性。而后者头脑中的知识则水平排列，是零散和孤立的。结构化对知识学习具有重要的作用，因为当知识以一种层次网络结构的方式进行储存时，可以大大提高知识应用时的检索效率。

(四)自动化

所谓自动化，是指对最基本的知识达到熟练掌握的程度，能够在运用该知识时不假思索，脱口而出，达到自动化程度。大量研究发现，如果某类或某方面知识的各部分经过练习而紧密地结合在一起，并达到自动化的程度时，那么这类知识就会以知识组块的形式储存在头脑中，运用时在个体工作记忆中所占据的空间较少，从而节省出更多的空间用于考虑问题的其他方面。否则很可能出现顾此失彼的"粗心"现象。研究表明，成绩差异大的学生在解题能力方面的差异很大程度上是由知识熟练程度的差异导致的。

(五)策略化

所谓策略化，是指学习者在学习科学知识时，必须运用关于学习策略和思维策略的有关知识指导自己高效地学习。策略化意味着学生学习时不仅要注意所学习的知识、所解的习题，而且要注意自己是如何学习知识、解答习题的。大脑意识要在知识学习和方法调节这两者之间来回变换。有的学生在解答习题时百思不得其解，去问别人，经别人一讲，恍然大悟。这样的学生通常具备解决问题的知识和具体方法，却不能有效地加以运用，主要在于缺乏分析问题、解决问题的一般思维策略。国内外大量研究表明，对这样的学生进行分析问题、解决问题的思维策略训练，能在短时间内使这些学生解决问题的成功率显著提高。

四、知识学习的影响因素

知识学习的过程是一个系统的过程，教师不仅要考虑到学习者内部因素的影响，如学生的先前经验和动机等，还要考虑到学习材料和教师指导等外部环境的影响，这两方面多个因素的共同作用影响着学习者对新知识的建构。

(一)内部因素

1. 先前知识

在学习知识的过程中，个体接受的速度和程度都有不同，除去智力的因素之外，主要是因为学生本身具备的先前知识经验不同。学生的先前知识经验和年龄、思维发展阶段、经历相关，年龄越大，经历越广，先前知识经验越丰富，相应地在建构知识的过程中，越能把新知识与旧知识经验联系起来。

2. 认知结构

在学习中，这种由知识经验组成的心理结构的质量，如知识经验的准确性、知识经验间联系的丰富性和组织性等都影响学生在学习新知识、解决新问题时提取已有知识经验的速度和准确性。

3．学习动机和态度

如果学习知识时能认识到所学知识的重要性，就更有可能积极投入当前的学习。学生对学校及学习的态度影响其自身的投入程度，从而影响知识学习的效果。

4．学习的心向和定势

学习定势是一种由先前学习引起的，对以后的学习活动能产生特殊影响的心理准备状态，对学习具有定向作用。定势既可以成为积极学习的心理背景，又可能带来消极作用，需要具体问题具体分析。

(二)外部因素

1．学习材料的内容与形式

学习材料内容的安排以及表达形式都会影响到学习者对知识的理解。选择合适的内容、适当复习都是激发学生先前经验的重要手段。一般来说，直观呈现内容为抽象内容提供了具体信息的支持，更容易被学生接受，但不能为直观而直观，那些包含正确的原理、原则，有一定概括性的知识有利于学习者在学习新知识或解决新问题时的积极迁移。

2．教师指导

教师在教学时有意识地引导学生发现不同知识之间的关系，启发学生概括总结，指导学生监控自己的学习或教会学生如何学习，对知识学习和迁移都会产生良好的影响。

3．学习情境

学习的情境如学习时的场所、环境的布置、教学或测验人员等的相似，都能成为学生学习、迁移时的线索，提高学习和迁移的质量。

第二节 概 念 概 述

一、概念的定义

概念是事物的一般特征、共同特征和关键特征的反映。它可以使个体准确识别某一类别的实例和非实例。概念是抽象的，现实世界里只存在概念的具体例子，并不存在概念。

概念是用词来标识的。如"水"就是一个概念，因为这个词表示许多具有一些共同特性的物质——所有分子式为 H_2O 的化学物质，从而和其他物质区别开来。

每个概念都有其内涵和外延，两者的关系成反比，即概念成员拥有的共同属性越少，概念所包含的成员就越多。例如，"水""纯净水""娃哈哈纯净水"，这三个概念的内涵依次增大，外延逐渐减少。

此外，不同概念在头脑中是互相联系的，又具有一定的层次关系，因此它们构成了概念层次网络。在这个层次网络中，概念的特征进行分级表征。例如，生物这一概念包括动物、植物和微生物等，而动物本身又包括脊椎动物和无脊椎动物等。不同层次的概念包含不同的信息容量。每一级概念只储存该级概念所独有的特征，而同一级的各概念所具有的共同特征则储存在上一级概念的水平上。

概念具有社会历史性。因此，随着社会的发展会产生一些新的概念，例如，"原子""电磁""原子能"等概念只有在人类思想、科学、社会关系发展到一定水平时才能产生。

某些概念内容会随着社会的发展得到补充，变得更加丰富和充实。例如，"电器""通信工具"等概念随着社会的发展有了更加丰富的内涵。

二、概念的种类

根据不同的维度，可以把概念划分成不同的种类。常见的概念分类有以下几种。

(一)根据概念所反映事物属性的抽象和概括程度分类

根据概念所反映事物属性的抽象和概括程度，可分为具体概念与定义概念。加涅提出，具体概念是指可以通过观察直接获得的概念定义，如"上下"的概念；定义概念是指按事物内部的、本质的特征形成的概念，即通过概念定义获得的概念，如"物理中力的概念"。学生的大部分定义概念是由教师在教学中讲授的。

(二)根据概念形成的途径分类

根据概念形成的途径，可分为前科学概念和科学概念。维果斯基提出，前科学概念又称日常概念，它是人们在日常生活中通过人际交往和个人积累经验的过程形成的。日常概念受个人生活范围和知识经验的限制，概念的内涵中常常包含着事物的非本质属性，往往存在片面性，甚至有错误。例如，认为鸡不属于鸟或蘑菇不属于植物就是如此。科学概念指在教学过程中通过揭示概念的内涵而形成的概念。例如，"鸟是有羽毛的动物"是关于鸟的科学概念。

(三)根据概念的抽象程度分类

根据概念的抽象程度，可分为初级概念和二级概念。这是奥苏伯尔1968年提出的分类。儿童特别是前运算阶段的儿童，是通过对亲身经历的、直接的、具体经验进行抽象的，这种抽象被称为一级抽象，由此得到的概念被称为一级概念；二级概念则是通过掌握概念的定义获得的。小学生在校学习期间，从课本上学习的概念就是这样获得的。二级概念的抽象水平高于一级概念。

(四)根据概念的内涵分类

根据概念的内涵，可分为实物概念和抽象概念。实物概念指关于事物的整体的概念，它反映完整的客体的本质属性，如"汽车""桌子"等。抽象概念不是关于事物的整体，而是关于事物的某个属性、状态与其他事物联系的概念，如"运动""价值""民主"等。

(五)根据概念的人为性分类

根据概念的人为性，可分为自然概念和人工概念。自然概念指现实事物的概念，其内涵和外延是由事物自身的特征决定的。人工概念指对某些自然概念的模拟，它是由实验者人为地将事物的几个属性结合起来而创造的一种概念。

三、概念的结构

概念的结构主要包括概念名称、概念定义、概念属性、概念例证。

(一)概念名称

概念名称指人们用某个符号或词汇来代表某些具有共同属性的事物。例如，"狗"一词代表了各种各样的狗，它是这一类别范畴的概念名称。一个词可以作为不同的概念名称，如"网"既可以指实际的网，如渔网等，也可以指虚拟网络。而不同的词也可以代表同一概念，如"船"和"舟"都可以指同一种事物。

(二)概念定义

概念定义是指对同类事物共同的本质特性的概括。在概念定义的描述中，要明确界定该概念的范畴与特征。当然，并不是所有概念都有明确的定义，如心理学中许多概念都难以下定义，对于这些概念的界定只能借助于具体的情境。

(三)概念属性

概念属性是指概念的具体例子所具有的共同属性，即通常所指的概念的内涵。正是由于这些属性，人们才能区分各种不同的概念。一些概念可能还有别的属性，但如果是非本质的属性，那就与概念的界定无关。

(四)概念例证

概念例证是指概念所包括的一些具体例子。凡符合某个概念的定义特征的例子，无论其他特征如何，都属于该概念的实例。例如，菊花、蜡梅、杜鹃都属于花这一类别。

四、概念的功能

概念具有以下功能。

(1) 减少情境的复杂性。恰当地运用概念，可以减少情境的复杂性。例如，张老师说他班级的45名学生都会做一道复杂的数学题，他不必把45名学生的名字一个个都报一遍，他只要说他班级的"学生"都会做就可以了。因为"学生"这一概念包括45名不同姓名、不同性别、不同身高与体重、不同爱好的个体。因此，概念的存在和运用，可以使人们对复杂的现实世界作简化的、概括的或分类的反应，减少情境的复杂性，从而促进人的学习、问题的解决以及人与人之间的经验传递。

(2) 认清事物。人们对事物认识不够明确因而常有误认或混淆的现象。认识不清，可能是由于不当的类化或辨识不清所致。概念可以帮助人们正确地认识事物。例如，如果学生对"骡"与"马"有正确的概念，就不会指骡为马。如果学生对四则混合运算规则有正确的概念，就不会发生见数目就加减或乘除的现象。

(3) 增加经验的意义。有些知识经验在纳入概念之前常常因孤立而缺乏意义。例如，拼音符号 b，若死记则毫无意义，也易遗忘。若将 b 与"爸爸"同时练习，则可增加 b 的意义，也易于记忆。

(4) 增加对事物间关系的了解。概念将事物依其共同属性而分类，依其属性的差异而区别，因而概念的形成可以帮助人们了解事物间的从属或相对关系。例如，学过"透视"概念的学生，容易了解物体远近与大小的关系。

(5) 使知识经验系统化。概念是对一类事物共有本质特征的抽象和概括。概念之间的联系和关系可形成不同的概念体系，使人们的知识经验系统化。例如，"鸟""鱼""猫""狗"等概念可用"动物"来概括；"花""草""树木"等概念可用"植物"来概括；而"动物"和"植物"这些概念又可用"生物"来概括。概念可以使知识经验系统化、程序化。

五、概念的获得

学生概念的学习主要通过概念形成和概念同化两种形式获得。

(一)概念的形成

获得概念实质上就是要理解一类事物共同的关键属性。学生概念的学习一般是由具体概念的学习到定义性概念的学习。

学生在日常生活中获得的概念都是从具体概念入手的。例如，父母叫孩子拿"碗"来，若拿对了，受到肯定；若拿了"杯子"或"盆子"来，父母会说，"不对，这不是碗"。学生通过拿大碗、小碗、陶瓷碗、塑料碗、用碗吃饭、盛菜等经历，最后终于发现了碗这个概念，即掌握了各种碗的共同关键属性。但他不一定能给碗下定义，这时获得的是一个具体概念。从此例也可看出概念形成中的认知过程必须符合以下两个条件：①内部条件(学生自身的条件)，即学生必须辨别概念的正反例证；②外部条件，即教师必须对学生所提出概念的关键特征的假设作出肯定或否定的反应，使学生从外界条件中获得反馈信息。

概念的形成不仅是具体概念的学习，而且是定义性概念(即科学概念)的学习。圆周率(π)是一个定义性概念。在教 π 这个概念时，让学生测量圆的直径分别为1、2、3和4厘米的周长，然后让学生计算各圆的周长与直径之比，结果发现它们的值大致相同。最后告诉学生，这个值的精确数为3.14159…，它就是圆周率。为了加深学生对 π 的认识，还可以让学生取直径为任意长度的圆，测量其周长，并计算周长与直径之比，结果都是3.14159…，从而证实圆周率的确定性。

完全不同于人在自然条件下形成概念或科学家发明与创造概念，也不同于在人工条件下形成概念，学生要在教学条件下接受系统的教学，他们获得概念的主要形式是概念的同化。

(二)概念的同化

概念的同化是利用学习者认知结构中原有的概念，以定义的方式直接向学习者提示概念的关键特征，从而使学习者获得概念的方式。如学生要学习"鲸"，如果学生认知结构中已经具有清晰的"哺乳动物"概念，尽管学生未见过鲸，但通过查阅字典或教师讲解，知道鲸是"哺乳动物，种类很多，生活在海洋中，胎生，形状像鱼，俗称鲸鱼"，便能获得"鲸"这个概念。

概念的同化还有另一种形式。原有认知结构中有关概念与新学习的概念只有相关关系，不能从原有概念中派生出来，新概念纳入原有概念之后，原有概念的本质属性要发生扩大、限制或深化等变化。例如，学生在认知结构中已具有挂国旗是"爱国行为"的观念，现在指出保护能源、计划生育、反击外国侵略等都是爱国行为时，则爱国行为的概念便会不断深入。

概念同化不仅是让学生去掌握概念知识，而且要指引学生将已获得的概念组成体系，使学生的知识条理化，这不仅有利于储存与检索，而且有利于理解与吸收新的知识。

六、概念的学习

(一)概念学习的方式

上文提到概念的获得有概念同化和形成两种形式，所以可以采取相应的两种方法组织概念的教学。一种方法是先给学生一个定义，然后要求他们识别正例和反例，再分析这些例子是如何代表这一定义的，这种方式被称为规则—例子—规则。在学校所教的概念常常采用这种方式。这种方法的效率比较高，比较适合高年级或者已有一定基础概念的学生。

另一种方法是先向学生呈现某个概念的正例和反例，然后要求他们总结归纳，推出一个定义，再呈现例子以巩固学到的概念，这种方式被称为例子—规则—例子。这种方法是随着原型理论的研究而兴起的，即教学也开始考虑利用儿童在实际生活中从成人那里获得的关于概念的最好例子或者原型，教学就是通过连接原型和特例来形成概念。这种方法是从例子开始的，先根据概念的特征，呈现给学生正例，注意不要把属于这个概念本身的成员排除在外，以免出现概括不足；然后呈现给学习者类似的反例，注意不要把不属于概念本身的成员包含进来，导致人为扩大概念的外延，出现过度概括的情况。这种方法能帮助学生建构对特殊概念的理解，同时发展学生的实际思维技能，如检验假设的能力等。

延伸阅读

概念获得教学

五年级教师帮助学生学习一个熟悉的概念和实际的思维技能。

教师首先说，"我头脑中有一个概念，你们来猜是什么。我一次给出一个正例和一个反例，大家从中判断"。他把正例和反例两种情况在桌子上分别做了标记，接下来他把一个苹果放在正例的标记前，一块石头放在反例的标记前。教师这时问学生："现在大家猜猜我想的这个概念是什么？"第一个解释是"是不是吃的东西？"教师把"假设"写在黑板上，在简单讨论了假设的意义后，把"吃的东西"列在下面。接下来的假设是"生物"和"长在树上的东西"。在讨论了这两个假设后，教师又拿出一个西红柿放在正例方，胡萝卜放在反例方。鼓励大家根据这些条件，重新考虑列出的所有假设，并讨论一个新的假设"红色的东西"。通过讨论更多的正例(桃子、李子、橘子)和反例(莴苣、红薯、土豆)，学生把他们的假设缩小为"我们吃的是这些东西的种子"。学生最后建构了概念"水果"——食用果实的食品(或者更加高级的定义,植物的子房都非常好吃,如豌豆荚、坚果、西红柿、菠萝,或者我们吃的部分是从花发展而形成的部分)。

这个课例非常清楚地说明了概念形成模型。首先在讨论概念的定义前非常有效地区分了正例和反例。这些正例给出了概念的外延范围,包括了许多无关因素,但是这些无关因素能防止学生简单地把概念的范围窄化。反例与概念本身非常相关,只是少了一个或者几个关键特征,防止了概念的范围过宽,包括无关因素。

(二)概念学习要素及概念教学

不管采用什么教学方法,为了帮助学生有效地掌握概念,教学都必须涉及概念四个方面的要素:概念的名称、定义、正例和反例以及有关和无关的特征。

1. 明确揭示概念的本质

好的定义具有两个要素:一是指出新的概念所隶属的上位概念;二是给出新概念的定义特征。如等边三角形是一个平面的简单的封闭图形(一般特征)和有三个相等的边和角(定义特征)。

好的定义并不单纯靠语言表述,在某些概念的教学过程中"一图画抵得上千句话",特殊的例子或者图画对儿童形成概念非常重要。一些复杂的概念如果利用图表和图画,其掌握效果要好于只用文字材料。例如,讲海洋中的食物链时出示一幅形象的图片甚至是动画,学生就能有效地掌握食物链的概念。

2. 突出有关特征,控制无关特征

大量的实验研究和教学实践证明,概念的关键特征越明显,学习越容易,无关特征越多、越明显,学习就越困难。因此在概念教学中可以采用突出本质特征(定义特征)、控制无关特征的方法促进教学。能飞并不是鸟的本质特征,虽然许多鸟都会飞,但是,有些鸟类动物不能飞(如家鸭),而有些不是鸟的动物却能飞(如蜜蜂)。

3. 正例和反例的运用

概念教学需要举例说明。在讲授那些对学生而言有难度的概念时,需要运用较多的例子。正例和反例在划分类别的界限中都是必不可少的。正例最有利于概括,为了便于学生从例子中概括出共同的特征,最好同时呈现若干正例;反例则最有利于辨别,有助于加深对概念本质的认识。反例的适当运用可以排除概念学习中无关特征的干扰,如蝙蝠不是鸟。例子有简单和复杂之分,简单的事例通常可以形成某个概念,而那些比较复杂的例子才是检验概念是否真正形成的标尺。

邓尼森等人指出,在运用例子说明概念时,可以采用下列三条原理:①按由易到难的顺序呈现例子;②选择彼此各不相同的例子;③比较正例和反例。

例如,教"液体"这一概念,可以由易到难举例,先举水、果汁,然后举黄油、香波。黄油、香波在无关特征上彼此各不相同,黄油较黏稠、不透明,香波则不能吃。这样以防外延缩小;然后举出几个反例,如沙子、稀泥,虽然它们也能倾泻,但不是液体。这样以

防外延扩大。

4．变式和比较

变式指概念的正例在无关特征方面的变化。例如，学生不仅要学会概括"椅子"的性质特征，还要能够把它和其他能坐的物品区分开。可以用表 9-2 提供的步骤来帮助学生概括和辨别概念。

表 9-2 概括和辨别概念的步骤

步　骤	例　子
命名概念	椅子
定义概念	有靠背的座位
列举相关特征	座位、有靠背
列举不相关特征	是否有腿、大小、颜色、材料
举出实例	安乐椅、高椅子、有垫子的椅子
举出非实例	长凳、桌子、凳子

另外，在实践中运用概念也是学生有效地掌握概念的要素。学生一旦理解了某个概念就要在实践中运用它，这就意味着不断做练习、解决问题、写作、阅读、解释等活动。在实践中运用概念，学生会感到更加亲切，掌握概念的积极性就会提高。运用概念于实际是概念具体化的过程，而概念的每一次具体化，都会使概念进一步丰富和深化，对概念的理解就会更完全、更深刻。

(三)概念的扩展与应用

学生初步掌握某个概念后，就应该将概念与相关的知识图式网络联系起来，扩展对概念的理解，还应当在各种水平上和各种问题情境中应用概念解决问题。

1．概念关系图

概念关系图是一种用图表的形式表征知识的技术，最早由 Novak 等人发展出来，被广泛地运用在评估科学领域知识结构的复杂性及命题的有效性等问题上。它利用了地图的某些性质，以网络的形式组织知识，这个网由节点和连线组成，节点表示概念，而连线代表概念之间的关系。如学生学习"水"这个概念时就可以建构如图 9-1 所示的概念图。乔纳森等人借助它来沟通教学的逻辑结构。

通过制作概念关系图，学生就能"视觉化"他们对概念的理解，达到扩展和巩固知识的目的。做概念关系图的目的具体来说有以下几点：①形成观点(利用概念关系图进行头脑风暴)；②设计复杂的结构(设计复杂的电脑程序)；③交流观点特别是复杂的观点；④在新旧知识之间建立明晰的联系；⑤评价理解程度；⑥诊断错误概念。

建构概念关系图的过程是一个把自己头脑中的知识外显化的过程，有研究证明：训练学生阅读后用概念关系图来组织知识，有增加拓展和记忆科学信息的功能。

概念关系图不仅是一种有效的教学工具，也是重要的研究和评价工具。它可以直观地发现学生的错误概念，探讨概念转变的途径。一个学生如果在做概念关系图时遗漏了某些概念、某些连线，就表明学生对这一概念缺乏足够的理解。关于概念关系图本身的研究表明，学生所选的上位概念是统合整个知识的关键。

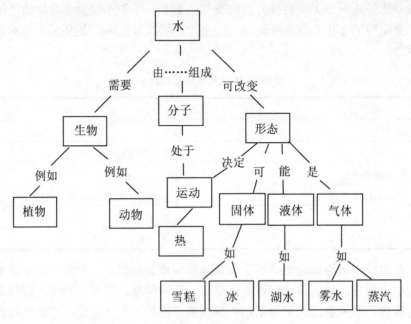

图 9-1　水的概念图

2. 概念的应用

概念一旦获得以后，就能在认知活动中发挥作用，从而对认知活动产生重大影响。已经获得的概念可以在知觉水平和思维水平上运用。

1) 在知觉水平上运用

在人的认知结构中已经获得同类事物的概念以后，再遇到这类事物的特例时，他就能立即把它看作这类事物中的具体例子，并把它归入一定的知觉类型，如把特殊的房子看作一般的房子中的一例。这样就从知觉上理解了房子。

在教学中，以一个范例说明一个原有的概念实际上就是知觉的分类。已经获得的概念以后在新的地方出现时，学习者不必经过一系列的认知过程，可以直接从知觉上觉察它们的意义。

2) 在思维水平上运用

在接受学习中，将新的概念归属于原有的层次较高的概念，或者识别某一类已知事物的一个不大明显的成员(即在思维水平上分类)，都属于在思维水平上的运用。

在发现学习中，也常常需要运用原有的概念。例如，在解决比较复杂的问题中，原有的概念必须重新组织，以满足解决当前问题的需要。这也是概念在思维水平上运用的特征。

第三节　原理的学习

一、原理概述

原理是对概念之间关系的言语说明。人在认识世界、发现各种事物的内在联系的基础上得出的计算公式、法则、原理、定律都叫作规则，或统称为原理。

概念学习是原理学习的基础，它叙述的是概念之间的关系，且这种关系是相对持久不变的。比如"风是由空气流动而形成的"，说明了"空气""流动"与"风"等概念之间的关系，这是一个原理。而"今天天气很冷，我没去看电影"就不是原理。原理不是对某个特殊刺激所作出的某种特定反应的描述，而是对一类刺激所作出的规律性反应。

因为在不同学科里原理的表现不同，所以原理会有很多种。有的学科，原理可能是以定义性的概念表现出来，以区别不同类型的观念；有的则表现为使个人在特定情境中根据各种关系而作出反应的能力；有的是以科学公式的方式表现出来等。例如，在语言学习中，个人所获得的原理包括发音、拼字(拼法)、句法、标点符号等语法规则；在数学中，所有数的运算都要求原理的学习。由此可见，原理的学习在抽象性和复杂性方面由于诸多不同科目的特点而呈现出不同的特点。

原理不仅限于语言的叙述，它并不单纯地阐述规则(言语的说明)，而是个人的一种内部状态，能够支配个人的行为。

二、原理学习的意义

原理学习具有以下意义。

(1) 使学生通过纷繁复杂的事物和现象，了解事物之间的联系和关系，把握事物的规律性，避免被事物的表面现象所蒙蔽。

(2) 使知识的学习简化和系统化。学生对某些事物现象的学习，不必事事从头进行观察、抽象、类比与辨别。例如，学了压强与压力、受力面积的公式后，既能解释载重汽车的轮子为什么要比小汽车的多而且宽，拖拉机和坦克为什么要有很宽的履带，还能理解和解释为什么人走在烂泥地上时要深陷下去，而铺上板子，从板子上过去就会很轻松，而且不至于再陷下去。这些都不必从头再去尝试。

(3) 指导行为并解决新遇到的问题。例如，学习了交通规则后，行人都走便道和人行横道，就可减少由于随便横穿马路所造成的交通事故；学了物理，了解了支点、力点等的关系，在遇到一些用体力带动重物的情况时，可动脑筋减轻带动强度等。

(4) 为其他原理或更复杂的原理的学习打下基础。例如，学习简单的电工原理能为更复杂的电子技术的学习做准备。

三、影响原理学习的因素

(一)学习者的内部条件

学习者的内部条件主要包括如下几方面内容。

首先,是学习者对概念的学习和理解。既然原理是对概念之间关系的语言叙述,如果作为前提条件的概念不清楚的话,肯定无法正确理解原理。从结构上讲,从对过去经验的要求看,原理的学习比概念学习要复杂得多。

其次,是学习者个体的认知发展水平。如前面所分析的,原理的学习涉及对概念之间联系和关系的叙述,这就需要有一定的认知发展水平。年龄越低,所能掌握的事物联系越简单、越低级,所能掌握的原理也就相应比较简单。越是抽象的原理,越要求具备高度概括水平的概念,对低年级学生学习的限制也就越大。总体来看,从小学高年级以至到中学阶段才能真正学习和运用许多抽象的原理。

再次,由于原理的学习涉及对概念关系的言语叙述,因此语言能力也是很重要的内部条件,因为语言是一种抽象的符号,它能表达事物之间内在本质的联系。如果学生不懂这种表达,或自己在学习原理时不能正确表达,就影响到对这一原理的正确理解。这在数学原理的学习中显得特别重要,当然语文学习中也会出现这些情况,即由于没理解题意而影响对这一原理的应用。当然这一条件是双边的,要求学习者具备,也要求在给予学习者的客观条件中有适当的语言指令,这是在讲外部条件时还要涉及的。

最后,学习者在原理学习中强烈的动机也是重要的内部条件。

(二)学习情境的条件

原理学习的主要外部条件体现在语言指令(即指导语)中。原理教学的每一个环节几乎都是在教师的言语指令引导下进行的。教师的言语指令设置得是否合理,很大程度上影响着学生对原理学习的效果。

除了言语指令以外,在原理学习中还必须认识到,言语指令本身反映着各种方法,在帮助学生学习中,还要将感性材料与理性材料的关系、新旧信息的关系、知与行的关系等具体化。

四、原理的教学

原理学习是极为复杂的,为了使学生更好地掌握原理,教师在进行原理教学时,必须注意以下几个问题。

(1) 了解学生对概念的理解和掌握的水平。原理学习是在概念学习的基础上进行的,学生对有关概念的理解和掌握的水平直接影响着原理学习的效果。因此,在原理教学中,首要的问题是要了解学生对原理所涉及的各种概念的理解和掌握水平。这种了解可以在课前进行,也可以通过课堂提问的形式进行。在学生的认识结果中存在着各种各样的观念,学生原有的不正确观念直接影响着他们对一些抽象原理意义的掌握。因此,在教学中教师要引导学生对外界的客观现象进行正确的认知,防止在建构意义的过程中因为提取了不正确的信息而影响自己对所学原理的理解。

(2) 创设原理学习的问题情境。为了激发学生对原理学习的内在兴趣，教师可采取多种创设问题情境的方法，如在正式授课前给学生呈现与某原理有关的现实生活现象或向学生提出与其学习、生活密切相关的问题。另外，教师也可以先向学生提出几个具体问题并明确要求学习结束后用所学原理来解决这些问题。这些措施在很大程度上都可以激发学生学习的内在动力，使学生形成主动探索知识的心向。

(3) 设置言语指令，唤起学生对相关概念的回忆。学生对新知识的学习是在已有知识经验的基础上进行的，只有当新学的知识和认知结构中相关的内容建立起一定联系时，学生才能理解所学原理的具体意义。因此，在原理学习过程中，教师有必要运用课前预习、课堂提问等形式唤起学生对各种相关概念的回忆，使这些内容从长时记忆中提取出来并处于激活状态。

根据原理学习的条件，加涅提出了有关原理教学的言语指令设置的步骤：①让学习者知道人们期望他在学习结束时能懂得用该原理来干什么；②用提问的方式，要求学习者重新陈述或回忆已经学会的组成该原理的那些概念；③用言语提示的方式，引导学习者将组成原理的那些概念，按适当的次序放在一起形成一个新的原理；④提出一个问题，要求学习者列举这个原理的一个或几个具体实例，并在每次作出正确回答时给其提供积极反馈；⑤通过一个合适的问题，要求学习者对这个原理做一个言语的陈述；⑥在学过原理一天或几天后，教师要提供一个"间隔复习"的机会，呈现一些新的实例，使学生回忆并说明这个原理，以便使刚学的原理得以保持。

(4) 强调原理运用，促进对原理的理解。在教学过程中，原理的理解是原理运用的前提，原理的应用既是教学的具体目标，又是促进学生对原理进一步理解的有效手段。原理的运用形式多种多样，可以要求学生用原理回答课堂提问、用以解释事实和现象，也可以运用原理解决日常生活或科学研究中的实际问题。在教学中教师应该避免抽象地讲解原理，而应该把要讲述的原理和实例做具体说明。对原理的理解不能仅仅停留在言语表述上，原理只有在运用中才能真正体现出它作为行为反应的内、外部调控依据的作用，只有这样才能使学生养成将课堂上的原理学习同实践中的解决问题联系起来的思维习惯。

复 习 要 点

第一节　知识概述

从心理学的观点看，知识是个体头脑中的一种内部状态，有广义和狭义之分。狭义知识，一般仅指能储存在语言文字符号或言语活动中的信息或意义。广义知识，是指个体通过与其环境相互作用后获得的一切信息及组织。它既包括个体在生活实践中获得的各种信息(狭义知识)，也包括在获得和使用这些信息过程中所形成和发展而来的技能、技巧和能力。知识观可以分为现代主义知识观和后现代主义知识观。现代主义知识观认为知识具有客观性、普遍性和价值中立的特点。这种观点把知识视为对现实的一种客观反映，是封闭的、稳定的、可以从外部加以研究的意义系统。在后现代主义知识观的视野中，知识是一种动态的、开放的解释，研究者也并非完全置身于认识过程之外。也就是说，知识并不是一种绝对客观的、固定不变的终极真理，而是具有不确定性、建构性、多样性和可质疑性等特征。

现代认知心理学一般依据知识的不同表征方式和作用，将知识划分为陈述性知识、程序性知识和策略性知识。陈述性知识也叫描述性知识，是关于事物及其关系的知识，主要用于区别和辨别事物。程序性知识即操作性知识，是关于怎样做的知识，是一种经过学习自动化了的关于行为步骤的知识，表现为在信息转换活动中进行具体操作，以产生式和产生式系统进行表征。策略性知识是关于如何学习和如何思维的知识，即个体运用陈述性知识和程序性知识去学习、记忆、解决问题的一般方法和技巧。知识还可分为显性知识和隐性知识。显性知识是指用书面文字、图表和数学表述的知识，通常是用言语等人为方式，通过表述来实现的，所以又称为言明的知识、明确知识。隐性知识是指尚未被言语或其他形式表述的知识，是尚未言明的、难以言传的知识。

影响知识学习的因素：内部因素有先前知识、认知结构、学习动机和态度、学习心向和定势；外部因素有学习材料的内容与形式、教师指导、学习情境。

第二节 概念的学习

概念是事物的一般特征、共同特征和关键特征的反映。根据概念所反映事物属性的抽象和概括程度，可分为具体概念与定义概念；根据概念形成的途径，可分为前科学概念和科学概念；根据概念的抽象程度，可分为初级概念和二级概念；根据概念的内涵，可分为实物概念和抽象概念；根据概念的人为性，可分为自然概念和人工概念。概念的结构主要包括概念名称、概念定义、概念属性、概念例证。概念的功能为：减少情境的复杂性；认清事物；增加经验的意义；增加对事物间关系的了解；使知识经验系统化。

学生概念的学习主要通过概念形成和概念同化两种形式获得。概念形成中的认知过程必须符合两个条件：①内部条件(学生自身的条件)，即学生必须辨别概念的正反例证；②外部条件，即教师必须对学生所提出的概念的关键特征的假设作出肯定或否定的反应，使学生从外界条件中获得反馈信息。概念的同化是利用学习者认知结构中原有的概念，以定义的方式直接向学习者提示概念的关键特征，从而使学习者获得概念的方式。

概念的学习方式：一种方法是先给学生一个定义，然后要求他们识别正例和反例，然后分析这些例子是如何代表这一定义的，这种方式被称为规则—例子—规则。另一种方法是先向学生呈现某个概念的正例和反例，然后要求他们总结归纳，推出一个定义，再呈现例子以巩固学到的概念，这种方式被称为例子—规则—例子。教学都必须涉及概念四个方面的要素：概念的名称、定义、正例和反例以及有关和无关的特征。另外，在实践中运用概念也是学生有效掌握概念的要素。

第三节 原理的学习

原理是对概念之间关系的言语的说明。原理学习的意义在于：使学生通过纷繁复杂的事物和现象，了解事物之间的联系和关系，把握事物的规律性，避免被事物的表面现象所蒙蔽；使知识的学习简化和系统化；指导行为并解决新遇到的问题；为其他原理或更复杂原理的学习打下基础。学习者的内部条件：学习者对概念的学习和理解；学习者个体的认知发展水平；学习者的语言能力；学习者在原理学习中的强烈的动机。学习情境条件：原理学习的主要外部条件体现在语言指令(即指导语)中。原理教学必须注意以下问题：了解学生对概念的理解和掌握的水平；创设原理学习的问题情境；设置言语指令，唤起学生对相关概念的回忆；强调原理运用，促进对原理的理解。

拓 展 思 考

1. 在教学中如何促进隐性知识转化为显性知识？
2. 用概念学习中例子—规则—例子的方法设计一堂概念学习课。
3. 谈谈你对影响知识学习因素的理解。

第十章 技能的学习

　　技能是学生获得知识、巩固知识和运用知识的一个重要条件。技能与有意识的行动比较起来，技能的行动比较容易完成，消耗的精力比较少，而且完成的效果比较好。如学生掌握了一定的阅读、写作、计算、实验的基本技能以后，就可以大大提高学习效率，更好地完成学习任务。技能可以使人从对细节的思考中解放出来，把意识集中到活动中最重要的任务与内容上，这样就能使人在完成这种活动的过程中有更多的创造性。常说的"熟能生巧"就是这个意思。技能可以说是创造的重要条件。教师在教学中，既要教给学生知识，又要教给学生一定的技能。本章将要探讨什么是技能，技能与知识的关系如何，心智技能和动作技能如何形成、如何培养等问题。

第一节　技　能　概　述

　　在日常工作、学习和生活中，人们都需要掌握一定的技能。如讲课技能、板书技能、阅读技能、解题技能、驾车技能、游泳技能等，都是很具体的技能，一般的、抽象的技能本质是什么？如何给技能下一个定义？技能是怎样形成的？技能与知识的关系如何？我们怎样系统地掌握技能概念？本节将对这些问题进行分析和阐述。

一、技能及其特点

(一)技能的概念

　　技能是指个体在特定目标指引下，运用已有的知识经验，通过练习而逐渐熟练掌握的操作程序。包括动作技能和心智技能两个方面。

　　技能的定义表明，技能形成过程中表现出以下特征。

　　(1) 技能的形成过程是有意识的活动过程。技能的掌握是为了完成一定的任务、达到一定的目的，不是产生于无意识的多次模仿、重复而形成的习惯，技能的形成过程是在意识支配下进行的。技能一旦形成，达到自动化水平，将会产生技巧，活动过程中意识成分越来越少。

　　(2) 练习是技能形成的必由之路。技能不是遗传的、先天就具有的，是后天经过练习获得的。练习不同于机械地重复某种动作，练习中每一次动作的反复都是在有意识地改进动作，提高动作的有效性，使动作不断完善、合理。

　　(3) 技能的形成过程是一个渐进的过程。技能的形成是一个由不熟练到熟练、最后可以达到自动化程度的逐渐发展的过程，促进这种发展的基本条件就是练习。技能进一步发展达到自动化程度就是技巧，技巧是在掌握技能要领的基础上形成的，其动作系统更精确、更敏捷、更完善。比如，一个人从不会骑自行车到经过反复练习掌握了骑自行车的技能，再由进一步完善该技能达到能在舞台上表演车技的水平，就经历了由动作系统熟练为技能，又由技能发展完善到技巧的过程。

(4) 技能的练习必须合乎法则。任何技能的形成都不是动作的随意组合，都必须遵循一定的法则。例如，学生解题技能的掌握，首先必须审题，在此基础上头脑通过回忆或追忆重现过去学过的相关概念、法则、定义、定理、公式等知识，下一步，一般知识和具体问题相结合，实现知识的迁移，解答具体的问题，经过多次练习解题技能就会逐渐形成。再如，学习游泳、学习骑自行车、学习打太极拳、学习开汽车等都需要按法则练习。

(5) 技能以已有知识、经验为基础，技能与知识经验之间关系密切。

(二)技能形成后的特征

技能形成后具有如下特征。

(1) 流畅性，指技能活动是由一系列具体动作组成的，各动作成分之间按顺序协调一致，达到了整体的效果。

(2) 迅速性，指快速地作出准确的反应。例如，具有骑自行车技能的人，当骑车行走在马路上遇到危险的时候，马上做出避开危险的动作。

(3) 经济性，指完成某种活动所需消耗的生理和心理能量较小。例如，在相同的时间内，具有学习技能的人，获得的知识多还不显疲劳；反之，获得的知识少，而且还疲劳。

(4) 同时性，指熟练的活动的各成分可以同时被执行，或者可以进行相互不相关的几项活动。例如，有些人手里织毛衣的同时，还在看电视，还在与周围人聊天。

(5) 适应性，指能够灵活地适应各种变化的条件。例如，具有开车技能的人，换一种甚至几种类型的车，都会开得很好。而初学开车的人，只能开具体的一辆或一种类型的车。

二、技能与知识的关系

在理解知识的含义时，有必要把作为人类社会共同财富的知识与作为个体头脑中的知识区分开来。人类社会的知识是客观存在的，但个体头脑中的知识并不是客观现实本身，而是个体的一种主观表征，即人脑中的知识结构，它既包括感觉、知觉、表象等，又包括概念、命题、图式，它们分别标志着个体对客观事物反应的不同广度和深度，这是通过个体的认知活动而形成的。一般来说，个体的知识以从具体到抽象的层次网络结构(认知结构)的形式存储于大脑之中。

按现代认知心理学的理解，知识可以分为两类，即陈述性知识和程序性知识。陈述性知识是描述客观事物的特点及关系的知识，也称为描述性知识。陈述性知识主要包括三种不同水平：符号表征、概念、命题。符号表征是最简单的陈述性知识。所谓符号表征是指代表一定事物的符号。如学生所学习的英语单词的词形、数学中的数字、物理公式中的符号、化学元素的符号等，都是符号表征；概念是对一类事物本质特征的反映，是较为复杂的陈述性知识；命题是对事物之间关系的陈述，是最复杂的陈述性知识。命题可以分为两类：一类是非概括性命题，只表示两个以上的特殊事物之间的关系；另一类命题表示若干事物或性质之间的关系，这类命题叫概括，如"圆的直径是它的半径的两倍"，这里的倍数关系是普遍的关系。程序性知识是一套关于办事的操作步骤和过程的知识，也称操作性知识。这类知识主要用来解决"做什么"和"如何做"的问题，可用来进行操作和实践。程序性知识可以理解为我们常识中的技能。例如，"如何有效记忆""如何明确解决问题的思维方向"等。

陈述性知识学习的目的在于记忆和理解事实、概念、公式、原理和法则等，解决知道与不知道、理解与不理解的问题。程序性知识(技能)学习的目的在于掌握从事某种活动所要求的技能，涉及会与不会、熟练与不熟练的问题。因此，知识变成力量，需要知识的运用；运用知识解决问题，需要掌握运用知识的技能。

技能的形成与知识的掌握是有密切联系的。一方面，技能的形成是以掌握知识为必要条件的，掌握知识不仅要掌握陈述性知识，更为重要的是要掌握程序性知识。人们掌握的知识越巩固，越有助于技能的形成。另一方面，已经形成的技能又是掌握新知识的基础。技能一经形成又会促进对新知识的掌握。但掌握知识并不等于形成技能。比如，一个人掌握了水的浮力特点、游泳的基本动作要领、呼吸要领，并不能说他就掌握了游泳技能；再如，许多足球评论员对场上球员的表现指指点点，对足球的知识了解很多，但让他上场，肯定还不如他所批评的球员。

技能的形成与知识的掌握是有区别的。具体表现在以下几方面。

(1) 从基本结构看，知识是符号所代表的概念、命题与原理的意义，掌握知识的关键是理解符号所表征的意义(即认知内容)；技能是对知识进行应用的程序，其基本结构是动作或产生方式，形成技能的关键是正确地掌握知识的运用方法。

(2) 从输入输出看，知识是相对静态的，容易用言语表达清楚；技能是相对动态的，通常难以用言语表达清楚。

(3) 从意识控制程度看，知识的意识控制程度较高，激活速度较慢，往往是有意识的搜寻过程；技能的意识控制程度较低，激活速度较快。

(4) 从学习速度看，知识学习速度较快，能够在短时期内突飞猛进或积累，但遗忘也较快；技能学习速度较慢，需要大量的练习才会达到熟练技巧的程度。但技能的保持比知识要牢固。

(5) 从记忆储存看，知识的储存呈网络性，具有结构化、层次化的特点，而其迁移具有叠加扩充的特性；技能的储存呈现模块性，迁移具有序列转移的特性。

三、技能与习惯的关系

《现代汉语词典》对"习惯"一词的解释是"常常接触某种新的情况而逐渐适应，长时期逐渐养成的、一时不容易改变的行为、倾向或社会风尚"。不难看出，习惯具有个体和社会群体两个层面的意义。从个体层面来看，习惯是个体后天习得的已经自动化的动作、反应倾向和行为方式，它是条件反射在个体身上的积淀。习惯一定是行为，而且是稳定的、甚至是自动化的行为，习惯不是一般的行为，而是一种定型性行为。从社会群体层面看，习惯是人们在长期的生活中形成的共同的、相对稳定的行为方式和反应倾向。

技能和习惯两者之间既有联系，又有区别。对于个体而言，一方面，技能和习惯都是自动化了的动作系统。任何习惯离开了自动化的活动动作系统都无法完成。人们常说"习惯成自然"，其实是说习惯是一种省时省力的自然动作，是不假思索就自觉地、经常地、反复出现的动作。如每天要刷牙、洗脸等。另一方面，习惯中的动作和技能一样是自动化了的，但是它们之间又有以下几点主要区别。

(1) 技能是指活动中已自动化的部分，它是根据活动的需要而发生或停止的，人们可以利用它，也可以不利用它。例如，一个有开车技能的人，外出时并不一定开车，他可以步行也可以乘坐公交车等。而习惯却是要去完成自动化活动的需要或倾向，在某种特定的情况下，不去完成这种动作就会感到不安。如已经养成早晨锻炼身体的习惯的人，如果有时不能锻炼，他就会感到不愉快。

(2) 技能是在有意识的练习中，即自觉地改进某些动作的基础上形成的，而习惯则常常是在无意中简单地反复同一活动的基础上形成的。如写字、阅读、计算、跳舞、骑自行车等技能，都是在自觉地练习，即不断改进动作的基础上形成的；而吸烟的习惯、吹口哨的习惯、讲演时的口头禅(如"那么""这个这个""嗯"等)和习惯的姿势(如手势或身体的机械动作)，都是在无意中不断反复同一动作而形成的。

(3) 技能有高级和低级水平的差异，但没有好坏之分。而习惯则不同，它可以根据对个人和社会的意义，分成好习惯和不好的习惯。凡是对人的学习、工作和生活等起积极作用，适应人的正常需要，且对人具有正向价值的一类习惯就是良好的或积极的习惯。如节约能源、坚持体育锻炼、讲究卫生、努力学习、工作认真等。反之则是不良的或消极的习惯。如不讲究卫生、酗酒、吸烟等。

(4) 技能尤其是动作技能经过反复的练习一旦形成就是稳定的，不容易被遗忘。习惯虽然能够在无意中养成，但也可以有意识地养成或破除。习惯是一种定型性行为，一般形成后就很难改变，但这并不是绝对的。即使是已经形成的很牢固的不良习惯，只要经过较长时间的强化训练和影响，也能发生改变。当然，这需要极强的意志力和自信心来克服惯性的作用力。

(5) 习惯对于人的活动影响也是很大的，因为它比技能更能使人的意识解放。当我们养成了某种好的习惯以后，只要在一定的时间、地点和条件下，这种习惯的活动就会自然而然地出现和完成。"习惯成自然"，它可以使人有更多的精力去完成更多、更大的任务。例如，洗脸、刷牙的习惯，把学习工具放在一定地方的习惯，按时完成作业的习惯，按时运动和休息的习惯等，这些良好的习惯养成得越多，在工作和学习上就能够得到更多的便利。至于有害的习惯，它却是生活上的一种累赘，它使人不能很好地工作和学习，还会妨碍别人的工作和学习。因此应当随时防止养成不良的习惯。

四、技能与能力的关系

能力是直接影响活动效率并使活动得以顺利完成所必须具备的心理特征。能力是个体心理的特征，它是已被概括化、系统化的知识与技能。知识与技能是能力结构的基本要素。

技能和能力有着密切的联系。首先，一定的能力水平是技能形成的前提条件。具有相应的能力就易于掌握相应的技能，人类技能形成的速度及所形成的技能的难度往往取决于能力的发展水平，通常在某方面能力越强越易于形成某种技能。其次，技能的形成有助于能力的发展。个体学习的各种知识是不能直接转化为能力的，必须通过技能这个中介环节。习得知识并不意味着拥有能力，只有将知识运用到实践中去，经过技能这个环节，才能使能力得到发展。因而，技能是知识掌握与能力形成和发展之间的重要环节，技能的形成对能力的发展有重要作用。

五、技能的类型

(一)技能的分类

1. 按照技能的性质和表现特点分类

按照技能的性质和表现特点，技能可分为动作技能和心智技能。

按照不同的分类标准，动作技能可分为以下不同的类别。

(1) 从动作是否连贯的维度，可将动作技能分为连续的动作技能与不连续的动作技能。连续的动作技能往往对动作的连贯性、敏捷性要求较高，如舞蹈、球类运动、体操等。不连续的动作技能往往对动作的准确性要求较高，如手枪慢射等。

(2) 从动作过程中外部情境是否有变化的维度，可将动作技能分为开放性技能和封闭性技能。开放性技能较多受外部情境的制约，需根据外部情境中的信息，不断调整操作者与外部环境之间的关系，如开汽车等。封闭性技能较少受外部情境控制，如举重等。因而，掌握开放性技能对人的环境信息识别能力、判断和适应能力、调节能力要求更高。

(3) 从反馈条件的维度，还可以将动作技能分为内循环技能和外循环技能。内循环技能是一种自我调节的运动技能，对动作任务完成情况的反馈往往来自个体内部。而外循环技能常常会受到来自外部环境反馈的影响。

根据适用的范围，心智技能可以分为各种专门的心智技能和一般的心智技能。

专门的心智技能是在某种专门的认识活动中形成的。如阅读、作文和计算的技能是学生在学习活动中必须掌握的最基本的专门技能。一般的心智技能是在一般认识活动中形成的，它具有比较概括的特点，包括观察技能、思维技能、记忆技能、想象技能。

一般的心智技能和专门的心智技能既有联系又有区别，一般的心智技能体现在各种专门的心智技能中，任何一种一般智力技能的运用，都需要有具体的内容。如分析、综合是思维的基本技能，分析什么对象，综合什么材料，涉及一定的专业知识，使思维技能在一定的专业活动中表现出来。在各种专门的心智技能中也在一定程度上包含着一般的心智技能。学生在学习和从事写作等活动中，不仅能掌握各种专门的心智技能，同时也能掌握一般的心智技能。

2. 其他分类方法

按照熟练程度技能可分为技能和技巧；按照技能的复杂程度又可分为单一性技能和综合性技能。

(二)动作技能

动作技能也叫操作技能或运动技能。像日常生活中的写字、绘画、打字；音乐方面的吹、拉、弹、唱；体育方面的田径、球类、游泳、体操、射击；生产劳动方面的车、铣、刨、磨；交通方面的骑车、开车、驾驶飞机等活动方式都属动作技能的范畴。那么究竟什么是动作技能呢？

关于动作技能，不同的心理学家有不同的定义。例如，克伦巴赫(J.Cronbach)认为："最好是把技能定义为习得的，能相当精确执行且对组成的动作很少或不需要有意识地注意的一种操作。"美国心理学家伍尔福克(A.E.Woolfolk)把动作技能看作"完成动作所需要的一系列身体运动的知识和进行那些运动的能力"。加涅认为："动作技能实际上有两个成分：一是描述如何进行动作的规则；二是因练习与反馈而逐渐变得精确和连贯的实际肌肉动作。"我国传统的动作技能概念来自苏联，认为动作技能是依靠肌肉、骨骼与相应的神经系统的活动实现的活动方式，把动作技能定义为：在练习的基础上形成的，按某种规则或程序顺利完成身体协调任务的能力。认为动作技能是一种习得的能力，表现为迅速、精确、流畅和娴熟的身体运动的活动方式。

哈罗(A.J.Harrow)在《教育目标分类学》(第三分册：动作技能领域)一书中对动作技能的构成成分做了分析，认为动作技能一般包括三个成分。这代表了心理学家们对动作技能构成成分的一般看法。

1) 动作或动作组

从难易程度的角度来分，动作有三种类型：反射动作、基本—基础动作、技巧动作。

从发展角度来看，反射动作主要受遗传的影响，是随个体成熟发展起来的；基本—基础动作，如跑、跳等，主要是随个体的成熟发展起来的，但训练能增强其精确性和熟练程度；技巧动作则主要是习得的，具有明显的专业性，如打网球与打乒乓球，其技巧动作是不同的。

从上述三种类型动作之间的关系来看，基本—基础动作是由一系列的反射动作组成的。因而，每一基本—基础动作都是一组反射动作的组合，或称一个反射动作组；而技巧动作又是由一系列的基本—基础动作组合而成的，是一个基本—基础动作组。第一专业或行业的技巧动作群组又构成了该专业或行业的动作语汇(movement vocabulary)。 动作和动作组是运动技能中易于被观察到的成分。

2) 体能

体能主要包括耐力、力量、韧性、敏捷性等。体能是运动技能的重要组成成分，是完成动作技能的前提和保障。每一动作任务的完成都需要相应体能的支持，离开体能，动作任务就不可能高质量地完成，动作技能就会大打折扣。比如，一名排球运动员已熟练掌握了排球的专业动作语汇，但在长时间的对抗赛中，若耐力较差，可能就会发生动作变形，出现发球失误等问题。可见，体能是优质完成动作任务的重要保证。

3) 认知能力

动作任务的完成，必须有认知过程的参与。因而认知能力，如知觉、记忆、想象、思维等是动作技能的重要构成成分。

知觉是完成动作任务的基础，知觉主要包括视觉、痛觉、触觉、动觉等。对于动作完成情况的观察、对于环境因素的利用都离不开知觉的作用。另外，某些特殊行业的专业动作语汇还有特殊的知觉要求，如对司机的手眼协调、手脚协调等能力要求较高。

其他认知能力，如记忆、想象、思维等对于动作技能的形成也很重要。人们对动作或动作组的熟练过程离不开它们的参与。

近来，也有一些学者认为动作技能包括知觉、动作和练习，三个因素缺一不可。他们把动作技能看成一个立体空间体系，由知觉、动作和练习三个因素构成了这个三维立体空间。动作技能的知觉维主要是指动作技能的活动要有知觉的参与，没有知觉参与的活动不能称为动作技能的活动，如眨眼、打喷嚏之类的不随意动作就不是动作技能。当然，动作技能学习的不同阶段，动作技能的熟练程度不同，知觉参与的程度是不一样的。动作技能的动作维是指动作技能首先是从学习动作开始的，并始终贯穿其中。张春兴认为，动作技能的学习涉及两个方面，一是学习技能中所包含的各种动作；二是学习技能。而技能中包含了各种各样的动作，在学习动作技能前，必须先具备动作技能中所包含的各种各样的动作。因此，离开了动作就谈不上动作技能。动作技能的练习维主要是指动作技能要靠后天的练习来获得。那些随年龄的增长而自行习得的动作不能算是动作技能，只有那些经过后天练习获得的动作才能算是动作技能。

综合以上的分析，可以给动作技能下一个定义：动作技能又称运动技能或操作技能，是经过练习而形成的，由一系列的外部动作以合理的程序组成的操作活动方式。书写、游泳、体操、骑自行车等都是动作技能。

(三) 心智技能

心智技能也称智力技能、认知技能。人在工作、学习、生活中遇到问题、寻求解决问题的方案，进而顺利地解决问题的能力；学生在学习过程中表现出的计算、解题、写作等方面的能力都属于心智技能。那么究竟什么是心智技能？

随着认知心理学的兴起与发展及其在教育领域中的运用，对智力技能的理解也更为丰富，出现了种种不同的学说。

1．国外有代表性的学说

1) 认知活动方式说

认知活动方式说认为"智力技能是指运用内部言语在头脑中以简缩形式进行的认知活动方式"。感知、记忆、想象和思维是它的重要内容，思维(心智)操作是其中最主要的方式。可见，该观点首先把智力技能看作一种活动。从活动的动态结构来看，要完成一项活动必须通过实际操作，获得动作经验，通过练习、反馈才能实现。其次，这种活动是在头脑中借助于内部言语默默进行的，操作对象是头脑中的主观映象，而不是客体本身，因此该活动不是外显可见的，而是内隐的。最后，该活动是以一种简短、压缩的形式进行，是一种非扩展的自动化过程。该观点是苏联列昂节夫的活动理论和加里培林的"智力活动按阶段形成理论"的反映，多年来，我国的教材几乎都沿用此种观点。

2) 层次顺序说

美国著名认知教育心理学家R.M.加涅在《学习的条件》一书中，把智力技能看作"使用符号来学习与环境互相发生作用"。所谓的"符号"即指字母、数字、语词和各种图片、图解。并用他的智力层级论来说明智力技能的学习。这一理论认为智力技能学习严格遵循着一个由低到高的层级顺序，即智力技能中最简单的是辨别(发现事物之间的差异)，其余依次为概念(发现事物的共同本质特征)、规则(反映事物之间的关系和规律)和高级规则(应用多个规则解决复杂问题的能力)。在这些技能的学习中，高级规则的学习以掌握简单规则为先决条件，规则的学习以掌握规则中所包含的概念为先决条件，概念的学习又以辨别为先决条件。由此而决定智力技能的教学顺序：辨别—概念—规则—高级规则。

根据加涅的观点，智力技能实际上就是学习、掌握及运用概念、规则的能力。加涅为进一步说明智力技能，对智力技能与言语信息、认知策略作了区别。认为言语信息与知道"什么"有关，而智力技能则与知道"怎样"有关。知识的学习是一个从不知到知，由知之甚少到知之甚多的过程；智力技能的发展则是从简单到复杂，从低级到高级的过程。例如，知道什么是分数和小数，什么是英语的直接引语和间接引语，是言语信息的学习结果；而学会怎样把分数化为小数，怎样把英语的直接引语改为间接引语，就是智力技能的学习。而智力技能与认知策略比较，他认为智力技能是朝向学生的环境方面，会处理数字、词语和符号，那是"外在的"。认知策略"是用来为学习者调节自己内部注意、学习、记忆与思维过程的"，在某种意义上，它是"内在的"。

3) 程序知识说

美国著名认知心理学家 J.R.安德森在《认知心理学》一书中，以"知道什么"和"知道如何"为区别将知识划分为陈述性知识和程序性知识。陈述性知识是可以言传、回忆的知识，相当于加涅所说的言语信息。程序性知识是那种难以言传的知识，即智力技能，他也称它为认知技能。安德森用产生式和产生式系统来说明程序性知识的表征。产生式指人经过学习，头脑中储存的一系列的如果/则规则。即只要某种条件满足，则产生某种相应反应。产生式系统即由许多简单产生式组合而成。只要经过一定练习，产生式系统可以一个引发一个发生连锁反应。安德森所指的"知道如何学习"的程序性知识实质上已包含了加涅所说的认知策略。

2．国内新近研究的学说

我国心理学教授皮连生明确地把智力技能，即程序性知识分为两类：一类是加涅所说的智慧技能，为应用规则对外办事的技能；另一类是认知策略，为应用规则对内调控的技能。

以上四种观点是当今解释智力技能的有代表性的主要学说。这四种学说，表面看来似乎不相关，或者对立，实际是从不同角度或不同侧面对智力技能进行了研究。综合这四种学说揭示其内在联系，也许更有利于人类全面把握智力技能。第一种学说主要是根据智力技能形成的特点来描述智力技能。这样接近于揭示智力技能的本质特征，但脱离了具体内容，即脱离智力技能发展的凭借物——知识，抽象、孤立地描述智力技能，势必易使人陷入"不知所云"的境地。加涅对智力技能的解释正好弥补了第一种学说的缺陷，他把智力技能作为学习运用概念、规则的结果。或者说，智力技能是凭借概念、规则的学习而形成发展的。尤其是他的层级理论揭示了智力技能由低到高的发展顺序，使智力技能的培养能落到实处。加涅对智力技能的理解虽使我们脱离孤立、抽象理解智力技能的境地，但对智力技能本身具有的特点又阐述不够。安德森把认知策略归为智力技能，加宽了加涅所称的智力技能的范畴。皮连生教授把智力技能明确分为"对内"和"对外"两种技能，有助于我们对智力技能的进一步认识与把握。安德森关于"产生式系统表征"的阐述也有助于我们认识智力技能自动化产生的机制，但安德森把"程序性知识"视作智力技能，又易导致知识与技能的混淆。如我国冯忠良教授就认为操作性知识(即程序性知识)其实不过是一类专门叙述活动规则、方法的知识，仍属知识范畴。虽然操作性知识与心智活动的执行密切相关，但两者分别属于认知经验与动作经验,因而不能等同。

对智力技能的理解应从三个方面把握:一是从智力技能本身的特点来看,它是一种在人脑中所进行的被压缩的认知活动;二是从智力技能形成、发展所依赖的条件和内容来看,它离不开知识;三是从智力技能的获得来看,它是学习概念、规则的结果。这样从不同维度来综合理解智力技能,将更有利于揭示其本质特征,为智力技能的培养提供具体、明确的途径。

归纳以上观点,我们给心智技能这样下一个定义:心智技能也称智力技能、认知技能,是人们借助内部言语在头脑中实现的认知活动方式,包括感知、记忆、想象和思维等认知因素,其中抽象思维因素占据着最主要的地位。这种认知活动借助内部言语按合理的、完善的程序组织起来,并且一环紧扣一环。比如,学生掌握了四则运算的技能,在演算这类习题时就能运用自如地计算出答案;学生掌握了写作技能,就能根据不同性质的命题,自如地按照写作程序构思,并写出记叙文、论说文等文章来。

(四)动作技能与心智技能的关系

动作技能和心智技能是构成技能的两个子系统,它们既有区别,又有联系。

1. 动作技能与心智技能的区别

动作技能与心智技能可以从三个方面加以区分。

(1) 活动的对象不同。动作技能属实际操作活动的范畴,其活动的对象是物质的、具体的,表现为外显而易见的骨骼和肌肉的操作,是可以被观察、可以被感知的(如打字、射箭)。而心智技能的活动对象是头脑中的映象,不是客体本身,具有主观性和抽象性,属于观念范畴,不具有相应的物质形式,是看不见、摸不着的。心智技能活动对象的上述特点,使心智技能只能在大脑内借助于内部言语内潜地进行,只能通过难以觉察的映象变化来判断其存在,具有隐蔽性。但心智技能对映象加工改造的潜力很大,既可改造成具体、形象、生动的感性观念,又可加工改造成抽象、概括的理性观念。

(2) 活动的结构不同。动作技能是系列动作的连锁,所以其动作结构必须从实际出发,符合实际,不能省略。心智技能是借助于内部语言实现的,因而可以高度省略、高度简缩,甚至难以觉察到其活动的全部过程。

(3) 活动的要求不同。动作技能和智力技能形成的结果都是从不会做到知道如何做,再达到熟能生巧。但动作技能要求学习者必须掌握一套刺激—反应的联结,而心智技能则要求学习者掌握正确的思维方法。

2. 动作技能与心智技能的联系

动作技能与心智技能的联系为:一方面,动作技能经常是心智技能形成的最初依据,心智技能的形成常常是在外部动作技能的基础上,逐步脱离外部动作而借助于内部语言实现的。比如,写作这种心智技能就是在书写、打字等动作技能的基础上发展起来的。另一方面,心智技能往往又是外部动作技能的支配者和调节者,复杂的运动技能往往包含认知成分,需要学习者智力活动的参与,手脑并用才能完成。

六、技能的作用

技能学习在人的学习中是非常重要的。

(1) 技能的掌握，有利于学生能力的发展。学生学到的各种知识是不能直接转化为能力的，必须通过技能这个中介环节。现代素质教育要求教师既要把丰富的科学文化知识传授给学生，使学生知道"是什么"，而且还要使学生掌握一系列的技能，知道"怎么办""如何做"。教师教学的关键就是使学生的知识转化为技能，发展其能力。所以，要培养学生的能力，只传授知识是远远不够的，必须把基本知识的教学和基本技能的训练结合起来。

(2) 技能的掌握有利于提高学生学习的效率，使之更经济合理地进行创造性学习。

第二节 动作技能的形成

动作技能对于个体的学习、工作和生活都具有十分重要的作用。具有相应的、一定水平的动作技能才能保障个体工作、学习和生活的正常进行，例如，行走的技能、写字的技能和运动的技能等。个体在发展过程中只有不断地掌握知识，才能形成技能和发展能力。动作技能的掌握与知识的学习、心智技能的形成和能力的发展是相互联系、相互作用、相互制约的关系，不具备相应的、一定水平的动作技能，个体很难得到全面、健康发展。因此，个体在学习过程中不仅要掌握知识、发展能力，还要进行动作技能的练习。动作技能的形成也是有一定规律的，本节主要介绍有关动作技能理论、动作技能的特点、动作技能形成的标志、动作技能的保持和迁移、动作技能的教学等内容。

一、动作技能的形成理论

关于动作技能的形成问题，心理学家提出了多种理论，其中具有代表性的是行为派的理论解释和认知派的理论解释。

(一)行为派的动作技能形成理论

20世纪初，行为主义兴起，成为心理学的主流。行为主义对动作技能的研究最初关注的是经典条件反射学习，此后转向研究操作性条件学习。行为主义基于学习是S-R联结的基本观点，提出了动作学习的习惯论。从S-R联结的观点看，动作学习就是人的外显动作行为在外部影响作用下的变化过程，动作学习的结果就是形成稳定、连贯、准确的动作序列和动作习惯，动作技能的提高就是动作序列和动作联结不断延长，动作技能形成后用于完成新的任务，就是动作行为习惯的泛化。

行为主义心理学的核心概念是反应，因而他们用刺激-反应来解释人的行为，特别重视用强化概念来说明有机体行为的塑造、保持与矫正。他们认为，有机体的某种学习行为倾向完全取决于先前的这种学习行为与刺激因强化而建立的牢固联系，如果有机体的某些活动产生积极的后果，行为受到强化，那么有机体就会增加其反应，再次重复该行为，并逐渐巩固下来，可以成为它的全部行为储备中的一部分。同时，这些活动也获得了习惯强度，以后，只要出现适当的环境刺激，活动便会自动地出现。动作技能的学习本质上就是形成一套刺激—反应的相互联结系统。例如，儿童学习使用钥匙开门，就必须学会系列的肌肉反应动作：首先要用手拿钥匙对准锁孔，然后确认插入的位置是否准确，还要将钥匙完全插入并按正确方向旋转，最后推开门。如果最后环节上缺少强化物(打开了门)，儿童使用钥匙开门的行为就会发生消退，整个联结也将随之消失。

(二)生理学的联结理论

生理学的联结理论也叫动力定型理论。苏联学者加加耶娃(Г. M. ГaraeBa，1952)在条件反射理论的基础上，从生理学角度对动作技能的形成进行了分析。该理论借用条件反射中"泛化""分化""内抑制"等概念来解释动作技能的学习过程，认为动作技能形成的实质就是在大脑皮层上形成稳固的神经联系系统或称为自动化的运动条件反射系统。可以把动作技能的形成过程分为掌握局部动作、初步掌握完整动作、动作的协调和完善三个各具特点而又相互联系的阶段。

1．掌握局部动作的阶段

该理论认为，学生在学习动作技能的初期，神经过程处于泛化阶段，内抑制过程尚未精确建立，因此常常会产生一些多余动作；或者由于神经、肌肉过度紧张而使动作呆板、不协调，掌握动作的时间、空间不准确。学生在这一阶段主要通过观察教师的示范动作进行模仿练习，即借助于视觉来直接控制自己的动作。由于动觉的感受性较差，动作的控制力不强，尚难以发现自己动作的错误和缺点。

所谓泛化是巴甫洛夫的用语，指的是任何一种刺激一旦成为条件刺激时，在初期不仅本身能引起条件反射，就是和它相似的刺激也会产生条件反射效果。大脑皮层内兴奋过程的扩散是引起泛化的主要机制。所谓内抑制也是巴甫洛夫的用语，指的是在一定的条件下使原来在条件刺激作用下，出现过兴奋过程的那些皮层细胞有条件地加以抑制。只有在中枢神经系统的高级部分发生内抑制的条件下，才能消除多余的动作或错误动作。所以，为了使学生正确地掌握一系列局部动作，教师在讲解新动作时，应突出动作的主要特征，并与邻近的动作相区分，以便使学生的注意指向于动作的主要特征和及时纠正错误动作或多余动作。

2．初步掌握完整动作的阶段

该理论认为，学生处在这一学习阶段时，经过练习已能把许多局部的动作联合成一个完整的动作系统，其神经过程逐渐形成了分化性抑制，即对于近似于条件刺激的刺激，经过若干次的负强化已不再引起与条件刺激所引起的同样反应。大脑皮层的兴奋过程和抑制过程在时间和空间上日趋准确，内抑制过程逐步加强，从而使神经或肌肉的紧张程度有所降低，多余动作逐渐消失，识别错误动作的能力也逐渐增强。与此同时，肌肉的动觉感受性逐渐提高，而视觉的监控作用逐渐减弱，依靠肌肉运动感觉来判断和控制动作的能力逐渐加强。

3．动作协调和完善的阶段

该理论认为，学生处在这一学习阶段时，动作技能的动力定型已经巩固地建立起来，各个动作已联合成一个有机的系统，并且稳定巩固下来。所谓动力定型，是指条件反射的链索系统。其特点是，当它形成以后，一旦有关刺激物作用于有机体，这个条件反射的链索系统就自动地出现。所以，又称为自动化的条件反射系统。形成了动力定型之后，可以大大地节省我们脑力和体力上的消耗，提高活动效率，而且，意识的控制作用减弱，或者只需要对个别动作起调节作用。只有当要求注意全部动作的情况下，每个动作成分才被清晰地觉察到。

(三)认知派的整体研究理论

心理学家费茨(P.M.Fitts)和波斯纳(M.I.Posner)从认知的整体结构理论出发，分析了动作技能形成的过程，提出了动作技能形成的阶段性观点。他们认为，动作技能的形成可以分为三个阶段：认知阶段、联结阶段和自动化阶段。

1．动作的认知阶段

该理论认为，在学习动作技能的开始阶段，主要应强调对任务的认知，即知觉和理解动作的术语、要领、原理或规则，以及做动作时应知觉的线索(包括来自身体内部或外部的线索)，以便使学生做第一次动作就尽可能做正确。学生在这一阶段主要是通过感知觉和思维活动来接收教师所传授的运动知识和有关动作技能的结构、要领和规则，理解教学内容，并进行三五次预备性练习，从而对所要学习的内容形成确切的认知。在此阶段，教师还应注意激发学生学习动机，调动其主观能动性，使其主动地学习。

2．动作的联结阶段

在动作的联结阶段，重点是使学生将动作的各个组成部分建立起固定的联系，并将旧习惯与新方法相联结，纠正错误的动作，排除旧习惯的干扰。要强调在正确的知觉和积极思维的基础上反复练习，以找到改进动作的方法，合理地使用力量、速度，建立准确的空间方位，最后把动作各个组成部分联合成一个整体，或者用心理学家加涅的话来说，建立起动作连锁。

3．动作的自动化阶段

在动作技能的学习进入自动化阶段时，一长串的动作系列似乎是自动流出来的，无须特殊地注意和纠正。这时的动作已程序化了，可以大大地减少注意和心理上的努力。研究表明，许多体育技能需要经过多年的和大量的练习才能达到和保持自动化的水平。

二、动作技能的形成过程和形成标志

(一)动作技能的形成过程

动作技能的形成是通过认知和练习逐步掌握某种动作操作程序的过程。复杂运动技能的形成，一般要经历四个主要阶段。在每一个阶段，学习者学习的重点及表现出的特征不同。

1．认知阶段

认知阶段是动作技能形成开始阶段。认知阶段是学习者通过指导者的讲解、示范或自己按照操作说明的要求，试图对所学技能的任务、性质、要求进行分析、领会、理解的过程。概括地讲，认知阶段就是学习者理解学习任务的阶段，在这一阶段形成目标表象和目标期望。学习者对自己解决问题的目标在头脑中形成一个表象，即明确解决问题的目标模式。而目标期望则是对自己的作业水平的估价，即明确自己能做得如何。这两种期望对动作技能的学习起着定向作用。

在认知阶段，学习者认知的质量和学习时间取决于对当前任务的知觉和有关线索的编码，有助于此后在长时记忆中依据线索提取关于现有任务的知觉信息以及从长时记忆中激活先前有关的信息，并有效地检索、提取出来。

学习者在技能学习的起始阶段，首先要通过对示范动作的观察、对刺激情境的知觉，来形成一个内部的动作意象，以作为实际执行动作时的参照。而要形成这样一个意象，则需要对线索和有关信息进行适当的编码。线索和信息的编码，可以是形象的，也可以是抽象的；可以是视觉的，也可以是语词的；可以是有意义的，也可能是孤立的。为了形成有利于动作技能学习的目标意象，学习者通常用自己擅长的方式来对线索进行编码。也就是说，不同学习者编码的策略与方式是不同的。例如，因为儿童和成年人的思维类型和思维水平不同，儿童通常利用视觉表象进行编码，而成人则能够将视觉表象和语词联系起来，共同编码。在形成目标意象过程中，学习者不仅借助于对现有任务的知觉和有关线索来编码，也可借助于先前的有关经验。这就是说，学习者通常还从长时记忆中激活有关信息，并有效地检索、提取出来以帮助编码。

在认知阶段，学习者不仅形成目标意象，而且还可以依据自己以往成功和失败的经验，依据自己的能力和目前任务的难易，形成对自己作业水平的期望。这一期望既表现在质的方面，即动作质量的好或坏，也表现在量和范围上，即能完成动作的多寡。一般来说，有明确目标期望的学习，较之于目标期望模糊的学习更有效。

认知阶段的主要特点是学习者忙于领会技能的基本要求，掌握技能的局部动作，因而注意范围比较狭窄，只集中于个别动作，精神和全身肌肉紧张，动作忙乱，呆板而不协调，出现很多多余的动作，不能察觉自己动作的全部情况，难以发现错误和缺点。

2．分解阶段

在分解阶段，传授者将整套动作分成若干分解动作，学习者则初步尝试，逐个学习。即把组成动作技能的动作构成的整体逐一分解，并试图发现它们是如何构成的，最后尝试性地完成所学新技能中的各个动作。在这个时期，学习者的注意只能集中于个别动作上，不能统观全局和控制动作的细节。这是由于对被分解的动作生疏，动作程序之间还未形成有机的联系，初看起来既不连贯又顾此失彼；同时，新动作和日常生活中形成的习惯动作不相符合而发生矛盾，对新动作有干扰作用。以骑自行车为例，整个骑车动作可先分解为推车动作、骑上自行车动作、脚蹬动作和手握方向的动作，学习者初学时只能逐个去练习。但这几个分解动作是连不起来的，不是忘了脚蹬，就是忘了方向，动作不协调，不能掌握平衡，而且精神紧张，双眼总是盯着脚下，不敢远视，控制不了自己的动作。学习者由于初学，注意的范围狭小，不善于注意的分配与转移，情绪紧张，虽然分解后的动作较简单，容易掌握，但在前后两个动作的交替和过渡上比较困难，因而导致学习者出现动作忙乱、紧张呆板、不准确协调、顾此失彼等现象。

3．联系定型阶段

在联系定型阶段，重点是使适当的刺激与反应形成联系并固定下来，整套动作连为整体，变成固定程序式的反应系统。即使是一个简单的动作，所包含的刺激与反应也非常复杂，所以联系定型比想象的还要复杂。例如，弹钢琴，左手、右手和脚建立起了动作连锁。

在这一阶段，练习者已经逐步掌握了一系列局部动作，并开始将这些动作联系起来，但是各个动作还结合得不紧密，在从一个环节过渡到另一个环节，即转换动作的时候，常出现短暂的停顿。练习者的协同动作，是交替进行的，即先集中注意一个动作，然后再注意做出另一个动作，反复交替进行不同的动作。这种交替慢慢加快，技能结构的层次不断提高，然后逐渐形成整体的协同动作。

在这一阶段，必须排除过去经验中习惯的干扰。例如，在其他条件相同的情况下，已经学会骑自行车的人和不会骑自行车的人，同时学习骑三轮车，会骑自行车的人学骑三轮车会有一定的困难，而不会骑自行车的人，坐上三轮车就会骑。动作技能相互干扰是负迁移的表现，对新的动作技能的掌握起阻碍作用。

在这一阶段的主要特点是技能的局部动作被综合成更大的单位，最后形成一个连贯的动作技能的整体。练习者视觉控制作用逐渐减弱，而肌肉感觉的自控作用逐步提高，动作间的相互干扰减少，紧张程度有所减弱，多余动作趋于消失。

4．自动化阶段

自动化阶段是动作的协调和技能完善阶段，是动作技能形成的最后阶段，它标志着动作技能发展到了高级阶段。动作的熟练是通过多次练习而实现的。如有经验的司机，在正常开车时，可以顺利地与别人交谈，而不用紧张地盯着前方。由于熟练，使人对这种活动方式的意识控制水平大为降低。当动作达到熟练阶段时，其动作表现为敏捷、正确、稳定和灵活；动作之间协调一致，多余动作消失，动作系列高度简化与压缩，个别动作已联结成为一个完整的体系，动作间已形成稳固的顺序性；视觉的监督作用大为降低，而动觉的控制增强，注意力分配能力增强；此外，紧张感消失，疲劳的程度也相对降低。

总之，动作技能的学习需要从领会动作要点和掌握局部动作开始，到建立动作连锁，最后达到自动化的程度。

(二)动作技能的形成标志

经过一系列的反复练习，动作技能已经形成。动作技能形成的标志是达到熟练操作。所谓熟练操作是指动作之间连续、协调，动作速度加快，准确性高，动作简洁，多余动作消失，视觉控制、意识控制减弱，精神放松、不易疲劳，使所有动作达到自动化程度。动作技能形成后具有以下主要特征。

(1) 意识调控水平降低，动作达到自动化。在动作技能形成的认知阶段、动作分解阶段和联系定型阶段到自动化阶段，各种动作受意识支配调节水平是不断降低的。通过反复练习，一旦动作达到熟练程度，准确无误时，意识调控被自动化所取代，动作是无意识进行的。例如，打字技能形成的人，可以不看键盘迅速地打字。

(2) 能利用细微的线索。在初步掌握动作技能时，学习者只能对那些很明显的线索(如教练的提醒纠正等视听线索)发生反应，不能觉察自己动作的全部情况和错误。而动作熟练后，学习者能觉察到自己动作的细微差别，仅凭细微的线索就能改进调整自己的动作，做出恰如其分的反应。如优秀的排球运动员可敏锐根据对方移动时的步伐、弹跳时的动作、手的动作，判定对方来球的速度、重量、球的落点而迅速地选择扣球或拦网或吊球。

(3) 动觉反馈作用加强。动作技能的反馈包括两类：一类是外部反馈，即对反应结果的知悉；另一类为内部反馈，即是以肌肉活动本身的动觉刺激形式出现的。在初步掌握动作技能时，学习者主要依据外部的视觉反馈来调节自己的动作，而在动作技能的熟练期，学习者主要依据内部的动觉反馈来操作或调节自己的动作。

(4) 形成运动程序的记忆图式。所谓运动程序的记忆图式，是指经过长期的练习而在长时记忆中形成的关于动作的有组织的系统性知识，它使完整的操作流畅地执行。拉斯罗(J. I. Laszlz, 1967)做过一个在剥夺视觉、听觉、触觉和动觉条件下，用早已熟练了的手指敲桌子的技能去按打字机键的再学习实验，结果发现，运动技能的熟练程度达到某一阶段时，人的头脑中就会产生运动的指导程序，并以此程序来控制运动。

(5) 在不利条件下能维持正常操作水平。检验动作的熟练程度，更重要的是应考察在不利条件下表现出来的操作水平。一般说来，越熟练的动作，越能在外界情况变化下或面临紧急情况时维持正常操作水平。如最优秀的飞行员能在遭遇飓风袭击的恶劣气候条件下，维持协调和准确的操作，保证飞机安全飞行。

三、动作技能的保持

动作技能一经掌握，便不易被遗忘。如学会了游泳和骑自行车的人，过了若干年以后，虽未经练习，其技能仍然基本上保持如故。动作技能的保持比知识的保持更牢固。

为什么动作技能不易遗忘呢？弗雷西门(E.A.Fleishman)和派克(J.F.Parker)的实验可以部分回答这个问题。他们设计了一个类似驾驶飞机的任务。在实验中，被试握一操纵杆，该操纵杆可以左右前后移动，控制两维的运动。被试要用脚去控制方向舵，方向舵像一块跷跷板，可以围绕一支点上下运动。被试需要使操纵杆在一阴极射线管的中心保持一光点，若光点偏离中心，他必须及时调节操纵杆，使光点回到中心位置。在阴极射线管的上方有一伏特计，被试用脚踏方向舵，使伏特计指针同样保持在中心位置上。这一任务是颇为复杂的。被试既要观察光点和伏特计的移动，又要手脚并用进行不同的操作。练习 50 次，每次 6 分钟，达到了熟练水平，历时 17 天。在训练完成后，将被试平均分成 3 个组。其中一组在 9 个月后进行测验，一组在 12 个月后进行测验，一组在 24 个月后进行测验。结果表明，前两部分被试对技能没有遗忘，最后那部分被试对技能虽有少量遗忘，但经 6 分钟练习后，便完全恢复。这就是说，已经掌握的动作技能，经过两年以后，仍然基本保持完好。

我国的心理学工作者许尚侠教授对动作的遗忘进程不同于对语词的遗忘进程的研究表明以下几点。

(1) 动作记忆的遗忘量远远少于语词记忆的遗忘量，如表 10-1 所示。因为动作操作的联想条件比较复杂，在学习动作操作的过程中，除了来自外界的各种信息之间形成一系列的联系外，还有来自动作操作本身所引起的反馈信息，也参加到了联系系统中去。

(2) 动作遗忘的进程不同于语词遗忘的进程，尤其是在开始部分，如图 10-1 所示。艾宾浩斯遗忘曲线呈 L 形，动作遗忘曲线呈 V 形，即动作遗忘在开始时，经过了一个大起大伏之后才随着时间的推移逐渐缓慢地减少遗忘量。动作学会后，间隔1天的遗忘量最大，间隔2天的遗忘量最小，间隔6天的遗忘量比间隔2天的遗忘量显著增多，间隔31天的遗忘量比间隔6天的遗忘量也有所增加，但增加的幅度并不大，而间隔31天的遗忘量却较明显地少于间隔一天的遗忘量。

表 10-1　动作操作材料与艾宾浩斯材料比较

间隔时间/天	节省时间/%		
	体院学生	师院学生	艾宾浩斯材料
1	81.33	72.42	33.7
2	94.86	84.44	27.8
6	87.48	75.05	25.4
31	86.05	73.67	21.1

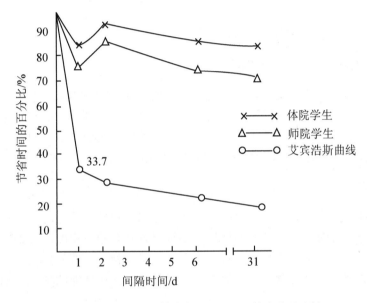

图 10-1　动作遗忘进程曲线与艾宾浩斯遗忘曲线比较

（3）具有共同趋势。无论是体院学生还是师院学生，他们动作操作的遗忘进程具有共同趋势。

对于动作技能为什么不易遗忘这一问题，上述实验可以给我们如下启示。

（1）动作技能是经过大量的练习之后获得的。如在弗雷西门和派克的实验中，被试用脚踏方向舵，经过300分钟练习，反复将伏特计指针调整到中心位置，这里有大量的过度学习。一般来说，经过过度学习的知识是不易遗忘的。

（2）许多动作技能是以连续任务的形式出现的。在弗雷西门和派克的实验中，被试要追踪光点和指针，连续进行调节。连续的任务相对简单，故不易遗忘。如果动作技能是由许多完全不同的、孤立的动作成分构成的，有人估计，其遗忘的程度大致会同言语材料的遗忘程度相近。

（3）动作技能不同于言语知识。许尚侠教授的研究表明，动作技能的保持高度依赖小脑和脑低级中枢，而这些中枢可能比脑的其他部位有更大的保持动作痕迹的能量。

(4) 动作技能越复杂，练习的次数越多，遗忘发生得越少；动作技能越简单，练习量越少，遗忘也越明显。

四、动作技能的培养

动作技能是通过练习而形成与提高的。这里的"练习"不同于机械地重复，它是有目的、有步骤、有指导的活动。要有效地进行动作技能的学习，提高练习效率，首先要明确影响动作技能练习与提高的因素有哪些。练习受多种因素的影响和制约。就学习者自身的因素而言，就有个体的身体状态和相应的生理成熟、知识经验、智力水平、态度、动机、情绪、年龄等；就外部因素而言，有学习环境、学习方法和教师的指导方法等。

动作技能的形成受许多因素的影响和制约，这些因素中有些是内部因素，有些是外部因素。

(一)影响动作技能形成的内部因素

1. 身体状态和相应的生理成熟程度

健康的身体和相应的生理成熟程度是动作技能形成的物质基础。通过中小学生的运动会，可以发现，同一项目的竞技比赛成绩，高一年级组的成绩高于低一年级组的成绩。这主要受生理成熟程度的制约。著名的格赛尔爬梯实验同样说明了这个问题。一般来说，相对简单的动作技能的学习，健康的身体和生理成熟程度所起的作用相对较大。

2. 知识经验

知识并不等于技能，但技能的形成必须运用知识。知识经验是动作技能形成的重要条件。对动作技能学习的目的、任务的认识需要练习者具有相应程度的知识经验，对动作技能练习程序、步骤、要领的领悟、理解同样需要学习者相应程度的知识经验。知识经验愈丰富，动作技能学习的效果愈好。一般来说，对复杂的动作技能的学习，知识经验所起的作用相对较大。

知识愈丰富，对克服技能学习的难点愈有帮助，能加快形成动作技能。只模仿操作，不学习相关理论，其技能也不能得到进一步发展。理论可以加快动作技能的获得，可以免去或减少动作技能形成过程中的错误。有心理学家曾对电器装配工人进行过实验研究。第一组工人只是机械地、重复地学习技能，而对第二组工人则讲解操作原理。结果发现，两组工人最初的水平差不多，但后来第二组工人的绩效远远超过第一组工人的绩效。

3. 智力

关于智力和动作技能的关系，心理学家的探讨结果是不一致的。日本心理学家松原把众多的研究结果归纳为两种情况。①当学习者的智力处于正常水平时，小肌肉动作技能的学习和智力之间有较低的正相关，智力水平越高，学习成绩越好。而大肌肉动作技能的学习和智力之间几乎没有什么相关。②当学习者的智力处于常态以下时，小肌肉与大肌肉动作技能的学习和智力之间是清晰的正相关，智力越低学习进步越慢。

个体的智力水平制约着个体动作技能发展的水平。一般来说，在智力正常的前提下，个体智力水平越高，对于精细的、复杂的与小肌肉有关的动作技能学习的成绩越好；智力水平对于简单的、大肌肉的活动影响不大，如跑、跳等。但是，当个体的智力水平在常态以下时，智力水平越低，动作技能的学习速度越慢，越难获得较难的、复杂的动作技能。

4．良好的个性品质

首先良好的个性品质能促进个人形成高水平的动作技能。如心理学家奥吉利夫和塔特科在1967年研究表明一个优秀的运动员要出色地完成竞赛活动须具备的个性因素包括：达到目标的动机；忍耐力；控制能力；自信、大胆和心胸开阔等品质。

另外，个性的倾向性也与动作技能的形成有密切联系。例如，外向性的人比内向性的人动机水平较高，行动效率也高；外向性的人比内向性的人较难形成条件反射；外向性的人适合进行力量大的活动，而内向性的人适合进行精细准确的活动；外向性的人动作速度快，而内向性的人动作准确性高。

5．保持适当的动机水平

耶克斯-多德森定律(the Yerks-Dobson law)是揭示学习动机和学习难度、学习效果之间关系的一种理论，人的各种活动都是在动机的指引下，并指向某一目标而展开的，推动人参与学习活动的动机，就是推动、引导和维持人进行学习活动的一种内部力量或内部机制，学习动机一旦形成，它能促使人对学习采取积极主动的态度，对学习表现出浓厚的兴趣，并把这种兴趣保持下去，在遇到困难时有克服困难的意志力。

动作技能学习的动机强度的最佳水平不是固定不变的，而是根据任务性质的不同而不同，学习任务比较简单时，学习动机强度较高可达到最佳水平；学习任务比较复杂而困难时，学习动机强度较低可达到最佳水平。

(二)影响动作技能形成的外部因素

人们的技能不是天生就有的，而是后天形成的。动作技能是通过实际练习获得的，练习是学生动作技能形成的基本途径。然而，并非所有的练习都有利于动作技能的提高，为了帮助学生提高练习效果，迅速准确地掌握动作技能，教师除遵照练习的一般规律进行指导外，还必须注意以下几个问题。

1．讲解与示范

动作技能的形成从领会动作要领和掌握局部动作开始。领会动作要领和掌握局部动作是通过教师的讲解与示范来实现的。

教师讲解首先要注意给学生讲清楚以下内容：①练习的目的和要求；②动作技能的性质；③学习程序与步骤；④注意事项。其次教师讲解应简明扼要，过多的讲解会降低学习者的兴趣与动机水平，冗长的讲解也会使学生感到倦怠。

教师给学生示范的形式一般有三种：①相向示范。教师与学生面对面做动作示范。②围观示范。教师居中，学生围成圆圈观看教师做动作示范。③顺向示范。学生在教师背后，且居高临下观看教师做示范动作。这三种示范形式中，相向示范有容易产生左右反向认知混淆的缺点；围观示范常因学生从不同角度观察而发生混淆错误；而顺向示范可以免除左右反向及不同角度的不良影响，故而是较理想的示范形式。

2. 练习

练习是以形成某种技能为目的的学习活动，是以掌握一定的动作方式为目标而进行的反复操作过程。练习不是单纯地反复操作或机械重复，而是以掌握一定的活动方式为目的的反复。通过练习，可以促使所学技能的形成和完善。

1) 练习曲线

动作技能是通过练习而获得的。练习的进程及其效果可以用"练习曲线"表示出来。练习曲线亦称学习曲线。如果以单位时间内完成的工作量和正确数为纵坐标，由于工作量随着练习的进程而增多，练习曲线就呈上升的趋势，如图10-2(a)所示；如果以每次练习所需时间或每次练习的错误数为纵坐标，由于每次练习所需时间或错误数量逐渐减少，练习曲线则呈下降趋势，如图10-2(b)、(c)所示。

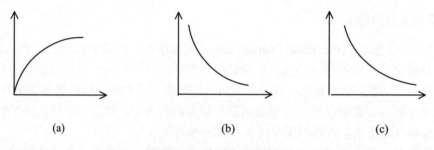

图10-2 典型的练习曲线

图10-2(a)表示工作量与练习时间的关系；图10-2 (b)表示每次练习所需时间对练习次数的关系；图10-2(c)表示每次练习的错误数对练习次数的关系。

练习成绩一般来说是逐步提高的。但由于练习内容的性质和难易不同，练习方法不同，练习进步的情况不尽相同，表现在练习曲线上既有共同的趋势，又有个别差异。从练习曲线的共同趋势来看，有以下几种表现形式。

(1) 练习的进步速度先快后慢。在多数情况下，练习初期进步较快，以后就逐渐变慢。其主要原因是：开始练习时可以利用旧的经验和方法，教师往往把复杂的任务分解为一些简单的任务进行练习，加之学生的练习兴趣较浓，情绪饱满，学习认真；到后期可以利用的已有经验相对地逐步减少，而且学习任务越来越复杂，学生的学习积极性可能会降低。

(2) 练习的进步速度先慢后快。在有的情况下，练习初期的进步比较缓慢，以后逐渐加快，如学游泳、滑冰就是如此。

(3) 练习的进步速度先后比较一致。在较少的情况下，练习的进步速度先后没有明显的快慢之分，几乎是匀速上升，进步幅度比较一致。这种情况是个别的。

(4) 高原曲线。在复杂的动作技能形成过程中，往往会出现进步暂时停顿的现象，称为"高原期"或"高原现象"。其主要表现为曲线保持一定的水平而不上升，或者甚至有些下降，但在高原期之后，可以看到练习曲线上升。

产生高原期的原因有三：①由于练习成绩的进一步提高需要改变旧的动作结构和完成动作的方式，而代之以新的活动结构和方式。在这新旧交替之间，成绩进步往往不大显著。

②由于身体素质发展不够，甚至落后于技能的掌握。当身体素质有所发展时，成绩便会提高。③由于学生的学习兴趣下降、情绪厌倦、身体疲劳或疾病等。高原现象并不是任何动作技能的获得过程都会出现的，如果动作技能的结构比较简单，又没有上述主观方面的原因，就不会出现高原现象。

(5) 练习成绩起伏现象。在各种练习过程中，都可以看到成绩时而上升、时而下降的现象。主要是由于学习环境、教师指导方法的改革等客观因素以及学生的注意、兴趣、情绪、意志、学习方法和身体状况的变化等主观因素所造成的。

不同的练习者，练习曲线存在着个别差异。按照练习进步的速度和质量上的不同，可概括为四种类型：①速度较快，质量较好；②速度较快，错误较多；③速度较慢，错误较少；④速度较慢，错误较多。

2) 影响动作技能获得的练习条件

动作技能的学习或获得是通过不同的练习条件来实现的，应了解各种练习因素对动作技能获得的影响。

(1) 分配练习和集中练习。练习时间的合理安排对于练习效果有着重大影响，如果在一段很长的时间内连续地进行相同的练习，会由于产生疲劳现象而降低学习效果；如果每次练习的时间间隔太短，成绩也不会提高得很快。许多研究已经发现，一般来说，连贯的动作技能分配练习比集中练习的效果好，而对于不连贯的动作技能而言，则集中练习优于分配练习。

在分配练习时，一次练习的量、休息间隔时间长短，须以技能的复杂程度和学习者的身体情况而定。不同的项目，每次练习的量和休息间隔时间的长短可以不同；不同技能水平的人，也可做不同安排。例如，集中练习对于高水平的运动员同样是有效的。但是，对于初学者来说，通常采用分配练习更为有效，而且要合理地分配练习时间，应当注意在开始阶段每次练习的间隔时间要短一些，随着技能的进一步掌握，间隔的时距要渐次增长。例如，10 次练习可按表 10-2 所示的两种分配法进行。

表 10-2　10 次练习分配法

甲	1	2	3	4	5⑥	7	⑧⑨10
乙	1②③	4⑤	6	7⑧	9	10	

上述两种分配法，以乙种分配的效果为好。

归纳起来，对于复杂的或连贯的动作技能来说，分配练习一般比集中练习效果好；如果是简单的或不连贯的动作技能，或者是早已学会了的动作技能，则采用集中训练法可能比分配训练法效果好。

(2) 整体练习与部分练习。采用整体练习还是采用部分练习更有效，取决于任务的复杂程度，即取决于学习的难度。一般来说，体制化程度高、复杂性小的动作技能，适合于采用整体练习法；体制化程度低、复杂性大的动作技能，适合于采用部分练习法。

所谓体制化程度，意指动作技能的各部分动作之间相互联系的密切程度。联系得越紧密，体制化程度越高；反之，体制化程度越低。所谓动作技能的复杂性程度，是指学习该动作技能所需要具备的心理协调性和方向判断等能力的高低程度。

这里所指的整体练习法，是指完整地学习某种动作技能的方法。例如，学习某套连贯的体操和游泳，各动作程序不能截然分开地进行学习，以采用整体练习法较为有效。这里所指的部分练习法，是指对某种动作的一个个环节进行练习，或者分别地练习各种亚技能(如篮球中的运球、传球、上篮等，排球中的发球、接球、垫球、吊球和扣球等具有独立形态的技能)的方法。

研究表明，采用整体练习法和部分练习法可能都有效。一般来说，学习简单的动作技能最好采用整体练习法，学习复杂的动作技能最好采用整体→部分→整体练习法，即在整体学习的基础上进行部分练习，再回到整体练习。

(3) 从学习者的特点来看，一般来说，学习者的学习能力低，其学习的训练水平达不到一定水平时，采用部分练习法较为合适；反之，采用整体练习法较为有效。

3. 反馈

反馈是指有机体在处理信息的过程中，把来自运动器官(如手足等身体部位)的效应信息，再经过感受器传导到大脑神经中枢，获得有关动作的正确性、精确度或适合性的信息过程。通过反馈所获得的动作信息，涉及动作本身的知识和动作结果的知识两个方面。这两种知识对于学习者来说，都是通过反馈而获得的，对于改善其动作技能来说都很重要。

可以根据不同的分类方法对反馈进行分类。

(1) 按照信息的来源分类，有内在的反馈和外在的(或附加的)反馈两种。如果信息由运动本身所提供，就是内在反馈；如果信息由教师所提供，就是外在(或附加的)反馈。也就是说，运动者自己通过肌肉力量感觉或视觉、听觉接收到发球成功的信息，属于内在反馈；而通过教师的提示，或者观看有关动作技能的图表、录像、指示信号等方式，学生得到动作信息的过程，属于外在(或附加的)反馈。研究表明，这两种反馈对于形成动作技能都是重要的。为了帮助学生改进动作技能，教师最好同时采用这两种反馈形式。

(2) 按照提供信息的时间分类，有同时发生的反馈和延缓的(定期发生的)反馈两种。教师给学生提供的反馈，在完成动作过程中提供的信息反馈，称为同时发生的反馈；在动作完成之后间隔一定的时间提供的信息反馈，称为延缓的(定期发生的)反馈。

研究表明，对于初学者来说，在多次尝试着做动作之后，才开始给予信息反馈，不如立即给予信息反馈效果好。而且，延缓得越久，获得动作技能的速度越慢。如果能恰当而又及时地给予反馈，可以使学生在做下一次动作时就有正确的速度、方向、力量和幅度，立竿见影地取得良好的教学效果。但是，教师如果能合理地采用阶段性反馈，针对学生所做动作的错误做全面的分析、指导，同样可以取得良好的教学效果。

(3) 按照提供信息的性质分类，有建设性的反馈和非建设性的反馈两种。所谓建设性反馈，是指所提供的信息是特殊的、限制在一定范围内的、有利于提高动作技能的反馈。所谓非建设性反馈，是指所提供的信息是重复的、非特殊的、对于动作技能的改进没有任何用处的反馈。

动作技能的学习与提高离不开反馈，反馈在动作技能的学习中发挥着十分重要的作用。学生及时掌握自己练习的结果，可以随时发现自己在练习过程中的优缺点，使正确的动作得到巩固，错误的动作得到纠正；并可以自觉地调节自己的行为，改进练习方式方法，提高练习效率。教学中经常采用的有效反馈有以下几种。

(1) 即刻进行的反馈。教师在学生练习动作的过程中即刻进行的反馈，应当既包括同时发生的反馈，又包括建设性的反馈。

(2) 阶段性进行反馈。教师在进行某一阶段的教学之后，结合课后小结或阶段性教学小结及成绩考核提供的信息反馈，应当既包括延缓的(定期发生的)反馈，又包括建设性反馈。阶段性进行反馈所提供的信息，不仅能指出学生所做动作的错误，而且能分析产生错误的原因，提供的信息量大，而且全面、针对性强，它是对学生的错误动作进行即刻反馈的一种补充。

(3) 学生对自我动作的反馈。指导学生经常对自己所做的动作进行分析、评定，并加以校正，可提高学生对自我动作的反馈能力，对于改进和提高学生的动作技能具有十分重要的意义。这种反馈也就是前面提到的内在的反馈。

为发展学生的内在反馈能力，应当指导学生形成正确的运动表象和动作概念，以便他们能够用标准动作来对照自己所完成的动作。其次，要向学生提供有关正确动作的身体感觉信息，以提高学生感知觉的精确度。向学生提供有关动作技能录像、图片等发展学生内在反馈的辅助手段，可使其完整地形成正确的动作系统。最后，教师可采用课堂提问的方式，启发学生对自己所做的动作进行分析和评定，明确地找出所做动作与标准动作之间的误差，并设法纠正错误动作。只有做到以上三点，才能调动学生的内部力量来促进动作技能的获得。

(三)动作技能的培养

学生技能的形成，除了要具有一定生理基础和成熟水平以外，还要有一定的心理前提(如练习的积极性与自觉性，良好的情绪与意志品质，注意力集中、稳定，已有的知识经验、能力的发展水平)，而这些因素需要教师在教学过程中不断地培养。此外，对于学生动作技能的形成，更重要的是教师在教学过程中，必须给学生提供良好的、正确的示范和练习的有效条件，及时地做好反馈。为了提高练习的效果，使练习既有助于技能的形成，又有利于知识的掌握，必须注意以下几点。

1. 明确练习的目的与要求

学生通过练习掌握技能，教师要对他们进行目的教育，以调动学生学习的积极性。学生明白了练习的重要性和必要性，以及先练什么，后练什么，每次练习的具体要求，怎样练习才能避免错误、少走弯路等，才能提高学生参加练习的自觉性，从而积极认真地参加练习，把练习当成一种乐趣而不是当成一种负担，才能提高练习的效率。所以各科教学，不论培养什么技能，教师都要提出明确的要求，目标越明确，要求越具体越好。

2. 掌握练习的方法和有关的基本知识

掌握正确的练习方法，可以避免盲目的尝试过程，提高练习的效果。教师必须首先通过言语解释，使学生理解正确的练习方法，同时再通过动作示范，使学生获得关于练习方法和实际动作的清晰表象，然后再让学生自己练习。

掌握所学技能的有关知识，对掌握技能也有重要意义。学生在练习过程中，如果只知道应该怎样做而不知道为什么要这样做，练习起来总不免有些顾虑，练习完了，心中也没有把握。如果具备了有关知识，知道为什么要这样做，练习起来信心就会增强。调查研究证明：学过数理化的高中学生在参加生产劳动时，他们掌握有关技能的速度，远比没有学过这些基本知识的学徒工快。

3．练习必须有计划、有步骤地进行

一种基本技能，不可能一下子就全部掌握，必须分节分步，一个部分一个部分地进行练习。练习，首先要按照循序渐进的原则，先简后繁，及时帮助学生解决难点，克服缺点，以求稳步地提高。其次，要正确掌握练习的速度，注意练习的准确性。一般地说，在开始练习阶段，要采取适当的速度，等动作方式被巩固下来后，可适当加快。

4．练习次数与练习时间的适当分配

技能的形成和保持需要足够的练习次数或练习时间。俗话说"功夫不负有心人""功到自然成"，练习达到一定程度，技能方能巩固。但是必须指出，如果练习的次数太多，每次练习时间太长，不仅浪费时间和精力，而且容易疲劳，容易产生消极态度，兴趣会降低，练习效果也不会好。

练习次数和练习时间应该有适当的安排。一般来讲，分散练习比集中练习优越。分散练习可以使练习不致中断，不仅在时间上较为经济，而且在技能的保持上也比较好。

分散练习在练习次数和练习时间的分配上，不应该是机械的、平均的，要因不同情况而异。一般来说，最有效的分配是：开始时练习的次数可多一些，每次练习的时间不宜过长，各次练习之间的时距可以短一些。随着技能的掌握，可以适当延长各次练习之间的时距，每次练习的时间也略可增长。至于每次练习和各次练习之间的时距以多少时间的效果为好，必须根据练习的性质、内容、学生的年龄与技能的掌握情况而定。

性质相近的练习不要连续地进行，以免发生疲劳和干扰；最好是几种不同性质的练习交错进行。

5．让学生知道自己练习的效果

学生及时掌握自己练习的效果，可以随时发现自己在练习过程中的优缺点，使正确的动作得到巩固，错误的动作得到纠正；并可以自觉地调节自己的行为，改进练习方式方法，提高练习效率。

以上只是针对学校教学过程中动作技能的练习提出几点意见，在实际的教学过程中，由于学科的不同，动作技能掌握的要求不同，以及学生的年龄特点、知识经验、智力、个性的不同，教师要根据教学活动的目的、内容、要求灵活进行。

第三节　心智技能的形成

心智技能对于知识的学习和能力的发展有着重要意义，它是获得理性经验必不可少的条件和手段。心智技能的形成，可促进有关问题的解决，可以缩短解决问题所需的时间及进程，从而影响解决问题的速度。

一、心智技能的形成理论

心智技能的形成与动作技能的形成既有共同点，也有不同点。关于心智技能的形成问

题，近几十年来十分受教育心理学家的重视，出现了多种不同的理论。

(一)加里培林的心智动作按阶段形成理论

对心智技能最早进行系统研究的是苏联心理学家加里培林。他于1959年系统总结了有关的研究成果，形成了心智动作按阶段形成的理论。加里培林认为，心智技能是由一系列的心智动作构成的。心智动作是外部实践动作的反映，心智动作是通过实践动作的"内化"而实现的。心智动作的形成要经过一系列的阶段，在每一阶段，心智活动的性质与水平都会发生相应的变化。

(1) 活动的定向阶段。这是个准备阶段，就是要了解、熟悉活动任务，使学生知道做什么和怎么做，从而在头脑里建立起活动的定向映象。这就要求教师不仅向学生呈现活动的模式，而且要说明活动的目的、客体和方法，就是向学生揭示所定向的学习内容，介绍学习的对象，指出动作中所包括的操作及完成这些操作的程序。此阶段的特点是把智力活动本身外部化，以物质或物质化形式向学生提示动作本身独具的特征，这时学生还没有亲自行动，只是理解这种动作的逻辑和实现这种动作的可能性。加里培林认为，这一阶段对于智力活动的形成是必不可少的，因为这一阶段任务完成的性质和水平可以对智力活动的形成起决定性的影响。由于任何活动就其结构来说，都存在着活动的"定向、执行和检验"三部分，活动的定向是活动的执行的调节机构，是成功地完成活动所必需的。

(2) 物质活动或物质化活动阶段。即借助于实物或实物的模型、图表、标本等进行学习。物质活动指运用实物而言。儿童学数数最先总是用实物、数实物，就是运用实物的物质活动。物质化活动是指利用实物的代替物如模型、图片、模式、示意图、图解等进行的教学活动，它不是实物本身而是实物的替代品。物质活动或物质化活动都是让学生亲自操作用手来完成的外显活动。这一阶段在智力活动的形成上具有重要作用。此阶段的关键，一是展开，二是概括。展开即把智力活动分为若干小的单元；概括指学生在初步掌握展开的外部操作的直观水平上，形成关于智力活动较为概括的表象。

在教学过程中，学习科学基础知识能利用的物质活动是有限的，因此物质化活动就成为主要的活动形式。它是物质活动的一种变形，能使学生通过外部物质化活动来进行智力活动，并保存形成新智力活动的那种自然心理程序。而且图表、模型、图片、示意图等能再现实物的本质特性和关系，利用这些物件来进行外部活动，还能对它们进行比较、测量、移动和改变等，是帮助学生理解所学内容的良好支柱，因此，这对学生的智力活动来说极其重要。

(3) 出声的外部言语活动阶段。这一阶段是以出声的外部言语形式来完成实在的活动，是智力技能内化的第二步。此时智力活动已经摆脱了实物或实物的替代物，而代之以外部言语为支持物。它是智力活动形成的一个特殊阶段，是由外部的物质活动向智力活动转化的开始，是智力活动形成的一个重要阶段。加里培林说："可以毫不夸大地说，没有言语范畴内的练习，物质的活动根本不能在表象中反映出来。要离开实物的直接依据首先要求有言语的依据，要求对新活动做言语练习"，"言语活动的真正优越性不在于脱离实物的直接联系，而在于它必然为活动创造新的目标——抽象化。而抽象化则使活动大大地简化——消除了活动的变式。抽象化创造了不变的对象，进一步保证了活动的高度定型化，也保证了活动的迅速自动化"，"言语就成为一切指定的功课和动作过程的负荷者。"言语动作是物质或物质化动作的反映，它的活动内容仍停留在对象上，在掌握这种新的动作形式过程中，学生既应当对动作的对象内容进行定向，又应当对这个动作对象内容的词的表达进行定向，如果破坏言语动作这两方面的统一，那么动作就有缺陷。只对言语定向，会造成学生形式主义地掌握知识和技能的后果，如果学生只定向于对象的内容，不在言语上反映出来，那么他只能解决那些在知觉方面得到充分定向的实践课题，在这种情况下，实际上还不会对所解决的问题进行推理也不会说出理由。

(4) 无声的"外部"言语阶段。这一阶段的特点在于智力活动是以不出声的外部言语来进行的，它要求对言语机制进行很大的改造。即在出声言语时是眼、口、耳、脑同时协同活动，现在仅是眼、脑同时活动。加里培林认为，不出声的外部言语形式的活动的形成，是活动向智力水平转化的开始。因此，这一阶段在智力活动的形成上同样十分重要。

(5) 内部言语活动阶段。这是智力技能形成的最后阶段，是智力活动简化、自动化不需要意识参与而进行智力活动的阶段，是名副其实的智力技能形成阶段。其主要特点是压缩和自动化，脱离意识的范畴，脱离自我观察的范围，无论在言语机制和结构上都发生了重大变化。在机制上，外部言语是与他人进行交际的手段，是指向别人的；而内部言语则完全失去了这些功能，是"为自己所用的言语"，是为固定智力过程的个别因素与调节智力过程的进行而服务的，在结构上，常常被简缩得不合语法结构，主要是带有谓语的性质，不再是扩展的与合乎语法的了。

(二) 冯忠良的心智技能形成三段论

北京师范大学心理系教授冯忠良在加里培林"内化"学说的基础上，经过长期的"结构—定向"教学实验，提出了智力技能形成的阶段理论。

(1) 原型定向阶段。智力活动的原型是指智力活动的实践模式，就是已"外化"或"物质化"的智力活动方式或操作活动程序。智力技能形成中的原型定向，就是要使学生了解智力活动的"原样"，从而使学生知道该做哪些动作和怎样完成这些动作，明确活动的方向。它是智力技能形成不可缺少的一个阶段。首先，智力技能是一种按照客观的、合理的、完善的程序组织起来的认知活动方式，要学生能独立做出。只有在头脑中建立起有关这种活动方式的定向映象，才能调节自己的活动，做出相应的动作。其次，智力活动是一种内化了的动作，是在头脑内进行的，是实践活动的反映。因此，智力活动的定向，必须借助于具有一定的物质形式使这种活动得以"外化"才能进行，由此这一阶段称为"原型定向阶段"。它的主要任务就是使学生建立起进行智力活动的初步自我调节机制，为进行实际操作提供内部控制条件。这一阶段学生的主要学习任务是：①要确定所学智力技能的实践模式；②要使这种实践模式的动作结构和程序在学生头脑中得到清晰的反映，并形成准确而清晰的动作和程序映象。在教学条件下，往往是在教师的直观示范及讲解的基础上实现的。在这一阶段，学生还没有亲自动手操作。

(2) 原型操作阶段。原型操作就是依据智力技能的实践模式，学生进行实际操作。在此阶段，活动的执行是在物质或物质化水平上进行。在原型操作阶段，动作的对象是具有一定物质形式的客体，是通过一定的机体活动来实现的，对象在动作的作用下所发生的变化也是以外显的形式实现的。学生在此阶段，不仅应依据原有的定向映象做出相应的动作，同时应使动作在其头脑中得到反映，从而在感性上获得完备的动觉映象，这种完备的感性的动觉映象是智力技能形成及以后内化的基础。因此，原型操作是智力技能形成的一个重要阶段。

研究表明，要使学生的智力技能在操作水平上顺利形成，应做到：①要使操作活动以展开的方式出现，让学生依据操作活动的原型，把构成这一操作活动的所有动作系列，一个个地分别按照一定的顺序做出，不能有任何遗漏或缺失。每个动作做完后，教师要及时检查，考查操作动作的方式是否能正确完成，对象是否发生了应有的变化。②要变更操作活动对象使操作活动方式在直觉水平上得以概括，使学生形成操作活动的表象。③要注意操作活动的掌握程度，并适时地向下一阶段转化。④为便于操作活动的形成和向下一阶段转化，在此阶段的全过程中，要注意与言语结合，做到边说边做或边做边说，这样便于向下一阶段转化。

(3) 原型内化阶段。原型内化是指动作离开原型中的物质客体与外观形式而转向头脑内部，借助于言语作用于观念性对象，从而对对象进行加工改造，使原型在学生头脑中转化为心理结构内容的过程。为达到内化水平，在本阶段动作执行的教学上应该做到：①动作的执行应从外部言语开始，逐步转向内部言语。在采用口头言语的场合，应注意从出声的外部言语转向不出声的外部言语，最后转向内部言语。②在原型内化开始阶段，动作应重新在言语水平上展开，然后依据动作的掌握程度，在较熟练时，进行适当而必要的缩简，为内化创造条件。③注意变更动作对象，使动作的方式得以概括，以便能广泛适应同类课题。④在进行各阶段转化时，要注意动作的掌握程度，既不要过早又不要过迟，要适时，要求教师把握好学生头脑中的原型转化为内部心理结构的时机。

二、心智技能的形成特点

学生的心智技能一旦形成，必然会在相应的智力活动中表现出以下一些特点。

(1) 智力技能的对象脱离了支持物。智力技能形成的初期，学习者必须借助具体、形象、直观和明显的支持物进行操作，而在最后阶段，才能使内部言语成为智力技能活动的工具，运用科学的概念和规则，成功解决问题。

(2) 心智技能的进程压缩。智力技能形成的初期，智力活动的展开是全面、完整和详尽的，而在最后阶段，整个智力进程已高度压缩，合理省略，思维变成了记忆，学习者只能以检索信息的方式解决问题，智力活动达到自动化。

(3) 心智技能应用的高效率。心智技能学习，是将一种"如何做"的规则程序系统地移植、内化，从而形成智力操作程序。学习者一旦形成心智技能的操作系统后，智力活动已经不需要多少意识参与调解和控制就能自动进行。达到"运用自如""得心应手"的程度，就能举一反三、触类旁通，快速和高效率地解决问题。

三、心智技能的培养

学生的心智技能主要是在教学活动中形成的。教师在教学中对学生心智技能的培养，应考虑心智技能形成的阶段，遵循心智技能形成的一般规律，采取多种教学措施有意识地进行。

(1) 识别课题类型。学生在解答课题时,若能识别课题属于哪一种类型,就能运用相应的心智技能进行解答。如解题时首先识别是算术题还是代数题,识别是平面几何问题还是立体几何问题;写作文时,知道是写记叙文还是议论文。课题的性质不同,解题的心智技能也就不同。

(2) 创设良好情境,使学生形成完备的定向能力。在学生智力技能形成过程中,活动的定向是重要的,对智力技能形成有决定性的影响。在活动的定向阶段,学生主要是了解和熟悉智力活动,知道做什么和怎样做,让学生在头脑中形成关于认识活动和活动结果的表象,以对活动定向。因而要重视创设条件,给学生提供和建立起完备的定向基础。学生完备的定向基础应具备三个条件。①正确完整地了解课题智力活动的全过程。如作作文,要了解写文章的全过程,即:审题(命题)、围绕中心选材、组织文章结构、选词组句等。②对智力活动方式有概括的了解。如学生解决"作三角形的高"这一类问题时,应了解这一智力活动方式的概括程序,即从三角形的任何一个顶点到对边作高的程序,而不是某种特殊的三角形的某一顶点向对边作高的方法。③定向基础应由学生独立地提出,而不是由教师把现成的活动方式告诉学生。学生良好的智力活动定向能力,是接受教师在教学中提供的良好的现成模式,经过迁移而建立起来的。因此,教师在教学中不仅要给学生提供良好的实践模式,而且还要做到在指导学生理解知识和解决问题时,同时进行思维方式的训练和指导。如在解题时,让学生讲出自己解题的思路:如何概括题意,如何分析条件和要求的关系,如何找到解题的关键,经什么步骤推导或计算出结果来。还可以让具有不同思路的学生发表自己不同的见解,然后找到最佳思路。经常这样做,学生不仅会对学习的课题进行思考,同时也会对思维过程和思维方法本身进行思考,这就有利于培养学生独立定向的能力。

(3) 摆脱旧经验的影响。凭借已有的经验去把握课题的本质或关系。一般说来对当前课题的了解会起一定的促进作用,会产生正迁移的效果。但是由于经验具有定势的作用,也常常会妨碍人去揭示课题的本质或关系。例如,一个课题要求"通过四个点作三条直线,不让铅笔离开纸,而能使铅笔回到原出发点"。被试由于定势的作用,认为所划的三条直线不能超过四点的范围,这个条件是被试根据自己的经验加进去的。如果打破这个定势经验,问题也就迎刃而解。

(4) 提供分步练习的条件,促使学生心智技能的形成。心智技能的形成和动作技能的形成一样,需经过练习。这一练习的过程要经历物质和物质化活动阶段、出声的外部言语阶段、不出声的外部言语阶段、内部言语活动阶段这一过程。在教学中,教师应给学生提供这种展开形式分步练习的条件,使学生在练习中能按模式将智力活动的程序展现出来,并从展开的形式逐渐概括化,由外部到内部,成为熟练的、自动化的活动,从而促使学生心智技能的形成。

例如,"求从 1 到 100 各数的总和"的课题有三种解题的思维方法。

第一种:采用 1+2=3,3+3=6,6+4=10,10+5=15,…逐个相加的方法。这种办法,经师生分析,速度慢,时间长,是较笨的一种办法。这是出声的外部言语阶段。

第二种:有的学生在审题时发现,这 100 个数字里,1+99,2+98,3+97,…有 49 对然后采用(1+99)×49+100+50 的办法解决,这是学生采用了不出声的外部言语阶段。

第三种:采用内部言语活动阶段。学生发现各数从左到右都增加 1,从右到左都减 1,

如果把这个数列两端的两个对应的数加在一起都相等(如 1+100=101,2+99=101,3+98=101),现在只要知道有几对这样的数即可。和是 101×50=5050。这种解题方法运用内部言语在找出事物内在关系与规律性后,能迅速、准确地解决问题。

(5) 从部分到整体的指导练习,可以使学生心智技能熟练、灵活。学生技能要熟练和达到灵活掌握的水平,还要经常有进行解题练习的机会,让学生学会从部分到整体的解题方法。比如,数学中的解题技能,可分解为审题、解析、列式、运算、验算;写作技能可分为审题、立意、布局、谋篇等。这种复杂的智力技能,宜采取从部分到整体的培养方法。

复 习 要 点

第一节 技能概述

技能是指个体在特定目标指引下,运用已有的知识经验,通过练习而逐渐熟练掌握的操作程序。包括动作技能和心智技能两个方面。在技能形成过程中表现出以下特征:技能的形成过程是有意识的活动过程;练习是技能形成的必由之路;技能的形成过程是一个渐进过程;技能的练习必须合乎法则;技能以已有知识、经验为基础;技能与知识经验之间关系密切。技能形成后的特征为流畅性、迅速性、经济性、同时性、适应性。

技能的形成与知识的掌握是有区别的。从基本结构看,知识是符号所代表的概念、命题与原理的意义,掌握知识的关键是理解符号所表征的意义;技能是对知识进行应用的程序,其基本结构是动作或产生方式,形成技能的关键是对应用知识的方法的正确应用。从输入输出看,知识是相对静态的,容易用言语表达清楚;技能是相对动态的,通常难以用言语表达清楚。从意识控制程度看,知识的意识控制程度较高,激活速度较慢,往往是有意识的搜寻过程;技能的意识控制程度较低,激活速度较快。从学习速度看,知识学习速度较快,能够在短时期内突飞猛进或积累,但遗忘也较快;技能学习速度较慢,需要大量的练习才会达到熟练的程度;技能的保持也比知识要牢固。从记忆储存看,知识的储存呈现网络性,知识具有结构化、层次化的特点,知识的迁移具有叠加扩充的特性;技能的储存呈现模块性,技能的迁移具有序列转移的特性。

技能与习惯的联系:技能和习惯都是自动化了的动作系统,任何习惯离开自动化的活动动作系统都无法完成。技能与习惯的区别:①技能是指活动中自动化了的部分,它是根据活动的需要而发生或停止的,人们可以利用它,也可以不利用它。而习惯却是要去完成自动化活动的需要或倾向,在一定的情况下,不去完成这种动作就会感到不安。②技能是在有意识的练习中,即自觉地改进某些动作的基础上形成的,而习惯则常常是在无意中简单地反复同一活动的基础上形成的。③技能有高级和低级水平的差异,但没有好坏之分。而习惯则不同,它可以根据对个人和对社会的意义,分成好习惯和不好的习惯。④技能尤其是动作技能经过反复的练习一旦形成就是稳定的,不容易被遗忘。习惯虽然能够在无意中养成,但也可以有意识地养成或破除。⑤习惯对于人的活动影响也是很大的,因为它比技能更能使人的意识得到解放。

技能和能力有着密切的联系。首先,一定的能力水平是技能形成的前提条件。其次,技能的形成有助于能力的发展。因而,技能是知识掌握与能力形成与发展之间的重要环节,技能的形成对能力的发展有重要作用。

按照技能的性质和表现特点，技能分为动作技能和心智技能。动作技能又称运动技能或操作技能，是经过练习而形成的，由一系列的外部动作以合理的程序组成的操作活动方式。按照不同的分类标准，动作技能分为以下不同的类别：从动作是否连贯的维度，可将动作技能分为连续的动作技能与不连续的动作技能；从动作过程中外部情境是否有变化的维度，可将动作技能分为开放性技能和封闭性技能；从反馈条件的维度，还可以将动作技能分为内循环技能和外循环技能。心智技能也称智力技能、认知技能，是人借助内部言语在头脑中实现的认知活动方式。根据适用的范围，心智技能又可以分为各种专门的心智技能和一般的心智技能。专门的心智技能是在某种专门的认识活动中形成起来的。一般的心智技能是在一般认识活动中形成的，它具有比较概括的特点。一般的心智技能和专门的心智技能也是既有联系又有区别的，一般的心智技能体现在各种专门的心智技能中。在各种专门的心智技能中也一定程度上包含着一般的心智技能。按照熟练程度，技能分为技能、技巧。按照技能的复杂程度分为单一性技能和综合性技能。

动作技能与智力技能的区别：活动的对象不同，活动的结构不同，活动的要求不同。动作技能与心智技能的联系：一方面，动作技能经常是心智技能形成的最初依据；另一方面，智力技能往往又是外部动作技能的支配者和调节者。

第二节 动作技能的形成

一、动作技能的形成理论

行为派的动作技能形成理论：行为主义提出了动作学习的习惯论。从 S-R 联结的观点看，动作学习就是人的外显动作行为在外部影响作用下的变化过程，动作学习的结果就是形成稳定、连贯、准确的动作序列和动作习惯，动作技能的提高就是动作序列和动作联结不断延长，动作技能形成后用于完成新的任务，就是动作行为习惯的泛化。

生理学的联结理论：苏联学者加加耶娃在条件反射理论的基础上，从生理学角度对动作技能的形成进行了分析，认为动作技能形成的实质就是在大脑皮层上形成稳固的神经联系系统或称为自动化的运动条件反射系统。把动作技能的形成过程分为掌握局部动作、初步掌握完整动作、动作的协调和完善三个各具特点而又相互联系的阶段。

认知派的整体研究理论：心理学家费茨和波斯纳从认知的整体结构理论出发，分析了动作技能形成的过程，提出了动作技能形成的阶段性观点。他们认为，动作技能的形成可以分为三个阶段：认知阶段、联系形成阶段和自动化阶段。

二、动作技能的形成过程和形成标志

动作技能的形成一般要经历认知阶段、分解阶段、联系定型阶段、自动化阶段。动作技能形成后具有以下主要特征：意识调控水平降低；动作达到自动化；能利用细微的线索；动觉反馈作用加强；形成运动程序的记忆图式；在不利条件下能维持正常操作水平。

三、动作技能的培养

影响动作技能形成的内部因素：身体状态和相应的生理成熟程度是动作技能形成的物质基础；知识经验是动作技能形成的重要条件；个体的智力水平制约着个体动作技能发展的水平；良好的个性品质能促进个人形成高水平的动作技能；保持适当的动机水平，动作技能学习的动机强度的最佳水平不是固定不变的，而是根据任务性质的不同而不同，学习

任务比较简单时，学习动机强度较高可达到最佳水平；学习任务比较复杂而困难时，学习动机强度较低可达到最佳水平。

影响动作技能形成的外部因素：并非所有的练习都有利于动作技能的提高，为了帮助学生提高练习效果，迅速准确地掌握动作技能，教师除应遵照练习的一般规律进行指导外，还必须注意：①讲解与示范。②练习。练习的进程及其效果可以用"练习曲线"表示。由于练习内容的性质和难易不同，练习方法不同，练习进步的情况不尽相同，表现在练习曲线上既有共同的趋势，又有个性差异。从练习曲线的共同趋势来看，有以下几种表现形式：练习的进步速度先快后慢；练习的进步速度先慢后快；练习的进步速度先后比较一致；高原曲线；练习成绩起伏现象。影响动作技能获得的练习条件：首先，分配练习和集中练习。对于复杂的或连贯的动作技能来说，分配练习一般比集中练习效果好；如果是简单的或不连贯的动作技能，或者是早已学会了的动作技能，则采用集中训练法可能比分配训练法效果好。其次，整体练习与部分练习。采用整体练习还是采用部分练习更有效，取决于学习的难度。研究表明，采用整体练习法和部分练习法可能都有效。一般来说，学习简单的动作技能最好采用整体练习法，学习复杂的动作技能最好采用整体→部分→整体练习法，即在整体学习的基础上进行部分练习，再回到整体练习。另外，从学习者的特点来看，一般来说，学习者的学习能力低，其学习的训练水平达不到一定水平时，采用部分练习法较为合适；反之，采用整体练习法较为有效。③反馈。教学中经常采用的有效反馈有以下几种：即刻进行的反馈、阶段性进行的反馈、学生对自我动作的反馈。

动作技能的培养：明确练习的目的与要求，掌握练习的方法和有关的基本知识，练习必须有计划、有步骤地进行，练习次数与练习时间应适当分配，让学生知道自己练习的结果。

第三节 心智技能的形成

对心智技能最早进行系统研究的是苏联心理学家加里培林，他于1959年系统总结了有关的研究成果，提出了心智动作按阶段形成的理论。认为心智动作的形成要经过活动的定向阶段、物质活动或物质化活动阶段、出声的外部言语活动阶段、无声的外部言语阶段、内部言语活动阶段。冯忠良提出了心智技能形成的三段论，认为心智技能的形成要经历原型定向、原型操作、原型内化三个阶段。心智技能形成时，具有智力技能的对象脱离了支持物、心智技能的进程压缩、心智技能应用的高效率等特点。

培养心智技能要做到：识别课题类型；创设良好情境，使学生形成完备的定向能力；摆脱旧经验的影响；提供分步练习的条件，促使学生心智技能的形成；从部分到整体的指导练习，使学生心智技能熟练、灵活。

拓展思考

1. 结合自己掌握的某一种动作技能，分析动作技能形成过程的特点。
2. 结合某一门专业课学习分析心智技能形成过程中存在的问题。
3. 举例说明技能在学习过程中的重要作用。
4. 在学习过程中你是如何运用技能迁移理论的？举例说明。

第十一章 智能的发展

智力、能力和创造力是个体的重要素质之一,也是影响学生学习的重要因素。从个体发展的角度来看,能力、智力与创造力并非天生的、一成不变的,它们伴随着个体自然的成熟、生活经验的积累和学校教育的影响而不断变化发展。对能力、智力和创造力的培养已经成为教育的重要目标之一;能力、智力与创造力的个性差异不仅是影响学习的重要认知因素,而且影响着教学内容和教学方法的选择以及教学中师生交互作用的方式。

第一节 能力和智力概述

一、能力概述

(一)什么是能力

个体从事任何活动都必须具备相应的能力。基于能力本身的复杂性、基于不同学者研究角度的差异,至今还没有一个被大家所认同的能力定义。我国的教材把能力定义为人成功地完成某种活动所必备的个性心理特征。首先,能力是成功完成某种活动的必要条件,但不是唯一条件。成功完成某种活动所需的因素是多方面的,如个体的身体健康状况、活动动机的强弱和有关的知识经验等。只有那些直接影响活动效率、使活动的任务得以顺利完成的心理特征才是能力。其次,也并不是所有在活动中表现出来的心理特征都是能力。如活泼、沉静、暴躁、谦虚、骄傲等心理特征,虽然和活动能否顺利进行也有一定关系,但在一般情况下,它们并不是直接影响活动进行的基本条件,因而不属于能力。例如,节奏感和曲调感对于成功从事音乐活动是必不可少的;准确地估计比例关系对于顺利从事绘画活动是必不可少的;观察的精细性、记忆的准确性、思维的敏捷性则是完成许多活动所不可缺少的。缺乏这些心理特征,就会直接影响有关活动的效率以及活动的成败,因此,这些心理特征都属于能力。

能力有两种含义:其一是指个人现在实际"所能为者";其二是指个人将来"可能为者"。个人"所能为者"是指一个人的实际能力。例如,一分钟内能打出 60 个英文单词,会开车,能讲几种外语等。个人"可能为者"不是指已经发展出来的能力,而是指可能发展的潜在能力。潜在能力是一个抽象的概念,它只是各种实际能力展现的可能性,只有在遗传和生理成熟的基础上,通过学习才有可能变成实际能力。潜在能力是实际能力形成的基础和条件,而实际能力是潜在能力的展现,二者不可分割。

成功地完成某种复杂的活动,往往需要几种能力的完美结合。捷普洛夫(B. M. TeПЛoB)曾对音乐才能作了系统的研究,他认为具有音乐才能的人必须具备三方面的基本能力:曲调感、音乐表象、节奏感。只有多种能力的完美结合才能被称为才能。研究表明,不同的人在同一活动中,各种能力的结合可能是不同的。如音乐成绩同样优秀的学生,有的是某一种基本音乐能力较强，有的则是另一种基本音乐能力较强。因此，这种结合具有独特性。

才能得到高度发展就是天才。它是多种能力的最完美的结合，能使人创造性地完成某种或多种活动。如数学天才就是由对有关材料的概括能力、把运算过程迅速"简化"的能力、由正运算灵活过渡到逆运算的能力等几种高度发展的能力完美结合而成。单一的能力即使达到高度发展的水平，也不能称为天才。例如，仅有非凡的记忆力，不能称为天才。研究表明：各种活动的天才其能力结构是不同的，但无论是哪一种天才，都是由高度发展的一般能力和高度发展的特殊能力所构成。天才并非天生之才，它是在良好素质基础上，通过后天环境、教育的影响，加上自己的主观努力发展起来的。社会的进步、时代的要求和实践的需要，促使人们的能力得到发展。不同的时代要求，会激发不同天才的发展。在和平时期，工程、经济等领域的天才会得到迅速发展；战争时期，统帅的天才会得到迅速发展。天才人物的产生是受社会历史环境条件制约的。

从上述有关能力的定义来看，一般倾向于把能力归纳为个性心理特征，并从能力在活动中的作用方面揭示能力的本质；把能力限定在完成活动任务必需的心理特征上，从而与急躁、热情、骄傲和谦虚等性格特征相区别。但是这一定义并未从实质上澄清能力的含义。

(二)能力和知识的关系

个体的能力可以影响其掌握知识的快慢、难易、深浅和巩固程度。但是，能力与知识的发展并不是完全一致的。在不同的人身上可能具有相等的知识，但他们的能力不一定是相等水平的；而具有同样能力水平的人也不一定有同等水平的知识。一般来说，学习成绩好，智力水平可能较高。

由此看来，能力既是掌握知识的结果，又是掌握知识的前提。二者紧密相连，相互促进。

应该说明的是，除能力之外，个人原有的知识基础、学习动机、性格特征等也都影响着人们获得知识的速度、深度和巩固程度。两个学习同样优异的学生，一个可能是才能出众，另一个可能是靠刻苦努力。在有经验的教师看来，同样的成绩，在不同的学生身上，可能有不同的意义。因此教师不能简单地、直接地根据学生的知识水平来确定他的能力，为了进一步明确能力的定义，有必要辨析能力与知识的关系。

现代心理学认为，能力和知识既有区别又有联系。①它们属于不同的范畴。能力是人的个性心理特征；知识是人类社会历史经验的总结和概括；总结出的生产和生活方面的经验称为社会科学知识，概括自然现象的规律性的原理称为自然科学知识。例如，关于音程、和弦、音阶等的概念和理论属于知识范畴，而听音、辨音、节奏感和曲调感等属于能力范畴。又如，证明几何题时，所用的公理、定理和公式等属于知识范畴，而证题过程中思维的严密性和灵活性等属于能力范畴。②知识的掌握和能力的发展不是同步的。能力的发展比知识的获得要慢得多，而且不是永远随知识的增加而成正比地发展的。人的知识在一生中可以随年龄增长而不断地积累，但能力随年龄的增长，是一个发展、停滞和衰退的过程。③能力与知识的迁移范围不同。由于能力形成建立在对多种事物分析、综合的基础之上，所以它具有较为一般的概括性。如观察力、记忆力、思维能力一旦成为个体的个性特征，在新的条件下，它就能广泛地迁移。知识虽然也具有概括性，但由于与能力概括化的性质不同而造成迁移程度的差异，知识只是对它所反映的相应客观现实的经验的概括，因此只能在经验范围内迁移。

能力和知识又是密切联系的。一方面，能力是在掌握知识过程中形成和发展的。在组织得当、方法合理地知识掌握的过程中，能力同时也得到发展。离开学习和训练，任何能力都不可能得到发展。另一方面，掌握知识又是以一定的能力为前提的。

(三)能力的种类

心理学家从不同的角度对能力进行了分类。

根据实验和观察研究，在不同种类活动中表现出来的能力既有共同性，也有特殊性。因此，通常把能力划分为一般能力和特殊能力。

1. 一般能力和特殊能力

一般能力是指在进行各种活动中必须具备的基本能力。它能保证人有效地认识世界。一般能力也称智力。智力包括个体在认识活动中所必须具备的各种能力，如观察力、记忆力、想象力、思维能力、注意力等。其中抽象思维能力是核心，因为抽象思维能力支配着智力的诸多因素，并制约着能力发展的水平。

特殊能力又称专门能力，是顺利完成某种专门活动所必备的能力。如音乐能力、绘画能力、数学能力、运动能力等。各种特殊能力都有自己的独特结构。如音乐能力就是由四种基本要素构成：音乐的感知能力、音乐的记忆和想象能力、音乐的情感能力、音乐的动作能力。这些要素因结合方式不同，就构成不同个体独特的音乐能力。

一般能力和特殊能力相互关联。一方面，一般能力在某种特殊活动领域得到特别发展时，就可能成为特殊能力的重要组成部分。例如，人的一般听觉能力既存在于音乐能力之中，也存在于言语能力之中。没有听觉一般能力的发展，就不可能发展言语和音乐的听觉能力；另一方面，在特殊能力发展的同时，也发展了一般能力。观察力属一般能力，但在画家的身上，由于绘画能力的特殊发展，对事物一般的观察力也相应增强起来。人在完成某种活动时，常需要一般能力和特殊能力的共同参与。

总之，一般能力的发展为特殊能力的发展提供了更好的内部条件，特殊能力的发展也会积极地促进一般能力的发展。

2. 认知能力、操作能力和社交能力

能力按照其功能可划分为认知能力、操作能力和社交能力。认知能力指接收、加工、储存和应用信息的能力。它是人们成功地完成各种活动最重要的心理条件。知觉、记忆、注意、思维和想象的能力都被认为是认知能力。美国心理学家加涅提出三种认知能力：包括言语信息(回答世界是什么的问题的能力)、智慧技能(回答为什么和怎么办的问题的能力)与认知策略(有意识地调节与监控自己的认知加工过程的能力)。

操作能力指操纵、制作和运动的能力。劳动能力、艺术表现能力、体育运动能力、实验操作能力都被认为是操作能力。操作能力是在操作技能的基础上发展起来的，又成为顺利地掌握操作技能的重要条件。

认知能力和操作能力关系紧密。认知能力中必然有操作能力，操作能力中也一定有认知能力。

社交能力指人们在社会交往活动中所表现出来的能力。组织管理能力、言语感染能力等都被认为是社交能力。在社交能力中包含有认知能力和操作能力。

3. 模仿能力和创造能力

模仿能力和创造能力按活动中能力创造性的大小进行划分。模仿能力指因效仿他人言行举止而引起的与之相似的行为活动的能力。例如，成年人学画、习字时的临摹；儿童模仿父母的说话、表情等。美国心理学家班杜拉认为，模仿是人类彼此之间相互影响的重要方式，是实现个体行为社会化的基本历程之一。他指出，通过模仿能使原有的行为巩固或改变；使原来潜伏的行为表现出现；习得新的行为动作。

创造能力指产生新思想、发现和创造新事物的能力。创造能力是成功地完成某种创造性活动所必需的条件，在创造能力中创造思维和创造想象起着十分重要的作用。一般认为，创造能力包含独特性和有价值性两个基本特征。但在对这两个基本特征的看法上存在不同的意见。例如，黑菲伦(J. W. Haefele)等人认为，创造是提供对整个社会来说独特而有社会意义的活动，人具备了这种能力才能说得上有创造能力。罗杰斯等人则认为创造的独特性和有价值性的标准应该是创造者自己，不必上升到社会的高度。关于创造过程，荣格(C. G. Jung)认为，创造是偶发的全有全无的顿悟过程，无法理解；瓦拉斯(G. Wallas)等人则认为，创造是一个逐步演进的系统过程。

模仿能力和创造能力相互联系、相互渗透。创造能力是在模仿能力的基础上发展起来的。人们一般总是先模仿，后创造，从模仿发展到创造。模仿可以说是创造的前提和基础，创造是模仿的发展。把能力划分为模仿能力和创造能力是相对的，模仿能力中包含有创造能力的成分，这两种能力可以相互渗透。

4. 认知能力和元认知能力

认知能力和元认知能力是按活动认知对象的维度划分的。认知能力是指个体接收信息、加工信息和运用信息的能力，它表现在人对客观世界的认识活动之中。元认知能力是指个体对自己的认识过程进行的认知和控制能力，它表现为人对内心正在发生的认知活动的认识、体验和监控。认知能力活动对象是认知信息，而元认知能力活动对象是认知活动本身，它包括个人怎样评价自己的认知活动；怎样从已知的可能性中选择解决问题的确切方法；怎样集中注意力；怎样及时决定停止做一件困难的工作；怎样判断目标是否与自己的能力一致等。

二、智力概述

(一)什么是智力

自从心理学诞生以来，智力一直是心理学研究的重点领域，也一直被视为心理学为人类社会实践服务的突破口。但是，百年之后，当我们重新审视心理学中的智力研究时，由于智力问题本身的复杂性，至今心理学家还未取得一致看法，也使得智力成为最具有歧义性的概念。有人甚至认为智力的定义是一项没有穷尽的探索。

中国心理学家对智力的定义可以归纳为四种，西方心理学家对智力的定义就更复杂。

1921年，美国《教育心理学》杂志邀请著名智力专家对智力进行定义，14位专家给出了各自的看法，众说纷纭，莫衷一是。尽管如此，心理学家们努力从不同角度对智力的含义进行的诠释，还是使人们对智力这一复杂问题的认识越来越明确。

在西方心理学中对智力的解释主要有下列几种。

1. 智力是个体适应环境的能力

在西方最早给智力下定义的是德国心理学家斯腾，他认为，智力是指个体有意识地以思维活动来适应新情境的一种潜力。瑞士心理学家皮亚杰认为，智力的本质就是适应。威尔斯(F.L.Wells)认为，智力就是改变自己的行为，以适应新环境的能力。爱德华(A.S.Edward)认为，智力就是随机应变的能力。科尔文(S.S.Colvin)认为，智力是个人为了适应环境而进行学习的能力。

2. 智力是个体学习的能力

伯金汉(B.R.Bucltingham)、亨孟(J.A.C.Henmon)等心理学家认为，智力就是个体的学习能力，个体的学习成绩可以代表其智力水平。智力高的学生学得快，获得和保存的知识多；智力低的学生学得慢，获得和保存的知识少。他们往往从智力来推断学习能力，或由学习能力推断智力。

3. 智力是个体抽象思维的能力

有些心理学家认为，智力高的人善于抽象思维，善于判断和推理。例如，法国心理学家比纳(A.Binet)认为，"智力是一种判断能力、创造能力、适应环境能力"。美国心理学家推孟认为，一个人智力与其抽象思维能力成正比。

4. 智力是智力测验所测的能力

智力是智力测验所测的能力，是一种操作性的定义，对智力的内涵并没有作出规定。持这种观点的心理学家认为，智力是抽象的概念，离开智力测验，几乎无法了解智力的含义。

5. 智力的综合性定义

美国心理学家韦克斯勒(D.Wechsley)认为，所谓智力，是有目的的行动、合理的思考、有效地处理环境的个人的综合能力；日本心理学家矢田部达郎把智力定义为，很好理解、记忆事物，在面临新问题时，利用自己的知识有效地解决它的能力。综合性的定义虽然在一定程度上克服了前面各个定义的片面性，但在揭示智力的本质上则可能变得更模糊。

我国较多的心理学家认为，智力是指个体认识方面的各种能力的综合，其中抽象逻辑思维能力是智力的核心。

理论界对智力定义的分歧尽管很大，但一般都认同智力包括下列几种能力。

(1) 主要是处理抽象事物(观念、符号、关系、概念、原理)的能力而不是处理具体事物的能力。

(2) 解决问题的能力即处理新颖情境的能力，而不是对熟悉情境作单纯的熟悉性反应的能力。

(3) 学习能力，尤其是学习和运用涉及词或其他符号的抽象观念的能力。

综上所述，学者们认为，智力是指认识活动中最一般、最基本的与个体抽象思维能力密切联系的区别于兴趣、爱好等非认识领域的心理特征。

(二)智力结构理论

1. 从结构论的观点解释智力

能力的结构问题是现代心理学中一个非常重要的研究课题，分析能力结构的因素对于深入理解能力的本质，合理设计、进行能力测量，科学地拟订能力培养的原则，都有重要意义。

1) 斯皮尔曼的二因素论

因素分析之父英国心理学家斯皮尔曼(C. E. Spearman)于1904年运用因素分析的方法提出了智力结构的"二因素说"。他认为能力包括两个因素，即G因素(一般因素)和S因素(特殊因素)。G因素是每种心智活动所共同具有的，S因素则是因心智活动不同而各异，它指专门领域的知识。完成任何一项作业都是以上两种因素共同决定的。他认为，一般因素是智力的首要因素，它基本上是一种推理因素。一般因素在相当程度上是遗传的。斯皮尔曼还发现有五类特殊因素：口语能力因素、数算能力因素、机械能力因素、注意力、想象力，还可能有第六种因素，即智力速度。他指出，每一个人的G因素和S因素都不相同，即使具有同样一种S因素，但在程度上也是有差异的。

一般因素和特殊因素联系非常紧密，其中一般因素是智力结构的关键和基础。人要完成任何一项作业都是由G因素和S因素决定的。例如，完成一个数学推理作业需要G+SA，完成一个言语作业需要G+SB，完成第三个作业则需要G+SC，如图11-1所示。

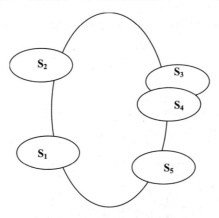

图 11-1 斯皮尔曼的二因素模型

图中1、2、3、…指各种不同的测验，S_1、S_2、S_3、…是这些测验各自的特殊因素。这几个测验的结果之所以出现正相关，是由于每个作业中都包含有一般因素G，但三者又不完全相关，是由于每个作业中都包含不同的、无联系的S因素。由此，斯皮尔曼得出G因素是能力结构的基础与关键，是一切能力活动主体的结论，智力测验的目的就是通过广泛取样以求得一般因素。

后来，他认为可能有群因的存在，在活动范围上处在中间地位。但他并没有放弃最初的 G 因素和 S 因素的观点。

2) 瑟斯顿的群因素论

美国心理测验权威瑟斯顿(L. L. Thurstone)是群因素论的主要倡导者。他凭借多因素分析的方法，突破过去智力因素理论的框架，提出了"基本能力"学说。他认为，智力包括七种平等的基本能力，这些基本能力的不同搭配，便构成每一个独特的智力结构。瑟斯顿所提出的七种平等基本能力是计算能力、言语理解能力、词的流畅性、记忆能力、演绎推理能力、空间知觉能力和知觉速度。

瑟斯顿为此设计了基本智力测验来测量这七种因素。然而，测验的结果和他的设想相反，各种能力之间都有不同程度的正相关。这就说明各种能力并非独立的、彼此无关的。

瑟斯顿设计了许多测验，并修改了自己的看法，提出次级因素的概念。他认为，斯皮尔曼的 G 因素可能就是这种次级因素。但他指出，在评价一个人的智力时，分析特殊能力更为有用。

瑟斯顿所提出的七种基本能力，已经成为心理学工作者研究智力结构的重要资料。在现代智力因素理论中，他的群因素理论发挥了承前启后的重要作用。自从群因素学说提出后，智力因素研究转向对智力深入的因素分析，此后形成两种倾向：一种是构造包括普遍因素和各种基本能力在内的智力等级体系；另一种是在独立的智力因素之上建立智力结构模型。

3) 吉尔福特的智力三维结构模型

美国心理学家吉尔福特(J. P. Guilford)在因素分析研究的基础上于 1967 年创立了智力三维结构模型理论。认为智力结构应从操作、内容、产物三个维度去考虑。智力活动就是人在头脑里加工(即操作过程)客观对象(即内容)，产生知识(即产物)的过程。吉尔福特就一直以此为思路不断构建他的智力三维结构模型，试图尽量涵盖人类所有各种极为复杂的智力类型。到 1988 年，该理论最后修订为如图 11-2 所示的模型。

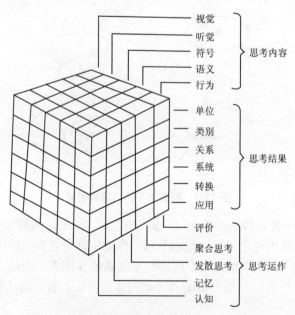

图 11-2　智力三维结构模型

由图可见，吉尔福特把"内容"分为 5 个项目：视觉、符号、语义、听觉、行为；把"操作"分为 6 个项目：记忆、认知、发散思维、聚合思维和评价；把"产品"分为 6 个项目：单位、类别、关系、系统、转换和应用，从单位到应用是从最简单的产物到最复杂的产物。因此他的三维智力结构模型共由 5×6×6=180 个立方体组合而成。每一小方块代表一种独特的智力。例如，说出鱼、马、菊花、太阳、猴等事物，哪些属于同一类，回答这类问题进行的操作是认知，内容是语义，产品是分类。

吉尔福特认为，每一维度中的任何一项同另外两个维度中的任何两项相结合，都可以构成一种智力因素，这样就可以构成：认知因素 24 种，记忆因素 24 种，分散思维因素 24 种，集中思维因素 24 种，评价因素 24 种。

吉尔福特的智力结构理论具有启发性，比传统的理论能更好地说明创造性。自从这一结构理论提出到 1966 年，已经有 20 余种新的智力因素被发现，至 20 世纪 70 年代，已经发现的智力因素已有近百种。但目前尚未有一种智力测验可以评定该模型包含的所有智力层面及其因子。吉尔福特在操作维度上包容了分散于思维，这是他对理解人类智力作出的一种独特贡献。绝大多数传统智力测验只测量集中思维，吉尔福特则为测量发散思维编制了新的测验，这就为研究人类的创造能力提供了工具。

上述三种智力理论，是从结构论的观点解释智力，关注的是构成智力的成分和要素。而现代智力理论试图超越传统因素分析的做法和心理测量的取向，从更广泛的角度把智力视为一个复杂的系统，从更广阔的视野去探求人类智力的实质和结构。比较有代表性的是加德纳的多元智力理论和斯腾伯格的三元智力理论。

2．现代智力理论

1）加德纳的多元智力理论

多元智力理论由哈佛大学心理学家加德纳于 1983 年首先提出并不断改进。加德纳认为，现代的智力测验因偏重对知识的测量，窄化甚至曲解了人类的智力。他认为，智力与一定社会和文化环境下人的价值标准有关，这使得不同社会和文化环境下的人对智力的理解不尽相同，对智力表现形式的要求也不尽相同；另外，智力既是解决实际问题的能力，又是生产及创造社会需要的产品的能力。加德纳的多元智力框架中相对独立地存在着 7 种智力。

(1) 言语——语言智力，指学习和使用语言文字的能力。
(2) 音乐——节奏智力，主要指感受、辨别、记忆、改变和表达音乐的能力。
(3) 逻辑——数理智力，指运算和推理的能力以及科学分析问题的能力。
(4) 视觉——空间智力，指在头脑中形成一个外部空间的模式，并运用和操作该模式的能力。
(5) 自知——自省智力，这种智力主要是指认识、洞察和反省自身的能力。
(6) 交往——交流智力，这种智力主要是指理解他人并与人相处和交往的能力。
(7) 认识自然的智力，指识别自然界中的模式的能力。

加德纳认为还可能有另外一种智力：与存在有关的智力，这种智力比较高的人善于发现生命的意义，而且能够理解有关人的存在的基本问题。

根据加德纳的多元智力理论，每个人都可以同时拥有相对独立的 8 种智力。这 8 种智力在现实生活中并不是绝对孤立、毫不相干的，而是反复地、有机地、以不同方式不同程度组合在一起。这8种智力在个体身上的不同组合使得每一个人的智力都有独特的表现方式和特点，即便是同一种智力，其表现形式也不一样。例如，同样具有较高逻辑-数理能力的两人，其中一个可能是数学家，而另一个可能是具有很好的心算能力的文盲。

在加德纳看来，智力并不是抽象的，而是一个靠符号系统支持和反映出来的实在之物，多元智力中的每一种智力都是通过一种或几种特定符号系统的支持反映出来的。常见的符号系统有语言符号、数学符号、图像符号、音乐符号等。例如，言语—语言智力是靠语言符号支持和反映出来的，演讲家依靠声音语言系统表达其思想，作家依靠书面语言符号写就其作品。而且个体相对独立的多种智力各自发源于特定的脑区。

加德纳的理论极大地拓展了传统智力的含义，并对差异性教育教学有着重要意义。多元智力理论在美国教育改革的理论和实践中产生了广泛的积极影响，并且已经成为当前美国教育改革的重要理论基础之一。现在，美国有上百所学校自称为多元智力学校，还有难以数计的教师以多元智力理论为指导思想进行课堂教学改革并取得了突出的成绩。

2) 斯滕伯格的三元智力理论

美国心理学家斯滕伯格(R.J.Sternberg)于1996年从信息加工的角度提出了关于智力的三元理论，既注重基本的信息加工机制，也注重经验和背景，根据三元智力理论，智力有三个相互关联的方面——分析能力、创造能力和实践能力。每个方面都对应着不同的亚理论。其中情境亚理论，指个体在日常生活中，运用学得的知识经验处理其日常事务、适应环境的能力；经验亚理论，指个体运用既有经验处理新问题时，统合不同观念而形成的顿悟或创造力；成分亚理论，指个体对初级信息进行加工的能力。其相互关系如图11-3所示。

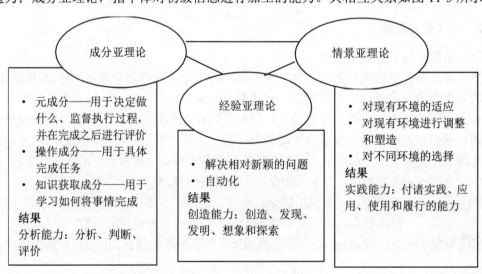

图11-3 智力的三元素理论

斯滕伯格认为，人的智力是复杂和多层面的，只从一个方面对之加以衡量和测评难免失之偏颇，必须从多个维度进行总体把握。智力三元理论就是试图从主体的内部世界、现实的外部世界以及联系内、外世界主体的经验世界这三个维度来分析、描述智力，大大扩展了智力本质的内涵。

三元智力结构似乎是一种层级结构而非平行结构，由外及里，在传统的智力测验所测量的分析和逻辑思维能力之外加上智力测验不能测出的创造能力和实践能力，强调了智力的社会实践性和现实性品质，体现了社会文化因素对智力的制约作用。

三、智力和能力的关系

人们对智力和能力的关系主要存在以下两种不同的看法。

(1) 智力包括能力。西方心理学家倾向于把智力看作一个总的概念，包括能力在内，是各种能力的综合。例如，美国心理学家瑟斯顿的群因素理论认为，智力包括7种平等的主要能力。

(2) 能力包括智力。苏联心理学家倾向于把能力看作一个总的概念，智力包括在内。例如，苏联心理学家波果斯洛夫斯基等把能力划分为三类：一般能力(智力)、专门能力和实践活动的能力。

第二节 智力的发展

一、智力发展的趋势

智力的发展呈负加速的趋势，即先快后慢。在婴儿期和幼儿期，个体智力发展迅速，以后逐渐减慢。一般认为，很难得出智力下降的确切年龄，这是因为个体的个性差异很大，智力又受环境、教育的影响，智力不同方面的发展又各有特点。

智力发展的限度过去有些心理学家认为是14～16岁，但近年来的一些研究表明，即使在老年，智力还可能有所增长，只是这种增长只限于智力的某一个方面，而且比较缓慢。通常，身体健康、积极参加体力和脑力劳动的人，智力的衰退较慢；体弱，特别是神经系统和脑部有疾病的人，智力衰退迅速。布卢姆等人在1965年的一项研究表明：言语能力通常在80岁时只稍有衰退，在90岁时也只有中等程度的衰退，有些人智力在80～90岁时还在继续增长。美国洛杉矶大学的一项研究表明，老年人如果新学一种语言或学科，大脑神经细胞可能会再次迅速增生。

各种能力的发展也不尽相同。有些能力发展或成熟较早，另一些能力发展或成熟较晚。到了老年，各种能力的衰退速度也是不一样的，一般来讲，感知能力(特别是侧重反应速度的能力)达到高峰和下降的年龄都比较早；相反，推理能力等发展较慢，下降也较缓。

二、影响智力发展的因素

智力的形成与发展变化受多种因素的影响，既包括主观因素，主要是来自个体的遗传素质和成熟过程；也包括客观因素，主要指对先天素质产生影响作用的环境、教育和实践活动等。智力就是这些因素交织在一起相互作用的结果。至于遗传和环境如何相互作用，它们各自对智力的影响是什么，这是一个非常复杂的问题，远远还没有搞清楚。应该指出的是，遗传因素和环境因素的作用是无法分离的，两者相互依存，彼此渗透，致使能力得到发展。没有环境，遗传的作用无法体现；没有遗传作为基础，环境对智力无法产生影响。因此，将遗传因素和环境因素分开来阐述只是为了行文的方便。

(一)遗传因素在智力发展中的作用

人的智力,在基本构架上是由先天遗传因素决定的。遗传和生理的正常发展为人的智力奠定了生物学基础。科学家采用不同的方法研究智力与遗传因素的关系,得出了许多有说服力的结论。

高尔顿是系统研究能力遗传问题的第一人,被认为是遗传决定论的鼻祖。高尔顿最初以家谱研究来论证他的观点,认为在能力发展中遗传作用远远超过环境作用,并断言天才是遗传的。后来,高尔顿用其首创的双生子研究法调查了许多养育在不同环境中的同卵双生子,这项研究同样证明了智力决定于遗传。

高达德(H. H. Goddard)和莱罗(F. Reinöhl)也分别用谱系研究的方法调查智力与遗传的关系,结论与高尔顿的相似。

谱系研究最大的缺点是没有把环境作用与遗传作用相对地分离开来。因为同一个家系中不仅遗传素质相似,在环境条件方面也必然会有许多共同之处,用谱系分析的结果来断言遗传的决定作用不免会失之偏颇。例如,有音乐才能的巴赫家族从1550年至1880年之间出现了60名左右的音乐家(其中有20名是特别优秀的)。这虽然与遗传因素有关,但是,出生在音乐世家,从小就有更多接受音乐训练的良好机会,这也助长了其音乐才能的发展。

为了进一步揭示人的智力与遗传的关系,科学家从血缘关系上分析了智力与血缘的相关性,并以双生子为研究对象进行比较研究。研究结果表明:首先,在智力的形成和发展中,血缘关系越密切,智商越接近。同卵双生子之间的智商相关最高,无血缘关系者之间智力相关最低。这说明遗传因素的作用是重要的。其次,在智力的形成和发展中,环境因素作用是存在的。研究显示,同样是没有亲属关系的人,分开抚养的儿童间无相关,一起抚养的儿童间却有明显的正相关;同样是亲兄弟姐妹,一起抚养的相关高于分开抚养的被试;在同卵双生子中,也是一起抚养的被试相关高于分开抚养的被试。

素质是有机体生来具有的解剖生理特点,主要是神经系统、感觉器官和运动器官特别是大脑的解剖生理特点。素质是遗传的,它服从于遗传规律。一般认为,素质是智力发展的自然前提,如果缺乏某一方面的素质,就难以发展某一方面的智力。例如,脑发育不全的儿童,就不可能发展计算能力;生而盲的人难以发展绘画能力;生来聋哑的人无法发展音乐能力。但素质本身不是智力,也不能决定一个人智力的优劣,它仅仅提供智力发展的可能性。这种可能性只有通过后天的教育和实践活动才能成为现实。例如,一个人的手指长,可能发展打字能力,也可能发展成为钢琴家,但能否发展、向哪一方面发展,则取决于环境,取决于教育和实践活动,取决于个人以及社会的需要。

(二)环境因素在智力发展中的作用

一般认为,大多数儿童的素质是相差不大的,其智力发展之所以有差异是由环境、教育和实践活动造成的。

环境对智力发展的影响,经常用个体后天智力的发展变化来说明。每个人经由遗传所得到的潜在能力是不一样的,这种潜在能力能否被开发、开发到什么程度,则取决于其所处的环境。许多研究表明:在良好环境中生活的儿童,智力能得到较快的发展。德尼斯(D. Dennis)等人在孤儿院做过研究,发现留在孤儿院的儿童的智力发展缓慢,智商平均只有 53；而被领养的儿童智商发展较快，平均达到 80；特别是年龄很小就被领养的儿童，他们的智商可以达到 100。许多类似研究都表明：早期环境的丰富与贫乏，对个体智力影响的差异是明显的。

家庭环境对个体智力的发展也有明显的影响。首先，它可以通过家庭气氛，家长文化素质、职业情况，家庭教养方式等对孩子的智力产生影响。例如，埃尔斯(K. Eells)用韦克斯勒智力量表对父亲职业不同的子女的智商进行测量。结果发现，专业人员子弟与工人子弟之间智商的差别是 16 分。国内有人做过类似的研究，得出了相似的结论。从家庭结构角度进行研究发现，结构正常家庭的儿童比结构不正常家庭儿童的智力发展更好。而有关家庭教养方式对儿童智力发展影响的研究表明，"过度保护或者过度替代"型、"专制或虐待"型教养方式的比例随着智商的降低而升高；"民主而严格"型的比例随着智商的降低而降低。父母对教育的态度是否一致也影响着儿童的智力发展。在高智商组中，夫妻教育的一致性明显上升。有研究表明，家庭关系是否融洽也直接影响儿童的智力发展。这些结果从不同角度说明了家庭环境对儿童智力发展的显著影响。

学校教育作为一种社会环境因素对智力发展的影响是决定性的。与其他环境因素所不同的是，学校教育对个体的影响具有目的性、计划性和系统性。在教育过程中，学校以及教师的因素在很大程度上决定着个体智力潜能的开发和实现。这一结论在对各个年龄阶段教育对智力发展影响的研究中均得到了证实。近年来，早期教育对智力发展的重要性受到了特别的关注。

此外，社会生产方式、个体的营养状况、优良的个性品质等对智力的发展均有不同程度的影响。

环境、教育等因素都是影响智力发展的客观因素，这些因素只有在主体的实践活动中才能影响能力的形成与发展。实践活动是能力形成与发展的必要条件。离开了实践活动，即使具备良好的环境和素质，智力也难以得到发展。一个人的智力水平是与他从事活动的积极性成正比的。

第三节 智力的开发

在国外，智力开发和训练工作开展得比较早，成绩也比较突出。早在 1936 年，美国通用电气公司就提出了用"创造工程课"来训练工程师等专业人员思维能力的观点；奥斯本在 20 世纪 40 年代就开始推广"头脑风暴法"并取得了显著效果；苏联、日本等国家也都相继开展了大量有关智力开发的研究工作。随着研究的深入，涌现出大量的智力训练方案。

(一)横向思维智力开发方案

横向思维智力开发理论是英国剑桥大学心理学教授爱德华·德·博诺(E.De Bono)提出的。他认为，智力的高低不是由学习好坏来决定的。其实智力只是一种潜在能力，它必须加上头脑的思考能力，即思考的技巧，才能充分发挥出来。横向思维就是关于思考的技巧，它与个体的创造性相关，与新观念的生成相联系。它既是一种态度，也是一种使用信息的方法。

博诺根据他的横向思维理论设计了由 6 个单元组成的智力开发方案，又称 CORT 思维训练课程，每单元相应地都与思维的某一方面相对，每个单元由10课组成。

单元1——思维广度。该部分主要是帮助个体发展一些能用来广泛考察思维情境的工具和习惯。包括思想的处理：对思想的优劣或有趣之处进行审慎的思考，不要急于接受或拒绝这些思想；涉及的因素：尽可能广泛地了解情境涉及的因素，不要只考虑单方面的因素；规则：把思想的处理和涉及的因素结合起来；结果：考虑可供选择的策略的即时、短期、中期和长期效果；目的：选择并说明目的，明确某个目的并了解其他的目的；计划：把结果和目的结合起来；优先考虑：对许多种不同的可能进行遴选，按顺序排列优先考虑权；可供选择者：考虑一些新的选择，不要限于感觉明显的方面；决策：把优先选择和可供选择者结合起来；观念：考虑情境所涉及的所有观念。

单元2——思维组织。这一部分主要是教个体如何有组织、有系统地处理思维情境。包括识别：为了能够顺利地理解和处理某个情境，对它进行认真的识别；分析：为了更有效地考察某个情境，对它进行认真的计划；比较：用比较法加深对某个情境的理解，学会用系统比较法；选择：从那些符合某人需要的不同选择物中慎重挑选；找出其他途径：仔细找出考察某个情境的其他途径；起始：决定思考情境的第一步；组织：组织思考情境的所有步骤；集中：了解当时情境的哪一方面还未被考虑到；巩固：了解思考情境已完成了什么，还有什么仍需加以完成；结局：达到一个明确的结论，包括判定不能得到明确的结论。

单元3——相互关系。这一部分与有争议和引起讨论的情境有关。包括检查两个方面：不要盲目支持某一方面；论据的类型：了解论点提出的论据类型，区别事实与舆论；论据结构：检查论据，看它是独立提出还是依据其他论据提出；是一致、不同还是无关：检查论据是如何组合，使论据之间一致之处增加，不同之处减少；确认正确一：了解两种正确方法(检查观点本身及其含义、影响；求助于事实、权威和感觉)；确认正确二：了解另外两种正确的方法(使用名称、标签和分类；做出判断)；确认错误一：了解两种错误的方法(夸大，即作无正当理由的概括；只根据部分情况就下结论)；确认错误二：了解另外两种错误的方法(前提本身错误；无事实依据的逻辑推理)；结论：了解争论最后所达到的结果。

单元4——创造力。这一部分主要与创造性思维有关，包括横向思维的几个要素。包括是、否和可能：暂停对观点的价值判断，对它们进行创造性的运用；前进之阶：运用某些观点，把它们作为导致另一观点的阶石；随机输入：把随机、无关的观点作为一种刺激放到思维情境中，以便产生新的见解；概念质疑：对概念的唯一性进行检验，看有无其他途径可代替之；优势的观点：检查情境中的优势观点，把它们暂时抛开考虑其他观点；说明问题：准确地说明问题，使之易于解决；消除错误：用某些观点确定错误，并消除它们；融合：检查看起来无关的各种观点，以便对它们做新的融合；需求：把某个情境的需求作为识别、复制此情境的新途径；评估：决定哪个观点符合情境需要，并了解其优缺点。

单元5——信息和感觉。这一部分与思维中信息和感觉的安置有关。包括信息有关：了解什么样的信息适合于某个情境的思维，还需要什么样的补充信息；质疑：能够熟练地运用质疑，了解其中质疑与试探质疑之间的区别；线索：用线索进行演绎，辨明含义，单独或综合地检查线索；反诘：避免错误的跳跃和错误的结论，对错误结论进行反诘；猜测：对不完整的信息进行猜测，估计猜对的可能性有多大；信条：区分支持某种信息的各种不同证据，区分可信度、证据、确定性、舆论和权威之间的不同；预制：试用已有的观点，既有助于思维，又可代替思维；情绪和自我：了解情绪进入思维的方式，识别自我的情绪；价值：了解价值进入思维和影响结果可接受性的方式。接受情境中所包含的价值，不要轻易地揭示一个新价值；简化和澄清：了解如何简化某个情境，以便能够有效地抓住情境的本质。

单元6——思维行动。这一部分与执行行动的计划和构想有关，是把前面所讲的训练内容进行概括和综合，融合成一套有效的思维步骤，并进行综合运用。包括目标—扩展—收缩和意图—输入—解决办法—选择—运用。

CORT思维训练课程具有很强的操作性和实用性，弥补了许多人在创造力、独立思考能力和有效解决问题能力等方面的缺陷。有很多成功的例子都曾受益于博诺的思维课程。1984年洛杉矶奥运会在资金严重不足的情况下能够成功举办并赢利1.5亿美元，归功于组织者彼得·尤伯罗斯运用了博诺的横向思维。现在横向思维训练已经广泛流行于美国、英国、爱尔兰、加拿大、澳大利亚、新西兰、以色列、马耳他等国，成为大中小学生、技术人员、企业总裁、商业精英们最欢迎的思维进修课程。

(二)工具性强化训练法

工具性强化训练法由以色列心理学家符尔斯坦(R.Reuerstain)于1980年提出，后经美国心理学家兰德、霍夫曼、米勒和詹森(Rand，Hoffman，Miller & Jensen)等人的联合推广，主要用于青少年认知功能缺陷的矫正和青少年认知能力的提高。

工具强化训练有6个分目标：矫正认知、态度、动机功能的缺陷；训练完成各种不同要求所需要的认知操作；通过习惯的形成培养内在动机；使学生了解自己不同认知过程的本质和效用；激发学生对人物的兴趣；使学生从被动接受信息变为主动产生信息。

工具强化训练的工具有三种：非语言个别施教的工具，包括点的组织、知觉分析和图解；师生之间语言交流的工具，包括空间定向、比较、家庭关系、数列和演绎推理；由学生自己读题并理解的工具，包括归类、指导、时间关系分析、时间转换和表征图案设计。

工具强化训练的主要内容有10个方面：点的结构；空间定向；比较；分类；表征图案的设计；家庭关系理解；时间关系；数列；关系转换；三段论推理。

工具强化训练使用对象广泛，工具的使用不受年龄、性别、能力水平、社会经济地位的限制。此外，该测验除了能提高练习者在能力测验上的分数以及他们的学业成绩之外，还能提高练习者的内部动机、自尊心和自信心，成为当前国际上最流行的智力开发方案之一。

(三)项目学习

加德纳认为智力并非像传统智力定义所说的那样是以语言、数理和逻辑推理等能力为核心的，也并非以此作为衡量智力水平高低的唯一标准，而是以能否解决实际生活中的问题和创造出社会所需要的有效产品的能力为核心，也是以此作为衡量智力高低为标准的。因此，智力是个体解决实际问题的能力和生产或创造出具有社会价值的有效产品的能力。多元智力理论认为基础的课程设计不仅要求教师应创造性地运用教学策略来开发多元智力，而且还要求教师把多元智力理论的思想整合到教学活动中去，进行项目学习。

项目学习(project-based learning，PBL)指的是一套能使教师指导学生对真实世界主题进行深入研究的课程活动，具体表现为构想、验证、完善、制造出某种东西。在项目学习中，学生可以根据个人的兴趣和优势来选择项目，创设学习机会，从而达到开发智力的目的。

项目学习是多种多样的，有些项目具有严密的程式，而有些则是学生感兴趣的主题或活动，如学习中心或活动中心等。根据项目学习的特征，项目可分成以下5类。

1. 有结构的项目

有结构的项目指的是要求产品符合特定的标准，即要求学生制作的产品具有一定的尺寸，包含特定的材料，能发挥特定的功能，能满足规定的质量标准等。教师可以根据产品是否满足规格要求来评价学生学习制作的成功与否。

2. 与主题有关的项目

与主题有关的项目指的是学生对单元学习的拓展，由学生自发选择主题或由教师布置。每个学生需搜集与主题相关的资料，然后对资料进行分析、整理、综合，最后形成一个最终的产品。这种最终产品常常是一份书面报告，通过书面报告向他人展现其所学到的知识内容及其对个人的意义。

3. 与体裁有关的项目

与体裁有关的项目指的是要求学生制造某种既包含关键要素又符合特定特征的产品，当学生在制作产品时，他们可以运用某种特征作为指南，同时教师可以鼓励其在设计最终的产品时采用大脑风暴法来充分发挥创造性。

4. 模板项目

模板项目是建立在已做好的材料基础之上的项目，这一项目的材料一般已有固定的形式、形态或结构，在运用这一项目时，学生必须参照这一"模板"来进行。例如，报纸必须遵循一个被普遍接受的结构，这种结构就是一个"模板"。无论是一个大城市的日报还是一个小镇上的周报，都必须以当地的新闻作为报纸的头条新闻，接着是国内外新闻，最后是社论、读者来信、评论、专栏等。学生可以用这种"模板"来创办班级或学校的报纸、特定历史事件的报纸以及想象中报道未来事件的报纸。

5. 开放性项目

开放性项目指的是那些鼓励冒险、创造性、革新以及发散性思维的项目。学生在做这些项目时不必有指南或标准，他们可以以自身的方式来看待熟悉的物体或通过对熟悉材料的调查发现新的应用等。教师和学生可以一起通过讨论来建立项目的指南，包括对信息的搜集、从大脑风暴中产生的想法、对产品的检验以及如何完成最终的产品等，因而其项目学习过程是开放性的。学生通过对这一类项目的学习，可以了解开放性的项目学习从主题确立到搜集资料，到形成最终产品的过程，学会如何从不同的角度认识和发现新的想法等，从而增强个人的创造性思维能力。

项目学习所涉及的内容比传统学科课程多，通常是跨学科的。它要求学生运用多种资料源(如书籍、网上资料库、录像带、个人访谈以及个人的实验等)来实施研究，即使项目是关于同一个主题，不同的学生由于所利用的资料来源不同，所以结果也会不尽相同。这与传统的考试形成了鲜明的对照，虽然项目学习耗时较长，但其对学生发展的良好促进作用是深远的。

第四节 创 造 力

一、创造力概述

创造力是人的个性中最具有生机和活力的部分，也是人的综合素质的一种体现。近年来，创造力已成为心理学、教育学以及教学实践领域研究的热点问题之一。

创造力也叫创造性，源于拉丁文 creare 一词。对于它的定义，不同的学者分别从不同的角度进行了阐释。但大多从创造过程、创造主体和创造产物三个视角进行定义。目前国内较为一致的看法是：创造力是在一定的目的和条件下，运用一切已知信息，产生出某种新颖、独特、有社会或个人价值产品的能力。分析其内涵，可以从以下几个方面加以理解。①创造力是能力的一种，是人类一种比较特殊的能力。②创造力包含两种能力，一是在已知条件的基础上建立起新的关联和组合的能力；二是将已知条件运用到新的情境中，使其形成新的关系的能力。个体的创造力通常通过创造活动、创造性产品体现出来，但创造力要转化为创造性成果需要一定的外在和内在条件。③创造性活动具有明确的目的性和实用性。④新颖性和价值性是创造力的两个最重要的本质特征。⑤创造性产品是多样的，既可以是新颖独特、有价值的实物，又可以是新观点、新见解。

创造性思维是创造力的核心和基础。其判断标准有二：一是产品必须新颖或独特，要么是前所未有、破旧立新(相对历史而言)，要么是不同凡响、别出心裁(相对他人而言)；二是产品要么具有社会价值，要么具有个人价值。

关于创造力的特征，到目前为止也无定论，许多心理学家都不约而同地把流畅性、变通性、新颖性归纳为创造力的主要特征。

值得注意的是，人类的创造力并非仅仅表现在科学、科技领域，也并非只是表现在学术领域，在文学、艺术、体育、政治、商务、管理、人际交往等形形色色的领域都有创造力的存在，创造力可以表现在人类生活的一切实践活动中。每个人都有创造的潜质。就个体而言，创造力是智力、年龄、创造动机、创造方法与有关知识的函数。用公式表示为：创造力=智力×年龄×创造动机×创造方法×有关知识。该公式表明，创造力与许多因素有关系。

二、影响创造力的因素

(一)创造性动力因素

创造性的动力因素是指创造性活动的目的和意图，它通过创造性的需要和动机表现出来，对创造性活动起推动或阻碍作用。创造性活动的动机因素主要分两类，即外部动机和内部动机。许多研究表明，内部动机比外部动机能激发更高水平的创造性，高水平的内部动机是杰出创造性人才的突出特征。外部动机也有助于创造性活动。例如，在许多天才人物的早期生活中，普遍存在着各种形式的竞争。此外，在一个对创造性活动及成果给予高度重视的社会中，人们表现出更高的创造性。所以，在强调内部动机时，也不能否认外部动机的作用。但由于外部动机可能分散对工作本身的注意而把注意力指向外部目标，它也有可能阻碍创造性。因此，在教学中，使用外部动机时必须慎重。

(二)创造性人格因素

对创造性人格的研究是创造性研究的一个重要途径。国外通过创造性测验研究表明，有创造性的人有以下特点。

1．观念的灵活性

有创造性的人愿意接受那些违反"常识"的观念与假设，欣赏那些幻想的、滑稽有趣甚至是异乎寻常的因素，他们善于猜想，力求超越现实与平凡，具有接受不确定事物的倾向。

2．个人的独立性

有创造性的人相对地不受习俗的限制和约束，在自己的工作领域内是不顺从者，但在他们创造性活动的范围之外常常是随俗的。

3．对暧昧不明事物的容忍

面对不甚明确和复杂的东西，有创造性的人不过于感到焦虑，他们实事求是而不以歪曲现实的方式来处理混乱的事物，也不会对难题勉强施予简单而草率的解决方法。

4．对于错误的容忍

具有创造性的人把错误看作一种信息而不是个人的失败。所以，在就一个问题提出许多广泛的解决办法时，他们会冷静思考，不担心出错。但到了第二阶段考虑方法的适当性时，他们不希望出错。

5．基本的智力水平

一般认为，高水平的创造需要有某种最低限度的智力水平做基础，这一限度因工作领域的不同而异，在那些认知成分较少的领域中这个限度可能很低，但当智力达到一定水平之后，智力与创造性并无明显正相关。

6．没有很高的社交能力

他们关心自己所热衷的问题而对社会的评价漠不关心，对集体活动、良好的人际关系都不关心，因而常被看作不合群的或反社会的。

7．较强的焦虑感

有创造性的人容易产生较强的焦虑感，但这种焦虑不同于人格失常者的焦虑。有创造性的人的焦虑感一是由"现状与自我期望或抱负间的矛盾"引起的，二是由"自我-理想自我"间的矛盾引起的。

8．独特的价值观念系统

许多研究发现，有高度创造性的人对于广泛的概念性意义与重要意旨比普通人具有更浓厚的兴趣，而对细节不感兴趣。

总之，创造性并非仅仅是一套解决问题的技术或方法，它还是一种独特的个性，具有创造性的人常常具有一些有别于常人的个性特点。

(三)创造性认知因素

创造性认知因素主要包括创造性思维、创造性想象、创造性认知策略、良好的知识结构、元认知等，本章着重讨论创造性思维与创造性认知策略。

创造性思维是创造性的核心。创造性活动的过程从思维角度看，就是创造性的思维过程。任何创造性行为与创造性思维都密切相关，不存在离开创造性思维的创造活动。

创造性思维是思维活动的高级过程，是在个人已有经验的基础上，发现新事物、创造新方法、解决新问题的思维过程，是一种沿着各种不同的方向去思考、探索的过程，是追求多样性的思维，它表现为自主灵活地将已有的信息尽可能地扩展，通过多种思考，开拓多种途径，寻找解决问题的办法，不受已有方式、方法、规则、范围的制约。流畅性、灵活性和独特性是其基本特征。发散式思维是创造性活动的基本过程。

创造性思维并不完全等同于发散性思维，创造性活动还要依据人过去的知识经验、目的和价值标准去展开，这就要求在创造性过程中还要进行聚合式思维。聚合思维是一种把问题提供的各种信息聚合起来，得出一个正确答案或最好的解决方案的思维。其基本特点是尽可能地利用已有的知识和经验，把信息引导到条理化的逻辑推理中，通过分析综合做出集中的回答。

创造性思维是发散式思维和聚合式思维的统一，只有巧妙地将二者结合起来才可能创造性地解决问题。

创造性的认知策略指的是有效地进行创造性思维和创造性想象的方法或操作程序。通常认为，创造性的认知策略可以通过学校教育传授给学生。目前，学者们提出的这类策略主要有特征列举法、幻想法、形态法、头脑风暴法、表格核对法、综摄法、等价变换思考法、旁通思维法等。

延伸阅读

酝 酿 效 应

有时候学习者尽力去解决一个复杂的或者需要创造性思考的问题时，无论怎么努力，还是不能解决问题。在这种时候，一种被称为酝酿的思维过程可能就会起作用。酝酿意味着暂时停止对问题的思索。心理学家发现对问题的酝酿常有助于学习者的问题解决，尽管在酝酿时，看上去似乎与解决问题无关。因此当被一个问题难住又百思不得其解时，把它放在一边可能是最好的选择；酝酿也是问题解决的一部分，教师应该帮助某些学生(尤其是成绩好的学生)克服"酝酿就意味着放弃"这样的错误观点，帮助学生促进问题的解决。如何才能在酝酿中获得最大的收益呢？如果学习者已经对问题进行了长时间的思考，此时留出充分的时间进行酝酿，就可能获得意想不到的收获。

三、创造力的培养

美国心理学家罗杰斯认为,"心理安全"和"心理自由"是有利于创造性活动的基本条件。"心理安全"是指当一个人偏离文化常模时能为社会所容忍,心理无须处于防御状态。当一个人在心理上感到安全时,就不怕发展和表现其发散性思维。由于大部分社会对顺从者比不顺从者更加欢迎,而从创造性的本质看,创造性活动必定是异样的甚至是异常的行为,所以,为学生提供一个心理上感到安全的环境对创造力的培养十分重要。罗杰斯认为,"心理自由"在很多方面是"心理安全"的结果,心理上自由的人具备以下特点。

(1) 他是什么样的人就承认是什么样的人,不怕别人笑话或讥讽。
(2) 他至少可以象征性地表现自己的冲动和思想,而无须压抑、歪曲或隐藏。
(3) 他可游戏般地用不寻常的方式来运用自己的表象、概念和语调,而不感到是一种罪过。
(4) 他把未知和神秘的东西看作一种需要应付的严肃挑战,也看作一种好玩的游戏。

在培养学生的创造性方面,心理学家提出了以下建议。

(1) 保持儿童的好奇心和自尊心。
(2) 消除儿童对错误的恐惧心理,强调从错误中学习。
(3) 鼓励面对现实的认知,也鼓励幻想,鼓励自由地从幻想走向现实以及把奔放的自发性与精密的评价结合起来。
(4) 鼓励跟有创造性的人接触。
(5) 鼓励多样性和个性。
(6) 鼓励个人的首创性。
(7) 改变对有创造潜力的人的刻板认识观念,认识到有创造性的人可能存在于社会、经济地位差异极大的群体成员中。
(8) 创造性思维的培养。善于动用联想与类比,善于进行直觉思维,捕捉灵感,高度的想象力,思维的流畅性、变通性和独特性以及基本推理能力如归纳推理能力与演绎推理能力(特别是后者的训练)等,都是创造性思维训练的重要内容。
(9) 赋予具有创造性思维的人极高的社会价值。
(10) 善于鉴别与指导偏离常规的创造性的思想与行为。

延伸阅读

课堂应用

我国创造学研究专家许立言、张福奎根据我国青少年的特点,提炼出12个"聪明的办法",用以指导儿童的创造发明。

加——加:在这件东西上添加些什么,会有什么结果?
减——减:在这件东西上减去些什么,会怎么样呢?
扩——扩:使这件东西放大、扩展,结果会如何呢?
缩——缩:把这件东西压缩、缩小,会怎么样呢?

变——变：把这件东西改变一下形状、颜色、音响、味道、气味、次序，会怎么样？
改——改：这件东西还存在什么缺点？有改进这些缺点的办法吗？
联——联：把某些东西或事情联系起来，能帮助我们达到什么目的吗？
学——学：有什么事物可以让自己模仿、学习一下吗？
代——代：有什么东西可以代替另一样东西吗？
搬——搬：把这件东西搬到别的地方，还能有别的用处吗？
反——反：如果把一件东西、一个事物的正反、上下、左右、前后、横竖、里外，颠倒一下会有什么结果？
定——定：为了解决某一问题或改进某一件东西，为提高学习、工作效率和可能发生的事故或疏漏，需要规定些什么吗？

复 习 要 点

第一节 能力和智力概述

能力是指人成功地完成某种活动所必备的个性心理特征。能力和知识既有区别又有联系。区别是：不能把它们等同起来。①它们属于不同的范畴。能力是人的个性心理特征；知识是人类社会历史经验的总结和概括。②知识的掌握和能力的发展不是同步的。能力的发展比知识的获得要慢得多，而且不是随知识的增加而成正比地发展。人的知识在一生中可以随年龄增长而不断地积累，但能力随年龄的增长，是一个发展、停滞和衰退的过程。③能力与知识的迁移范围不同。由于能力具有较为一般的概括性，所以能广泛地迁移；知识虽然也具有概括性，但只能在经验范围内迁移。表现为一方面，能力在掌握知识过程中形成和发展；另一方面，掌握知识又以一定的能力为前提，能力掌握知识的内在条件。能力可分为一般能力和特殊能力。一般能力也称智力，是指在进行各种活动中必须具备的基本能力。特殊能力又称专门能力，是顺利完成某种专门活动所必备的能力。按功能划分，能力又可分为认知能力、操作能力和社交能力。认知能力指接收、加工、储存和应用信息的能力。操作能力指操纵、制作和运动的能力。社交能力指人们在社会交往活动中所表现出来的能力。按活动中能力创造性的大小划分，能力还可分为模仿能力和创造能力。模仿能力是效仿他人言行举止而引起的与之相似的行为活动的能力。创造能力指产生新思想、新发现和创造新事物的能力。按活动的认知对象的维度划分，能力分为认知能力和元认知能力。认知能力是指个体接收信息、加工信息和运用信息的能力，它表现在人对客观世界的认识活动之中。元认知能力是指个体对自己的认识过程进行的认知和控制能力，它表现为人对内心正在发生的认知活动的认识、体验和监控。

传统智力结构理论有斯皮尔曼的二因素论、瑟斯顿的群因素论、吉尔福特的智力三维结构模型。现代智力结构理论有加德纳的多元智力理论、斯滕伯格的三元智力理论。

第二节 智力的开发

智力的发展呈负加速的趋势，即先快后慢。在婴儿期和幼儿期，个体智力发展迅速，以后逐渐减慢。各种能力的发展也不尽相同。有些能力发展或成熟较早，另一些能力发展或成熟较晚。到了老年,各种能力的衰退速度也是不一样的,一般来讲,感知能力(特别是侧重反应速度的能力)达到高峰和下降的年龄都比较早;相反,推理能力等发展较慢,下降也较缓。智力的形成与发展变化受多种因素的影响。遗传的作用:人的智力,在基本构架上是由先天遗传因素决定的,遗传和生理的正常发展为人的智力奠定了生物学基础。环境因素的作用:大多数儿童的素质是相差不大的,其智力发展之所以有差异是由环境、教育和实践活动造成的。教育作为一种社会环境因素对智力发展的影响是决定性的。此外,社会生产方式、个体的营养状况、优良的个性品质等对智力的发展均有不同程度的影响。在智力开发方面,国外的智力训练方案主要有:横向思维智力开发方案;工具性强化训练法;项目学习等。

第三节 创造力

分析创造力的内涵,可以从以下几个方面加以理解:①创造力是能力的一种,是人类一种比较特殊的能力。②创造力包含两种能力,一是在已知条件的基础上建立起新的关联和组合的能力;二是将已知条件运用到新的情境中,使其形成新的关系的能力。个体的创造力通常通过创造活动、创造性产品体现出来,但创造力要转化为创造性成果需要一定的外在和内在条件。③创造性活动具有明确的目的性和实用性。④新颖性和价值性是创造力的两个最重要的本质特征。⑤创造性产品是多样的,既可以是新颖独特、有价值的实物,又可以是新观点、新见解。

创造性思维是创造力的核心和基础。其判断标准有二:一是产品必须新颖或独特,或者是前所未有、破旧立新(相对历史而言),要么是不同凡响、别出心裁(相对他人而言);二是产品或者具有社会价值,或者具有个人价值。影响创造力的因素有:动力因素。创造性的动力因素是指创造性活动的目的和意图,它通过创造性的需要和动机表现出来,对创造性活动起推动或阻碍的作用。创造性活动的动机因素主要分两类,即外部动机和内部动机。人格因素。有创造性的人有以下特点:观念的灵活性,个人的独立性,对暧昧不明事物的容忍,对于错误的容忍,基本的智力水平,没有很高的社交能力,较高的焦虑,独特的价值观念系统。创造性的认知因素主要包括创造性思维、创造性想象、创造性认知策略、良好的知识结构、元认知等。

创造力的培养:保持儿童的好奇心和自尊心;消除儿童对错误的恐惧心理,强调从错误中学习;鼓励面对现实的认知也鼓励幻想,鼓励自由地从幻想走向现实以及把奔放的自发性与精密的评价结合起来;鼓励跟有创造性的人接触;鼓励多样性和个性;鼓励个人的首创性;避免对有创造潜力的人的刻板观念,认识到有创造性的人可能存在于社会、经济地位差异极大的群体成员中;创造性思维的培养;赋予具有创造性活动产物的人极高的社会价值;善于鉴别与指导偏离常规的有助于创造性的思想与行为。

拓 展 思 考

1. 善于培养学生创造性的教师应该具备什么样的特征?
2. 在课堂教学中如何培养学生的创造力?

第十二章 品德的形成

在全面发展的教育内容中,德育对智育、体育和美育的发展有制约作用,道德品质决定着学生未来的发展方向。因此,培养学生优良的道德品质是全面发展素质教育的重要任务。学生良好的道德品质不是自发形成的,它的形成有其自身发展的特点和规律。本章主要讲述品德的概念、品德的心理结构、品德形成的理论、学生良好品德的培养。

第一节 品德心理概述

培养学生形成良好的道德品质,首先要把握品德的本质,掌握品德与道德的区别与联系,理解品德的心理结构,才能遵循品德形成的心理规律,引导学生形成良好的思想品德。本节主要分析、介绍品德的概念、品德与道德的关系、品德的心理结构。

一、品德的概念

(一)什么是品德

1. 定义

品德或道德品质是指个人依据一定的社会道德准则和规范行动时所表现出来的稳定的心理特征或倾向。例如,某个学生在学习和生活中总是根据学生守则的要求,一贯诚实坦白、热爱集体、遵守纪律、积极学习、热爱劳动,则这个学生被认为有上述的良好品德。

2. 特征

品德具有如下特征。

(1) 品德是一种个体现象,是社会行为规范和道德准则在个体身上的反映。

(2) 品德由个人的道德行为来体现,这种行为不是偶尔的或一时的,而是在稳定的道德观念支配下的一贯表现。也就是说,品德通过道德行为来体现,离开了道德行为无所谓品德;同时,品德必须以某种社会道德意识或道德观念为基础,判断一个人是否具有某种品德,不仅要看其是否有道德行为,而且要看道德意识和道德行为是否统一。如果没有道德意识而产生了道德行为,则不能认为个体具有某种品德。而且,这种道德行为的表现是经常的而不是偶然的。

(3) 品德是个性中最有道德评价意义的部分。性格是个人在对现实的态度和行为方式中比较稳定而且一贯的表现。性格中既具有道德评价意义的层面,也有不具有道德评价意义的层面。前者如对人对事的态度:诚实、正直、勤奋等,这是人们公认的好品格;而虚伪、偏见、自私、懒惰等,则是人们认为不好的品格。这是人的性格中具有道德评价意义的部分。此外，人的性格中还有不具有道德评价意义的部分，如内向、外向、乐观、悲观、活泼、沉默寡言等。前面这种具有道德评价意义的性格特征也就是道德品质。

(二) 道德与品德

道德是一种社会现象，是调整人类相互关系的各种行为规范和准则；道德是协调个人与个人、个人与集体、个人与社会之间关系的行为规范和准则的总和，它是依靠社会舆论和各种形式的教育、传统、习惯，特别是人内心信念的支持而起作用的。

1. 品德与道德的区别

品德与道德具有如下区别。

(1) 品德与道德所属的范畴不同。道德是一种社会现象，是调整人类相互关系的各种行为规范和准则。人依据规范来辨别是非、善恶、美丑，指导或调节行为。遵守它们会受到舆论的赞许并感到心安理得；否则，会受到舆论的谴责并感到内疚。它是以行为规范的形式来反映社会生活的，它的产生、发展和变化服从于整个社会的发展规律，属于社会意识形态的范畴。而品德是一种个体现象，是社会道德在个体头脑中的主观映象，其形成、发展和变化既受社会规律制约，又受个体的生理、心理活动规律制约。品德支配和调节着个体的道德行为，属于个体意识形态范畴。

(2) 品德与道德所反映的内容不同。道德的内容是社会生活的总体要求，是对一定经济基础的反映，它是调节社会关系和行为规范的完整体系。而品德的内容则是社会道德规范局部的具体体现，是社会道德要求的部分反映。可见，从反映内容上看，道德反映的内容比品德反映的内容广阔。

(3) 品德与道德产生的力量源泉不同。道德产生的力量源泉是社会需要，其产生和发展服从于社会发展规律。在社会生活中，人们为了维护共同的利益，协调物质利益关系、人际关系等，以保障社会稳定、和谐的发展而制定了共同遵守的道德行为规范，正是这种社会生存和发展的需要赋予了道德强大的力量。品德产生的力量源泉则是个人的需要。品德的形成和发展不仅受社会生活条件的影响，还受个体生理、心理等内在条件的制约。个人为了归属于一定的社会群体，为社会所接纳，就必须遵守一定的社会道德规范，协调个人与社会、个人与集体、个人与他人的关系，正是人的这种社会性需要，促使人们必须自觉地按照道德要求发展与完善自我品德。

2. 品德与道德的联系

品德与道德的发展是一种互动过程，它们之间的联系十分紧密，主要表现在三个方面。

(1) 品德是道德的具体化。品德是一定的社会道德规范在个体头脑中的反映和实践活动中的具体体现；个人品德是社会道德的组成部分，离开社会道德也就谈不上个人品德；同时，个人品德的产生、发展与社会道德一样都受到社会发展规律的制约。

(2) 社会道德风气影响着品德的形成与发展。品德的形成不是由遗传获得的，而是在后天的社会条件中，主要是在社会道德舆论的熏陶和学校道德教育的影响下，在家庭成员潜移默化的道德感染下，通过自己的实践活动形成和发展起来的，它是个体在社会化过程中、在社会道德舆论的熏陶和道德教育的影响下，通过自己的实践活动逐步形成发展起来的。因此，社会道德风气的发展变化会在某种程度上影响个人品德面貌的变化，品德的形成、发展必以一定的社会道德为前提。可以说，离开了社会道德，品德就无从谈起。

(3) 个体的品德对社会道德状况有一定的反作用。即众多的个人品德能构成和影响社会的道德面貌和风气。特别是一些优秀的代表人物的品德，作为一种道德品质的典范，往往能对整个社会道德风气产生十分深远的影响。如果离开人在社会中具体的道德品质表现，道德就只能成为无实际意义的行为规范，也就失去了其应有的作用，更谈不上发展，所以，从某种意义上来说，品德是道德的基础。

总之，品德和道德是相辅相成、辩证统一的关系。心理学、教育学研究个体品德，伦理学、社会学研究社会道德。心理学、教育学研究个体品德不能脱离一定的道德环境和规范，心理学对个体品德的研究成果反过来又丰富了社会道德的内容，促进了社会道德的发展。

二、品德的心理结构

为了揭示品德的心理实质，寻找品德教育的有效途径和方法，需要对涉及品德所包含的心理成分及其相互联系和制约模式进行探讨。

(一)品德的因素心理成分

品德的心理结构极为复杂。心理因素构成说认为，品德心理结构是由一系列彼此联系的心理因素构成的统一体。但对于究竟是由哪几种因素构成则观点不一，有人认为品德是由道德认识与道德行为组成；或者认为品德由道德动机与道德行为组成(二要素说)。有的人认为品德由道德认识、道德情感、道德行为组成(三要素说)。有人则认为品德由道德认识、道德情感、道德意志、道德行为组成(四要素说)。还有人认为品德由道德认识、道德情感、道德信念、道德意志、道德行为组成(五要素说)。或由品德认识、品德情感、品德动机、品德意志、品德行动、品德自我评价六种心理成分组成(六要素说)。这几种因素说，虽然因素数目不同，但仔细分析就会发现他们的观点是基本一致的，只不过是有的学说将品德的心理结构划分得更细一点而已。

目前，我国心理学界比较流行品德四因素说。按照四因素说，品德是由道德认识、道德情感、道德意志和道德行为等心理成分构成的有机整体，即知、情、意、行四种成分。

1. 道德认识

道德认识是指对于社会道德行为规范及其执行意义的认识，是人的认识过程在品德上的表现。其中包括道德观念、原则、信念的形成以及运用这些观念、原则、信念去分析道德情境，对人对事做出是非、善恶的道德评价和道德判断。也可以把道德认识看作对于行为中是非、好坏、善恶及其意义的认识。道德认识发展的最高水平是形成道德信念。在品德的心理结构中道德认识是道德情感产生的基础，是道德意志产生的依据，对道德行为具有定向作用。

2. 道德情感

道德情感是伴随着道德认识所产生的一种内心体验。也就是人在心理上所产生的对某种道德义务的爱慕或憎恨、喜好或厌恶等情感体验。道德情感在内容上是极其丰富多样的，如责任感、义务感、集体荣誉感、爱国主义和国际主义情感、自尊感等。

道德情感是个人道德行为的内部动力之一。道德情感是在道德需要基础上产生的情感体验。道德需要的产生又以道德认识为前提。道德需要在一定的情境条件下就可以转变为道德动机。因此，道德动机是在道德认识和道德情感两种心理成分的作用下产生的道德需要，并以某种情境条件为诱因而产生的推动个体道德行为的动力。在道德动机中，既有道德认知的成分，又有道德情感的成分。

3．道德意志

道德意志是在自觉执行道德义务的过程中，克服所遇到的困难和障碍时所表现出来的意志品质。道德意志表现为人利用意识的能动作用，通过理智地权衡去解决道德生活中的动机冲突并采取相应的行动。对符合道德规范的动机，自觉地、坚决果断地付诸行动；对不符合规范的动机则自觉地、果断地抑制，表现为坚强的自制力。

道德意志在道德动机转化为道德行为的过程中，起着十分重要的作用。而且，道德信念的形成也离不开道德意志。当人的道德认识建立在牢固坚实的基础上，并具备了炽热的道德情感、顽强的道德意志时，就会形成坚定的道德信念。道德信念是道德认识的最高表现形式，是道德认识、道德情感和道德意志三者的"结晶"，是品德内化的标志。一个人形成道德信念后，就可以从自己的社会义务和社会责任出发，有效地进行道德的自我控制，独立地给自己规定职责，并要求自己履行这些职责，然后对自己的行为做出自我评价。

4．道德行为

道德行为是人在一定的道德意识支配下所采取的有道德意义的行动。它是实现道德动机的手段，是人的道德认识、道德情感和道德意志的外在具体表现。

道德行为主要包括道德行为方式和道德行为习惯。道德行为方式是通过练习或实践而掌握的道德行为技能。而道德行为习惯则是一种自动化的道德行为。

道德行为是道德品质的重要标志。看一个人的道德品质如何，不在于他能说出多少动听的大道理，而在于他是否言行一致、身体力行，道德行为是否具有一贯性。

品德结构中知、情、意、行四种心理成分是彼此联系、互相促进的。其中，道德认识是基础，是道德情感和道德意志产生的依据，并对道德行为具有定向调节的作用；道德情感与道德意志是构成道德动机和道德信念的重要组成部分，是道德认识向道德行为过渡的中间环节；道德行为是品德的最重要标志，道德行为既是道德认识、道德情感和道德行为外在的具体表现，又可以通过道德行为巩固、发展道德认识，加深、丰富道德情感，促进道德意志的锻炼。可见，知、情、意、行四种成分在品德结构中的地位和作用是各不相同的。各种成分在彼此联系中得到不断发展，使个体的品德结构由表层向深层、由不稳定状态向稳定状态逐渐发展和过渡。

(二)品德的功能心理成分

品德的功能心理成分是章志光教授于1993年提出的对品德心理结构的一个新设想。这种设想是以他们自己在学校进行的20多项品德的实验研究为基础，吸取前人的成果，系统化、理论化的一种学说。他认为，品德结构可以从生成结构、执行结构、定型结构三个维度上对其进行探讨。当这些结构和宏观的社会环境及微观的群体环境发生相互制约时，就构成了一个包括品德机制在内的大的社会动力系统。

所谓"生成结构"并非指生来就有的结构，而是指个体从非道德状态过渡到开始出现道德行为或初步形成道德性时的心理结构。任何道德规范必须考虑到他人利益要求对自己的需要与行为有所约束的客观准则，它一旦转化为个人的道德认知就会同个体原有只顾一己的"需要—行为"发生矛盾。解决的方式有二：一是忽视规范认知，维持原状；二是接受规范认知，调节需要，产生符合规范的道德行为。行为是否符合规范大多会引起他人或舆论肯定或否定的评价，甚至受到自然后果强化。这种反馈不仅会引起情绪反应，而且还会引起行动者对道德规范的再认识或增强它调节"需要—行为"的动力，并促使他继续做出符合规范的行为或改变不合规范的行为。这种循环往复或不断更新的过程，就其中介环节来说，就是个人所获得的某些道德规范(感性或理性的)认知，作为"需要—行为"的定向与调节成分同行为方式的内在启动部分建立正或负的联系的过程。或者说，这是个体获得道德规范的行为经验、产生是非感、形成道德行为的定势或习惯的过程。儿童有了这一中介的生成结构，由外部诱因激活的个体需要及其行为意向都将受到规范认知(道德观念)的定向或调节，其所产生的行为已不同于先前的原始行为。这种行为是一种社会化行为，是由他律逐渐向自律过渡的道德行为，其心理结构及活动过程的表现就是道德性。

所谓"执行结构"，是指个人在道德性生成结构基础上发展起来的更有意识地对待道德情境，经历内部冲突、主动定向、考虑决策和调节行为等环节的一种复杂的心理过程及其结构。它既表明个人日常处理道德问题时的一般心理空间状况，也说明由简单的道德性向品德形成过渡的一种形式。

所谓"定型结构"，是指个体具有品德的心理结构。道德行为可以是情境性的，也可以是倾向性的。前者更多受外部特殊情境及内部不稳定因素驱使而发生，因而不经常，不一贯；后者则不同，它是内部由于先期影响而形成的某种比较稳定的道德心理结构，即定型结构的表现，所以带有恒常性。品德是较稳定的道德性，如果我们了解到一个人具有某种品德，也就可以预期他在通常或更多的情况下必然会有某些特定的道德行为。

上述三种心理结构是品德形成过程中相继出现的不同形式，但又是彼此包含、相互渗透的统一体。如果前一种结构的形成为后一种结构的出现作好了铺垫，那么后一种结构的形成则是前一种结构因素、序列发展和功能的跃进。以上所述的这些结构都是作为个体内部的动力系统而存在的。个体品德的动力系统是作为大的社会动力系统中的个别组成部分而存在的，具有相对独立的形式和稳定性，其矛盾也能引起自身的发展。但是造成这种矛盾与推动矛盾解决的真正动力则来自社会生活广大的动力场。

延伸阅读

对学生品德的养成教育的讨论

关于学生良好品德的养成教育如何进行有如下观点：

(1) 品德的心理结构是由知、情、意、行构成的，因此，必须沿着知、情、意、行的顺序对学生进行教育。

(2) 学生的知、情、意、行发展水平是不平衡的，应该视具体情况对学生进行良好品德的养成教育，良好品德的养成教育具有多端性。

(3) 道德认识是良好品德形成的基础，所以对学生进行良好品德的养成教育必须把学生道德认识水平的提高作为教育重点。

(4) 道德情感对道德品质的形成起推动作用，只有先丰富学生的道德情感，才能激发学生养成良好道德品质的积极性，道德教育才能进行。

(5) 对于小学生而言，良好品德的养成教育是从强化行为入手的。

第二节 品德形成的理论

为了深入理解品德的本质和特点，弄清品德形成的规律，不同的心理学派别依据自己的研究方向，对品德进行了详细的研究和探讨。本章主要介绍道德发展的各种理论及对道德教育的启发。

一、道德认知理论

(一)皮亚杰的道德认知发展论

瑞士心理学家皮亚杰在研究儿童品德发展方面作出了突出贡献。他关于儿童及青少年道德判断问题的研究，为品德发展的研究提供了一个理论框架和一套研究方法，初步奠定了品德心理研究的科学基础。为了研究儿童道德认知发展，皮亚杰采取了对偶故事法。他设计了一些包含道德价值内容的对偶故事，要求儿童判断是非对错，从儿童对行为责任的道德判断中来探明他们所依据的道德规则以及由此产生的公平观念发展水平。

1．对偶故事法

对偶故事法是皮亚杰研究道德判断时采用的一种方法。利用讲述故事的方式向被试提出有关道德方面的难题，然后向儿童提问。利用这种难题测定儿童是依据对物品的损坏结果还是依据主人公的行为动机做出道德判断。由于皮亚杰每次都是以成对的故事测试儿童，因此，此方法被称为对偶故事法。

延伸阅读

对 偶 故 事

A．一个叫约翰的小男孩在自己的房间时，家里人叫他去吃饭。他走进餐厅，但在门背后有一把椅子，椅子上有一个放着15个杯子的托盘。约翰并不知道门背后有这些东西。他推门进去，门撞倒了托盘，结果15个杯子都撞碎了。

B．有一个叫亨利的小男孩。一天，他母亲外出了，他想从碗橱里拿出一些果酱。他爬到一把椅子上，并伸手去拿。由于放果酱的地方太高，他的手臂够不着。在试图取果酱时，他碰倒了一个杯子，结果杯子掉下来打碎了。

皮亚杰对每个对偶故事都提出两个问题：

(1) 这两个小孩是否感到同样内疚？

(2) 这两个孩子哪一个更不好？为什么？

2．道德发展的阶段理论

皮亚杰通过对偶故事法进行大量的实证研究，发现儿童道德判断能力的发展与其认识能力的发展存在着互相对应、平衡发展的关系，这种认识能力是在与他人和社会的关系之中得到发展的。皮亚杰在1930年出版的《儿童的道德判断》等著作中，把道德发展划分为四个阶段。

(1) 自我中心阶段(5～6岁以前)。这一阶段的婴幼儿往往自己单独玩，很少和同伴一起玩，在游戏时，游戏规则或成人的要求对他们还没有约束力，处于无律阶段。自己随便游戏，只按照自己的意愿去执行游戏规则，并不理解游戏的结果。他们各自玩着"自己的"游戏，一点儿也不理会对方。他们各自不顾规则的规定，突然宣布自己成功了，并且拍手称快，大人在旁边看到自己的孩子突然高兴，往往莫名其妙。皮亚杰认为，这是以自我为中心的行动阶段，称为"单纯的个人规则的阶段"。这是由于这一时期的儿童还没有产生真正的社会交往和社会合作意识，还不能把自己的事和别人的事真正区别开来。

这一阶段的儿童，由于认识的局限性，还不理解、不重视成人或周围环境对他们的要求，有时看来似乎接受了成人的指导，但往往正是他自己想要做的；有时还表现为对成人或同伴要求的不服从、执拗，甚至反抗。因此，对待这一阶段儿童的活动不应多加干涉，而应耐心具体地进行指导。在皮亚杰看来，只有当儿童意识到游戏活动中应该共同遵循的行为准则时，规则对儿童来说才能成为他的行为准则，否则，它只是一种单纯的规则而已。

(2) 权威阶段(6～8岁)。这个阶段的儿童认为应该尊敬权威和尊重年长者的命令。他们认为服从成人的命令就是正确行为，否则就是错误行为；听大人的话就是好孩子，不听大人的话就是坏孩子。他们也服从周围环境对他们所规定的规则或提出的要求，并认为这些规则或要求是不能更改的，谁也不能违反的，若是违反，就是犯了极大的错误，因而处于他律阶段。

皮亚杰作了一个实验，要求儿童对两难故事的情境作出判断，这个故事是："星期日下午，妈妈累了，要她的女孩和小男孩帮她料理家务。要女孩去把一叠盘子揩干，要小男孩去取一些干柴来。但是小男孩却上街去玩了。妈妈就叫女孩去做这两件事。这个女孩子说了些什么呢？"皮亚杰询问了150个6～12岁的儿童，结果年幼的儿童大多倾向于服从权威，认为成人的命令是正确的，所以妈妈叫女孩做两件事是对的，是应该服从的。

皮亚杰和他的合作者经研究后指出，7、10和13岁是儿童的公正判断时期，分别以服从、平等和公道为特征。年幼儿童对公正概念尚不理解，他们以成人的是非为是非，他们的好坏标准取决于服从与不服从，认为听话的就是好的行为，按自己的意愿行事就是坏的行为。他们分辨不出服从和公正、不服从和不公正之间的区别。对他们来说，公正还没有从服从中分化出来，所以年幼儿童的公正判断以服从成人为特征。这是权威阶段的特征。

(3) 中逆阶段或称平等阶段(8～10岁)。这个阶段的儿童，不再把成人的命令看作应该绝对服从，也不把道德的规则看作不可改变，他们已经意识到同伴之间的相互关系。所谓道德行为的准则，只不过是同伴之间共同约定的、用来保障共同利益的一种社会产物。因此，规则对他们来说，只是用来协调相互之间的行动的。在规则面前同伴之间是一种"可逆关系"，要求你遵守，我也得遵守。

同伴之间的相互尊重、相互制约，不可避免地产生了平等观念。他们不再简单地服从成人的命令，也不再满足于单纯对规则的遵守，而是要求同伴之间的平等。仍以前面妈妈叫孩子们料理家务的故事为例，他们已不像6~8岁的儿童那样，认为妈妈的命令都是正确的。这时儿童要求平等，如认为妈妈允许一个男孩玩，而让女孩做两件事是不公平的。促进儿童公正观念从服从向平等发展的原因是什么呢？皮亚杰认为，成人的榜样对儿童的公正观念可能会有影响。因为公正感的发展要以自律为先决条件。此外，儿童的社会交往和社会合作，也促进了儿童公正观念从服从向平等发展。

由于这个阶段的儿童既不单纯服从权威，也不机械地遵守规则，他们已经认识到同伴之间的相互关系，因此，教师在道德教育中应注意正面引导和讲清道理，并采取对所有学生一视同仁的教育措施，而避免强制、压抑或厚此薄彼。同时，从这个时期起正是培养和形成班集体和少先队集体的好时机，也是培养儿童自制、自理能力和集体主义思想感情的好时机。

(4) 公正阶段(11~12岁)。这个阶段儿童的道德观念发展倾向公正。所谓公正就是承认真正的平等，不像前一阶段仅满足于形式上的平等。所谓真正的平等，就是要依据每一个人的具体情况作出恰当的处理。例如，皮亚杰做了一个实验："一个假日的下午，妈妈带她的孩子们去河边散步，四点钟，她给孩子们每人发了一个卷饼，他们各自吃着自己的卷饼，但小弟弟，不小心把卷饼掉在河里了。妈妈将怎样处理这件事？再给一个吧？哥哥们会怎样说呢？"皮亚杰询问了6~14岁儿童，年龄小的儿童主张不应再给他了，以表示对他的惩罚；年龄稍大一点的儿童则主张再给他一个卷饼，这样人人都有一个(平等)；年龄大的儿童也主张再给他一个，但这是考虑到弟弟年龄小，应得到照顾，这样才公平，即公正。年龄大的儿童已能根据自己的价值标准对道德问题作出判断。他们已能用公道这一新的标准去判断是非，认识到在依据准则去判断是非时，应先考虑他人的一些具体情况，从关心和同情出发作出他们的道德判断。在皮亚杰看来，公道感是一种出于关心和同情人的真正的道德关系。因而，公道感是公正观念的一种高级形式，它实质上是"一种高级的平等"。

3．儿童道德发展的规律

通过大量研究，皮亚杰概括出了一条儿童道德认知发展的总规律：儿童的道德发展是从他律道德阶段到自律道德阶段的发展规律。

自律道德(autonomous morality)是指较大儿童(10岁以后)根据行为者的主观意图作为道德判断的基础，是由儿童自己内在的价值标准所支配的道德判断。处于自律阶段的儿童会认为出于不良的行为动机或者有意打碎一只玻璃杯的儿童比不小心打碎一盘玻璃杯的儿童更坏。

皮亚杰认为，正如在儿童的认知发展中存在着一个不变的发展顺序一样，儿童的道德发展也是一个不变的顺序，即从他律道德到自律道德。儿童必须经历他律道德阶段才能发展到自律道德阶段，而不可能越过他律阶段直接进入自律阶段。促进儿童从他律道德向自律道德过渡的主要认知转变机制是认知矛盾(失平衡)。同伴间的不同意见会造成认知矛盾。比如，在儿童游戏过程中，有关游戏规则的争论会使儿童逐步认识到游戏规则并非上帝制定的或者是不可改变的，规则不过是儿童游戏的一种契约，只要大家同意，规则是可以改变的。这就促进了儿童从他律向自律的过渡。

4．皮亚杰道德认知理论对德育工作的启示

皮亚杰道德认知理论对德育工作有如下启示。

(1) 个体品德是通过个体参与各种各样的社会活动、积极的认知活动，不断地积累、总结道德经验形成的。学校中单纯地依靠灌输、说教、奖励、批评和惩罚的办法，不利于学生良好品德的形成。

(2) 儿童的心理发展是一个渐进的过程，品德的形成也是如此。对学生的品德教育不要急功近利。

(3) 儿童的道德发展是从他律道德阶段到自律道德阶段的发展规律，告诉我们对小学生尤其是低年级的小学生进行道德教育，可以从强化道德行为入手，逐渐引导学生道德认知水平的提高。

(4) 对偶故事法，告诉我们引导学生多参加道德问题的讨论，有利于学生道德评价能力水平的提高。

(5) 对于自律水平较低的小学生而言，对他们错误行为的惩罚，要注意实施报应性惩罚，这种惩罚会为他带来不利，而且他还非常在乎。例如，对于打骂同伴的学生，可以暂时中断同伴与他的来往，让他感到孤立。

他律道德(heteronomous morality)是指学前及小学低年级儿童(10 岁之前)只关心行为的客观效果，不关心主观动机，是受他人设定的外在价值标准所支配的道德判断。处于他律道德阶段的儿童会认为打碎一盘玻璃杯的孩子比打碎一只玻璃杯的孩子更坏。

(二)柯尔伯格道德发展阶段论

美国发展心理学家柯尔伯格(L.Kohlberg)是皮亚杰道德认识发展理论的追随者，他在此基础上，进一步作了修改、提炼，系统地扩展了皮亚杰的理论和方法，并创立了不断完善的科学研究手段。依据不同年龄儿童进行道德判断的思维结构提出了自己的一套儿童道德认识发展的阶段模式。

1．两难故事法

柯尔伯格同皮亚杰一样，承认儿童的认知发展是道德发展的必要条件；道德发展有一个固定的、不变的连续的发展顺序，只是由于认知结构的变化而表现出明显的阶段，都强调社会相互作用在道德发展中的作用。他们的不同之处首先表现在研究方法上。皮亚杰用编成对偶的故事与儿童谈话来研究儿童道德认识的发展。柯尔伯格则认为对偶故事法不能很好地揭示儿童道德推理过程，因此他把皮亚杰的研究方法改进为道德两难故事法。他所设计的故事中包含一个在道德价值上具有矛盾冲突的故事，让被试听完故事后对故事中人物的行为进行评价。他还设计了相当完备的评价标准体系，以此来测评被试道德发展的水平。

延伸阅读

海因兹偷药

海因兹偷药的故事大意是：欧洲有一位妇女患了绝症，生命危在旦夕。医生告诉她的丈夫海因兹，只有本城一个药剂师最近发明的一种药可以救他的妻子。但该药价格十分昂贵，要卖到成本价的十倍。海因兹四处求人，尽全力也只借到了购药所需钱数的一半。万般无奈之下，海因兹只得请求药剂师便宜一点儿卖给他，或允许他赊账。但药剂师坚决不答应他的请求，并说他发明这种药就是为了赚钱。海因兹在走投无路的情况下，为了挽救妻子的生命，在夜间到药店偷了药，治好了妻子的病。但海因兹因此被警察抓了起来。

柯尔伯格围绕这个故事提出了一系列问题，让被试参加讨论，如：海因兹该不该偷药？为什么该？为什么不该？海因兹犯了法，从道义上看，这种行为好不好？为什么？

2．道德阶段理论

面对道德两难问题，具有不同道德水平的人会做出不同的判断并提出不同的判断理由。根据被试的回答，柯尔伯格把道德判断分为三个水平，每个水平又各包括两个阶段。于是，提出了三水平六阶段品德发展理论。

1) 前习俗水平

前习俗水平(preconventional level，0～9岁)的儿童的道德判断着眼于人物行为的具体结果和自身的利害关系。主要特征是，儿童的道德观念是纯外在的，儿童是为了免受惩罚或获得奖励而顺从权威人物规定的行为准则的。这一水平包括两个阶段。

(1) 惩罚和服从取向。这阶段的儿童根据行为的后果来判断行为是好是坏及严重程度。他们服从权威或规则只是为了避免处罚。认为受赞扬的行为就是好的，受惩罚的行为就是坏的。他们没有真正的准则概念。属于这一阶段的儿童认为海因兹偷药是坏的，因为"偷药会坐牢"。即使有一些儿童支持海因兹偷药，推理性质也是同样的。如有的说："他可以偷药，因为他不去偷药会受到小舅子的打骂。"

这一阶段的儿童以惩罚与服从为导向，由于害怕惩罚而盲目服从成人或权威。道德判断的根据是是否受到惩罚，认为凡是免受惩罚的行为都是好的，遭到批评、指责的行为都是坏的，缺乏是非善恶的观念。

(2) 朴素的享乐主义或工具性取向。这个阶段的儿童为了获得奖赏或满足个人需要而遵从准则，偶尔也包括满足他人需要的行动，他们认为如果行为者最终得益，那么为别人效劳就是对的。人际关系被看作交易场中的低级相互对等的关系。儿童不再把规则看成绝对的、固定不变的东西。他们能部分地根据行为者的意向来判断过错行为的严重程度。有的孩子认为："海因兹妻子常为他做饭、洗衣服，因此海因兹去偷药是对的。"也有的认为："偷药是不对的。因为做生意是正当的，这样药剂师就赚不到钱了。"

这一阶段的儿童对行为好坏的评价首先是看能否满足自己的需要，有时也包括是否符合别人的需要，稍稍反映了人与人之间的关系，但把这种关系看成类似买卖的关系，认为有利益的就是好的。

2) 习俗水平

习俗水平(conventional level，9~15岁)的儿童的特点是：能了解、认识社会行为规范，意识到人的行为要符合社会舆论的希望和规范的要求，并遵守、执行这些规范。

这一水平的儿童为了得到赞赏和表扬或维护社会秩序而服从父母、同伴、社会集体所确立的准则，或称因循水平。他们都能顺从现有的社会秩序，而且有维持这种秩序的内在欲望；规则已被内化，自己感到是正确的。因此，行为价值是根据遵守那些维护社会秩序的规则所达到的程度。这一水平包括两个阶段。

(1) 人际和谐(或好孩子)的道德定向阶段。这一阶段的儿童尊重大多数人的意见和惯常的角色行为，避免非议以赢得赞赏，重视顺从和做好孩子。儿童心目中的道德行为就是取决于人的、有助于人的或为别人所赞赏的行为。他们希望保持人与人之间良好的、和谐的关系，希望被人看作好人，要求自己不辜负父母、教师、朋友的期望，保持相互尊重、信任。这时儿童已能根据行为的动机和感情来评价行为。这个阶段的少年在读到海因兹偷药的故事时，有的说"偷药不对，好孩子是不偷的"，或强调"海因兹爱他的妻子，因为已经走投无路才去偷的，这是可原谅的"。

此阶段的儿童以人际关系的和谐为导向，对道德行为的评价标准是看是否被人喜欢、是否对别人有帮助、是否会受到赞扬。为了赢得别人的赞同，当个好孩子，就应当遵守规则。

(2) 权威和社会秩序取向。这个阶段的儿童注意的中心是维护社会秩序，认为每个人应当承担社会的义务和职责。判断某一行为的好坏，要看他是否符合维护社会秩序的准则。这个阶段的青少年在回答海因兹的问题时，一方面很同情他，但同时又认为他不应触犯法律，必须偿还药剂师钱并去坐牢。他们认为如果人人都去违法，那社会就会混乱一片了。另有一些人认为，药剂师见死不救是不应该的，他应受到法律的制裁。

此阶段的儿童以服从权威为导向，服从社会规范，遵守公共秩序，尊重法律的权威，以法制观念判断是非，知法守法。

3) 后习俗水平

后习俗水平(postconventional level，15岁以后)的特点是：道德判断超出世俗的法律与权威的标准，而以普遍的道德原则和良心为行为的基本依据。

这一水平又称原则水平，它的特点是道德行为由共同承担的社会责任和普遍的道德准则支配，道德标准已被内化为他们自己内部的道德命令。包括两个阶段。

(1) 社会契约的道德定向阶段。这一阶段的道德推理具有灵活性。他们认为法律是为了使人们能和睦相处，如果法律不符合人们的需要，可以通过共同协商和民主的程序加以改变，认为反映大多数人意愿或最大社会福利的行为就是道德行为。那些按民主程序产生的、公正无私的准则是可接受的，强加于人或者损害大多数人权益的法律是不公正的，应给予拒绝。这一阶段的青少年回答海因兹的问题时，主张"应该"去偷药的人说："当然，破窗进入店内的行为，法律是不允许的，但任何人在这种情况下去偷药又是可以理解的。""认为"不应该的人说，"我知道不合法地去偷药是可以理解的，但是目的正当并不能证明手段的无伤。不能说海因兹去偷药是完全错误的，但在这种处境下也不能说他这种行为是对的"。海因兹偷药是一件不道德的事，但他的意图却是善良的。

这一阶段的儿童认识到法律、社会道德准则仅仅是一种社会契约，是大家商定的，是可以改变的。一般他们不违反法律和道德准则，但不用单一的规则去评价人的行为，表现出一定的灵活性。

（2）良心或普遍原则的道德定向阶段。他们认为应运用适合各种情况的抽象的道德准则和普遍的公正原则作为道德判断的根据，背离了一个人自选的道德标准或原则就会产生内疚或自我谴责感。在对海因兹事件的反应中，认为"应该"去偷药的人的理由是，当一个人在服从法律与拯救生命之间必须作出选择时，保全生命较之偷药就是更正确的更高的原则。主张"不应该"的人则认为，绝症患者很多，药物有限，不足以满足所有需要它的人；应该是所有的人都认为是"对"的才是正确的行为。海因兹不应从情感或法律出发去行动，而应按照一个理念上公正的人在这一情况下该做的去做。

此阶段的个体判断是非不受外在的法律和规则的限制，而是以不成文的、带有普遍意义的道德原则，如以正义、公正、平等、个人的尊严、良知、良心、生命的价值、自由等为依据。

柯尔伯格的这种研究是根据美国的社会情况作出的划分。它向我们勾画出了道德发展是一种连续变化过程。柯尔伯格认为，这些发展顺序是一定的，不可颠倒的，各个阶段的时间长短是不相等的。同时，个体的道德发展水平，有些人可能只停留在前习俗水平或者习俗水平上，而永远达不到后习俗水平的阶段。

3．柯尔伯格道德发展阶段理论对道德教育的启示

1）道德认知发展理论对我国学校道德教育的启发意义

道德认知发展理论对我国学校道德教育具有如下启发意义。

（1）柯尔伯格的道德发展阶段理论在一定意义上为我国学校道德工作提供了心理学的依据。不同年龄阶段的儿童道德教育的内容和方法应有所不同。

（2）柯尔伯格根据自己的研究提出的反对灌输的观点对我国学校道德教育的实践也有一定的启发意义。目前，我国在德育理论上虽然也反对传统的教条式的灌输，然而在学校教育实践中，形式主义的说教式的教育仍是一种突出的教育方式。

（3）柯尔伯格强调通过学校的隐蔽性课程对学生进行道德教育对我们也有一定的启发作用。我们有许多学校在利用校风、学校环境对儿童进行教育方面做出了很大成绩。所以，教育工作者所面临的任务是总结这些好的经验，并自觉地把学校的隐蔽性课程作为对学生进行品德教育的重要手段。

2）道德认知发展理论的不足之处

道德认知发展理论的不足之处包括：①过分强调了认知在道德发展中的作用，而对情感和行为因素则相对重视不够。②他所推崇的讨论法，在具体实践中，有时受环境和学生自身特点的影响，往往使参与讨论的学生的真实观点和水平难以得到充分发挥和表现，从而违背了他本人的初衷：通过讨论诱发认知冲突，促进道德的发展。③柯尔伯格研究所用的道德问题大都是假设的，有研究表明，儿童对假设的道德问题和真实的道德问题的推理并不一致。学校教育的任务是培养儿童对现实中的道德问题的分析和判断能力。

二、道德情感理论

(一)弗洛伊德对道德情感的研究

精神分析学派的道德发展理论是以精神分析学说为理论基础的，与认知派的代表人物强调道德判断和道德推理不同，其更多地涉及道德情感的研究，代表人物是弗洛伊德。该理论的主要特征是关心个体内部的冲动、思想、感情而不是外显的行为。精神分析学派的道德发展的理论包括两个部分，一是关于道德产生的理论；二是关于道德发展的理论。

1．道德的产生——人格结构理论

弗洛伊德把人格分成三部分：本我(id)、自我(ego)和超我(superego)，道德的获得在于儿童超我人格的发展。

在弗洛伊德的人格结构中，本我是最原始的、天生的无意识结构部分，其所奉行的唯一原则就是"快乐原则"。这一部分是行为的最初原动力，是一切活动的最原始的源泉。

然而，为了生存，人必须更好地适应周围的现实而不能让欲望随波逐流。拖延即刻的行动，考虑现实的作用，这就叫作自我。自我奉行"现实原则"，责任在于把本我需要的满足纳入现实的轨道。自我虽然从本我中分化出来，控制本我，但自我是以来自本我的能量为依托的。

超我是人格的象征，是社会道德的代表，是人格的最后形式而且是最文明的部分。它根据至善的原则来活动，限制本我，指导自我，以实现理想化的自我。因此，在正常情况下，在三者保持平衡的情况下，人们所表现出的行为都是合乎道德规范的，人格将获得正常发展，如三者丧失平衡，就会引起精神疾病，并可能引发不道德的行为。

2．道德的发展

弗洛伊德认为，超我通过两种途径发挥其功能：一是良心，二是自我理想。良心概念是其道德发展观的核心。弗洛伊德详细分析了产生于童年期的良心和内疚感问题。认为儿童之所以产生良心不安和内疚感，是因为他们从一出生就表现出原始的性欲。

弗洛伊德称由于害怕失去爱而不干坏事的良心为"坏良心"，它属于良心发展的第一阶段。只有当人们形成了超我，并且由超我把那些外界的权威人物内化之后，真正的良心才能出现，这是良心发展的第二阶段。因此，内疚感有两个根源，一个是对权威的恐惧，另一个是对超我的恐惧。

当儿童受某种冲动的驱使而做出不适当的行为时，父母便加以制止、惩罚、训练，这一部分因惩罚而内化的经验最后以"良心"的形式表现出来，对以后类似的行为起抑制作用。父母的惩罚之所以能为儿童接受并内化成良心，主要是由于儿童对父母在感情上的依附。自责、内疚的程度与对成人感情的依附程度成正比。

当儿童做出适当的行为、合乎成人要求的行为时，就会受到父母的鼓励、表扬，以后碰到类似的情境，儿童仍会重复这种行为，这种因奖励而内化的经验最后以"自我理想"的形式表现出来并最终成为行动的标准，对以后类似的行为会起到激励的作用。

3．精神分析派道德发展理论对德育工作的启示

精神分析学派的有关儿童人格结构、人格发展的理论对思考现代道德教育理论和学校道德教育的实践都有着极为重要的启示作用。

首先，精神分析说强调道德发展的过程是一个从无意识过渡到有意识的、从不自觉的过渡到自觉的、从生理上的自制到心理上的自制的过程，这一点有一定的合理性。

其次，重视非理智因素特别是强调情感在道德行为形成和道德发展中的作用，对道德教育有重要启示和指导意义。

最后，强调儿童早期经验在道德发展中的作用，认为儿童的早期经验既可促进儿童道德的成长，也可妨碍、阻止儿童道德的发展。这一观点，从正面讲，启发人们重视儿童的早期教育；从反面讲，则提醒人们，对儿童的早期训练必须合理得当。

(二)埃里克森对道德情感的研究

埃里克森(1902)是美国著名精神病医师、新精神分析派的代表人物。他认为，人的自我意识发展持续一生，他把自我意识的形成和发展过程划分为 8 个阶段，这 8 个阶段的顺序是由遗传决定的，但是每一阶段能否顺利度过却是由环境决定的，所以这个理论可称为"心理社会"阶段理论。每一个阶段都是不可忽视的。

埃里克森的人格终生发展论，为不同年龄段的教育提供了理论依据和教育内容，任何年龄段的教育失误，都会给一个人的终生发展造成障碍。它也告诉你为什么会成为现在这个样子；你的心理品质哪些是积极的，哪些是消极的，多在哪个年龄段形成的，给人们以反思的依据。

(1) 婴儿期(0～1.5 岁)：基本信任和不信任的心理冲突。此时不要认为婴儿是一个不懂事的小动物，只要吃饱不哭就行，这就大错特错了。此时是基本信任和不信任的心理冲突期，因为这期间孩子开始认识人了，当孩子哭或饿时，父母是否出现则是建立信任感的重要问题。

(2) 儿童期(1.5～3 岁)：自主与害羞和怀疑的冲突。这一时期，儿童掌握了大量的技能，如爬、走、说话等。更重要的是他们学会了怎样坚持或放弃，也就是说儿童开始"有意志"地决定做什么或不做什么。这时候父母与子女的冲突很激烈，也就是第一个反抗期的出现，一方面父母必须承担起控制儿童行为使之符合社会规范的任务，即养成良好的习惯，如训练儿童大小便，使他们对肮脏的随地大小便感到羞耻，训练他们按时吃饭、节约粮食等；另一方面儿童开始有了自主感，他们坚持自己的进食、排泄方式，所以训练良好的习惯不是一件容易的事。这时孩子会反复用 "我""我们""不"来反抗外界控制，而父母绝不能听之任之、放任自流。反之，若过分严厉，又会伤害儿童自主感和自我控制能力。如果父母对儿童的保护或惩罚不当，儿童就会产生怀疑，并感到害羞。

(3) 学龄初期(3～5 岁)：主动对内疚的冲突。在这一时期如果幼儿表现出的主动探究行为受到鼓励，幼儿就会形成主动性，这就为他将来成为一个有责任感、有创造力的人奠定了基础。如果成人讥笑幼儿的独创行为和想象力，那么幼儿就会逐渐失去自信心，这使他们更倾向于生活在别人为他们安排好的狭窄圈子里，缺乏自己开创幸福生活的主动性。

(4) 学龄期(6～12岁)：勤奋对自卑的冲突。这一阶段的儿童都应在学校接受教育。学校是训练儿童适应社会、掌握今后生活所必需的知识和技能的地方。如果能顺利地完成学习课程，他们就会获得勤奋感，这使他们在今后的独立生活和承担工作任务中充满信心。反之，就会产生自卑感。另外，如果儿童养成了过分看重自己的工作的态度，而对其他方面木然处之，这种人的生活是可悲的。

(5) 青春期(12～18岁)：自我同一性和角色混乱的冲突。一方面青少年本能冲动的高涨会带来问题，另一方面更重要的是青少年面对新的社会要求和社会的冲突而感到困扰和混乱。所以，青少年期的主要任务是建立一个新的同一感或自己在别人眼中的形象以及他在社会集体中所占的情感位置。这一阶段的危机是角色混乱。

此外还包括：成年早期(18～25岁)，亲密对孤独的冲突；成年期(25～65岁)，生育对自我专注的冲突；成熟期(65岁以上)，自我调整与绝望期的冲突三个时期。

埃里克森认为，在每一个心理社会发展阶段中，解决了核心问题之后所产生的人格特质，都包括积极与消极两方面的品质，如果各个阶段都保持向积极品质发展，就算完成了这阶段的任务，逐渐实现了健全的人格，否则就会产生心理社会危机，出现情绪障碍，形成不健全的人格。

(三)人本主义情感倾向的道德教育研究

人本主义的德育目标是培养和发展个体的自我意识，促进个体的自我实现，他们强调"情感主义"的理念，而非行为主义和认知主义倡导的"理智主义"的研究理念。他们强调道德情感在道德教育中的重要作用，"情感构成行为模式的动力系统"。

作为人本主义教育流派的重要人物罗杰斯重视情感在道德教育中的作用，认为实施道德教育包括三个最基本条件。

(1) 真实或真诚或表里如一。它是指师生关系中的坦诚如实，思想感情要表里如一，既不掩饰自己的情感，也不粉饰自己的缺点，没有任何装腔作势或虚伪，师生彼此都要尽情地表露瞬间的感情和态度。罗杰斯认为，这个要素是最重要的，因为"正确的移情和无条件积极尊重，除非它们是真实的，否则在某种人际关系中，就毫无意义"。

(2) 尊重，也称接受或信任。罗杰斯认为，教师应充分尊重学生，认可每个学生都是作为具有他自身价值的一个独立个体，在教学过程中，教师要善于倾听学生的意见，重视学生的情感，欣赏并赞扬学生的优点，同时也宽容其缺点，维护学生的尊严与爱好，相信学生能自己作出选择和决定。

(3) 理解。罗杰斯所指称的"理解"是一种对他人设身处地的理解，是从他人的角度来理解他人。这不同于评价性理解，带有浓厚的感情色彩，常被称为"移情性理解"。它是一种从对方的角度去理解其思想、情感以及对世界的态度，不对对方作定性评价，而只表示同情、理解和尊重，而且教师或学生要正确、恰当地将这种体验传达给对方，让他感受到这种理解。罗杰斯坚信，只要能够建立起这样的师生关系，学生的潜能就能充分发挥，达到自我实现。据此不难看出，这种师生关系带有明显的情感化倾向。

罗杰斯把情感活动看成心理整体机能的基础和动力，有其合理的一方面，因为思维和情感几乎总是彼此相随的。教学过程不仅仅是一个认知过程，而且在期间总伴随着一定的情感活动。重视学生的情感世界，挖掘学生的情意资源，是目前国际教育界对教学活动普遍的新认识。特别是罗杰斯要求师生在情感领域公平交流的思想，更应引起我们的注意。尽管我们已提出要发挥教师的主导作用和学生的主体作用，但是师生交流的只是知识，较少有情感的交流与沟通。然而只有在情感上彼此接纳，才能真正建立起和谐的平等的互相信赖的师生关系。但另一方面，罗杰斯虽然主张知情统一，他实际上将情感凌驾于理智之上，犯了"情感至上"的错误。

(四)移情与道德行为关系的研究

20世纪七八十年代，关于道德情感的理论出现了一个大转折，依恋、依附、同情和移情开始受到人们的重视。

移情指设想自己处在他人位置、了解他人想法、体验他人情绪情感的一种心理反应。在品德形成过程中，移情具有动力特征。

霍夫曼是从动机角度界定道德行为的，而道德动机的主要来源是移情。他认为移情是一种生物学倾向，是自然选择的产物。认为移情发展要经历四个阶段：①早期移情阶段。其特点是婴儿感到"全身心的焦虑"，其中混杂了自己的感情和另一个人的感情。例如，一个11个月大的女孩看到一个女孩摔倒和哭叫，她自己就好像要哭。②"自我中心"移情阶段。此时儿童虽能意识到他人和自己身体是不同的，但不能区分他人和自己的内部状态。他们已能关心处于痛苦中的另一个人。例如，一个18个月大的孩子要他妈妈去安慰一个哭泣的孩子，虽然那个孩子的妈妈也在场。③"对另一个人感情的移情"阶段。两三岁时出现的角色选择能力使儿童能把自己的感情和他人的感情区分开来，儿童已能对有关另一个人的情感线索进行反应，对痛苦之外的各种感情发生移情。④"对另一个人生活状况的移情"阶段。儿童开始意识到自我和他人都能以各自独立的经历和身份生活。不但能在自己熟悉的情境中体验移情，而且能在自己不熟悉的个人和集体生活的环境中产生移情。

一些研究表明，移情是亲社会行为的动机基础，是亲社会行为的内部中介。表现出亲社会行为的孩子，无论男女，都比未表现出亲社会行为的孩子，具有更高的移情分数。

移情对侵犯行为也具有抑制作用。研究者对88名加州大学的学生进行移情反应测验，据此将他们分为高移情被试和低移情被试。然后请他们一周后参加另一项研究。实验者把每一名被试与同性别的一名实验者同谋配对，并定同谋为"学生"，被试为"教师"。然后，让"学生"阅读一段材料，并告之要进行测验。同时，给"教师"一份测验答案，要求"教师"在"学生"出错时予以惩罚。惩罚方式是由"教师"选择7个电压强度之一来电击"学生"。实际上，"学生"并未真正受到电击，而是通过仪器模仿出适合被试给予电击水平的痛苦反应。实验分为两种条件，在直接的条件下，"学生"与"教师"只相隔8尺远，彼此能看见。在非直接条件下，双方避开视线，但能清楚地听到对方的声音。结论是：低移情的被试在两种条件下的侵犯数目相同；高移情的被试在直接条件下比非直接条件下的侵犯数目要少，比低移情的被试也要少得多。

(五)情感取向的品德研究对德育工作的启示

情感取向的品德研究对德育工作有如下启示。

(1) 必须高度重视道德情感在道德行为产生中的动力作用和中介作用。
(2) 注意早期经验中亲子间感情的质量对于个体道德发展的影响。

(3) 采用适当程序，对学生移情能力进行训练，是提高青少年亲社会行为水平的重要途径。

三、班杜拉道德行为的理论研究

班杜拉是社会学习理论的创立者，其代表作《社会学习理论》于1977年出版。

(一)有关道德行为的实验研究

班杜拉及其同事以富有创造性的方法进行了一系列引人注目的实验研究。

1．攻击反应的学习实验

1961年，班杜拉等人进行了攻击反应实验，被试为72名3~5岁的儿童。每次实验者将一名儿童带入实验室。实验室内的一角放有玩具娃娃和一些修理工具，一个成人站在那里。在一种条件下，儿童看到成人拿起玩具娃娃，拳打脚踢。同时还喊着："打你的鼻子"，"打倒你"。在另一种条件下，儿童看到成人只是安静地收拾修理工具，而没有攻击玩具娃娃。然后，把儿童带到另外一个装有玩具的房间，让儿童单独玩耍玩具20分钟。实验者通过单向玻璃观察儿童的反应。结果发现儿童倾向于模仿成人的动作。那些观看成人攻击行为的儿童对玩具又打又踢，还说了些侵犯性的话。

该实验说明：儿童是通过对榜样的行为的观察学会攻击反应。

2．抗拒诱惑实验

抗拒诱惑实验为沃尔斯特等人1963年所做。被试为5岁儿童，实验分为三个阶段。第一阶段，将儿童带入放有玩具的房间，让他们参观，并告诉儿童说："这些玩具禁止玩，但可以翻字典。"第二阶段，让儿童看一部短的影片。这时，儿童被分为三组。一组为榜样奖励组，看到的影片是：一个男孩在玩一些被告知不准玩的玩具，不久，男孩的妈妈进来了，夸奖他并和他一起玩。一组为榜样训斥组，看到的影片是：男孩在玩被禁止的玩具，男孩的妈妈进入房间后，严厉训斥孩子违反禁令，男孩显出害怕的样子。第三组为控制组，不看影片。第三阶段，让每个孩子都在有玩具的房间单独待15分钟。实验者通过单向玻璃观察发现：第一组儿童很快屈从于诱惑，约在80秒后便动手玩玩具；第二组儿童能克制7分钟，有的甚至坚持完15分钟而不去玩玩具；第三组即控制组儿童平均克制约5分钟。

这一实验说明：抗拒诱惑的行为也可以通过对榜样的观察进行学习和改变。而且，榜样具有替代强化的作用，儿童不必直接受到强化，只要观察榜样受到奖励或惩罚，就能受到间接的替代强化，从而做出相应的反应。

3．言行一致实验

米斯切尔等于1966年做过一个实验：把儿童被试分为两组，玩有规则的滚木球游戏，投中得分，得20分以上就可获奖。实际上，如果严格遵守游戏规则，得分机会很少，如果不严守规则，就可投中得分。一开始，两组儿童分别和一位成人一块玩。第一组成人扮演言行一致的角色，既要求儿童遵守规则，自己也严守规则。第二组成人扮演言行不一致的角色，严格要求儿童守规则，自己则常常不守规则。这时两组得分差别不大，说明第二组被试并没有立刻按成人的低档标准行事。第二阶段，实验者有意让两组儿童分别单独玩这种游戏，并自报成绩。结果发现，第一组儿童得分很少，表明他们还是严守规则的，而第二组儿童得分高，表明他们一旦离开成人，就会仿效成人，不严格执行规则。第三阶段，实验者让两组儿童一块玩，结果发现，第一组儿童由于受第二组儿童的影响，也降低了标准。

这个实验说明，身教重于言教。教育者只在口头上要求儿童，而做起事来言行不一，那么，儿童接受和模仿的是不良行为，而且不管是成人还是同辈的不良行为对儿童均有影响。

(二)社会学习理论的基本观点

班杜拉通过实验和理论总结后认为：人的社会行为是人借助于内部因素与环境相互作用的结果，也是儿童对榜样行为进行观察学习的结果。观察学习是社会学习理论的一个核心概念。

观察学习的过程包括 4 个下位过程。①注意过程：注意榜样行为的重要特征，加以正确知觉与选择。②保持过程：把榜样的示范行为象征化，以映象或言语符号的形式保存在记忆中。③运动再现过程：把象征性表象转化为行为的过程。④动机作用过程：通过强化激发和维持行为，增强行为的动机。强化分为外部强化、替代强化和自我强化三种。外部强化是对学习行为的一种直接强化；替代强化是一种榜样替代的强化；自我强化是依据自我评价的个人标准对自己的行为进行的自我肯定或自我批判。班杜拉特别重视替代强化和自我强化对行为控制的作用。他认为，儿童自我评价的个人标准，先是依靠榜样的示范而确立的。儿童形成自我评价的标准后，就是形成了一种自我调节系统，通过自我调节作用，改变自己的行为，形成自己的观念、能力和人格。即人的行为变化是人与环境交互作用的结果决定的。

(三)道德行为理论对德育工作的启示

班杜拉观察学习理论的最杰出贡献首先在于强调了榜样示范在儿童道德行为的形成、改变和发展中的作用，突出了榜样教育的重要性，对学校道德教育的实践有较大的启发意义。

榜样示范多种多样，他们既可以善来教育人们，也可以恶来影响儿童，关键在于这种榜样的性质。在道德教育中要十分注意在一开始就为儿童提供好的榜样示范，并对不良的行为模式予以适当的惩罚，从而帮助儿童形成良好的道德行为习惯。

其次，强调自我强化对行为的调节作用，对学校道德教育也有实际的指导意义。在教育过程中，除了要利用外部评价，使学生掌握评价的标准以外，还应该鼓励学生通过实践把这些外部标准内化为他们的内部标准，使他们逐步实现自我强化、自我调节。

此外，区分观察学习过程中新行为的习得和新行为的表现，对于道德教育的理论和实践都具有十分重要的意义。教育者从一开始就应该尽可能地避免让儿童直接受这些因素的影响，同时树立好的行为模式，加强早期的正面教育。

第三节　品德的形成与培养

人在道德品质形成的过程中，知、情、意、行这 4 个心理成分要协调一致地发展，通过大量的道德实践，一定的道德动机与道德行为方式之间形成稳固的联系。在这种条件下，社会的道德规范内化为个人行动的指南，成为个人的道德信念，这是道德品质形成的心理实质。

学生品德的形成受到多种因素的影响，其中学校的教育培养对学生品德的形成发挥重要作用。根据品德的心理成分，品德的培养应从知、情、意、行四个方面入手。

一、道德认识的形成与培养

道德认识是后天学习的结果。道德认识的形成包括道德知识的掌握、道德评价能力的发展、道德信念的确立。

(一)道德知识的掌握

学生对道德知识的掌握，常常是以道德概念的形式表现出来的。道德概念是社会道德本质特征的反映。学生的道德概念的掌握是在丰富的道德表象的基础上，通过分析、综合、抽象、概括的思维活动而形成的。学生一旦掌握了道德概念，就能够概括地去解释人行动的本质特点，并以一定的道德准则去评价人的行为是道德的还是不道德的，而不是像幼儿那样直观地去认识道德现象。道德概念的掌握是指使受教育者了解具体的行为准则以及为什么要执行这一准则，要正确领会道德概念、原则和观点。

学生对道德概念的掌握和理解是从个别到全面、从具体到抽象的发展过程。研究表明，小学生对"道德高尚"的理解有三种水平：①个别现象，即认为"不打人、不骂人"是道德高尚；②比较全面，但仍很具体，即认为不仅要"不打人、不骂人"，还要"关心集体"等；③深刻、抽象的理解水平，即认为"坚持真理，实事求是，敢于与坏人坏事做斗争"。

道德知识和概念的掌握比自然科学知识的掌握要复杂和困难得多，因为道德概念不仅是一种知识，还涉及行为；另外，在道德学习上，学校、家庭和社会对学生的影响常会出现不一致的情况。

对青少年儿童来说，掌握道德概念主要有两种途径。

(1) 在日常交往和积累个人道德经验的过程中掌握日常的道德生活的概念，使学生获得感性的道德经验。学生只有通过本人或在集体的实践中证实并体会到道德要求的正确时，才能理解道德要求的真正含义，并从感性认识上升到理性认识，完成道德概念的抽象。学生掌握这些日常的道德概念是在其感性认识的基础上，自发地通过辨别、分化、抽象而构成假设，并在他们使用这些概念与成人交往时，因成人的肯定或否定而得到验证。因此，儿童掌握的这些日常的道德概念的数量和质量，受他们生活经验的局限，概念往往是不科学的，甚至是完全错误的。因而在对儿童进行道德教育时，要注意具体、形象，切忌空洞说教和讲抽象的大道理，要通过对典型的事例和具体的榜样进行分析和评价，把具体与抽象结合起来，这样才能有助于学生对道德知识的理解，有助于其对道德概念的掌握。

(2) 学校、家庭和社会在道德教育上保持一贯和一致。学校要给学生提出明确具体的道德规范，并使这种道德要求前后一致，不能今天一个标准，明天变成另一个标准。学校的道德教育还要和家庭、社会取得一致，使学校的教育效果在学校以外的环境中得到巩固和加强，而不是相互矛盾、相互抵消，只有这样才能使学生形成稳定的是非善恶标准。

通过学校的教育和教学，用概念同化的方式掌握道德概念。在教育教学过程中，教师积极引导学生对大量的道德现象进行分析、综合、比较、抽象概括，形成概念。特别是对初中以上的学生，教师可以直接讲授道德概念的定义，并举例加以说明。当学生通过定义的理解来学习新概念的时候，就可以将新概念的特征与原有的道德知识联系起来，并将新的道德概念纳入原有的道德知识系统中去，使新的概念发生同化，从而达到对新的道德概念的掌握。在对中学生进行品德教育时，不能再就事论事，而应该引导学生从理论高度，用比较抽象的道德规范来评价具体言行的是非、善恶和美丑。这能有力地促进学生道德认识的提高。

(二)道德评价能力的发展

道德评价能力是依据已有的道德准则，对自己或他人的行为做出是非善恶的道德判断的能力。学生的道德评价能力是随着道德知识的丰富和加深以及身心的成熟，在舆论、他人评价及教育的影响下逐步形成和发展起来的。

学生的道德评价能力是逐步发展起来的，其发展趋势如下。

1．从"他律"到"自律"

从"他律"到"自律"，即从仿效别人的评价发展到独立地进行评价。最初是在别人评价的影响下形成起来的。开始他们常常只是重复老师或别人的评价，以后才逐步学会独立地进行道德评价。在这个阶段，教育者尤其要注意实事求是地给学生作出评价示范，不要轻率地下结论，以免对他们道德评价能力的发展产生不良的影响。

2．从"结果"到"动机"

从"结果"到"动机"，即从依据行为的外部结果过渡到依据行为的动机和意向。在评价时，最初只是注意行为的结果和外部原因的分析，往往从直接后果来衡量行为的是非好坏。随着道德认识的提高和个人道德经验的丰富，才渐渐转向对行为动机和行为内部原因的分析。教育者可以采用一些方法，促进学生道德判断能力的发展。如对小学低年级的学生，可采用皮亚杰的对偶故事法，对小学高年级的学生和中学生可以采用两难故事法，还可以利用教材或学生日常生活中的事例在班上展开讨论，教师要做好道德评价的示范，在讨论中，要注意由表及里、由浅入深地对学生进行引导。

3．从"对人"到"对己"

从"对人"到"对己"，即从偏向评价别人发展到学会评价自己。小学低年级学生，由于自我意识尚未形成，在他们的主观世界中很少意识到"我"，因而他们只会评价别人的行为，而不善于评价自己的行为。对别人行为的评价也多是按照成人的要求进行。小学高年级学生虽然能进行一些自我评价，但只能叙述一些自己行动的表面现象，不能涉及行动的内部原因和自己的内心活动。到了初中阶段，学生的自我意识开始形成，因而评价自己行为的能力也随之发展起来。到高中阶段的学生能"以人为镜"，他们是在评价别人的过程中逐步学会了评价自己。从评价自己外显的行为，到逐步学会分析自己内隐的动机。在自我意识形成之前，学生往往对别人的评价比较深刻，而且要求严格，对自己的评价就比较笼统、模糊。等到自我意识形成之后，学生才能比较客观地进行自我评价，并在这个基础上形成了自我认识、自我调节、自我控制等能力。教育者要教导学生，经常反省自己，严于解剖自己，要对己严、对人宽等，促进学生自我意识的发展。

4．从"片面"到"全面"

从"片面"到"全面"，即从带有较大片面性的评价发展到比较全面的评价。小学和初中学生的道德评价往往总带有表面化、片面性的特点。他们看到一个人在某方面、某场合表现出一种好的行为，就会肯定这个人绝对好；看到别人做错了事，就认为这是个不好的人。同样，他们在评价自己的行为时，也表现出这种片面性和绝对化。他们既可以为一次失误而心灰意冷，也可以为一点成绩而得意忘形。他们的评价容易带有情绪性，以个人的好恶来评判是非，道德评价还欠稳定。到了高中阶段，学生评价自己或别人的行为，才开始带有全面、客观、多层次的性质。评价中思路比较开阔，学会区分主要和次要、一贯与偶然，并把动机与效果、成绩与过错等联系起来分析。同时，他们还能注意到在对象和场所不同的情况下，表达意见的方式、方法也应相应地有所变化。

从一个关于学生对行动的原因和结果的道德评价的研究中，可以看到不同年龄阶段的学生对道德评价能力发展的一般趋向。研究者让学生以两个道德故事作出比较和判断，其中一个故事里的主人公不愿承担任务，但在提供了客观条件后较好地完成了任务。另一个故事里的主人公勇于承担任务，但在客观情况的牵制下没有完成任务。研究结果表明：①小学低年级学生所作的好坏判断，大多着重行动的结果；少年学生较多地倾向于从行动的原因上作出判断；青年学生则倾向于把行动的原因和结果联系起来进行分析判断，从是否很好地完成了任务、是否尽到了责任上去考虑问题。②我国儿童较早就能从行动的主观原因上作出比较判断。但是，在他们的道德判断中，能认识到道德行动中任务的重要意义的，即使高中学生也为数不多。因而研究者指出，教育学生认识道德行动的意义，提高他们道德认识的水平，是很有必要的。

一个学生的道德评价能力同他所掌握的道德知识有关，在一定程度上同他的成熟和智慧也是有关系的。为了培养学生的道德评价能力，教师要经常注意道德评价的示范，经常利用教材中或学生日常生活中的典型事例作出简明而正确的评价。同时，还应该利用教育和教学中各个环节，如作文课、写墙报稿、班会讨论和优秀生评选等活动，有意识、有步骤地来提高学生的道德评价能力，使他们的道德评价能力，逐渐由现象到实质、由别人到自己、由片面向全面发展。教师应当特别注意学生自我评价能力的培养，因为自我评价对建立道德知识与个人行动间的联系，比对别人评价更为直接，而且有效。教师有意识地引导学生由对别人的评价过渡到自我评价，对学生道德信念的形成起着重要的作用。

为了促进学生道德评价能力的发展，教师要做到以下几点。

(1) 注意道德评价的示范，经常利用典型事例为学生做出简明而正确的评价。班杜拉和麦克唐纳曾以 5～11 岁儿童为被试做实验，让儿童在进行道德判断时，交替看一个成人道德评价榜样如何进行评价,结果与没有榜样组相比,有成人榜样组儿童的道德判断水平显著提高。

(2) 组织学生进行道德评价的实践。教师要充分利用各种机会,如课堂教学(语文课、思想品德课等)、班团队会的讨论、三好学生的评选等,使学生在实际活动中提高道德评价能力。

(3) 注意学生自我评价能力的培养。教师不仅要让学生会评价别人的行为,而且还要引导学生由对别人的评价过渡到对自己的评价,因为学生对自己的评价通常落后于对别人的评价。

道德知识在被理解后还应被接受,成为指导自己分析、判断别人和自己的道德行动的标尺,这就是道德评价能力的发展。

(三)道德信念的确立

对道德行为规范不仅要有所理解,确认其正确性和必要性,而且行为者要有遵照其行动的内心需要,这就形成了道德信念。当一个人坚信自己的道德观念正确,并使这种道德观念伴随着内心体验成为自己的行动指南时,就产生了道德信念。它是一个人认为自己必须要遵循的,在人的意识中根深蒂固的道德认知,是一个人活动的理性基础,这种理性基础使人对某种社会道德义务的正确性真诚信服,并怀有强烈的责任感,从而有意识地、自觉地完成某种行动。道德信念的形成是品德形成的一个重要标志。

使学生领会某些道德知识要求并接受有关的劝导是比较容易的,但要想把这些知识与要求真正变为他们自己的东西,成为他们日常行动的动力,就需要通过身体力行,使这些知识被个人经验及集体经验所证明,并被实践后果所引起的内心体验所丰富和加强。当学生亲身体会按一定的道德要求行动会给集体、别人带来好处,得到舆论好评与支持时,他们才会更加具体地认识到道德要求的正确性,并且产生按这一要求继续做好事的愿望。心理学的研究指出,单靠个人的经验,不足以形成坚定的信念,只有当个人的经验被集体经验所证实时,才能使他坚信这种信念的正确性,继而使这种信念得到巩固和加强。例如,老师告诉学生不守纪律会妨碍自己和别人的学习,但如果他发现全班学生对于他的不守纪律行动没有任何谴责的表示,那么,他所领会的纪律要求,就不一定会经常发生作用。因此教师就应该创设某些条件,使学生得到与良好道德要求相应的经验。这样,才能使道德知识变成个人的道德信念。此外,教师还要注意防止学生吸取反面经验与体验(即不按道德要求办事反而得到了赞赏,按要求办事反而受到了批评),因为这种情况能削弱道德要求的说服力,从而阻碍有关知识向信念的转化。

学生的道德信念的发展要经历三个时期。

(1) 无道德信念时期。小学一二年级或10岁以前的儿童,道德思维能力差,具体形象的感性知识占主导,一般只有简单、直观的道德概念或自发的道德情感或带有盲目性、单纯的道德行为,即只有道德信念的某些成分,而没有真正形成道德信念。

(2) 道德信念萌芽时期。小学三四年级学生中,部分人有了初步的道德信念,但不够明确和稳定。

(3) 道德信念开始确立的时期。从小学五年级开始确立比较明确而稳定的道德信念。但学生的道德信念形成存在个别差异,有的形成,有的没有形成,形成的速度有快有慢。

为了培养学生形成良好的道德信念，单纯从道德认识一方面入手是远远不够的，还要丰富学生的道德情感，锻炼学生的道德意志，在实践中获得道德行为的经验，养成良好的道德行为习惯。

二、道德情感的丰富

(一)道德情感的意义

人的道德需要形成和发展起来以后，在共同的社会活动中无论是自己的行为还是其他人的行为都可能引起种种不同的道德情感体验。这种体验概括来说有两种，当人们的行为同个人的道德需要完全一致时，就产生肯定的情感体验，如肯定、满意、赞赏、敬佩、高兴等，否则便产生否定性的情感。

道德情感体验的获得对个人品德的形成和发展具有非常重要的意义。

(1) 道德情感是品德的重要组成部分。如果没有形成必不可少的道德情感也便没有个人的品德。虽然从表面上看人的某些行为也是道德的，而且还有积极的社会影响，但是如果这种行为并非出自道德情感，而是出于满足个人利益的欲望，我们就不能认为这种行为是良好的品德表现。有时人为了自己的私利想干一件不道德的事，由于想到可能导致的严重后果，他并不是出自内疚和良心不安，而是出自恐惧和谨慎而制止了自己的行动。这也不能认为是道德情感的力量。

(2) 没有道德情感的支持不会产生自觉的坚定的道德行为。情感是鼓舞的力量，在特定情况下，它可以使人的整个身心都发动起来投入行动。没有道德情感的作用，人是不会产生道德行为的。简单的道德行为如此，复杂的道德行为更是如此。当人们在进行某种复杂的道德行动时，道德情感的作用显得尤为突出。在复杂的道德行动中，人们经常会经受不同的动机斗争。一事当前是为个人打算呢，还是要一心为公？伴有强烈道德情感的道德要求会驱使我们战胜非道德的动机，从而使我们的行为表现出明显的坚定性。

(3) 移情作为道德情感的一种是产生亲社会行为的中介变量。它反映了人际交往中分享他人情感的一种能力，这与一个人道德情感的敏感性与知觉他人情感的理解能力有关。当别人处于困境，产生痛苦和烦恼的情绪，个体如果能体察到他人的境遇，并对此产生相应的情绪反应，这就是产生了同理心，在这种移情的作用下，个体更有可能作出利他的道德行为；反之，一个人尽管具有良好的道德品质，却不能体察受害者的境遇，不能从他人的角度来考虑其遭受到的痛苦，他就会要么对之冷漠，要么对其进行贬低，认为受害者罪有应得，应对自己的不愉快体验负责。在这种情况下，他就不会产生利他的道德行为。

(4) 心理学家发现(舒瓦茨，1977)，有些人只有在别人十分明显地表现出痛苦时才能认识到对自己行为的影响，而有些人却能在别人一言一行、一举一动的细微变化中看到其中的意义。个体对他人认识水平明显地影响着个体的道德行为。通过研究发现，那些能精确地辨别别人有什么情感的小学生更能与别人合作。有关研究还发现，罪犯的道德情感认识能力低于普通人。

道德情感从内容来说，由于时代和阶级不同，道德标准不一样，因此道德情感也就不同。如阶级情感、爱国主义情感、民族自豪感、国际主义精神、集体主义情感、革命人道主义情感、义务感、责任感、事业感、集体荣誉感、自尊感等，都是我国青少年应该具有的道德感。

在儿童品德发展中，义务感、责任感与羞耻感具有特殊的意义。义务感是个人对所负社会道德任务的认识和体验，它促使人们在活动中对社会积极地承担一定的道德责任。责任感是与义务感密切联系的情感体验，如果说义务是认清道德要求，并且在生活中努力加以实现的话，那么，关于这个任务完成的程度如何或者在没有完成任务时一个人有过错(罪过)的程度如何，就是个人的责任问题。而羞耻感则是道德在自我意识中的一种表现，表示一个人谴责自己的行为、动机和道德品质的道德情感。这些情感在一个人品德发展的早期阶段就有明显的表现，如果他们在社会和教育影响下没能培养起来，就会给个人的品德发展造成严重障碍。例如，有些儿童在家庭生活中成了"太上皇"，别人都得围着他转，要什么就得给什么，要干什么就得让他干什么，而他对别人却可以为所欲为，没有什么义务和责任可谈，犯了错误也无所谓羞耻。这样的孩子如果在后来的社会和教育影响下得不到纠正的话，他怎么能在工作、学习和生活中正确对待他人、正确处理彼此之间的利害关系呢？没有义务感、责任感和羞耻感也就无所谓个人品德的发展。这些情感的发展要从小抓起，并且在不断的品德教育工作中给予足够的重视。

(二)道德情感的形式

道德情感从形式上看，大致分为三种。

1. 直觉的道德情感

直觉的情感体验是由于对某种道德情境的直接感知而迅速突然发生的。意识不是十分清楚的，缺乏自觉性。例如，某人要走过铁路，他看见远处正有一列火车风驰电掣般地开来，于是他停了下来，就在他刚要走下路基时，突然发现还有两名年幼儿童正在铁路上嬉戏，万分危急的情况使他果敢地跃上铁路推开两名儿童，孩子得救了，可他自己却因此而负重伤。当时直接驱使这位英雄模范人物采取行动的并不是被清晰意识到的某种道德观念，而是由迅速感知到的危急情况引起的直觉的道德情感。

直觉的情绪产生虽然在形式上表现得迅速和突然，但就其内容看，这种情感体验并不是凭空产生的，也是有其一定的道德认知作基础的。某种情境的感知而引起的突然变化，能对某种道德行动起迅速定向的作用。因而组织健康的舆论以及使人们形成对待舆论的正确态度是十分重要的。

2. 形象性的道德情感

形象性的道德情感是与具体的道德形象相联系的情感体验，是通过人的想象发生作用的一种情感。例如，人们想起了屈原、岳飞、文天祥、黄继光等人物的形象与事迹，可以产生对英雄人物的敬慕与爱国主义情感；想起了白求恩、罗盛教的形象，可以激起国际主义、革命人道主义的情感；想起了向秀丽、雷锋的形象，可以唤起人们社会主义责任感与自我牺牲的精神。道德形象之所以能引起人们的道德体验，首先是由于这些形象本身是作为社会道德经验的化身而存在的，它可以使人们更好地认识到道德要求及其深刻的社会意义，扩大个人的道德经验。其次，由于这些形象具有鲜明、生动的特点，因而常常给人以强烈的感染，可以引起人们情绪上的共鸣，从而成为人们有关的情绪体验的信号。具体的道德形象常常使人毕生难忘，因此教育者要充分利用文艺作品、漫画、电影、戏剧等手段促使学生形成良好的品德。

3．伦理性的道德情感

伦理性的道德情感是清楚地意识到道德理论、道德要求及其意义，与理论认识相结合而产生的情感体验。这种情感体验具有较大的自觉性和概括性，表现得比较深沉和持久。这种情感的产生和发展受到人的认识理解水平、心理成熟水平、思想、志向等多种因素的影响。例如，爱国主义情感，它是在爱母亲、爱家乡、爱母校、爱人民、爱党、爱领袖、爱祖国悠久的文化历史和美丽富饶的山山水水以及对旧社会和祖国敌人的仇恨、对共产主义远景的热望、对工作的高度责任感等情感的基础上逐渐形成起来的，是最概括的道德情感，在这种情感中不仅概括着许多较具体的情感，而且个人感性的道德经验还同理性认识结合在一起，对道德要求及其意义有较深刻的认识。爱国主义情感之所以成为高级的道德情感不仅在于它的重要意义，而且还在于它同清楚地意识到个人与祖国的关系、个人对祖国应尽的义务与忠诚的必要性等道德理论有着密不可分的联系。意识到道德观念、道德理论的情感体验是一种自觉性较高的情感体验。

儿童道德情感形式的发展存在着年龄特征。小学儿童以直觉的道德情感体验及与道德形象相联系的情感体验为主，易受情境的影响：比较肤浅、脆弱、不稳定、自觉性较低。随着年龄的增长，到小学高年级约有半数产生具有较高概括性和自觉性的理论型道德。初中三年级以后，与道德理论相联系的道德情感体验逐步占据优势。

(三)道德情感的培养

在学生良好品德的形成发展过程中，道德情感是一个最现实而又最活跃的心理成分。道德情感的激发，将直接影响道德动机的形成和道德行为的产生。有的学者指出，人的道德认识不能直接地转化为道德行为，必须是认识产生情感，情感激发动机，动机才是推动行为的动力。但是青少年儿童的道德情感从发生到趋于成熟并不是一帆风顺的，需要教育工作者满怀热情，积极地予以引导和培养。道德情感的培养可以通过多种方式和途径进行，从心理学的角度来讲，主要有以下几种基本的途径。

1．通过知情结合的教育方式，促进学生道德情感的发展

道德情感是受道德理性内控的感情，道德情感与道德认识有密切的联系，道德情感总是在一定的道德认识基础上产生，并随着道德认识的发展而发展。如果我们对某种事物缺乏认识，就不会有对这种事物的爱或恨。常言道："知之深，爱之切。"一个对祖国的过去和现在了解甚微的人，不可能产生深厚的爱国主义情感。显然，一个人的道德认识水平常常制约着他的道德情感水平，高级的伦理性的道德情感总是在个体掌握一定的道德理论的基础上才形成的。因此，丰富学生的知识，提高他们的道德认识水平，是促使道德情感不断升华的一条重要途径。同样，在提高学生道德认识的道德教育中也离不开道德情感的参与，只有晓之以理，又动之以情，知情结合，相互促进，才能够收到较好的教育效果。

2．通过美育，促进学生道德情感发展

通过美育，可以丰富学生的道德情感内容。美育，也称美感教育，是培养学生正确的

审美观念、健康的审美趣味和稳固的审美情操的教育实践。它的教育功能历来受到中外哲学家、艺术家和教育家们的重视。美感包括自然美感、社会美感和艺术美感。优美的自然景色能激起人们热爱家乡、热爱祖国的情怀；经常引导学生对社会现象美丑进行评价，不但可以提高他们的道德认识和评价能力，而且有利于他们塑造美好的心灵，蔑视与鞭笞丑恶的行为，让学生了解现实生活中美好的人与事，能使他们更加热爱生活，奋发向上；艺术美感中的优秀文艺作品，往往是形式和内容的统一，它们能够深刻地揭示社会生活的本质，具有浓厚的情感色彩和感人的精神力量，能唤起人们对真、善、美的热爱和追求，对假、恶、丑的痛恨和唾弃。可以将它们作为道德情感的教育工具。选择文艺作品时，除了要注意具有思想性，还必须考虑其内容是否贴近学生的生活实践，因为远离学生生活的内容很难引起学生的情感共鸣。总之，美育通过生动、鲜明的形象给人以美的享受的同时，还起到净化人的心灵、陶冶情操的特殊作用，是道德情感教育的有效方式。

3．教师通过自身情感的积极引导与影响，促进学生道德情感的发展

情感具有强烈的感染性和移情性，通过师生之间的情感交流，引起学生情感共鸣也是培养道德情感的有力措施之一。教育是师生共同参加的双向交流过程，在这一过程中，教师自身的情感的性质和特点将对学生产生巨大的影响。怎样才能引起学生情感共鸣呢？一是教师必须注意自己的品德修养，以满腔热情和真挚的情感热爱每一个学生，以增强自身的人格魅力。教师对学生爱得越深，责任心就越强。教师对学生的亲近感、期望感、信任感可以使学生对教师产生依恋仰慕之情，从而受到感染、感动和感化。反之，教师的粗暴、歧视和冷漠会伤害儿童的心灵，给他们留下情感的创伤。二是教师必须首先动真情，做感情投入的表率。苏联教育家加里宁说："要使学生感动，首先要教师感动。"这是至理名言。现在的思想品德教材内容新，立意高，要求实，图文并茂。教学时，教师的感情投入，无疑是一个启迪。例如，一位教师在教《想念老一辈无产阶级革命家》这一课时，以生动形象、情真意切的话语介绍了"十里长街送总理"的动人场面，教者泪水夺眶而出，学生亦情不自禁地流下眼泪，对周总理的无比爱戴之情在师生心中油然而生。这种仅通过文字媒介传递的真情在教学中起到了巨大的情感催化作用，使师生之情融合在一起。当然，教师的真情实感应表现在教学过程的每一个环节，感学生之感，不光做教学环节的执行者，还应做情感投入的参与者。

4．通过开展实践活动，促进学生道德情感的发展

道德情感的产生和增强，不仅需要对道德有一定的认识，而且需要不断地在生活实践中洗礼、磨炼。一方面，学生从教师那里获得道德认识生发的道德情感、产生的道德需要，只有付诸道德实践，才能真正感受到道德情感的满足，并且在道德情感的满足中真正感受到自身价值的实现和人格的升华，由此而产生更深刻的道德情感、更强烈的道德动机。另一方面，学生通过各种实践，在不同的道德情境中激活、丰富自己的道德情感。同样，这种情感能够使学生更积极地去接纳、认可道德认识，把理性的道德要求转化为感性的欲求、自觉的行动。基于教育对象的不同，开展道德实践活动的内容和形式应各有特点、有所侧重。年龄的不同、生活条件和生活经验的不同以及个人周围环境影响的不同，都影响到学生的心理状态，因此，只有因时、因地制宜，因势利导，才能收到预期的效果。

三、道德意志和道德行为的形成和培养

道德行为的培养和训练，主要应该包括道德动机的激发、道德意志的锻炼、道德行为习惯的培养三个方面。

(一)道德动机的激发

道德动机是推动人们产生和完成道德行为的内在原因或动力。由于道德动机的不同，行为会具有不同的道德意义。要给学生的行为以正确的道德评价，就应当了解他们行为的动机。例如，教师要求学生对一些不良倾向正常地、大胆地展开批评。如果出于坚持原则性的动机批评同学，就可能形成诸如有原则性、坚持、坦诚的品质；如果出于庇护自己而诿过于人的动机，那只会促使他形成投机取巧的坏品质；倘若批评是为了发泄私愤，进行个人报复，即只会形成狭隘、虚伪和报复性；如果是从迎合领导、老师的愿望或从自我表现的虚荣心出发，那就可能逐渐形成见风使舵、唯命是从的不良品质。学生积累积极的道德行为经验固然是十分重要的，但是只有当行为是出于高尚的动机才会做到这一点。这是教育者不可忽视的一个问题。

行为来源于动机，动机则产生于需要。所以，要激发道德动机，教育者要注意以下几点。

(1) 教育者首先要研究人的需要，尤其是青少年特有的需要结构及其矛盾运动的规律。青少年学生的主要社会性需要有以下几个方面。①交往需要。青少年随着生理的发展、身体外形的变化，一下子觉得自己是个大人了。他们不再想事事依赖大人，不再想事事听从大人，逐渐与父母、老师等成人群体疏远和淡化。他们想倾听来自同龄人的声音，渴望来自同伴的接纳与友谊。②自尊的需要。随着生理和心理的发展，青少年的自我意识高涨，渴望在别人面前树立自己的形象，展示自己的力量，使自己成为一个独立的、有尊严的个体。③与异性交往的需要。随着生理的发育，使我们对异性充满了好奇心，渴望了解异性，希望与异性交往。④成就的需要。青少年拥有"初生牛犊不怕虎"的气势，有着"欲与天公试比高"的志向，渴望成名立家，出人头地，成就一番伟业。

(2) 要不断调整学生的需要，使其高级的精神需要不断扩大。比如，青少年由于生理的发展，有了与异性交往的需要，这是非常自然的。但是由于青少年自身生理和心理的不成熟，使他们难以处理好这种复杂的关系，再加上正处在学习时期，如果沉溺其中而不能自拔，则会影响学习、妨碍别人、贻误前途。教师对此要激励学生不断进步，不断完善自己，向着更高的思想境界迈步。

(3) 激发学生动机时，在方法上主要依靠表扬、鼓励、竞赛，同时注意因人而异、不拘一格，从而激发动机的力量，产生良好的行为。

(二)道德意志的锻炼

关于道德意志的锻炼要注意做到以下几点。

(1) 让学生获得道德意志的观念和榜样，激发意志锻炼的自觉性。研究表明，向学生进行关于意志锻炼必要性的谈话或讨论，可以使其形成意志观念和锻炼意志的意向。教师应经常向学生推荐道德意志的榜样，如在危险或困难面前挺身而出的英雄人物等。

(2) 组织道德行为练习，使学生获得意志锻炼的直接经验。意志是在实践并与困难做斗争的过程中产生和发展的。因此，要在学生的日常生活的各种实践活动中，有目的地创设一些困难的情境，给学生布置一些不能立即引起兴趣，同时又比较难以完成的任务，引起学生内心的矛盾和意志上的紧张，从中经受意志的锻炼和考验，提高坚持性、自制力和抗诱惑能力。

(3) 严格要求和有规律的生活制度。养成良好的学习、生活和工作习惯有助于培养和锻炼人的意志力。学生按照学生守则的要求，严格约束自己，遵守纪律和各项规章制度，并坚持经常做自我检查、监督和自我评价，有助于培养自觉性和自制能力，自觉地发扬优点、克服缺点。

(4) 按学生的意志类型有针对性地进行锻炼。学生的意志品质是存在个性差异的，因此，要根据学生意志的特点，找出薄弱环节，重点培养。例如，有的学生依赖性强而又易受他人的影响，就要着重培养其自觉性、独立性和原则性；有的学生做事缺乏耐心和坚持，就要不断激发其奋发与坚韧的拼搏精神等。

(三)道德行为习惯的培养

道德行为训练主要包括道德行为方式的掌握和道德行为习惯的养成两个方面。

1. 道德行为方式的掌握

道德行为方式的掌握是产生道德行为的必要条件。有时，由于儿童不善于组织自己的行为，没有牢固地掌握一定的行为方式，会造成道德动机与行为效果不一致的现象。例如，苏联心理学家斯拉文娜曾做过一个实验，选择那些具有做好事的社会性动机的小学三、四年级学生为被试对象，让他们给幼儿园的小朋友做一套方块玩具。研究者交代清楚任务后，让他们回家分批地制作并如期交出成品。这时将被试分为两组，其中的甲组只告诉他们交出成品的时间，乙组除告诉完成时间外，还告诉他们组织自己行动的必要方式和方法。结果在 5 次共制作 100 块方块的任务中，甲组完成了 35%，乙组完成了 76%。可见，掌握必要的行为方式对行为效果的提高有一定的影响。

教师可以通过多种方法指导学生掌握道德行为方式。

(1) 通过对学生守则、学生日常行为规范的详细讲解和练习，使学生熟练掌握学校生活中最基本的行为方式。

(2) 分析某些典型人物的道德行为，使学生从中受到启发。

(3) 在做某件好事之前，组织学生讨论所应采取的行动步骤。

(4) 分析总结道德行动的成功经验与失败教训。

(5) 培养学生具有独立地、主动地选择道德行为方式的能力。

2. 道德行为习惯的养成

道德行为习惯是稳定的、自动化的道德行为方式，道德行为习惯的形成是品德形成的重要外部标志。

学生道德行为习惯是逐渐形成和发展的，其特点是：小学低年级儿童没有养成必要的道德行为习惯，中年级以后才逐步养成某些道德行为习惯，但水平偏低；中学生养成道德行为习惯的人数随年龄的递增而上升，而且稳定性也进一步增加，初三之前带有更大的不稳定性和可塑性，初三之后带有更大的自动性和稳定性。另一方面也发现，随着年龄的递增，良好道德习惯和不良习惯的两极分化也在增加。

道德行为习惯是在反复的练习和实践中逐渐形成的。教师在培养学生道德行为习惯时要注意以下几点。

(1) 激发学生养成良好行为习惯的意向和自觉性。

(2) 通过良好校风和班风的建立，创设使学生产生或重复良好行为的情境，不给重复不良行为的机会。

(3) 提供道德行为的良好榜样，启发学生模仿。

(4) 开展活动，让学生在活动中有意识地练习良好的行为习惯。在练习过程中，使学生明确练习的目的、意义和具体要求，并通过适当的评价(表扬或批评)给以强化。

(5) 帮助学生克服不良行为习惯，要使学生认清坏习惯的害处，并教给学生一些用来延缓、抑制坏习惯出现的方法，如"活动替代法""铭记警句法"等。

复 习 要 点

第一节 品德心理概述

品德或道德品质是指个人依据一定的社会道德准则和规范行动时所表现出来的稳定的心理特征或倾向。它的特征为：品德是一种个体现象，是社会行为规范和道德准则在个体身上的反映；品德由个人的道德行为来体现，这种行为不是偶尔或一时的，而是在稳定的道德观念支配下一贯地出现；品德是个性中最有道德评价意义的部分。

道德与品德的区别：品德与道德所属的范畴不同；品德与道德所反映的内容不同；品德与道德产生的力量源泉不同。道德与品德的联系：品德是道德的具体化；社会道德风气影响着品德的形成与发展；个体的品德对社会道德状况有一定的反作用。

品德的因素心理成分：目前，我国心理学界比较流行的是品德的四因素说。按照四因素说，认为品德是由道德认识、道德情感、道德意志和道德行为等心理成分构成的有机整体，即知、情、意、行四种成分。品德的功能心理成分：章志光教授认为，品德结构可以从生成结构、执行结构、定型结构三个维度上进行探讨。当这些结构和宏观的社会环境及微观的群体环境发生相互制约时，就构成了一个包括品德机制在内的大的社会动力系统。

第二节 品德形成的理论

一、道德认知理论

皮亚杰的道德发展的阶段理论：皮亚杰通过对偶故事法进行大量的实证研究，概括出一条儿童道德认知发展的总规律。皮亚杰把这一过程划分为四个阶段：自我中心阶段(5、6岁以前)；权威阶段(6～8岁)；中逆阶段或称平等阶段(8～10岁)；公正阶段(11～12岁)。皮亚杰的儿童道德发展的规律：儿童的道德发展是从他律道德阶段到自律道德阶段的发展规律。儿童必须经历他律道德阶段才能发展到自律道德阶段，而不可能越过他律阶段直接进入自律阶段。皮亚杰道德认知理论对德育工作的启示：个体品德是通过个体参与各种各样的社会活动、积极的认知活动，不断地积累、总结道德经验形成的。学校中单纯依靠灌输、说教、奖励、批评和惩罚的办法，不利于学生良好品德的形成。儿童的心理发展是一个渐进的过程，品德的形成也是如此。对学生的品德教育不要急功近利。儿童的道德发展是从他律道德阶段到自律道德阶段的发展规律，告诉我们对小学生尤其是低年级的小学生进行道德教育，可以从强化道德行为入手，逐渐引导学生道德认知水平的提高。对偶故事法告诉我们，引导学生多参加道德问题的讨论，有利于学生道德评价能力水平的提高。

柯尔伯格的道德阶段理论：柯尔伯格把道德判断分为三个水平，六个阶段。前习俗水平(0～9岁)。这一水平包括两个阶段：①惩罚和服从取向；②朴素的享乐主义或工具性取向。习俗水平(9～15岁)。这一水平包括两个阶段：③人际和谐(或好孩子)的道德定向阶段；④权威和社会秩序取向。后习俗水平(15岁以后)。这一水平包括两个阶段：⑤社会契约的道德定向阶段；⑥良心或普遍原则的道德定向阶段。柯尔伯格道德发展阶段理论对道德教育的启示：①柯尔伯格的道德发展阶段理论在一定意义上为我国学校道德工作提供了心理学的依据。不同年龄阶段的儿童道德教育的内容和方法应有所不同。②柯尔伯格根据自己的研究提出的反对灌输的观点对我国学校道德教育的实践具有一定的启发意义。③柯尔伯格强调通过学校的隐蔽性课程对学生进行道德教育对我们也有一定的启发作用。

二、道德情感理论

精神分析学派的道德发展的理论包括两个部分：一是道德的产生——人格结构理论。弗洛伊德把人格分成三部分：本我、自我和超我，道德的获得在于儿童超我人格的发展。二是道德的发展。弗洛伊德认为，超我通过两种途径发挥其功能：良心和自我理想。良心概念是其道德发展观的核心。弗洛伊德详细分析了产生于童年期的良心和内疚感问题。精神分析派道德发展理论对德育工作的启示。首先，精神分析说强调道德发展的过程是一个从无意识的过渡到有意识的、从不自觉的过渡到自觉的、从生理上的自制到心理上的自制的过程，这一点有一定的合理性。其次，重视非理智因素特别是强调情感在道德行为形成和道德发展中的作用，对道德教育有重要启示和指导意义。最后，强调儿童早期经验在道德发展中的作用，认为儿童的早期经验既可促进儿童道德的成长，也可以妨碍、阻止儿童道德的发展。这一观点，从正面讲，启发人们重视儿童的早期教育；从反面讲，则提醒人们，对儿童的早期训练必须合理得当。

埃里克森的人格终生发展论：埃里克森把自我意识的形成和发展过程划分为8个阶段，婴儿期(0～1.5岁)：基本信任和不信任的心理冲突。儿童期(1.5～3岁)：自主与害羞和怀疑的冲突。学龄初期(3～5岁)：主动对内疚的冲突。学龄期(6～12岁)：勤奋对自卑的冲突。青春期(12～18岁)：自我同一性和角色混乱的冲突。成年早期(18～25岁)：亲密对孤独的冲突。成年期(25～65岁)：生育对自我专注的冲突。成熟期(65岁以上)：自我调整与绝望期的冲突。

人本主义情感倾向的道德教育研究：人本主义的德育目标是培养和发展个体的自我意识，促进个体的自我实现，他们强调"情感主义"的理念，而非行为主义和认知主义倡导的"理智主义"的研究理念。他们强调道德情感在道德教育中的重要作用，"情感构成行为模式的动力系统"。罗杰斯认为实施道德教育应有三个最基本条件：一是真实或真诚或表里一致；二是尊重，也称接受或信任；三是理解。

班杜拉的道德社会学习理论：班杜拉认为，人的社会行为是人借助于内部因素与环境相互作用的结果，也是儿童对榜样行为进行观察学习的结果。观察学习的过程包括 4 个下位过程：注意过程、保持过程、运动再现过程和动机作用过程。强化分为外部强化、替代强化和自我强化三种。班杜拉的道德社会学习理论对德育工作的启示：首先，班杜拉观察学习理论的最杰出贡献在于强调了榜样示范在儿童道德行为的形成、改变和发展中的作用，突出了榜样教育的重要性，对学校道德教育的实践有较大的启发意义。其次，强调自我强化对行为的调节作用，对学校道德教育也有实际的指导意义。最后，区分了观察学习过程中新行为的习得和新行为的表现，对于道德教育的理论和实践具有十分重要的意义。

第三节 品德的形成与培养

道德知识的掌握要依赖以下条件：在日常交往和积累个人道德经验的过程中掌握日常的道德生活的概念；学校、家庭和社会在道德教育上保持一贯和一致。学生的道德评价能力发展趋势是：从"他律"到"自律"；从"结果"到"动机"；从"对人"到"对己"；从"片面"到"全面"。促进学生道德评价能力的发展，首先，注意道德评价的示范，经常利用典型事例为学生做出简明而正确的评价；其次，组织学生进行道德评价的实践；最后，注意学生自我评价能力的培养。学生的道德信念的发展要经历三个时期。无道德信念时期：小学一、二年级或 10 岁以前的儿童。道德信念萌芽时期：小学三、四年级学生。道德信念开始确立的时期：从小学五年级开始确立比较明确而稳定的道德信念。学生的道德信念形成存在个别差异，有的形成，有的没有形成，形成的速度有快有慢。

道德情感的意义：首先，道德情感是品德的重要组成部分。其次，没有道德情感的支持不会产生自觉的坚定的道德行为。最后，移情作为道德情感的一种是产生亲社会行为的中介变量。道德情感的形式：直觉的道德情感、形象性的道德情感、伦理性的道德情感。道德情感的培养：通过知情结合的教育方式，促进学生道德情感的发展；通过美育，促进学生道德情感的发展；教师通过自身情感的积极引导与影响，促进学生道德情感的发展；通过开展实践活动，促进学生道德情感的发展。

道德动机的激发：教育者首先要研究人的需要，尤其是青少年特有的需要结构及其矛盾运动的规律；要不断调整学生的需要，使其高级的精神需要不断扩大；激发学生动机时，在方法上主要依靠表扬、鼓励、竞赛，同时注意因人而异、不拘一格，从而激发动机的力量，产生良好的行为。

道德意志的锻炼：让学生获得道德意志的观念和榜样，激发意志锻炼的自觉性；组织道德行为练习，使学生获得意志锻炼的直接经验；严格要求和有规律的生活制度；按学生的意志类型有针对性地进行锻炼。

道德行为习惯的培养：包括道德行为方式的掌握和道德行为习惯的养成两个方面。教师可以通过多种方法指导学生掌握道德行为方式：通过对学生守则、学生日常行为规范的详细讲解和练习，使学生熟练掌握学校生活中最基本的行为方式；分析某些典型人物的道德行为，使学生从中受到启发；在做某件好事之前，组织学生讨论所应采取的行动步骤；分析总结道德行动的成功经验与失败教训；培养学生具有独立地、主动地选择道德行为方式的能力。教师在培养学生道德行为习惯时要注意：激发学生养成良好行为习惯的意向和自觉性；通过良好校风和班风的建立，创设使学生产生或重复良好行为的情境，不给重复不良行为的机会；提供道德行为的良好榜样，启发学生模仿；开展活动，让学生在活动中有意识地练习良好的行为习惯。在练习过程中，要使学生明确练习的目的、意义和具体要求，并通过适当的评价(表扬或批评)给以强化；帮助学生克服不良行为习惯，要使学生认清坏习惯的不良影响，并教给学生一些用来延缓、抑制坏习惯出现的方法。

拓 展 思 考

1. 道德认知发展理论对学校德育工作有何启示？
2. "学生品德的形成过程就是学生自我教育的过程"，你同意这种观点吗？请说明理由。
3. 分析学生在道德品质方面言行脱节的原因。

第十三章 有效教学的设计

传统教育心理学一直以学生的学习为中心,实际上教学心理与学习心理是教学这一复杂过程的两个不同侧面,完整的教育心理学不仅要研究学生学习的一般规律,而且要研究教师教学的一般规律。美国著名心理学家加涅在 1969 年《美国心理学年鉴》上首次提出"教学心理学"的概念,美国教育心理学家格拉塞(R.Glaser)1979 年出版《教学心理发展》丛书第一卷,被认为是教学心理学正式成为教育心理学一个独立领域的标志。

第一节 教学设计概述

教学设计是 20 世纪 50 年代后逐渐发展成熟的一门综合性学科。教学论、教学技术等学科都研究教学设计,不同学科研究的侧重点不同。教育心理学侧重从教学对象的身心特点、已有知识及教学目标的要求出发,探讨教学设计的心理学理论与技术,目的是提高教师进行教学设计的意识和能力。

研究发现,教学设计是课堂教学取得成功的关键因素之一,巧妙地教学设计能让学生更容易感知和理解教师所呈现的语言材料的意义,取得事半功倍的效果。可在实际教学设计的过程中,教师为了应付学校检查,常常设计中看不中用的教案,出现备课与上课"两张皮"的问题。为了避免这个问题,对于基层的教育实践者而言,如果能在学习与教学理论的指导下,合理运用教学设计的知识,规划好教学过程中的各个要素,优化教学过程,无疑会对其教学效果产生良好的促进作用。

一、教学设计的含义

关于教学设计的定义,专家们有自己的看法和角度。加涅认为教学设计是一个系统化规划教学系统的过程。帕顿指出它是对学业业绩问题的解决措施进行策划的过程。赖格卢特则说它是一门涉及理解与改进教学过程的学科,它提出最优教学方法能使学生的知识和技能发生预期的变化。梅里尔等人在《教学设计新宣言》中对教学设计所作的新界定认为:"教学是一门科学,而教学设计是建立在这一科学基础上的技术,因而教学设计也可以被认为是科学型的技术。"

综上所述,教学设计(instructional design,ID)是运用现代学习与教学心理学、传播学、教学媒体论等相关的理论与技术,分析教学中的问题和需要、设计解决方法、试行解决方法、评价试行结果并在评价基础上改进设计的系统过程。由此可见,教学设计是教学理论向教学实践转化的中间环节,是教师对课堂教学行为的精心筹划。

在理解教学设计时应注意把握以下关键点:①教学设计必须有确定的教学对象和教学目标;②教学设计要对教学中各要素进行最优化组合;③教学设计实质上是从优化教学效

果的目的出发，为教学过程制定蓝图和计划，过程性和系统性是教学设计的基本特征；④教学设计既可以是对一个单元或一个学科的设计，也可以是对一节课的设计。

二、有效教学设计的意义

建立教学设计学的构想最初来源于美国哲学家、教育家杜威(John Dewey)，他提出应建立一门"桥梁科学"，以便把学习理论和教学实践结合起来，目的是建立一套系统的与教学活动有关的知识体系，以实现教学的优化设计。教学设计具有十分重要的意义。

(1) 有利于教学工作的科学性。教学设计的过程实际上是为教学活动制定蓝图的过程。综合多种理论的教学设计将教学活动建立在系统方法的科学基础之上，使教学手段、教学过程成为可复制、可传授的技术和程序，教师可以通过学习迅速掌握教学的基本原理与方法，提高教学水平，并在实际运用中不断熟练，促使教学工作的科学化。通过教学设计，一方面，教师可以对教学活动的基本过程整体把握，可以根据教学情境的需要和教育对象的特点确定合理的教学目标，选择适当的教学方法和策略，采用有效的教学手段，创设良好的教学环境，实施可行的评价方案，从而保证教学活动顺利进行。另一方面，教师可以有效地掌握学生学习的初始状态和学习后的状态，从而及时调整教学策略与方法，为下一阶段的教学奠定良好的基础。

(2) 有利于教学理论与教学实践的沟通。教学设计是教学理论向教学实践转化的桥梁。在教学的研究偏重于理论，对改进教学帮助不大的批评下，被称为"桥梁学科"的教学设计起到了沟通教学理论与教学实践的作用。教学设计为了追求教学效果的优化，在解决教学问题的过程中，注意把个别教师的教学经验升华为便于广大教师掌握和运用的教学科学，注意把已有的教学研究理论成果综合应用于教学实践，使两者紧密地连接起来。

(3) 有利于科学思维习惯和能力的培养。教学设计是系统解决教学问题的过程，它提出的一套确定、分析、解决教学问题的原理和方法与现代管理学中目标管理的思路相同，也可用于其他领域和其他性质的问题情境中，具有一定的迁移性。因此，教学设计所带来的不仅是教学设计的基本原理和必要知识，更重要的是设计者从中领会到的解决问题的思维方式和科学态度，他将从中学会创造性地解决问题的原理和方法。通过教学设计原理与方法的学习运用，可以培养科学思维的习惯，提高教师科学地分析与解决问题的能力。

三、有效教学设计的特点

在具体的教学实践中，教学设计者形成的教学设计方案虽各有不同，但教学设计在教学活动中所体现出的一些基本特征却是共同的、普遍的。

(1) 指导性。教学设计是教师为组织和指导教学活动精心设计的施教蓝图，教师有关下一步教学活动的一切设想、将要达到的目标、所要完成的任务、将采取的各种教学措施等均反映在了教学设计中。因此，教学设计的方案一旦形成并付诸行动，它就成为指导教师教学的基本依据，教学活动的每个步骤、每个环节都将受到教学设计方案的约束和控制。鉴于此，教师在进行教学设计时，一定要认真思考，全面规划，提高设计方案的科学性和可行性。

(2) 统整性。教学是由多种教学要素组成的复杂系统，教学设计则是对诸要素的系统安排与组合。以系统科学的方法指导教学设计，是科学的教学设计与实际经验的教学设计的重大区别。建立在经验基础上的教学设计往往只注重教学的某个部分，如教学内容或教学方法，具有很大的局限性。从系统科学方法出发，就要求对由诸多要素构成的教学活动进行综合的、整体的规划与安排，使所有的教学要素实现有机配合，形成完整的统一体。

(3) 操作性。教学设计为教学理论与教学实践的有效结合提供现实的结合点，它既有一定的理论色彩，但同时又明确指向教学实践。在成型的教学设计方案中，各类教学目标被分解成了具体的、操作性的目标，教学设计者对教学内容的选择、教学方法的运用、教学时间的分配、教学环境的调适、教学评价手段的实施都作了具体明确的规定和安排，这一系列的安排都带有极强的可操作性，抽象的理论变成具体的操作规范，成为教师组织教学的可行依据。

(4) 预演性。教师进行教学设计的过程，实质上就是实际教学活动的每个环节、每个步骤在教师头脑中的预演过程。这一过程犹如文艺演出中的彩排一样，带有较强的预演性和生动的情境性。它能使教师如面临真实教学情境，对教学过程的每一细节周密考虑、仔细策划，为教学活动的顺利进行提供可靠保证。

(5) 凸显性。教师在设计教学方案时，可以有目的、有重点地突出某一种或某几种教学要素，以达到特定的教学目标。如教师可以在教学方案中突出某一教学方法的运用、某一部分教学内容的讲述、一种新教学环境的设计，从而使教学活动重点突出，特色鲜明，富有层次感。

(6) 易控性。这一特点表现在两个方面。①由于教学设计是对教学活动的预先规划和准备，教师有充足的时间对整个教学过程进行周密计划，反复检查。因此与真实的课堂情境相比，教师在教学设计阶段更容易掌握和控制各种教学要素，从而使教师在实际教学过程中出现失误的可能性降到最低。②教学设计要确定明确的教学目标。教学目标对教学活动的诸要素都具有较强的控制作用，它既控制着教学活动的方向，又控制着教学活动的进程、内容、程序和活动中主客体之间的动态关系。因此，重视教学目标的设计是强化教学设计控制功能的重要方面。

(7) 创造性。创造性是教学设计的一个基本特点，同时也是它的最高表现。教学设计是一项极富创造性的工作。教学设计的过程实际上就是教师在深入钻研教材的基础上，根据不同教学目标、不同学生的特点，创造性地思考、创造性地设计教学实施方案的过程。教学设计虽然强调教学程序化、合理化和精确化，但它并不束缚教学实践的自由，更不会扼杀教师的创造性。为了适应教学活动丰富多彩、灵活多变的固有特点，适应学生学习的多种需求，教学设计十分重视针对具体情况灵活设计。由于教学设计同教师个人的教学经验、风格、智慧紧密结合在一起，每个教师设计的教学方案都会不同程度地带有个人风格与色彩，因而它为教师个人创造才能的发挥提供了广阔天地。

四、有效教学设计的依据

教学设计是一项复杂的工作，成功的教学设计必须综合考虑多方面的因素。一般来说，教学设计的依据主要有以下几个方面。

(一)现代教学理论

理论的指导是教学设计由经验层次上升到理性、科学层次的一个基本前提。科学的理论是对教学规律的客观总结和反映,依据科学的教学理论和学习原理设计教学活动,实际上是要求教学设计的方案和措施要符合教学规律,教育工作者只有自觉运用科学的理论指导教学设计,才有可能使教学摆脱狭隘的经验主义窠臼。

(二)系统科学的原理与方法

系统科学的基本原理要求研究者在研究事物的过程中,把研究对象放在系统的形式中,从系统观点出发,从要素和要素之间的相互联系和相互作用的关系中综合、精确地考察对象,从而取得解决问题的最佳效果。教学系统是一个由多种教学要素构成的复杂系统,各教学要素间存在着密切的联系和多种作用方式。运用系统方法分析教学系统中各因素的地位和作用,使各因素得到最紧密的、最佳的组合。教师在教学实践中应遵循系统科学的基本原理,以系统方法指导设计工作。

(三)心理学理论

教学设计的心理学基础来自行为主义心理学的学习理论、认知主义心理学的学习理论、人本主义心理学的学习理论等。

1. 教学设计的行为主义学习理论基础

行为主义学习理论代表人物斯金纳提出了刺激—反应理论。该理论认为人类行为构成的基本要素是反应,一切行为表现是多种反应的组合。除少数反应与生俱来外,其余都是个体在适应环境时,与其环境各种刺激之间的关系,经由经典条件作用的学习过程所形成的。基于这种理论在教学实践中运用出现了程序教学和教学机器,学习被分解成一系列的小步子,后一步的学习建立在前一步知识掌握的基础上。学习者主动从事这些小步子的学习,自控学习的进度,就能获得好的学习效果。如果学习成功,则立即给予学习者以报偿。

2. 教学设计的认知主义学习理论基础

现代认知学习理论主要有两派:一是以布鲁纳和奥苏伯尔为代表的认知结构理论,二是以加涅为代表的信息处理学习理论。

在认知结构学习论中,布鲁纳特别强调学生主动探索精神,认为从事物变化中发现其原理原则,才是构成学习的主要条件。教师在教学设计时应注意 4 条原则:①要想让学生在学习情境中,经由主动发现原则而获得知识,教师必须将学习情境及教材性质解说清楚;②教师在从事知识教学时,必须配合学生的经验,将所授教材做适当组织,务必使每个学生都能学到知识;③教材的难度与逻辑上的先后顺序,必须针对学生的心智发展水平及表征方式,做适当的安排,使学生的知识经验前后衔接,从而产生正向学习迁移;④在教材难易安排上,必须考虑学生学习动机的维持,太容易会缺少成就感,太难则易生挫败感,适度的调适才能维持内在的动机。

奥苏伯尔提倡讲解式教学,在实际过程中分阶段组织。第一阶段提供前导组织。以学生既有的先备知识为基础，提供一个清晰而具体的架构，为引导学生进入新知识学习的准备。第二阶段呈现学习材料。教师随时引导学生注意，讲解时用语清楚明确，不致使学生难懂或误解。讲解过程中教师遵守两个原则：一是渐进分化，从一般概念的说明，逐渐进入详细内容的讲解；二是统整调和，将分化后的知识再前后连接起来，形成一个有组织的，具有统整性与调和性的知识整体。

加涅的信息加工模型把学习过程看成由三个系统协同作用的过程。①感官收集。指个体凭视、听、嗅、味等感觉器官感应到外界刺激时所引起的短暂记忆，其作用是提供个体进一步进行处理的信息，并以编码转换为另一种形式。感官收录是信息处理的第一站，有选择性特征。②短期记忆。指感官收录后再经注意而在时间上延续到20秒以内的记忆。在整个信息处理过程中，短期记忆对个体行为具有两种重要作用：其一是对刺激表现出适当反应。如谈话、阅读等都是边接受刺激边做出反应。其二是对个体认为重要的信息采用诸如复习的方式，使之保持较长时间，然后输入长期记忆。③长期记忆。指保持信息长期不忘的永久记忆。储存在长期记忆中的信息有两类：一类为情节记忆，另一类是语意记忆。

3．教学设计的人本主义学习理论基础

人本主义心理学家不主张教师刻意教学生知识，而主张教师辅导学生自主自动地学习他喜欢而且认为有意义的知识。其代表人物有马斯洛、康布斯和罗杰斯。

按照马斯洛的主张，学习不能由外铄，只能靠内发。教师不能强制学生学习，学习的活动应由学生自己选择和决定。教师的任务只是辅导，学生本身自然就有学习的潜在能力。马斯洛理论的意义可以总结为两个方面：其一，教师不能用外铄的方式约束学生学习，而是创设良好的学习环境，让学生自由选择，自行决定，他会学到他所需要的一切。其二，人性中存在两种力量，适当的教育使人心智成长，不当的教育会扼杀心灵和生机。

康布斯认为，人是先有不同的信念而后才有不同的行为。事实是客观存在的，但每个人对其产生的"知觉"会不同。因此要改变一个人的行为，不能仅从行为表现上去加以矫正，而必须从设法改变他的知觉或信念着手。成功的教学不是在于教师教学生多少知识，而是在于教师能启迪学生使知识个人化，从而获得意义。

罗杰斯的理论重视学生的作用，在他看来，教育是有统合目的不断充实的具有生活意义的成长历程。为了达成教育目的，绝不能采用权威式的教学方式，即使教师本人有意扮演真理与智慧传授者的角色，学生仍然是无人学到真理与智慧的。他认为人皆有天赋的学习潜力，真正良好的教学设计是给予学生充分的自由，让他自己去发现真理与智慧。

(四)教学的实际需要

从根本上讲，教学设计的全部意义在于满足教学活动的实际需要，在于为实现这种需要提供最优的行动方案。因此，教学设计最基本的依据就是教学活动的实际需要，离开了教学的现实需要，就谈不上进行教学设计。在具体的教学过程中，教学活动的实际需要集中体现在教学的任务和目标中。教学工作者在进行教学设计时，首先应明确教学任务和教学目标，并对它们进行认真的分析、分解，使之成为可操作的具体要求，在此基础上，综合考虑各种教学因素，选择设计必要的教学措施和评价手段，使教学设计方案在立足教学现实需要的基础上发挥应有的作用。

(五)学生的特点

教学设计的基本特征是既关心教，又关心学。课堂教学是教师和学生双方共同活动的过程。教是为了学，学是教的依据和出发点，教师的教必须通过学生积极主动的学才能起到有效作用。因此在教学设计过程中，教师除了从教的角度考虑问题外，还必须把学生身心发展的特点和规律作为教学设计的重要依据认真对待。大量的教学实践表明，重教轻学，课堂教学缺乏学生的积极性，不可能收到良好的教学效果。

(六)教师的教学经验

从一定意义上讲，教学设计的过程也是教师个体创造性劳动的过程，成功的教学设计方案中往往凝聚着教师个人的经验、智慧和风格。因此我们说，教师的教学经验也是教学设计的基本依据之一。在教学设计中，既不能完全依据经验行事，也不能排斥教学经验的作用。只有将科学的理论和方法与好的教学经验结合起来，才能使教学设计既有共性，又有个性，并最终达到科学性和艺术性的有机统一。

五、教学设计流程

(一)教学内容分析和教与学目标的确定

1. 教学内容分析

教学内容的分析是进行课堂教学策略设计的一个重要环节。它将影响教师对教材的把握，直接影响对学习水平的确定和教学目标、学习目标的陈述，以及教学媒体的选择等后续工作环节。对教学内容的分析可以从三个方面进行：一是建构教材内容的知识体系；二是确定知识点；三是确定教学内容的重难点。如果完成此三项工作，就为目标的确定打下了坚实的基础。

2. 教与学目标的确定

教和学的目标是教师和学生从事教学活动的指南和出发点，同时也是评价教与学活动的依据。可以说，教与学的目标是影响教学策略的制定和选择的重要因素之一。教学策略是否有效，一般以能否实现教学目标和学习目标为标准。教学中目标不同，目标的层次水平不同，所采取的教学策略也不同。从学生的主体性出发，教师有教学目标，而学生也有学习目标。教学目标和学习目标是作用于两个完全不同的过程，服务于两个不同的主体。在制定目标时，应该全面考虑认知、情感和动作技能领域的目标。

(二)理论指导

教学策略的设计、选择与实施的各个阶段不可能离开理论的指导。教师在教学过程中的每一个有意识、有目的的行为背后，必然会有相应的理论或原则作为指导，并能用各种理论加以解释或论证。教师应时常发问"我为什么这样教而不那样教？""我是按照哪条教学原则或教学原理采取行动的？"教师进行教学策略设计时，需不断积累理论知识，把教师培养成教育家。

(三)了解条件

为了使策略方案更具针对性，策略的制定应以一定的因素为基本依据，教师应该深入、全面地把握学生、教师和教学条件三个因素。

1．学生的特征

教学策略方案的制定必须以学生的基本特征为前提。如果忽视学生的特征分析，那么所制定的教学策略就会失效，因为学生的特征决定着教学的起点，而教学策略的设计必须从学生的起点出发。分析学生特征可从三个方面入手：①了解学生的一般特征，主要是指学生的心理、生理和社会的特点；②了解学生的起始能力，分析学生对从事特定的学科内容的学习已经具备的有关知识与技能的基础以及对学习内容的态度；③了解学生的学习风格，掌握学生感知不同刺激，并对不同刺激作出反应的心理特征。

2．教师自身的特征

教师自身的特征是制约教学策略设计的主观条件。教师在教学中表现出来的不同特征，从另外一个侧面影响着教学策略的设计。教师是教学策略的主要策划者，而教师的个性是各不相同的，这些不同点主要包括教育教学观念、教育与学习理论知识的储备、语言表达能力、教学研究能力、媒体应用能力、教学经验与教学风格等。很显然，教师在考虑教学策略的设计时必须充分研究这些因素。

3．教学条件

教师进行教学策略设计，应该考虑当地或本学校教学条件的可能性。目前我国各地的社会发展很不平衡，各地的教学环境和教学资源差别很大，要在约束条件许可的范围内工作，教学策略的制定要符合实际条件。

(四)决策

决策是课堂教学策略的核心环节之一，它与后面的"形成方案"共同构成了教学策略模型的主体部分。决策是在上述各环节工作的基础上，对一些必须决定的要素进行科学决策，确定可操作的工作方案。

1．教学方法的选择

在教学方法的研究领域长期存在一对矛盾，即以教师为中心还是以学生为中心。这一现象可以比喻为钟摆的摆动，教师的教与学生的学各为一极，真正绝对的两极是不存在的。在学校的实际教学中，二者之间会出现各种各样的混合形式。在传统教学中，多是以教师为中心的教学活动，目前却有重视学生学习的倾向。现代教育是以培养能够独立地适应社会的变化、具有个性和创造性的人为目标，强调基础内容的学习，发展个性和自我教育力的培养。避免偏重智育，特别是避免以记忆为中心的目标，重视积极的态度、思考力、判断力和表现力的教育，重视以学生的体验性学习、问题解决性学习为中心的发挥个性的教学。

2. 课堂教学组织形式的选择和确定

教学活动是通过一定的组织形式实现的，教学内容归根结底要具体落实到一定的组织形式之中。在课堂教学中，可以分为三种基本形式，即集体教学、小组教学和个别指导。在教学过程中，能够选用合适而有效的教学形式是教师重要的教学技术之一。需要注意的是不存在唯一万能的教学组织形式。为了系统、全面地达到教学目标，有必要将三种教学组织形式有机地组合起来加以使用。

3. 教学媒体的选择

教学媒体的选择是教师设计教学策略时需要认真思考的重要问题。特别是在现代信息社会的教学条件下，新的教学媒体层出不穷，功能越加丰富，面对众多的可供使用的媒体，媒体选择的成功与否会直接影响教学效果的高低。因此，树立正确、科学的媒体观是教师的当务之急。选择教学媒体的依据应考虑以下标准。①适合度：教学媒体是否适合于特定的教学内容。②难易度：是否适合学习者的智力水平和知识水平等。③经济性：使用媒体时，学习的效率与所付出的代价是否合适。④利用频度：在必须利用媒体的时候，是否可以利用这些媒体。⑤教材质量：教材内容的质量是否良好，是否易读、易看、易听。

媒体选择并不是越现代越好，也不是越昂贵越好，我们反对"唯高级论"，应该根据各个教学要素的不同情况，选择相对最佳的教学媒体。同时，我们应该重视多种媒体的组合教学，根据教学内容和教学目标的需要以及各种媒体的特性，扬长避短、互为补充、有机结合地选择教学媒体，充分发挥整体功能大于各个部分之和的作用，以达到教学过程的优化。

4. 确定课堂教学过程的结构

确定课堂教学过程的结构是指将前面确定的各个教学要素，按照一定的时间顺序，以一定的结构关系组织起来，形成有序的流程。简单说就是教学活动顺序的安排，即决定先做什么、后做什么，使得教学方案具有非常显著的可操作性，便于教师上课、备课和修改课程，有利于教师把握整体，在头脑中形成比较清晰的教学活动网络。

(五)形成方案

形成方案是总结性环节，也是成果性环节。在这个环节中需要将前面各模块的工作进行全面的总结和落实，要充分考虑前面各项研究，汇集各种研究内容，将其综合化、系统化和具体化，最后产生一个具有真正可操作性的课堂教学策略方案。

(六)仿真

仿真是指将刚刚形成的方案在一定的范围内试用，进行试讲，这样有利于及时发现问题，纠正偏差，为之后的形成性评价打下基础。仿真的具体操作，可以采用"微型教学"的方式，可以面对同事或一部分学生试讲，同事和学生既是"学生"又是"评委"，并用摄像机将试讲过程录制下来以备评价之用。

(七)形成性评价

形成性评价是指在某项教学活动和设计过程中进行的,为了获得更好的教学效果,及时了解存在的问题,及时反馈、调整和改进教学工作而不断进行的评价。我们所进行的形成性评价主要是考察教学设计制定过程各个模块的质量以及教学方案的优劣,主要是用来改进教学计划或教学方案,以便把问题消灭在实施之前。

(八)正式实施

在前面各个模块的工作之后,教师就可以对所确定的教学策略方案进行正式实施。这一步骤的主要任务是力争顺利完成工作方案所规定的计划,运用选定的方案解决教学问题。在实施方案的过程之中,应该特别注意对突发事件的调控和决策。

(九)总结性评价

总结性评价是指在教学活动告一段落时,为把握活动最终效果而进行的评价。重点在于方案实施之后,评价整体方案,考察整个教学过程的水平,决定是否继续使用此方案或修正该方案。

第二节 教学目标的设计

设置教学目标是教学设计的首要环节,合理的教学目标是保证教学活动顺利进行的必要条件。设置教学目标就是从心理学的角度对教学目标做出分析,首先是对教学目标的分类和表述,其次是对教学任务和教学对象的分析。

一、教学目标及其在教学过程中的作用

(一)教学目标的界定

教学目标是预期学生通过教学活动获得的学习结果。在教学设计中,教学目标要着眼于学生的行为而不是教师的行为,要描述学生的学习结果而不是学习的过程。如足球课的单元教学目标可以表述为:学生将能够描述足球的基本规则;学生能以适当的方式踢球、运球和传球;学生能找到球场上的11个位置并能描述在每一位置上的球员应发挥的作用。一节英语课的目标可以界定为:学生将能说出英语单词的汉语意思;学生将能正确地读出英语单词;学生将能正确地运用英语动词的各种时态变化。

(二)教学目标在教学过程中的作用

教学目标是课堂教学的核心和灵魂,是课堂教学的根本出发点及归宿,教学活动是以教学目标为导向,并且教学活动从始至终都是围绕着实现教学目标进行的。目标虚设或目标错位都会导致课堂教学活动的无序和随意,有时会造成低效甚至负效。具体而言,教学目标在教学过程中的作用主要体现在以下三个方面。

1. 教学目标是选择教学策略与方法的依据

教学目标是教学活动的方向。教学目标确定后，教师就可以根据教学目标选择适当的实现该目标的教学策略与方法，不同层次和不同特点的教学目标可运用不同的教学策略与方法。如教学目标是使学生掌握基础知识，教师可以首选讲解法；教学目标是使学生将加法运算规则转化为熟练的运算技能，教师可首选练习法；教学目标是使学生改变原有的态度和观念，教师可首选讨论法等。

2. 教学目标是进行教学评价的依据

教学目标是评价教学结果最客观和最可靠的标准，教学结果的测量必须针对教学目标。经过教学评价，如果学生的学习结果达到了预定的教学目标，则一次完整的教学过程顺利完成，在这一学习结果的基础上可以确立新的教学目标，展开下一轮教学。如果经过评估，学生的学习结果未达到预定的教学目标，则要对学生进行补救教学，直至达到既定的教学目标为止。

3. 教学目标具有指引学生学习的作用

教学目标是学习者自我激励、自我调控、自我评价的手段和标准。教学开始时，教师要明确告诉学生学习目标，引导学生注意课堂上的重要信息，对教学内容产生预期。一个成熟和成功的学习者都具有明确的学习目标，教学目标转化为学生的学习目标后，是激发、引导和维持学生学习行为的基本因素。

二、教学目标的分类

心理学家从不同的角度出发对教学目标进行分类。我国教育心理学家潘菽在所著的《教育心理学》一书中，将学校中学生的学习分为知识学习、技能学习、能力学习及行为规范学习四种类型，这四种学习类型长期以来在我国的教育实践中被认为是基本的教学目标。这种分类适合当时我国学校教育和教学的现状，但从培养学生全面素质的角度看，它忽视了学生情感领域的学习及个性形成等重要的教学目标。学校的教学目标不是也不可能是单一的基础知识目标或基本技能目标。教学目标应包含多个水平、多个层次。西方心理学家在教学目标分类上的研究值得我们借鉴。

(一)布卢姆的教育目标分类学

美国教育心理学家和教育学家布卢姆，用分类学分析学生在课堂中发生的各种学习，将教育目标分为认知、情感和动作技能三个领域，每一领域的目标又由低级到高级分成若干层次。这里所说的教育目标就是学习的结果。

1. 认知领域的目标

布卢姆将认知领域的目标从低到高分为6级(见表13-1)。
(1) 知识：指先前学习过的材料的记忆，包括对具体事实、方法、过程、理论等的回忆。所要求的心理过程主要是记忆。这是最低水平的认知学习结果。

(2) 领会：指能把握材料的意义。可借助于三种形式来表明：①转换，即用自己的话或用与原先的表达方式不同的方式表达自己的思想；②解释，即对一项信息加以说明或概述；③推断，即估计将来的趋势。领会超越了单纯的记忆，代表最低水平的理解。

(3) 运用：指能将习得的材料应用于新的具体情境，包括概念、规则、方法、规律和理论的应用。代表高水平的理解。

(4) 分析：指能将整体材料分解成它的构成成分并理解组织结构。分析代表比运用更高的智能水平，因为它不仅要理解材料的内容，还要理解其结构。分析包括三种形式：①要素分析，如区分事实与假说、结论与证据等；②关系分析，如确定事实与假说之间的关系，结论与证据之间的关系；③组织原理的分析，如识别文学作品的形式和模式等。

(5) 综合：指将部分组成新的整体。包括发表一篇内容独特的演说或文章，拟订一项操作计划或概括出一套抽象关系。它强调创造能力，需要产生新的模式和结构。

(6) 评价：指对材料作价值判断的能力。这是最高水平的认知学习结果。评价不仅是认知领域的目标的最高层次，而且也是联系情感领域目标的一个重要环节。评价包括两种形式：①根据内在证据来评价，如根据陈述、文献资料、证据的确切性，评估研究报告的真实性；②依据外部准则来评价，如历史作品要用历史标准来判断而不能用文学标准来衡量。

表 13-1 认知领域教学目标分类表

等级	目标	心理意义	具体表现
1	知识——对已学习过的材料的保持	记忆是最低水平的认知学习	能回忆具体事实、过程、方法、理论等
2	领会——把握所学材料的意义	超越了记忆，但仍是较低水平的理解	能解释，即能够概述和说明所学材料；能转化，即能用自己的话或方式表达已学的内容；能推断，即能够估计预期的后果
3	应用——将学习所得应用于新的情境	已达到较高水平的理解	能应用概念、方法、规则、规律、观点、理论
4	分析——既能理解材料内容，又理解材料结构	是一种比应用更高的智能水平	能从整体出发把握材料的组成要素及其彼此关系
5	综合——能将先前所学的材料或所学的经验组合成新的整体	产生新的认知结构，故特别需要有一定的创造能力	能制订一项操作计划，能概括一些抽象关系，能(口头或用文字)表明新的见解
6	评价——评定所学材料的合理性(如材料本身组织是否合乎逻辑)和意义(如材料对社会的价值)	最高水平的认知学习	能对有关材料，如记叙文、小说、诗歌、报告等做出价值判断

2. 情感领域的目标

情感行为的中心是价值、态度、兴趣、爱好、欣赏。依据价值内化的程度，从低到高分为五级。

(1) 接受：指学生愿意注意特殊的现象或刺激。从教师方面看，其任务是指引和维持学生的注意，学习的结果包括从意识到某一事物存在的简单注意到选择性注意。是低级的价值内化水平。

(2) 反应：指学生主动参与。学习的结果包括默认、愿意反应及反应的满足。与教师所说的"兴趣"类似，强调对特殊活动的选择与满足。

(3) 价值化：指学生将特殊的对象、现象或行为与一定的价值标准相联系。包括接受某种价值标准、偏爱某种价值标准和为某种价值标准做奉献。与教师所说的"态度"类似。

(4) 组织：指将许多不同的价值标准组合在一起，克服它们之间的矛盾和冲突，并开始建立内在一致的价值体系。

(5) 价值与价值体系的性格化：指个人具有长时期控制自己的行为以致发展了性格化"生活方式"的价值体系。教学目标着重学生的一般适应模式(包括个人的、社会的、情绪的)，强调学生作为的典型化和性格化。

3. 动作技能领域的目标

动作技能领域的目标分类出现更晚，而且出现多种分类法。这里介绍辛普森(E.J.Simpson)等 1972 年的分类。该分类有 7 级。

(1) 知觉：指运用感官获得信息以指导动作。

(2) 定向(定势)：指对稳定活动的准备。

(3) 有指导的反应：指复杂动作技能学习的早期阶段，包括模仿和尝试错误。

(4) 机械动作：指学习者的反应已成习惯，能以某种熟练和自信水平完成动作。此阶段的动作模式并不复杂。

(5) 复杂的外显反应：指包含复杂动作模式的熟练动作操作。操作的熟练性以迅速、连贯、精确和轻松为指标。

(6) 适应：指技能的高度发展水平。学生能修正自己的动作模式以适应特殊装置或满足具体情境的需要。

(7) 创新：指创造新的动作模式以适合具体情境。

动作技能既包括体育技能，也包括书写技能、实验操作技能、演奏技能和绘画技能等。

布卢姆的教育目标分类学并非尽善尽美，但有助于我们从多角度、多水平、多层次去考虑学校的教育、教学目标问题。它提醒每一位教师，使学生获取知识或者对我们所教内容的简单回忆远不是教学所要达到的最终目标，我们必须努力帮助学生达到更高水平的认知目标。教师不仅要考虑认知领域目标的实现，还要考虑情感领域和动作技能领域目标的实现。有效的教学能促进学生态度和情感的发展，使学生能够以积极、肯定的态度参与各科学习。除了发展学生的认知和情感，同时还要发展学生健康的体魄及各种身体运动技能。

(二)加涅的教学目标分类

加涅(1977)在其所著的《学习的条件》一书中,将教学可能产生的结果即学生的学习结果或教学目标分为五类:言语信息、智力技能、认知策略、动作技能和态度。加涅的教学目标分类被认为具有处方性,这是因为他的教学目标分类不只是条目的说明,而且还进一步告诉教师怎样设置情境,以达成预定的教学目标。加涅还特别强调了与学生的学习结果的达成密切相关的学习的内在条件。

1. 言语信息

言语信息是指凭借口头或书面言语所表达的知识。按学习方式的由简到繁,学生在学校必须学习以下三类言语信息。

(1) 字与词的基础知识。学生最初学习的是一些个别的单字或由单字组合而成的词。学习方式包括配对联想学习和概念学习。

(2) 简单的陈述性知识。用言语所表达的简单陈述性知识可分为两类:①说明状态的知识,如"香蕉的颜色是黄的",用来表达几个概念之间的关系;②说明规则的知识,如"水在零度以下会结冰",用来表达各概念之间具有条件性的关系("零度"是"结冰"的条件)。

(3) 有组织的复杂知识。由言语信息所表达的历史事件或科学原理,都属于有组织的复杂知识。这类知识是在字与词的基础知识及简单的陈述性知识的基础上形成的,并成为学校各科教材的主要部分。

获得言语信息的学习内部条件最重要的是学生的先备知识,学生要先学会概念,然后才能学习规则,有了概念和规则做基础,才能进一步学习有组织的复杂知识。难度适中的教材及教师清楚的讲解是学生获得言语信息的外在学习条件。

2. 智力技能

智力技能是指学生掌握概念、规则并将其运用于新情境中的能力。加涅认为,学生智力技能的学习包括辨别、概念、规则和问题解决四个层次。

(1) 辨别。辨别是指学生能够对不同的刺激给予不同的反应,或者是从众多刺激中辨识出相同的刺激。影响辨别学习的内在条件是学习者必须经由感官觉察到刺激,而且能够辨别各刺激之间相同的或不同的特征。辨别学习的外在条件包括两项:①当学生表现出正确反应时,立即给予适度的强化;②让正确的反应多加练习,以避免遗忘。

(2) 概念。概念是指对具有共同属性的事物的概括性认识。加涅将概念分为两类,一类为具体概念,一类为定义性概念。具体概念是指事物的共同属性可以具体显现的概念,其学习的内在条件是学习者的辨别能力,外在学习条件是由教师提供具体事物让学生去按属性进行辨别。定义性概念是指不能用指认的方式来学习的抽象概念,其共同属性不能具体显现,只能用下定义的方式以语言含义来表示。其学习的内在条件是在给予概念的定义之前,学生必须了解定义所涉及的语言信息的含义。外在学习条件是教师提供具体活动作为示范,使抽象的定义性概念与某项具体活动相联系,从而得以理解。

(3) 规则。规则是指数个概念合在一起所表达的完整意义。如"圆的面积等于圆周率与圆的半径的平方之乘积"是一条规则,它是由圆的面积、圆周率、圆的半径等各个概念之间的关系构成的。规则学习的内在条件是学习者对规则中的各个概念有所了解,其外在条件是教师必须先行了解学生是否已经学到该规则中所有的概念。如在教圆的面积的计算规则之前,教师必须先确定儿童已具备了"圆周率"的概念。

(4) 问题解决。问题解决是指运用各种习得的规则去解决问题的心理过程。问题解决常常需要多个规则的相互配合,而不再是单一规则的运用,因此经过问题解决所学到的被称为"高级规则"。问题解决学习的内在条件是学生对解决问题所需的各项规则已经了解,其外在条件是教师在提出问题时,必须针对学生对问题的理解程度,给予适度的解释说明,使学生的先备知识与问题情境相衔接。

3. 认知策略

认知策略是指学习者自主调节和控制其内部的心理活动从而获得知识的一切方法。学习者运用认知策略指引自己的注意、记忆和思维等活动,因此它是一种内部定向技能。教学生学习认知策略,使学生学会学习比教学生获取知识本身是更加重要的目标。因为学生学会了适当的认知策略,就可以自行获取新知识。加涅认为应该教学生学习以下三种认知策略:①记忆的策略;②组织的策略;③元认知策略。认知策略学习的内在条件是学生的先备知识及智力技能,其外在条件是教师所提供的教材适合学生的能力和经验,并给学生提供较多的练习机会,给予精心指导等。

4. 动作技能

动作技能是指通过人的一般活动而习得的一套熟练的动作系统,这种能力的掌握会使操作变得精细、流畅和及时。动作技能可分为体育运动型(如体操、滑冰等)和职业型(如木匠手艺、汽车修理等)。动作技能学习的内在条件是学习者要具备技能中所需要的动作及动作的程序;其外在条件是教师要给学生提供练习的机会并提供直接而精确的反馈。

5. 态度

态度是指影响个人对其行动选择的内在心理状态。加涅把态度大致区分为三类:①儿童所获得的促进他与社会交往的态度;②对某类活动的积极偏爱;③有关一般公民身份的态度。态度学习的内在条件是学习者要尊重或崇拜所模仿的那个人,并具备模仿那种行为的能力;其外在条件是教师提供榜样,让学生进行模仿学习或者当学生在某种情境中表现出适当的态度时给予直接的赞许或奖励等强化。

根据布卢姆和加涅等人对教学目标分类的研究,我们在决定某一学科的教学目标时,首先要考虑目标的多个领域或多种类型,如认知领域的目标、情感领域的目标、动作技能领域的目标都要尽可能考虑到。其次,在每一个领域中,还要考虑到不同层次、不同水平的目标,如在认知领域的目标中,不但要考虑知识这一层次的目标,而且要考虑理解、运用、分析、综合、评价等智力技能及认知策略方面更高层次的目标。

三、任务分析

任务分析是指开始教学活动之前,预先对教学目标中所规定的、需要学生习得的能力或倾向的构成成分及其层次关系详加分析,将教学目标逐级细分成彼此相联系的各种子目标直到学生起始状态的过程。任务分析通常采用逆推法,教师要从最终的教学目标出发,一级子目标一级子目标地揭示其先决条件,即反复提出问题,学生要完成这一目标,预先必须具备哪些能力,一直追问到学生的起始状态为止,然后把学生需要掌握的学习目标逐级排列。任务分析的一般程序,如图13-1所示。

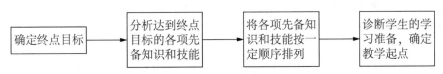

图13-1 任务分析的一般程序

(一)教学任务分析

加涅认为教学任务分析可分两步进行,即过程任务分析和学习任务分析。过程任务分析是分析完成教学终点目标而必须执行的步骤,这些步骤不仅包括能被观察的行为,而且包括并不明显的个别步骤。也就是从学习结束时应达到的目标出发,确定为实现最终目标而需要逐级实现的各种子目标及其步骤。学习任务分析是对学习过程中必须达到的目标即子目标的分析,确定完成子目标所需的前提条件。完成子目标需要的前提条件分为必要性前提条件和支持性前提条件。必要性前提条件是指学习子目标前获得的完成子目标任务不可缺少的知识和技能;支持性前提条件是指有利于子目标的学习、使学习变得更容易或更快的知识和技能,虽然它不是必要的,但却是学习的支持性条件。

(二)教学对象分析

教学任务分析的终点是教学对象,教学对象分析就是确定学生的学习准备和起始状态。学生的学习准备和起始状态是学习的内部条件,是教学的起点,确定学习者的学习准备是教学设计的必要环节。一般来说教学对象分析包括对以下因素的分析。

(1) 学习态度分析。态度是学习者对学习活动所持的稳定的有组织的内在反应倾向。当教师对学生的学习状况进行评价和反馈时,学习态度是首要的因素,如"该学生学习目的明确"或"学习主动积极"就是指学习态度。学习态度十分重要,它表现了学习者对学习活动的认识、体验及行为上的准备。教师可以通过观察、查阅资料、问卷调查、开座谈会等方法对学生的学习态度进行分析和了解。

(2) 起始能力分析。学习者的起始能力是教学的起点,是教学设计的重要依据。上述有关教学任务的分析中,教师要明确教学目标属于哪一层次的学习结果,为得到这样的结果,学生必须具备哪些次一级的能力以及更次一级的能力。显然,这样的分析同时也是对学习者起始能力的分析和要求。

(3) 知识背景分析。新的学习结果的达成要依赖于学习者已有的知识背景,通过认知结构中新旧知识的相互作用而获得。分析学习者的知识背景,既要分析有助于新知识获得的原有知识,又要分析妨碍新知识获得的旧知识。学习者知识背景分析主要是分析认知结构中原有知识的稳定性、清晰性和可利用性。

延伸阅读

学习者特征分析:以小学语文《在家里》为例

本课为人教版小学语文第一册的一篇识字课,是第 1 课时,其教学目标为:①认识课文中的生字及由生字带出的新偏旁,学会写 4 个生字;在阅读中拓展、巩固识字。②正确、流利地朗读课文,体验阅读的情趣。③能在键盘上使用正确的指法练习打写,产生打写的兴趣。

学习者特征分析:①学习者为一年级的学生,经过训练,学生已初步掌握开机、关机、打开课件等技能,能借助课件自主学习,能上网阅读材料并进行浏览,会正确使用网络留言板。②学生能初步学习运用加偏旁、换偏旁、编谜语、把生活识字与根据生活经验理解词语结合起来等识字方法自主识字,对认字有一定的兴趣。③学生对创新识字、阅读、写作等语文活动非常感兴趣。④学生开始学习借助课件自主学习,能在教师的指导下进行拓展阅读。⑤学生对打写汉字颇感兴趣;对网络留言板的正确使用有待提高。

(三)教学目标的明确化

在分析教学目标的类型和层次之后,如何予以表述就成了确定教学目标必不可少的技术问题。传统教学目标的主要弊端表现在两个方面:①表述上的含糊性和描述性,无法观察、测量和具体操作。如语文课常见的教学目标陈述是"培养学生分析能力""提高学生的阅读理解能力""体会劳动人民淳朴、善良、乐于助人的高尚情操"等,目标含混不清,无法观察,无法测量,更无法在教学中加以具体操作执行。②以教学要求代替教学目标,教学目标提出的是对教师教学行为的要求,而不是对学生学习后要达到的学习结果的要求。皮连生教授曾指出,我国大量公开出版的各类教学参考书往往以"教学要求"代替教学目标。教学要求陈述的是教师的行为,如"继续对学生进行有感情的朗读课文的训练""教学生十以内的加法"等是对教师行为的描述,而不是学生学习后要达到的学习结果,即学生的行为变化。

一个明确、规范的教学目标既要能反应学习者在学习中所发生的本质变化,又要具有可操作性,能被观察和测量。如何陈述教学目标才是明确的呢?怎样才能实现教学目标的明确化呢?①教学目标要用可观察的行为来陈述,使教学目标具有可操作性;②教学目标的陈述要反映学生行为的变化,要陈述学生的学习结果。下面通过对西方心理学家在教学目标陈述上的有关研究的分析,进一步理解如何实现教学目标的明确化问题。

1. 行为目标陈述法

行为目标也称操作目标,是指用可以观察和可以测量的学生行为来陈述的目标,是用预期学生学习之后将产生的行为变化来陈述的目标。美国俄亥俄州立大学的泰勒(Tyler)首先提出行为目标的概念。美国行为主义心理学家马杰(R. Mager，1962)则是这一观点的代表人物，他系统地提出用行为术语陈述教学目标的理论和技术，认为应从以下三个方面表述教学目标。

(1) 具体目标——可观察的行为。用行为动词描述的学生通过教学形成的可观察、可测量的具体行为表述教学目标。在目标表述时避免使用描述内部心理过程的动词，如"知道""理解""欣赏""记住"等，而应该使用行为动词，如"背诵""解释""选择""写出"等。朱敬先教授对布卢姆三个领域的教学目标都选用了明确的行为动词，对我们如何陈述这些领域的教学目标具有一定的借鉴作用，如表 13-2 所示。

表 13-2 认知领域教学目标的行为动词

认知领域教学目标	行为动词
1. 知识	界定、描述、指出、标明、列举、选择、说明、配合、背诵等
2. 理解	转换、辩护、区别、估计、解释、引申、归纳、举例说明、猜测、摘要、预估、重写等
3. 应用	改变、计算、示范、表现、发现、操纵、操作、预估、准备、产生、关联、解答、运用等
4. 分析	细列、图示、细述理由、分辨好坏、区别、指明、举例说明、猜测、关联、选择、分开等
5. 综合	联合、编纂、组成、创造、计划、归纳、修饰、设计、重组、重建、重改、重写、总结等
6. 评价	鉴别、比较、结论、对比、检讨、分辨好坏、解释、指明、阐释、关联、总结、证明等

(2) 产生条件——行为发生的条件。规定学生行为产生的条件，指出学习者在什么情况下表现出所要求的行为，在什么情况下去评定学习者是否达到教学目标。如"按照已知条件""根据参考书""在三人一组时""按课文内容"等。条件的表述一般包括行为情境、设备和工具的利用、手册和资料的辅助、时间的限制以及他人的帮助和合作等。

(3) 行为标准——可接受的行为标准。行为标准是衡量学习结果的行为的最低要求，是通过学习测验的可以接受的一个标准，它使行为目标具有可测性的特点。标准的表述一般与下列问题有关：①正确的次序，如"将水的净化过程的六个步骤按正确顺序排列"；②正确的百分比或程度，一般要在 80%以上；③精确度，如误差在多少之内；④在多少时间内，如"8 分钟内装好调好零件，并操作万用表"。马杰的行为目标及其要素举例，如表 13-3 所示。

表 13-3 马杰的行为目标及其要素举例

目 标	条 件	行 为	标 准
给出一系列句子，学生能找出每个句子中的介词	给出一系列句子	找出	每一个
给出 10 道除法计算题，学生能正确解决 8 道题	给出 10 个问题	解决	10 个问题中 8 个正确
给出直尺和圆规，学生能画出一个角的等分角，误差在 1°之内	给出直尺和圆规	画出	误差在 1°之内

根据马杰的行为目标的要求设计教学目标，可以改变传统教学目标陈述上的含糊性，使之变得更加明确、可操作。例如，语文课的一个传统的教学目标表述为"通过教学培养学生的分析能力"，是一个十分含糊的目标，难以操作，难以测量。改用行为目标陈述法可以表述为："提供报上的一篇文章，学生能将文章中陈述事实的句子与发表议论的句子进行分类，至少85%的句子分得正确。"

2. 心理与行为相结合的目标

行为目标强调行为表现而忽略学习者内部心理过程的变化，容易使教学目标局限于某种行为训练或表现出机械化倾向，而且在教学过程中确有一些教学目标无法用行为来描述。同时，根据认知学习理论，教学活动中学生学习的实质是内部心理发生的变化，但内在的心理变化无法直接观察到。因此，以美国心理学家格伦兰(N. E. Gronland)为代表的一些心理学家提出用内部过程与外显行为相结合的方式表述教学目标。

用这种方法陈述的教学目标由两部分构成：第一部分为一般教学目标，即基本的教学目标，用一个动词描述学生通过教学所产生的内部心理变化，如记忆、知觉、理解、创造、欣赏等；第二部分为具体教学目标，列出具体行为样例，即学生通过教学所产生的能反映其内在心理变化的外显行为，使一般教学目标进一步明确和具体，作为判断学生是否达到一般教学目标的依据。格伦兰目标陈述法举例，如表13-4所示。

表13-4　格伦兰目标陈述法举例

一般目标	特殊的学习结果
理解概念	写出概念的定义
	认出概念的例子
	举出概念的例子
	找出对等的概念
解决问题	确认与问题有关的信息
	对问题进行定性描述
	将定性描述转换成数学符号
	评价答案
	得出解决问题的办法

我们所看到的大多数教材中都在运用格伦兰的目标陈述法。与马杰一样，格伦兰也非常重视目标陈述中行为动词的运用。格伦兰认为所使用的行为动词应该清楚地传达教学的内容并且应该精确地陈述所期待得到的学生的操作行为和操作水平。在表13-5中格伦兰列出了在教学目标中行为动词的使用方式及其与学生的反应间的对应关系，以及测验任务的实例。

格伦兰将内部心理过程与外部行为变化相结合的目标陈述法，既克服了严格的行为目标只顾具体行为变化而忽视内在心理过程变化的缺点，同时也克服了用传统方法陈述的教学目标的含糊性和不可操作性的弊端。心理与行为相结合的教学目标陈述既强调了学生学习结果的内在变化，又克服了传统教学目标陈述上含混不清和不可操作的弊端，因此，这种观点和技术获得了许多心理学家的支持和普遍的认可。

表 13-5　行为动词的使用方式

行为动词	学生的反应	测验任务举例
确认	指出、触摸、标记、圈出、匹配、挑出	在直角三角形下面标记一个×
命名	供语言标签(口头的或书面的)	这种类型的三角形叫什么
区分	找出并标记不同点，分类或选择共同类型	下列句子哪一个是陈述事实的(标出F)，哪一个是发表论点的(标出O)
描述	提供语言解释(口头的或书面的)	描述测量大气相对温度的步骤
归类	将有共同特征的事物放在一组并命名	写出下列句子中所使用的代词类型的名称
排序	按顺序列出，按顺序摆放、排列	将下列历史事件按时间顺序排列
建构	画出、做出、设计、调集、准备、建造	用下列数据画出一个柱形图
完成	以言语的方式或非言语的方式完成一系列步骤	准备这个实验的实验室设备

第三节　教学过程的设计

确定教学目标并进行任务分析，就是明确教学活动的起点和终点。教学的起点是现实的，而教学的终点是预期的。教学要从起点成功地达到终点，还要有效地组织教学过程。教师必须通过教学过程来完成教学任务，达到教学目的。因此对课堂教学过程的设计，直接关系到教学任务能否顺利完成，教学效果是否理想。

一、教学事项的确定

尽管教育学家、心理学家对教学有着不同的理解，但教学的实质在于为学习过程提供支持却是不容置疑的。因为学习过程是由一系列心理活动及其相互关系构成的，因此教学也应该是有一定的程序结构的。在教学程序中，学生的学习随事先设计的教学情境而进行，教师在教学中安排的程序性事件就是教学事项。教学事项建立在学习理论的基础上，构成教学的每一事项其作用都在于帮助或支持学习内容的获得和保持，都应与学生的内部活动有一种相当明确的关系。加涅指出，在教学中要依次完成以下九大事项，而且教学事项在支持学习过程方面应具有理想的结果，如表13-6所示。

表 13-6　教学事项及其与学习过程的关系

教学事项	与学习过程的关系
1. 引起注意	接受各种神经冲动
2. 告知学生目标	激活执行控制过程
3. 刺激回忆前提性的学习	把先前的学习提取到工作记忆中
4. 呈现刺激材料	突出有助于选择性知觉的特征
5. 提供学习指导	语义编码，提取线索

续表

教学事项	与学习过程的关系
6. 引出作业	激活反应组织
7. 提供作业正确性的反馈	建立强化
8. 评价作业	激活提取，使强化成为可能
9. 促进保持和迁移	为提取提供线索和策略

(一)引起学生注意

注意是学习者的心理活动对学习材料的指向和集中，是人脑信息加工的第一步。引起学生的注意是教学过程中的首要事件，也是教学艺术的一个组成部分。引起学生注意的事件有多种，教师通常可通过以下三种方式来引起学生的注意。

(1) 激发求知欲。这是基本而常用的引起注意的方法，由教师提出问题或设置问题情境，学生为了知道问题的答案，就会集中注意教师的讲解以及其他教学活动。

(2) 变化教学情境。通过教学媒体或其他非言语交流，提高教学的直观性、形象性，促进学生的感知和思维活动。同时还要把有意注意和无意注意结合起来，对外界刺激物的无意注意在教师引导下会转化成对课堂学习的强烈的有意注意。

(3) 配合学生的经验。从学生最关心的问题入手，结合日常生活经验，然后转到所教主题上，也就是从日常概念引出科学概念。

(二)提示教学目标

在引起学生注意后，向学生提示教学目标，使学生在心理上做好准备，明了学习的方法和结果，以免学生在学习中迷失方向。在向学生陈述教学目标时，要注意用学生能够理解的语言，确保学生理解学习目标和学习结果，形成心理定向。教学目标的陈述也有助于教师把教学维持在目标上。比如，学习一篇课文，能够逐句背诵和能够陈述大意是两个截然不同的目标。又比如在一节既定的学习小数的数学课上，学习读小数、写小数、进行小数计算，也是非常不同的目标。可见教学目标的陈述对于教学和学习都是不可缺少的。一般来说，教学目标应该直接告诉学生，而不应让学生去猜。

(三)唤起先前经验

任何新知识的学习必须以原有知识技能为基础，因为原有知识和技能是新观念获得的支撑点，尤其是层次较高的学习要以次一级的学习为基础。在教学中教师要激活学生头脑中与新知识学习有关的旧的知识技能，以此为基础推导和引发新知识。如果发现学生缺乏学习新材料必需的基础知识技能，就要及时给予辅导，以免出现学习困难。

(四)呈现教学内容

教学内容是引起学生学习行为的刺激物，是学生要掌握的知识、技能和情感。呈现教学内容是整个教学事件中最明显的一个环节，所有类型的教学都不可缺少，否则学习行为无从发生。教师在呈现教学内容时要根据教学材料的性质、学生学习的特点及预期学习结果的类型等有关因素，采取相应的方法和组织形式。在教学设计中，关于教学内容的组织和呈现可以从教材和知识类型等不同层面加以考虑。

(1) 关于教材的组织，有布鲁纳的"螺旋式"组织、加涅的"层级"组织、奥苏伯尔的"先行组织者"组织等。①布鲁纳认为教材的组织应该与儿童智慧发展的水平相匹配，才能使教学顺利进行。儿童智慧发展分三个阶段：从动作式表征阶段到映象式表征阶段再到符号表征阶段。每一学科的概念、规则均可从动作的、表象的、象征的(语言与符号)三种智慧水平出发加以组织，年龄不同的儿童可使用不同水平的教材。②加涅关于教材组织安排的基本观点以他的学习分类理论为基础，他把学习按简单到复杂分成8个层级即8类学习，认为较高层次的学习必须以较低层次的学习为基础，因此在教材组织上，应先完成较低层次的教学，然后在此基础上进行高一级的教学。③奥苏伯尔认为学生在课堂上对知识的学习是一个有意义的学习过程，有意义学习的条件之一是学习材料对学生来说必须具有潜在意义。要使学习材料对学习者具有潜在意义，可在新材料教学之前，先向学生呈现具有较高概括性和包容性的某种引导性材料，这种先呈现的、能为学生理解的、能够引导新学习的材料就是先行组织者。这种教材组织和呈现的方式叫"先行组织者"组织。

(2) 关于知识类型的组织。信息加工心理学把知识分为陈述性知识、程序性知识和策略性知识。有关研究表明，识别知识类型并针对不同知识类型进行教学内容的组织，是教学设计的新视角。对于陈述性知识的组织，应该侧重于"是什么"的表述，注意新旧知识间的结合点；对于程序性知识的组织，侧重于"怎么办"的应用性问题，加强练习设计；而对于策略性知识，重在认知方法和思维的训练，加强自学指导和学生对学习的自我反省及自我控制。

(五)提供学习指导

在呈现完教学内容后，教师要指导学生完成学习任务。学习指导并不是告诉学生问题的答案，而是重在指出学习的思路，明确思考的方向，把学生维系在解决问题的正确轨道上。进行学习指导时首先要注意直接指导和间接指导的运用，使用直接指导或间接指导要视学习的类型而定。当学生对人名、地名等事实性知识不理解时，可给予直接指导，将正确答案直接告诉学生，因为事实性问题不能靠知识经验和思维加以推理；对于与学生经验有关的逻辑性问题，可以提供间接指导，给学生一定的暗示或提示，鼓励学生自己进一步推理而获得答案；对于态度和情感学习的指导，可以用人物作榜样。

在进行学习指导时，还要根据学生个体差异而采取不同的方法。对高焦虑的学生来说，低水平的提问是有效的；而低焦虑的学生则可能从具有挑战性的问题中得到积极的影响。对于能力较强、个性独立的学生，可给予较少指导，鼓励学生自行解决问题；对于能力较差、个性依赖的学生，可给予较多的指导，直到得到正确答案为止。

(六)展现学习行为

学习是学习者内在的心理活动，在充分的学习指导后，如果想要确定学生是否产生了学习，就要求他们展现其外显行为，这时教师通常会对学生说"请说明一下""做给我看"或"做一下"等。教师可以根据学生以下三种行为线索来判定学生是否产生了学习或要求他们展示其学习行为：①眼神和表情，当认知活动由困惑达到理解时，学生的眼神和表情会流露出一种满意的状态，有经验的教师常常据此就能断定学生掌握知识的情况；②随时指定学生代表将所学知识或问题答案说出来；③根据学生的课堂作业来检查全班学生的学习情况。

(七)适时给予反馈

学生展现学习行为之后，教学必须提供学生学习行为正确性或正确程度的反馈。而且当学生表现出一次正确行为时，未必就表示他已经确实学到了该种行为，因为靠短时记忆学到的东西如不及时复习，就难以存储到长时记忆中，因此要给学生提供反馈，使其整合新旧知识，加强对正确反应的记忆。学生反应的反馈线索可以来自学生自己，如操作技能的学习，正确的行为导致正确的结果，根据行为的结果，学生能够找到体态活动与正确行为之间的关系；反馈线索也可来自教师，尤其是知识的学习，可以通过作业和谈话而获得反馈。即使教师观察学生作业时的点头、微笑或言语的语气，也可以给学生提供他们的作业是否正确的信息。

(八)评定学习结果

当学生正确的学习行为表达出来时，实际上就直接标志着预期的学习已经发生，其本身就是对学习结果的评估，只不过是这种评估还要考虑信度和效度的问题。信度和效度是系统的学习结果评估和教学评价的两个最重要的指标。也就是说，教师如何才能确信学生表现出的学习行为能够有效地标志学习结果呢？对这个问题，实际上是要回答两个判断。第一个判断是学生的行为和作业是否精确反映了教学目标；第二个判断是学生的行为和作业是否是在真实的条件下完成的。

通常情况下，系统的学习结果评定通过标准化成就测验和教师自编测验完成，标准化成就测验和教师自编测验一般具有较高的信度和效度。在平时或对于一个具体教学目标，通过课堂作业情况、课堂小测验或者课堂问答，教师也能够了解学生对本节课内容的掌握程度。

(九)加强记忆与学习迁移

当确知学生获得所教的知识技能后，就要教会学生记住知识，并给予复习，以便巩固和保持所学知识，同时要使新旧知识融会贯通达到系统化。并且要为学生提供各种各样的新任务，这些新任务需要把所学知识运用到那些与学习情境本质上不同的新情境中，在变式情境中学习获得了迁移。因为把知识保持在长时记忆中并获得最大限度的迁移是有效教学的主要目标。

需要指出的是，在教学过程中，上述教学事件的出现只是一个相对合理的顺序，并非是一成不变，也不是每节课都需要所有这些事件。教学事件的作用是激活学习者内部的信息加工过程，而不是取代这些过程，因此在大多数情况下，教学事件必须由教师或教学设计者根据实际情况做出审慎的安排。

二、教学方法的选择

教学方法是指在教学过程中师生双方为实现一定的教学目的，完成一定的教学任务而采取的教与学相互作用的活动方式。它是整个教学过程结构中的一个重要组成部分，是教学的基本要素之一。不同的教学方法影响着教学过程的不同组织和学生学习结果的不同特点。

在教学设计中，根据教学人数的规模，教师常常用到以下基本的教学方法。

(一)大班教学

大班教学是以班级为单位进行的教学组织形式。大班教学中常用的教学方法有讲授法和问答法。

1．讲授法

大班教学最普遍的教学方法是讲授法，这是一种历史悠久的教学方法。在讲授法中最经常的知识是教材、参考资料以及教师自身的经验，教师通过口头言语，配合黑板、图画、图表及其他教学媒体，把教学内容传递给学生。

讲授法的优点：讲授法之所以在教育实践中存在几千年的历史，是因为好的讲授能够有效地实现必要的教学事件，顺利而又经济地达到教学目标。讲授法能够简洁清晰地陈述教学目标；能够概括形象地呈现学习材料；能够用富于意义的刺激引起学生的注意，鼓励学生的学习热情；能够把理论和实际相联系促进学习的迁移；能够帮助学生确立对某一学科的认识和学习方法；讲授法最显而易见的优点是它能够面向许多学生，充分发挥教师的主导作用，并且容易掌握，简便易行。

讲授法的缺点：对教学事件的控制不够精确。在教学过程中，学生的注意力会逐渐下降；学生不能及时对教学活动做出反应；教师也不能及时获得学生学习的信息以提供肯定性或矫正性的反馈；教学形式不能适应每个学生的个别差异。

2．问答法

大班教学另一常用的方法是问答法。它在某些学科中有比较广泛的使用，如语文课、外语课等，用以克服讲授法中学生反应少、反馈较慢的缺点。这种形式是以教师提出较多的、适当的问题为主，要求教师预先准备好一系列问题及对问题的简要讲解，还要能够按学生的回答做进一步的提问或说明。

在问答法中，教师提出的问题实质上代表了不同阶段的教学事件。可以设计一个问题刺激学生对先前知识的回忆，也可以设计一个问题要求学生表现出自己的学习结果。一种类型的问题可以用来诱导学生的思考，另一种类型的问题则可以要求学生列出新学习的知识技能的实例。

问答法能够诱导学生参与教学过程，体现学生学习的主体性；由于提供练习和及时反馈，有利于教师根据教学的实际进展调整教学，也有利于学生对知识的巩固和迁移；在问答法教学中，有些教学事件可能要由学生自己处理，如阅读教材、复述有用信息、练习例题、完成家庭作业等，这些也能培养学生良好的学习习惯。问答法最大的缺陷是在对个别学生的影响上,教师的提问只有一部分学生有时间回答,时间不容许所有学生轮流回答问题。

(二)小组教学

在我国目前的课堂教学中,小组一般是在班级内部划分而来的,通常由3~8人组成。小组教学就是把班级分成若干小组,让学生在小群体内通过对话、交谈、讨论完成学习任务。小组教学常用的方法有讨论法和指导法。

1. 讨论法

讨论法是在呈现教学内容后,组织学生在小组内讨论,最后得出结论,从而掌握教学内容的教学方法。讨论法的基本特征是师生、生生之间的相互交流和作用。一个学生发言时整个小组在听,发言的顺序不必事先决定,一个学生可以对另一个学生的发言和问题做出反应。在小组讨论中,教师也可以插话或提问,点名个别学生发言。为了使讨论取得积极效果,可由教师指定或小组成员推举某个学生担任讨论领导。

一般认为,适合小组讨论的教学目标有三种:学科教材的掌握、态度的形成和问题解决。学科教材的掌握是对概念和规则的学习,通过讨论,学生可以发现概念例证的共同特征,找出规则所揭示的概念之间的关系。态度的形成和改变是十分适合讨论的题目,学生围绕一个说明社会问题的事件展开讨论,发表意见,教师或者小组领导以及其他小组成员对这些意见进行评论,使问题逐渐明确和尖锐,最后达成一致意见,由小组领导用一组言语陈述来表明。问题解决也是一个被普遍采用的讨论题目,尤其是开放的、有多种答案的问题在小组讨论中能带来最大的教学效率。

讨论法能在很大程度上激发学生参与学习的积极性,训练学生的表达和交流能力以及反应的敏捷性,但它不适宜于低年级和缺乏相应背景知识的学生,有些教学内容如数学和语言也不适宜于进行讨论。

2. 指导法

大班学习也存在教学指导,但很难找到适合于所有学生的指导方法,因此指导法更多地被运用在小组教学中。指导法就是在学生阅读、讨论或作业的过程中给学生提供必要的知识、线索和策略,帮助、引导学生完成学习任务。有练习指导、阅读指导、活动指导等。教师在小组中的指导既可以面向一个小组,也可以轮流向小组的每个成员提供指导。选用哪种指导形式效果更好取决于教师对当时教学情境的判断,但指导的作用仍然一样,就是提供帮助学生学习的线索和策略。

上述几种教学方法在教学实践的运用中并没有截然的界线,如问答法也可在小组教学中进行,指导法也可是大班的指导。同时,在教学中除了上述方法外,演示法、练习法、实验法、参观法、游戏法等,也是经常用到的教学方法。

三、教学媒体的选用

教学媒体是承载、传递教学内容和教学信息的工具,教学设计必须做出一个决定,采取什么样的媒体来传递教学信息和提供刺激。在教学中,印刷的课本、录音录像磁带、影视节目、教师的语言、训练器材、光盘及计算机等都是教学媒体。

每一种媒体都有其独特的特点和作用，大多数媒体选择模型的提出者都认为，不存在一种普遍优于其他媒体的媒体，也不存在一种对一定学科和目标十分有效的媒体，最优媒体的选择只能针对具体的教学目标和教学情境。那么在教学设计中，怎样才能选择出最合适的教学媒体呢？根据已有的调查和研究，媒体的选择和运用必须考虑以下因素。

(一)教学目标

选择教学媒体时，首先要考虑教学所要达到的目标和任务，媒体间最显著的差异在于媒体与学生相互作用的性质，教学目标是侧重于认知、情感还是动作技能，所适用的媒体就会不同。比如，具有呈现文字或声音的言语材料功能的媒体适用于陈述性知识的学习，而当学习涉及空间安排或时空顺序的具体概念时，图片、图形则是有效的教学媒体；学习动作技能需要能给学生提供反应正误反馈的仪器，而态度学习和改变的教学选择媒体时，包括有人活动的影视和动画媒体将成为主要考虑对象。

(二)学习者的特征

选择媒体时学生变量是必须考虑的，具有不同学习方式、不同学习能力倾向和不同个性的学生，可从适合的媒体中受益。其中阅读理解能力和阅读倾向偏好是选择教学媒体必须考虑的重要因素，对阅读能力较差、无阅读偏好的学习者，图片、图形、图表或画面比书面言语表达能更迅速、更有效地传递学习内容。

(三)教学情境

教学媒体的选择要考虑教学情境因素，教学情境包括学校的财政预算、班级大小、设备的可利用性、教师的教学能力、学校领导对革新的态度等。

(四)经济因素

学校的财政预算通常有限，媒体的选择既要为使用者所接受，又要有经费保障，考虑经济实用性。在有多种媒体可供选择时，通常是选择便宜而又效果相当的。

四、教学环境的控制

教学是在一定的环境中进行的，适应、控制和改造教学环境是教学设计应该考虑的重要方面。教学环境有广义和狭义之分，狭义的教学环境指教学进行的物理环境，广义的教学环境除物理环境外，还包括由学生群体、师生关系和教师特征等组成的社会环境。教学环境会造成特定的心理环境和心理氛围，从而对教师的教学和学生的学习产生影响。关于教学的社会环境，教学的物理环境除了自然条件外，主要有以下因素。

(一)教室

教室是教学活动进行的场所和空间，教室空间资源的安排是心理学家们比较感兴趣的，因为教师如果能够根据教学目标和教学活动配以相应的空间资源安排,将有助于教学目标的实现。一般来说教师组织教室空间的方法有两种。第一种是按领域原则来安排教室空间,将课堂划分为一个一个的领域,某些领域只属于某类或某个学生,直到教师加以改变为止,这种安排适合于面向全班的课程教学;第二种是按功能安排教室空间,将课堂划分为各种兴趣范围或学习中心,每个学生都能达到各种区域,这种安排适合于小组教学。在实际的教学中这两种方法可以组合使用。

教室中学生座位的安排也会影响到课堂教学和学生的学习。传统的座位安排一般是纵横排列的秧田式,这种排列有利于教师对教学和学生的控制,但减少了学生之间的联系和交往。在进行以学生为中心的非指导性教学时,课堂座位也可以作其他各种安排,如矩形、马蹄形、环形等。研究表明,坐在教室前面几排以及中间几列的学生似乎是最积极的学习者,因为教师大多时间都站在这些座位的前面,师生之间的言语和非言语交流大多集中在这一区域,其他位置尤其是后面座位的学生则难以参与,因此,教师要经常变换学生在课堂中的座位。

(二)课桌椅

课桌椅是学生学习的最基本设备。课桌椅的制作要符合人体的结构特征和学生身体发育的特点,不仅不能影响学生的生长发育,而且要有利于学习活动的进行。一般情况下,水平桌面的课桌易于学生进行操作活动,但长时间进行书写和阅读活动,会给学生的骨骼发育和视觉功能带来不良影响。研究表明,如果把桌面水平向上倾斜15°,可以较好地改善学生阅读和书写的姿势;如果教室前面有视觉信号并且又有笔记任务,则桌面向上倾斜30°～40°会使学习者的学习效率和舒服感增强。

(三)声音、照明和颜色

教学需要基本的照明条件,教室中光线的亮度不能过强或过弱,光源方向最好来自学习者的后方,光线反射不能造成炫目感;教室的主色调会引起师生不同的心理感受,暖色宜于活动教学的进行,冷色宜于讲授教学的进行。教学环境还应该避免噪音。

(四)温度、湿度与通风

教室中新鲜的空气、适宜的温度和湿度,会影响学生个体的身体舒适水平,进而影响到他们的心理反应水平和学习效率。一般来说,教室温度应保持在20°,相对湿度保持在30%～60%。

第四节　教学策略的选择

在教育教学中"策略"一词常与"方法""步骤"同义,用来指"教学活动的顺序安排和师生间连续的有实在内容的交流"。在中小学教学过程中,教学策略的选择和制定不仅是优化教学过程和提高教学效率的重要环节,而且也是教学能够顺利进行的重要保证。

一、教学策略的内涵

教学策略是现代教学论研究的新课题，自 20 世纪 70 年代提出这一术语至今，教育心理学界尚未对此概念达成共识。目前研究者对这一问题的看法大体有三类：①把教学策略等同于"教学思想"，突出了"策略"的主观控制色彩，把策略看成一种教学观念或原则，通过教学设计、教学方法、教学模式体现出来；②把策略等同于教学方法或教学模式，突出策略的目标性、计划性和选择性；③把教学策略看成为实现教学目标而制定的综合性方案。

教学策略是以一定的教学观念和教学理论为指导，为完成特定的教学目标或教学任务，充分关注学生的学习，对影响教学的各个要素进行系统化的总体研究，并最终形成可以具体操作的整体化实施方案。这个定义充分说明了以下几点：①教学策略的选择和设计必定是在一定的教育观念和理论的支撑下进行。②教学策略具有明确的指向性，它是由特定的教学目标所决定，直接为实现教学目标、完成教学任务、解决教学问题服务。③教学策略强调教和学的相互作用，注意学生的意义建构。④教学策略应体现全面性，应该充分考虑影响教学的各个要素。⑤教学策略不是教学方法，教学策略的外延比教学方法宽泛。⑥教学策略不是抽象的教学原则，它可供师生在教学中参照执行，具有可操作性。⑦教学策略具有前置性和过程性相结合的特点。所谓前置性是指教师需要在进入课堂实施教学之前，进行教学策略的选择和确定。所谓过程性是指在教学实施过程中，同样存在教学策略的问题。不存在适合任何教学情况、能实现所有教学目标的"万能"教学策略，这就要求教师根据教学需要和实际情况，对一切可供选择的策略进行优化设计，并灵活地加以发展和运用。

二、教学策略的基本特征

认识和了解教学策略的特征可以帮助教育者加深对教学策略的把握，更好地开展教学活动。教学策略的特征主要包括以下几方面。

(一)指向性

教学策略的产生就是为了解决现实的教学问题，掌握特定的教学内容，达到预定的教学目标，收到预期的教学效果。任何教学策略都指向特定的问题情境、特定的教学内容、特定的教学目标，规定着师生的教学行为。不存在适合一切问题和内容的万能的教学策略。只有在具体的条件范围下，才能发挥教学策略的价值。当完成了一定的任务，解决了相应的问题，这一策略就达到了目的，与其相应的手段、技巧不再继续运用，而转向新的教学策略。

(二)操作性

任何教学策略都是针对教学目标的每一具体要求而制定的，具有与之相对应的方法、技术和实施程序，它要转化为教师与学生的具体行动。这就要求教学策略必须是可操作的。

(三)整体综合性

教学策略包括教学活动的元认知过程、教学活动的调控过程和教学方法的执行过程。这三个过程并不是彼此割裂，而是相互联系的一个整体，彼此之间相互作用，每一个过程依据其他两个过程而做相应的规定和变化。也就是说，教师在选择和制定教学策略时，必须对教学的全过程及其各要素加以综合考虑。在此基础上对教学进程和师生相互作用方式做全面的安排，并能在实施过程中及时地反馈、调整，这些必须是统整的过程。这一特征强调的是教学策略不是某一单方面的教学谋划或措施，而是某一范畴内具体教学方式、措施等的优化组合、合理构建。

(四)调控性

由于教学活动元认知过程的参与，教学策略具有调控的特性。元认知实质上是人对自身认知活动的自觉意识和自觉调节。它表现为主体能够根据活动的要求，选择适当的解决问题的方法，监控认知活动的进程，不断取得和分析反馈信息，及时调控自己的认知过程，维持和修正解决问题的方法和手段。教学活动的元认知就是教师对自身的教学活动的自觉意识和自觉调节，教师能够根据对教学的进程及其各种要素的认识反思，及时把握教学过程中的各种信息，即时反馈和调整教学的进程及其师生相互作用的方式，推进教学的展开，向教学目标迈进。当教师具有了教学元认知能力，能自觉认识和调节教学的进程时，教师对教学策略的运用就达到了较高的水平。调控性表现了教师对教学活动的及时把握和调整，表现了教学活动的动态性。

(五)灵活性

教学策略与所要解决的教学问题之间的关系不是绝对的对应关系。教学策略的灵活性表现在教学策略的运用要随问题情境、目标、内容和教学对象的变化而变化。教学中不同教学策略面对同一学习群体会产生不同的效果，即便是采用相同的教学策略教同样的内容，对不同的学习群体也会产生不同的教学效果。

(六)层次性

教学具有不同的层次，加涅把教学分为课程级、科目级、单元级和要案级 4 种水平，我国学者江山野把教学分为 4 层教学过程、5 种教学方式。教学策略的层次性是确实存在的。不同层次的教学策略具有不同的适用条件和范围，具有不同的功能，不能相互代替。不同层次的教学策略之间尤其是相邻层次的教学策略之间是相互联系的，高一层次的策略可分解为低一层次的教学策略，以指导和规范低一层次的教学策略。

三、以教师为主导的教学策略

在教学中，如果教学内容是有结构、有组织的知识技能，如科学、数学、计算、语法等课程，而教学目标是要求学生尽快地掌握这些知识和技能，则宜于采取以教师为中心的指导性的教学策略。指导教学是以学生学习成绩衡量学习结果，在教师的系统讲授和直接指导下使用结构化的有序材料进行教学的策略。讲授法、问答法、有指导的阅读、练习、讨论等都是以教师为中心的指导教学策略的具体运用。在这种教学策略中，由教师设置教学目标，选择学习材料，控制教学进度，设计师生之间的相互作用。

(一)指导教学的特点

教师是教学过程的主角。在指导教学中主要的教学事件包括：教师向学生清楚地说明教学目标；在充足连续的教学时间里给学生呈现教学内容；监控学生的表现；及时向学生提供学习方面的反馈。教学的主要手段是教师的讲授和指导。教学以教师对教学目标的理解和对教学内容的分析为基础，教师的知识和能力水平对学习结果有较大影响。教学面向全班学生，适用于集体教学。由于教学主要面向全班学生，教学的进度和过程容易控制。教学目标以学生对知识和技能的掌握为主，按统一的标准对学习结果进行评定。

(二)指导教学的设计

在进行指导教学设计时应主要做好以下工作。

(1) 复习和检查过去的学习。在指导学习中，新材料的学习以原有的知识技能为基础，复习和检查过去的学习就是了解学生原有知识的掌握情况。如果学习新材料所需的原有知识在学生的头脑中已经具备，则可以通过再认或回忆予以激活；如果学生的先前经验中缺乏学习新材料的必要知识，则要在教学中加以弥补。

(2) 呈现新材料。呈现新材料就是借助教学媒体展示教学内容，教学内容的呈现要根据学生学习的特点、预期学习结果的类型和知识的类型进行。

(3) 提供有指导的练习。有指导的练习既能展现学生的学习行为和学习结果，又能帮助教师了解学生学习的不足。

(4) 提供反馈和纠正。对于学生通过练习和作业表现出来的学习信息，教师要给予及时反馈，强化正确的学习，纠正错误的学习。

(5) 提供独立的练习。独立练习是和学习情境不同、需要学生自己完成的作业。通过独立练习，可以促进学生对知识的应用及迁移。

(6) 每周或每月的复习。每周或每月的复习是为了巩固和保持知识，促进知识的系统化和融会贯通。

四、以学生为中心的教学策略

在教学中，如果学习的任务是开放的、活动的、灵活的问题情境，需要学生积极参与和实践，而教学目标重在培养学生的创造性、抽象思维能力和解决问题的能力，则宜于采取以学生为中心的非指导性的教学策略，如发现教学和情境教学。

(一)发现教学

发现教学指教师不将学习的内容直接告诉学生，而是向学生提供一种问题情境，学生通过自身的学习活动发现有关概念和原理的一种教学策略。在发现教学中，教师的角色是学生学习的促进者和引导者。

1. 发现教学的特征

发现教学具有以下特征：①创设问题情境，激发学生的好奇心和求知欲，使学生在问题情境中产生认知上的矛盾，提出要求解决和必须解决的问题。②给学生提供必要的背景知识和相关材料，促使学生利用教师所提供的材料进行思考和探索，并进行讨论，提出对问题解答的假设。③学生从理论上或实践中检验自己的假设，并修正自己的假设。④教师和学生根据在实践实验中获得的结果以及先前的知识，在仔细评价的基础上引出学习结论。

发现法由于布鲁纳的大力提倡而对教学产生了重要影响。发现策略的主要优点是容易激发学生的好奇心和探究心理，有助于培养学生的独立性、创造性和思维能力；在发现教学中，由于知识是学生自己动手动脑获得的，更容易保持、巩固和迁移。

2. 发现教学的设计

布鲁纳对发现教学的教学设计提出了四项原则：①教师要将学习情境和教材性质向学生解释清楚，使学生对问题产生清晰的定向。②根据学生的经验，适当组织教材。教师要在研究教材和学生实际的基础上，根据教学内容设计一个有序的发现过程。要仔细设计问题和例子，确保参考材料和设备充足，以促进学生的发现进程。③要根据学生心理发展水平，合理安排教材的逻辑顺序，教材呈现应该与学生的年龄、能力水平相匹配。④确保学习材料难度适中，以维持学生的内部学习动机。学习材料太容易，学生缺乏成就感；材料太难，学生容易产生失败感。发现教学要顺利进行，关键在于恰当地确定学生可进行独立探究的力所能及的最近发展区。只有教师给学生创设的问题情境符合学生的实际水平，只要经过努力就可达到最近发展区时，学生才会表现出探索行为。

发现教学的主要缺点是发现过程耗时太多，教学过程不易控制，大大减缓了教学的进度，因此在教学中，心理学家和教师主张把发现和指导结合起来，即有指导的发现。实践表明，在教学中指导发现策略有许多方面的优势，这种策略是先有计划地把学生引入教学内容中，然后向学生提供引导性线索，最后由学生自己得出教学结论。

(二)情境教学

情境教学，也叫探究教学，是指在应用知识的具体情境中进行知识教学的一种教学策略。在情境教学中，教学的环境是与现实情境相类似的问题情境，教学的目标是解决现实生活中遇到的实际问题，学习的材料是真实性的任务，这些任务未被教师人为地简化处理，隐含于现实的情境中。

1. 情境教学的特征

情境教学具有以下特征。

(1) 探究性。情境学习的过程是学生亲自实践、探索和应用知识的过程，学生在学习中充满了好奇和怀疑，要用耳朵听、用眼睛看、用嘴巴说，不仅动手，而且要动脑。

(2) 体验性。在情境学习中，学生由于身体活动和直接经验而获得了知识和情感，经历了一个身心体验的过程。因为有了体验，知识的学习不再仅仅属于认知和理性的范畴，它已扩展到生理、情感和人格的领域，教学过程不仅是知识增长的过程，同时也是情感陶冶、人格健全与身心发展的过程。学习变成学生难忘的、感动的、有所得的活动。

2. 情境教学的设计

在进行情境教学设计时应主要做好以下工作。

(1) 提出问题。情境教学过程与实际解决问题的过程相类似，教师不是直接将事先准备好的概念和原理告诉学生，而是提出现实的问题，这些问题与物体、有机体、自然界或社会生活有关，是科学型的问题。例如，雾是怎样形成的，铁为什么会生锈，沙尘天气如何形成等。

(2) 收集材料。在情境学习中，学生要通过实地、实际的观察、测量和实验，记录、收集和整理各种现象的资料和数据。如事物的特征以及发生的生物、物理或化学变化等。

(3) 形成假设。学生在实践经验和实证资料的基础上，利用已有的知识，通过分析、推论和预测，对观察到的结果做出解释，提出解决问题的假设。

(4) 检验假设。学生通过和他人的交流，或通过类似的情境验证假设的正确性，排除、修正错误和缺点。

(5) 评价结果。问题解决之后，蕴含在问题情境中的知识技能就会凸显，学生为了解决问题而学习知识，通过解决问题来理解知识。对于学习的结果，教师和学生要做出评价，纳入已有的知识体系。

(三)合作学习

民主、宽容和合作是现代社会对人们的基本要求，这种要求已反映在新的教学方式和学习方式上，即合作学习。所谓合作学习，就是学生以主动合作学习的方式代替教师主导教学的一种教学策略。

1. 合作学习的特征

合作学习是一种社会性的学习方式，其根本理念是培养学生主动求知和独立思考的能力，形成学生之间相互认同和相互接纳的人际倾向，养成学生团队合作和科学民主的精神。合作学习的特征包括以下三点。

(1) 整合性。合作首先要有一个共同目标和团体意识，这是合作的前提和基础。对于合作学习而言，共同完成学习任务就是合作的目标。当然，这个共同目标整合了学生个人的具体目标。

(2) 协作性。合作学习需要每个学生发挥特长，互相帮助，相互启发，开展人际合作。

(3) 互动性。合作学习的环境是一个特殊的社会环境，合作的过程中有人际沟通和人际交流。通过人际互动，最后达成共识。

2. 合作学习的设计

在进行合作学习设计时应主要做好以下工作。

(1) 分工合作。学生以责任分担的方式达成合作追求的共同目标。有效的分工合作必须具备两个条件：一是共同追求的目标和荣誉共享的意识；二是分工的恰当性，必须考虑每个学生的能力、个性与经验，使之与要完成的任务相匹配。

(2) 密切配合。将学习任务中应在不同时间完成的各种项目分配给学生个人，以便发挥分工合作的效能。处在学习过程不同位置的学生应紧密配合，相互衔接。

(3) 各自尽力。合作学习的目的是取代学生为了获得个人承认和评级而进行的过度竞争，同心协力追求学业成就。因为合作学习的成就评价是以团体为单位的，要想取得成功，团体成员必须各尽其力，完成自己分担的工作，并且要帮助别人。

(4) 社会互动。合作学习的成效取决于团体成员之间的互相作用，大家在态度上要相互尊重，在认知上集思广益，在情感上彼此支持。为此，学生必须具备两种技能：语言表达能力和待人处世的基本社交技巧。

(5) 团体历程。团体历程指由团体活动以达成预定目标的历程。这些团体活动包括如何分工、如何监督、如何处理困难、如何维持团体中成员间的关系等。合作学习不仅是学习任务的完成过程，而且是团体形成、完善和成熟的过程。

(四)个别化教学

传统教学的缺点是难以适应学生的个别差异。20 世纪 70 年代以来，个别化教学成为教学改革和心理学研究的一个令人瞩目的领域。

个别化教学是指学生以自己的水平和速度进行学习的一种教学策略。尽管个别化教学有不同表现形式，但个别化教学策略的初衷都是为了适应学生的个别差异。个别化教学大致包括这几个环节：①诊断学生的初始学业水平或学习不足。这是个别化教学的起点和依据。②提供教师与学生或机器与学生之间的一一对应关系。这是个别化教学的基本形式。③引入有序的结构化的教学材料，并随之以练习和操练。这是个别化教学的教学材料的组织方式。④允许学生以自己的速度学习。这是个别化教学的基本特征和最显著的特点。

个别化教学类型繁多，经典的模式有以下几种。

1. 程序教学

程序教学是让学生以自己的速度和水平自学，按照特定的顺序，用小步子安排的教学材料进行个别化教学的形式。程序教学以精心设计的顺序呈现学习材料，要求学习者通过填空、选择答案或问题解决，对学习材料做出反应；在每一个反应之后及时出现反馈；学生能以自己的速度进行学习；教学程序能够融入书本、教学机器或计算机之中。

1) 直线式程序

直线式程序建立在斯金纳的操作条件反射学习理论基础上，是其学习理论在教学实践中的具体运用，如图 13-2 所示。直线式程序包括下列 5 条教学原则：①教学应该要求学生做出外部反应；②教学应该对学生的反应做出即时强化；③教学应该包括小步子；④教学应该不引起或很少引起学生的错误；⑤教学应该自定步速。

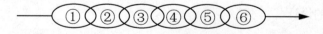

图 13-2　直线式程序图解

在直线式程序中，所有的学生都以同样的顺序通过同样的学习内容；教学机器或程序教材每次给学生少量的信息，一点信息被称为一个框面；然后就这点信息提问，由学生回答，在下一个框面中向学生提供正确答案；在学生接受正确答案后，不管其回答是否正确，继续下一步的学习。

2) 分支式程序

格罗德的分支式程序在许多方面和斯金纳的直线式程序不同,如图13-3所示。

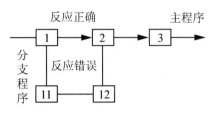

图13-3 分支式程序示意图

在分支式程序中,并非所有学生都通过相同的程序。所有回答都正确的学生通过的路径最短,做出错误回答的学生必须立即接受补救性教学。在此程序中,不要求学生对材料做出自己的回答,学生的回答是在几种可能性之间做出选择,下一步的学习内容决定于他们做出的选择及其选择是否正确。分支式程序通常有更长的框面,因为每一框面包含有更多的信息供学生选择。

大量研究表明,程序教学在传授学科知识基本确定的内容时,是一种受学生欢迎的有效的教学形式,有助于培养学生的自学能力,提高学习效率;但程序教学在一定程度上破坏了教材的整体性和结构性,对于争议性的、需要创造性思辨和表达的内容,却不是一种最有效的方法,其不利于学生逻辑思维能力和想象能力的发展。

2. 计算机辅助教学

计算机辅助教学(CAI)是将程序教学的基本思想和现代化的计算机系统结合起来的个别化教学形式。计算机作为辅导者,给学生呈现学习信息和提供练习机会,评价学生的成绩以及提供额外的教学。计算机辅助教学与传统教学相比具有以下优势:①教学的交互性即人机对话,学生可以根据自己的学习情况选择学习路径、学习内容等。②即时反馈,学生的学习结果会立即由计算机提供给学生,及时纠正错误。③教学内容呈现手段具有生动形象性,能为学生提供在其他情境中难以得到的训练和练习,还能提供模拟情境,培养学生的各种能力。④学生的学习可以自定步调,计算机能够对学生进行预测,决定学生的起点行为和教学目标的差距,能根据对学生的作业分析判断其知识技能的掌握情况,从而提供特定的学习任务。

3. 掌握学习

掌握学习是由布卢姆等人提出的。其基本理念是:只要有足够的时间和适当的教学,几乎所有的学生对几乎所有的学习内容都可以达到掌握的程度,即完成80%~90%的评价项目。学生在学习能力上的差异并不能决定他们能否学会教学内容,而只能决定他们将要花多少时间才能达到对该项内容的掌握程度。

掌握学习的倡导者认为,如果学生学习某学科的能力呈常态分布,对于同样的内容和教学,学生学习所需要的时间也呈常态分布,在同样的学习时间里,全体学生达到的学习程度也将呈常态分布。因此在学生学习能力呈常态分布的情况下,如果教学的类型、质量和允许学习的时间适合于每个学生的特点，则绝大多数学生在特定的学科上都能达到掌握的程度。

基于上述主张，布卢姆设计了掌握学习程序：①将学习任务分成一系列的小的学习单元，后一个单元中的学习材料直接建立在前一个单元的基础上。每个学习单元都包括一小组课，它们通常需要 1～10 小时的学习时间。②教师编制一些形成性测验，学生每学完一个单元，就对其进行测验来评价学生的最后能力。达到了所要求的掌握水平的学生，可以进行下一单元的学习。达不到掌握水平的学生，应当重新学习这个单元的全部或部分，然后再测验直到掌握。③根据学生所掌握的单元数或成功完成这些单元所花的时间进行学习结果评价。

实践表明，教学策略具有很强的创造性、直觉性和综合性特征，鉴于此，教学策略的选择和使用需要不断地反思。策略选用并非一劳永逸，教学活动的纷繁复杂、千变万化要求教师必须在教学前、教学中、教学后都对教学进行反思，根据变化的教学情境修改、补充、调整上述的组织、传递和管理策略。反思是促成理论向实践转化、实践升华为理论的重要一环。反思成为联系这二者的桥梁，促成理论与实践、事实与价值的相互转化。

复 习 要 点

第一节 教学设计概述

教学设计是运用现代学习与教学心理学、传播学、教学媒体论等相关的理论与技术，分析教学中的问题和需要、设计解决方法、试行解决方法、评价试行结果并在评价基础上改进设计的系统过程。教学设计具有十分重要的意义，有利于教学工作的科学性，有利于教学理论与教学实践的沟通，有利于科学思维习惯和能力的培养。

有效教学设计具有指导性、统整性、操作性、预演性、凸显性、易控性、创造性等特点。有效教学设计的主要依据是现代教学理论、系统科学的原理与方法、心理学理论、教学的实际需要、学生的特点、教师的教学经验。教学设计流程为：教学内容分析和教与学目标的确定、理论指导、了解条件、决策、形成方案、仿真、形成性评价、正式实施、总结性评价。

第二节 教学目标的设计

教学目标是预期学生通过教学活动获得的学习结果。教学目标在教学过程中的作用是：教学目标是选择教学策略与方法的依据，教学目标是进行教学评价的依据，教学目标具有指引学生学习的作用。

美国教育心理学家和教育学家布卢姆将教育目标分为认知、情感和动作技能三个领域。认知领域的目标从低到高分为知识、领会、运用、分析、综合、评价。依据价值内化的程度，情感领域的目标从低到高分为接受、反应、价值化、组织、价值与价值体系的性格化。辛普森等将动作技能领域的目标分为知觉、定向(定势)、有指导的反应、机械动作、复杂的外显反应、适应、创新。加涅把教学目标分为言语信息、智力技能、认知策略、动作技能和态度。

任务分析是指开始教学活动之前，预先对教学目标中所规定的、需要学生习得的能力或倾向的构成成分及其层次关系详加分析，将教学目标逐级细分成彼此相联系的各种子目标直到学生起始状态的过程。加涅认为教学任务分析可分两步进行，即过程任务分析和学习任务分析。过程任务分析是分析完成教学终点目标而必须执行的步骤。学习任务分析是对学习过程中必须达到的目标即子目标的分析，确定完成子目标所需的前提条件。教学对象分析包括学习态度分析、起始能力分析、知识背景分析。教学目标的明确化，一是注意行为目标陈述的方法；二是用心理与行为相结合的方式表述教学目标。

第三节　教学过程的设计

加涅认为，在教学中要依次完成九大事项，即引起学生注意，提示教学目标，唤起先前经验，呈现教学内容，提供学习指导，展现学习行为，适时给予反馈，评定学习结果，加强记忆与学习迁移。在教学方法的选择上，大班教学中常用的教学方法有讲授法和问答法。小组教学常用的方法有讨论法和指导法。教学媒体的选择和运用必须考虑教学目标、学习者的特征、教学情境、经济因素、教学环境的控制等因素。

第四节　教学策略的选择

教学策略是以一定的教学观念和教学理论为指导，为完成特定的教学目标或教学任务，充分关注学生的学习，对影响教学的各个要素进行系统化的总体研究，并最终形成可以具体操作的整体化实施方案。教学策略的特征主要有指向性、操作性、整体综合性、调控性、灵活性、层次性。

以教师为中心的指导性教学策略的特点是：教师是教学过程的主角，教学的主要手段是教师的讲授和指导，教学面向全班学生，适用于集体教学。指导教学的设计包括复习和检查过去的学习，呈现新材料，提供有指导的练习，提供反馈和纠正，提供独立的练习，每周或每月的复习。

发现教学是指教师不将学习的内容直接告诉学生，而是向学生提供一种问题情境，学生通过自身的学习活动发现有关概念和原理的一种教学策略。发现教学的特征是：创设问题情境，使学生提出要求解决和必须解决的问题；学生利用教师所提供的材料进行思考、探索、讨论，提出对问题解答的假设；学生从理论上或实践中检验自己的假设，并修正自己的假设；教师和学生根据在实践实验中获得的结果以及先前的知识，在仔细评价的基础上引出学习结论。布鲁纳对发现教学的教学设计提出了四项原则：教师要将学习情境和教材性质向学生解释清楚，使学生对问题产生清晰的定向；根据学生的经验，适当组织教材；要根据学生心理发展水平，合理安排教材的逻辑顺序；确保学习材料难度适中。

情境教学，也叫探究教学，是指在应用知识的具体情境中进行知识教学的一种教学策略。情境学习具有探究性、体验性等特征。情境教学的设计包括提出问题、收集材料、形成假设、检验假设、评价结果。

合作学习是学生以主动合作学习的方式代替教师主导教学的一种教学策略。合作学习具有整合性、协作性、互动性等特征。合作学习的设计包括分工合作、密切配合、各自尽力、社会互动、团体历程。

个别化教学是指学生以自己的水平和速度进行学习的一种教学策略。个别化教学经典的模式有程序教学、计算机辅助教学、掌握学习。

拓 展 思 考

1. 在教学设计方面有哪些最新的研究成果？
2. 布卢姆的教育目标分类学有什么实践意义？
3. 对一个单元或一节课进行系统的教学设计。

第十四章　课堂教学管理

课堂教学是学校教育情境中的一个基础环节，是教师履行教育任务时必须要迈过的一个极其重要的"坎"，能不能迈过这道"坎"，涉及教师职业生涯能否延续、教师职业生命能否升华的大问题。同时，课堂教学管理作为学校教育系统中的基础性的管理，是一门深奥的管理艺术，需要每一位教师全身心地投入和探索。如何运用当代心理学和教育学的一般原理指导教师的课堂教学实践，提升支配课堂教学的行为能力，这是目前我国大、中、小学实施创新教育战略的一个重要研究课题。

第一节　课堂教学管理概述

课堂是学校最基本的教学单位，它是一种有组织、有领导的师生共同进行的教与学的双边活动。任何一所学校都主要依靠课堂教学对受教育者实施教育影响。

一、科学界定课堂教学管理的内涵

课堂教学管理是指在课堂教学过程中，教师不断地组织学生、管理纪律、引导学习、建立和谐的教学环境、帮助学生达到教学目标的行为。课堂教学管理是教学中最基本、最综合的一项管理。它包括课堂纪律的维护、学生良好的学习习惯和思维品质的培养、学生学习积极性的发挥和课堂气氛的调动等。课堂教学管理是在课堂教学的长期发展过程中提出，并逐步形成的一种有序的、规范化的要求，其本质特征在于促进课堂教学有序化和规范化。

二、课堂教学管理的功能

课堂是学生直接获取知识的平台，这个平台稳定与否将直接影响教学效果。所以，教师要顺利完成教学任务，发挥好课堂的作用，就要通过有效的课堂教学管理创造一个良好的课堂环境。具体而言，课堂教学管理具有促进和维持两大功能。

(一)促进功能

促进功能是课堂教学管理最基本的功能。促进功能是指良好的课堂管理可以最大限度地满足课堂中学生个体和集体的合理需要，形成积极和谐的课堂学习环境，激励学生的参与精神，激发学生潜能的释放，从而促进教学活动的顺利进行和教学效率的提高。课堂教学的促进功能主要通过以下途径实现：①教师熟悉教材，了解学生，通过教学艺术，让学生掌握科学文化知识；②建立和形成和谐亲密、团结合作的师生关系，通过师生的共同努力来完成教学任务；③制定符合学校规章制度的课堂行为标准，协调课堂教学的步骤，以保证课堂教学的顺利进行；④帮助学生形成良好的课堂常规习惯；⑤调整班级集体结构，正确处理正式群体与非正式群体的关系，在学生群体中形成良好的人际关系。

(二)维持功能

维持功能是指教师通过一定的管理手段，较持久地维持课堂教学秩序，形成比较稳定的教学环境，保证教学活动的顺利进行。每位教师在课堂教学过程中，总会面临许多意想不到的情境或干扰。教师如果不能很快处理和适应这些新情境，随时排除干扰，课堂内就会发生矛盾和冲突，致使课堂纪律涣散。因此，教师在教学过程中必须随时调节班集体的需要，预见并排除影响课堂教学顺利进行的各种因素，维持班集体的稳定，不断适应各种新的情境。课堂教学管理的维持功能主要包括：①维持班集体的优良班风和学风；②机智地缓和、公平合理地解决各种矛盾和冲突；③在不断变化的条件下，帮助学生正确对待新异刺激物和适应环境的变化；④创设愉快和谐的气氛，减少课堂教学中的紧张和焦虑，在教学全程保持学生能动的稳定性和平衡的心理状态，以利课堂教学的顺利进行。

三、课堂教学管理的基本类型

课堂教学管理有如下基本类型。

(1) 放任型。放任管理类型的教师管理意识淡薄，工作责任心较差，他们在课堂上表现为只顾讲课，不顾效果，放任自流。对于学生在学习过程中出现的问题漠不关心，也没有积极的课堂管理要求。学生表面上乐得自在，实际上求知需要得不到满足，往往产生对教师的不尊重。在放任型管理的课堂上，学生的学习动机与学习热情低，教学效果很差。

(2) 独断型。这种管理类型的教师对学生的课堂表现要求严厉，但这种要求往往只根据教师个人的主观好恶确定，忽视学生的具体实际和教学目标的具体要求。在独断型管理的课堂上，学生的意见得不到充分发表，且学生往往有一种紧张感和压抑感，容易导致课堂管理的形式主义倾向，教学效果一般。

(3) 民主型。这种管理类型的教师在课堂管理活动中积极、认真、宽严适度，善于进行恰当的启发与指导，课堂管理的各种具体措施，都考虑到班级的具体情况。学生对这样的教师既亲又敬。在课堂教学中师生互动，有效交流得以实现，有利于激发学生学习的主动性。

(4) 情感型。教师对学生充满爱的情感，可达到"不管而管"的效应。教师走进课堂时，目光中就闪烁着从内心流溢出的对学生的喜爱，教学时语言和表情亲切，并善于发现学生的优点和进步，常常从内心发出对学生的赞扬，学生的学习积极性不断得到提高。教师对学生、学生对教师都具有深厚的感情，不仅促进了课堂管理，而且对教育教学具有强烈的推动力，能够激发学生的学习兴趣，并有利于培养学生良好的思想品质和高尚的道德情操。

(5) 理智型。运用这一管理方式的教师在教学中的活动非常明确具体，对每一教学过程都安排得科学严谨，有条不紊，并能采用相宜的教学方法。同时，善于根据学生在学习过程中的各种反馈如表情、态度、问答和练习等，调整教学内容的难易程度，并掌握教学进程。总之，这种管理体现出教师在教学活动中高超的技能、技巧以及教学活动的科学性。学生认真专注，紧跟教师的思路进行学习，并敬佩自己的老师，课堂气氛显得较庄重而严肃。

(6) 兴趣型。兴趣型是指教师运用高超的艺术化教学激发学生高涨的学习兴趣并达到陶冶学生情操的一种课堂管理方式。高超的艺术化教学表现在教师用形象的语言、从容的教态、精美的板书和多变的教学节奏，根据学生的兴趣爱好把教学内容鲜明、生动、有趣地表述出来，并能从审美角度对教学进行处理，使之具有美感，学生能在课堂中得到美的享受。

四、影响课堂教学管理的因素

影响课堂教学管理的因素是多方面的，有的来自学生方面，有的来自教师方面，有的来自课堂学习环境及其他方面。

(一)教师方面

1．学校的领导类型

学校的领导类型对教师的课堂教学有直接的影响。普雷斯顿(C.T.Preston)认为，参与式领导和监督式领导对课堂教学有不同的影响。参与式领导注意创造自由气氛，鼓励自由发表意见，不把自己的意见强加于人。监督式领导则待人冷淡，只注重于集体讨论的过程，经常监督人的行为有无越轨，有无违犯"准则"，一旦发现就是批评指责，甚至惩罚。参与式领导类型的课堂教学所形成的课堂气氛生动活泼，学生积极思维、踊跃发言，师生情感融洽，教学效果很好。而监督式领导下的课堂气氛死气沉沉，教师感受到领导的专断，会把自己紧张不安的情绪以一种微妙的方式传递给学生，不可能在课堂教学形成赞许的、愉快活泼的气氛。

2．教学期望

教学期望既包括教师对学生的期望，也包括学生对教师的期望。教师对学生的期望是指教师对学生现有行为结果的某种预测性或超前性的认知。在教育实践中，教师对学生抱有何种性质的期望，会有意无意地以相应的态度和方式对学生施以影响，在学生身上产生不同的教育效果。教师的期望要适应学生身心发展的特点，适应学生内在的心理需要，适应学生的年龄特征、意志特征和主观能动性，才能有益于学生的成长并获得最佳的教学效果。学生对教师同样有特定期待，如学生期望教师是一位热爱教育事业、热爱学生、关心学生、有丰富的教学经验、教学效果好、性格开朗、热情活泼的教师。学生在与教师的接触、交往中发现对教师的期望能部分或全部满足，学生就会产生愉快感和满足感，在教学过程中就会积极协助教师的教学。

3．教师的教学威信

教师威信是影响教学的重要因素。赞科夫说："如果没有威信，那就是说，师生之间没有正确的相互关系，就缺少了有成效地进行教学和教育工作的必要条件。"首先是教育效果的影响。学生对有威信的教师的课,认真学习,对他的教导言听计从。因此,有威信的教师教学效果自然就高。其次是教师的威信主要来自教师本身的条件。比如,高尚的道德品质、渊博的专业知识、高超的教育教学艺术、热爱和关心学生是教师获得威信的基本条件。此外,教师的仪表、生活作风和习惯,教师给学生的第一印象,对教师树立威信也起着重要作用。

4.教师的语言、声调、动作、表情

语言是组织教学的重要手段,对集中学生的注意力起直接作用。因此,教师要锤炼教学语言,说话要清晰、准确、生动、形象而富有启发性和感染力;同时还要善于运用声调的变化(包括语音的高低、强弱、速度、节奏、停顿等)、动作和表情来组织教学。

5.教师注意的分配情况

课堂上学生有一个共同的心理,即希望自己得到教师的注意。教师的注意意味着对他们的了解、重视、鼓励、关怀和喜爱。注意有时比表扬更能触及学生的心灵和情感。对一个学生长期忽视,不予注意,就等于抹杀他的优点,以致否定他的存在。对性格活泼而又敏感的学生来说,尤其难以忍受。甚至有些学生不甘寂寞,生出一个奇特的事故,通过捣乱把自己变成注意的焦点。

6.教师的教育机智

教育机智是教师根据课堂教学管理的原则,运用自己的智慧,敏捷而恰当地处理课堂教学中偶发事件的方法和能力。教师对课堂教学偶发事件的处理情况,既关系到课堂秩序,又影响教师的教学威信,对教师以后课堂教学管理的效力产生连带影响。所以,教师的教育机智是影响课堂教学管理十分重要的因素。教师若缺乏机智,就会在千变万化的课堂中束手无策,甚至由于自己的简单化处理而事与愿违。

(二)学生方面

1.学生的上课风气

在一个学习和纪律状况较差的班级,教师进行课堂教学会感到吃力;而在一个学习和纪律状况较好的班级,教师会感到轻松愉快。班级的学习风气是教师和班集体长期努力奋斗的结果。教师应配合班主任,采取有效的方式,形成良好的课堂群体规范和风气,并利用这种风气规范全班的课堂活动。学生的学习兴趣和求知欲是影响学生注意力、自制力和学习积极性的内在因素。因此,课堂教学中激发学生的学习兴趣和求知欲是课堂教学管理的积极手段。

2.学生的自制力

注意力需要强有力的自我控制。课堂教学中学生长时间致力于思考,以及紧张的气氛,容易引起疲劳,影响学生注意力的集中。据研究,年龄越小,注意力越不稳定。注意力不稳定的原因与脑神经细胞的疲劳有关。学生疲劳时注意力不易集中,思想开小差,低年级

学生还容易做小动作。因此，课堂管理应考虑学生的疲劳程度，并通过降低教学难度，穿插有益的活动等方式予以调节。

(三)课堂的学习环境

安静优雅的教室环境有利于学生的学习，有利于教师的课堂教学管理。另外，教室的色彩，直观教具的运用情况，教师的装束、言谈、举止，座位排列情况等也是教室环境的一部分，对课堂管理有一定的影响力。有关研究表明，在自由选择的情况下，选择"前排—中间"座位区域的学生有以下特点：①对学习持积极的态度，并能努力学习，争取更好的成绩；② 对教师有着较理想的口头、视线接触机会，能积极地进行课堂参与，因而成绩要高于"后排—两边"学生的成绩；③喜欢上课，学习兴趣浓厚，对教师友好。而坐在"后排—两边"的学生具有与上述学生相反的特点。对此，教师应采取如下的管理对策：对"后排—两边"的学生，要多鼓励他们的自信心，让他们多参与集体活动，以消除自卑感，增强学习的信心；定期调换座位，以免部分学生总是在不利于参与课堂活动的座位上听课，形成惰性心理定式；课堂提问，巡视辅导，要以"后排—两边"座位上的学生为主要对象，以提高这部分学生的课堂参与机会。

(四)其他因素

1．课堂的管理跨度

课堂管理的跨度即班级的学生规模(班级集体的大小)。一般而言，班级规模越大，教师管理上的难度越大。首先，班级集体的大小会影响成员间的情感联系。班级集体越大，情感纽带的力量就越弱。其次，班级集体的学生越多，课堂教学所遇到的阻力、困难就越大。如学生越多，作业批改量就越大，这就影响教师与学生的交往；学生越多，个别差异就越大，不利于教师因材施教等。再次，班级集体的大小会影响交往模式。班级越大，学生之间相互交往的频率就越低，相互间的了解减少，建立集体规范也越困难，学生不太容易接受集体的任务。最后，班级集体越大，内部越容易形成各种非正式群体，非正式群体越多，就会影响班级集体目标的实现，也影响课堂教学目标的实现，于是要求教师对课堂管理的技能要求也就越高，这对青年教师、经验少的教师以及组织教学有困难的教师，完成教学任务带来了较大的困难。

2．班集体的性质

影响教师课堂教学的另一个情境因素是班级集体本身。一个优秀班集体和一个涣散的松散集体的教学效果是不同的；同样一个尖子班、实验班(集中了智力较高的学生)与一个差生班组成的集体，教学效果是截然不同的。不同的班集体往往有不同的群体规范和不同的凝聚力，有不同的班风和学风，教师不能用固定不变的课堂教学模式对待不同性质的班级，而应该在深入了解的基础上，掌握班级集体的特点，运用促进和维持的高度技巧，获得较好的教学效果。

3．课堂教学常规

必要的课堂教学常规，既是组织教学的基础，也是学生遵守教学秩序的行为依据。如开始上课，教师走进教室，学生起立致敬，教师要还礼；学生不准擅自离位，更不准说笑打逗等。这些常规能促使学生养成自觉遵守纪律的良好习惯，并为创造严肃、活泼、和谐的课堂气氛和学习情境奠定基础。

4．师生关系

师生关系是影响课堂教学的一个重要因素。在师生关系中，教师是主要方面，他们通过教学和以身作则的榜样来影响学生。教师在影响学生的过程中，也受到学生的影响。"教学相长"就是师生互相影响的一个方面，和谐的师生关系，有助于提高课堂教学的质量。事实证明，良好的师生关系，有助于课堂管理的顺利进行；隔膜乃至对立的师生情绪会成为课堂教学管理的严重障碍。如果在学生的心灵深处建立起师生关系的肯定情感，他就会把自觉遵守课堂管理的各种规范，同时看成维护师生间友好情感的需要。

第二节 课堂教学管理的技能

课堂教学管理是学校教育管理的重要组成部分，它是一项融教育科学与艺术于一体的富有创造性的工作。实施课堂教学管理的主要目的是通过教师对教学现场中教学活动本身的速度、节奏、段落衔接及学生注意力等的不断调控，为教学设计方案的顺利实施创造条件，为预定教学目标的达成提供保障。

课堂教学管理技能是教师在课堂教学过程中用以有效地维持学生适宜行为，保持良好课堂教学秩序的技能技巧，它要求教师对学生的课堂行为作出及时准确的判断，并采取快捷有效的处置方式，且采取的处置方式既不给学生以太大的压力，又不妨碍课堂教学的正常进行。

一、课堂教学节奏的处理

(一)课堂教学节奏及相关概念

1．课堂教学节奏的定义

课堂教学节奏指课堂教学过程中各种可比成分在时间上以一定的次序有规律地交替出现的形式。这些可比成分主要有教学的密度、速度、难度、重点度、强度和激情度等。通过这些成分有规律的交替和变化，教育者不仅可以有效地传达自己的情感和态度，突出教学的重点难点，而且可以有效组织教学和调控学生注意力。因此，处理好课堂教学节奏既是教学自身的需要，同时也是课堂教学管理的需要。

2．相关概念界定

课堂教学的密度，是指单位时间内完成一定质的教学任务的程度。客观的衡量依据是知识的新旧，新知识多则教学密度大。

课堂教学的速度，主要指单位时间内所完成的教学任务的量。包括新知识的传授和旧知识的巩固。

课堂教学的难度，主要指教授者和学习者在教学时感到表达、理解、运用等的难易程度。

课堂教学的重点度，是通过比较而确定的相对概念，它主要指课堂内重要的或主要的教学内容占全部教学内容的比例的大小的程度。

课堂教学的强度，主要指师生双方在单位时间内教授或学习一定难度和一定数量的教学内容所引起的双方身心疲劳的程度。持久的高强度可使教师传递教学信息和学生接受信息的能力减弱。

课堂教学的激情度，主要指师生双方共同沉浸于教学美的境界中所形成的情感共鸣、情感振荡的程度。激情度的出现常标志着教学高潮阶段的到来。

(二)课堂教学节奏的调控

实践表明，良好的教学节奏可以把学生带入教学美的境界，有利于提高教学质量，混乱失调的教学节奏则容易导致学生不满，并可能引发课堂问题行为。一般说来，教学节奏的变化是有一定规律的，前述 6 种可比成分都可按照"弱→强→弱"或"强→弱→强"的趋势加以交替、重复、变化，多次循环，形成起伏有致的教学节奏。此外"弱→渐强→强"和"强→渐弱→弱"的变化模式也可在一定情况下收到好的节奏效果。如将多种可比成分放在一起考虑，就需要格外慎重地处理好各可比成分间的关系。研究发现，有些可比成分可以在同一时间重叠出现。例如，高强度与高激情度、高激情度与高重点度皆可重叠进行。有些可比成分则不宜重叠进行，而应穿插进行。例如，高密度、高难度、高速度就不能同时进行，难度大时，速度宜慢，速度快时密度宜低等。否则就容易给学生的学习造成困难，并引起问题行为。由此看来，教师应很好地把握这些变化规律，并根据教学实际灵活运用，以处理好教学的整体节奏，提高教学管理质量。

此外，有关研究还发现，教学节奏是否合理，课堂推进是否顺利，除取决于教师对教学节奏的规律性把握外，一定程度上还有赖于教师对自身教学行为的良好控制。在教学实践中，教师的某些"过敏"反应往往也是导致课堂节奏失调及教学推进不顺的重要原因。这些"过敏"反应主要包括：①行为过敏，指教师对学生的问题行为作出过敏的反应，小题大做，激化矛盾，自乱阵脚；②枝节过敏，指教师在教学中不能很好地分配教学时间，把握教学内容的主次，对主题的重要部分不给予足够的时间去讲解，喧宾夺主地在一些细小的枝节上花费过多的时间，冲淡教学主题；③期望过敏，指教师对学生要求过多，致使学生无法应付，无所适从，甚至放弃对教师的追随，继而出现问题行为。

二、课堂段落的管理

课堂段落是指教师课堂推进中的活动阶段，如课的开头部分和结尾部分就是两个不同的段落。课堂段落不同于教学过程的基本环节，教学过程的环节是教学过程展开和发展的基本程序，它与学生内在的认识过程相一致。例如，凯洛夫关于教学过程四环节：感知—理解—巩固—运用的观点，就是从人的认识过程的特点出发提出的，而课堂段落只是课堂教学外在活动阶段的划分。加强课堂段落的管理，并使之相互有机衔接，对于提高课堂教学管理质量具有重要意义。一般而言，一堂课的课堂段落大致可分为候课、导入、课中和结束四个部分。

(一)候课

候课是教师课堂活动的预备状态,是指教师课前几分钟在教室门口或教室内等候上课。这是一堂课的序曲,也是课堂活动的第一个段落。研究表明候课有积极的教育意义。对教师来说,候课可以使教师在开课前及时准确地进入角色。对学生而言,教师候课是教师守时、负责、爱生的具体表现,它有利于唤起学生对这节课的重视,同时也有利于稳定学生情绪,使他们意识到即将上课,做好上课的心理准备。如果教师在教室里候课,还有助于与学生的沟通,增进师生交往,融洽课堂气氛。相反,经常性匆匆忙忙上讲台对树立教师良好形象有不利影响。国外学者对教师的候课问题也进行了一定研究,玛兰德在《教室里的雕塑家》一文中曾这样描述教师的候课:上课铃响,在学生进教室之前,教师便出现在教室门口,亲切地看着学生鱼贯而入,就像将军在他的阵地上检阅士兵。这样不仅能确定教师在这个班级的"主角"地位,而且还有检查学生课前准备等多种实际作用。

(二)导入

导入是一堂课、一个新单元或一个新段落的开端,它主要起着集中注意力、酝酿情绪和带入情境的作用。导入一般安排在上课之初,课中如出现单元转换、教学中断等情况时,也可进行课堂导入。课堂导入一般不宜占用过长时间,实践经验表明在2~5分钟内完成导入任务,将学生的注意力吸引到特定的教学任务中是完全可以做到的。

导入的类型很多,课堂教学中常用的导入方法有直接导入、联想导入、实验导入、设疑导入、事例导入、故事导入、直观导入和悬念导入等。要运用好这些导入方法,关键是要把握住课堂导入技术的几项重要内容。

(1) 引起注意。导入的主要目的就是要把学生的注意力集中在教学任务上,同时使其他与教学任务无关的活动迅速得到抑制。引起学生无意注意的方法多种多样。例如,精致的彩色图片,物质燃烧的强光,爆炸的巨响,鲜明的对比实验,教师声音、教态、动作的变化等,都可使导入内容新颖,抓住学生的无意注意。在导入过程中引起和保持学生有意注意的途径主要有:加深对学习目标的理解,设疑提问激发思考,把智力活动与实践活动结合起来以及上课之初就让学生动起来等。

(2) 激发动机。激发动机是课堂导入的重要任务,只有激起学生的求知欲,新的教学任务才能在学生自觉主动的学习过程中得以完成。教师在导入阶段可以通过提供典型问题、创设问题情境、说明新学内容的重要性等方法激发学生的学习动机。

(3) 组织指引。组织指引是强化导入效果以及将导入效果渗透于整堂课的一项重要工作。教师在这方面要解决的问题包括:引导学生思维的方向,明确即将学习的课题,安排学习进度,提示学习方法,指引教学的重点等。

(4) 建立联系。主要指通过一定的导入设计,例如,短暂的复习练习、提供背景资料、回答问题等使学生原有的知识技能与即将学习的新知识技能发生联系,从而为新知识的顺利学习奠定基础。

(三)课中

课中是课堂教学的主体段落,从导入新课到结束前这段时间都属于课中这一段落,课堂教学的主要目标、任务、内容主要是在这一段落中完成的。因此，管理好这一段落对于提高课堂管理效益，保证教学活动的顺利进行具有重要意义。

教师要管理好课中这一主体段落，除了要认真设计好教学的每个环节，不断提高教学水平，努力以高质量的教学活动本身吸引学生外，也要做好充分的心理准备，以应付各种可能出现的课堂偶发事件和问题行为。这些偶发的事件及其他各种类型的课堂问题行为如处理不当，就会引起课堂内混乱，从而严重干扰正常的教学活动。

在课堂教学中能否妥善处理各种"偶发事件"，一定程度上取决于教师是否具备了良好的教育机智素养以及掌握了一定的"应激"方法与技能。教师教育机智的形成，往往取决于他的创造力、审美鉴赏力、组织管理能力的高低及其有机统一的程度。一般而言，创造力、审美鉴赏力、组织管理能力强的教师，其教育机智的水平也相应较高。当然，从根本上讲，这些能力和教育机智的素养都是在长期的理论学习和教学实践中逐渐形成的。教师在日常教学中要不断探索，勤于积累，有针对性地提高自己这方面的能力，这样，当课堂偶然事件发生时，教师就可以凭足够的教育机智，冷静镇定地进入"应激"状态，巧妙地处理好这些偶发事件。

(四) 结束

结束是课堂教学的最后一个段落。经过三四十分钟紧张的学习，到教学结尾时由于教师的控制力下降和学生的疲劳度增加，这段时间的课堂秩序最难维持。日常教学中常有许多好课因结尾不佳而留下遗憾。因此，重视课堂结尾的设计与管理也是课堂教学管理的一项重要内容。

结束部分管理的主要目的是完成课堂的"有序解散"，也就是通过精心设计和管理，使课堂教学在自然状态下随着教学任务的圆满完成而正常、有序地结束。要完成教学的"有序解散"，教师必须课前做出精心准备，同时在课堂上还要恰当地运用一些结束的方法或技巧。常用的方法与技巧主要有如下几项。

(1) 系统归纳：临结课时，教师或学生对所学内容作精要归纳总结，及时强化重点，明确关键，以达到画龙点睛的效果，归纳时可采用"纲要信号"、图示或列表对比等方式。

(2) 比较异同：将新学概念与原有概念，或者将并列、对立、近似的概念放在一起对比分析，找出异同，有利于理解新概念，巩固旧概念。

(3) 巧作铺垫：教师应胸有全局，在结束一节课时视需要为后面的课巧设伏笔，引起学生的注意和思考，为搭好旧知通向新知的桥梁而早作安排。

(4) 巩固练习：在结束部分恰当地安排学生的实践活动，既可使学生所学的新知得到巩固，又可使教学效果及时得到反馈。

(5) 曲终奏雅：课程结束时教师可用诗画、音乐结尾，或最后将讲课推向高潮再戛然而止，给学生留下想象、回味和思索的余地。

当然，课程的结束方法远不止上述几种，只要注意积累和探索，教师就会找到适合自己教学好的结束方法，使自己的课堂教学善始善终。

三、课堂教学控制的技术

组织教学是一项多侧面、多层次、多因素的活动，同时也是一项创造性很强的艺术活动和需要教师具有高度技巧的活动。这个技巧活动的实质就是教学组织的科学性与灵活性的统一。

(一) 课堂观察的技术

课堂观察是指教师偶然或有计划地觉察学生的认知、情感和行为的课堂表现的过程。课堂观察是获取教学反馈的重要渠道，也是教师调整管理措施、实施有效管理的前提条件。

1. 课堂观察的范围与重点

课堂观察主要包括对学生课堂中认知能力、学习态度及注意力状况、情绪表现和人际交往等方面的观察。①观察学生的认知能力。着重观察了解学生理解知识的能力、语言表达是否连贯流畅、回答问题的速度和准确性、独立分析问题的能力、能否跟上教师的思路、完成作业是否有困难等。②观察学生的学习态度。通过观察学生在课堂中举手发言的次数、学习的速度、作业完成情况以及听课的专注程度等来判断学生的学习态度是否积极，注意力是否集中。③观察学生的情绪表现和人际交往。着重观察学生在回答问题或到黑板练习时是否胆怯、恐惧，对学习活动是否焦虑或不耐烦，与同学能否融洽相处，有无挑衅或攻击性行为，有无退缩、冷漠的行为表现等。通过以上几方面的重点观察，教师就可以对教学的难易程度、教学速度是否适当做出判断，同时对学生的课堂行为表现做到心中有数。据此来调整教学活动，采取管理措施，一定会取得良好的效果。

2. 课堂观察的技术要求

课堂观察的技术要求主要包括以下几项。

(1) 进行有意识、有目的的观察。教师要有意识、有目的地观察和监控整个教学过程，这样才能根据观察到的情况随时对课堂活动作出调控。

(2) 全面观察与重点观察相结合。教师在课堂观察过程中，要对课堂中的全面情况加以监控，同时还要根据课堂情境的特点和学生表现，对课堂活动的某些方面或某些学生的个人行为进行重点观察，以达到对课堂活动的深入了解。

(3) 保持观察的自然状态，不干扰学生的正常学习活动。教师的观察应与教学行为自然融合在一起，既要有意识观察，又不露明显痕迹，不对学生形成明显的压力，不让学生感到教师处处在监视自己。

(4) 排除各种主观倾向，进行客观观察。实践表明，教师心理活动的某些主观成分会左右他的课堂观察，从而形成不准确甚至错误的观察结果。以下几种效应对教师的课堂观察会产生消极影响，应加以排除。①期待效应。指根据自己的结论期待事实的发生。②平均值效应。对学生做班级整体评论，也就是往往把学生群体看得都比较好，或都比较差，造成对学生个体评价的不公正。③中心论倾向。即遵守一贯的正态分布原则，中间大两头小，对学生行为表现的观察有过强的固定性。④光环效应。一好百好。对学生的主要印象可以影响到其他印象。⑤标签效应。教师一旦发现某个学生身上不好的行为，就下结论，贴出标签。这个标签在很长一段时间都难以改变，并可能传递给其他教师而影响他们的观察，班主任的标签往往影响力较大。

(二)学生课堂注意的调控

学生的课堂注意是指学生在课堂上对一定对象的选择与集中，注意的对象既可以是外部事物，也可以是学生自身的内部心理世界。有关研究发现，注意是心理活动对信息的一种复杂的选择或过滤过程，学生的课堂注意状态直接影响着课堂活动效率和课堂纪律状况。从这个意义上讲，加强学生课堂注意的调控，集中学生听课的注意力是提高课堂效率、减少学生问题行为的"治本"方案。

依据注意的自觉程度和意志努力程度，学生的课堂注意一般可分为无意注意和有意注意两类。无意注意指没有预定目的、无须意志努力的注意。有意注意指有预定目的、需作一定意志努力的注意，它是一种人类特有的、受意识支配的注意。

(1) 学生的无意注意容易受外界因素的影响，特别是一些新异、变化的刺激因素最容易引起学生的无意注意。在课堂教学管理过程中，教师应充分根据无意注意的特点对学生的注意加以调控。当需要将学生的注意力集中在教师的讲授上时，为防止学生注意力分散，教师要尽可能控制各种可能影响学生学习的课堂刺激，如注意课堂环境的布置，将暂不使用的实验仪器、标本、挂图等教具收起来。当需要引起学生的无意注意时，教师则可借助生动的标本、鲜艳的图片、新奇的实验演示等新异刺激引导学生。调控无意注意的关键是要通过活动的强度、节奏、新奇程度等的变化，始终将学生的注意力集中在需要集中的对象上。

(2) 影响学生有意注意的因素主要是学习目标及对学习目标的理解，即学习目标越明确具体，学生对学习的目的理解越深刻，就越有助于引起和保持学生的有意注意。因此，加强课堂教学的目的性，是提高学生有意注意程度的重要手段。实践表明，设定具体的课堂学习目标，阐明所学知识的价值，进行课堂活动目标导向，有助于调动学生的有意注意；根据教材特点，适时提出要求，对教材的重点难点加以强调，有助于引导学生的有意注意；设疑解疑，提出问题，也有助于调动学生的有意注意。

实际上，调控学生课堂注意的方法有多种，常用的辅助控制方法有如下 5 个。

(1) 声音控制。声音控制是指教师通过变化讲话的语调、音量、节奏和速度，来引起和控制学生的注意。例如，讲话速度的变化有助于引起学生的注意，当教师从一种讲话速度变到另一种速度时，已分散的注意会重新集中起来。在讲解中适当加大音量，放慢速度，则可以起到加强注意和突出重点的作用。

(2) 眼神和表情控制。教师眼神和面部表情的变化也可以起到控制学生注意的作用。例如，教师与学生的目光接触可以表达教师对学生的暗示、警告和提示，也可以表达期待、鼓励、探询、疑惑等情感。教师面部表情、头部动作、手势及身体的移动也传递着丰富的信息，有助于沟通师生间的交往，调控学生的注意。

(3) 停顿。在讲述一个事实或概念之前作一个短暂的停顿，能够有效地引起学生的注意，在讲解中间插入停顿，也可起到同样的作用。适当的停顿，可以产生明显的"刺激对比效应"，一般来说，停顿的时间以三秒左右为宜，这样的停顿足以引起学生的注意。停顿时间不可过长，长时间停顿反而会导致学生注意涣散。也不可毫无停顿，一些教师甚至常常用重复的话去填补停顿，误以为停顿就是"冷场"，其实毫无变化和停顿的讲话最易涣散注意，引起疲劳。

(4) 变换教学媒体。在课堂教学中，学生主要通过文字符号这一信息传递模式来进行学习。这种单一的信息传递容易引起疲劳和分散注意，教学效率也容易受到影响。因此，教师根据需要适当变换教学媒体，通过图表、实物、幻灯、影视、电脑等多种媒体的交叉使用，充分调动学生的各种感官去获取信息，实现信息传递的多渠道化，不仅可以有效调控学生的注意力，加强学生对知识的感知度，而且有利于对知识的记忆、理解和运用，促进由知识向能力的转化。

(5) 变换活动方式。实践证明变换课堂活动方式可以有效调动和集中学生的注意力，提高课堂教学效率。课堂活动方式包括师生交流的方式、学生活动的方式和教学评价的方式等。在课堂教学中，教师应根据教学的需要适时变换课堂活动方式，例如，由教师讲变为学生讲，由静止的学变为在动手过程中的学，由集体听课变为小组讨论等。这些变化都会给学生以新异的刺激，强化学生的注意，激发学生参与的兴趣，进而达到提高教学质量的目的。

(三)应对课堂偶发事件的技术

在课堂管理中的偶发事件是最令教师头痛的事。由于它是不期然的突发性事件，而且又在教学过程中出现，所以教师用来估计形势和选择处置办法的时间很短暂，需要教师利用经验和机智尽快作出反应。

一般来说，应对偶发事件的办法有三种，即冷处理、温处理和热处理。

所谓冷处理，即教师面对偶发事件处之泰然，见怪不怪，不批评指责，以比较冷静的方式加以处理。常见的冷处理方式有发散、换元和转向三种。①发散指教师将全班学生视线的焦点从偶发事件上"发散"开，避免事件继续成为关注的焦点。②换元指教师巧妙地将发生的事件转化为教育的材料，借助事实启发学生。③转向即教师用新颖别致的方式，将学生的注意中心引到教师所安排的方向。

所谓温处理，即教师对于因为自己疏忽、不慎所造成的不利影响，如板书错别字、发音错误等所引起的课堂骚动等，应态度温和地及时承认失误，并自然地过渡到原教学活动的程序中。

所谓热处理，即教师对一些偶发事件趁热打铁，加以严肃批评教育和果断制止，然后尽快转入正题。这种处理方式主要是针对严重扰乱课堂秩序和屡教不改的违纪行为。运用这种处理方式应注意：①不要长时间中断教学；②批评应清楚而肯定，不要有粗鲁和威胁性语言，避免出现"顶牛"现象；③批评应围绕一个中心，不要多方非难，要特别避免出现"波浪效应"，即不因指责一个学生而波及全班；④教师应避免苛刻而大动感情的指责。

(四)课堂教学管理的心理调控艺术

课堂教学管理有其自身的规律，事实证明将心理调控艺术运用到课堂教学管理中效果显著。心理调控艺术是在课堂教学管理中，教师运用心理学原理，巧妙处理课堂教学问题，化解师生间的不良情绪，营造师生相融的课堂气氛，让师生在民主、和谐、愉悦的环境中进行教学活动。

1. 抓住优势兴奋中心，调整教学内容及方法

英国教育家洛克说："教育的巨大技巧在于集中学生的注意，并且保持他的注意。"因此，集中并保持学生的注意是课堂教学管理的核心所在。心理学研究表明，人的心理活

动只有在任务内容不断移动的情况，才能长期坚持，否则就会出现起伏。一堂课学生的优势兴奋中心的保持和转移是有规律的：上课 5 分钟后，学生的兴奋中心仍停留在课间休息的兴奋点上。之后在教师的调控下，学生的兴奋中心约有半小时能集中到教学上。而在临近下课 5~10 分钟，学生的兴奋中心因缺乏新的刺激而疲劳并转向课外。据此教师要抓住三个关键点。

(1) 要抑制或减弱学生课间休息形成的兴奋中心。教师切忌一上课就开始直奔主题，宜先采用各种手段，如形象、生动、饱含激情而又富有情趣性的导入法。既可以激发学生的学习兴趣，又可自然过渡到教学主题。

(2) 抓好开课后半小时的学习状态，教师应以精心的设计、生动形象的教授来吸引学生的注意力，使其思维处于积极活跃的状态。

(3) 抓好临近下课的 5~10 分钟时间。学生的注意力维持超过半小时后便趋于转移，也会感到疲倦。正确的做法是：①教师及时创设新的教学情境，调动学生别的感官来参与教学活动，也就是要对学生形成新的刺激，在其大脑形成新的兴奋点，使教学活动又活跃起来。如就所教学的内容，提出一些新颖的问题，使学生兴奋起来，投入新的思考中。②改变教学活动形式，使之丰富多彩。如可以让学生或做作业、或朗读、或讨论、或辩论、或演讲，从而再次将学生调动起来，产生新的"兴奋点"。总之，改进课堂交往结构，提高学生课堂参与比率，也是使学生重新动起来的办法之一。

2. 采取隐性管理，制止、纠正学生课堂问题行为

学生课堂上发生问题后，教师要保持冷静和理智，绝不可冲动，更不可采用体罚、讽刺挖苦、赶出教室等"以恶制恶"等方式来规范学生的行为。我们将面对全班学生公开的管理方法称为显性管理。运用显性管理，可以达到组织课堂教学的目的，但也带来了一些不容易忽视的负效应，即师生情感对立，关系紧张，使问题行为更加严重，有时也可能造成教师自身的尴尬，出现"下不了台"的现象，严重地影响到教师自身的形象及威信、风度等。同时打断教学内容的讲授过程，打乱教师的思路，导致教学效果的降低；另一方面，也缩短了教师讲授教学内容的时间，可能造成教师在预定的教学时间内无法完成计划的教学内容。从学的方面来看，"一人害病，全班吃药"，必然引起学生注意力的分散，导致学生知识输入过程受阻与中断，严重浪费其他学生的学习时间，影响课堂教学效率，并因此有可能导致全体学生对教师的不满。

为了克服显性管理在组织课堂教学中的负效应，教师必须研究与利用隐性管理的方法来进行管理。所谓课堂隐性管理是指教师对于课堂中的那些不认真听讲或者违反了课堂常规的学生，在不影响正常授课的前提下，采取针对违规学生，隐含在教学活动中非公开的管理活动。它与显性管理相比，具有下列几个特点。

(1) 灵活性。隐性管理是在不中断正常教学秩序下，教师充分利用体态语言，通过自己的一个眼神、一个动作、一个声调的变化等，渗透在教学活动中而进行的课堂管理。它可针对每个具体学生、特定课堂环境采取形式多样的管理，方法灵活。

(2) 高效性。隐性管理是针对个别不遵守课堂常规的学生而采取的管理策略，这些策略不面向全体学生，不中断正常教学过程，避免了显性管理中浪费其他学生的学习时间与有效教学时间的弊端，提高了课堂管理的效率。

(3) 艺术性。隐性管理是教师隐含在教学过程中的一种管理方式与活动，要求教师必须根据教学对象的特点，具有"临危不慌，从容执教"的大将风度，及时、适度、有效地对他们进行调控。为此，要求教师在熟练掌握各种教学方法的同时，还要观察与把握每个学生的课堂反应与心理，并及时选择适当的方法进行管理，做到尊重爱护每个学生与严格要求和谐完美的统一，以保证教学任务的顺利完成。

3. 关怀鼓励为主，促使师生"心理共容"

古人云："数子十过，不如奖子一长。"来自教师的夸奖和鼓励，可以唤起学生的自信，激发他们的潜能，满足学生爱与尊重的需要。这种需要一旦得到满足，便能成为促使他们奋发学习的原动力。所以，在课堂上，师生能做到心理相容，就有了较好的课堂教学的心理基础。正如《学记》所说的"亲其师，信其道"。课堂教学管理的方法很多，教师要根据教学对象与课堂环境的具体情况，灵活选择运用并加以创新。只有这样，才能集中学生的注意力，逐步培养学生的自我控制能力和良好的学习习惯，以达到课堂管理的目的。

(1) 要使学生明确规则，要把"丑话"说在前头。课堂的组织管理是一件严肃的事情，必须要认真而严肃对待。良好的开端是成功的一半。要使课堂开端良好，必须先使学生明确规则。学生要遵循的规则分为三方面：①国家制定的规则，如中学生守则等；②学校制定的规则，如学校制定的常规；③特殊的课堂规则。要使学生明确能否遵守规则是区分学生好坏的主要标准，要使学生明确认识到违反规则是不道德的，应该有内疚感，要使学生认识到违反校规校纪应该接受处理。

(2) 要实现两个结合，即"严与爱"和"前馈与后馈"的结合。课堂的管理要严格，但严格的实现就离不开学生集体的理解、支持和配合。因此课堂的管理就必须体现对学生的爱和关怀，体现对学生的尊重和民主。对学生以及学生集体的爱是实现对学生严格要求的情感基础，爱是基础同时也是目的。

第三节　课堂问题行为的处理

有效的课堂教学是取得教育预期效果的保证。事实上，课堂教学这一复杂系统经常会出现一些干扰因素，而这些因素常常与学生的课堂问题行为有关。一旦发生学生的问题行为，教师要妥善化解，使正常的教学秩序得到维护。就这种意义而言，正确处理和控制课堂问题行为就是努力为教学创设一种良好的教学环境。

一、课堂问题行为的界定及分类

(一)课堂问题行为界定

国内外对学生的课堂问题行为的定义颇多。美国心理学家林格伦将问题行为定义为："任何一种引起麻烦的行为(干扰学生或班集体发挥有效作用)，或者说这种行为所产生的麻烦(表示学生或集体丧失有效的作用)。"我国心理学家邵瑞珍教授将其定义为："不能遵守公认的正常儿童行为规范和道德标准，不能正常与人交往和参与学习的行为。这样的行为不仅影响学生的身心健康，而且常常引起课堂纪律问题。"

简单来说，课堂问题行为就是在课堂里学生违反课堂常规，阻碍正常教学所表现出来的行为。这些行为会不同程度地阻止或威胁学习活动的进行，破坏课堂的连续性。换言之，多数课堂问题行为都是"本不应该出现，但是学生故意让它出现"的行为。如某生用光亮的金属铅笔盒反射太阳光，并且不停地在教师头顶上方晃动等。事实上，某些学生在教学过程中的问题行为不仅直接影响自身的学习活动，也会干扰其他同学的学习活动和教师的教学活动。

(二)课堂问题行为的分类

对学生在课堂中所表现出来的问题行为，国内外的许多心理学家从不同的角度进行了分类。美国的威克曼把课堂问题行为分为扰乱性问题行为和心理问题行为。奎伊把课堂问题行为分为人格型、行为型和情绪型三种。

我国有学者把问题行为分为两大类：①外向型的攻击行为，如心理抵触、侵犯别人、顶嘴、做小动作、多动、走神、发呆、插嘴、恶作剧等；②内向型的退缩行为，如缺乏耐心、追求一知半解、自以为是、轻视他人、不做作业、放弃学习、胆怯退缩、盲目跟从等。外向型的攻击行为教师一般都能观察得到，而且也会影响到其他学生的学习，内向型的退缩行为虽然不会影响到其他学生，但可能会影响教师上课，对学生个人的发展也极为不利。

要处理好发生的问题行为，教师必须首先了解问题行为的本质。可以根据行为的严重程度，把课堂问题行为分为 5 类：①从语言和行为上攻击老师和同学；②欺骗、撒谎、盗窃、故意损毁他人物品等品德不良行为；③带有厌烦情绪甚至是恨意执行老师交代的事情；④课堂上说话、下位、私自传递东西等干扰课堂的行为；⑤不做作业或课堂练习，精力不集中等懒散行为。

同时还需注意，课堂问题行为可能是只发生在一位学生身上，也可能发生在几个甚至一群学生身上，如果是群体行为其危害将会无法估量地增加。

二、课堂问题行为产生的原因

(一)教师方面

在教师方面，课堂问题行为产生的原因有以下几个。

(1) 课堂问题行为产生的原因可能来自教师的个性特征。古德和费罗认为要维持好的课堂秩序，首要因素是教师能为学生所喜欢。实际上建立和谐师生关系能够让课堂增效。所以教师应具备能让人喜欢的个性特征，如真诚、友善、快乐、情绪稳定；还应具备让人信服的个性特征，如自信、冷静、主动倾听、不退缩、不推诿；还要有像父母一样的个性，如对学生接纳、关怀、期望等。

(2) 教学方式的影响。教学内容过难或过易、教学方法不灵活、教学风格呆板、没有灵气都会让学生失去学习的兴趣。

(3) 课堂管理策略的影响。善于维持课堂秩序的教师有以下特征或管理策略：①机警。对课堂情况全面观察、迅速而准确地处理。②一心二用。处理问题行为和正常教学自然进行，不扩大负面影响。③教学流畅而且能够激励学生。④联系和作业富于变化和挑战性。

(二)学生方面

在学生方面，课堂问题行为产生的原因有以下几个。

(1) 寻求注意。习惯于家长或团体给予照顾、关怀、注意的孩子，一旦失去这种"特权"，定然渴望恢复。所以会有一些出人意料的行为，如干扰他人、惹是生非、消极懒散、装扮突变、行为怪异等。寻求注意是这些行为的终极目标，如果教师去责骂、劝诫、讽刺反倒成全了这些错误的行为。

(2) 争夺权力或取得精神上的胜利。寻求注意而招来指责，急于张扬却遭压抑，自以为高人一筹实际上被众人贬斥，久而久之，学生会认为只有战胜了别人才能获得承认，有了控制权才能获得地位。为了争取权力和地位，学生会主动"反叛"，表现方式有发脾气、争辩、抗拒要求、公开挑衅、阻碍他人、不做分内的事等。也可能会以被动的形式表现出"冥顽不灵"，表现出偷懒、完全不做事、对他人的意见不屑一顾。出现这种情况切不可强压，强压过后是反弹，学生心理会更加愤愤不平。

(3) 报复。如果学生争夺权力失败或精神胜利法失效，就会转而寻求报复。他会认为自己受到了伤害，所以想以牙还牙。于是他们对老师不再尊重，对老师的教诲嗤之以鼻，他们心中错误地认为：只有反击、表现残暴、惹人讨厌才能得到关注，树立威风。另外，学生的年龄、性别、所经受的压力挫折都可能引发问题行为。

(三)环境方面

班内的人际关系、空间大小、温度、光照都可能引起学生情绪波动，进而出现问题行为。一些被学生理解为涉及公平性的活动，如座次安排、奖励惩罚、文体活动等一旦被学生认为不公平，极易导致消极情绪和问题行为。班级舆论或者说班风对问题行为有时会起到助推作用。例如，大家都认为自习课讨论问题是正常的，某生因自习课说话被批评心里就会不服气，认为大家都能做的事我为什么不能。

问题行为常常影响课堂教学正常进行，是教师需要重视的问题。若处理不当，常会引起课堂混乱。但教师只要注意处理的技巧，定能起到事半功倍的效果。

三、教师对课堂问题行为处理不当的表现

教师对课堂问题行为处理不当的表现有以下几种。

(1) 不闻不问。把有课堂问题行为的学生当作教学以外的因素，不予处理。或者往往把这些问题交给班主任和学生父母去纠正，让别人来承担责任，自己则摆脱麻烦。课堂的问题行为是发生在课堂上的，教师对其不予处理或将责任推卸给别人，即使该同学的课堂问题行为会暂时消失，却还是不能从根本上解决这一问题，而且很有可能会再次出现。

(2) 急躁武断。有些教师不调查事件真相，不搜集论据，不考虑其他相关的情境，轻易做出结论，认定学生有课堂问题行为，把学生训斥一顿，这样就会造成师生对立，教学效果下降。

(3) 强行制止。教师发现问题行为后不是因势利导，而是采用惩罚等手段进行制止，可能会造成学生的抵触心理。

(4) 存有偏见。教师对学生存有偏见，一旦被教师认定为是好学生，即使该学生出现了问题行为，教师也会认定该学生的行为不属于错误行为。教师这样做，势必会挫伤一些学生的积极性，他们会认为无论自己做什么都不会得到教师的认同。而一些所谓被教师认定的好学生，也可能会由于教师的错误认定，结果无法对自己的课堂问题行为加以改正，甚至变得越来越严重。

四、课堂问题行为处理不当的归因

课堂问题行为处理不当可归纳为以下几个原因。

(1) 教师观察不够准确。观察是教师处理问题行为的第一步，也是极其重要的一步。随着教学水平的不断提高，教学经验的逐步积累，教师会越来越多地注意学生的各种问题行为。教师与每个学生空间距离不同，观察效果也不同。如教师对坐在最前排正中学生的表现资料收集得比较齐全，对坐在后排角落的学生，由于障碍比较多，可能会产生一些误解或错误的判断。最后由于课堂教学具有复杂性、不确定性和不可预测性，即使是资深的教师，也无法对课堂中所发生的所有问题行为都了如指掌。

(2) 判断处理问题行为带有主观性。一些教师在判断学生的问题行为时，往往缺少仔细客观的调查，而是从主观印象出发，用"有色眼镜"看学生，这样即使教师看到问题行为，还是无法进行正确判断，而可能把正确行为看成问题行为，把问题行为看成正确行为。

(3) 课堂控制能力的缺失。教师的课堂控制能力是指在课堂教学中，教师能够有效处理各种问题，保证课堂教学正常进行的能力。教师在课堂上采取过于放任或过于严厉的方式都是课堂控制能力缺失的表现。

五、正确处理课堂中的问题行为

(一)更新观念

要理性认识课堂问题行为出现的可能性。课堂管理的对象是班级所有学生，而不只是捣乱的学生。克文和门德勒(Curwin & Mendler, 1988)在大量的课堂观察中，发现了一个有趣的现象，那就是典型课堂中的 80∶15∶5 比例。在典型的课堂中一般有三类学生，80%的学生已经发展起了适合的课堂行为，很少违反规则，教师的课堂结构和程序只需要保护和支持这些学生的求知欲。15%的少数学生会周期性地违反规则，他们并不无条件地接受课堂规则，有时甚至会与这些规则作对。教师需要建立一个课堂结构和程序来限制他们的捣乱行为，使他们重新关注正确的行为。最后 5%的学生是长期的规则违反者，这些学生需要额外的支持和帮助。优秀课堂管理者的诀窍就是，要控制不让 15%的学生对课堂学习环境产生副作用，维持 80%准备学习的学生的兴趣，同时又不把 5%的学生逼上绝境。

(二)预防为主

要区别对待课堂环境中的三种行为。加拿大教育心理学家江绍伦将学生在课堂内的行为划分为积极行为、中性行为和消极行为三种形式。

积极行为是指那些与实现教学目标相联系的行为。有效的课堂纪律管理应鼓励学生的积极行为,其强化方式有社会强化、活动强化、行为协议和替代强化 4 种。社会强化是运用面部表情、身体接触、语言文字等增强学生的行为;活动强化是指学生表现出具体的课堂积极行为时,允许学生参与其最喜爱的活动,或提供较好的机会与条件;行为协议是指教师和学生共同制定旨在鼓励和强化积极行为的协议,如"如果期中考试平均成绩达到 80分,就可以奖励一支钢笔"等;替代强化是指教师所做的具体行为示范充当了替代强化物,学生会模仿和学习。

消极行为是指那些明显干扰课堂教学秩序的行为。教师要针对消极行为的轻重程度选择有效的制止方法,及时制止消极行为。通常采用的制止方法主要有信号暗示、言语幽默、创设情境、转移注意、消除媒介、正确批评、劝其暂离课堂等。

中性行为是指那些既不增进又不干扰课堂教学的学习行为,如静坐在座位上思想开小差,看言情或武侠小说,在座位上不出声地睡觉等。中性行为是积极和消极这两个极端之间不可缺少的过渡环节,教师应利用中性行为的中介作用,使其向积极行为转变。

成功的管理者能够较好地预防课堂问题行为。而预防的关键是让课堂变得有魅力和吸引力,以引起学生的注意,激发学生的学习动机。对课堂管理不能使用"惩罚"一种方法。马克·吐温曾经说过:"拿着锤子的壮汉,什么东西在他眼里都是钉子。"可见课堂管理是对所有学生的管理,你要具备多种行为管理的工具,而不仅仅是锤子。有效的方法就是按照课堂 80∶15∶5 的需要来分别准备:①集中精力重点发展组织策略和技术,满足 80%学生的需要,预防可能发生的问题,防患于未然;②当学生偏离期望的行为时,教师就应该用一些精力来干预;③还有极少数的学生需要特殊的行为矫正,需要使用矫正技巧。

(三)干预有方

教师预防得好就能避免大量行为问题的爆发。但是,预防再好,也难以避免出现一些课堂行为问题,这时,教师就要恰当地采取干预的手段。教师采取干预手段需要遵循以下两个原则。①最小干预。教师在有效阻止和抑制不良课堂行为时尽量不要中断正常的教学进程。防止用激烈的方法处理问题行为,如体罚、赶出教室、责骂、讽刺挖苦、做不好的记号、不准回家和类似的方法。因为这种惩罚往往使问题行为变得更坏而难以消除。②不良变优良。合理处理不良课堂行为正是促进学生发展正确的课堂行为的机会。

诚然,课堂教学的管理是一个纷繁而复杂的过程,其本身也是一个动态的过程,需要我们不断去探索和研究,不断地去充实其内涵。作为教师,只有不断地反思自己教学中的得失,才能真正地提高教学管理水平,尽快地由教书匠变为教育家。

复 习 要 点

第一节 课堂教学管理概述

课堂教学管理是指在课堂教学过程中,教师不断地组织学生、管理纪律、引导学习、建立和谐的教学环境、帮助学生达到教学目标的行为。课堂教学管理具有促进和维持两大功能。课堂教学管理的基本类型有放任型、独断型、民主型、情感型、理智型、兴趣型。

影响课堂教学管理的因素,教师方面有学校的领导类型,教学期望,教师的教学威信,教师的语言、声调、动作、表情,教师注意的分配情况,教师的教育机智。学生方面有学生的上课风气、学生的自制力。课堂的学习环境方面有教室环境，直观教具的运用情况，教师的装束、言谈、举止，座位排列情况等。其他方面有课堂的管理跨度、班集体的性质、课堂教学常规、师生关系。

第二节　课堂教学管理的技能

课堂教学节奏指课堂教学过程中各种可比成分在时间上以一定的次序有规律地交替出现的形式。课堂教学的密度指单位时间内完成一定质的教学任务的程度。课堂教学的速度指单位时间内所完成的教学任务的量。课堂教学的难度指教授者和学习者在教学时感到表达、理解、运用等的难易程度。课堂教学的重点度指课堂内重要的或主要的教学内容占全部教学内容的比例的大小的程度。课堂教学的强度指师生双方在单位时间内教授或学习一定难度和一定数量的教学内容所引起的双方身心疲劳的程度。课堂教学的激情度指师生双方共同沉浸于教学美的境界中所形成的情感共鸣、情感振荡的程度。

课堂段落是指教师课堂推进中的活动阶段。一堂课的课堂段落大致可分为候课、导入、课中和结束四个部分。

课堂教学控制的技术有课堂观察的技术、学生课堂注意的调控、应对课堂偶发事件的技术、课堂教学管理的心理调控艺术。课堂观察是指教师偶然或有计划地觉察学生的认知、情感和行为的课堂表现的过程。课堂观察的范围主要包括对学生课堂中认知能力、学习态度及注意力状况、情绪表现和人际交往等方面的观察。课堂观察的技术要求是：进行有意识、有目的的观察；全面观察与重点观察相结合；保持观察的自然状态，不干扰学生的正常学习活动；排除各种主观倾向，进行客观观察。学生的课堂注意是指学生在课堂上对一定对象的选择与集中。调控学生课堂注意的辅助控制方法有声音控制、眼神和表情控制、停顿、变换教学媒体、变换活动方式。应对偶发事件的办法有三种，即冷处理、温处理和热处理。课堂教学管理的心理调控可采取如下做法：抓住优势兴奋中心，调整教学内容及方法；采取隐性管理，制止、纠正学生课堂问题行为；关怀鼓励为主，促使师生"心理共容"。

第三节　课堂问题行为的处理

课堂问题行为就是在课堂上学生违反课堂常规，阻碍正常教学所表现出来的行为。对学生在课堂中所表现出来的问题行为，国内外的许多心理学家从不同的角度进行了分类。美国的威克曼把课堂问题行为分为扰乱性问题行为和心理问题行为。奎伊把课堂问题行为分为人格型、行为型和情绪型三种类型。我国有学者把问题行为分为外向型的攻击行为和内向型的退缩行为。课堂问题行为产生的原因有教师、学生和环境因素的影响。

教师对课堂问题行为处理不当的表现有不闻不问、急躁武断、强行制止、存有偏见。课堂问题行为处理不当的原因有教师观察不够准确，判断处理问题行为带有主观性，课堂控制能力的缺失。正确处理课堂中的问题行为要做到：更新观念，预防为主，干预有方。

拓　展　思　考

1. 结合你的理解，谈谈课堂教学管理的重要意义。
2. 课堂教学管理的技能包括哪些方面？
3. 如何提高课堂教学管理的能力？

第十五章 教学评价

　　教育质量的提高首先取决于教学质量的提高，要提高教学质量就必须对教学提出一定的质量要求。教学评价与教学目标、学习准备、教学策略都是教学过程中的基本环节，其实质是从结果和影响两个方面对教学活动给予价值上的确认，并引导教学活动朝预定的目标发展。教学成效的测量与评价是教学过程中的重要环节，也是教育心理学的重要组成部分。为加快素质教育实施步伐，我国开始了新一轮国家基础教育课程改革，课程改革的核心环节是课程实施，课程实施的基本途径是课堂教学。有鉴于此，对教学进行科学有效的评价以及建立有效的评价机制理应是课程改革的核心问题或重要环节之一，教师要善于运用测量的手段评价教学目标完成情况，以进一步修订教学内容，改进教学方法，提高学习效果。

第一节 教学评价概述

　　评价活动古已有之，我国古代的科举制度实际上就是一种比较正规的评价活动。美国进步教育协会在 1934—1942 年进行的"八年研究"，被认为是教育评价作为一个独立的研究领域的标志。自那之后，在马杰 1962 年《程序教学目标的编写》一书和布卢姆等教学目标分类理论以及加涅学习结果分类理论的进一步推动下，评价领域发展迅速，评价的观念和方法都有了很大的变化，评价的作用也越来越突出。

一、教学评价的含义

　　一般认为，评价是对某一事物的价值作出判断，"价值判断"是评价的核心。教学评价是指以教学目标为依据，制定科学的标准，运用一切有效的技术手段，对教学活动的过程及其结果进行测定和衡量，并给出价值判断的过程。具体而言，即对教师的"教"和学生的"学"进行系统检测，评定其价值及优缺点，以求改进的过程。教学评价的两个核心环节是对教师教学工作如教学设计、组织、实施等的评价；对学生学习效果的评价即考试与测验。

二、教学评价的功能

　　虽然依据教学目的对教学活动进行评价由来已久，但只是近二三十年来才越发受到国内外教育界的重视，这是因为人们日益认识到了它对提高教学效果的作用。研究发现，教学评价是推动教学活动不断增值的重要手段，是提高教学质量的重要保证。从教学的准备到课堂教学的具体实施，若没有评价这一个重要的操作步骤参与其中，就不能说是一个完整的教学过程，就不能完成整个教学"周期环"。教学评价的功能具体概括如下。

(一)反馈调节功能

教学评价有利于使教学过程成为一个随时得到反馈调节的可控系统，通过教学评价提供的有关教学活动反馈信息，便于师生调节教和学的活动，使教学能够始终有效地进行，越来越接近预期的目标。这种信息反馈包括两类：一是以指导教学为目的对教师教学工作的评价，通过这种评价可以调节教师的教学工作，也间接提高了学生的学习效果；二是以自我调控为目的的自我评价，即学生通过自我评价加深对自我的了解，以便调整学习策略，改进学习方法，增强学习的自觉性。

(二)诊断指导功能

评价是对教学结果及其成因的分析过程，借此可以了解教学各方面的情况，从而判断它的成效和缺陷、矛盾和问题。全面客观的评价工作不仅能估计学生的成绩在多大程度上实现了教学目标，而且能解释成绩不良的原因，并找出主要原因。教学评价如同体检，是对教学现状进行一次严谨的科学诊断，以便为教学的决策或改进指明方向。

(三)强化激励功能

教学评价是完善教学系统的重要环节，评价对教师和学生具有监督和强化作用。科学合理的教学评价可以调动教师教学工作的积极性，激起学生进行学习的内部动机，使教师和学生都把注意力集中在教学任务的某些重要部分。对于教师来说，适时而客观的教学评价，可使教师明确教学工作中需努力的方向；对于学生来说，教师的表扬和奖励、学习成绩测验等可以提高学习的积极性和学习效果。

(四)目标导向功能

如果在进行教学评价之前，将评价的依据或具体操作标准公布给被评价人即教师或学生，将对被评价人下一步的教学或学习目标起到导向作用。教育信息化的教学设计中强调以学为中心，学生将被赋予较高的主动性和独立性，这样一来，教师将更关注学生是否能够在学习过程中按照既定的教学目标努力。为此，事先将评价的标准交给学生，使他们知道教师或其他学生将如何评价他们完成的学习任务，有助于学生自己调节努力的方向，从而达到教师预想的教学目标。

(五)预测功能

评价的预测功能是指以评价对象的现状为依据，对评价对象的发展趋势及可能性进行预见和推测的功效与能力。教学评价作为一种对评价对象在一系列的测验、调查、观察基础上，进行逻辑分析，最终作出价值判断的过程，它不仅仅要对评价对象的现状作出解释与分析，而且在此基础上要对评价对象的未来发展进行预测，避免评价对象在今后的发展道路上走弯路。实现评价的预测功能，主要通过诊断性评价和综合测评的方法进行。这就要求评价者要充分掌握评价对象各方面的信息，并对这些信息进行认真的整理，深入分析，从而对其发展趋势作出判断。

三、教学评价的类型

教学评价工作是十分复杂的。根据不同的划分标准，可以将教学评价分为不同的类型。根据评价基准不同，教学评价可分为相对评价、绝对评价和自身评价；根据教学评价实施的时机与功能不同，可以分为诊断性评价、形成性评价和总结性评价；根据对教学评价资料处理方式的不同，可以将教学评价分为常模参照评价和标准参照评价；根据评价中所使用的测验来源不同，可以将测验分为标准化成就测验和教师自编测验。

(一)根据评价基准不同分类

1. 相对评价

相对评价是在被评价对象群体或集合中建立基准，然后把各个对象逐一与基准进行比较，来判断群体中每一成员的相对优劣。为相对评价而进行的测验一般称作常模参照测验。它的试题取样范围广泛，命题方式直接明确，测验成绩记录表明学生学业的相对等级。由于所谓的常模实际上就是学生群体的平均水平，所以这种测验的成绩自然形成了正态分布。相对评价的优点是适用面广，甄别性强。就是说无论学生群体的整体水平如何，都可以比较出优劣。它的缺点是基准会随着群体的不同而发生变化，因而易使评价标准偏离教学目标。相对评价要鉴定学生成绩的相对差异，在限额选拔的测验中适用。

但是由于相对评价是建立在学习成绩呈正态分布的假设基础之上，如果班级人数很少，或者以掌握为目标的学习测验就不适用。相对评价的另一优点是评价建立在与他人比较的基础上，所以特别容易激起学生的竞争动机，而伴随这一优点可能产生的弊端是容易引导学生争名次。如果全班同学都作了努力，但学生的学习成绩在班级中所处的位置可能依然不会改变，这样也可能导致一部分学生在努力后依然产生挫败感。何况如果在学校与学校、班级与班级存在差异的条件下，某一学生在班级中的名次，并不能反映其真实的水平与能力。

2. 绝对评价

绝对评价就是将教学评价的基准建立在被评价对象的群体或集合之外，把群体中每一成员的某种指标逐一与基准进行对照，从而判断其优劣。评价的标准一般是教学大纲以及由此确定的评判细则。为绝对评价而进行的测验一般称作标准参照测验。它的试题取样就是预先规定的教学目标，测验成绩记录表明教学目标的达成程度，所以这种测验的成绩分布通常是偏态的。绝对评价的优点是评价标准比较客观，如果使用得当，可使每个被评价者都能看到自己与客观标准之间的差距，以便不断向标准靠近。教学管理部门通过这种评价，可以直接鉴别各项教学目标的达成情况，明确今后的工作重点。它的缺点是在制定和掌握评价标准时，容易受评价者的原有经验和主观意愿的影响。绝对评价的优点是根据分数评价，可以了解学生达到目标的情况，并根据需要进行指导；绝对评价还可以减少由于竞争心理而带来的自卑感与失败感。但其缺点是目标的制定与达到具体目标的标准较难掌握。绝对评价一般要依据教学目标确定合格与不合格的标准。如我国各类学校所使用的百分制，则将 100 分定为满分，60 分定为及格。教师可根据测验的目的，确定不同的等级标准。

3. 自身评价

自身评价既不是在被评价群体之内确定基准，也不是在被评价群体之外确定基准，而是将被评价个体的过去和现在相比较，或者是对他的若干侧面进行比较。有两种情况，一种是通过纵向的比较，即对同一学科过去的成绩与现在的成绩进行比较，以说明这一学科成绩是否提高；另一种情况是将多种成绩进行横向比较，或在一门课中，将表现出的不同方面的特征进行比较，以确定该生的所长所短。例如，某学生上学期的数学成绩是70分，这学期是80分，说明他的数学进步了；若该生的语文成绩两个学期都在80分以上，说明他的语文比数学更好。自身评价的优点是尊重个性特点，照顾个别差异，通过对个体内部的各个阶段或各个方面进行纵横比较，判断其学习的现状和趋势。但由于被评价者没经过与具有相同条件的其他学生做比较，难以判定他的实际水平和差异，激励功能不明显。因此，在实践中常需把自身评价和相对评价结合起来使用。

一般认为，绝对评价的标准较客观，如果评价是准确的，学生可以通过评价了解自己达到目标的程度，从而激发起学习的动机。目前许多专家主张把相对评价与绝对评价结合起来使用，使两者相容并互补。以上三种评价对教学过程具有反馈功能、诊断功能与激励功能。日本学者还指出三种评价对学生人格的形成具有不同的影响，如表15-1所示。

表15-1 评价标准的设计方式及其对人格形成的影响

评价类型	评价标准	评价观点	可能产生的积极作用	可能产生的消极作用
相对评价	集体内他人的成绩	优与劣	在与他人的关系上能客观地看待自身	可能养成缺乏合作精神的性格
绝对评价	外在的客观的到达目标群	目的是否达到	确立自我教育的体制	可能养成将目标体系绝对化、缺乏灵活性的性格
自身评价	本人当前状况	与本人原有状况相比是否有进步	可以养成按照自己的标准进行自我提高的习惯	容易养成自我满足的习惯

(二) 根据教学评价实施的时机与功能不同分类

教学评价并不只是在教学结束后才进行的，而是贯穿整个教学活动的始终。在教学过程中的不同阶段，可以实施不同的教学评价。

1. 教学前的诊断性评价

诊断性评价也称前置评价。一般是在某项教学活动开展之前，对学生的知识、技能、智力和体力等状况进行摸底测试，以便了解学生的实际水平和准备状况，判断其是否具有实现新教学目标所必需的基本条件，为教学决策提供依据，使教学活动适合学生的需要和背景。教学中的"诊断"是一个范围较大的概念，除了验明缺陷和问题，还包括对各种优点和特殊才能禀赋的识别。因此，诊断性评价的目的是设计出可以满足不同起点水平和不同学习风格的学生所需的教学方案，并分别将学生置于最有益的教学程序中。

2. 教学进行中的形成性评价

形成性评价是在某项教学活动的过程中，为使活动效果更好而不断进行的评价。它能及时了解阶段教学的结果和学生学习的进展情况、存在问题等，以便及时反馈、及时调整和改进教学工作。形成性评价常采用非正式考试或单元测验来进行。测验的编制必须考虑单元教学中所有重要目标。通过形成性评价，教师可以随时了解学生在学习上的成败情况，获得教学过程中的连续的反馈，作为教师随时调整教学计划、改进教学方法的参考。如果发现个别学生没有达到单元教学的目标要求，教师会对学生进行及时的个别辅导。通过形成性评价，学生也可以了解自己的学习进步情况，获得学习上的反馈，借以肯定或修正自己的学习方式。教学设计活动中进行的评价主要是形成性评价，如对新的教学方案作评价通常是在该方案的试行过程中进行的，目的是为修改该方案收集有力的证据。对于提高教育质量来说，重视形成性评价比总结性评价更有实际意义。

3. 教学结束后的总结性评价

总结性评价又称后置评价，一般是在教学活动告一段落为把握活动最终效果而进行的评价。具体如学期末或学年末各门学科的考试、考核，目的是检验学生的学业是否达到了各科教学目标的要求。总结性评价注重的是教与学的结果，借以对被评价者所取得的成果作出全面鉴定，区分等级和对整个教学方案的有效性作出价值判断。可以以表 15-2 概括目前使用比较多的诊断性、形成性和总结性三类教学评价的异同。

表 15-2　诊断性、形成性和总结性三类教学评价的异同

	诊断性评价	形成性评价	总结性评价
职能	确认必备的技能具备与否，确认现有掌握水平，确认源于教授方式的特点而造成的学生分类问题，确认影响不同类型学生继续学习的因素	对师生作出关于学生的学习进展的信息反馈，明确单元结构的错误，以便明确地制定矫正教学方针	在单元、学期、课程的终了，认定学分，评定成绩
时机	在单元学期、学年开始时，正常的教学活动尚未纳入轨道之前实施	在教学展开过程中	在单元、学期、学年终结时
重点	认知能力、情意及技能、生理因素、心理因素、环境因素	认知能力	一般侧重认知能力，有的学科则强调技能和情意能力
手段	摸底用的形成性测验和总结性测验	特别编制的正式测验	期末测验或总结性测验

(三)根据对教学评价资料处理方式的不同分类

1. 常模参照评价

常模参照评价是以学生团体测验的平均成绩即常模为参照点，从而比较分析某一学生的学业成绩在团体中的相对位置或优劣。常模参照评价对学生学习成就的解释采用了相对的观点，着重于学生个体间的比较，主要用于选拔(如升学考试)或编组编班。

2. 标准参照评价

标准参照评价是以教学目标所确定的作业标准为依据，根据学生在试卷上答对题目的多少来评定学生的学业成就。标准参照评价对学生学习成就的解释采用的是绝对标准，即学生是否达到了教学目标所规定的学习标准以及达标的程度如何，而不是比较学生个人之间的差异。具体实施时，就是以考试分数为标准，100 分代表着学生的学习已完全符合教学目标的要求，而 60 分代表着及格，是对学习的最低要求。不管其他学生的成绩如何，只要分数达到 60 分就是及格。同样，如果一个学生得 50 分，尽管这个分数是全班的最高成绩，该成绩仍然是不及格。当然标准参照评价是否有意义，取决于教师在编制测验时试题的代表性与难度是否符合教学目标及教学内容的要求。

(四)根据评价中所使用测验的来源不同分类

1. 标准化成就测验

标准化成就测验是指由学科专家和测验编制专家按照一定标准和程序编制的测验。该测验的目的是评价经某种教学或训练后学生的实际表现，具有客观性和可比性的突出优点，被视为评价学生学业成绩的重要工具之一。这种测验在国外使用比较普遍。比如，美国教育测验中心举办的托福考试(TOEFL)，考核非英语国家学生的英语水平，决定是否录取留学和授予奖学金。我国的汉语水平考试(HSK)也属于这类测验，外国学生通过 4 级才能进中国大学，通过 6 级可以读硕士学位。

2. 教师自编测验

教师自编测验是指教师根据教学需要自行设计与编制的、作为考查学生学习进步情况的测验。教师自编测验是在学校教学评价中应用最多，也是教师最愿意用的测验。这是因为教师自编测验操作过程容易，教师可根据学科特点和教学检查的需要随时编制，并在本年级或本班的小范围内施测，颇为灵活方便。虽然教师自编测验未经标准化，但其编制也需遵循一定的方法和原则。

四、教学评价的原则

为了做好各类教学评价工作，必须根据教学的规律和特点，确立基本要求，作为评价的指导思想和实施准则。具体来说教学评价应贯彻以下几条原则。

(一)客观性原则

客观性原则是指在进行教学评价时，从测量的标准和方法，到评价者所持的态度，特别是最终的评价结果，都应符合客观实际，不能主观臆断或渗入个人感情。因为教学评价的目的在于给"学生的学"和"教师的教"以客观的价值判断，如果评价缺乏客观性就完全失去了意义，还会提供虚假信息，导致错误的教学决策。贯彻这条原则，首先应做到评价标准客观，不带随意性；其次应做到评价方法客观，不带偶然性；最后应做到评价态度客观，不带主观性。这就要求我们以科学可靠的评价技术为工具，获得真实有用的数据资料，以客观存在的事实为基础，实事求是、公正严肃地进行评定。

(二)整体性原则

整体性原则是指在进行教学评价时，要对组成教学活动的各个方面作多角度、全方位的评价，而不能以点带面、以偏概全。由于教学系统的复杂性和教学任务的多样化，使得教学质量往往从不同的侧面反映出来，表现为一个由多因素组成的综合体。因此，要真实地反映教学效果，必须对教学活动从整体上进行评价。贯彻这条原则，首先要评价标准全面，尽可能包括教学目标的各项要求，防止突出一点而不及其余；其次是要把握主次，区分轻重，抓住主要矛盾，在决定教学质量的主导因素和环节上下功夫；最后要把定性评价和定量评价结合起来，使其相互参照，以求全面、准确地判断评价客体的实际效果。

(三)指导性原则

指导性原则是指在进行教学评价时，不能就事论事，而应把评价和指导结合起来。不仅使被评价者了解自己的优缺点，而且为其以后的发展指明方向。也就是说，要对评价的结果进行认真分析，从不同角度查找因果关系，确认问题产生的原因，并通过信息反馈，使被评价者明确今后努力的方向。要贯彻这条原则，首先必须在评价资料的基础上进行指导，不能缺乏根据地随意表态；其次是要反馈及时，指导明确，切忌耽误时机和含糊其词，使人无所适从；最后要具有启发性，留给被评价者思考和发挥的余地，不能搞行政命令。

(四)科学性原则

科学性原则是指在进行教学评价时，不能光靠经验和直觉，而要根据科学。只有科学合理的评价才能对教学发挥指导作用。科学性不仅要求评价目标、标准的科学化，而且要求评价程序、方法的科学化。贯彻这条原则，首先要从教与学统一的角度出发，以教学目标体系为依据，确定合理统一的评价标准；其次要推广使用先进的测量手段和统计方法，对获得的各种数据和资料进行严谨的处理；最后要对编制的评价工具进行认真的预试、修订和筛选，在达到一定的指标后付诸使用。

五、教学评价的发展趋势

(一)传统教学评价存在的问题

传统教学评价，从评价内容看，过多倚重学科知识，特别是课本上的知识，而忽视了实践能力、创新精神、心理素质以及情绪、态度和习惯等综合素质的考查。从评价标准看，过多强调共性和一般趋势，忽略了个体差异和个性化发展的价值。从评价方法看，以传统的纸笔考试为主，仍过多地倚重量化的结果，而很少采用体现新评价思想的、质性的评价手段与方法。从评价主体看，被评价者多处于消极的被评价地位，基本上没有形成教师、家长、学生、管理者等多主体共同参与、交互作用的评价模式。从评价重心看，过于关注结果，忽视被评价者在各个时期的进步状况和努力程度，没有形成真正意义上的形成性评价，不能很好地发挥评价促进发展的功能。

(二)新课程评价的特点

新课程评价理念的根本出发点是促进学生的发展,这一理念引导下的新课程的评价特点体现在以下几方面。

(1) 评价的目的——促进发展。淡化原有的甄别和选拔功能,关注学生、教师、学校和课程发展中的需要,突出评价的激励与控制功能,激发学生、教师、学校和课程的内在发展动力,促进其不断进步,实现自身价值。

(2) 评价的内容——综合化。重视知识以外的综合素质的发展,尤其是创新、探究、合作与实践等能力的发展,以适应人才发展多样化的要求。

(3) 评价的标准——分层化。关注被评价者之间的差异性和发展的不同需求,促进其在原有水平上的提高和发展的独特性。

(4) 评价的方式——多样化。将量化评价与质性评价方法相结合,将形成性评价与总结性评价相结合,适应综合评价的需要,丰富评价与考试的方法,如成长记录袋、学习日记、情境测验、行为观察和开放性考试等,追求科学性、实效性和可操作性。

(5) 评价的主体——多元化。从单向转为多向,增强评价主体间的互动,强调被评价者成为评价主体中的一员,建立学生、教师、家长、管理者、社区和专家等共同参与、交互作用的评价制度,以多渠道的反馈信息促进被评价者的发展。

通过考察教学评价的历史发展和未来走向,得到的启示是:教学评价是不断发展和完善的;它的完善和发展是科学性、教育性不断提高的过程,是辩证的多样综合的过程。

(三)教学评价的未来发展趋势

考察教学评价的历史发展和现实状况,有助于观察教学评价的未来走势。从当前教学评价改革所显示的信息看,今后教学评价发展可能会呈现以下若干重要趋势和特征。

1. 评价模式的多样综合

迄今为止,已发展出了各种各样的教学评价方法和技术。不同的教学评价方法、技术,各有不同的优势和不足。为了保证教学评价的准确性和全面性,必须把各种不同的评价技术进行必要的综合、组合、改造和创新。事实上,当前的教学评价改革已注意到了评价模式的多样综合问题,如强调定性和定量结合、模糊与精确结合、日常观察和系统测验结合、他评与自评结合等。这种评价模式多样综合的特点在今后将更加明显。

2. 注重教学评价的教育性功能

在教学评价中,人们最初重视的是管理性功能。历史发展表明,过于关注管理性功能而忽视教育性功能的教学评价,往往给学生的身心发展带来消极影响。这样,在现代教学评价发展的过程中,教育性功能就逐渐受到了重视。它强调的是教学评价作为教学活动的一个重要环节,应自觉地服务于教学宗旨,成为实现教学目的的促进性力量,促进学生身心的全面发展。当前教育性功能已逐渐凸显出来,形成性评价和实质性评价的出现和发展,是有力的论据。今后这一方面的功能将得到进一步的加强。

3. 重视学生的评价能力的发展

在现代社会，人们面临着日益复杂的社会环境，只有具有良好的评价能力，才能合理地选择和行动。帮助学生发展评价能力，是现代社会对学校提出的重要要求。学生的评价能力需要通过评价活动才能发展。在整个学校教育活动体系中，教学评价是最基本的评价活动，是发展学生评价能力的基础性活动。教学评价的未来发展和改革，将突出通过评价培养学生评价能力的重要性。也就是说，要通过教学评价，使学生掌握有关评价的原理、标准和方法，给予学生评价自我和他人的机会，从而提高评价能力。

六、发展性课堂教学评价指标体系的设计

所谓指标是指被评价的因素，而被评价全部因素的集合便是评价的指标体系，一般包括评价的项目(指标)及评价的要点(标准)以及各项指标的权重系统与标准的文字描述。建立评价指标体系，既是评价工作的基础，又是评价工作的核心，假若没有指标体系，评价工作就会无从入手。

(一)要素评价

要素评价是根据课堂教学活动的组成要素构成评价项目。尽管对于课堂教学活动的组成要素有不同的说法，但其中基本要素仍为大家所认同。吴也显教授认为，教学活动构成要素包括教师、学生、课程(教学内容)、条件四个方面。更有普遍性的观点则认为，教学活动的组成要素主要是教师、学生、学习内容、教学方法与手段。也有人更具体地将教学活动的构成要素进一步划分，把"目的""内容""方法"划为静态的教学要素，把"准备""实施""反思"列为动态的教学环节，把"教师"要素具体为"教学素质"，把"学生"要素具体为"学习效果"，等等。不管教学活动多么丰富多彩，不管课堂教学评价指标体系怎样花样翻新，它终究离不开教学活动的诸多要素，只是做不同取舍与处理而已。

(二)流程评价

流程评价是根据教学活动发生发展的程序设计评价项目。课堂教学是一个"准备—实施—目标达成"的完整过程，教师的教学活动也就是"教学设计(备课)—课堂实施(上课)—辅导与反馈(反思)"的连续过程。因此，课堂教学评价既然是对教学活动的价值判断，就不仅仅是评价"上课"这一个中心环节，还要分析其课前的准备、教学的条件以及课后的认识与反思，观测教学目标的达成情况。这些也成为课堂教学评价指标体系中不可或缺的组成部分，设计者也以不同的方式去表现这个完整的、持续不断的过程。

(三)效果评价

效果评价是根据学习者的变化效果来设计指标项目。课堂教学是为学生的发展服务的，同时，学生也是构成教学活动的最生动、最活跃的要素。教学活动目标的达成，要在学生身上有所体现，学生在教学活动中身心发生的变化便是衡量课堂教学有效性的依据。学生的身心变化可以表现在很多方面，新课程提出的"三维目标"应是其具体要求。

第二节 教学评价的方法与技术

教学评价应包括认知、情感和技能三个方面。对于认知和技能领域的学业成就，最常用的教学评价手段是标准化成就测验和教师自编测验。而对于情感以及道德行为表现则常常采用非测验性的评价手段。

一、常用的教学测验

(一)标准化测验

标准化测验是评价学生学业成绩的重要工具之一，是指由专家或学者所编制的适用于大规模范围内评定个体学业成就水平的测验。标准化测验在国外使用较普遍，当前美国教育测验中心考核非英语国家留学生英语水平的托福(TOEFL)考试，以及考核研究生学绩及能力的 GRE 考试都是标准化测验。其特点是：①测验由专门机构或专家学者按一定测验理论和技术，根据全国或某一地区所有学校的共同教育目标来编制；②所有受试人所做的试题、时限等施测条件相同，计分手段和分数的解释也完全相同。

标准化测验的优越性包括：①客观性。在大多数情况下，标准化测验是一种比教师编制的测验更加客观的测量工具。②计划性。专家在编制标准化测验时，已经考虑到所需要的时间和经费，因此标准化测验更有计划性。③可比性。标准化测验由于具有统一的标准，使得不同考试的分数具有可比性。

标准化测验的缺点是：①与学校课程之间的关系很不协调。在我国每个地区的教学状况还存在着一定的差距，教师在选用标准化测验前，应仔细查阅内容效度，使得测验的目标与评价的目的相匹配。②测验结果的不当使用。我们通常会利用标准化成就和能力测验对学生分类和贴标签，对个体造成了不良影响。

(二)教师自编测验

教师自编测验是由教师根据具体的教学目标、教材内容和测验目的，自己编制的测验，是为特定的教学服务的。教师自编测验通常用于测量学生的学习状况。

教师自编的测验在学校中使用十分广泛，这是因为教师可根据教学过程不同阶段的不同任务，确定测验的不同目的，编制不同的测验。例如，合格测验需要有较高的内容效度，用于选拔的择优测验就需要测验项目有合理的难度分布，使测验具有鉴别力。

自编测验的优势为：①操作过程简单；②施测手续方便；③应用范围一般限于自己所教的学科，在实际教学中颇为有用；④针对计划测量的学习结果，选择适合的题型。自编测验包括客观题和主观题两种类型。教师使用哪一种类型的题目是由测验的目的、内容和时间所决定的。

二、教师自编测验的类型及编制技术

(一)客观题

客观题具有良好的结构,对学生的反应限制较多。这类题目包括选择题、是非题、匹配题和填空题等。

1. 选择题

选择题是由题干和两个或更多的选项组成的。题干可以是直接提问或者以不完整的句子的形式出现,目的是为了设置问题情境。而选项则提供可供选择的答案,包括一个正确答案和若干具有干扰性的错误项或迷惑项。学生的任务就是阅读题目,再从一系列选项中挑选出正确的项目。

教师在出题时,要综合考虑题干和选项,使整个题目清楚明了。选项的数量一般没有统一的规定,大多是4~5个,良好的选择题,题干应该明确简单,而选项又深具迷惑性。选择题还有一种常用变式,选项中有一至多个正确答案,即通常被称为多选题。选择题可适用于不同材料,可考查学生多方面知识,加上评分客观、省时,因此在标准化测验中广泛使用;但它答案固定,测不出组织材料的能力和创造力;同时由于题量大,要为每个题目编写迷惑答案,任务比较繁重。

举例:个体的操作成绩要与其他人的操作成绩相比较的评价是( )。
A. 常模参照评价
B. 标准参照评价
C. 形成性评价
D. 总结性评价
(答案为 A)

2. 是非题

是非题又称正误题,此类题学生需要识别、选择出正确答案。常用的形式是陈述一句话要求学生判断对错。是非题形式简单,能够在一份试卷内覆盖大量的内容。教师在评判时也较客观,计分简便省时。但一个重要的问题是学生只有两种选择,对或错,容易猜测。

是非题的优点是:编写相当容易,回答和评分都很方便,取样范围较广,可以有效地测量学生对一些知识点的掌握情况。

是非题的缺点是:是非题测量的常常是一些较低水平的细节性知识点,而不易测量一般原理或对知识的应用、分析、综合、评价等。是非题猜测正确的概率是 50%,因此,它的可靠性较差。有时教师要求学生将判断为错误的题改正过来,但这样做使是非题答起来更加困难而且评分也更费时间。

举例:请判断下列各项陈述是否正确,并将"√"或"×"写在后面的括号中。
(1) 叶绿素是植物进行光合作用的重要物质。( )
(2) 各种植物的生长都离不开光合作用。( )

3．匹配题

匹配题是另一种可提供多种选择的考试形式。通常题目包括两列词句，一列是问题选项，一列是反应选项。学生根据题意按照某种关系将左右的项目连接起来。匹配题形式简单，能够有效地测量学生对知识联系的掌握情况，且易于计分。匹配题是评价某种类型的事实性知识(例如，人物与他们的业绩、日期和历史事件、范畴和实例等)的一种可靠的、客观的、有效的方式。编制匹配题时，既要注意减少学生寻找的时间，提高答题效率，又要注意降低学生猜测的可能性，因此要运用适当的命题技术。

举例：从下面右栏所列的书名中找出左栏所列每位作者的作品，并把相应的字母填在括号中。

(1) 吴承恩(　)　　A 《窦娥冤》
(2) 蒲松龄(　)　　B 《三国演义》
(3) 关汉卿(　)　　C 《红楼梦》
(4) 曹雪芹(　)　　D 《梦溪笔谈》
(5) 罗贯中(　)　　E 《水浒传》
(6) 施耐庵(　)　　F 《聊斋志异》
　　　　　　　　　G 《西游记》

4．填空题

填空题是呈现给学生一句或一段不完整的话或者直接提问，要求学生简要作答。填空题的优点是比选择题容易编写，凭猜测作答的机会也较少；答案规范、简短，使得评分可靠而容易。填空题的不足之处与是非题一样，测量的是较低水平的对知识的记忆，而不易测量较高水平的认知能力。一些教师用填空题测验词汇知识或者用于平时的形成性测验中寻找学生经常填错的答案，然后将这些错误的答案作为编写多重选择题的干扰项，最后将编好的多重选择题用于期末的总结性测验中。

编写填空题时要注意以下几点：①填空题让学生填的应该是一些关键字句，并与上下文有着密切的关系。②在一个题内不要留有过多的空白，否则会失去意义上的连贯性，使学生无法理解题意。一般留有一个或两个空白。③各题留出的空白的长度应相符，而不要有长有短，以免空白的长度对正确答案的字数产生暗示作用。④避免直接引用教科书中的词句。⑤为每题准备一个正确答案和可接受的变式的标准，并具体规定是否答案部分正确也可适当给分。

举例：在下面的句中填上适当的词。

植物体内用来进行光合作用的重要物质是＿＿＿＿＿＿。

(二)主观题

主观题要求学生自己组织材料，并采用合适的方式表达陈述出来。这类题型包括论文题及问题解决题。教师在评分时，对学生的回答需要给出不同的分值。

1．论文题

论文题是指要求学生用文字论述方式阐述相关观点的题目，回答字数可以从几段到几大页不等。一般较常使用的有两种类型：有限制的问答题和开放式论文。有限制的问答题是指教师对回答的内容和长度都有规定。例如，"说明戊戌变法中的重要人物、事实经过及结果"。开放式论文则允许学生在内容上可以自由选材，自由发挥，而且篇幅较长。如"试分析知识在经济发展中的重要性"。这两种类型的问题在制定评分标准时宜采用不同的方法。

论文题可以测验知识、理解或运用水平，也可考查学生的分析、综合、类比和评估知识的能力。还可考查学生组织信息或表达陈述某项意见的能力。

使用论文题也有不妥之处。首先，学生回答论文题需要花费很多时间。其次，对于熟悉自己学生的教师，在判卷时很难做到客观，导致信度较低。在评分时，经常出现晕轮效应，即教师对学生的总体印象影响到对论文题目的评价。

2. 问题解决题

问题解决题是向学生提供一定的问题情境和目标情境，要求学生通过对知识进行组织、选择和运用等复杂的程序来解决问题。通常有两种形式，一种是间接测验，是采用纸笔测验来评价学生的学业成就或能力。学生在完成时，通常必须写出若干步骤或过程，以展现他的思路，而评分时按照步骤计分。如果缺少某些步骤就不能得分。问题解决题的另一种方式则是直接测验。由于它考查了学生处理实际问题的能力，所以又叫作操作评价。操作评价对于考查高级思维技能十分有效，但是往往费时费钱，不仅主观性较大，且效度也经常受到质疑。

三、有效教学测验的基本要求

教学测量与评价是有效教学活动的必要环节，教育测量中，如何保证测验的客观性，取决于测验的几个相互联系的基本因素，这就是测验要有较高的信度、效度，测验题目要具有比较高的区分度和比较适当的难度。只有保证了测验的"四度"要求，测评结果才能准确地反映被测对象的真实情况，达到测量的目的。

(一)测验的信度

1. 信度与信度系数

信度(reliability)指的是测量结果的稳定性程度。如果用同一测量工具反复测量同一种特质对象，则多次测量结果间的一致性程度就叫信度。测验信度越高，说明考试分数的误差越小，考试成绩越能代表学生个体的真实水平。

信度指标通常以相关系数表示，即用同一被试样本所得的两组资料的相关系数作为测量一致性的指标，称为信度系数。估计信度系数的方法很多，常见的有以下几种：①再测法。用同一组被试对同一种测验前后两次施测的测验得分的相关系数表示信度。它反映测验分数的稳定程度，其相关系数又称稳定性系数。②复本法。用同一组被试对两个等值(复本)测验得分的相关系数表示信度。反映两个复本测验的等值程度，其相关系数又叫等值性系数。③分半法。用同一组被试对同一测验对等的两半的测验得分的相关系数表示信度。它是复本法的特例，还可用来估计测验内部的一致性。这种相关系数又叫内部一致性系数。

④同质法。用测验内部(测量同一特质或属性)不同分测验(异质而有关联的测验题目)之间的相关系数表示信度,估计的是测验题目的同质性或普遍性,其相关系数也叫普遍性系数。估计学绩测验的信度最常用的是复本法,如果没有复本,也可用分半法。

2. 信度的影响因素

要想提高测验的信度,了解并掌握影响它的因素是十分必要的。信度的影响因素,主要来源于三个方面:测验内容、被测对象和施测过程。

(1) 测验内部因素。①测验的长度。由于测验是测量的一个样本,因此取样的适当性必然影响测验的信度。如测题数量太少,不能代表整个学习内容的全域,测试必然带有偶然性,其信度不可能很高。要提高信度,增加取样长度是一个有效的方法。但必须注意,只有当新增加的题目和原来的题目取自同一总体,即与原题目具有同质性时,增长测验才能改进信度。但测验长度须有一定限制,并非越长越好。②测验难度。测验的难度和信度没有简单的关系。然而,如果测验对某团体过难或太易,则分数范围将缩小,信度也将降低。

(2) 施测对象因素。即使一个测验经过精心编制,题目取样具有代表性,由于受测者动机和焦虑的变化,也会给测验信度带来影响,这是最难控制的因素。由于学生的应试动机不同,影响到他的注意力、持久性和情绪状态,表现为不同的焦虑水平,从而影响被试的测验成绩,使信度受到影响。一般来说,恰当的动机、适度的焦虑会使人的兴奋性提高,注意力增强,提高反应速度,从而对测试成绩产生积极影响。

(3) 施测过程因素。测验的环境条件如通风、室温、采光等会影响到测试的稳定性,室内燥热、考场周围嘈杂、座位拥挤、考试秩序混乱等都会导致测验信度下降。主试错误理解指导语,不按规定严格施测,或故意制造紧张气氛等也会影响测验的信度。

(二)测验的效度

1. 效度的含义

效度(validity)就是一次测量的有效程度,是指一个测验或量表实际能测出其所要测量的特性的程度。它是科学测量工具最重要的质量指标。一个测验若无效度,则其他任何优点都无法真正发挥。因此,在编制教学测验时首先必须考虑其效度要求。当然,效度也不是绝对的,而是相对的。任何一种测验只是对一定的目的来说是有效的,对其他目的和用途却不一定有效。

2. 效度的类型

考察效度的方法很多,根据其侧重的问题不同,可将测验的效度分为三类:内容效度、结构效度和效标关联效度。

(1) 内容效度,又称内容关联效度,指的是测验内容对所要推论的评价范围内容的代表程度。

要编制具有较高内容效度的测验,必须注意:①对测量目标应有明确的界定。②测题对所界定的内容范围应是代表性取样。也就是说要根据教学内容和教学要求的重要范围选择题目,以便使选出的题目能包含所测内容范围的主要方面,并使各方面题目的比例适当。③鉴定测验的内容效度最有用的方法是请有关学科专家和有经验的教师对教学大纲和教科书作全面的考察，并与测试题目作系统比较，看测验题目是否适当地代表了所规定的内容。如果测验题目具有较好的代表性，说明该测验具有较好的内容效度。

(2) 结构效度。结构是指心理学或社会学上的一种理论构想或特质。例如，智力就是心理学中的一种结构效度，指的就是测验能够测量到理论上(通常是心理学或社会学)所定义的某一心理结构或特质的程度。

结构效度的验证一般包括四个步骤：第一，提出有关理论结构的说明，并据此设计测量用的试题。在实际应用中，测量者可以在前人提出的理论结构假设基础上进行测验编制。第二，提出可以验证该理论结构存在的假设说明。第三，采用各种方法收集实际的资料，以验证第二步提出的假设的正确性。第四，收集其他类型的辅助证据，淘汰与理论结构相反的试题，或是修正理论，并重复第二步和第三步，直到上述的假设得到验证，即测验的结构效度获得支持为止。

(3) 效标关联效度。所谓效标是指与被试群体无关的外部客观标准。它一般是明显可见而无所争议的。如在一般的百分制考试中，对任何人而言，60分就是通过，那么60分就是效标。所谓效标关联效度就是以某一种测验分数与其效标分数之间的相关来表示的效度，其相关系数就是效标关联效度系数。例如，某年全国高考物理学科的测验效度，可用高三会考物理学科的测验分数为效标，然后求同一组学生高考物理得分与高三会考物理得分之间的相关，此相关系数就是该年高考物理测验的效标关联效度系数。当这个相关系数与总体零相关有显著性差异时，相关系数的值(正值)越大，效度就越高；相关系数的值越小，效度就越低。

根据效标资料搜集的时间不同，效标关联效度可分为同时效度和预测效度。前者与用来诊断现状的测验有关，后者与预测将来结果的测验有关。例如，用大学入学考试来预测学生进入大学的学习成绩，用职业测验来预测个体在一定工作岗位的工作能力等。

根据不同的需要，一个测验可以采用不同的效度。对教学测验而言，我们感兴趣的主要是取样的适当性，也就是内容效度，有时也需要考虑结构效度和效标关联效度。应该说明的是，虽然信度和效度都是鉴定测验质量的指标，但两者并不是完全一致的。一般而言，效度高的测验，其信度也一定高；信度高的测验，其效度不一定高。也就是说，高信度是高效度的必要非充分条件。

(三)项目难度

信度和效度是就整个测验而言的，难度和区分度则是就测验题目而言的。每个测验都包含许多项目，每个项目都有它的难度和区分度。

项目难度(item difficulty)指测验项目的难易程度，通常以答对或通过该项目的人数占应试总人数的百分比来表示。对于不同的测验题型，其计算有所不同。至于项目的难度多高合适，则取决于测验目的。如果测验是为了考查学生对某些方面的知识、技能是否掌握的掌握性测验，可不考虑项目难度，只要是教学目标中重要的内容就可以，甚至通过率100%或0的测题也不必淘汰，可以继续使用。当测验主要用于选拔性测验，就应比较多地采用那些难度值接近录取率的项目。如果要把全体受测者作最大程度的区分，则0.50左右的难度最合适。总之，对项目的难度特征进行分析时，应考虑到测验的目的，不能一概而论。一般为0.3~0.7。

(四)项目区分度

项目区分度(item discrimination)，又称项目鉴别力，是指试题对所要测量的心理特性的识别程度，也就是项目的效度。因此，项目效度越高，其区分度越大，鉴别力越强。项目区分度多高合适也和测验目的密切相关。区分度高的试题，能将不同水平的被试者区分开来；区分度低的试题则对被试者水平不能很好地鉴别。比如，英国剑桥大学考试委员会认为，当项目的两列相关系数大于 0.25 时，该项目便具有良好的区分度。就测验而言，一般要求项目与总分的相关达到 0.20 以上，高分组与低分组通过率之差达到 0.15～0.20 以上。国内外测验专家根据长期经验提出用鉴别指数评价题目性能的标准，如表 15-3 所示。

表 15-3 项目区分度评价标准

区分度值	对题目的评价与处理
0.40 以上	优良
0.30～0.39	合格
0.20～0.29	尚可，稍作修改更好
0.19 以下	必须修改或淘汰

但是上述标准也不是绝对的。一个测验用于选拔，其区分度应该高一些；如果一个测验只是用于考查学生的掌握情况，可不考虑区分度，即使区分度为 0，只要该项内容是重要的，今后仍可继续使用。

总之，信度、效度、难度和区分度是鉴定测验质量的客观指标。一个良好的测验必须既有较高的信度又有较高的效度，并且每个项目都有一定的难度和区分度。广大教师在编制教学测验时，应该综合考虑这些要求。

四、测验的准备与实施

教师自编测验用于教学评价是一个复杂的过程，从测验的准备到测验的实施要经历一系列的阶段或步骤。

(一)确定测验目的

测验准备的第一个阶段就是要确定测验的目的。教师要考虑：测验的内容是什么？测验要评价学生的何种操作？测验与教学目标的关系密切程度如何？是形成性测验还是总结性测验？是常模参照测验还是标准参照测验？

(二)测验题的选择和准备

用何种类型的测验题来测量所期望的知识与技能呢？

用于指导测验题的选择与准备的一个蓝图是双向细目表。双向细目表以一种简明的方式表达教学内容、期望学生达到的认知能力类型以及能体现这种认识能力的测验题的类型和数目。例如，表 15-4 就是一个双向细目表，左边一栏列出的是课程的内容，上面一行列出的是布卢姆教育目标分类中的认知领域的 6 级目标。表中测验题的类型和数目，用来反映所要测量的课程内容与教学目标的权重或重要性。教师应该将双向细目表与学生分享，以便使学生了解期待他们掌握的内容并指导他们的学习。

表15-4 "测验编制技术"的双向细目表

课程内容	知识	理解	应用	分析	综合	评价	合计
课堂测验的目的	1个是非题	2个选择题			1个论文式问题	1个论文式问题	5
论文式问题的特点	1个是非题		2个选择题	1个论文式问题			4
多重选择题的特点	1个是非题		2个选择题	1个论文式问题			4
匹配题的特点	1个是非题	1个选择题	1个选择题				3
是非题的特点	1个是非题	1个选择题	1个选择题				3
填空题的特点	1个是非题	1个选择题	1个选择题				3
合计	6	5	7	2	1	1	22

为了保证测验的信度，需要设计足够的题数，但题目的总数又不能太多，以免学生在限定的时间内不能完成。另外，测验题的安排一般应从容易回答的题目开始，将内容相近的题目放在一起，将同一类型的内容放在一起，将费时较多的题(如论文式问题)放在最后。

(三)测验的实施

将设计好的题目印成试卷后就进入测验的实施阶段了。测验的实施需要注意：①在测验实施过程中，要排除可能会对学生答题造成干扰的一些分心因素。比如，在考场的门外挂一块警示牌，上面写着"正在考试，请勿打扰"。②确保学生了解测验的要求，包括每题的分数、答题的时间、记录答案的方式、答错是否扣分、是否可以用字典或计算器等。③减少作弊的可能性和机会。为了减少作弊，可以在考试前事先宣布考试的一般性质和内容，让学生进行充分的考前准备而不是依靠作弊。在考试进行中，要监控学生的行为，将所有的书和笔记等放在学生拿不到的地方，在座位的安排上使学生不容易互相看到考卷，不允许共用橡皮、计算器等用具，试卷分为A、B两套等值的备选试卷。要宣布考试纪律，让学生清楚地知道作弊的严重后果，并严格执行考试纪律。

(四)考卷的评分

考试后，教师要对所有的试卷进行评分。在评分时，教师一定要努力做到客观(公正而无偏见)和可信(前后一致)。对于客观测验题，做到这一点比较容易，对于论文式测验题，要做到评分客观和可信，必须遵循提供的一些评分建议。

(五)结果的反馈

评分结束后要将结果反馈给学生。对于常模参照测验，让学生了解自己的分数在班级分布的位置。对于标准参照测验，要让学生知道合格或优秀的标准以及自己的成绩在多大程度上符合这个标准。对于学生未答对的题目，要进行讨论和讲解，以引起学生重视，加强复习，使考试成为经验的一部分。

(六)测题的修正

每次测验实施后都要对测题进行修正。测题修正的主要方法是项目分析，也可以参考学生的评论意见。

五、测验分数的解释与报告

经过测验并评定分数后，要将学生的学习结果以某种方式报告给学生本人及家长。报告学习结果的最常见的方式是成绩报告单。将成绩报告给学生本人及家长的目的在于使学生及其家长获得学生在校学习情况的反馈信息，以便对今后学习进行调整和改进。

为了使成绩报告能起到加强学生学习动机、促进学生努力学习的积极作用，教师在向学生及其家长报告测验成绩时要注意以下几点。

(1) 分数报告力求准确而全面。仅仅以某一次的考试成绩作为学生学习某门学科的学习水平，常常不够准确，也不够全面。良好的成绩报告，不仅要报告学生期末考试的成绩，而且也要报告学生经常性的小测验、单元测验的成绩。在报告中提供多种成绩信息，有助于提高评价的信度与效度。

(2) 要对评分的标准或分数的含义作出适当的解释。仅仅报告一个分数(如 90 分)或等第(如优秀)，而不对评分标准做适当的解释说明，常常不能使学生及家长理解该分数或等第的实际含义。如一个学生得 90 分，如果是按绝对标准评分，那么，该成绩是优秀，并代表对所学科目高水平的掌握。如果是按相对标准评分，那么 90 分未必一定是优秀，这要视其他学生的成绩好坏而定。如果其他学生的成绩大多数都低于 90 分，那么，90 分可称为优等成绩；如果其他学生的成绩大多数都高于 90 分，那么，90 分就称不上优等，而可能是中等以下的成绩。

(3) 要使学生和家长认识到分数或等第通常不具有绝对的价值，只代表一种相对的意义。因为任何测验都不是一把绝对无误的尺，用这把尺测得的分数也不是绝对精确的，而只是对学生成绩的最佳估计而已。要学会用发展的、变化的眼光看分数，而不要把它看成静止、不变的。

(4) 鼓励学生本人参与对测验分数的解释，并用非测验因素，如测验时的主观状态、平时的学习动机与学习态度、学习方法、学习环境等对取得的学习成绩加以补充说明或归因，从而增进学生对成绩的自我认知和自我接受程度以及改变不良成绩的动力。

(5) 从保护学生及家长的自尊心的角度，成绩的报告不要采取公开的形式，而应采用一对一的形式。尽量不要让其他人知道某个学生成绩的好坏，以免给一些学生造成不必要的精神压力。

复习要点

第一节 教学评价概述

教学评价是指以教学目标为依据，制定科学的标准，运用一切有效的技术手段，对教学活动的过程及其结果进行测定和衡量，并给以价值判断的过程。教学评价的功能有：反馈调节功能，诊断指导功能，强化激励功能，目标导向功能，预测功能。

根据评价基准不同，教学评价分为相对评价、绝对评价和自身评价。相对评价是在被评价对象群体或集合中建立基准，然后把各个对象逐一与基准进行比较，来判断群体中每一成员的相对优劣。绝对评价就是将教学评价的基准建立在被评价对象的群体或集合之外，把群体中每一成员的某种指标逐一与基准进行对照，从而判断其优劣。自身评价是将被评价个体的过去和现在相比较，或者是对他的若干侧面进行比较。根据评价实施的时机与功能不同，教学评价分为诊断性评价、形成性评价和总结性评价。诊断性评价也称前置评价。一般是在某项教学活动开展之前，对学生的知识、技能、智力和体力等状况进行摸底测试。形成性评价是指在某项教学活动的过程中，为使活动效果更好而不断进行的评价。总结性评价又称后置评价，一般是在教学活动告一段落为把握活动最终效果而进行的评价。根据评价资料处理方式不同，教学评价分为常模参照评价和标准参照评价。常模参照评价是以学生团体测验的平均成绩即常模为参照点，从而比较分析某一学生的学业成绩在团体中的相对位置或优劣。标准参照评价是以根据教学目标所确定的作业标准为依据，从学生在试卷上答对题目的多少来评定学生的学业成就。根据评价中所使用测验的来源不同，分为标准化成就测验和教师自编测验。标准化成就测验是指由学科专家和测验编制专家按照一定标准和程序编制的测验。教师自编测验是指教师根据教学需要自行设计与编制的、作为考查学生学习进步情况的测验。

教学评价的原则是客观性原则、整体性原则、指导性原则、科学性原则。新课程评价的特点为：评价的目的促进发展，评价的内容综合化，评价的标准分层化，评价的方式多样化，评价的主体多元化。教学评价的未来趋势为：评价模式的多样综合，注重教学评价的教育性功能，重视学生的评价能力的发展。

在进行发展性课堂教学评价指标体系设计时，指标体系一般包括评价的项目(指标)及评价的要点(标准)以及各项指标的权重系统与标准的文字描述。评价项目设计可采用要素评价、流程评价和效果评价。要素评价是根据课堂教学活动的组成要素构成评价项目。流程评价是根据教学活动发生发展的程序设计评价项目。效果评价是根据学习者的变化效果来设计指标项目。

第二节 教学评价的方法与技术

常用的教学测验有标准化测验、教师自编测验。标准化测验是指由专家或学者所编制的适用于大规模范围内评定个体学业成就水平的测验。其特点是：测验由专门机构或专家学者按一定测验理论和技术，根据全国或某一地区所有学校的共同教育目标来编制；所有受试人所做的试题、时限等施测条件相同，计分手段和分数的解释也完全相同。标准化测验的优越性是客观性、计划性、可比性。标准化测验的缺点是：与学校课程之间的关系很不协调；测验结果的不当使用。教师自编测验是由教师根据具体的教学目标、教材内容和测验目的，自己编制的测验。自编测验的优势为：操作过程简单；施测手续方便；应用范围一般限于自己所教的学科；针对计划测量的学习结果，选择适合的题型。

教师自编测验可采用客观题和主观题。客观题包括选择题、是非题、匹配题和填空题等。主观题包括论文题及问题解决题。有效教学测验，要求有较高的信度、效度、区分度和比较适当的难度。信度指的是测量结果的稳定性程度，如果用同一测量工具反复测量同一种特质对象，则多次测量结果间的一致性程度就叫信度。信度指标通常以相关系数表示，即用同一被试样本所得的两组资料的相关系数作为测量一致性的指标，称为信度系数。估计信度系数的方法常见的有再测法、复本法、分半法和同质法。信度的影响因素有测验内部因素、施测对象因素、施测过程因素。效度是一次测量的有效程度，是指一个测验或量表实际能测出其所要测量的特性的程度。根据其侧重的问题不同，可将测验的效度分为内容效度、结构效度和效标关联效度。项目难度指测验项目的难易程度。项目的难度一般应在 0.3~0.7。项目区分度又称项目鉴别力，是指试题对所要测量的心理特性的识别程度。

测验的准备与实施包括确定测验目的、测验题的选择和准备、测验的实施、考卷的评分、结果的反馈、测题的修正。教师在向学生及其家长报告测验成绩时要注意：①分数报告力求准确而全面；②要对评分的标准或分数的含义作出适当的解释；③要使学生和家长认识到分数或等第通常不具有绝对的价值，只代表一种相对的意义；④鼓励学生本人参与对测验分数的解释；⑤成绩的报告不要采取公开的形式，而应采用一对一的形式。

拓 展 思 考

1. 教学评价对教学活动有什么作用？
2. 你对当前学校的教学评价有什么看法？
3. 针对某一学科(如语文)某一单元进行自编测验练习。

第十六章 教师心理

　　教师是以传递文明、施行教化、造就人才为宗旨的专门职业。随着基础教育改革的推进，教师的角色已经悄然发生了变化，教师的威信在教育教学中的价值需要重新定位，而教师的心理素质对教育教学的成败起着重要作用，甚至直接影响学生能否顺利成才。民族的希望在教育，教育的希望在教师，为了全面而科学地认识教师在现代社会的作用与影响，推动教育事业的发展，必须研究教师这一职业特殊的行为角色和心理意义。

第一节　教师的角色

　　角色亦称社会角色，这一概念原取自戏剧表演用语，后来由美国著名的社会学家米德引入社会心理学的研究。它是指个人在特定的社会环境中相应的社会身份和社会地位，并按照一定的社会期望，运用一定权力来履行相应社会职责的行为。在社会生活中，每个人在不同的条件下，分别扮演着相应的角色。社会按照各类社会角色所规定的行为模式去要求社会成员，称为角色期望。符合角色期望的个体行为就会受到社会的认可与赞许。每个社会成员必须了解社会的角色期望，当一个人认识到自己在某一条件下所担负的社会角色和社会对他相应的角色期望时，便会产生角色意识。角色意识会调控个人的行为，使之表现出符合某社会角色的行为。换句话说，良好的角色意识是角色行为有效的前提。

一、教师角色的界定

　　教师是谁？这是教育无法回避的元问题。教师作为人类文化的传播者，在人类文化的继承和发展中起着桥梁纽带的作用。唐朝的韩愈说，"师者，所以传道、授业、解惑也"，就是我国古代较早对教师角色行为、义务及权利比较精确的概括。随着人类文明的发展以及社会的变迁，教师角色被赋予更新、更多的内容和意义，从而使教师在人类社会生活中担负起更重大的责任，发挥着更重要的作用与影响。

　　教师是指受过专门教育和训练，在学校中向学生传递人类科学文化知识和技能，发展学生的体质，对学生进行思想道德教育，培养学生高尚的审美情趣，把受教育者培养成社会需要的人才的专业人员。此定义包含以下层次：首先，反映了教师职业的基本要求，即受过专门的教育训练，并在学校工作的专业人员；其次，明确了教师职业的性质和任务是传递人类科学文化知识和技能，进行思想品德教育，培养学生高尚的审美情趣和发展学生的体质；最后，指出教师的服务对象是学生，服务宗旨是为社会培养人才。

二、教师角色的分类

　　由于教育活动的多样性，以及教师职业行为的艰巨性、复杂性和专业性，教师成为集诸多角色于一身的角色丛。根据我国教师的活动、职责和任务，可把教师的角色分为两大类：社会表现的角色和自我表现的角色。

(一)社会表现的角色

1．教书育人的角色

教师肩负着培养德、智、体全面发展，有社会主义觉悟、有文化的劳动者的重任，这决定教师在学校教育中首先扮演教书育人的角色。这种角色主要体现：教学角色——是人类知识的传授者；教育角色——是言传身教的教育者。

(1) 人类知识的传授者。这是教师的教学角色，教师成为学生学习的发动者、组织者和评定者。学生心目中的教师是知识宝库，是活教科书，教师的职责就是通过教学，把知识和技能传授给学生。教师传授给学生的知识技能要做到"博""深""新"。"博"就是给学生以丰富的知识，打开学生的眼界；"深"就是给学生以带有规律性的知识，引导学生深入地钻研；"新"就是要补充现代科学技术的新知识、新成果，加深、加宽学生的知识基础，以激励学生积极地学习。

(2) 言传身教的教育者。教师肩负着培养年轻一代的重任，是人类文化知识的传递者和精神文明的传播者。这种传播教育主要通过言传身教来实现。言传固然重要，但从某种意义上讲，身教的意义更大。教师时常以为人师表的楷模出现在学生面前，所以教师要严格要求自己，以自己的身教来激励学生健康地成长。

2．行政管理的角色

学生在学校是通过班集体的方式进行学习活动和教育活动的。教师不但担负着教书育人的角色，还要从事大量的班级事务和学生管理工作，充当行政管理的角色。

(1) 学生集体的领导者。学生在学校里通过相互交往，形成各种正式和非正式的群体。班集体是学校里最主要的正式群体。教师被认为是学生班集体的领导者，教师的领导职能具体表现在：从集体中选拔学生干部，培养积极分子；营造良好的集体舆论氛围，形成良好的班风；培养学生高尚的精神面貌和自觉遵守纪律的习惯；开展多种多样的学习活动和教育活动，形成优秀的班集体。此外学生中还存在许多文艺的、体育的、学习的非正式小群体，有高度责任感的教师常常自觉地充当这些非正式群体的领导和顾问。即使班内有一些落后的非正式群体，教师也有不可推卸的引导职责。

(2) 课堂纪律的管理者。为了使课堂教学顺利进行并收到预期效果，教师要充当课堂纪律管理者的角色。教师根据教学目标设置学习情境，制定必要的规则和程序，判断学生行为的正确与否，并施以奖励或惩罚。这样做的目的是为了形成良好的课堂秩序，使每一名学生都遵守学校制定的规章制度，最终在班集体中形成自觉的纪律。

3．心理辅导的角色

教师要尊重学生，把学生视为学习的主体，在师生之间建立良好的交往关系，形成情感融洽、气氛适宜的学习情境。

(1) 人际关系的协调者。教师在课堂教学中处理师生关系时，要做善于处理人际关系的艺术家，有意识地调节和控制自身的态度和行为，热爱、尊重、相信和关怀学生，坚持做耐心细致的思想工作，努力使自己成为学生的朋友，成为学生集体的引路人，使生生之间、师生之间、教师之间、师生与家长之间能够有效地沟通和交往，形成良好的班集体。集体中的某些因素会激励学生学习，学生在勤学上进、团结一致的集体里学习要比在涣散的集体里学习更有效率。

(2) 心理卫生的治疗者。由于社会竞争性增强，学业负担过重，学生的心理压力越来越大，教师还应该随时随地地承担心理卫生治疗者的角色，帮助学生改善心境，保持心理健康。胜任这一角色应做好两方面的工作：其一要指导学生健康地学习和生活，克服种种心理失常或心理障碍，把学生从过度焦虑、孤僻、羞怯、嫉妒、猜疑、自卑、冲动、执拗、抑郁中解救出来，以发展其正常心理，防止各种心理问题的发生；其二在学生遭受心理挫折和痛苦后，教师要设法创造一种谅解和宽容的气氛，减轻学生的痛苦，并及时提供帮助、咨询和诊断，抚慰学生的心理创伤，以增强他们的自信心和自尊心。当然，处理严重的精神疾病是精神病学家的事，教师要初步进行鉴别诊断并及时转诊，以避免发生恶性事故。

(二)自我表现的角色

1. 学者与学习者的角色

教师应是某一学科的行家或专家。学者是要不断学习的，所以教师又是一个孜孜不倦的学习者。孔子曾要求教师"学而不厌"和"诲人不倦"。教师的知识是通过不断的学习获得的，一个称职的教师，首先要学习专业知识，精通本专业的基础知识，这是搞好教学的前提；其次要学习教育理论，掌握有关教育学、心理学的原理，这是搞好教育工作的关键；最后要学习相关的知识，使自己学识渊博、知识面宽广，这是增强教学效果、适应时代发展的需要。

2. 学生家长的代理者

教师与其他职业人员的一个重要区别是他们经常扮演家长代理人的角色，学生对待教师的态度很像他们对待自己父母的态度，迫切希望教师能像其父母那样对待自己。特别是年龄小的学生，常常把教师当作父母的化身。一般而言，我国大多数中小学教师都能自觉愉快地扮演家长代理人的角色，他们对学生充满了热情、希望和关怀，同时不放弃对学生的严格要求。

3. 模范公民

教师被称为"人类灵魂的工程师"，这既是对教师的赞誉，也是对教师的期望。教师要为人师表，他的道德和学识使他在学生乃至公民的心目中具有一定的威望。虽然教师也可以像其他公民一样，有生活、思想和行动上的自由，但教师永远不可避免地扮演着模范公民的角色。这是因为社会性学习主要通过模仿进行，对于学生而言，优秀的教师无疑是崇拜与模仿的最佳对象。

以上第一类角色是教师显著的、传统的、本职的角色。教师可以从第二类角色中得到心理满足。

可以把以上教师的社会角色归纳如图16-1所示。

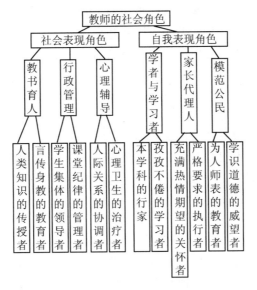

图 16-1 教师的社会角色

三、教师职业角色的形成

在现实生活中，某个成员在特定的职业岗位工作，便充当着特定的职业角色。职业角色期望反映了社会对从事某一职业的人的行为要求，从事这一职业的人会逐步认识到自己的职业角色，产生相应的职业角色意识，形成从事某种职业的能力。教师职业角色的形成有时间、程度等差异，这些差异将影响教师的成熟和成长，并最直接地影响教育教学工作。

(一)明确教师角色观念的意义

角色观念明确的教师是学生心目中理想的教师，是学生最喜爱的教师。教师的角色观念明确，有以下几个方面的积极意义。

(1) 能够成功地扮演角色的教师对自己会有清晰的认识，他们清楚地知道自己是一个怎样的人，自己的努力方向是什么，自己想成为怎样的人，从而使自己的行为举止敏感而有节制。

(2) 善于扮演角色和顺利实现角色转换的教师，比较容易付出爱和接受爱，能充分体验到自尊、自爱、自强与事业有成的体验。

(3) 具有清晰角色观念的教师能够使自我角色期望与对他人的角色期望相一致。能够客观地对待学生、理解学生，能够深入学生内心，设身处地地为学生着想，产生移情作用。

(4) 善于扮演角色的教师能够真诚待人，与学生和谐相处，能够与学生进行有效的交往，因而能取得有效的教育教学效果。

(二)教师职业角色意识的形成过程

1. 角色认知阶段

角色认知是指角色扮演者对某一角色行为规范的认识和了解，知道哪些行为是正确的，哪些行为是不合适的。教师职业角色认知表现为了解教师角色所承担的社会职责，能够将教师所充当的角色与社会上其他职业角色区别开来。一个人在正式成为教师之前就可以达到这个阶段。例如，师范生就已对未来将要充当的教师角色有所认识，但此时还停留在抽象的理性认识上。

2. 角色认同阶段

教师角色认同指通过亲身体验接受教师角色所承担的社会职责，并用来控制和衡量自己的行为。对角色的认同不仅是在认识上了解教师角色的行为规范，而且在情感上也有所体验。对教师角色的认同是在一个人正式充当这一角色并有了教育实践后才真正开始的。初入职场的新教师常处于此阶段。

3. 角色信念阶段

角色信念阶段教师角色中的社会期望与要求转化为个体的心理需要。这时教师坚信自己对教师职业的认识是正确的，并视其为自己行动的指南，形成了教师职业特有的自尊心和荣誉感。例如，一些优秀的骨干教师坚信教师是人类灵魂的塑造者，教师职业是一种崇高而光荣的职业等。

(三) 促进教师角色形成的主要条件

1. 全面正确地认识教师职业

要促进教师角色的形成，首先要使从事教师职业的人在正式成为教师前就对教师职业及相应的角色有一个较为全面而正确的认识。人们在日常社会生活中通过各种传媒形成对教师职业及角色的种种看法，但这种自然形成的看法往往是片面的，有些甚至是错误的。如把教师看成"教书匠""孩子王"等。因此对于"准教师"，可以通过讲授有关知识和请优秀教师作报告等形式，有意识地传授有关教师角色的知识。在一些以师范院校高年级学生为对象的调查中发现，高年级学生对教师职业的看法是：从社会作用来看，教师是一种传授知识、培养人才、应受到社会尊重的职业，但目前社会地位并不够高；从经济情况来看，收入稳定但不能说工资待遇高；从工作性质来看，有乐趣，在一定程度上能发挥才能，但辛苦、操心且需要奉献。

2. 树立学习榜样

树立榜样有助于新教师形成职业角色。通过榜样的行为示范，人们能够掌握社会对教师的角色期望，学会在不同情境中从事角色活动，处理角色冲突。树立榜样时要注意，榜样的示范要特点突出，生动鲜明，引起学习者的关注。首先，榜样的示范行为是可以学习和模仿的，不宜标准太高或难以学习。其次，榜样的示范行为具有可信任性，真实有效。再次，榜样的行为要感人，使学习者产生心理上的共鸣，力争使新教师学习的榜样可信、可亲、可敬、可学。一般来说，每所学校、每个学科乃至每个教研室都有一大批在各方面值得新参加工作的青年教师学习的榜样，这些值得学习的教师不可能个个完美，但只要他们在某些方面表现突出，他们的某些行动表现了教师的高尚品质和优异才能，就可以成为青年教师的学习榜样。

3. 积极参与教育实践

要促进教师角色意识的形成，新教师还要通过自己的教育实践，使自身的心理需要发生变化。在将角色的认识转化为信念的过程中，实践活动非常重要。一个社会是否尊师重教以及一个学校是否能人尽其才，是影响教师在教育实践活动中形成角色意识的客观因素，而教师的心理需要则是主观因素。在教育实践活动中，随着知识经验的增长，教师会认识到教师职业的社会价值，从而将社会角色期望转化为自己的心理需要。

延伸阅读

于 漪 老 师

"我做了一辈子教师，但一辈子还在学做教师！"尽管已经是80岁高龄，依然"一身正气"地站在教育改革最前沿的语文特级教师于漪不仅用这句话鞭策自己，也勉励着更多的青年教师。"今天怎样当教师？"许多青年教师都问过于漪这个问题。她的回答是首先必须追求人格的完美。

于漪有很多的头衔和荣誉：上海市人大常委会委员、多所师范大学兼职教授、上海市教师学研究会会长、上海市劳动模范、全国三八红旗手……但她最喜欢大家称她为"老师"。

听到这个称呼，她会感受良知，她会感到高尚。或许，于漪是在给自己的人生价值一个完满的解答，但是她却用自己的信仰、力量传递给更多青年教师事业的能量；她用自己的坚守与超越，带给更多青年教师追求的希望。

四、教师角色的影响与作用

教师是集多角色于一身的特殊职业，其影响和作用主要体现在教师的领导方式、教学风格、人格特征、教育期望以及言行举止等方面。

(一) 教师的领导方式对学生的影响

在师生交往过程中，教师一般处于主导地位。因为教师是班级中最有影响的人物。研究表明，教师的领导方式是决定师生人际关系的重要因素之一，恰当的领导方式可以为和谐的师生关系奠定基础，从而推动学与教的顺利进行。关于教师的领导方式，学界有如下研究视角。

1. 单维研究

单维研究出发点是教师对权力的使用，通过教师对学生行为的控制程度来区分不同类型的教师领导方式。例如，安德森将教师领导方式区分为统合接触型和专制接触型两种，前者采用同意、赞赏、接纳与辅助的方式领导学生，后者采用命令、威吓与责罚的方式，结果发现统合型教师领导下的学生较能自动地解决问题并发挥团队精神，而专制型教师领导下的学生虽较为顺从，但学业困扰较多，同时伴有反抗行为。

2. 二维研究

二维研究在考虑教师权威程度的同时，还考察教师对学生的关怀行为，根据两个维度行为程度的高低，分出四种教师领导方式。如弗莱希曼与哈里斯(Fleishman & Harris, 1962)在倡导和关怀两个维度上区分出四种领导类型：高倡导高关怀、高倡导低关怀、低倡导高关怀、低倡导低关怀。倡导指注重团体目标的达成，领导者决定达成目标的方式和分工；关怀指注重团体成员的情绪需要，领导者和成员间相互尊重、信任，彼此沟通。结果发现，高倡导高关怀是最理想的领导方式，低倡导低关怀领导下的团体工作效率低，同时无法满足成员的心理需求，低倡导高关怀和高倡导低关怀的领导方式则各有利弊。

3. 三维研究

三维研究在考虑权威和关怀的基础上，兼顾教师领导方式的效率问题。雷丁(Reddin, 1970)认为，单独比较各种领导方式本身的优劣不够现实，领导方式能否发挥效能，必须引入领导情境变量。换句话说，领导方式必须适合情境才是有效的领导。

在诸多关于教师领导方式的研究中，较有代表性的是李皮特(R.Lippit)和怀特(R.K.White)的分类和研究成果，具体如表16-1所示。

表16-1 领导的类型、特征及学生的反应

领导类型	领导特征	学生的典型反应
强硬专断型	对学生时时严加监视 要求即刻无条件接受一切命令，严格遵守纪律 认为表扬可能会宠坏学生，所以很少给予表扬 认为没有教师监督，学生就不可能自觉学习	屈服，但一开始就厌恶这种领导方式 常常推卸责任 易怒，不愿合作，而且可能会在背后伤人，一旦教师离开，学习明显松懈
仁慈专断型	不认为自己是专断独行的人 表扬学生并关心学生 专断的症结在于自信，缺乏弹性，口头禅是："我喜欢这样做"或"你能给我这样做吗？" 以自己为班级一切工作的标准	大部分学生喜欢这种领导，但看穿这套方法的学生可能会恨他 在各方面都信赖教师，缺乏创造性，屈从，缺乏个人发展 班级工作量可能是多的，质也是好的
放任自流型	与学生打交道时缺乏信心，或认为学生爱怎样就怎样，很难作出决定 没有明确目标 既不鼓励学生，也不反对学生；既不参加学生的活动，也不提供帮助与建议	品德差、学习差有"推卸责任""寻找替罪羊"和"易怒"的行为特点 没有合作谁也不知道该做什么
民主型	与集体共同制订计划和作出决定 在不损害集体的情况下，很乐意给个别学生以帮助和指导尽可能鼓励集体的活动 给予客观的表扬与批评	喜欢学习，喜欢同别人尤其喜欢同教师一道工作 工作质、量都高 互相鼓励，独自承担某些任务；教师不在时，能自学学习

研究表明，教师的领导方式对学生学业产生影响，并通过改变学生集体的态度、情感和行为而实现。在缺乏关怀的专制领导下，学生对教师不敢不顺从，心中的怨气只能发泄在班级其他成员身上，因而攻击行为增多，班级不团结。仁慈的专制型教师特别适合那些能力低而又容易焦虑的学生，但有自己想法的学生常常不服领导，会公开表示自己的不满，成为班级中的不安因素。放任自流型领导方式使需要引导的学生分不清社会是非，不知道在课堂规范内怎样活动，更不知道如何有效地与他人交往，而种种不现实的期待和幻想使他们在混乱的思维中常常遭受挫败，从而变得颓废萎靡，对包括学习在内的很多活动都失去兴趣，或者朝飞扬跋扈的另一极端畸形发展。总的来看，在保持和扩大友善的师生人际关系和提高工作效率方面，民主型领导方式效果最优。然而，国内研究发现，我国中小学教师的领导方式基本属于专制型，同时许多教师和家长在行为上总是将放任与民主混为一谈。这些现实要求人们在社会实践以及教学过程中切实地贯彻民主作风，加强师生之间的交流，鼓励学生人格的和谐发展。

(二)教师的教学风格对学生的影响

教学风格是指在计划相同的教学目的前提下，教师根据各自的特长，经常所采用的教学方式方法的特点。每个教师的能力结构、个性特点、气质类型、认知方式等方面的差异反映在教学上就是教师风格的差异性和多样性。国外教育心理学在研究教学风格时，讨论两个问题：一是讲演式教学与讨论式教学，二是以学生集体为中心和以教师为中心。大量实验材料表明，讲演式和讨论式两种教学方法差别不大。如果说有差别的话，还是讨论式教学效果较优。当然如何选择要根据许多具体因素而定，如班级规模的大小、教师的特点、学生的年龄、师生的比例以及学习内容等。以学生集体为中心的教学风格，教师是一个不直接出面的领导者，强调学生的活动、学习的积极性和创新精神，强调让学生自己参与确定教学目标、教学内容与评议学习效果。与此相反，教师处于中心地位的教学风格，由教师直接出面指导。就学生的学科成绩与学习兴趣而言，两种教学风格的效果无显著差异。但就加强集体合作、增强学生的积极动机和减少对教师的依赖而言，前一种教学风格较为有利。

(三)教师的人格特征对学生的影响

目前尚无法更多地确知教师各种不同的人格特征对学生到底有什么不同的影响以及影响的心理机制是什么，但是教师的人格特征对学生知识学习及人格发展的重大影响是值得肯定的。教师的人格特征不仅关系到教师的行为以及在学生心目中的威信，而且对学生的学习情绪、学习效果、智力发展和品德形成都会产生广泛而深刻的影响。研究材料表明，在教师的人格特征中，有两种重要特征对学生有显著影响，一是教师的热情和同情心；二是教师富于激励和想象的倾向性。

首先，教师情感是影响班级气氛活跃的因素之一，对学生的情感具有较强的感染和催化作用。研究表明，热情和富于同情心能满足儿童的附属内驱力动机。热情的教师易与同学打成一片，给学生更多情绪上的支持，同情学生，平等对待学生，多采用表扬与鼓励，少用批评。因此，热情的教师易于受到校长、领导、学生、家长及其他人的好评。需要指出的是，随着儿童年龄和年级的升高，以自我提高和赢得地位作为主要动机时，教师这种人格特征的作用会下降。

其次,教师对学生观点的认可对课堂学习成绩具有积极的影响。教师表扬的次数与学业成绩无关,但教师批评及指责和学生的学业成绩呈负相关。当教师热情并多方鼓励时,学生较富有创造精神。瑞安斯研究表明,有激励作用、生动活泼、富于想象并热心于自己学科的教师,他们的教学工作较为成功。在教师的激励下,学生的行为更富有建设性,因此教师能否引起学生理智上的兴奋感和内部的学习动机,对于他们取得教学工作的成功有重要影响。

最后,教师对待教育事业积极的态度和认真负责的精神,也是影响学生和搞好教育教学工作的重要人格特质。

(四)教师期望对学生的影响

教师对学生期望、期待、热情关注是影响学生学业成绩和人格品质的一个重要因素。1968 年,美国心理学家罗森塔尔和吉布森等人做了一个著名的实验。他们在一所小学的一至六年级各选三个班的学生进行所谓"预测未来发展的测验",然后通知教师说:"这些儿童将来大有发展前途。"结果 8 个月后,对这些学生进行智能测验,发现名单上的学生成绩确实进步了,教师也给了他们好的品行评语,实际上这些学生是随机抽取的,实验取得了奇迹般的效应。罗森塔尔认为这个结果是因为教师接受了"权威谎言的暗示",对名单上的学生态度发生了变化,产生了偏爱心理和情感,从而对学生的心理与行为产生了直接影响,并促进了预期期望效果的达成。他借用希腊神话中主人公皮格马利翁的名字,把这个效应命名为"皮格马利翁效应"。人们后来也称其为"罗森塔尔效应"或"教师期望效应"。

教育心理学研究和教育实践证明,如果教师喜欢某些学生,对他们抱有较高的期望,经过一段时间,学生感受到教师的关怀、爱护和信任,会更加自尊、自信、自爱、自强,诱发出积极向上的激情,因而这些学生也就取得了如教师期望的效果。相反,如果教师厌恶的学生经常受到教师的冷漠与歧视,经过一段时间,学生也会从教师的言谈举止或表情中感受到教师的"偏心",因此也以消极的态度来对待老师,不理会或拒绝教师的要求。结果这些学生常常如教师期望的那样,学习成绩与品行一天天变坏。这种师生态度产生的相互交流与反馈即是罗森塔尔效应。教师期望是一种巨大的教育力量,它告诉人们,教师要关心每一个学生,对每个学生都应寄予合理的期望和要求,给他们以公正和足够的支持与鼓励。

(五)教师的举止言行对学生的影响

教师对学生的影响主要通过有声言教和无声身教两条途径实现。在对学生发生有意识、有系统影响的各种有目的教育教学活动中,主要是采用"言教"的方式。言教固然重要,但"身教重于言教",那是一种人格的教育力量,对学生起着潜移默化的影响。教师对学生的影响是全面的,是以行为和整个个性来影响学生的。积极的影响如此,消极的影响亦如此。"以身立教,为人师表"是教师职业道德的主要特征。教师的举止言行都处在学生的严格监督之中,所以必须规范自己的言行,为学生树立榜样。正如苏联教育家加里宁所说:"一个教师必须好好地检点自己,他应该感受到,他的一举一动都处在最严格的监督下。世界上任何人都没有受着这样严格的监督。孩子们的几十双眼睛在盯着他，须知天地之间再没什么东西能比学生的眼睛更加精细，更加敏捷。"

第二节　教师的威信

教师的威信是师生之间和谐人际关系的反映，是完成教育教学任务的有效推动力量。因此，形成和维护教师良好的威信，既是教师建立和谐人际关系的前提，更是搞好教育教学工作的需要。

一、教师威信的含义

教师的威信是教师在学生心目中的威望和信誉，是学生在心灵上对教师具有的品德、智慧以及对教育事业的忠诚与认真负责等高贵品质的折服。著名教育家赞科夫这样说过："如果没有威信，那也就是说，师生之间没有正确的相互关系，就缺少了有成效地进行教学和教育工作的必要条件。"实践证明，教师的威信是教师对学生在心理上和行为上所产生的一种崇高的影响力。因此一个教师只有在学生中享有威信，才能使教育工作取得良好的成效。换言之，威信的高低与教育效果成正比。

二、教师威信的内在价值

教师有威信对于教育效果影响很大。有威信的教师在学生心目中是积极的，学生对教师所讲授的课会认真学习，对他的教诲会言听计从。教师有威信使得学生对来自教师方面的影响产生一种积极肯定的意向。所以教育的效果随着教师威信的高低而转移，教师的威信越高，教育效果就会越好。教师威信的作用表现在以下几方面。

(1) 教师的威信是开展和做好教学工作的必要前提。教师的威信是教育的潜在动力，一位有威信的教师教学时，会营造出秩序井然、气氛和谐的学习局面。学生会发自内心地尊敬和热爱这位教师，因而会高度自觉、积极主动地投入学习，学生不但不会为高强度的智力投入感到困乏和疲倦，甚至会伴随着教学的进程，发出暗暗的赞叹和会心的笑声，这种良好的心理情绪是教学工作顺利进行的前提。

(2) 教师的威信是教育和感召学生的精神力量。教师的根本职责是教书育人，只有德才兼备、品学双优的有威信的教师，才能在青少年成长的道路上真正地起到激励作用，主要表现在以下几个方面。①在认识上，学生确信有威信教师影响的正确性。学生对教师所讲的知识确认是真实的、科学的，对教师的教导乃至一般的言行都往往不加怀疑地承认其正确，从而能自觉地、主动地学习知识、执行要求。②在情感上，乐于接受来自有威信教师的影响。学生容易把教师的要求转化为自己主观的需要，他们对教师的表扬和批评往往能引起深刻的情绪体验。③在行为上，能起学生的榜样作用。有威信的教师往往成为学生心目中的模范，学生会在自己的言行中加以模仿。苏联教育家彼得洛夫在《论教师的威信》一书中说："教师的威信是一个教师顺利而有效地开展活动的必要条件。……因为如果没有威信，那就意味着教师和学生之间没有正常的关系，没有顺利地进行教学和教育活动的正常条件。"

(3) 教师的威信是提高和巩固教师群体形象地位的有力保证。教师的地位实际包括政治地位、经济地位、社会地位和群体形象四个方面，如果说前三种地位的提高主要依靠政府和社会，那后一种地位的提高则主要依靠学校和教师自己。加强教师群体形象建设、提高教师的群体形象地位，历来是各级学校每位教师共同关注的重要事项。在今天的现实的生活中，如果每一位教师都能受到学生及其家长的特别尊重和由衷的爱戴，那么尊师之风也会蔚然而成，教师的政治地位、经济地位和社会地位也会随之相应地提高。

三、教师威信的构成

教师威信是把教育和教学对象紧密聚集在自己周围、双向交流、完成教学任务的重要条件。教师的威信体现着对学生的凝聚力、吸引力、号召力和影响力，是教育影响有效的基础和前提。赫尔巴特说："绝对必要的是教师要有极大的威信，除了这种威信外学生不再重视任何其他意见。"教师的威信大致包含以下四方面的内容。

(1) 思想威信。①每个教师的世界观、知识水平、品德表现以及对每一事物的态度，都无时无刻不在对学生发生着潜移默化的影响。②教师在思想政治方面的威信在学生的成长中起着重要的甚至决定性的作用。

(2) 学识威信。①具有高深学识的教师容易在学生中赢得良好的威信。对教师来说，学识是他们的宝贵财富，具有一种科学赋予的特殊力量。②有突出教育成绩容易获得良好威信。苏联著名教育家马卡连柯说过："假如你的工作、学问和成绩都非常出色，那你尽管放心，他们会站在你这一边，绝不会背弃你，而相反的话，你永远不配得到什么。"

(3) 品德威信。①教师品德是调整教师之间、师生之间以及与社会各方面关系的行为准则。教师的品德条件主要指他们的道德、品行、人格、作风等对学生产生影响的因素。这些因素对于教师职业来说就是师德。②处处为人师表。品德可以决定一个教师的行为倾向，好的品德能够使学生产生敬重感，并形成一种感染力和影响力。加里宁说："如果教师有威信，那么这个教师的影响就会在某些学生身上永远留下痕迹。"

(4) 情感威信。①真挚地爱学生。当教师把炽热的爱通过言行传达到学生的心底时，就会激起学生对教师的真诚的爱，从而使学生乐于接受教师的教诲。否则，学生就会对教师关闭心灵的大门，采取敬而远之的态度，久而久之，就会造成师生间的疏远，教师的威信也会受到影响。②有爱才是有灵魂的教育。一个教师如果对他的学生既当老师，又做朋友，平等相待，从思想上、学习上和生活上予以关心爱护，学生就会产生信赖感；如果教师对学生怀着真挚的情感，为人谦逊，态度和蔼，就会使学生产生亲切感。有了信赖感和亲切感后，教师对学生的影响力加大，教师的威信就相应地提高了。

四、教师威信的形成、维持与发展

教师威信的形成必须经历一个过程。开始只在某一方面或某一学科具有威信，以后逐步发展到在品德、学识、能力等各个方面具有威信。开始只在一部分或少数学生中威信很高，然后逐渐发展到在全体学生或绝大多数学生中享有威信。

(一)教师威信的影响因素

教师威信的形成有赖于一系列的主客观因素,但最主要的还有赖于教师自身的主观因素。

1. 客观因素

党和国家对教师的重视和关怀,社会对教师劳动的尊重,教师的政治地位、经济地位的提高,教育行政机关、学校领导和家长对教师的态度等都是影响教师威信形成的客观条件。其中最重要的是社会对教师的态度,因为大气候决定小气候,社会环境和氛围制约着每个人。近年来,党中央颁布一系列的政策和法令,提高教师的社会地位,改善教师物质待遇,并出台许多相关政策,为教师威信的树立提供了良好的客观条件。

2. 主观因素

影响教师威信的主观因素是多方面的,它对教师威信的形成起着根本性的作用。主要包括以下几个方面。

(1) 高尚的思想品质、渊博的知识和高超的教育艺术是教师获得威信的基本条件。首先,教师树立威信要有崇高的道德品质,热爱人民教育事业,对学生有着深厚的感情,能为学生的成长呕心沥血,对教学工作有强烈的责任感,有任劳任怨的精神和涵养,胸怀坦荡,公正谦虚,言行一致,以身作则。其次,要有良好的心理素质和业务能力,个性开朗,正直诚实,坚毅果断,好学多思,有渊博的知识、广泛的兴趣、精湛的教育教学技巧、良好的教学效果,被学生看成是智慧的化身,自然能在学生中享有崇高的威望。

(2) 在与学生长期交往中能适当满足学生的需要,对教师威信的形成具有重大的影响。教师的威信是在与学生长期交往中形成的。教师经常不断地满足学生各种合理需要,是教师能在学生中建立威信的心理基础。教师如果能爱护、关心、体贴学生,师生情感很融洽,教师威信便能迅速地在学生中建立起来。有威信的教师如果对自己要求不严,或是在与学生交往中犯有过错而又不认真改正,威信就会下降,甚至丧失。相反,威信不高的教师如果能努力改正与学生交往的办法,能很好地满足学生各种合理的需要,威信也就随之提高。

(3) 教师的仪表、生活、作风和习惯对获得威信有重要的影响。教师的仪表与其精神风貌紧密相连。优雅的仪表实质上是内在美与外在美的和谐统一。教师端庄、朴实、整洁、大方、自然的仪表能给学生沉着、稳重、积极向上的感觉,而仪容不整或奇装异服都会有损教师的形象和威信。另外,良好的生活作风与习惯也是一个很重要的因素。如果一个教师有懒散成性、不修边幅、不讲卫生等不良习惯和生活作风,也难以形成较高的威信。

(4) 教师给学生的第一印象对教师威信形成有一定影响。如果教师开始就表现出沉着、自然、亲切、机智、幽默等特质,就会赢得学生的好感,给学生留下良好的第一印象,就会初步树立威信。如果教师刚与学生接触就惶惑不安、语无伦次或过于激动,则会使学生大失所望,损害教师威信的树立。实践证明,在大多数情况下恢复已丧失的威信要比获得威信更难。因此,每个教师必须注意师生交往的首因效应。

(5) 严格要求自己,有自我批评的精神。教师要真正树立威信,必须严格要求自己,始终保持表率作用,一举一动都要注意,要使自己表率的印象固化在学生的头脑中。当然,人无完人,作为教师要有高度的自我批评精神,对自身存在的错误与不足应及时克服,只有这样，才能不断保持和提高威信。

(二)教师威信的建立策略

在文字上给教师的威信下一个定义，是一件比较容易的事情。可要使人们真正理解教师威信的本质内涵，尤其是以恰当的方式体现教师的威信，并且正确地运用教师的威信来教育学生，却并不是一件容易的事情。

实际上，有威信的教师也就是学生们衷心爱戴的教师。日本教育家大诚竹曾经以"你最喜欢的教师是什么"为题，向高中生做过问卷调查。结果表明：学生喜欢把教师当朋友看待，因而喜欢温和、开朗、耐心、幽默、有多方面兴趣的教师；学生要求教师是人格高尚的人，因而喜欢公平、民主、负责任、守信用、热心认真而不感情用事的教师；学生把教师当作智慧的传授者，因而喜欢头脑聪明、知识丰富、教学有趣味、方法好、效果好的教师。

没有威信的教师，实际上就是那些学生最不喜欢的教师。美国教育家杰西尔德，曾经以"你最讨厌的教师是什么"为题，向初中生作过问卷调查。结果表明学生讨厌的教师是：一向训人，过严，情绪不稳定，留做不出来的作业，缺乏耐心，没有同情心，讨厌学生，不笑，服装不整齐，不和学生在一起，体罚学生，不公平，一名学生出事责备大家，偏爱，教法不好，不容易接近。

这两项调查从不同侧面启示我们：教师的威信是指教师所具备的那些为学生所佩服的心理品质、打心眼里叹服的崇高威望和不带丝毫掩饰的充分信誉。这个结论应该成为我们认识教师威信的本质内涵的开门锁钥。

(三)教师威信的维护与提高

教师的威信一经形成，就具有一定的稳定性，但稳定是相对和有条件的，不是一成不变的。不可否认，教师给学生的最初印象对建立威信有重要的影响。教师威信形成之后，也可能因种种原因而降低威信，甚至完全丧失威信。教师已经建立起来的威信一旦丧失，要想恢复，必须付出加倍的努力。因此教师威信形成后，维护和提高已形成的威信十分重要。教师威信的维护和提高主要包括巩固获得的威信，防止威信的下降与丧失，提高威信的教育影响力等。

教师威信的维护与提高，关键在于教师本身应具备的品质。

(1) 教师要处处严格要求自己，始终具备表率意识，注意自身形象，正如教育家孔子所言，"其身正，不令而行，其身不正，虽令不从"。

(2) 教师要不断学习，积极进取，努力提高自己的道德修养和业务能力。

(3) 认真了解学生，公正地对待每个学生，对学生中发生的事情要以事实为依据，赏罚分明，成为公正的化身。

(4) 宽严相济对待学生。要自始至终对学生既严格要求，又充分尊重；既肯定成绩，又指出不足，不断激发学生积极向上，努力进取，从而更好地维护和提高威信。

第三节 教师的心理健康

素质教育是中国教育改革与发展的总趋势，它对教师的要求比以往任何时候都高，而教师的心理健康是实施成功教育的关键。

一、教师心理健康的意义

教师的心理健康同身体健康一样是教师进行教育工作的基础。因此，重视教师的心理健康对于学生健康人格的形成和教育质量的提高具有重要的意义。

(1) 优化教师心理素质是实施素质教育的需要。教师的心理健康是教师教育影响的重要组成部分。首先，素质教育的根本任务不仅要使学生接受知识和掌握技能，还要把学生培养成道德高尚、身心健康、具有开拓精神和创造性的全面发展的个体。据问卷调查显示，目前我国大中小学校中有 20%～30%的学生存在不同程度的心理问题，这些问题如果得不到及时的排解，就可能形成心理障碍，最终导致严重的心理疾患。其次，教师只有具备健康的心理才能承担起素质教育的重任。①健康的心理能增强教师的应变能力，使教师维持心理平衡，保持乐观向上的心境，提高适应环境的能力。②教师只有具备身心健康的素质，才能用自己饱满的热情去感染学生，用自己对工作认真细致、一丝不苟的态度去激发学生的学习动机，成为学生效仿的榜样。③教师具有健康的心理，才能做到热爱学生、尊重学生、关心学生、公正地对待学生，从而与学生建立良好的师生关系，对学生的发展起到积极的作用。

(2) 优化教师心理素质是学生心理健康发展的保证。教师的心理健康是学生心理健康的必要因素。著名教育家苏霍姆林斯基说过："教师个人的范例，对于受教育者的心灵是任何东西都不可以代替的最有用的阳光。"教师心理素质对学生心理健康的发展体现在以下几个方面。①教师既是学生行为的榜样，又是学生行为的强化者，教师的人格特征直接或间接地对学生产生巨大的影响。②青少年学生正处于心理发展的关键时期，但由于他们身心发展还未成熟，大脑兴奋与抑制不平衡，生活经验少，自控力差，又缺乏分辨能力，因此作为在教学过程中起主导作用的教师，必然就承担着使每一位学生的身心得到健康发展的责任。③只有促进教师的心理健康，才能使作为"人类灵魂工程师"的教师的心理向健康方向发展，性格趋于完善。唯其如此，方能塑造出学生的好性格，使学生形成健康的心理。如果教师存在心理障碍，其危害性要远大于学生存在心理障碍。

(3) 优化教师心理素质是加强教师队伍建设的需要。心理健康是教师的基本职业素质。教师是诸多职业中最具高压力和多应激性的群体。教师面临的职业压力会导致教师出现不稳定情绪，增加消极行为，从而引发心理健康问题。从主流看，大多数教师的心理状况是健康的，他们情绪稳定、自尊自信，有强烈的生活愿望和事业责任感，有开朗的性格、乐观的精神以及真诚的态度。但是一些教师的心理健康不容乐观，媒体有许多相关报道。一项针对中小学教师心理健康问题的调查结果显示，某市五成教师承受着巨大的心理压力，从症状的程度上看，在中度和重度以上心理疾病的教师中，高中为 4.9%，初中为 5.2%，小学为 4.0%。和男教师相比，调查显示女教师的心理健康状况不佳，尤其是在敌对、躯体症状、焦虑上呈显著或非常显著的差异，在日常生活中更多表现出厌烦、神经过敏、紧张、头痛及身体不适。因此，促进教师的心理健康，是教师队伍建设面临的一个亟待解决的问题。

（4）优化教师的心理素质是教师自身健康生活的需要。心理健康是人们学习、生活和工作的基本条件。教育劳动除了要消耗体力外，更多的还需要教师处理好高负荷的脑力劳动和复杂环境带来的精神压力。教师的心理健康同身体健康同样重要。心理不健康往往成为许多身体疾病的诱因，它不仅会影响教师的教育工作，还会直接影响教师自身的健康生活。教师心理健康作为教师心理素质的一个重要反映和指标，不仅有利于职业生涯上的发展，使其更快地由新手型教师成长为专家型教师，而且有利于教师自身身体健康、生活幸福、造福于他人和社会。大量调查研究认为，教师身心健康状况比国内普通人群要差一些，主要表现为强迫症状、人际关系敏感、焦虑、恐怖、躯体化症状等方面。

二、教师心理健康的标准

心理健康的标准不是一成不变的，它会随着时代的进步和社会的变迁而具有不同的含义。对于不同的社会群体，其心理健康的标准也应该体现群体的特殊性，即我们应该对教师群体的心理健康标准做更具体的诠释，使之既包含心理健康标准的共性，同时也体现教师职业的特殊性。

（1）有良好的教育认知水平，承认个体差异，能积极地悦纳自我，正确评价、乐于接受并喜欢自己，并积极地适应环境与教育工作要求。例如，具有敏锐的观察力及客观了解学生的能力；具有获取信息、适宜地传递信息和有效运用信息的能力；具有创造性地进行教育教学活动的能力。

（2）热爱教师职业，积极地爱学生。认同教师角色，勤于教育工作，热爱教育工作。能积极投入工作中去，将自身的才能在教育工作中表现出来并由此获得成就感和满足感。

（3）具有稳定而积极的教育心境。教师的教育心理环境是否稳定、乐观、积极，既会影响教师的整个心理状态及行为，也关系到教育教学的工作效果。

（4）能自我控制各种情绪与情感，保持乐观积极的心态，不将生活中不愉快的情绪带入课堂。繁重艰巨的教育工作要求教师具有良好的、坚强的意志品质，即教学工作中明确目的性和坚定性、处理问题时决策的果断性和坚持性、面对矛盾沉着冷静的自制力以及给予爱和接受爱的能力。

（5）有健全的人格与和谐的教育人际关系。在交往中能与他人和谐相处，尊重、真诚、信任、赞美等积极态度多于畏惧、多疑、嫉妒、憎恶等消极态度。积极与他人真诚地沟通，师生关系融洽，善于领导学生，建立威信，理解并乐于帮助学生。

（6）对现实环境有正确的感知，能平衡自我与现实、理想与现实的关系。能适应和改造教育环境，为提高教学质量献计献策。

（7）具有教育独创性。在教学活动中不断学习、不断进步、不断创造。能根据学生的心理和社会性特点富有创造性地理解教材、选择教学方法、设计教学环节、布置作业等。

三、教师心理不健康的表现

一个人的心理健康是一个动态变化的心理状态过程,是健康与不健康、平衡与失衡的互动交替过程。导致教师心理不健康的因素是复杂多样的,教师心理行为问题的表现也是多种多样的。

(一)生理—心理症状

从人的主观心理体验上看,教师心理不健康主要表现为以下几种情况:①抑郁。通常表现为情绪的衰竭、长期的精神不振或疲乏,对外界事物失去兴趣,对学生漠然等。②焦虑。主要有三类表现:其一是持续的忧虑和高度的警觉,如过分担心自己的人身安全问题;其二是弥散性的、非特异性的焦虑,如说不出具体原因的不安感、无法入睡等;其三是预期焦虑,如并不怎么关心现在正在发生的事,而是担心以后可能会发生的事。③更常见的症状是在抑郁和焦虑之间变动,当一种心理状态变得不能忍受时,另一种心理状态便占据了主导地位。这些心理行为问题通常伴随着一些身体上的症状,如失眠、食欲不振、咽喉肿痛、腰部酸痛、恶心、心动过速、呼吸困难、头疼、晕眩等。如果教师不及时疏导或宣泄自己的不良情绪,或情绪归因不当,则很可能会产生更深层次的心理行为问题。④神经症。这是由于心理因素造成的常见病。一般没有任何可以查明的器质性病变,但又确实有心理异常的表现,甚至可以表现得非常严重。主要表现为胃肠神经官能症、心脏神经官能症、强迫症、焦虑症、神经衰弱及恐怖症等。

(二)人际关系问题

教师心理不健康的身心症状不可能仅限于个人的主观体验,而是可能会渗透到教师的人际关系网络中,影响到教师与家人、朋友和学生的关系。研究表明,一个人在沉重的心理压力和失调的情绪状态下往往会发生认知偏差,这时个体倾向于对他人的意图作出消极的判断,从而相应地作出消极的反应。对于教师这一特殊群体而言,不仅其劳动的特点使教师比其他人更易在工作中产生焦虑、愤怒、抑郁等不良情绪,而且其角色的多重性也使教师几乎没有时间和精力做出种种心理调节。有调查发现,教师在校内除工作关系外,经常与他人交往的只有 16.99%,在校外经常和他人交往的只有 11.49%。因此,教师容易在人际关系中表现出适应不良。一类行为表现是指向外部的,如没有耐心听取他人的劝告或建议,拒绝从另一个角度去看问题,或表现出攻击性行为,发脾气、打骂孩子、出口伤人等;另一类行为表现则是指向内部的,如交往退缩,避免与他人接触,对家庭事务缺少热情等。

(三)职业行为问题

教师心理健康可使学生受益,而教师出现种种心理行为问题,受害最大的自然也是学生。教师的不健康心理在职业活动中的表现主要包括以下几种:①逐渐对学生失去爱心和耐心,并开始疏远学生,备课不认真甚至不备课,教学活动缺乏创造性,并过多运用权力关系,主要是用奖惩的方式来影响学生,而不是以动之以情、晓之以理的心理引导方式帮助学生。时常将教学过程中遇到的正常阻力扩大化、严重化，情绪反应过度。②在教学过程中遇到挫折时拒绝领导和其他人的帮助和建议，将他们的关心看作一种侵犯，或者认为他们的建议和要求是不现实的或幼稚的。③对学生和家长的期望降低，认为学生是"孺子不可教也"，家长也不懂得如何教育孩子和配合教师，从而放弃努力，不再关心学生的进步。④对教学完全失去热情，甚至开始厌恶、恐惧教育工作，试图离开教育岗位，另觅职业。

教师职业行为问题的类型包括以下几种：①怨职型。此类教师把教育职业作为不得已而为之，怨天尤人。在具体教学过程中抱怨学生条件差、班级的人数多、待遇低、压力大等。对教学不能全力投入，常责怪上级无能、人际关系紧张、斤斤计较、工作马虎。②自我型。此类教师以自我为中心，自私自利，目中无人，人际关系恶劣。③异常型。此类教师由于长期以自我为中心，久而久之导致情绪极端不稳定，心理异常。表现为独往独来，不能控制自己的喜怒哀乐，性格反复无常，管教方式不一，令学生无所适从。④暴戾型。此类教师很难相处，稍不如意就责骂，甚至拳脚相加，对学生施以体罚，傲慢、唯我独尊、盛气凌人。⑤不良型。此类教师生活方式不健康、挑拨是非、恶意中伤，在学生中行为放荡、粗俗，有损教师形象。

教师职业行为问题主要包括以下两类。

(1) 职业适应不良。教师对自己所从事的教师职业不喜欢，缺乏职业自豪感，甚至有自卑感，看不到工作的意义与价值，只是把教师这个工作当作谋生的手段，因此，在工作中缺乏积极的情绪体验，在与学生的交往中就体会不到快乐，从而产生厌烦情绪，这种情绪必然使教师较少关注教育领域的新情况和新进展，对学习和进修没有兴趣，而不学习和不钻研的结果则导致信息和技能的匮乏，不能形成坚定的教育信念和有效的教育技能，反过来，又感到自己无能，从而造成恶性循环。

(2) 职业倦怠。教师的职业倦怠是西方职业压力和心理健康研究中较为流行的一个概念。职业倦怠指个人体力、精力和能力上无法应付外界的要求而产生的身心耗竭状态。因为教师是一种应激的职业，所教学生多，工作时间长、任务重，教育教学工作难度大，容易产生职业倦怠。职业倦怠的具体表现有以下几个方面：①身体上，出现疲劳、肌肉紧张、颈疼、头痛、胃溃疡、高血压和结肠炎等症状；②智力上，出现决策能力降低，思维刻板，不能创造性地开展工作；③情绪上，表现为责备、愤怒、焦虑、压抑、自卑、无助感等；④行为上，体现为厌倦工作，不负责任，逃避社会交往，对学生冷淡、厌烦、挖苦、谩骂、滥施惩罚等。因此，教师的合群需要和获得支持的需要经常得不到满足。国外有些研究曾发现教师职业倦怠与教师缺乏社会支持的知觉有很高的相关。

(四) 消极心理状态

由于职业适应不良、职业倦怠、个人心理素质偏低、心理调适能力缺乏等因素的作用，一些教师会经常产生一些消极因素心理状态，如情绪烦躁、吹毛求疵、讽刺挖苦、轻率粗鲁、缺乏爱心、悲观消沉、思维能力下降、意志力缺乏等。教师的这些不健康心理状态会对学生的健康成长产生潜移默化的不利影响。美国教师联合会的一份调查指出："情绪不稳定的教师，因为对儿童具有决定性影响，就不应该让他们留在学校继续从事教学工作。那些具有不能自制脾气的、严重忧郁的、极度偏向的教师，凶恶、不能容人、讽刺刻薄以及习惯性的谩骂,其对儿童的心理健康的威胁,犹如肺结核或传染病对儿童身体健康的威胁一样严重。"学校教育实践中的不少例子证明,对学生教育的无效或负效,往往是由于教师的情绪不稳定等消极心理品质造成的。

四、影响教师心理健康的主要因素

社会发展使得教师越来越成为令人羡慕的职业,但是社会发展的同时也使得教师越来越成为令人心力交瘁的职业。究其原因,影响教师心理健康的主要因素不外乎社会因素、职业因素和个人因素三个方面。

(一)社会因素

影响教师心理健康的社会因素主要有如下几项。

第一,教师的社会地位相对还比较低。中国古代虽然有着尊师重教的优良传统,但目前全社会并未真正形成一种尊重教师、尊重教师劳动的风气。尽管《中华人民共和国教师法》(以下简称《教师法》)的颁布、实施已多年,但在很多地方《教师法》的条款却没有得到真正落实,一些地方仍然有拖欠教师工资的现象,导致很多教师心理不平衡。

第二,社会对教师要求过高。随着社会的发展,人们对教师的要求越来越高,不仅要求教师有渊博的学术知识、精深的专业修养、高超的教学技艺,还要有高尚的道德情操,有足以作为表率的言行举止、服饰打扮,有既严厉又和蔼的教育态度。教师承担着培养下一代的重任,不仅要教会学生知识,还要教会学生做人。由于社会风气的负面影响和家长教育方式的不当,往往导致教育效果与教师的付出不成比例,使教师缺乏成就感。

第三,教师的劳动强度与所得待遇不相称。教师劳动的复杂程度、繁重度、紧张度比一般职业高,但教师的待遇一直没有得到应有的提高。在住房、医疗保健、解决夫妻分居、子女就业等方面都存在一些问题,尤其是一些农村、山区学校更是如此,使教师产生了很大的心理压力。

第四,职称评定竞争激烈。职称作为教师教育及科研能力总体水平的标志,不仅可以满足教师的精神需要,还能在一定程度上满足他们的物质需要。晋升职称对教师具有极大的吸引力。然而由于晋升职称门槛越来越高,且名额有限,致使教师晋升职称不尽如人意。

第五,学校领导对教师心理健康的忽视。长期以来,由于客观存在的种种原因,大部分学校教育的目标依然是追求"应试",学生的学习成绩、高考的录取率成了学校领导关心的主要问题。学校对教师的要求,往往重视教师的职业道德、教育教学科研能力的提高,而忽视甚至无视教师心理素质的培养,致使有些教师的心理问题日益严重而得不到及时有效的解决。

(二)职业因素

研究表明,职业压力已对教师身心健康、教师的行为、教学的质量、师资队伍的稳定产生了影响,并由此对学生的身心发展造成了一定的负面影响。

第一,教师工作负担重是影响教师压力的首要因素。①时间长。教师除了上课,还要备课、批改作业、指导课外活动、做学生思想工作、家访、从事教育教学研究等,其中大量的工作是靠业余时间干的，而且几乎是无报酬的。②任务重。教师除了紧张的教学工作外，还要处理很多班级、学校、社会和家庭问题。有的教师每周课时达20余节。此外教师还要组织学生统考，参加学科知识竞赛，学校还要求教师保住巩固率、提高升学率、减小辍学率等。即使是节假日，教师也要参加各种继续教育和业务培训，使得教师身心交瘁，精神疲惫，体力不支。③要求高。教师的自尊心较强，来自内部或外部的各种因素时常触动着教师的自尊心，内部因素往往反映在对教师工作成果的评价上。如果教师不能够正确地认识自己，自我发展要求过高，其承受挫折的次数也越来越多，会渐渐对自己感到失望，造成精神焦虑和压抑。

第二，职业期望是教师行业特有的压力来源，也是影响教师心理健康的重要因素。教师职业被誉为"太阳底下最光辉的职业"，教师也历来被誉为"蜡烛""春蚕""人梯"，似乎他们是特殊材料制成的人。在我国的文化传统价值里，这种"敬业""奉献"等价值观念在长期的文化历史积淀中，已成为社会对教师的职业期待。由于社会对教师的期望过高，使教师产生种种心理冲突。正如威尔逊所说："所有对他人高度负责的角色，都要经受相当多的内在冲突和不安全感。"这些过高的社会期望，往往使教师压抑正常的需要，过分限制自己并关心种种细节，就有可能变得拘谨保守、缺乏自信、内心压抑，身心健康大受影响。

第三，教师的角色冲突多。在日常生活中教师扮演着多重角色，在家里，他们是孝敬父母的子女、关心配偶的丈夫或妻子以及照顾孩子的父母，他们对家庭有着不可推卸的责任和义务。在学校，教师是学生的榜样，他们的言行举止直接或间接地对学生产生着影响，他们需要付出一定的心理能量来履行自己的义务。在社会上，要求教师是一个高素质的模范公民，教师偶尔的行为闪失会遭到周围舆论的强烈谴责，这些都使教师承受高压力。

第四，教师的生活空间狭小，缓解心理紧张的途径少。与其他劳动者相比，教师属于比较孤立和封闭的群体。大部分教师生活在儿童的世界里，教师90%的工作时间专门与学生在一起，他们进行反思和与亲朋好友交流的时间很少。因此，教师的合群需要和获得支持的需要经常得不到满足，使教师产生一种自卑感和与社会格格不入的隔离感。这会使教师觉得生活枯燥、沉闷，对生活的兴趣减退，对教育缺乏足够的热情。

(三)个人因素

在相同的压力下，有些教师可能会出现心理问题，有些则能维持健康的心理状态。造成这些差别的主要原因是个人因素。

第一，人格因素。研究发现，不能客观认识自我和现实，目标不切实际、理想和现实差距大的教师或有过于强烈的自我实现和自尊需要的教师更容易出现心理问题。此外，教师中的外在控制源者(即认为事情的结果不是决定于自己的努力，而是由外界控制的)比内在控制源者更难应付外界的压力情境或事件，因而心理健康水平较差。

第二，个人生活的变化。在人的一生中，经常会有生活的变化，无论这些改变是积极的(如结婚、升迁)或是消极的(如亲人死亡、离婚)，都需要个体做出种种心理调整以适应新的生活模式。在上述特殊生活事件的调整时期，教师的心理问题更容易发生。

第三，个人对心理健康的认识。有资料显示目前有些教师尤其是农村教师对心理健康的认识还比较模糊，有53%的教师对心理健康状态的认识还不清楚，有15%的教师不清楚自己的心理健康状况。由此可见，教师缺乏心理保健知识，自己有了心理问题不仅不会排解也不会寻求心理咨询，让别人帮助排解，结果导致心理问题日益严重。

第四，求助渠道不畅。教师意识到自己的心理压力或心理疾病又无法自我调节，希望对外寻求帮助，但求助渠道十分有限。中小学虽设立了心理辅导室，但主要是面向学生，心理辅导人员又多为兼职教师，经正规培训的心理辅导员数量有限，不能真正解决心理障碍问题。心理咨询也被认为是对学生服务的，几乎无教师问津。

五、教师心理健康的诊断

诊断教师心理是否健康可以采取以下方法。

第一，心理健康诊断是根据对心理健康的理解，采用心理行为综合指标，全面检测和评估个体心理健康水平的一种诊断方法。诊断的过程包括资料的搜集、分析以及根据一定的标准作出解释和判断并提出合理的建议。资料搜集可从两个角度入手，一是通过教师的自我报告获得资料；二是通过观察教师平时的工作表现以及学生、领导、家人和朋友对教师的评价间接获取教师心理状态方面的资料。目前的诊断资料主要取自第一种方法，但要获得教师心理健康状况的较全面、较客观的诊断资料，最好将两种方法结合起来。对资料进行分析、解释时应注意遵循将统计学标准、经验标准、社会适应标准相结合的原则。

第二，教师心理健康诊断包括对教师心理过程(认知、情感、意志)、个性(个性倾向性、性格、能力)和职业特征心理的诊断。

第三，具体方法主要有心理测量法、社会适应判定法、临床症状判定法、访谈法和调查法等。其中心理测量法是较普遍使用的方法。

第四，目前研究中常用的诊断量表有《临床症状自评量表》(SCL-90)、《康乃尔健康问卷》(CNI)、《汉密尔顿抑郁、焦虑评定量表》(HAMD、HAMA)、《焦虑症状和特质问题》(STAI)、《十六种人格因素问卷》(16PF)等。

六、教师心理健康的维护和促进

要提高教师的心理健康水平，除了在宏观的社会体制层面上对教师的工作提供支持和保障外，还必须在社会社区、学校和个人层面综合各种措施减轻教师的心理压力，提高其应对能力。

(一)社会层面——形成尊师重教的社会风气

教师的心理健康关系到学生的健康成长，关系到培养人才的质量，因此全社会都应关注教师的心理健康问题，为教师营造一个维护教师职业威望的社会气氛和融洽、温馨、积极进取的工作环境，减轻他们过重的工作负担与心理负荷。①国家应该通过各种政策的制定，来提高教师的社会地位，促进教师群体职业化的进程，形成尊师重教的社会风气。②政府应增加教育投入，提高教师的工资，改善住房、医疗等物质待遇，维护教师的合法权益。③深化教育改革，减轻教师的升学压力和心理负荷，减少教师为追求升学率而作出的许多违背教育教学规律的行为。④促进教师群体职业化，在教师的筛选、培训和资格认定方面形成一整套的标准。

(二)社区层面——形成社会支持系统的良性运转

社会支持系统是个体应对压力的重要外部资源，系统中的个体通过各种信息的交流确信自己是被关心的、被爱的、被尊重的、有价值的，归属于一个互惠的、能互相交流的社会网络。社会支持系统对心理健康间接或直接的促进作用早已被各类研究证明。教师是一个相对封闭、缺少社会支持的群体，因此，在学校内部乃至整个社区、学区内形成教师社会支持系统，能有效地维护和促进教师的心理健康。

国外的"工作组"和"教师中心"可为我们提供借鉴。①所谓的"工作组"类似于国内中小学的科研小组、语文组、数学组等是同事之间提供社会支持的主要形式，可以说在国内已普遍存在。②国外的"教师中心"指一种由几个学校或整个学区组织形成的服务于该学区教师的机构，其主要目的是为教师提供一个可以与同行讨论种种教学问题、获得新的教学技巧和心理支持的场所。虽然这些教师中心的确切内涵随场所的不同而各异，但它们都有激发创造、催人上进的功能，在那里，教师与教师之间可进行丰富的信息交流和思想交流。

(三)学校层面——创造良好的心理环境

教师心理问题的成因很复杂，但问题的直接原因往往是学校情境和教学活动，因此社会层面的改革和支持只是为促进教师心理健康提供了必要的前提，要切实而有效地帮助教师提高心理健康水平，还必须从学校层面入手。

国外许多研究发现，学校领导的帮助与支持是教师社会支持系统中很重要的成分。学校管理者尤其是校长的支持与关心能有效地减轻教师的心理压力，减少心理问题的发生。①激励教师工作的积极性。学校领导在管理过程中，要不断培养和激发教师正确的教育动机和教育情感，有意识地建立合理的激励机制，使他们逐步提高教育能力。②满足教师的合理需求。教师的需求因人而异，但总的来说可概括为精神需求和物质需求。当合理的需求得不到满足时，人就容易产生压抑、沮丧、苦恼、冷漠和敌对等消极情绪。管理者应注意了解教师的各种合理需求，使物质需求和精神需求并重。③正确对待教师的心理挫折。针对受挫者行为的情绪性和非理智性特点，创造和提供机会让受挫教师郁积的负性情绪得以释放。④学校领导要致力于优化校园人际关系，营造一个融洽和谐的工作环境与心理环境，从根本上减少教师的心理压力源。⑤采取有效的措施，既要解决好现有的教师心理障碍问题，又要以预防为主，将教师的心理健康维护工作纳入学校医疗保健系统。学校的医疗部门与心理咨询中心配合，定期对全体教职员工进行心理健康测查，为教师建立心理健康档案，使教师的心理问题能够得到及时发现和处理。

(四)个人层面——加强自我心理保健

教师的心理健康问题已引起社会的普遍关注，影响教师心理健康的因素虽然多，但教师本人的心理是否健康是最直接、最根本的因素。教师这一职业的长期性与示范性、创造性与情感性以及教育对象的多变性与差异性，决定了教师工作的复杂性与艰巨性，这必然要求教师具有较强的心理调节适应能力，并切实采取有效措施来加强心理健康的自我维护。

1．树立正确的自我观念，形成良好的自我形象

正确的自我意识是影响心理健康的重要心理因素。自我意识特指人对自己和自己周围关系的一种认识。符合客观实际的自我意识有利于个体心理保持正常状态，增进心理健康。教师要维护自己的心理健康，必须真实地了解自己，客观评价自我，还必须无条件地接受自己、悦纳自己，能坦然地面对自己的一切，即使有无法弥补的缺陷也能泰然处之。教师之所以产生心理问题，其根本原因是对自我缺乏恰当的认识，不能处理好现实自我与理想"自我"的关系。

良好的自我形象是促进心理健康的有利保证。对教师而言，要确立良好的自我形象，必须无条件地接受和认同自己的教师身份、自己的职业，不为外界对教师的舆论评价所影响。职业是个体社会性自我的有机组成部分，是个体自我价值充分实现的根本途径。对自己所从事的职业的认同程度会影响个体对自己的评价，从而影响个体的自我形象。

2．有效调节和控制情绪，建立和谐的人际关系

培养积极愉快的情绪与情感。情绪与情感的表现反映一个人的心理健康程度，对自己的情绪、情感进行自我调节，对保持心理健康具有十分重要的意义。①作为教师应该热爱生活，热爱自己的本职工作，注意挖掘生活和工作中的乐趣，保持稳定而积极的情绪体验。②教师应该提高对不良情绪、情感的自我控制和调节能力，避免不良情绪的持续发展，切忌把个人不愉快的情绪带到教学中。教师还要学会转移和疏导不良的情绪、情感，如烦闷时通过散步、听音乐、唱歌、打球等，使不良的情绪与情感得到缓解。

教师要建立良好的人际关系，应注意以下几个方面：①要关心他人的需要。每个人都希望得到别人的关心，从中能感受到因被人重视而产生一种温暖和愉快的体验。②要诚心待人，对别人应诚心诚意地表达自己的思想和建议。包括诚心的赞美和善意的批评。③能宽容、理解一切。人际交往中各种令人生气或不顺心的事情发生后，教师要冷静地分析问题的因果关系，善于沟通感情，交流信息，促进彼此心理相容，避免过激的言行造成情感死结。④提高个人修养。教师应注重个人修养，提高自身的素质，使人际关系建立在合理、积极和健康的基础之上。⑤注重个性塑造，特别是在与同事的关系中，要排除嫉妒心理，可采用"内省"的方法，调节自己的心理状态，以他人为镜，取人之长补己之短，从而调节和改善人际关系。

3．培养正确的压力观，提高压力应对水平

生活中每个人都不可避免地面对压力，而压力是造成身心疾病的重要原因之一，是影响教师心理健康的最主要的因素。因此教师必须正确认识压力，努力提高自己应对压力的技能技巧水平。

培养正确的压力观。对压力的正确认识，有助于更好地应对压力，减轻和消除心理压力。①培养压力不可避免观。认识到人生不如意十之八九，生活历程中遭遇压力、挫折和失败是不可避免的。②培养压力辩证观。压力对人具有消极的作用，但也有很多积极的作用，如压力可以激发人的斗志，激发人的生命活力等。③培养压力可控观。主观努力即使不能完全战胜压力，至少可以减轻压力造成的伤害程度。④培养压力承受观。压力既然不可避免，就必须学会承受压力，相信随着环境的改变，随着遭受压力者的积极抗争，任何

压力与困难的破坏作用都会缩小，持续时间都会缩短。

提高压力应对水平。仅仅能正确认识压力还不够，还必须努力学会驾驭压力的技术，以适应瞬息万变的社会环境。①形成"压力免疫"。要对压力有明确的认识和正确的接受态度，认识到对压力产生的反应不是个性的弱点和能力的不足，而是人人都会体验到的正常的心理现象。②要学会对自己所处的情境进行积极的控制和评价，形成对压力情境的理智反应，从而避免单纯依靠个体本能的心理防卫机制对压力进行忙乱而又无效的应付现象的发生。③采取积极的方法来应对压力。如面临人事调整，有的教师消极等待，自叹命运不佳，有的找领导吵闹，这都是对压力的不当应对。能转变观念，主动参与竞争，不断提高自己各方面的素质，才不失为一种更为积极的应对方式。④主动寻找社会支持。在心理学上，社会支持是指一种特定的人际关系，有了它，当一个人在遇到心理压力时，就能够从这种关系中获得有效的帮助。如夫妻、父母、朋友等都是社会支持的力量。社会支持水平越高，心理健康水平越高，心理症状越少。

4．改变思维与行为模式，强化自我效能感，建立积极的内在对话

换个角度看问题，改变思维和行为模式的惯性。任何事情都有两面，在看到事物不利面的同时，还应该看到它的有利面。这种看问题的方式容易使人增强信心，振奋勤勉，产生积极的反应。有些教师在看问题时容易走入"死角"，导致自己消极等待，情绪低落。其实只要转换看问题的角度，就会有完全不同的感受。在生活中有各种心理问题的人，所使用的自我对话通常是消极的、自我批判的和自我毁灭的。如"我真笨""我真没用""真糟糕"等。解决的办法是建立积极的内在对话。因为积极的内在对话可以鼓励人们增强战胜压力的信心，有利于人们采取积极主动的态度应对和战胜压力。例如，当受到多项任务带来的巨大压力的冲击而又感到无所适从时，可以这样暗示自己："饭要一口一口地吃；事要一件一件地去做。"当遇到失败，认为结果无法挽回时，可以对自己说："以后再也不会让同样的情况发生了。"建立积极的内在对话有利于自我调节，增强自信心，消除不良情绪。

强化自我效能感。自我效能感是指人对自己是否能够成功地进行某一成就行为的主观判断。强化自我效能感，首先，要学会称赞自己，鼓励自己，要多关注自己成功的点点滴滴，积极地进行自我肯定。肯定有两种：外在的肯定，包括同事、朋友、领导、社会等的肯定，这是有限而短暂的，因而是浅层的肯定；内在的肯定，即自我肯定，这是一种持久而强劲的肯定，是人的生命永不枯竭的动力。其次，要重新调整期望值，给自己确定一个适合自己实际情况的工作目标，避免因目标不切实际而导致挫败感。

5．学会合理安排工作与休闲，避免心理上的超负荷

教师的工作艰苦复杂，许多教师又有着强烈的事业心和责任感，往往会因为忙于追求某一目标的实现而忽视生活的其他方面。事实上，一个人的生活如果只是过分地去满足某一方面的需要而忽视另一方面的需要，就会产生许多心理冲突。教师在学校的任务不外乎教学、教研及行政工作，单调烦琐的例行公事，确实使每位尽职尽责的教师承受了不少工作压力与辛劳，确实使许多教师产生了疲惫感和枯竭感。因此，教师必须学会合理地安排工作与休闲，因为在教师的教育生涯中，休闲活动对其身心健康有着积极的促进作用。

教师要科学用脑，调适生活节律。就教师的劳动特点来看，教师在学校教育中所担负的是复杂的脑力劳动，教师必须采取科学有效的工作方式，才能使自己轻松愉快地工作和生活。教师要按照生物钟或生活节律妥善安排生活，讲究工作方法，选择最佳工作心境，使工作、学习、生活紧张而有秩序，规律而有节奏。在工作生活中心情要舒畅，保持一种平常心，不急不躁，按照预定计划循序渐进。同时自觉讲究用脑卫生和用脑艺术，要避免过度疲劳，在经过一定时间的工作后要有短暂的休息，动静结合、劳逸相间，让大脑的工作、休息符合生理规律。用脑避免过分单调，在学习工作时采取"转换法"，变换学习或工作内容，让大脑细胞在工作进程中"轮休"。

6. 提高自我修养，树立正确的人生观

教师的地位曾与天、地、君、亲并称，自古以来就受到人们的尊重。今天，科教兴国更是把教师劳动的重要性提升到亘古未有的高度。人民教师受党和人民的重托，理应不断地提高自身的修养，把塑造自身的人格形象作为一种终身的追求。人民教师要树立远大的理想，培养高尚的品德，形成良好的性格，确立科学的人生观、价值观，追求人生的真正价值。树立正确的人生观，要求教师对生活抱乐观、开朗的态度，积极吸取新的知识，学会以发展的眼光看待周围的事物，看待他人和自己；教师要增强奉献精神和助人为乐的精神，在帮助他人、发展自己的过程中增强自我价值感，树立敬业精神，在忘我工作的过程中使个人的精神有所寄托。总之，为了维护教师个人的身心健康，需要保持一种积极的、开放的、现实的、辩证的、通达的人生态度。

波斯纳曾提出教师成长的公式：成长=经验+反思。如果一个教师仅满足于获得经验而不对经验进行深入的反思，他将永远停留在新手型教师水平。反思的倾向是心理健康水平较高的专家型教师的核心。教师的信念和职业理想是教师在压力下维持心理健康的重要保证。对某一事业的信念和理想是职业倦怠的最好解毒剂。因此，坚定正确的教育观念和积极的教师信念，培养对学生无私的理智的爱与宽容精神对提高教师心理健康水平至关重要。

复 习 要 点

第一节 教师的角色

教师是指受过专门教育和训练，在学校中向学生传递人类科学文化知识和技能，发展学生的体质，对学生进行思想道德教育，培养学生高尚的审美情趣，把受教育者培养成社会需要的人才的专业人员。根据我国教师的活动、职责和任务，可把教师的角色分为以下两类：①社会表现的角色，包括教书育人的角色：教师是人类知识的传授者、言传身教的教育者；行政管理的角色：教师是学生集体的领导者、课堂纪律的管理者；心理辅导的角色：教师是人际关系的协调者、心理卫生的治疗者。②自我表现的角色，包括学者与学习者的角色、学生家长的代理者、模范公民。

教师职业角色意识的形成过程要经历角色认知阶段、角色认同阶段和角色信念阶段。促进教师角色形成的主要条件是：全面正确认识教师职业，树立学习榜样，积极参与教育实践。教师角色影响和作用主要体现在教师的领导方式、教学风格、人格特征、举止言行以及教育期望等方面。

第二节 教师的威信

教师的威信是教师在学生心目中的威望和信誉，是学生在心灵上对教师具有的品德、智慧以及对教育事业的忠诚与认真负责等高贵品质的折服。教师威信的内在价值为：教师的威信是开展和做好教学工作的必要前提，是教育和感召学生的精神力量，是提高和巩固教师群体形象地位的有力保证。教师的威信由思想威信、学识威信、品德威信、情感威信等方面构成。

影响教师威信的因素有客观因素和主观因素。客观因素包括党和国家对教师的重视和关怀，社会对教师劳动的尊重，教师的政治地位、经济地位的提高，教育行政机关、学校领导和家长对教师的态度等。主观因素有：高尚的思想品质、渊博的知识和高超的教育艺术，在与学生长期交往的过程中能适当满足学生的需要，教师的仪表、生活、作风和习惯，教师给学生的第一印象，严格要求自己，有自我批评的精神。维护和发展教师威信时，教师本身应具备如下品质：教师要处处严格要求自己，始终具有表率意识；教师要不断学习，努力提高自己的道德修养和业务能力；了解学生，公正对待每个学生；宽严相济地对待学生。

第三节 教师的心理健康

教师心理健康的意义：优化教师心理素质是实施素质教育的需要，是学生心理健康发展的保证，是加强教师队伍建设的需要，是教师自身健康生活的需要。教师心理健康的标准：①有良好的教育认知水平，承认个体差异，能积极地悦纳自我，正确评价、乐于接受并喜欢自己，积极地去适应环境与教育工作要求。②热爱教师职业，积极地爱学生。对教师角色认同，勤于教育工作，热爱教育工作。③具有稳定而积极的教育心境。④能自我控制各种情绪与情感，保持乐观积极的心态。⑤有健全的人格与和谐的教育人际关系。⑥对现实环境有正确的感知，能平衡自我与现实、理想与现实的关系。⑦具有教育独创性。

教师心理不健康的表现有：生理—心理症状、人际关系问题、职业行为问题、消极心理状态等。教师职业行为问题的类型包括怨职型、自我型、异常型、暴戾型、不良型。教师职业行为问题主要包括职业适应不良和职业倦怠。影响教师心理健康的主要因素有社会因素、职业因素和个人因素三个方面。社会因素包括教师的社会地位相对还比较低，社会对教师要求过高，教师的劳动强度与所得待遇不相称，职称评定竞争激烈，校领导对教师心理健康的忽视。职业因素包括教师工作负担重，职业期望过高，教师的角色冲突多，教师的生活空间狭小，缓解心理紧张的途径少。个人因素有人格因素、个人生活的变化、个人对心理健康的认识、求助渠道不畅。

维护和促进教师的心理健康，社会层面，形成尊师重教的社会风气；社区层面，形成社会支持系统的良性运转；学校层面，创造良好的心理环境；个人层面，加强自我心理保健。教师在进行心理健康的自我维护时，要做到：树立正确的自我观念，形成良好的自我形象；有效地调节和控制情绪，建立和谐的人际关系；培养正确的压力观，提高压力应对水平；改变思维与行为模式，强化自我效能感，建立积极的内在对话；学会合理安排工作与休闲，避免心理上的超负荷；提高自我修养，树立正确的人生观。

拓 展 思 考

1. 你理解的教师扮演的角色包含哪些方面？
2. 你如何理解"教师威信是教育的潜在动力"？
3. 教师心理健康有什么重要意义？
4. 教师如何做好自我心理保健？

第十七章　学　生　心　理

教育过程是一个塑造和发展受教育者心理的过程。教育者要研究教育对象的心理特征的共性，尤其是了解和掌握孩子在不同年龄阶段心理发展的特点，施以正确的教育和引导，提高学校教育的预见性，收到良好的教育效果。与此同时，还要关注儿童的个别差异，立足于特殊儿童的教育需要，找准学生的"最近发展区"，因材施教，挖掘学生的发展潜能，促进学生素质发展达到最佳水平。

第一节　学生的身心发展特点与教育

为什么要了解学生心理特点？自然是源于教育和引导学生的需要。众所周知，遗传和环境在心理发展上起着决定性的作用，遗传规定了心理发展的可能性，而环境与教育则提供了心理发展的现实性，外因和内因共同决定学生的心理发展和发展方向。

一、学生年龄特征的概念

学生的年龄特征是指在一定的社会和教育条件下，不同年龄阶段的学生在身体和心理发展方面所表现出来的一般的、典型的和本质的特征。具体包含以下几层含义。

第一，年龄特征与一定的社会和教育条件密切相连，不同的社会条件或教育下的学生的年龄特征是不同的。

第二，学生的身心发展既有连续性又有阶段性，不同年龄阶段学生的年龄特征是连续性与阶段性的统一。一方面，不同年龄阶段学生的身心发展具有不同的特点，如童年期、少年期、青年期等不同年龄阶段的学生在身心发展方面都有彼此区别的典型特征，从而表现出学生身心发展的阶段性。另一方面，不同年龄阶段学生的身心发展并不是截然分开或毫不相干的，而是保持着其内在固有的连续性，前一阶段的身心发展水平为后一阶段的身心发展提供了前提和基础，而后一阶段的身心发展水平又是前一阶段身心发展的必然结果，每一阶段既带有上阶段的部分特征，又孕育着下阶段的新质。

第三，学生的身心发展具有稳定性和可变性，不同年龄阶段学生的年龄特征是稳定性和可变性的统一。稳定性可从两方面来看：首先，从生理学角度看，这种发展变化总是严格地按照人的生理发展变化的固有程序和阶段有规律地进行，特别是作为心理和物质基础的人脑的发展和完善，更是严格地受遗传物质的控制，大脑的发展过程制约着学生的身心发展过程和水平，从而使不同年龄阶段学生的身心发展具有相对稳定性。其次，从人的认知发展过程看，人类知识的产生和积累是逐步完成的，学生掌握知识也必须是循序渐进的，这就使得处于同一年龄阶段的学生在知识的掌握上处于大致相当的水平，他们所表现出来的心理发展水平也基本相当，稳定性是学生年龄特征最本质的特性。但学生年龄特征的稳定性并非是绝对的，而是相对的，它也有其可变的一面。这种可变性主要表现在随着社会、教育和生活条件的改变，学生身心发展的速度可能加快或延缓。有研究表明，当代儿童在心理上较前30年的儿童普遍早熟两年，十多岁的儿童每隔10年身高就要增加0.33厘米；1972年的儿童的平均智力水平较1960年的儿童普遍提高智龄6个月左右。

第四，在认识学生的年龄特征时，要注意处理好个别性与一般性、典型性与多样性的关系。学生的年龄特征反映的是这一年龄阶段绝大多数学生身心发展的典型特性和一般趋势，带有普遍性和共性，我们不能把这个年龄阶段个别学生在特定场合中所表现出来的特点作为学生的年龄特征。因此，我们在认识学生的年龄特征时，要注意处理好个别性与一般性、典型性与多样性的关系，不能以个别性代替一般性，以典型性否定多样性，反之亦然。

总之，学生的年龄特征，反映的是同一年龄阶段学生身心发展的规律，它是我们开展教育工作的重要依据。只有遵循学生身心发展的规律，并处理好学生身心发展过程中的连续性与阶段性、稳定性与可变性、个别性与一般性的关系，才能处理好教育与学生发展的关系，提高教育的有效性。

二、小学生的身心发展特点与教育

我国小学教育阶段的学生正处于六七岁至十一二岁的年龄阶段，这与发展心理学年龄划分的童年期阶段基本吻合。这个阶段的儿童开始接受正规的学校教育，正规化的学习取代了学龄前的游戏玩耍活动。与幼儿园的游戏活动相比，小学生的学习具有更大的社会性、系统性、目的性和一定程度的强制性。所以，有人把童年期称作人生发展的奠基时期，正因为如此，小学教育就显得尤为重要。

(一) 小学生的年龄特征

从发展速度上看，童年期是一个相对平稳的时期，小学生的身体缓慢生长，心理上一般也没有十分尖锐的自我冲突；从发展的性质上看，童年期是儿童超越家庭范围的社会化的起始阶段，也是儿童因角色、活动、他人评价的多样化而引起对自我形象反思的开始时期。

1. 小学生生理发展特点

在小学阶段，学生的身体发展相对稳定和平衡，速度比较均匀。首先，这个阶段儿童的身高、体重等的发展不规则，生长发育相对缓慢。但女孩在9~10岁会出现身高、体重在原来落后的基础上较快超过男孩，标志着学龄末期女孩发育的突增期的到来。其次，11~12岁学生大脑的重量可以达到1400克左右，与成人相差无几，大脑的兴奋功能逐渐减少而抑制功能逐渐增强，大脑功能的自控能力也逐渐完成。最后，身高、体重、肌肉的强度与耐力以及体内的各个生理器官的发展平衡，整个体质向逐渐增强的方向发展，这为学生开始系统地学习奠定了生理基础。但是，此阶段学生的体质发展水平与其突然增加的学习任务相比，还是比较柔弱的。因此安排适度的学习任务，保护学生的身体健康是教育者应当注意的问题。

2. 小学生心理发展特点

进入小学阶段的学生，开始从家庭走向学校，随着生活环境的变化、知识的逐步增长和交往范围的扩大，其心理发展速度加快。

1) 认知的发展

与生活在家庭中的幼儿相比，小学生的认知不仅有量的增加，而且有质的变化。在认知来源上，由口头语言、形象实物为主向以书面语言、非实物伴随的概念为主转变；在认知过程中，由自然情境中的无意识学习向特定情境中教师指导下的有意识学习转变。这种变化促进了学生对事物的认识由日常经验向科学概念转化，由掌握个别、分散的知识向整体掌握系统化的知识转化。小学生认知的发展具体表现在以下几方面。

第一，小学生的感知觉发展很快，准确性和系统性不断提高。小学生从笼统、不精确地感知事物的整体渐渐发展到能够较精确地感知事物的各部分，并能发现事物的主要特征及事物各部分间的相互关系；感知从无意性、情绪性向有意性、目的性发展；空间知觉从直观向抽象过渡；对时间单位的理解力和对时间长短的判断力不断提高，逐步懂得珍惜时间，学习的自觉性也日益增强。

第二，小学生的注意力有很大发展，注意的时间和注意范围渐长、渐宽，注意的转移也逐渐灵活，但注意力不稳定、不持久，且常与兴趣密切相关。一般来说，主动注意的保持时间在7～10岁为15～20分钟，12岁以后为30分钟或以上。注意的保持时间与教师所讲内容、教学方式是否生动、学生的兴趣等密切相关。小学生的注意范围较小，常出现顾此失彼的现象。边听课边记笔记，同时注意演算速度和准确度对于他们来说都是比较困难的。

第三，不随意记忆占主要地位。小学生的记忆最初仍以无意识记、具体形象识记和机械识记为主。他们对有趣的事情和具体直观的材料能很好地记住，而对教师交给的学习任务和一些抽象的词、公式和概念却难以记住。随着年龄的增长，他们的思维理解能力不断提高，记忆的自觉性、对词的抽象识记和意义识记的能力都会不断提高。

第四，想象力丰富，从形象片断、模糊向着越来越能正确、完整地反映现实的方向发展。小学低年级学生想象力十分丰富，在他们的头脑中，现实与想象之间往往没有明确的界限，导致行为和言语的"不合情理"。此时的想象具有模仿、简单再现和直观、具体的特点，随着年龄的增长，到中高年级，学生对具体形象的依赖性会越来越小，创造想象开始发展起来。

第五，以形象思维为主。小学生的思维从以具体形象思维为主要形式逐步向以抽象逻辑思维为主要形式过渡，但抽象逻辑思维仍直接与感性经验相联系。低年级学生在不能直接观察到事物特征的情况下，对某些概念进行概括会感到困难。如"大与小"的概念，他们通常是通过对大、小物体的直接感知获得。而到了高年级，他们则开始能够依靠表现一定数量关系的词语来进行概括，掌握概念中直观、外部特征的成分逐渐减少，而掌握抽象、本质特征的成分不断增多。

第六，口语和书面表达能力都有明显提高。儿童时期是语用技能发展的关键时期。所谓语用技能，就是语言交流的双方，根据语言意图和语言环境有效地使用语言工具的一系列技能，主要包括听和说两方面的技能。在口语和书面表达能力培养过程中，学生阅读、拼写的技能如果在学习中不能正确掌握，则容易表现为相应的学习技能障碍，从而影响学生的学习成绩。小学高年级，语言会向内部语言或默语发展，由于词汇量进一步增加，同时与掌握的句法、写作技能相结合，使书面表达可达到相当的程度，这一过程与思维活动的进一步发展密切相关。

第七，自我意识更加明确。与学前儿童相比，小学生更加自觉，更加明确地意识到自己作为独立个体的存在。与中学生相比，他们的自我意识更多地依赖他人对自己的评价，尤其是权威人物(主要是教师和家长)的评价。他们十分渴望得到教师和家长的肯定，而对于同学的意见则不太在意。从总体上说，小学生自我意识的社会化程度有了较大提高，但是仍然不够客观全面，带有明显的主观色彩。

2) 情绪情感的发展

小学生的情感体验开始复杂起来，这既与生活环境的变化有关，也与学生知识的增加和理解能力的提高有关。小学生通过参加各种形式的学生活动以及同教师、成人和不同年级学生的多方面交往，能够进行多层次的情感交流，并从中得到不同的情感体验。他们这时的情感因素已不局限于个人的生理或心理需要的满足，别人的遭遇、感受，书中的情节和人物的命运，都有可能唤起学生丰富的情感活动。小学生的情绪变化仍以较外露、易激动、不深刻、持续时间短为主要特点，随着年龄的增长，情绪反应向集体荣誉感、责任心、友谊感等高级情感活动发展。小学生情绪变化的原因多与学校生活、教师、同学及学习成绩有关，家庭中引起学生情绪改变的原因多为父母对学习成绩的过高期望与学生学习能力的差距。

3) 意志的发展

小学生的意志力有了较大的发展，学习活动的目的性、持久性和复杂性客观上要求学生为完成学习任务而付出意志努力。无论是维持注意按时完成作业，还是遵守纪律克服学习中遇到的困难，都对学生的意志是一个磨炼。当然，童年期学生的意志力从总体上讲还是比较薄弱的，他们对自己的行为还缺乏较强的约束力。这就要求教育给予引导和帮助，为培养学生良好的意志品质作出努力。

4) 个性的发展

小学生的个性特征不断增强，性格对他们行为的影响越来越大。心理专家认为，小学期间是形成自信或自卑的关键时期，学业成败、社交能力、同伴关系、教师的评价都是影响其今后个性倾向性的重要因素。当然小学生性格的可塑性很大，但随着年龄的增长，他们的行为会渐渐形成习惯，性格越来越稳定而难以改变。因而在小学阶段进行有效的教育，促使学生形成良好的性格是非常重要的。

5) 社会化行为的发展

小学生喜欢过群体生活，常常几个同学一起上学、回家、做功课等，此时期被称为"集团时期"。这种集团或集体的形成与教师的正确引导有关，也是形成集体主义"团队"精神的必然过程，在此期间对学生进行正确的引导十分必要。

(二)小学生的教育

小学生因其身体发展的平稳性和心理发展的无尖锐冲突性的特点，为教育提供了极为有利的条件。对教育者来说，由于小学生所具有的天真无邪、对成人的依赖、平静的心态、可塑的品格、极强的吸收能力等特点，使小学阶段成为接受教育的黄金时期。

1．确保学生身心健康是小学阶段教育的首要内容

教育者应教育学生学会在学校中生活并热爱学校、集体，做学校、集体的小主人，目

的是为他们今后的学习和形成积极的、有所作为的人生态度打下坚实的基础。小学教育要使学生在获取知识同时，养成良好的心理品质和发展多种能力，使学生的身心两方面都得到健康发展。教师应当把关心学生的健康、发展学生的体质作为重要任务。对小学生而言，尽管其体质较幼儿有了明显的增强，但与他们在学校所承担的学习任务相比，仍是比较薄弱的。过重的学习负担，不仅会使学生的身体受到伤害，而且会使学生产生厌学、惧学的心理，这对学生的身心发展十分不利。有鉴于此，教师留给学生的学习任务要适当。教师应针对学生不懂也不会保护自己身体的实际，进行必要的保健教育，教育学生养成良好的作息习惯和卫生习惯。教师还应当针对学生爱动、喜玩的特点，经常有目的地组织一些校内外课余集体活动，这不仅有利于促进学生的身心健康，培养学生广泛的兴趣，而且有利于学生集体主义精神的培养。

2. 使学生热爱学习和学会学习是小学阶段教育的核心任务

学校教育在小学阶段开始系统展开。在学习方面，除教学内容外，教师要注意学生的读、写、算和手工操作技能的训练和协调发展，这将会对学生今后智力和学习能力的发展产生重要影响。在学习过程中，教师要注意引导学生独立自主地克服学习困难，完成学习任务，以培养他们的学习自主性，增强战胜学习困难的信心。学生学习的独立性、自主性和战胜困难的自信心培养与发展和教师引导、信任或鼓励性评价分不开，教师要相信学生会成功，并善于通过各种方法去引导和帮助学生学会运用自己的力量去克服困难，获得成功，这也是培养学生意志品质的有效方法。

3. 对小学生道德品质的培养也是教育的重要任务

小学生道德品质培养的关键就是要使他们能做到言行一致、校内外一致。学生言行不一的现象既与学生的意志力薄弱有关，也与学生的道德行为的养成需要一定数量与强度的实践和训练有关，同时还与教师的具体做法欠妥当有关。脱离学生生活实际的空洞说教无助于学生做到言行一致。对小学生的道德品质教育：要提高道德认知，使他们知道哪些行为是道德的，哪些是不道德的，哪些是可做的，哪些是不可做的；进行及时的道德评价，纠正不道德行为，强化道德行为；让学生进行道德实践，充分利用"榜样效应"，特别注意利用小学生身边的榜样，这样的榜样与他们的日常生活密切相关，学生容易模仿和实践。总之，只有针对小学生的身心发展特点去进行道德品质教育，才能收到实际的效果。

三、初中生的身心发展特点与教育

我国初中生大多十二三岁至十五六岁，这一年龄阶段大致相当于发展心理学年龄阶段划分的少年期阶段，这是学生开始向成熟期过渡的重要阶段。进入初中的学生，随着其身心发展的急剧变化，年龄特征更为鲜明，如既走向成熟又带有童稚，既走向独立又具有依赖性，是学生在矛盾中发展的时期。有的心理学家把少年期称为"心理断乳期"，是既要离开成人保护又需要成人帮助的时期。

(一)初中生的年龄特征

进入初中的学生,身心开始发生急剧变化,自我意识和独立意识明显增强,心理上的"成人感"日益显露。在与人特别是与成人的交往中,不再完全是被动的适应者、服从者和模仿者,而是力求成为主动的探索者、选择者和设计者。如果说童年期的学生主要是关注外部世界的话,那么少年期的学生则开始由单纯地对外部世界的探究向更为关注内部世界转化。

1. 生理变化的特点

初中生处于青春发育期,这个阶段是个体生长发育的第二个高峰期。在这一时期,初中生的身体和生理机能都发生了急剧的变化,主要表现在身体外形的改变、内脏机能的成熟及性的成熟三个方面,这是青春期生理发育的三大巨变。

1) 外形的变化

初中生外形变化最明显的特征就是身高的迅速增长。一个人身高的增长有两个高峰期,第一个高峰期发生在1岁左右,那时身高一般增加50%以上。第二次生长高峰期发生在初中阶段,据统计在青春期以前,儿童平均每年长高3~5厘米,而在青春发育期,每年至少要长高6~8厘米,甚至可达10~11厘米。男女初中生的身高变化是有差异的,男生进入身高生长加速期的平均年龄是13、14岁左右,然后速度逐渐下降。女生的这一过程要先于男生近两年,大多数女生从11岁左右开始进入身高生长加速期,14岁左右达到高峰。需要说明的是,个体与个体之间在身高增长的速度和时间上都存在很大的差异。体重是身体发育的另一个重要指标,初中生的体重增长也很快。体重的增长反映身体内脏的增大、肌肉的发达和骨骼的增长变粗,也反映出营养及健康状况等。

2) 体内机能增强

体内机能增强主要表现在血压接近成人水平,高压为90~110毫米汞柱,低压为60~75毫米汞柱、肺活量增大、肌肉增强和大脑的发育成熟。

3) 性发育成熟

性成熟开始的标志表现在第一性征和第二性征上。第一性征的变化表现为生殖器官的发育,第二性征的变化主要表现在男生的喉结增大,声音变粗,出现胡须,女生声音变尖,乳腺发育,月经初潮,皮下脂肪增多等。女生一般11~12岁开始进入性成熟期,而男生则一般要晚1~2年。初中生的这种生理变化,使他们对此特别敏感,性角色意识增强,在异性面前常有不自然的羞涩感,同性之间的群体活动增加,而异性间的群体活动则相对减少。

2. 心理变化的特点

1) 认知方面

进入初中后,各种学科的开设使学生所学知识更为系统化,从而促进了学生思维能力的发展、抽象、概括和逻辑推理能力明显增强,其学习迁移能力也有了很大提高。在此期间,学生之间,男女性别之间,对事物的认识兴趣和方式的差异变得明显,学习上的个体倾向性开始显现出来。独立思考和判断的能力增强,他们对发生在周围的人或事,不再人云亦云,而往往以"成人"的姿态表明自己独立的评价和见解。当与别人乃至成人的观点相左时，他们也往往不会轻易地放弃自己的看法。"成人意识"的产生是学生认知发展的一个重要特点。学生在认知方面的发展还表现在自我意识的增强，他们逐渐能有意识地把自己的思想和行为作为认识对象，除关心别人对自己的评价外，也注意自我评价。学生认知水平的提高和自我意识的增强，往往会使他们对他人的干预以执拗的态度予以反抗，甚至产生逆反心理。

2) 情感方面

由于初中生正处于身体迅速发育时期，精力充沛，所以他们富有朝气，充满热情，但情绪不够稳定，易受外界刺激的影响而波动，忽而表现出充满激情和冲动，忽而又表现得悲观和失望。心理学家认为少年期是学生情感发展最困难、最令教育者操心的时期。

3) 意志方面

初中生的自控能力总体上有了较大发展。在正常情况下，他们能够把自己的行为和所要达到的目标结合起来，并为之付出意志努力。但是，由于他们的情绪易受外界的影响而波动，所以当他们的自尊心受到伤害或者为了满足某种不正当的需求时，往往会失去对自己行为的理智控制。特别是在坏人乘机诱惑或教唆时，他们极易染上恶习或走上犯罪的道路，有关青少年犯罪问题的研究已证明了这一点。因此，加强对初中生情感和意志教育，既是一个教育问题，也是一个社会问题。

(二)初中生的教育

对于身心发展处于急剧变化时期的初中生，教育者面临的任务是艰巨的，责任是重大的。良好的教育，将对学生顺利地完成由儿童向成人的过渡以及他们今后的健康成长，具有重要的意义。

1. 教师应针对学生生理急剧变化的特点，加强"青春期教育"

教育者除了要教育学生充分保证休息时间和丰富的营养外，应着重加强对学生的青春期教育，引导学生懂得青春期生理变化的必然性及其对人生的意义，教育学生养成良好的学习、生活和卫生习惯。学校应当为学生开设性教育专题、系列讲座或开设生理卫生课程，增加学生的性知识，减少学生对性问题的神秘感，这有助于学生心绪平静，减少因生理变化引起的恐慌，逐步适应这种急剧性的生理变化。与此同时教师要注意引导学生积极参加有意义的社会活动，把他们的热情和充沛的精力用到有意义的社会活动中去。教师还应当针对学生生理变化的特点，教育学生自尊、自爱、自主、自强，这一时期学生生理变化关注的意义远远超出了学生身体健康本身。

2. 丰富的文化生活和精神食粮至关重要

初中生的心理变化，使他们的内心世界和精神生活丰富多彩，充沛的精力使他们求知欲旺盛而不知疲倦。教师应充分利用这一有利时机，为学生提供丰富的文化生活和精神食粮。一方面，要引导学生积极地投入他们感兴趣的活动中去，展示他们的才华，使之得到满足和消除疲劳，促进身心健康。另一方面，要引导他们到知识的海洋中去探索、追求，以不断丰富他们的知识，提高他们的认知水平，为他们今后的进一步发展打下基础。这一时期对学生学习的指导，应充分尊重并注意发挥学生的主体作用，积极引导学生利用已有的知识和方法，自己主动探索，获取新知，使他们从中感受到通过自己努力取得成功所带来的喜悦和满足，从而进一步激发他们热爱科学、渴求知识、追求真理的热情、信心和勇气。如果忽视这一点，而一味地包办、代替学生成长，就有可能使学生对学习缺乏兴趣，疏于思考，养成依赖思想，这对学生的成长和未来的可持续发展是极为不利的。

3．情感、品德和理想教育不能松懈

初中阶段是培养学生的积极情感、形成良好品德和初步形成正确的人生理想的关键时期，加强学生的情感、品德和理想教育是教育者的重要任务。有的教师以这个时期的学生情绪多变、难以把握为由而放松对他们的教育，这是不足取的。初中生的情感尽管多变，但都是与他们日常的生活相联系的。因此，对学生的情感、品德教育，应紧密地结合学生的生活实际，引导学生从对他们日常生活的诸多矛盾、冲突的讨论中去明辨是非，提高判断力，从而提高学生的道德认知水平，养成道德习惯，逐步清除不合理的需要，提高需要层次，发展积极情感。学生的身心发展，使他们开始考虑未来，憧憬未来，并往往从艺术作品或传媒宣传中选择英雄或名人作为自己的偶像。其实，学生这种偶像崇拜看到的往往只是他们的成功，而看不到他们为此成功所作的付出。对此现象，教师应当给予正确引导，既要让学生从成功者身上汲取精神力量，懂得人生的价值和意义，又要让学生认识到成功是艰苦努力和百折不挠追求的结果，从而使学生把对英雄或名人的崇拜同自己勤奋学习与树立人生崇高理想结合起来。

4．自我教育能力的培养是重中之重

对初中生的自我教育能力的培养，是教育者的又一重要任务。心理学研究表明，情绪的认知和调节的能力发展的转折期在初中一、二年级，初中阶段也是人的认知倾向和道德品质初步形成并被自己意识到的时期。因此，教育者应当重视这一时期学生自我教育能力的培养。人若没有自我认识，就不能有自我教育，也就不会有自律行为，没有自我完善与发展的愿望，也不会产生自我教育的需要。教育者在这一时期应多引导学生写日记、书评、影评，在对他人、他物的评价中提高自我评价能力。同时教师要通过引导学生参加集体、公益活动，与教师、同学对话等形式，让大家彼此"画像"，以调整和强化学生的自我形象。教师还应经常引导学生对自己提出需要付出一定意志努力才能完成的任务，以克服学生身上的缺点，使之体验到通过努力战胜自己弱点的力量和欢乐，从而增强学生的自我教育能力。

四、高中生的身心发展特点与教育

我国的高中生处于十六七岁至19、20岁这个年龄阶段，大致相当于青年初期阶段。这一时期是学生个体在生理、心理上接近成熟的时期，也是准备走向独立生活的开始阶段。

(一)高中生的年龄特征

进入高中的学生，不仅身体发育趋于成熟，而且在心理发展上也有了质的变化。他们大多对世界、社会、自己和未来都开始有较清晰的认识和较深入的思考，人生观、世界观、价值观已开始形成。他们的认知水平迅速提高，情感丰富细腻，自我教育能力达到了较高水平，社会意识和社会责任感增强。所以有人称青年初期是人生身心发展基本"定型"的时期。

1. 生理发展与成熟

高中生身体发育达到基本成熟的时期。生理发育上，学生生理发展再度趋于平稳，由于性激素对脑垂体活动的抑制作用，使他们的身高、体重及各器官的增长发育速度逐渐缓慢。高中生的生理变化还表现在体态上，男学生肌肉发达，富有力度，女学生则丰满婀娜，身材匀称，无论男女都透出一种青春美。他们也常常以此为骄傲，甚至去刻意地追求和炫耀。一般而言，这时的学生比较重视自己的仪表美，并追求自己的独特美。神经系统已经基本成熟，大脑皮层的结构和机能均已达到成人水平，兴奋与抑制过程基本平衡。第二信号系统开始起着重要的调节作用，但是神经联系的复杂性和大脑机能仍在日趋完善之中。

2. 心理发展与成熟

高中生在身体发育趋于成熟的同时，在心理上也日益成熟起来。

(1) 认知结构和对世界的基本观点逐步形成。一方面，他们的逻辑思维和辩证思维能力增强，能从一般的理论、原则出发进行判断、推理而得出结论，表现出较高的综合分析问题和解决问题的能力。思维的独立性和批判性达到了较高的水平，表现在他们在看问题时不轻信、不盲从，注重理性思考，并往往在独立地深入思考的基础上，提出自己的新见解。但他们也往往因此而固执己见。另一方面，高中生认知水平的提高还表现在对社会、自我及人生意义的认识上。这一时期的学生，开始更加关注社会，关心社会的政治、经济生活以及国内外大事和热点问题，并经常就此发表个人见解。他们开始意识到社会上人与人之间关系的复杂多变，意识到社会对青年人的要求和希望，注意把这种社会要求与自身联系起来，并以此为依据调整自己的行为和理想。他们考虑问题不再盲目、幻想，而是更为实际。但他们仍存在追求新鲜与创造，过高估计自己并急于求成，这反映了他们仍不够成熟和缺乏社会实践经验的缺点。显然，这一时期的学生，对外部世界和自我的认识都达到了较高的水平，内心世界更为丰富，人生观、世界观、自我观初步形成，但还不够稳定。

(2) 情感日益深厚，意志行动带有自觉性。高中生的责任感、荣誉感都有了较高的发展，自尊心进一步加强，友谊显得更为强烈牢固，择友更为严肃稳定。各种各样的非正式团体增多，有的可能拉帮结派组成不良小圈子，异性间的爱慕相吸心理突出。高中生的情感与初中生相比，不仅更为丰富，而且也更细腻、稳定和深沉得多。他们不再完全把自己的情感"写"在脸上，表现在外部行动上，开始有能力控制并掩饰自己的情感，有时甚至能"表演"得十分逼真。他们在意志方面也有了很大发展，不仅表现在处理外部世界人和事时具有较强的自控力，更重要的是表现在平衡内心世界的矛盾斗争中。

(3) 自我意识日趋成熟，自尊心日益增强。高中阶段的学生，自我意识与初中生相比，更显成熟，表现在能比较全面地观察、解剖自己，自觉进行反省和自我批评，有自我教育与不断进取的强烈愿望；对自己的过失能从动机、思想、心理根源上寻找原因，对于成功或失败能持比较谨慎的、冷静的态度，情感起伏的波幅减小；对他人的评价能从个性品质上进行等。高中阶段的学生的自我意识虽已接近成熟，但仍未完全成熟，所以说高中阶段是人格塑造的关键时期。

(二)高中生的教育

高中阶段是学生初步确立自己未来发展方向的时期。面对升学与就业的社会选择，他们开始考虑自己的未来，其心理也会因此而发生剧烈的变化。对于这些已基本具备自我教育能力的学生，教育者应把更多的精力转移到教会学生如何正确地面对社会选择这个人生发展阶段的重要问题上去。具体地讲，高中生的教育主要应体现在如下几个方面。

第一，要引导学生继续努力学好科学文化知识，全面提高各方面的素养，为将来继续深造或就业打下坚实的基础。由于高中生对即将到来的升学与就业的社会选择问题考虑较多，往往会分散他们的学习精力，甚至会导致学生成绩的下降。教师应注意引导学生，使他们懂得，无论是升学还是就业，都需要有扎实的科学文化知识作基础，搞好学习仍是自己当前的主要任务。由于这一时期学生的学习成绩已经开始出现分化，不同程度的学生面对学习的心态是不一样的，既有悲观失望、破罐破摔者，也有踌躇满志、志在必得者。教师应特别注意对学生平等对待、一视同仁，任何轻视甚至歧视学业差的学生的态度和做法，都是应当予以禁止的。教师应更加关心学生，针对学生的不同思想状况，进行细致的思想工作，帮助差生放下思想包袱，调整不健康的心理状态，鼓励他们积极上进，努力争取好成绩，对于优生，要教育他们克服骄傲自满情绪，再接再厉。总之，教师应在这时消除学生在学习上的种种不健康心理，促使各类学生都能取得进步。

第二，帮助学生处理好升学与就业的关系。对高中阶段的学生来说，能够继续升学读书，恐怕是绝大多数学生的共同愿望。但我国教育发展的现状，客观上决定了只有少数学生能够继续升学，实现自己的愿望，而对大多数学生来说，将来面临的选择只能是就业，这是由我国的现实国情决定的，教师要引导学生正视这一现实，摆正自己的位置，正确地处理升学与就业的关系。教师要运用现实生活中的实例教育学生，一个人成才的道路是多种多样的，升学并非实现自己人生理想的唯一途径，现实生活中的自学成才者比比皆是，有志青年都可以在不同的岗位上找到发光发热、实现人生价值的位置。特别是在我国改革开放的新形势下，社会给每一个青年人提供了施展才华的舞台。一个人能不能成功，关键在自己。即使是那些学业优秀的学生，也应当对选择有足够的思想准备，否则就会在升学无望时出现严重的心理失衡，甚至酿成悲剧。这样的例子在现实生活中是很多的。作为教育者对此应引起高度重视。

第三，要教育学生正确处理自我与社会的关系。长期在学校里生活的学生，对社会缺乏足够的认识，一旦走上社会，现实与理想的反差，容易使他们在处理个人与社会的关系时暴露出问题。这种问题主要在两方面表现出来：一方面，他们往往较多地看到自己的长处并看重这些长处，而较易忽视自己的短处与原谅这些短处，所以对自我的评价偏高；相反，对社会的认识，他们往往从自己的理想社会出发，从社会为实现自己的理想提供了什么条件的角度出发，去评价社会，所以会把社会问题、消极现象看得严重。如此一宽一严的认知方式，很容易使学生的心理出现失衡。另一方面，在价值观上，这种偏颇现象也同样可能存在，即社会责任感差，把个人的价值看得高于一切。如果这种认识上和价值观上的偏差合于一身，就会造成自我欲望的膨胀，无论从个人还是社会角度都是极为有害的。所以，教师应当教育学生认清自己的社会责任，把个人的理想与推动社会进步结合起来，用辩证的、发展的观点认识自己与社会的关系，树立远大的奋斗目标。与此同时，教师应注意引导、组织学生参加社会实践，在实践中加深对社会的认识，调整原有的价值观念，把个人发展与社会进步结合起来。

第四，要帮助学生处理好学习与恋爱的关系。高中阶段的学生随着性发育的成熟，会逐渐产生对异性的追求，并希望与自己心仪的异性建立恋爱关系，这是很正常的事情，教师对此不要用粗暴、简单的方式予以禁止。正确的做法应该是教育学生珍惜学习的大好时光，不要过早地恋爱。特别是学生尚未正式走向社会，人生观、价值观、恋爱观还尚未定型，将来随着社会生活环境的变化，很多观念都会发生变化。因此，教师应当引导学生认识过早恋爱的害处，珍惜学生时期同学之间的友谊，把主要的精力放到学习上。

五、了解学生心理特征的途径

教师只有准确了解、判断、掌握学生的心理状况，才有可能针对不同的问题采取不同的策略，有的放矢地使每个学生实现最大限度的发展。在掌握学生心理特征的过程中，教师获取有关学生信息的能力显得十分重要。教师可从以下途径了解与掌握学生的心理特征。

第一，观察。观察是教师通过日常学习、活动、交往有目的地观察学生的外部表现从而了解学生的过程。观察是教师获取学生信息采用最多的一种方式。利用教育观察，教师所获取的关于学生的信息比较真实，有较高的信度。但要了解学生内隐的动机、态度等心理特征却比较困难，特别是中学生的心理具有闭锁性和掩饰性，外显行为不一定都是发自内心，因此，观察到的信息需要和以其他方式获得的信息结合起来。

第二，调查。调查是教师通过访谈、问卷、查资料等途径来获得学生的有关信息。调查与观察相比，更有针对性，能够得到更多、更为深刻的信息。

第三，作品分析。作品分析是教师进行教育较为重要的一种方式，它是教师根据对学生的活动作品，如试卷、作业、作文、日记等的分析来获取学生有关信息的过程。用这种方法对揭示学生的心理特征具有一定的意义。因为试卷、作业、作文、日记等都会不同程度上表现出学生的能力、态度、价值观和性格特征。采用活动作品分析方式时，教师不仅应分析学生的活动作品，更要注意分析作品的活动过程。因为学生的心理特征不仅表现在活动作品上，更表现在产生作品的过程中。

第四，测量。测量方式是教师利用量表对学生各方面的心理品质或学生间关系结构进行鉴定，从而获取有关信息。利用这种方式，教师能在较短时间内获得较客观、准确的信息。

第二节 学生的个别差异与教育

学生不是知识的被动接受者，任何教育的效果都以它落在什么样的"心理基地"上为转移。不同的个体具有不同的心理特点，教育者要"眼中有人"，在了解学生共性心理特征的同时还要了解学生的个性差异，有针对性地进行教育。

一、个别差异与差异心理

个别差异是指学生个体之间身心发展过程中所显示出来的比较稳定的心理特征上的差

异，包括认知方面的个别差异与人格方面的个别差异。事实表明，学生之间的个别差异是普遍存在的。同一年龄阶段的学生除了共同具有其年龄特征之外，每个学生还都存在着与其他学生不同的特点，这是实施因材施教的客观依据。现代教育要使学生个性得到充分发展，必须研究学生之间的差异。然而，个体之间的差异千差万别，为探索差异中的规律，从学生的性别、智力因素、非智力因素等方面的不同，分析不同类别学生的特点是研究教育对象时不可忽视的。

差异心理包括心理方面的群体差异与个别差异。前者包括文化差异、年龄差异、性别差异等，后者指个人与个人间的差异。差异产生的原因比较复杂，心理上的个别差异是在遗传及体质条件的基础上，由于教育与环境的影响，在个人实践活动中形成与发展起来的。而研究个别差异意义重大，不仅有利于探讨人的心理活动的共同规律，有利于教育心理学理论的发展，同时还有利于解决教育教学中的实际问题，为因材施教提供心理学依据。

二、性别差异与教育

(一)学生的性别差异

学生的性别差异是先天遗传因素决定的生理上的差异。因为生理上的差异是与生俱来的，以往教育界一直存在刻板印象，而将男女两性在心理上(如能力、成就、兴趣、态度等)所表现的差异现象，笼统地归因于性别本身的因素。遇有女生数理科成绩逊于男生时，教师通常会说："因为她是女生。"遇有男生表现攻击性行为时，教师则很可能会说："因为他是男生。"近年来，教育心理学家们不再持有此种刻板印象的看法；认为两性的心理差异，除了以生理为基础的行为表现之外，以心理为基础的行为表现，其差异均不应完全归因于性别的因素。从智力或性向测验与学业成就测验的结果看，即使发现男女生之间存在明显的长短现象，而分析现象背后的成因，却并非智力本身使然。表 17-1 所示为性别之间阅读成绩的跨文化比较。

表 17-1 性别之间阅读成绩的跨文化比较

性 别	优异成绩举例			
	美 国	加 拿 大	英 国	尼日利亚
男孩	2	4	11	15
女孩	16	14	7	3
合计	18	18	18	18

(二)学习中常见的性别差异现象

1．小学阶段男女生间的差异

小学阶段男女生间的差异表现在以下两方面。

(1) 一般智力上无差异。根据一般智力测验的结果，小学阶段的男女生，在智力商数上没有明显的差异。两性间在智力上纵有差异存在，也只有质的问题，而非量的问题。就总体而言，一般是女生观察事物比较细，记忆力强，表达能力较好，多擅长形象思维。在作文中运用词汇进行描述常表现出优势。男生则兴趣广泛，好奇心强，胆大好动，对有兴趣的事物注意力更集中，有较好的抽象思维能力。但男生观察事物常常不细心，学习上也常有不够认真的表现。与此相关，小学生的学习成绩总体上女生优于男生。

(2) 学业成就上有差异。根据学业成就测验或根据学校的考试成绩，均发现小学阶段的女生优于男生。此种女生学业成就高于男生的现象，在台湾地区是如此，在美国也是如此。即使在智力测验上显示，男生在数学推理与空间关系两方面优于女生，而在小学数学科与自然科成绩上，仍然是女生成绩优于男生。就两种性别本身的个别差异看，男生之间的个别差异亦大于女生。换言之，男生之间学业成就高低的差别较大，而女生的学业成就彼此间比较接近。正因为男生在学业成就上良莠不齐，故而在小学教育阶段会出现两种现象：其一是学习困难的学生中，男生的人数是女生的 6 倍；其二是数学能力特优学生中，男生多于女生。此外，在学业成就上女生优于男生的现象，只限于儿童期阶段，到青少年期开始的中学教育阶段，两性在学业成就上的优势即开始转移。

2．中学以上男女间差异

根据麦卡毕 20 世纪 70 年代的研究以及此后其他教育心理学家们的验证发现，小学阶段之后，女生在语文能力方面的优势逐渐消失，而男生在数学能力方面的优势却继续增加。此种两性间差异转变的现象，到中学及大学阶段就更趋明显。据我国学者调查，在小学和初中一、二年级，女生的学习成绩高于男生，学习成绩优秀的人数女生比男生多 20%以上，这种情况到初中三年级开始逆转，这与一线教师们的经验一致。

三、智力差异与教育

(一)个体智力的差异

学生在智力发展上有差别是客观存在的。统计材料表明，少年儿童中一般情况下智力超常与智力低下者各约占 3%。西方国家通常采用智力测验的方法来鉴别智力发展水平。智商在 140 以上者为智力超常儿童，智商在 70 以下者为低能(弱智)儿童。

1．智力的个体差异

由于人们在先天的遗传素质、后天的生长环境和所接受教育等方面不同，人与人之间在智力上存在很大的差异。智力的个别差异可以表现在智力的水平、结构、形态等方面。

第一，在智力发展水平上，不同的人所达到的最高水平极其不同。研究表明全人口的智力差异从低到高表现为许多不同的层次。人类的智力分布基本上呈两头小、中间大的正态分布形式。在一个代表性广泛的人群中，有接近一半的人智商在 90～110，而智力发展水平非常优秀者和智力落后者在人口中只占很小的比例。

第二，个人智力的结构，即组成方式上也有所不同。由于智力不是单一的心理品质，它可以分解成许多基本成分，用单一的智商分数不足以表明智力的特点。例如，有的人记忆力好，有的人观察能力强；有的人擅长逻辑推理，但缺乏音乐才能；也有人很擅长音乐，却在数字计算方面表现得无能。

第三，人的智力发展过程有不同形态，稳定发展是大多数人的发展模式。但有一些人表现出早熟，在很小的时候就崭露头角，成年以后智力平平；也有些人前期发展得很慢，但大器晚成，后来居上，得到了高水平的发展。

2. 智力的团体差异

智力的差异不仅表现在个体与个体之间，而且还表现在团体与团体之间。

1) 男女两性的智力差异

大量的研究表明，男性和女性在总的智商方面没有显著的差别。尽管近期的一些研究指出男女在智商上存在一定的差异，但差异量也是比较小的。

男性与女性在智力方面的差异外化于语言表达、空间知觉和认知方式等方面。女性在语言表达、数的识记、机械记忆、听觉反应、手工技巧和审美等方面显示着突出的优势；而男性则在空间关系、图形知觉、逻辑演绎、数学推理、机械操作、视觉反应等方面具有优异的表现。布莱克斯利认为："专家们可能意见都一致的是女性普遍都在言语课题方面表现优异，男性在空间能力方面表现优异，乃是男女之间在心理上的一个差别。"在语言表达和听、说、读、写等方面女性要明显强于男性且在一生中都保持着这种优势。人类学家 M. 米德的研究还表明，在所有文化背景下女孩的语言能力都要比男孩成熟。女性在阅读方面的障碍要明显小于男性。据沙赫纳(H. Schnell)等人的统计，男女口吃的比例大约从 2：1 到 10：1 不等，而在语言机能受阻碍的人中，男性的比例高达 60%以上。

在空间知觉和数学演算等领域男性又明显强于女性且也几乎保持着一生的优势。麦克比和杰克林的研究就表明，男性的空间能力在青春期以前就凸显了。而大约从 12 岁起男性在数学推理能力方面就表现出了优于女性的趋势。霍普金斯大学的两位心理学家在对 9972 名七、八年级学生所进行的一次数学测验中也证明了这个问题：在得 500 分以上的学生中，男生的比例竟比女生多出一倍还多。

男女两性智力类型的区别和差异似乎明显地带有了大脑两半球智力特征分化的影子，即男性依从了右脑的空间优势，而女性则依从了左脑的语言优势。美国神经心理学家朱尔·列维就认为："男人的头脑以右半球为主导，女人的头脑以左半球为主导。"但是，也有很多人认为，人与人之间的智力差异是微乎其微的，学生学习好坏的原因主要在于非智力因素。

2) 不同职业和种族的群体差异

除了性别之间存在一定的智力差异之外，不同职业、种族之间在智力上也存在着差别。一般认为智力的差异主要表现在智力测验的平均得分上。对不同职业团体进行大量研究发现，从事脑力劳动的人群比从事体力劳动的人群具有更高的 IQ，如技术人员、财会人员等具有较高的 IQ。这种团体间在智力测验平均分数上的差异是普遍存在的，过去也曾经对不同种族间的智力差异有过争论，但是如何理解这个问题，重要的是应该对其产生的原因做认真分析。我们认为最主要的原因在于后天的环境和教育等人为因素的影响，同时智力测验本身的公平性问题也不容忽视。

3. 智力发展的稳定性和可变性

人的智力是相对稳定的，但不是一成不变的。美国心理测量学家布朗(Brown，1976)指出："一个人的智力测验分数是他的遗传特性、测量前的学习和生活经历以及测验时情境的函数。"双生子纵向追踪研究的结果得出了双生子儿童在 2～15 岁智力测验分数上的相关。不同年龄儿童在智力测验分数间的相关是有规律可循的，不同年龄间智商的相关系数随年龄间距的增加而明显减小。例如，2 岁和 3 岁之间的智商相关为 0.74，但在 2 岁和 7 岁时智商间的相关减少到 0.54，在 2 岁和 15 岁之间智商的相关只有 0.47。也就是说，两次测验时间间隔越长，智商间的预测力越低。同时，儿童第一次测验时年龄越小，预测力越低。测验分数在短期内具有较高的预见性。根据一个人在八九岁时的智商分数可以较好地预测他们在 15 岁时的智商(相关系数分别为 0.78 和 0.80)。大量的研究获得了类似的结果。婴儿早期智力测验的预测性较低。一般认为，这可能是由于婴儿期的某些能力尚未发展起来，智力尚未分化所致。对婴儿的测量主要集中在感知运动能力方面，而对较大儿童的测量偏重于言语能力和计算推理能力等方面。这两方面的能力有所不同，也是造成相关较低的一个原因。

(二)智力的差异对学习的影响

一般认为智力是影响学习的一个重要因素。很多研究表明，传统教学条件下，智力水平是预测学生成绩的一个重要指标。学生智商分数越高，他们未来接受的教育水平也可能越高。

第一，智力的测量和学生学习成绩的测量两者有中等程度相关。不过，学生在不同年级阶段的学习成绩和智商的相关系数略有不同。在小学阶段其相关系数为 0.6～0.7；在中学阶段其相关系数为 0.5～0.6；在大学阶段其相关系数为 0.4～0.5。也就是说，学习成绩和智力的相关系数随年级的增高而呈降低趋势。

第二，智力对学习的影响与学科的性质有关。阅读、作文等成绩与智商的相关最高(中学阶段为 0.6～0.7)，数学和自然科学次之(0.4～0.5)，写字、画图、手工和体育的成绩与智商的相关最低(约 0.2)。教学方法越是要求学生对信息作复杂的认知加工，则智力与学习总量的相关程度越高。换句话说，倘若改进教学方法，使教学对学生的认知加工要求降低，则智力与学习总量之间的相关下降。

第三，在考察智力差异的同时，我们会发现学生在特殊领域的知识与学习总量的一般关系，个人在某一领域原先的知识水平也是他在该领域的未来学习成绩的一个可靠的预测指标。在教学中，语文成绩好的小学生，到了中学后，一般来说其语文成绩也好。在原有知识与教学处理的相互作用方面，教学方法越是要求学生积极将新旧知识加以综合，则具有适当知识的学生，学习越成功。反之，较少要求学生对知识积极加以综合的教学方法，则不受先前知识的显著影响。

智力并不影响学习能否发生，它主要影响学习的速度、数量、巩固程度和学习的迁移。研究表明，学生的智商高低不仅影响其学习的数量，而且影响学习的质量。智商较高的学生往往学习质量高，速度快，学习轻松，容易找到解决问题的策略，容易学会及时检查、纠正和验证答案的方法，能较多运用逻辑推理思维形式和较为有效的学习方法，而且他们能较为长久地进行学习。而智商较低的学生在学习中的表现则恰好相反。

四、认知风格的差异与教育

认知风格用来描述学生在加工信息(包括接收、储存、转化、提取、使用信息)时习惯采用的不同方式。目前教育心理学界对认知风格没有普遍认可的定义，但是大多数研究者都认为认知风格具有以下三个特征：①它们是学生的理智特征；②它们描述的是那些在时间上相对稳定的过程；③学生在完成类似的任务时始终表现出这种稳定性。

对于教育工作者来说，最感兴趣的是各种认知风格在教育上的应用以及学生认知风格的起源和发展。就目前的研究看，学生的认知风格与他们在学校里的成绩和能否进入高等院校有关。至于学生认知风格的起源和发展，则与遗传因素、儿童早期的教育、家长对儿童持民主态度的程度、社会关系以及在学校选修的专业等有关。但目前还缺乏强有力的实验证据来说明这些问题。这里介绍几种研究较多、影响较大的认知风格。

(一)场依存与场独立

知觉信息不仅来自外部环境，而且也来自身体内部。事实上，知觉过程始终表示一种身体内部过程与外界信息输入之间微妙的平衡。美国心理学家赫尔曼·威特金(Herman A. Witkin)为探索这种认知现象付出了毕生的精力。他从1940年开始，运用棒框测验等工具，对儿童的知觉等心理过程进行了广泛而系统的研究，从而辨别出了场独立性、依存性认知方式不同的儿童。心理学家利用图形辨认的方式测试，结果同样发现受试者有场独立与场依存两种认知类型。此类测验称为隐图测验。使用隐图测验时，以图17-1为例，先让受试者看上面分列的5个简图，然后要他分别就A、B、C、D、E单独看，并指出何者隐藏在下面的两个繁图之中。受试者中能辨认准确者，即属于场独立型的人。

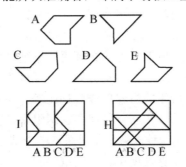

图17-1 隐图测验中的部分例题

场依存性与场独立性这两种认知风格与学习有密切关系。一般说来，场依存性者对人文学科和社会学科更感兴趣；而场独立性者在数学与自然科学方面则更擅长。所以，在学习中，凡是与学生的认知风格相符合的学科，成绩一般会好些。此外，场依存性者较易于接受别人的暗示，他们学习的努力程度往往受外来因素的影响；而场独立性者在内在动机作用下学习，会产生更好的学习效果，尤其明显地表现在数学成绩上。

场依存性者与场独立性者的差异特别明显地表现在对事物的观察上。例如，场依存性者比场独立性者更多地注意他人的脸色，他们往往力图使自己与社会环境相协调，因而在形成自己的观点与态度时会更多地考虑所处的社会环境。也许是他们对社会环境敏感的结果，场依存性者看来较招人喜欢。而场独立性强的人比场依存性强的人具有更强的领导能力。因此，尽管场依存性者看来更具有社会定向，但这并不能保证他们具有领导的素质。

研究还表明，一个人在判断时依赖环境线索的程度，是随着年龄增长而发生变化的。从8～17岁，学生依赖环境线索的程度呈下降趋势。所以，年龄大些的学生能较快地从镶嵌图形中找到简单图形。而且，男生比女生在场依存性方面要少些。

心理学家还对持这两种不同风格的教师所采取的教学方法作了比较。场独立性强的教师在讲课时，注意教材的结构和逻辑，偏向于使用较正规的、非个人的教学方式；而场依存性强的教师使用结构不那么讲究，比较喜欢采用讨论的方法。如果教师与学生的风格相同，教学效果就会好些。

(二)整体性策略与系列性策略

英国心理学家戈登·帕斯克(Gordon Pask)对学生怎样学习作了大量的调查研究，试图发现学生在学习策略方面的重要差异。他要求学生对一些想象出来的火星上的动物图片进行分类，并形成自己分类的原则。在学生完成分类任务后，要学生报告他们是怎样进行这项学习任务的。帕斯克发现，学生使用的假设类型以及建立分类系统的方式上，都表现出一些有趣的差异。有些学生把精力集中在一步一步的策略上，他们提出的假设一般来说简单，每个假设只包括一个属性，这种策略被称为"系列性策略"，就是说从一个假设到下一个假设是呈直线的方式进展的。而另一些学生则倾向于使用比较复杂的假设，每个假设同时涉及若干属性，这种策略被称为"整体性策略"，就是指从全盘上考虑如何解决问题。

采取整体性策略的学生在从事学习任务时，往往倾向于对整个问题将涉及的各个子问题的层次结构以及自己将采取的方式进行预测，做到未雨绸缪。而且，他们的视野比较宽，能把一系列子问题组合起来，而不是一碰到问题就立即着手一步一步地解决，他们往往从自己感兴趣的地方着手，并且对趣闻逸事特别关注。所以，他们采取的方法有点类似于小说家或新闻记者常用的方式，而不是科学家们常用的方式。

采取系列性策略的学生，一般把重点放在解决一系列子问题上。他们在把这些子问题联系在一起时，十分注重其逻辑顺序。由于他们通常都按顺序一步一步地前进，所以，只是在学习过程快结束时，才对所学的内容形成一种比较完整的看法。如果他们要使用类比或图解等方法，也是比较谨慎的。帕斯克发现，这两组学生在学习任务结束时，都能达到同样的理解水平，尽管他们达到这种理解水平时采取的方式是完全不同的。

对于教育工作者来说，帕斯克各项实验中最重要的一项，也许是他对学习材料与学生习惯采取的策略匹配与否的实验。帕斯克先根据前面实验的结果，确定哪些学生倾向于采取整体性策略，哪些学生倾向于采取系列性策略。接着，他要求所有学生学习一组程序学习的材料，然后进行测验，以检验他们学到了多少内容。这组学习材料中有两个版本，一个版本旨在适合于采取整体性策略的学生，材料中有许多类推和图解；另一个版本是按逻辑顺序一步一步地呈现内容，不穿插任何其他类比或说明性材料，以适合于采取系列性策略的学生。帕斯克把采取整体性策略的学生分成两组，一组学习第一个版本(在匹配条件下学习)；另一组学习第二个版本(在不匹配条件下学习)。同样，习惯采取系列性策略的学生也被分为两组，一组学习第一个版本(在不匹配条件下学习)；另一组学习第二个版本(在匹配条件下学习)。实验结果戏剧性地表明，匹配组与不匹配组学生的分数几乎没有任何重叠。这就是说，在匹配条件下学习的学生，都能够回答有关他们学习过程的内容的绝大多数问题；而在不匹配条件下学习的学生一般不及格。

这一研究对于教学实践具有重要意义，因为它表明：教师需要为学生提供一种适合于学生自己偏好的学习风格来学习的机会。如果教师采取某种比较极端的教学方法，那么必然会有一些学生感到这种教学方法与自己学习方式相去甚远,从而影响这些学生的学习。但这并不是说教师没有一种途径可以促进所有学生的学习。在帕斯克看来,在教学前先要给学生提供一定的信息,使这些信息与学生已有的认知结构相互作用,以激发学生对学习意义的理解。这种观点颇似美国心理学家奥苏伯尔的观点。

(三)求异思维与求同思维

早在 1950 年吉尔福特就提醒心理学家们:大多数智力测验都是"封闭性的",这就是说,学生智商的高低,取决于一系列事先预定好的、要求作出求同思维的正确答案。他认为智力测验应对那些需要进行求异思维的"开放性的"试题予以同等的注意。自那以后,心理学家们开始把相当多的精力用于研究如何测量求异思维上。测量求异思维常用的两类测验是"物体的用途"和"文字的联想"。物体用途测验是要被试对日常生活中常见的某一用品(如桶、纸、砖)说出尽可能多的不同用途。文字联想测验是要被试说出某个单词尽可能多的意思。

赫德森把研究的重点放在物体用途测验的成绩差异上。他发现,即便学生的智商都很高,但在物体用途测验的成绩上会有极大的差异。他把那些想不出物体的不明显用途的学生,称为"求同思维者";把那些能讲出极多用途的学生称为"求异思维者"。赫德森发现,大多数求同思维者选修自然科学,求异思维者选修文科。他认为学生表现出来的这种兴趣以及与之相联系的认知能力,与他们孩提时的早期教育有关。求同思维者作出的反应,可能与他们小时候接受家长的指令太多,情绪上受过压抑有关。

沃勒克与科根对儿童,尤其是 10~11 岁儿童的思维方式作了大量深入的调查,并对以往种种测量求异思维的方法提出了批评。他们认为,这些测验都是在有时间限定的竞争性条件下进行的。而事实上,儿童的想象思维只有在一种放松的、游戏性的情境里才能被唤起。在一种紧张的考试气氛中,很可能会抑制创造性的反应。沃勒克与科根采用视觉刺激来测验学生,要求学生描述"每种线条使你想到的所有东西"。研究结果表明,在游戏性的情境里,求异思维的成绩与智商之间不相干(相关系数=0.09),而在受时间限制的条件下,这两者之间的相关系数是 0.13~0.42。

需要注意的是,这两种搜寻策略是与学生储存信息的方式联系在一起的。求异思维的能力,要求形成可以交叉的分类系统,以便各图式之间相互联结,而且还要求在编码过程中对信息归入某一类别的准则不那么严格。因此,我们可以说,"类别的广度"是衡量求异思维和求同思维的个别差异的一个尺度。

(四)冲动型思维与反省型思维

杰罗姆·卡根(Jerom Kagan)经过一系列实验后发现,有些学生知觉与思维的方式是以冲动为特征的,有些学生则是以反省为特征的。冲动型思维的学生往往以很快的速度形成自己的看法,在回答问题时很快就作出反应;反省型思维的学生则不急于回答,他们在作出回答之前,倾向于先评估各种可替代的答案,然后给予较有把握的答案。

卡根主要是根据学生寻找相同图案和辨认镶嵌图形的速度和成绩来对学生的认知风格作出区分。图 17-2 是镶嵌图形测验的一个例子。实验者要求学生尽可能快地作出回答,但在每次错误反应后,还要再作尝试,直到找到正确的答案为止。因此,学生若要很好地完成任务,是有点压力的,而且要迅速作出选择。学生在这种情境里会形成一种正确反应与迅速反应之间竞争的焦虑感。测验成绩是根据作出反应的时间和错误反应的数量来决定的。

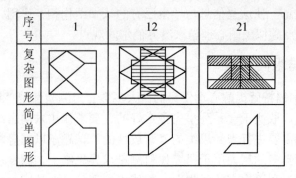

图 17-2　镶嵌图形测验

通过这类测验,可以识别出两种不同的认知风格。冲动型学生一直有一种迅速确认相同图案的欲望,他们急忙作出选择,犯的错误多些;反省型学生则采取小心谨慎的态度,作出的选择比较精确,但速度要慢些。有的心理学家认为,冲动与反省的区别,表明了学生信息加工策略方面的重要差异。实验结果表明,在进行阅读测验时,速度与精确性是与智力相关的。但在推理速度测验中,一些智商高的学生往往倾向于作出小心谨慎的反应。

有人对卡根的研究结果作了进一步核查。他们发现,反省型学生在完成需要对细节作分析的学习任务时,学习成绩较好些;冲动型学生在完成需要作整体型解释的学习任务时,成绩要好些。他们的结论是冲动型学生在解决问题的能力方面,并不一定比反省型学生更差些。一般人认为冲动型学生学业成绩差,主要是因为学校里的测验往往注重对细节的分析,而他们擅长的则是从整体上来分析问题。

(五)内倾性与外倾性

卡尔·荣格(Carl Jung,1875—1961)根据长期的临床经验,认为存在着两种不同的心理类型,即内倾型和外倾型,人们是用这两种相反的方式来看待世界的。外倾者的行为主要是指向外部世界的各种事件,他们的思维是受寻找客观事实支配的。与此相反,内倾者往往是根据个人的价值观和标准来评判外部事件的。极端的外倾者的思维,往往因纯粹经验性事实的堆积而致使思维瘫痪,从而也窒息了这些事实的意义;而极端的内倾思维则表现出另一种危险的倾向,即强迫种种事实置于它的映象的阴影之下,或完全忽视这些事实,自由地展现它奇妙的映象。在荣格的理论中,每个人都具有内倾和外倾的倾向,只不过是某一种特征在个人的行为和有意识思维中占主导地位,而与此相对的那种特征处于无意识中,像阴影一样继续存在。荣格指出个体选择某种特定的看法,或注重这种看法的某一方面,都部分地反映了他的个性。所以荣格是根据个体思维的方式来描述内倾与外倾性格的。

艾森克(H.J.Eysenck,1916—1997)等人对内倾与外倾的一些实验结果表明,在学术方面,内倾明显优于外倾,因为内倾者很可能不为他们对社会活动的兴趣而分散精力,保持注意的时间更长些,长时记忆也比外倾者更强些。研究结果发现,内倾者在大学入学考试时比外倾者的成功率高。但是上述实验主要是在年龄大些的学生中和某些学科领域中进行的。后来有些心理学家发现,在小学里,外倾者的成绩始终比内倾者要好些,而到了13岁后,这种关系就不大明显了。此外，内倾的男孩和外倾的女孩在学习上往往比较成功。可见，内倾和外倾的性格与学生学业成绩之间确实存在着关系，但这种关系并不是直接的。

学生性别、智力因素、认知风格等差异都是研究学生个别差异与教育的重要课题。但这只是说到不同类别学生的特点对教育活动提出的一些特殊要求。因材施教更进一步的要求是使教育符合每个学生的实际，真正做到这一点，就必然要求教育深入了解每个学生在个性发展上的差异，进而采取有针对性的具体教育措施，这是很高的要求，但为切实提高育人的效果，却是每位教育工作者都要努力做到的。

第三节　特殊儿童的心理特点与教育

从古至今，在人类儿童中总有一小部分人发展偏离了一般儿童的正常发展而显出"与众不同"，他们在常态分配曲线图上远离"常模"，因此，这部分儿童实际上是个别差异的极端表现。特殊儿童是在学习上有特殊需要的儿童。例如，一个儿童智能特别低下，在课堂上无论如何也赶不上教师的教学进度，他在学习上有特殊的需要，需要教师在课程与教学上给予个别的考虑和照顾，那他就是教育上所谓的特殊儿童。特殊儿童既包括残疾儿童、问题儿童，又包括智力落后儿童和超常儿童等。

一、特殊儿童的界定

在学校教育中，特殊儿童是指那些在教育上有特殊需要的儿童。特殊儿童在儿童人群中占有非常大的比重。在某一特定时间内一定人口中存在的特殊儿童的人数与全部儿童人数的比率叫作特殊儿童流行率。国内外有关研究估计特殊儿童流行率在 10% 左右。其中智力超常、智力障碍、学习困难和情绪障碍等类型的特殊儿童居多，这是学校教育不得不面对的事实。

二、特殊儿童的类型、心理特点与教育

特殊儿童可以分为以下几类，每一类特殊儿童在身心方面都有明显不同于常态儿童的特点，需要采取因材施教的教育方式。

(一)资质优异儿童的心理特点与教育

1. 资质优异儿童的界定

"天才""神童""超常儿童""资赋优异儿童"等均属意义近似的、代表智能超群儿童的术语。为了避免"天才""神童"等术语可能引起的狭义界说，我们采用"资质优异"以广义地概括所有智能超群的学生。根据广义的界说，凡智力测验获得 140 分以上者，在特殊性向测验中有突出表现者，在创造性能力测验中得分超群者等，均可被认为是资质优异的儿童。

2. 资质优异儿童的常见类型

根据资质优异儿童的潜能、成就与行为特征可以将他们分为六种类型：①智力型。这类儿童的智商显著地超出常人水平。②学术型。这类儿童学业成绩特别突出，而且有一门或几门功课特别优秀，例如，有的特别擅长数学运算，有的特别擅长阅读或语言。他们有很高的逻辑思维能力。③创造型。这类儿童创造意识和创造能力强，思维流畅、灵活、新颖，能不拘一格地进行发明或创造。④领导型。这类儿童有很强的组织能力、分析判断能力、感召力和自我控制能力，具备领导者的素质和潜力。⑤艺术型。这类儿童有很高的艺术资质，有超出常人的视觉观察能力、声音辨别能力、空间想象能力或表演能力，擅长美术、音乐或戏剧等。⑥运动型。这类儿童运动记忆和形象思维能力强，反应灵活，具有很好的动作协调和模仿能力，擅长舞蹈、杂技表演、体育运动等。

3. 资质优异儿童的心理特点

资质优异儿童具有如下心理特点。

(1) 资质优异儿童最突出的特点是认知能力优异。大多数资质优异儿童感知能力强，短时记忆能力和长时记忆能力过人，有些儿童甚至过目不忘；他们判断敏锐，理解能力强，许多问题一点即通；逻辑推理严谨，反应速度快，大多数人语言表达流畅。

(2) 资质优异儿童另一个突出的特点是智力因素和非智力因素之间发展不平衡。资质优异儿童普遍具有特殊的兴趣和爱好，好奇心强，求知欲旺盛，但他们的发展态势并不一样。一些资质优异儿童学习主动自觉，具有自我调节和自我教育的能力，自信、有独立性和坚韧不拔的精神；另一些资质优异儿童兴趣飘忽不定，要靠老师或家长监督，学习和行为表现时好时坏，情绪易波动；还有一些资质优异儿童在智能表现优异的同时，性格或行为、习惯的某方面存在较突出的问题，如自私、自负、孤僻、严重说谎、不合群等，这就影响了他们的超常发展和成才，甚至会成为利用高科技犯罪的罪犯。

(3) 个性方面，根据美国的研究，资质优异儿童性格内向者占 60%，比普通人群中性格内向者占 30%明显要高。内向者通常不善沟通，不喜好交往，因此资质优异儿童同伴关系较差；另外，内向者喜欢思考和反省，往往表现出较高的学业成就及学术贡献。优异的认知能力加上偏向独处和反省的性格特点，使常人对资质优异儿童更难把握。

4. 资质优异儿童的教育策略

为了使资质优异儿童能得到充分的发展，除了让他们同其他儿童一样，受共同的基本教育之外，应针对其特点实施相应的特殊教育，这有利于国家培养各种专门人才。从普通教育的现状和实际出发，实施特殊教育可采取如下策略。

1) 加速制教学策略

加速制教学策略的特点是：资质优异儿童所学与一般儿童相同，只是加速其程度，缩短其修业年限。可以采取提早入学或跳级方式进行。这又势必提早进入高一级学校，一般需各级学校协调配合，方能顺利实施加速制教学策略。跳级就读的最大缺点是学生(包括家长和教师)可能过分偏重知识学习而忽视其他方面的发展。

2) 充实制教学策略

资质优异儿童的学习效率高，在当前教学体制的限制下，只能保持与一般儿童相同的教学进度。为避免这部分儿童"无事可干",教师必须为他们提供较多或较难的教材或相应的学习内容。以加重课业作为充实的教学法,可采用下列不同方式进行。①水平充实:其特点是扩增教材或作业的分量而不增加难度,即给予资质优异学生比一般学生更多的练习、复习和应用机会。②垂直充实:其特点是增加难度较深的教材或作业,使资质优异儿童在同一教材单元内更深入地学习或研究。水平充实虽可增加练习与应用机会,但由于缺少新异性而易使学生产生厌烦情绪;垂直充实能激发学生的学习积极性,但会增加教师的备课量和处理难题的时间。所以,最好的办法是取二者之长,以达到激励与充实的效果。

3) 特殊班级制教学策略

特殊班级制教学策略是一种集资质优异儿童而教,使每个学生的潜能都能得到充分发展的教学策略。此种教学制度假定资质优异儿童能够在某种特定的教学情境中有最佳表现,因此与其让资质优异儿童与一般学生进行共同学习,不如将他们集中,并另请对资质优异学生教学有专长者实施特殊教育。从中小学实际情况出发,特殊班级制可以采用两种形式。

(1) 固定特殊班级制。其特点是让某方面资质优异儿童大部分时间接受为他们安排的特殊教材与教学活动,小部分时间参与一般性质教学活动。如现有的外语学校、体校和各种艺术学校,便属于这种形式。

(2) 弹性特殊班级制。其特点是资质优异儿童大部分时间均接受一般性教学活动,只有少部分时间接受必要的特殊教材与教学活动。例如,小学开展的"校内外结合整体优化教育实验"所创设的各种课外活动班,就属于这种类型。不同的是这些学校所开设的各种课外活动班不是面向少数人,而是面向全体学生,让每个儿童在各种课外活动班中使其资质优异方面的潜能都能得到充分的发展,为大面积地培养各级各类人才打好素质基础。

如果以2%的比例估算,目前我国大约有几百万名资质优异儿童。然而,由于分层教育的缺乏,大多数儿童在幼儿园和中小学阶段并没有得到什么特别的促进,长此以往,这些超常儿童就会被平庸的教育消耗和埋没,最终"泯然众人"。就学校教育而言,可以为资质优异儿童制订个别教育计划(IEP),实施个别化教学。个别教育计划应由教师、父母以及教育心理专家根据儿童的心理特点、学习状况来共同制订。内容应包括学生的受教育水平、学生应达到的短期阶段性目标和年度目标、计划实施的开始日期和持续时间以及相应的评估计划等。允许资质优异儿童提前入学、插班、跳级、进入资质优异儿童实验班,或在同龄班得到良师的个别指导等,为他们的发展创设良好的环境。同时可以借鉴"同伴心情交流法",定期将这些在某个领域有特殊发展的资质优异的儿童集中在一起,彼此分享经验与情感。还可以在寒暑假为儿童创设假期学术活动,在更长的时间跨度内、更广的区域空间范围内,通过不同学科、不同知识和技能领域内的交流与分享,为资质优异儿童提供更为宽广的成长空间。

(二)智能不足儿童的心理特点与教育

1. 什么是智能不足儿童

根据美国智能不足协会(AAMD)的定义,智能不足又称智力落后或弱智,是指在心智发展期间,心智功能显著低于平均水平,并有适应行为缺陷。

2. 智能不足儿童的分类

根据智商高低可以把智力落后儿童分为四类:①轻度弱智;②中度弱智;③重度弱智;

④极重度弱智。

从教育的观点，柯克根据教育的可能性，作了如下分类。

(1) 可教育者(智商在50~75)：发展速度缓慢，但有可能掌握社会生活所需的知识、技术者，在教育上称为可教性智能不足。

(2) 可训练者(智商在25~49)：没有能力在普通学校教育中掌握科学和技术，但可以在家庭或特设教育机构里进行处理身边琐事和适应生活等的训练。在教育上被称为可训练性智能不足。

(3) 保护对象(智商在25以下)：需终身在家庭或特设教育机构里接受保护者。

3．可教性智能不足儿童行为特征

可教性智能不足儿童可以缓慢地学习基本的读写算等智能，但多限于具体的事物，抽象思维和推理则会感到很大困难。这类儿童可能有注意时间短暂、精神难以集中、不愿参加团体活动等问题行为。由于智能不足，在生活适应、课业学习、能力表现等方面显露其困难和缺陷，不仅会造成行为上的不便，而且易于产生心理上的不安、自卑、孤独与无能为力的感觉。这些均能影响儿童学习效率与适应的人际关系。儿童不愿意参加集体活动可能与成人的处理不当或儿童的自卑心理有关。有的心理学家认为，智能不足儿童的人格构造的核心特征是固执性，这类儿童的特征是人格构造的分化度低、缺乏灵活性，故难以适应新的事态与环境。

4．智能不足儿童的教学目标与教学原则

1) 可教性智能不足儿童的教学目标

可教性智能不足儿童，因有一部分时间与一般儿童共同学习，因此只要他们与一般儿童有共同之处，便应使其达到所能完成的共同教学目标。此外，根据这类儿童的特点，还应提出特别注意的教学目标：①学习与人相处的社交技能，以便获得与人和睦相处的社交经验；②学习自力更生的职业技能，以便将来能适应社会工作；③学习安逸而独立的情绪反应，以便在校与在家均能有适当的情绪经验；④学习良好的清洁、保健习惯，以维护健康的体格；⑤学习基本的读、写、算、说课程，以获得必要的基本"工具"；⑥学习正当娱乐的能力，以求闲暇的充分利用；⑦学习如何成为家庭成员，以便在家充分扮演其应有的角色；⑧学习如何成为社会的成员，以期能在社会上参与一些有意义的活动。

2) 可教性智能不足儿童的教学原则

可教性智能不足儿童的教学原则为：①设法让儿童不再遭受失败，让儿童立即获得其学习或工作的结果，尽量作即刻性增强，以激励其正确的学习行动；②寻求儿童能作最佳表现的学习难度，将教材作有系统的组织与提示，尽量使进度作小幅度的跟进；③注意学以致用，尽量运用学习的正迁移作用，作必要的重复与练习，必要时使用过度学习；④将学习安排作适当分配，避免集中学习，避免同时学习过多概念，防止概念混淆现象，经常作提纲挈领式的整理学习，以存精去芜；⑤提供成功的学习经验；⑥尽量采用个别化教学法。

(三)情绪困扰儿童的心理特点与教育

1．情绪困扰儿童的界定

情绪困扰儿童是指经常为莫名其妙的紧张与焦虑所困扰的儿童。这种相当长期的不适

当情绪反应足以影响个人正常情绪控制能力。尽管情绪困扰儿童有情绪障碍，情绪控制能力差，常常表现为过分焦虑、紧张和敏感，但在智力上是正常的。由于儿童情绪不稳定或性格孤僻，行为难以自我控制，所以常常表现出不良行为，例如，与成年人吵闹、欺负弱小者、屡次违反纪律，甚至破坏公共秩序、吸毒、赌博等。这类儿童在心理上主要表现出认知、情感和意志行为不协调，容易发生心理冲突，自我意识发展滞后等不成熟的特征。

2．情绪困扰儿童的心理行为特征

情绪困扰儿童的心理行为特征：过分焦虑、非常敏感、肌体紧张、行为古板、孤独、不善交往、心神不定等。有时还可能出现反社会行为，或以攻击作为"防卫性"手段等。情绪困扰儿童的智能并不低于一般儿童，但因其处于情绪纷扰的情况下多不能表现自如，故常在智力活动过程中有较差的表现。

3．情绪困扰儿童的教育

教师并非心理治疗专家，一般都不能承担情绪困扰儿童的治疗工作。但教师应尽量减少和防止足以引起学生情绪困扰的物理、社会与心理环境，并采取正确的教育教学措施，以增进情绪困扰学生所缺乏的正常行为。可采取下列教学模式，以利于儿童学习的顺利进行。

1) 特设教室计划

特设教室计划为配合儿童行为的修正而特设。教室内分设注意、反应、秩序、探究、社会与熟练6个中心，以增进情绪困扰儿童最缺乏的行为。其9点计划依下列步骤进行：①让学生到学习室去重做他们失败的功课；②改进功课；③重述教师对学生的要求；④送学生到探究中心；⑤送学生到秩序中心；⑥让学生到教室外进行教师所同意的活动；⑦个别指导；⑧给学生奖励性休息；⑨送儿童回家。

2) 生活空间会谈法

生活空间会谈法的实施步骤为：①教师应了解学生对某事、某物或对学校的看法；②教师假设学生所持看法的根源；③教师听取学生的感触、对事物的解释与学生的处理意见；④教师向学生提示各种处理方法的可能后果，澄清学生的思维与认识。

教师在与情绪困扰学生会谈时，应机敏、鼓励、客观、耐心与谅解。必要时教师可以提供一些行为的事实作补充，使学生逐步看清其知觉与现实之间的差异，因而有机会改善其知觉，从而减少不必要的情绪困扰。

(四)学习困难儿童的特点与教育

1．学习困难儿童的界定

学习困难也称学习障碍或学习失能，在国内外有着不同但相似的界定。在我国，结合教育实际，人们普遍把学习困难儿童理解为智力正常，但在学习上缺乏一般的胜任能力，学习效果低下，成绩明显落后的儿童。这些儿童也可能存在轻度的生理或心理障碍，但不至于对学生能力造成影响，他们的主要特点是认知过程中信息加工效率低、缺乏必要的学习策略、学习动机水平低、焦虑水平高，常常表现出好动、注意分散、记忆与思维紊乱、行动不协调、情绪不稳定等特征，在听、说、读、写及运算等方面存在明显的困难。

学习困难儿童包括以下几种情况：①一种以上基本心理过程失调，如记忆、视觉、听觉、口语；②学习中有困难，如听、说、读、写、算(数和推理)等的困难；③其他原因，如视听缺陷、心理缺陷、情绪困扰或经济文化、环境等不利条件；④严重的不一致，外表的学习潜能与实际上低水平的成绩不成比例。

2．学习困难儿童的心理行为特征

一般而言，学习困难儿童通常显示下列行为特征的一项或数项。

(1) 不能就席端坐，表现为过分爱动。过分爱动的儿童常常身不由己地蠕动、扭曲、走动或喋喋不休等，因此既不能集中注意进行学习，亦难以接受教导。

(2) 端坐不动，表现为过分不动。此种儿童常不觉地静默端坐，因而对外界刺激缺乏适当反应。

(3) 显现其他症候。常有错误动作或动作不协调，诸如动作异常笨拙，行动怪异，书写欠整齐等；陷于不随意的动作重复；情绪不稳定、记忆错误、易于分心或为知觉欠佳等而苦恼。

3．学习困难儿童的教学措施

学习困难儿童的教育有两大困难：一是同属学习困难的儿童，其原因和表现可能彼此互异；二是迄今尚无令人满意的教学模式。因此，教育心理学家们多从改善行为方式着手。最常用的方法是行为修正法。

正如学困生的形成一样，学困生的转化也是一个系统工程，体现出艰巨、复杂、漫长而多反复特征。①艰巨性。来自社会、家庭以及学校教育的种种弊端对学生的影响，不是一时一事的，要改变之不能一蹴而就。源于学生自身的不良情绪、习惯抑或思想意识，更不是简单机械的强制行为所能奏效的。②复杂性。转化工作不是个体行为，而是群体行为，而且被转化个体的外在行为与内在行为必须协调一致方可完成。③多反复性。被转化的个体是相对独立的，但又为外界各种信息包围着，因而转化过程中的某一环节失误，或转化工作告一段落的间歇时间过长，补救措施不当，都会使学生旧病复发，导致转化工作功亏一篑，不得不重新开始。

(五)盲、聋、哑儿童的特点与教育

盲、聋、哑儿童包括盲童和弱视儿童、聋童和重听儿童、哑童。其中还有一部分儿童有两种或两种以上的感觉功能缺陷。由于感知功能或言语功能障碍，他们在语言学习、思维发展、社会交往等方面难以或无法适应正常学校教育，需要通过特殊教育和训练促进他们的身心发展。

三、特殊儿童教育的原则与策略

(一)特殊儿童教育的原则

特殊儿童的心理特点和身心发展的特殊需要对学校教育有着特殊要求。要确保特殊儿童教育取得实效，应遵循以下原则。

(1) 发展性原则。特殊儿童教育要充分考虑儿童身心的具体特点和特殊需要，使教育

确实能促进儿童身心发展。每一个特殊儿童都有不同于普通儿童的需要，也有不同于其他特殊儿童的需要，教育活动在教育目标确定、教学方式设计等方面要有针对性。

(2) 个别化原则。儿童的身心发展是教育的目的，个别化教育则是实现这一目的的有效途径。

(3) 系统性、渐进性原则。①尽早鉴别特殊儿童。对那些缺陷极其明显的个例来说，鉴别是不成问题的。但是对那些缺陷不明显的个例，缺陷有时会不被人们注意。对这种缺陷不显著的儿童的早期识别问题还没有完全解决。在美国，现在有两套值得注意的体系正在试验：利用公共宣传工具，要求家长和保育人员做到，一旦怀疑孩子为特殊儿童就把他带去作测验或检验。在一定社会范围内，特别注意审查那些特定地区，如比较贫困的地区，有比较高的创伤、疾病或不足的地区。对诊断鉴别出来的特殊儿童，重点应该强调他们的潜力，而不是他们的能力缺失。②纳入主流的做法。现在对特殊儿童(低能或有困难的)的看法正在发生着一些根本性的变化。人们认为片面强调"特殊儿童"的特殊性，会使这部分学生的一些正常能力，甚至有些还未被发现的超常的智能受到忽视。这部分学生不应该被看作无能的、无希望的人，而应该被看作需要对发展他们所具有的天才作一些特别帮助的人。一方面要去寻找他们的潜力；另一方面，只要有可能就应该把他们放在普通学校与正常儿童一起学习。保留在正常儿童所进的同样的学校中。

美国国会在1975年通过了一项法律，决定从1978年9月1日起实施特殊教育并入普通教育的所谓纳入主流"教育计划"，就是以法律形式肯定了上述思想。据计划，所有缺陷儿童都应在最少限制的环境下获得特别照顾与教导。所谓最少限制的环境就是指一般的环境，即主流的教育环境。这样把特殊教育一方面纳入主流环境，特殊儿童有机会参加正常的学习活动；另一方面又有机会参加为他们所特设的一些特殊教学活动，从而获得实质上的教育平等。

(二)特殊儿童教育的策略

针对学生的个别差异，采取灵活多样的教育措施。由于受到先天遗传、后天环境等因素的影响，同一个班级之内的学生之间往往存在很大的差异，这时就需要教师敏锐地发现学生的优势和缺点，因势利导，促使其扬长避短。在对资质优异或存在身心障碍的特殊儿童的教育实践中，特殊学校模式被普遍采用。特殊学校是为不同类型的特殊儿童设立的专门学校，如盲校、聋哑学校、弱智学校等以及专为资质优异的儿童设立的特殊学校。资源教室模式是指在普通学校设立专为儿童服务的一两个资源教室，并派专人管理，按照课表安排不同类型特殊儿童到教室里接受特殊教育。特殊班模式是指在普通学校开设特殊教育班，专为特殊儿童服务。教育班一般由10~15人组成，多采用个别教学。

对于各种特殊学生，教学中应注意：①正常的对待方式。即尽可能用一种与其他学生类似的方式对待特殊学生。②正确的态度。即公平对待所有学生，消除对特殊学生的恐惧和无知。③积极的评价。评价特殊学生的优点和缺陷，并将这些信息用于对特殊学生的指导。④主动的操作。即在利用特殊学生长处的基础上去帮助学习。⑤常用的因材施教策略有能力分班或分组、跳级、留级、复式教学和程序教学。

改变把特殊学生单独归在特殊学校和班级的做法，对正常学校的政策、方法、投资等提出了要求。除了参加正常班以外，有专门教师负责辅导特殊学生。物资设备准备充分，如轮椅道、厕所改建、饮水管改建等，无障碍教室、教学材料等。对教师、家长的要求为：

教师需要有希望、有信心、灵活、有创造性、进行差异教学；家长要进行辅导。

世界各国一直在探讨个性差异和个别施教的问题。在实际教学中，大多数学生处于中等水平，能够跟随教师的思路接受训练，从而达到对基本知识和基本技能熟练掌握的要求，当然班级中也会有一部分"特殊"需要的孩子，这就需要教师针对每一个学生的实际提出问题，让他们都能做到"跳一跳摘到果子"。

复习要点

第一节 学生的身心发展特点与教育

学生的年龄特征是指在一定的社会和教育条件下，不同年龄阶段的学生在身体和心理发展方面所表现出来的一般的、典型的和本质的特征。小学生生理发展的特点是：身高、体重等的发展不规则；大脑的重量可以达到1400克左右，与成人相差无几，大脑的兴奋功能逐渐减少而抑制功能逐渐增强，大脑功能的自控能力也逐渐完成；身高、体重、肌肉的强度与耐力以及体内的各个生理器官的发展平衡，整个体质向逐渐增强的方向发展。小学生心理发展特点为：认知方面，感知的准确性和系统性不断提高，注意的时间和范围渐长、渐宽，不随意记忆占主要地位，想象力丰富，以形象思维为主，口语和书面表达能力都有明显提高，自我意识更加明确；情感体验开始复杂起来；意志力有了较大的发展，学习活动的目的性、持久性和复杂性客观上要求学生为完成学习任务而付出意志努力；小学生的个性特征不断增强，性格对他们行为的影响越来越大；社会化行为发展，小学生喜欢过群体生活。对小学生进行教育时，确保学生身心健康是小学阶段教育的首要内容；使学生热爱学习和学会学习是小学阶段教育的核心任务；对小学生道德品质的培养是教育的重要任务。

初中生生理变化的特点是：身高迅速增长；体内机能增强；性发育成熟。心理变化的特点是：认知方面，抽象、概括、逻辑推理、独立思考和学习迁移能力增强，"成人意识"产生，自我意识提高；情感方面，充满热情，但情绪不够稳定；意志方面，能够把自己的行为和所要达到的目标结合起来，并为之付出意志努力。对初中生的教育，应加强"青春期教育"；丰富文化生活和精神食粮；情感、品德和理想教育不松懈；自我教育能力的培养是重中之重。

高中生身体发育达到基本成熟的时期，生理发展趋于平稳。高中生的心理也日益成熟，具体表现是：认知结构和对世界的基本观点逐步形成；情感日益深厚，意志行动带有自觉性；自我意识日趋成熟，自尊心日益增强。高中生的教育主要应体现在如下几个方面：①要引导学生继续努力学好科学文化知识，全面提高各方面的素养，为将来继续深造或就业打下坚实的基础；②帮助学生处理好升学与就业的关系；③要教育学生正确处理好自我与社会的关系；④要帮助学生处理好学习与恋爱的关系。

了解学生心理特征的途径有观察、调查、作品分析、测量等。

第二节 学生的个别差异与教育

个别差异是指学生个体之间身心发展过程中所显示出来的比较稳定的心理特征上的差异，包括认知方面的个别差异与人格方面的个别差异。差异心理包括心理方面的群体差异与个别差异。前者包括文化差异、年龄差异、性别差异等，后者指个人与个人间的差异。

小学阶段在一般智力上男女生无差异,学业成就上有一定差异,中学以上在学习方面男女间差异显著。

智力存在个体差异,①在智力发展水平上,不同的人所达到的最高水平不同;②个人智力的结构,即组成方式上有所不同;③人的智力发展过程有不同形态。智力也有团体差异,男女两性的智力不同,不同职业和种族的群体智力有差异。智力差异对学生的学习有影响,智力的测量和学生学习成绩的测量两者有中等程度相关;智力对学习的影响与学科的性质有关;智力并不影响学习能否发生,它主要影响学习的速度、数量、巩固程度和学习的迁移。

认知风格用来描述学生在加工信息(包括接受、储存、转化、提取、使用信息)时习惯采用的不同方式。影响较大的认知风格有：场依存与场独立、整体性策略与系列性策略、求异思维与求同思维、冲动型思维与反省型思维、内倾性与外倾性。

第三节 特殊儿童的心理特点与教育

广义地来说,凡智力测验获得140分以上者、在特殊性向测验中有突出表现者、在创造性能力测验中得分超群者等,均可被认为是资质优异的儿童。根据资质优异儿童的潜能、成就与行为特征可以将他们分为智力型、学术型、创造型、领导型、艺术型、运动型。资质优异儿童的心理特点是：认知能力优异,智力因素和非智力因素之间发展不平衡,性格内向者多。资质优异儿童的教育策略为加速制教学策略、充实制教学策略、特殊班级制教学策略。

根据美国智能不足协会(AAMD)的定义,智能不足又称智力落后或弱智,是指在心智发展期间,心智功能显著低于平均水平,并有适应行为缺陷。根据智商高低可以把智力落后儿童分为轻度弱智、中度弱智、重度弱智、极重度弱智。柯克根据教育的可能性分为可教育者(智商在50~75)、可训练者(智商在25~49)、保护对象(智商在25以下)。可教性智能不足儿童的教学目标和教学原则,与一般儿童有共同之处,但也有其特殊性。

情绪困扰儿童是指经常为莫名其妙的紧张与焦虑所困扰的儿童。情绪困扰儿童的心理行为特征为：过分焦虑、非常敏感、肌体紧张、行为古板、孤独、不善交往、心神不定等。有时还可能出现反社会行为,或以攻击作为"防卫性"手段等。情绪困扰儿童的教育可采用特设教室计划和生活空间会谈法。

学习困难儿童是指智力正常,但在学习上缺乏一般的胜任能力,学习效果低下,成绩明显落后的儿童。学习困难儿童的心理行为特征是：不能就席端坐,表现为过分爱动;端坐不动,表现为过分不动;显现其他症候。学困生的转化是一个系统工程,具有艰巨、复杂、漫长而多反复特征。

特殊儿童的教育原则有发展性原则,个别化原则,系统性、渐进性原则。

拓 展 思 考

1. 请谈谈你对学生年龄特征的认识。
2. 结合小学生、初中生、高中生的主要特点,讨论教育的针对性和有效性。
3. 谈谈你对资优儿童教育的理解。

参 考 文 献

[1] 陈琦，刘儒德．教育心理学[M]．北京：高等教育出版社，2005．

[2] 陈琦，刘儒德．当代教育心理学[M]．北京：北京师范大学出版社，2007．

[3] 陈琦，刘儒德．信息技术教育应用[M]．北京：人民邮电出版社，1997．

[4] 莫雷．教育心理学[M]．北京：教育科学出版社，2007．

[5] 莫雷，张卫．青少年发展与教育心理学[M]．广州：暨南大学出版社，1997．

[6] 莫雷．论学习理论[J]．教育研究，1996，6．

[7] 莫雷．论学习迁移研究[J]．华南师范大学学报（社会科学版），1997，6．

[8] 莫雷，任旭明等．中小学生心理教育基本原理[M]．广州：暨南大学出版社，1997．

[9] 韩进之．教育心理学纲要[M]．北京：人民教育出版社，2003．

[10] Robert J Sternberg, Wendy M Williams．教育心理学[M]．张厚粲译．北京：中国轻工业出版社，2003．

[11] 潘尗．教育心理学[M]．北京：人民教育出版社，1983．

[12] 邵瑞珍，皮连生．教育心理学[M]．上海：上海教育出版社，1988．

[13] 邵瑞珍．教育心理学[M]．北京：人民教育出版社，1997．

[14] 皮连生．学与教的心理学[M]．上海：华东师范大学出版社，1997．

[15] 皮连生．智育心理学[M]．北京：人民教育出版社，2000．

[16] 皮连生．知识分类与目标导向教学——理论与实践[M]．上海：华东师范大学出版社，1998．

[17] 皮连生．教育心理学[M]．上海：上海教育出版社，2004．

[18] 张大均．教育心理学[M]．北京：人民教育出版社，1999．

[19] 韩进之．教育心理学纲要[M]．北京：人民教育出版社，1989．

[20] 刘恩久，李铮．心理学简史[M]．兰州：甘肃人民出版社，1986．

[21] 钟启泉．差生心理与教育[M]．上海：上海教育出版社，1994．

[22] 钟启泉．现代教学论发展[M]．北京：教育科学出版社，1992．

[23] 吴庆麟．认知教学心理学[M]．上海：上海科技出版社，2001．

[24] 吴庆麟．教育心理学[M]．北京：人民教育出版社，2001．

[25] 李伯黍，燕国材．教育心理学[M]．上海：华东师范大学出版社，2001．

[26] 燕国材，马加乐．非智力因素与学校教育[M]．西安：陕西人民教育出版社，1992．

[27] 燕国材．记忆与学习[M]．武汉：湖北人民出版社，1980．

[28] 李伯黍．品德心理研究[M]．上海：华东化工学院出版社，1992．

[29] 岑国桢．教育心理学[M]．北京：中国人民大学出版社，2006．

[30] R. E. Slavin．教育心理学：理论与实践[M]．姚梅林译．北京：人民邮电出版社，2004．

[31] 章志光．小学教育心理学[M]．北京：中国人民大学出版社，1999．

[32] 章志光．学生品德形成新探[M]．北京：北京师范大学出版社，1993．

[33] 理查德·格里格，菲利普·津巴多．心理学与生活[M]．王垒，王甦等译．北京：人民邮电出版社，2003．

[34] 侯玉波．社会心理学[M]．北京：北京大学出版社，2002．

[35] 鲁忠义，白晋荣．学习心理与教学[M]．石家庄：河北人民出版社，2005．

[36] 郭亨杰．心理学——学习与应用[M]．上海：上海教育出版社，2001．

[37] 曹中平．幼儿教育心理学[M]．沈阳：辽宁师范大学出版社，2001．

[38] 袁振国．当代教育学[M]．北京：教育科学出版社，2004．

[39] 王炳照，郭齐家．简明中国教育史[M]．北京：北京师范大学出版社，1987．

[40] 蔡笑岳．心理学[M]．北京：高等教育出版社，2000．

[41] 林崇德．学习与发展[M]．北京：北京教育出版社，1992．

[42] 林崇德．品德发展心理学[M]．上海：上海教育出版社，1989．

[43] 林崇德．教育的智慧——写给中小学教师[M]．北京：开明出版社，1999．

[44] 林崇德，辛涛．智力的培养[M]．杭州：浙江人民出版社，1996．

[45] 林崇德．发展心理学[M]．北京：人民教育出版社，1995．

[46] 高玉祥．个性心理学[M]．北京：北京师范大学出版社，1989．

[47] 叶奕乾，何存道，梁宁建．普通心理学[M]．修订2版．上海：华东师范大学出版社，2004．

[48] 孔克勤．个性心理学[M]．上海：华东师范大学出版社，2006．

[49] 高觉敷，叶浩生．西方教育心理学发展史[M]．福州：福建教育出版社，1996．

[50] 何克抗．计算机辅助教育[M]．北京：高等教育出版社，1997．

[51] 黄希庭．心理学导论[M]．北京：人民教育出版社，1991．

[52] 黄旭．学习策略的性质、结构与特点[J]．华南师范大学学报(教育科学版)，1990，4．

[53] 加涅．学习的条件[M]．北京：人民教育出版社，1986．

[54] 加涅．学习的条件与教学论[M]．上海：华东师范大学出版社，1999．

[55] 加涅．教学设计原理[M]．上海：华东师范大学出版社，1999．

[56] 方俊明．当代特殊教育导论[M]．西安：陕西人民教育出版社，1998．

[57] 李丹．儿童发展心理学[M]．上海：华东师范大学出版社，1987．

[58] 廖正峰．教师心理学[M]．杭州：浙江教育出版社，1985．

[59] 彭聃龄．普通心理学[M]．北京：北京师范大学出版社，2004．

[60] 皮亚杰．发生认识论原理[M]．胡土襄译．北京：商务印书馆，1981．

[61] 皮亚杰．教育科学与儿童心理学[M]．傅统先译．北京：文化教育出版社，1981．

[62] 皮亚杰，英海尔德．儿童心理学[M]．吴福元译．北京：商务印书馆，1980．

[63] 张庆林．当代认知心理学在教学中的应用[M]．重庆：西南师范大学出版社，1995．

[64] 张卿．学与教的历史轨迹[M]．济南：山东教育出版社，1995．

[65] 张述祖，沈德立．基础心理学[M]．北京：教育科学出版社，1987．

[66] 沈德立．非智力因素的理论与实践[M]．北京：教育科学出版社，1997．

[67] 刘华山．学校心理辅导[M]．合肥：安徽人民出版社，1998．

[68] 刘永芳．归因理论及其应用[M]．济南：山东人民出版社，1998．

[69] 卢家楣．青少年心理与辅导[M]．上海：上海教育出版社，1999．

[70] 骆伯巍．教学心理学原理[M]．杭州：浙江大学出版社，1996．

[71] 孟育群．现代教师的教育能力结构[J]．现代中小学教育，1990，3．

[72] 华国栋．特殊需要儿童心理与教育[M]．北京：高等教育出版社，2006．

[73] 郭为藩．特殊儿童心理与教育[M]．台北：文景书局，1986．

[74] 何华国．特殊儿童心理与教育[M]．台北：五南图书出版股份有限公司，1988．

[75] 朴永馨等．缺陷儿童心理[M]．北京：科学出版社，1987．

[76] 施良方．学习论——学习心理学的理论与原理[M]．北京：人民教育出版社，1994．

[77] 施良方．学生认知与优化教学[M]．北京：中国科学技术出版社，1991．

[78] 哈罗，辛普森．教育目标分类学[M]．施良方，唐晓杰译．上海：华东师范大学出版社，1989．

[79] 吴风岗．青少年心理学[M]．北京：北京师范大学出版社，1991．

[80] 徐胜三．中学教育心理学[M]．北京：人民教育出版社，1995．

[81] 徐胜三．教育心理学简编[M]．济南：山东教育出版社，1983．

[82] 阴国思，李洪玉，李幼穗．非智力因素及其培养[M]．杭州：浙江人民出版社，1996．

[83] 银春铭．弱智儿童的心理与教育[M]．北京：华夏出版社，1993．

[84] 俞国良．创造力心理学[M]．杭州：浙江人民出版社，1996．

[85] 张承芬．教育心理学[M]．济南：山东教育出版社，2000．

[86] 张春兴．教育心理学——三化取向的理论与实践[M]．杭州：浙江教育出版社，1998．

[87] 张春兴．现代心理学[M]．上海：上海人民出版社，1994．

[88] 张春兴，林清山．教育心理学[M]．台北：东华书局，1994．

[89] 张大均．教育心理学[M]．北京：人民教育出版社，1999．

[90] 章永生．教育心理学[M]．石家庄：河北教育出版社，1996．

[91] 周谦．学习心理学[M]．北京：科学出版社，1992．

[92] 时蓉华．现代社会心理学[M]．上海：华东师范大学出版社，1994．

[93] 万云英．学习心理学[M]．长春：吉林教育出版社，1990．

[94] 程功，陈仙梅．教育心理学[M]．杭州：浙江大学出版社，1997．

[95] 董奇．心理与教育研究方法[M]．广州：广东教育出版社，1992．

[96] 董奇．儿童创造力发展心理[M]．杭州：浙江教育出版社，1993．

[97] 奥苏伯尔等．教育心理学[M]．余星南，来钧译．北京：人民教育出版社，1994．

[98] 白学军．智力心理学的研究进展[M]．杭州：浙江人民出版社，1996．

[99] 布卢姆等．教育评价[M]．邱洲等译．上海：华东师范大学出版社，1987．

[100] 布鲁纳．教育过程[M]．邵瑞珍译．北京：文化教育出版社，1982．

[101] 查子秀．超常儿童心理学[M]．北京：人民教育出版社，1993．

[102] 鲍尔，希尔加德．学习心理学[M]．邵瑞珍，皮连生，吴庆磷等译．上海：上海教育出版社，1987．

[103] 冯忠良．学习心理学[M]．北京：教育出版社，1983．

[104] 冯忠良．智力心理学[M]．北京：教育科学出版社，1981．

[105] 冯忠良．结构——定向教学的理论与实践[M]．北京：北京师范大学出版社，1992．

[106] 史耀芳．学习策略及其培养[J]．江西教育科研，1994，2．

[107] 张德琇．教育心理研究[M]．北京：教育科学出版社，1981．

[108] 曹南燕．认知学习理论[M]．郑州：河南教育出版社，1991．

[109] 李小融，魏龙渝．教学评价[M]．成都：四川教育出版社，1989．

[110] 李绍衣等．教育心理学十二讲[M]．沈阳：辽宁教育出版社，1985．

[111] 陈之贵等．教育心理学课堂应用例话[M]．福州：福建教育出版社，1985．

[112] 班尼等．教育社会心理学[M]．邵瑞珍等译．昆明：云南教育出版社，1986．

[113] 张奇．学习理论[M]．武汉：湖北教育出版社，1998．

[114] 维果斯基．教育心理学[M]．龚浩然等译．杭州：浙江教育出版社，2003．

[115] 龚浩然等．维果斯基儿童心理与教育论著选[M]．杭州：杭州大学出版社，1999．

[116] 孙煜明．动机心理学[M]．南京：南京大学出版社，1993．

[117] 边玉芳．学习的自我效能[M]．杭州：浙江教育出版社，2004．

[118] Linda Trop．基于问题的学习[M]．北京：中国轻工业出版社，2004．

[119] 蒯超英．学习策略[M]．武汉：湖北教育出版社，1999．

[120] 刘电芝．学习策略研究[M]．北京：人民教育出版社，1999．

[121] 谭顶良．学习风格论[M]．南京：江苏教育出版社，1995．

[122] 陈会昌．道德发展心理学[M]．合肥：安徽教育出版社，2004．

[123] 张必隐．阅读心理学[M]．北京：北京师范大学出版社，1992．

[124] Martin V Covington．学习障碍的消除策略[M]．北京：中国轻工业出版社，2002．

[125] Vemon F Jones．全面课堂管理[M]．北京：中国轻工业出版社，2002．

[126] Linda Cambell 等．多元智能教与学的策略[M]．北京：中国轻工业出版社，2001．

[127] A. 班杜拉．社会学习论[M]．沈阳：辽宁人民出版社，1989．

[128] A. 班杜拉．自我效能：控制的实施[M]．上海：华东师范大学出版社，2003．

[129] B. 韦纳．责任推断：社会行为的理论基础[M]．上海：华东师范大学出版社，2004．

[130] D. R. 克拉斯沃尔等．教育目标分类学——情感领域[M]．上海：华东师范大学出版社，1989．

[131] 莱斯利·P. 斯特弗．教育中的建构主义[M]．上海：华东师范大学出版社，2002．

[132] R. 格拉塞．教学心理学的新进展[M]．北京：华夏出版社，1989．

[133] 傅宏．儿童青少年心理治疗[M]．合肥：安徽人民出版社，2000．

[134] 吴丽娟．理情教育课程设计[M]．北京：世界图书出版公司，2003．

[135] 李永吟．学习心理辅导[M]．北京：世界图书出版公司，2003．

[136] 郑照顺．青少年生活压力与辅导[M]．广州：世界图书出版公司，2003．

[137] 冯观富．儿童偏差行为的辅导与治疗[M]．广州：世界图书出版公司，2003．

[138] 林朝夫．偏差行为辅导与案例分析[M]．广州：世界图书出版公司，2003．

[139] 海穆·基诺特．师生沟通技巧[M]．许丽玉等译．上海：世界图书出版公司，2003．

[140] 王以仁等．教师心理卫生[M]．广州：世界图书出版公司，2003．

[141] 金盛华．社会心理学[M]．北京：高等教育出版社，2005．

[142] 闵卫国，傅淳．教育心理学[M]．昆明：云南人民出版社，2004．

[143] 查明华．中学教师处理学生心理健康问题的策略[D]．北京师范大学硕士学位论文，2000．

[144] 韩蔓莉．论个性化心理素质教育[J]．内蒙古师大学报(哲社·教科版)，1999，2．

[145] 翟宏，傅荣．心理健康的评价指标与心理健康标准[J]．赣南师范学院学报，1999，4．

[146] 俞国良，曾盼盼．论教师心理健康及其促进[J]．北京师范大学学报(人文社科版)，2001，1．

[147] 徐学俊，魏礼飞．论教师心理健康与调适[J]．教育科学研究，2001，1．

[148] 洪珏．实施素质教育与维护教师心理健康[J]．基础教育研究，1999，1．

[149] 张海钟. 心理健康标准研究的争鸣综述及其进一步的思辨[J]. 心理学探新, 2001, 3.

[150] 李芒. 关于教育技术的哲学思考[J]. 教育研究, 1998, 7.

[151] 李子运, 李芒. 论学校课堂教学策略的几个基本问题[J]. 中国电化教育, 1998, 3.

[152] 何克抗. 教学设计理论与方法研究评论[J]. 电化教育研究, 1998, 2.

[153] 乌美娜等. 教学系统设计的模式及其演变[J]. 开放教育研究, 1998, 1.

[154] 张大均等. 试论教学策略的基本含义及其制定的依据[J]. 课程·教材·教法, 1996, 9.

[155] 李康. 教学策略及其类型探析[J]. 西北师大学报, 1994, 2.

[156] 黄高庆等. 关于教学策略的思考[J]. 教育研究, 1998, 11.

[157] 毛帽. 建立和谐师生关系需加强自律和他律[N]. 中国教育报, 2008-03-03(5).